KB040622

혁신의 경제사

산업혁명에서 정보혁명까지

Chris Freeman and Francisco Louçã 저

김병근 · 옥주영 · 황정태 · 지일용 · 박진 · 강민정 역

As Time Goes By

From the Industrial Revolutions
to the Information Revolution

박영사

이 저서는 2019년 대한민국 교육부와 한국연구재단의 지원을 받아 수행된
연구임(NRF-2019S1A5C2A02082342)

This work was supported by the Ministry of Education of the Republic of Korea and the
National Research Foundation of Korea(NRF-2019S1A5C2A02082342)

역자서문

<혁신의 경제사: 산업혁명에서 정보혁명까지(As Time Goes by)>는 프리만 교수의 대표 저서입니다. 경제학자였던 프리만 교수는 세계적인 차원에서 과학기술정책과 혁신연구를 선도해온 대표적인 학자이자 뛰어난 기업가(entreprenuer)로 평가받고 있습니다.

이 책은 콘드라티예프 장기파동 이론과 슘페터의 경기순환론을 비판적으로 고찰하면서 자본주의 경제의 장기적인 관점에서의 기술혁신과 사회 그리고 경제의 혁명적인 변화에 대한 심층적인 이해를 제공하고 있습니다. 제1부에서는 콘드라티예프의 장기적 경기 변동 관점과 슘페터의 자본주의 발전에 대한 역사적 시각에 기초하여 주류경제사학자들의 계량적 접근을 통렬하게 비판하고 있습니다. 제2부에서는 자본주의 사회의 구조적 변화를 가져온 일련의 혁신들을 창출, 개발, 확산하는 과정에서 혁명적인 기술들의 중요성을 강조하고 있습니다.

세계 경제와 자본주의 발전 역사에 대한 저자들의 통찰이 최근 제4차산업혁명에 많은 관심을 두고 있는 한국의 독자들에게 세계 경제의 산업 발전과 사회·경제의 구조 변화에 대한 과거, 현재, 그리고 보다 중요하게 미래에 대한 심층적인 지식과 이해를 제공하여 줄 것으로 기대합니다.

기술혁신경영연구소장 김 병 근

추천사

사실상 모든 경제사학자가 세계의 상당 부분에 높은 생활 수준을 가져온 노동생산성과 1인당 소득의 지속적인 성장이 비교적 최근의 현상이라는 데 동의한다. 이런 의미에서 경제성장은 18세기 후반에 영국에서 최초로 일어났으며, 다음으로 대륙의 서유럽과 미국으로 퍼졌고, 그리고 다른 해외의 서유럽의 자손 경제로, 그리고 19세기 말에 일본으로, 그리고 더욱 늦게 더 널리 퍼졌다. 그렇지만 경제성장은 국가마다 매우 불균등하였다. 오늘날 생활 수준의 격차는 특히 극적이나, 그것은 근대 경제성장의 초기에도 분명한 것이었다. 매우 자연스럽게, 경제성장, 그리고 국가 간 차이를 이해하는 것은 애덤 스미스(Adam Smith)부터 토마스 맬서스(Thomas Malthus), 프리드리히 리스트(Friedrich List), 그리고 칼 마르크스(Karl Marx)에 이르기까지 그 시대 경제학자들의 중심적인 관심사였다.

이 모든 경제학자는 경제성장과 관련된 실제 과정과 제도에 관한 넓고 깊은 경험적 지식을 가지고 있었다. 성장에 관한 그들의 이론적 설명은 관련된 복잡한 현상에 대한 그들의 이해를 반영하였다. 그리고 그들의 분석에서, 한 국가의 경제성장은 더욱 일반적으로 그 국가의 경제적, 사회적, 정치적 제도와 통합적으로 연결되었다.

19세기 말에 이르러 경제성장은 주류 경제분석가들 저작의 중심부에서 변두리로 이동하였다. 요셉 슘페터(Joseph Schumpeter)와 같은 경제학자들은 경제성장에 중심적인 관심을 뒀으나 그 세대 경제학자 대부분의 핵심적 관심은 다른 데에 있었다. 일반균형 이론의 맥락에서 가격과 산출의 우세한 구조를 이해하는 것은 후에 미시경제학 분석으로 불리는 의제를 정의하게 되었다. 전체 가격 수준의 변동과 더욱 일반적으로 경기순환을 이해하는 것은 거시경제학이라고 불리는 의제를 정의하게 되었다. 양쪽 이론적 본체 모두 장기 경제성장과 연관된 현상을 억압하거나 무시하였다. 1950년대 경제성장이 초점 주제로 돌아왔을 때, 세 가지의 과거 연구 및 이론과 두드러지게 다른 점이 있었다. 첫째, 성장을 연구하는 데 사용할 수 있는 더욱 많고, 좋은 양적 데이터가 있었다. 새로운 GNP 통계가 새로운 연구에 특별히 중요했다. 실로, 경제성장은 사실상 GNP, 또는 근로자 1인당 GNP, 또는 인구 1인당 GNP 등의 성장으로 정의되었다. 둘째, 새로운 경제성장 이론은 위대한 19세기 경제학자들이 표현한 성장 이론들보다 훨씬 더 야위고(lean) 추상적이었다. 셋째, 이 명제에 대한 약간의 예외가 있지만, 경제성장과 이를 추동하는 힘들에 관한 새로운 연구는 경제적 구조와 과정을 더욱 일반적으로 연구하는 경제학자들의 작업과 얼마간 분리된 이론과 경험적 연구의 본체를 정의하는 경향이 있었다.

이 새로운 패러다임에 속하는 경험적 및 이론적 연구의 초기 본체는 사실상 만장일치로 경제성장의 요인으로서 기술 진보의 중요성을 강조하였다. 애덤 스미스와 칼 마르크스와 같은 과거의 학자들은 놀라지 않았을 것이다. 이 주제는 물론 슘페터 작업의 중심에 있었다. 그러나 새로운 연구는 이러한 옛 개념 구상을 훨씬 더 견고하고 엄밀한 경험적 및 이론적 기초 위에 세운 것처럼 보였다. 하나의 결과는 기술 진보, 그리고 기술 진보에 추동되는 경제성장 과정을 이해하는 데 명시적으로 초점을 두는 경제학자들에 의한 연구의 탄생과 번성이었다. 이러한 연구 노력에 참여하는 젊은 학자로서, 나는 분열이 형성되고 있음을 분명히 인식하였다.

잘 나가는 길은, 경제성장을 산출, 투입, 그리고 시간에 따른 이들의 변화를 측정하는 일련의 숫자로 엄격히 규정하기로 맹세하고, 대체로 새로운 신고전파 성장 이론의 이론적 지향을 받아들이는 경제학자들에 의해 탐구되었다. 새로운 신고전파 경제성장 이론은 중요하다고 생각되는 제도에 관해서 매우 간략하고 경제성장을 이동하는 경쟁균형 과정으로 보았다. 다른 길을 정의하기 시작한 경제학자들은 이러한 모든 가정으로부터 멀어졌다. 한편으로는 새로운 양적 척도들의 가치와 활용을 인정하면서도, 후자 집단의 경제학자들은 이 숫자들이 경제성장과 그 원천의 부분적인 그림만 제공하며, 따라서 기술변화의 특징과 기술변화에 기인한 경제성장 과정에 대한 풍부한 질적 기술로 보강될 필요가 있다고 제안하였다. 이 집단에 속하는 몇몇 학자들은 신고전파 성장 이론이 간과하는 경제성장과 관련된 다양한 제도에 초점을 두고, 신고전파 성장 이론의 규정과 달리 경제성장이 근본적으로 불균형을 포함하는 진화적 과정으로 이해될 필요가 있다고 주장하였다. 물론, 후자는 일찍이 슘페터에 의해 주장되었다.

크리스토퍼 프리만(Christopher Freeman)의 지도력 아래, 서식스 대학의 SPRU(Science Policy Research Unit)에 소속된 학자들은 점차 경제학의 주류 흐름에서 벗어나던 두 번째 길을 수립하는 데 있어 두드러진 개척자들이었다. 여러 저명한 경제학자들이 SPRU에서 훈육되었으며, 이제는 이 다른 관점의 주요 대표자들이다. 프란시스코 루사(Francisco Louçã)는 거기에서 수학한 젊은 학자들 가운데 가장 저명한 인물 중 한 명이다.

프리만과 루사는 오랫동안 위에서 개관한 경제 사상사의 측면들을 연구해 왔다. 프리만은 각 경제적 시대와 경제적 사건의 각 무리가 상당한 정도로 고유하다고 주장하는 '역사학파'에 속하는 독일 경제학자들과 일반이론의 역할을 강조하고 경제분석의 주요 과업은 시대와 특정 사태들을 가로질러 유지되는 경제적 행위의 법칙들을 구체적으로 식별하는 것임을 주장하는 독일 경제학자들 사이에서 벌어진 20세기 초의 방법론 논쟁(Methodenstreit)을 고찰하는 흥미로운 작업을 수행하였다. 루사는 경제학에서 역사적 분석의 주 용도는 일반 경제 이론을 위한 실험장이라고 주장하는 계량경제사학자(Cliometrician)들과 중요한 경제적 발전을 형상화하는 요인들의 복잡성에 대한 이해의 중요성을 강조하는 더욱 제도적으로 지향된 경제사학자들 사이에서 반세기 후에 벌어진 미국 경제사학자들의 전투를 연구하고 분석하는 매력적인 작업을 수행하였다. 이 책에서 프리만과 루사는 경제성장에 관한 유용한 이론의 모습에 대한 그들의 인식을 펼치기 위한 기초로서 이 두 접근을 매우 효과적으로 사용한다.

이 책에서 발전된 경제성장 분석은 '장기파동(long wave)'의 개념을 중심으로 구성된다. 저자들이 지지하는 장기파동 이론은 타이밍과 지속의 어떠한 엄격한 규칙성도 주장하지 않는다. 중심 주장은 우리가 경험해 온 경제성장이 시대의 순서로 이해될 필요가 있다는 것이다. 각 시대는 우리가 경험한 경제성장을 추동하는 기술의 군집으로 표시된다. 주장은 기술결정론이 아니다. 저자들이 지지하는 장기파동 이론에서는 한 시대의 중심적인 특별한 기술의 효과적인 발전과 구현은 적절하고 지지적인 제도의 구조를 요구한다. 이는 적어도 마르크스까지 거슬러 올라가는 관점이며 카를로타 페레즈(Carlota Perez)에 의해 일찍이 현재의 형태로 개발되었다.

저자들은 한 나라의 경제적 제도를 자체적인 통합성을 갖지만, 다른 주요 사회적 하부시스템과 제도(더욱 넓게 기술, 과학, 정치, 그리고 문화와 관련된)와도 서로 얽혀 있는 것으로 본다. 저자들은 어떤 나라들이 다른 시대에 선도자가 된 중심적 이유는 다른 나라에 비해 그들의 여러 하위 시스템들이 핵심적 기술들을 지원하는 총체적 구조를 제공하는 데 잘 맞았다는 주장을 발전시킨다.

저자들은 다른 경제적 시대의 연속이 '장기파동'을 생성한다고 주장한다. 왜냐하면, 맞는 제도 아래 작동하는 한 시대의 핵심 기술에 기반한 진보는 조만간 수확체감에 부딪히고 그 기술에 기반한 경제적 진보는 불가피하게 둔화하기 때문이다. 빠른 성장의 재개는 일련의 새로운 핵심 기술의 부상과 새로운 욕구에 맞는 제도적 구조의 재형성을 요구한다. 저자들이 강조하듯이, 한 시대에서 다른 시대로의 변화는 종종 경제적 리더십 궤적의 변화와 관련되었다.

다양한 경제적 시대의 기술과 분석은 풍부하고 설득력이 있다. 저자들은 이러한 '숙고된 역사(reasoned history)'를 경제 성장의 이론으로 의도하고 있으며, 확실히 그들의 기술과 분석은 우리가 경험한 경제 성장에 매우 중요한 현상들을 조명한다. 좀 더 표준적인 경제성장 이론은 이러한 현상들을 보지도 않는다. 다른 시대들을 표시하는 다른 핵심 기술들의 효과적인 진보와 활용을 위한 특별한 제도적 요구들에 대한 분석과 특정 국가들이 시대의 선도사가 된 이유에 대한 논의는 특별히 흥미롭다.

이 추천사의 목적은 독자의 식욕을 돋우려는 것이지 앞에 놓여 있는 책을 요약하려는 것이 아니며, 그리고 확실히 저자들의 주요 주장을 선점하려는 것이 아니다. 이 책의 독자들에게는 매력적인 모험이 준비되어 있다.

뉴욕 컬럼비아 대학교

리처드 R. 넬슨

감사의 글

이 과제의 여러 단계에 참가하여, 일부 장의 초안을 가지고 토론하고, 이 주제들에 관한 세미나에 참석하여 논평하고, 특별한 주제들을 조사하거나, 또는 단지 아이디어 전체를 엄밀한 조사에 제출해 준 동료들에게 깊은 감사를 표한다.

지오바니 도시(Giovanni Dosi), 아슬리 곡(Asli Gok), 에릭 홉스봄(Erik Hobsbawm), 데이비드 랜즈(David Landes), M. J. 루이스(M. J. Lewis), 리처드 넬슨(Richard Nelson), 키스 파빗(Keith Pavitt), 카를로타 페레즈(Carlota Pérez), 안젤로 레아티(Angelo Reati), 얀 레인더스(Jan Reijndes), 제랄드 실버버그(Gerald Silverberg), 뤽 소에트(Luc Soete), 닉 폰 툰젤만(Nick von Tunzelmann), 앤드류 타일리콧(Andrew Tylecote), 그리고 출판사를 위한 4인의 익명 심사자. 또한 이 연구를 지원해 준 포르투갈 과학기술재단에게도 감사를 표하고 싶다.

마지막으로 SPRU의 수잔 리스(Susan Lees)에게 특별히 감사드린다. 그의 참을성 있고 철저한 작업이 없었으면 이 책은 결코 완성되지 못했다.

크리스토퍼 프리만
프란시스코 루사

목차

제1부 역사와 경제

제2부 산업혁명과 그 이후의 역사

역사와 경제

서론

기본적인 것들이 적용된다

> '우리가 시간이 지났다고 말했을 때, 우리는 모든 것을 얘기했습니다.'
>
> 샤를 페기, 클리오, 1932; p.96

시간은 인생과 마찬가지로 신비하다. 수천 년 동안 과학과 철학의 노력이 시간의 비밀을 밝히는데 충분하지 않으며 우리가 시간의 속성과 움직임을 이해할 수 있도록 하기에는 부족하다. 그러나 종종 현명한 사람들은 당혹감을 피하고 시간의 변화를 수용할 수 있게 되었다. 성 바오로 성당의 주임사제인 월터 잉게는 그러한 사람이었다. 그는 1229년에 이 미스터리에 대한 다음과 같이 주목할 만한 이야기를 썼다고 여겨진다. '우리의 첫 번째 부모가 낙원에서 쫓겨났을 때, 아담은 이브에게 이렇게 말한 것으로 믿어진다. "여보 우리는 전환기의 시대에 살고 있어요"'(Antonelli 1992: 1). 그가 얼마나 옳았는가.

이 책의 주제는 비록 이전의 설명에 대한 확언의 일부를 양보하더라도, 명확하게 우리가 살아가고 있는 전환 시대이다. 그리고 신중해야 할 타당한 이유가 있다. 전환의 개념은 특히 사회과학과 경제학에서 어렵다. 즉 변화, 불안정성, 돌연변이, 분기는 영속성, 연속성, 선형성 및 구조와 대조적으로 측정하고 평가하기 어려운 개념이다. 그러나 역사는 전환이고 사회와 그 경제는 오직 시간 속에서만 존재한다. 그래서 우리는 우리 과학의 정의를 위해서 중요한 주제에 대해 분명한 입장을 가지기를 선호한다. 경제는 본질적으로 역사적이기 때문에 역사의 틀 밖에서는 무의미하다. 결과적으로, 진화의 부당한 연관성을 받아들이는 것이 경제학을 순전한 플레이오메트릭스(playometrics)와 구별하는 기준이다.

그렇지만 전환(transition)의 현대적 동의어인 진화(evolution)가 정확하게 무엇인가? 이 주제를 다룰 때, 일부 과학자들은 공간의 다원성과는 달리 시간이 단일하다는 것을 당연하게 여긴다. 그러나 적어도 두 개의 모순된 비전에 따라 그것의 통합이 이해되고 설명되었다. 고대 그리스와 아시아 문화는 자연을 순환적으로 진화하는 것으로 받아들였다. 그것은 감각 경험에 대한 자연적인 해석이었고, 우리 달력의 자연스러운 형태를 3사이클로 배열했다. 즉 지구의 자전은 일(day)을 정하고, 달이 지구를 도는 것은 월(month)을 정의하며, 지구가 타원을 그리며 태양을 도는 것은 연도(year)를 정했다. 그리고 일, 월, 년이 계절, 추수, 장마와 같이 반복된다. 즉 자연은 순환한다. 그렇지만 어떤 날도 이전의 것을 반복하지 않고, 겨울도, 수확도, 어떤 해도 이전의 것들과 정확히 같지 않다. 자연은 순환적이지만, 순환은 같은 과정을 반복해서 갱신하는 것이 아니다. 그리고 변화는 영구적이고 비가역적(irreversible)이므로 시간은 절대 반복되지 않는다.

시간은 운동이다. 따라서 비가역적 운동이며, 영광과 쇠퇴이며, 탄생과 죽음, 창조와 종말이다, 이것이 시간의 두 번째 비전이다. 특히, 그것은 새로운 문화와 종교인 유대교의 출현과 함께 탄력을 받았고, 기독교가 그 뒤를 이었다. 성경, 특히 요한계시록은 시간의 변화에 대한 개념을 가져왔지만, 근본적인 초월 신화도 추가했다. 즉 시간은 운명을 향해 선형적으로 흐른다는 것이다. 화살로서의 시간의 개념은 문명의 역사에서 최근의 것이지만, 그것은 곧 이미지와 종교적인 성찰을 지배했다. 즉 역사의 종말이라고 생각되는 것이 없다면, 일상생활의 의미에 관한 공허함이 인류에게 초월성을 빼앗을 것이다.

그러나 운명의 이념과 연관된 시간의 화살이 지금까지 지배해 온 것은 고대 종교 때문이 아니라 현대 신화 때문이었다. 시간 노동의 혜택에 대한 자신감 있는 가정을 위한 새로운 출발을 제공한 것은 과학과 계몽주의 이후의 강력한 근대화 운동이었다. 이것은 17세기 말에 라이프니츠(Leibniz)에 의해 진보의 개념으로 시작되었다. 동시에 뉴턴(Newton)은 모든 것을 상세히 조사하고 자연의 법칙을 밝혀낼 수 있는 이 새로운 과학의 대단한 가능성을 확인했다. 오늘날 우리는 뉴턴이 최초의 현대 과학자였으며, 그의 연금술 연구에 대해 케인즈(Keynes)가 언급하였듯이 그가 '마지막 마법사'였음을 안다. 이 새로운 지혜는 그 후 실증주의에 의해 재창조되었고, 켈빈 경이 영국 왕립 협회의 세기말 축하 행사에서 "물리학이 지식의 체계를 완성했고 미래에는 사소한 개선만이 일어날 것"이라고 말했을 때 승리는 선언되었다.

오귀스트 콩트(Auguste Comte)는 그것을 '실증주의 종교'라고 불렀고, 자신이 무슨 말을 하고 있는지 알고 있었다. 진화론의 공동 저자인 알프레드 윌리스 (Alfred Wallace)가 당시 기차, 전신기, 전화기, '원더풀 센츄리'라는 근대적 발명을 찬양하는 책을 썼고 많은 이들이 그의 자신감을 공유했다. 현대 과학은 모든 것을 알 수 있고, 측정할 수 있고, 정의할 수 있고, 통제할 수 있다는 확신에 기초하여 구축되었다. 일반법칙 또는 확실성의 일부 등가물들은 시스템의 초기 조건들이 정해지면 전체 과거가 소환될 수 있고 미래가 예견될 수 있다는 라플라스(Laplace)의 꿈에 대한 합법적인 표현 형태였다. 과학은 지배다.

그러나 켈빈의 선언 이후 몇 년이 지나지 않아, 상대성 이론과 양자역학이 고전물리학에 도전하였고 실증주의 가정들에 도전하는 새로운 과학이 등장하였다. 그것은 지질학적으로나 천문학적인 깊이의 충격과 같이 항상 시간에 대한 당혹감에서 비롯되었다. 19세기 말에 과학자들은 우주의 나이를 수천 년이 아니라 수천만의 시간으로 측정해야 한다는 것을 이해했다. 인류는 이 시기의 극히 마지막 부분에서만 지배해 왔으며, 결과적으로 어떤 이성적인 결정론적 역사도 정당화할 수 없는 독특한 경로들을 통해 창조가 진행되었다는 것이 분명해졌다. 그러므로 진화는 놀라움, 변화, 돌연변이, 분기, 되먹임, 그리고 위기의 열린 과정으로서 이해되었다. 그리고 실증주의 기준에 반하여, 그것은 예측할 수 없다. 엄격한 결정론은 생물학에서 실패했는데, 시간의 화살표가 인식되지 않았기 때문이 아니라 화살표의 방향을 바꿀 수 있다는 것이 명백해졌기 때문이다. 진화는 진화하지만, 운명은 받아들이지 않는다.

사회적 분석 틀은 실증주의적 기준에서 요약하기 훨씬 더 어렵다. 사회적 진화가 이 첫 번째 수준의 복잡성(결국 유전적 기질의 종국적인 돌연변이와 자연환경에 적응하는 과정)에 추가된다. 즉 두 번째 수준의 조직적 복잡성이 도시, 국가, 기술, 사회관계 및 갈등의 자가 촉매의 형성 과정에 의해 부과된다. 개방성과 불확정성의 같은 기본 특성을 공유하지만, 의도적인 선택의 새로운 차원이 추가된다. 사회는 변화의 영속성에 변화의 특정한 구조를 추가하기 때문에 삶보다 더 활기차다.

이 책은 사회와 경제가 어떻게 시간을 통해 진화하는지에 관한 것이다. 사회와 경제의 진화가 관계, 제도적 틀, 문화 기준에 따라 알 수 있는 패턴들을 가진다고 주장한다. 이 책은 특히 현대 산업 자본주의 경제가 어떻게 변화하는지, 이러한 변화의 패턴들이 경제학에서 콘드라티예프의 장기파동으로 알려진 장기적인 변동을 어떻게 구성하는지를 논의한다.

21세기 초에는 '인터넷 혁명'이나 '컴퓨터 혁명', 통신, 미디어, 소프트웨어 사업 등에서 일어나고 있는 대규모 구조변화 등을 언급하지 않고는 하루도 지날 수 없었다. 나스닥 증시지표로 대표되는 이른바 '신경제'는 격동의 성장 국면에서 위험한 '버블'을 만들어냈고, '구(다우존스)' 경제는 침체했다. 시간이 지나 이 상황은 적어도 일시적으로 역전되었다. 과거 수력발전 기계화, 증기발전 기계화, 전기화, 동력화 등 각 위대한 기술혁명 시기에도 비슷한 현상이 발생하였다. 이 책의 제2부는 어떻게 그러한 새로운 보편적인 기술이 경제 및 사회 시스템에 진입하여 잠깐 지배하고 결국 다음 새로운 기술 체제에 의해 추월당하는지를 설명한다. 우리는 여전히 주류 경제 이론을 지배하고 있는 일반적인 균형 모델이 지난 2세기의 기술혁명과 사회적 변화를 설명할 수 없다고 주장한다.

그러나 우리는 책의 첫 번째 부분에서 계량경제사학(cliometrics)이 산업혁명을 무시하고 19세기 철도의 중요성을 경시하려는 시도를 포함한 계량경제사학에 대한 비판으로 시작한다. 계량경제사학은 기계적인 도구의 도움으로 연구될 선형 과정으로 경제사를 재정의하고, 제도적 및 질적 변화에 관한 연구를 '비과학적'이고 '구식' 접근의 지위로 깎아내리려고 시도했다. 랜즈(Landes), 마티아스(Mathias), 그리고 다른 '오래된' 역사가들처럼, 우리는 시간이 지남에 따라 기본적인 것들이 여전히 적용된다고 주장한다. 일부 계량경제사학자들이 인정하길 원하는 '새로운' 경제사는 산업혁명에 대한 '반사실적' 설명을 제공하려고 노력하는 가운데 실제로 '오래된' 해석의 많은 부분을 확인하는 것을 피할 수 없다. 즉 기술혁신과 조직혁신의 결합으로 촉발된 엄청난 구조적 변화가 있었다. 제2-4장에서는 이러한 시대적 구조변화의 역사적 중요성을 인식한 일부 경제학자들의 연구에 대한 비평을 제시한다. 제2장에서는 20세기 경제학자 중 가장 역설적인 사람 중 한 명인 요셉 슘페터(Joseph Schumpeter)의 연구를 다룬다. 슘페터는 '성공적인 산업혁명'과 '숙고된 역사(reasoned history)'의 중요성을 강조했지만, 레옹 왈라스(Léon Walras)의 유산에서 결코 벗어나지 못했다. 슘페터는 제3장에서 기술된 경제성장의 장기 순환들(long cycles)에 관한 콘드라티예프의 연구를 높이 평가했고 다른 주요 경제학자들과 마찬가지로 콘드라티예프의 표준계량경제학회 가입을 지지하였다. 그러나 슘페터와 콘드라티예프, 그 누구도 만족스러운 역사 대안론을 제시하는 데 성공하지 못했다. 틴베르겐(Tinbergen)과의 토론에서 케인즈는 성장 이론에서 '반자발적(semi-autonomous)' 변수, 즉 순수 양적 계량경제 모델에서 포착되지 않는 사회적, 정치적 변화의 중요성을 지적했지만 그런 주장을 한 사람은 케인즈가 거의 유일했다. 그러나 이 모든 경제학자들은 경기순환들(business cycles)이 경제 이론과 경제사에서 대단히 중요하다는 것을 인식했다. 그들은 모두 이러한 변동에 관한 연구가 길든 짧든 경제학의 핵심에 있어야 하며, 변두리로 밀려나지 말아야 한다고 촉구했다.

이 전통의 일부는 슘페터와 콘드라티예프의 선구적인 연구에 이어 다양한 다른 경제학자와 역사가들에 의해 계속되었다. 나중에는 주류와 '공식적인' 마르크스주의 정통주의에 의해 거부되었지만, 그 당시에는 저명한 신고전파 경제학자들뿐만 아니라 다양한 마르크스주의자들도 포함되었다. 논쟁의 많은 부분은 적절한 통계 및 계량경제학 기술에 대한 토론에 의해 지배되었는데, 제3장에서 기술된 콘드라티예프 자신과 동료 및 비평가와의 토론도 마찬가지였다. 우리는 제4장에서는 이러한 장기간의 논쟁을 추적하고, 이 논의에 비추어 볼 때, 왜 우리 자신들이 경제변동과 총량 GDP의 '추세(trend)'에 대한 순수 계량경제학 분석을 거부하는지 설명한다. 특히 우리는 순환 운동에서 장기적 추세(secular trend)의 '분해(decomposition)'에 대한 다양한 시도를 거부한다. 케인즈처럼 우리는 어떤 분석기법들은 정치, 문화, 기술의 질적 변화를 무시하는 역사에 대한 환원주의적인 관점을 수용할 위험에 처해 있다고 믿는다. 이 책의 제2부에서 우리의 주요 관심사는 이러한 변화들인데, 한때 애덤 스미스와 칼 마르크스의 중요한 관심사였다. 이런 관점에서 우리는 과학의 기본으로 돌아간다고 주장하지만 경제학에서 이단적인 전통에 속한다. 경제학은 원래 역사 과학이었고 계속 그래야만 한다. 왜냐하면 경제학의 문제는 역사 속에서 맥락화된 것만이 이해될 수 있고, 경제와 역사는 서로를 조명할 수 있기 때문이다. 특히 이 책은 경기변동과 구조변화에 대한 탐구가 시간 속에 담길 수밖에 없다고 주장한다.

오늘날 1960년대 후반과 마찬가지로 경제가 더는 변동으로 고통 받지 않을 수도 있다는 목소리가 제기되고 있다. 비록 유럽은 최근 전례 없는 실업 위기를 겪었고 주요 산업 국가들은 전후 초기에 비해 뚜렷한 성장률의 감소를 경험하였지만 말이다. 이것이 시사하듯이 과거와의 비교가 현재 논의의 중요한 특징이다. 즉 이전의 구조적 변화 시기와 마찬가지로 불황을 일으키는 것은 활황이다. 클레망 쥐글라(Clément Juglar)는 그의 첫 번째 경기순환 이론에서 이것을 이해했고, 칼 마르크스, 니콜라이 콘드라티예프, 요셉 슘페터도 마찬가지였다. 결과적으로, 오랜 기간의 확장과 불황의 동학을 연구하기 위해, 우리는 기본적인 것들, 즉 우리 과학의 본질, 고전 정치 경제학의 목적, 역사적 방법과 통계적 방법의 융합 등으로 돌아간다.

　최근 미국경제의 움직임에 대해 매우 면밀한 지식을 가진 사람 중 일부는 경기순환을 폐기하려는 시도에 대해 가장 회의적이었다. 클린턴의 경제정책을 수년간 책임졌던 로버트 루빈이 뉴스위크 인터뷰에서 경제변동의 영속성에 대해 다음과 같이 답한 것이 그 예이다.

　뉴스위크: 당신도 알다시피, 새로운 기술과 세계화가 경기순환을 없앨 거라고 믿는 사람들이 있다.

　로버트 루빈: 그렇게 믿는 사람들이 있고, 그것이 사실로 밝혀질지도 모른다. 그러나 또 다른 가능성이 있는데, 인류의 모든 역사가 사실로 밝혀질지도 모른다는 것이다. 그리고 어느 쪽이 더 가능성이 있다고 생각하는지 결정하기만 하면 된다. (뉴스위크, 특집호, 1999년 12월-2000년 2월, p.61)

　옛 노래를 들어 보라 ― 이걸 꼭 기억해야 하네. 시간이 지남에 따라 기본적인 것들이 적용된다네...

쉬지 않는 역사의 여신: 경제학에서 역사에 대한 경제사학자들의 평가에 관한 이야기

1.1 서론

이 책은 역사와 경제학 그리고 사회과학 전반에 걸쳐 방법론에 대한 깊은 토론으로 시작하려 한다. 우리의 산업혁명에 대한 그리고 정보혁명에 대한 접근은 사실 그동안 경제학을 지배했던 방법과 그 획을 달리하는 방법론을 취하고 있다. 가장 극명하게 이러한 차이를 보여주자면 '계량경제사학(cliometrics)'이라는 지적인 흐름에 대해 분석하는 것만큼 확실한 게 없을 것이다. 계량경제사학은 특히 지난 20세기 후반의 경제사 연구에서 너무도 중요한 자리를 차지하고 있다.

계량경제사학은 경제사라는 학문영역에 1950년대 말 홍수처럼 밀려왔다. 아주 잠깐 사이에 해당 학문 분야의 지배적인 주류가 되었다. 경제학 전문분야에서 인식론을 조롱하는데 익숙한, 그럼에도 사회과학 분야에서 경제학을 돋보이게 한다는 하나의 독특한 방법으로 통합되어 있다고 자랑스럽게 주장하는 계량경제사학자들은 철학을 논하였으며 꾸준하고 일관된 노력으로 새로운 가르침을 설파하고 놀라운 적용을 이루었다. 이 학자들은 탐구에 있어 새로운 규칙을 제정하고, 참신함을 보이며 승리를 장담하고, 한편으로는 정복자의 자신감으로 가득 차서 무자비한 논쟁 실력과 총명함을 뽐내며 많은 논문을 창출하였다. 여러 학파로 분열된 한 과학 분야에서 계량경제사학은 이질적인 연구자들의 집단을 하나로 모아서, 경제사를 재정의하고 수량화하는 단 하나의 주요 과업을 성취하도록 가르쳤다.

마지막으로 계량경제사학자들은 쉬몰러, 슘페터, 미첼, 그 밖에 많은 사람이 거침없는 개혁적 기질의 선언을 발표하기 위하여 피난처로 삼았던 역사에 저항하는 작은 마을을 침범하면서 세계주의적 신고전파 경제학을 적용하였다. 이 피난자들 역시 경제학을 사회과학의 한 부분으로, 하나의 사실주의적 과학으로, 어쨌든 하나의 과학으로 간주하는 입장에서 다량의 평민적인 연구를 수행해 오고 있었다. 그러나 침입자들은 경제사에서 새롭고 현란한 방법을 제안하였다.

이 장에서는 간단히 계량경제사학의 지식기반을 둘러보고 그 방법론과 성과물들 그리고 계량경제사학이 주류로 등장한 후 분열된 경제사학의 전통에 대해 논하겠다. 다음 절에서는 계량경제사학의 역사를 요약하는데, '구(舊)' 경제사학과의 첫 충돌 이후 이 운동은 자체적으로 분열하였다. 1.3절에서는 계량경제사학의 몇 가지 적용사례를 살펴보겠다. 이는 어떤 통계학적 도구들이 경제학 연구에 적합한지에 관한 일반적 논의의 기회를 제공한다. 이 논의는 이 책의 중요한 목적 가운데 하나이다. 마지막으로 결론에서는 경제학이 그 대상인 진화하며, 비가역적이고, 복잡한 과정들에 놓여 있는 실제의 경제를 다루기 위해서는 역사가 경제학의 한 부분으로 포함되어야 함을 다시 천명한다.

1.2 계량경제사학 : 어떻게 정량화 및 경제이론이 경제사를 점령했는가

이야기에 따르면 계량경제사학은 1957년 9월 매사추세츠 주 윌리엄스타운에서 열린 NBER(National Bureau of Economic Research)의 소득과 부 학술대회에서 탄생하였다. 존 마이어(John Meyer)와 알프레드 콘라드(Alfred Conrad)가 창시자 역할을 맡았다(e.g. Fogel 1966: 642; Davis 1966: 658). 몇 년 내로 계량경제사학은 경제사를 주류경제학에 긴밀하게 통합시키기 위한 축도가 되었다.

실제로 그 학술대회는 주요한 전환점인 것으로 판명되었다. 2년 전 솔로몬 페이브리컨트(Solomon Fabricant)가 경제학자들과 사학자들에게 통합 모임에 참석하도록 공개 초청장을 보냈는데, 경제사학회(Economic History Association)가 수락하고 거셴크론(Gerschenkron)이 공동 조직인으로 활동하였다. 이 학술대회에서 두 편의 논문이 새로운 조류를 위한 선언문이 되었다. 한 편은 뒤에 NBER의 소장이 되는 마이어가, 다른 한 편은 콘라드가 준비하였는데 이들은 당시 하버드에 소속되어 있었다. 이들의 새로운 아이디어들은 학계를 흥분시켰다.

한 세대 뒤의 거리에서 추측해 보면 구 경제사학에 대한 공격은 엄밀한 캠페인으로 분명히 잘 준비된 것이었다. 논문에서 저자 순서에 따라 맡은 일을 추측하자면 마이어는 인식론을 주도하였고, 콘라드는 제1저자로서, 미국의 남북전쟁 이전의 남부에서 노예제도의 수익성에 관한 연구를 수행함으로써 새로운 방법론이 적용된 주요 사례를 제시하였다. 최종 결과는 새로운 접근의 한결같은 사례가 되었다. 두 논문은 매우 도전적이면서 대담하며, 강력하면서 암시적이고, 구체적이면서 이론적이고, 신구 가설들을 새로운 시각으로 탐색하는 것이었다.

20년이 지나서 마이어는 밥 코츠(Bob Coats)에게 보낸 편지에서, 그들은 소속된 분야의 혁명을 노린 것이 아니었으며, 슘페터, 쿠즈네츠, 거쉔크론 등으로 대표되는 미국 경제사학의 수량적 전통의 사도로서 자신들의 정체성을 확인시킨 것이었다고 말하였다(코츠에게 보낸 1977년 10월 4일의 편지, Coats 1980: 187에서 재인용). 그렇지만 학술대회의 자료들을 살펴보면 새로움의 가운데 대결과 회의의 느낌을 감지하지 않을 수 없다.

로스토우(Rostow)는 '이론과 경제사학의 상관관계'라는 논문을 발표했는데, 정적(static) 가정과 방법론이 역사학자들의 주제에 적합하지 않다고 주장하면서 전통 경제 이론에 대한 역사학자들의 오래된 저항을 되풀이하였다.

이론가에겐 마샬(Marshall)이 그러했듯이 수확 체증은 '정적 방법을 사용할 수 없어 실용적인 관심을 끌기 어렵다'라고 말하는 것으로 충분하다. 하지만 이것은 관심사에 대한 흥미로운 정의이다. ... 간단히 말해서, 경제학자의 작업이 쓸모 있으려면, 예를 들면 그는 존 스튜어트 밀 이래로 주로 자신의 관심을 이끌어 준 이론적 구조들에서 상당한 정도로 벗어나서 작업해야 한다(Rostow 1957: 515, 517).

더 나아가 로스토우는 문제의 본질을 경제학을 역학의 한 분야로 인식하는 '뉴튼식 방법'의 부적절한 적용으로 보았다. 그는 미첼과 슘페터가 적절한 시기에 제시하였듯이 생물학적 은유가 더 적절하다고 생각하였다(Rostow 1957: 514 519). 하지만 로스토우는 방법론, 즉 돌이킬 수 없을 정도로 개인적이고 주관적인 선택의 영역에 대해 관심이 없음을 숨기지 않았다. '난 방법에 대해 열띠게 논쟁하고 싶지 않다. 역사학자의 방법이란 소설가의 스타일처럼 개인적이고 사적인 것이다'(p.509). 이러한 논조에 따라서 모든 토론은 그에게 에너지 낭비였다.

그러나 로스토우의 동료들은 이렇게 생각하지 않았다. 당시 지정토론자 중에는 마틴 브론펜브레너(Martin Bronfenbrenner), 레이몬드 드 루우버(Raymond de Roover), 엡시 도마(Evsey Domar), 더글라스 노스(Douglass North), P. G. 올린(p.G. Ohlin), 아서 스미시즈(Arthur Smithies) 등이 있었다. 사이먼 쿠즈네츠

(Simon Kuznet)는 토론의 요약, 논평 및 마감을 맡았는데 그의 당시 노트를 살펴보면 학술대회의 주제가 불러일으킨 관심과 회의의 지적 분위기를 엿볼 수 있다.

새로운 운동의 추정적 영감들 가운데 하나인 쿠즈네츠에 따르면, 토론자들이 어떤 선입견들은 공유하였지만 여러 가지 사항들에 대해 동의하지 않았다. 흥미롭게도 그들이 동의하는 주요 사항들 가운데 하나는 경제 이론에 대한 과도한 의존에 대한 경계였는데, 경제 이론에 대한 의존은 마이어와 콘라드가 강조한 아이디어들 가운데 하나였다. '토론자들은 특정 이론이 사용되는 것을 주로 우려하였는데, 이들이 의미하는 것은 경제 이론 가운데 누구나 인정하는 실체가 단 하나도 없다는 것이다. ... [더 나아가] 경제사학자들이 직면하는 문제의 커다란 복잡성을 고려하면 ... 가설들을 구성하는데 다양한 접근들이 허용되어야 한다(Kuznets 1957). 우리는 역사학과 경제학을 통합하는 데 있어 이론적 편중에 반대하는 이러한 주장을 뒤에 다시 돌아보겠다. 그러나 지금은 당시의 경제학자들과 역사학자들이 그들에게 제공된 이론적 실체를 얼마나 평가 절하하고 대신 다원주의를 강조하였는지 강조하는 것이 중요하다. 쿠즈네츠의 증언처럼 학술대회 참가자들은 경제 이론의 기여도를 대단히 높게 평가하지 않았다.

전통적인 경제 이론은 시장 관계들의 깔끔하게 정의되고 상응하게 추상적인 체제로부터 시사점들을 도출하는 데 몰두하므로 [변수들을 선택하는 데] 거의 도움이 되지 않는다. 반면에 경제사학자들은 시장 체제가 작동하는 범위와 조건에 영향을 끼치는 제도적 변화를 부득불 강조한다. ... 각각의 이러한 인과적 계열들이 정량화될 수 있는 변수들과 논문에서 요구하는 테스트가 가능하도록 단순화된 함수들로 이루어진 수학적 방정식으로 표현되어야 한다고 요구하는 것은 매우 제한적일 것이다(Kuznets 1957: 547-8).

물론 경제학자들은 모형이 설명이나 정책 문제들을 다루는데 유용할 정도로 현실과 비슷할 것이라는 믿음 아래서 상상의 성 짓기에 관여한다. 사실은 이러한 도구들을 설계하는 데 상당한 양의 경험적 실체가 들어가며, 자주 그 실효성의 명백한 증명 없이 시행된다(Kuznets 1957: 551).

결과적으로 새로운 접근법을 의심할 만한 두 가지 이유가 있었다. 그 학술대회에서 어떤(사실 대부분의) 경제학자들은 이론과 모형제작의 지배적 방법들을 역사에 적용하는 것에 대해 명백한 경멸조로 반대하였다. 쿠즈네츠가 지적한 바에 따르면 브론펜브레너, 스미시즈, 도마 등은 '좀 의심하는 눈빛으로 경제 이론과 경제사 통합의 가치를 쳐다보았다. 특히 계량경제 모형과 통계적 검정들을 적용하는데 대해서 의심하였다'(Kuznets 1957: 550). 또한 역사학자들 중 적어도 몇몇은 새로운 접근이 역사에 대한 환원주의적 비전을 시사할까 두려워했다. 그럼에도 불구하고 다른 역사학자들은 새로운 접근에 대해 더 수용적이었다. 특히 더글라스 노스(Douglass North)와 거셴크론(Gerschenkron)이 새로운 발전을 환영하였으며, 전자는 중요한 역할을 하였다.[1] 쿠즈네츠는 이 역설적인 매료를 다음과 같이 설명하였다,

내가 받은 인상을 과장하는 것으로 보이기 쉽겠지만 그 학술대회에 참가한 거의 모든 경제 이론가가 이론을 역사에 적용하는 것의 가치에 대해 의심하는 것 같았다. 반면에 일부 경제 사학자들은 그것이 필요하다고 느꼈다. 그리고 이 역설적인 광경에 대한 간단한 설명이 있을 것 같다. 경제분석 분야에서 일하는 학자들은 자신들이 사용하는 도구들의 한계를 너무도 명확히 인식하고 있었다. 반면에 이러한 도구들이 널리 사용되지 않던 경제사 분야에서 일하는 학자들은 이들의 사용으로부터 얻을 수 있는 이득을 높이 평가하는 경향이 있었다 (Kuznets 1957: 550).

비록 경제학자들은 회의적인 태도를 유지하고 일부 역사학자들은 염려하였지만, 학술대회는 실증적 적용사례로 뒷받침된, 한 사고의 구성된 실체, 한 성숙한 방법론적 접근의 등장을 나타냈다. 그것은 한 학파를 시작하는데 필요한 모든 것이었으며 실제로 한 학파가 시작되었다.

학술대회 프로시딩의 출간과 쌍둥이 선언문의 신속한 전파(노예제 논문은 같은 해 정치경제학지(JPE)에 게재되었으며 방법론 논문은 1958년 경제사학지(JEH)에 게재됨)는 이른바 '신경제사학' 또는 '계량경제사'의 길을 열었다. 1960년부터 퍼듀대학 세미나(랜스 데이비스 주도), 워싱톤 그룹(노스 주도), 하버드 팀(거셴크론), 로버트 포겔, 예일대 연구팀(윌리엄 파커), 위스콘신, 펜실베이니아, 스탠포드-버클리 경제사학 콜로퀴엄 등이 학파의 주축을 이루었다(Fogel 1966: 643; Coats 1980: 197). 랜스 데이비스에 따르면 더글라스 노스가 그 당시 '계량경제사

---

1) 더글라스 노스는 1963년 처음으로 '신경제사(New Economic History)'이라는 용어를 사용하였는데 이는 새로운 운동을 대표하는 용어가 되었다(Fogel 1964: 377). 반면 거셴크론은 계량경제사학의 목적을 공유하면서도 이를 실천하지 않았다. 그는 비판적인 태도를 유지하였으며, 운동의 '하버드파'는 신고전파 가격이론에 대한 과도한 의존에 대해 매우 회의적이었다(Sutch 1982: 28).

학의 주요 선전가이자 기업가'였다(Davis 1966: 659).

이에 대한 반격은 지지부진하고 엉망이었다. 연륜 있는 학자들은 젊은이들의 수학적 도구에 질겁하였고, 거의 이해하지 못하는 방법론이나 거의 인식하지 못하는 실증적 연구들에 대해 대항하지 못하였다. 실제로 '상당수는 자신의 전문 영역 내 한구석으로 물러나 있었다'(Landes 1978: 5). 게다가 편집위원회의 논란거리가 있는 결정은 세력 대결을 가져왔다. 랜스 데이비스(Lance Davis)의 논문이 경제사학지(Journal of Economic History)에서 거부당하자 젊은 경제사학자들은 모여서 정의를 요구하며 탄원서를 돌렸으며 추가로 집회를 조직하고 난리도 아니었다. 결국 데이비스 논문은 1960년 출간된다. 곧이어 편집위원회 위원들이 교체되었는데 새로 노스와 파커(Parker)가 지명되자 교체의 의미는 분명해졌다.

그럼에도 각종 증거들은 그 모든 과정에 대해 온건한 해석을 부여한다. 신경제사학자들에 대한 '숫자에 미친놈(quantomania)', '수비론(numerology)' 등의 비난에도 불구하고 그들은 학문과 지식의 평원에서 제대로 싸움도 하지 않고 개선장군처럼 누비게 된 것이다. 수년 내로 계량경제사학은 경제사학계에서 강력하고 새로운 정통으로 자리 잡았다.[2]

마이어와 콘라드: 방법론의 판도라 상자를 연 사람들

이제 콘라드와 마이어의 주장을 보여주고 토론할 시간이 되었다. 그들은 '확률적 우주에서 역사적 인과관계와 역사적 설명을 제시하는 개념에 대해 논하고, 어떻게 과학의 추론 분석 도구가 경제적 역사학에서 사용될 수 있을지 제안하기 위해서'라고 논문의 목적을 설정하였다(Meyer and Conrad 1957: 524). 이것은 상당히 새로운 것이었다. 논문을 지배하는 총명함은 사뮤엘슨(Samuelson)의 의견

---

2) 정치적인 대결 측면도 있었다. 이는 마이어와 콘라드의 논문에 의해 촉발된 것이었다(또한 포겔과 엥거만의 노예제 관련 책에 의해서도 유발된 것이다). 1967년도 필라델피아에서 열린 경제사학회 연례 학술대회에서 '경제성장의 장애물: 노예제도'라는 세션이 조직되었는데 저자들에 대한 상당한 반발이 있었다. 포겔과 엥거만은 저자 중 한명(콘라드)이 좌파학자이거나 공신력있는 기관의 주요 멤버(마이어는 NBER 소장)라면서 우파정치편향이라는 비방은 근거가 없으며 정치적 편향이 없는 당당한 논문이라고 어렵게 해명했다(Fogel and Engerman 1974: 16). 당시 학술대회에 참여했던 닉 폰 툰젤만(Nick von Tunzelmann)에 따르면 정치적인 대결구도는 억제하자는 것이 학계의 관행인데도 그러한 일이 벌어졌다고 한다. 그럼에도 학계가 빠르게 무정치색으로 보이려 한 것도 사실이다. '사회적으로 체제전복 성향의 애매한 주제들 예를 들자면 자본주의역사, 빈곤의 유래와 사회적 결과 같은 것은 정치적으로 안전하게 신고전파와 실증주의 연구를 진행하기 위해 삼가게 되었다'(Coats 1980: 202).

에 대치되는 비전이었다. 사뮤엘슨의 1947년 유명한 박사 논문에는 인과 모델과 역사 모델은 서로 다른 서로 상관되지 않은 별도의 접근법이라고 나와 있다 (Samuelson 1983: 272). 그러나 확률적 인과 시스템을 써서 역사적 과정을 모형화하기 위하여 이러한 상식적 가정에 도전하고 경제사를 재구축하려는 노력은 수익성이 높은 것으로 나타났다.

헴펠(Hempel 1942)에 근거하여 마이어와 콘라드는 실증주의적 접근의 강력한 버전을 제공했다. 즉 이론적 주장들의 설명적 가치를 증가시키기 위해서는 사실적 확인을 통해서 이론과 예측이 비교되어야 한다(Cardwell 1982: 20, 26-7). 이러한 논리실증주의 입증방식은 경제학에서는 참 드문 것으로, 이는 거의 모든 경제학자가 논리실증주의의 암묵적 정당화 양식에 동의하지 않아서가 아니라 다수의 경제학자가 인식론에 문외한이라서 그러했다.

포퍼(Popper)의 역사학과 자연과학을 구분하는 방식을 거절하고, 마이어와 콘라드는 신고전파의 가정과 틀의 수용을 통해 경제사를 경제학에 통합시키고 뉴튼의 원자론적 틀에 따라서 경제학을 과학으로 정의하는 매우 야심찬 프로그램을 설립했다. 또한 이는 순수한 헴펠이었다. 즉 모든 과학은 가설-연역 모형으로 정의 가능하며, 따라서 인과적 순서 시스템으로 귀결되었다. 결국 모든 과학은 일반법칙의 공식화를 통해 설명과 예측을 일치시킬 수 있어야 한다. '일반법칙들은 역사와 자연과학에서 상당히 유사한 기능을 가진다. ... 그들은 심지어 종종 자연과학과 모순되는 사회적 특징들로 간주되는 다양한 절차들의 공통 기반을 구성한다'(Hempel 1942: 345, 348).

특히, '재현 불가능한 과거', 또는 역사적 사건들의 불가역성은 두 가지 조건만 만족하면 적절한 과학 방법의 사용과 인과관계의 정의를 막을 수 없을 것이다. 첫 번째 조건은 순차적이든 아니면 동시적이든 두 개의 속성들 사이의 변함없는 연계이다. 두 번째 조건은 연계의 비대칭적 특성이다. 첫 번째 조건은 하나의 포괄하는 법칙이 적용될 완벽한 상황을 연출하는 것과 다름없으므로 이를 만족시키기 힘들기 때문에 마이어와 콘라드는 이를 확률적 용어로 바꾸어 표현하였다. 우리에게 필요한 것은 '일련의 "첫째" 조건들로부터 "둘째"로 이어지는 확률값을 부여할 수 있어야 하며 ... 이 과정이 비가역적이어야 한다는 것'(Meyer and Conrad 1957: 528)이다. 이 경우 인과관계의 순서 매김, 또는 내생변수와 외생변수의 식별이 가능했다. 물론 식별은 가정된 이론에 상대적이다. '다른 어떤 실증 탐구와 같이 역사에서도 과학적 설명은 적합한 일반적인 가정 또는 체계적으로 연계된 가정들의 구성물인 이론들에 의해 달성될 수 있다'(Hempel 1942: 352).

　그러나 어려움을 시사하는 것은 단지 일반이론에 대한 언급만이 아니다. 여기서 핵심이 되는 것은 확률적인 요소이다. 모형의 구조는 결정론적이지만 무작위적 사건들이 역사의 변화를 나타낸다.

형식적인 용어로, 이것이 의미하는 바는 역사적 설명은 규칙성을 전제하는 반면, 무작위적 요소들은 인과적 시스템을 지배하고 역사적 시간의 매 순간 다르게 분포된다는 것을 가정해야 한다는 것이다. … 그러나 역사적 시스템에서 설명은 초기 조건들과 인과법칙 또는 일반화가 주어지면 한 상태에서 다음의 상태로 전이하는 확률들의 추정으로 해석될 수 있다. 그러한 해석에서 경제사학자들의 할 일이란 외생변수들의 변이를 찾아내는 것, 즉 실증적으로 실현된 독립조건들의 집합에 추가하는 것이다(Meyer and Conrad 1957: 530-1).

　이러한 '확률적 인과 시스템'은 다음의 3가지 주요 요소로 해석될 수 있다. (1) '원인'은 외생변수로 주어지며, (2) '효과'는 내생변수로 특정 구조에서 정의되고, (3) 무작위적 충격들은 '역사적 사건들의 유일성에 대한 적절한 의미'를 부여한다(Meyer and Conrad 1957: 532). 그리고 가설은 이 3종류의 변수들을 표현하는 수식으로 기술되어야 한다. 3가지 변수들이 필수적으로 틀 안에 공존해야 한다는 점이 강조되어야 한다. 무작위적인 요소가 가지는 특성이 확률적 추론을 가능하게 하는데 왜냐하면 이 틀에서 의미 있는 인과적 주장을 가능하게 하는 것은 외생적-내생적 이분법적 구별이기 때문이다.

　동시에, 이러한 방법들의 숨겨진 가정이 계량경제사학자들을 위축시키지 않았으며, 그들은 심지어 사회과학의 실증주의 혁명을 저지하지 못하는 동료 경제사학자들의 눈앞에서 자신들을 질시의 대상으로 묘사하였다. 이러한 시각은 포겔과 엥거만의 도전적인 글에 야만적으로 나타나 있다.

많은 인문학자에게 사람을 마치 하나의 원자처럼 취급하는 것은 무지막지한 바보짓으로 보일 것이다. 그런 실없는 소리를 무시하는 것은 그들 인문학자로서 별로 어렵지 않은 일이다. 그리고 많은 인문학자가 하는 일이란 가끔 그들의 연구실에서 프랑스혁명을 수식으로 표현한 논문을 보면서 숨죽여 낄낄대는 것이다. … 경제학자들만이 1950년대 후반 그들의 영역을 침범한 것은 아니다. 사회학자들, 정치과학자들도 통계학 방법과 컴퓨터 프로그램 그리고 인간 행동의 수학모델을 가지고 역사학의 침범에 동참하였다. 주류 역사학자들은 이러한 침입을 무시하려 하였는데, 침입자들이 반발의 강력함을 깨닫고서는 스스로 물러나거나, 역사에서 수많은 야만인 침입자들이 그러했듯이 동화될 것으로 가정하였다(Fogel and Engerman 1974: 8-9).

포겔과 엥거만은 자신들을 이전의 수학화 시도들과 조심스럽게 차별화하였는데, 그들은 초기의 노력들이 19세기 물리학과 열역학 제1법칙에 그릇되게 기초함으로써 방정식 체제의 해인 균형의 안정성을 강조했다고 주장하였다. 분명히, 그들은 신고전파 경제학 자체가 정확히 에너지학(energetics)의 경제학 버전으로 출현한 것이며 확률혁명의 세례로 1930년대 부활했다고 해도 원래 있던 탯줄을 끊어버린 것은 아니었다는 사실을 무시하였다. 결과적으로 포겔과 엥거만이 썼듯이 경제주체는 여전히 원자로 모형화되었다. 그러나 사람들은 어떤 행위적 가정들이 이 원자에게 가능할지 물어볼 수 있을 것이며 어떻게 한정된 수식으로 프랑스혁명이라는 역사적 사실을 표현할 수 있는지 이의를 제기할 수 있을 것이다.

그러므로 1957년 윌리암스타운 학술대회에 참여한 사람들이 이러한 주장들에 대단히 회의적으로 반응했다는 것은 놀랍지 않다. 경제사학에 관한 확률적 접근의 유용성에 관해서는 특히 그러하다.

경제사에서 일어난 한 거대한 전환

반대에도 불구하고 계량경제사학은 승리의 날을 맞이했다. 돌이켜보면 두 가지 이유가 승리를 설명하는 데 도움을 줄 것 같다. 하나는 이것이 경제사에서 실증주의의 부상을 대표하였는데, 실증주의는 19세기 말부터 학문 분야가 과학화되었음을 알리는 품질 보증처럼 여겨졌다. 실제로 경제학과 역사학, 그리고 경제사에서는 더욱더 많은 이들이 실증주의와 측정과 숫자세기에 대한 실증주의의 지나친 강조에 오랫동안 저항하였다. 애덤 스미스는 정치경제학자이자 어떤 의미로는 역사학자였으며 공리적 방법(axiomatics)들이 대세를 장악하였다. 그러나 오랫동안 경제사학에서 지배적인 관점은 경제사가 주류경제학의 추상적이고 현실과 동떨어진 모습과 반대의 역할을 하도록 고안되었다는 것이었다. 쉬몰러(Schmoller), 토인비(Toynbee) 등은 그들의 작업을 현실 경제학을 위한 피난처와 역사를 되살리는 상태를 조성하는 것으로 여겼다. 가장 정통파이면서도 이단인 슘페터 같은 학자는 역사학을 경제학 프로그램의 내재적 일부라고 천명하였으며, 방법론 논쟁(Methodenstreit)에 관한 첫 번째 개관 논문의 후기에서 쉬몰러와의 화해를 요청하였다(Louca 1997: 239 ff. 또한 이 책의 제2장을 보라).

대체로 경제사의 사실주의에 대한 맹세, 신고전파적 행동 가정들에 대한 의존으로 약화된 과학의 전반적인 개혁에 대한 야심적인 관심으로 인해 경제사학자들은 경제학의 영향으로부터 자신들의 작업을 보전하기 위한 예방적 조치들을 취하였다(Schabas 1995: 198). 다른 한편으로 근대 경제학은 주로 역사학과 역사학의 다원주의적 전통과 반대로 정의되었다. 1902년에 마샬은 '경제학 커리큘럼 제정을 위한 탄원'에서 당시의 지배적인 서술적 기교들에 대항하여 수리 과학의 실증주의적 기준들을 옹호하였다(Kadish 1989: 200). 결과적으로 경제학 방법론은 물리학에서 차용되었으며 경제사는 별도로 취급되었는데 모두에게 좋은 것이었다.

이러한 상황은 드브루(Debreu)와 애로우(Arrow)가 일반균형이론의 엄밀한 조건들을 정의한 뒤 신고전파 경제학의 인식론적 우위와 이론적 몸체가 자리 잡았을 때 도전을 받게 되었다. 계량경제사학의 강력한 움직임은 그러한 통합의 파도를 대표하였다. 경제학은 역사학이 자기 영역으로 돌아왔다고 선언하였다.

계량경제사학의 두 번째 승인은 중요도에서 첫 번째에 뒤지지 않는데, 이는 젊은 학자들에게 새롭고 멋져 보이는 기교들의 사용을 촉구하고 세련된 '새로운 경제사'에 대한 투자로부터 수확 체증을 발생시켰다는 것이다. 젊은이들은 늙은 학자들이 쓸모없게 되었다고 선언하였으며(Landes 1978: 4) 그들의 프로그램을 져버렸다. 역사는 더 이상 진화와 제도를 연구하는 것이 아니라 본질적으로 동일하고 정연하게 행동하는 무수한 원자들의 활동으로부터 나오는 거시경제적 과정의 서술로 간주되었다. 이로부터 컴퓨팅과 현란한 논문들이 등장하게 되었으나 학파 자체가 몇 개의 흐름으로 예리하게 분열되는 것이 곧 분명해졌다.

1965년 하버드의 은퇴한 교수인 프리츠 레드리히(Fritz Redlich)는 계량경제사학에 대한 비평을 쓰고 세 개의 주요 흐름을 구분하였다. 첫째는 그가 표현한 것처럼 데이비스(Davis), 휴즈(Hughes), 피쉴로우(Fishlow)와 같은 '자료처리' 학자들인데, 세련된 통계적 도구들을 사용하기는 하지만 이전의 정량적 역사학자들처럼 정보를 수집하는 데 주로 관심을 가졌다. 둘째는 노스의 업적으로, 그의 결과물은 '경제사'이며 가설들의 철저한 토론이었다. 셋째로 '유사 역사(quasi-history)' 그룹이 있었다. 콘라드, 마이어, 포겔처럼 본질적으로 꾸며낸 상상, 반박도 증명도 불가능하고 단지 정당화만 요구하는 가정 등을 가지고 작업하는 모형 구축자들이었다(Redlich 1965: 491).

더 나아가 레드리히는 세 번째 그룹이 두 가지로 구분되는 종류의 모형을 사용한다고 지적하였다. '환원적 모형들'(콘라드-마이어 논문의 제3절에서 사용된 것과 같은 실증자료에 근거한 생산함수)과 '건설된 모형들'(콘라드 마이어 논문의 나머지 부분에 나오고 포겔의 작업에 나오는 것과 같은)인데, 두 경우에 있어서 모두 '모형은 역사의 한 조각이 아니다. 왜냐하면 모형은 추측되거나 주관적이거나, 또는 모든 이상형(ideal type)들에 대해 사용된 막스 베버의 언어로는 현실의 왜곡이기 때문이다'(Redlich 1965: 490).[3] 아마도 독자는 어떻게 잘못된 가정에서 명백함을 얻을 수 있을지 의아할 것이다(이것이 레드리히의 공격 노선이었다).

이러한 차이는 시간이 갈수록 더 골이 깊어졌다. 결과적으로 창시자들은 공유된 판결을 받아들일 수밖에 없었다. 즉 계량경제사학은 좋은 결과와 함께 응용에서 '매우 끔찍한' 결과를 낳았으며(Davis 1966: 662), 그리고 '멍청하고 상상력이 부족한', '부정확하고 애매한', '열 받을 정도로 부실한' 연구를 낳았다는 것이다(North 1965: 90). 이러한 차이들은 결국 내부에서 엄청난 논쟁을 불러일으켰으며 매우 공격적인 검토와 개인에 대한 공격까지 나타났다(McCloskey 1978: 23).

계량경제사학에서 이러한 다른 접근법들은 각 저자들의 다양한 의도들을 드러낸다. 원래 포겔은 계량경제사학이 역사학을 경제학에 다시 통합시키는 특별한 방법으로서 차별화된다고 주장하였는데, 그에 따르면 계량경제사학은 경제학의 일반이론, 즉 기초적인 신고전파 가정들에 포괄되었다. '신경제사의 방법론적인 특성은 측정에 대한 강조와 측정-이론 사이의 밀접한 관계에 대한 인식에 있다'(Fogel 1966: 651).

맥클로스키(McCloskey)는 더욱 단정적으로 계량경제사학은 신고전파 균형가격 이론에 대한 '깊은 동의'로 정의된다고 주장하였다.

이 방법론을 소유한다는 것은 계량경제사학자들을 다른 경제사학자들과 구별되도록 한다. ... 단순히 숫자를 세는 것이 아니라 경제 이론 특히 가격이론이 다른 경제학자들처럼 계량경제사학자들을 정의하는 기술이다. 계량경제사학자는 역사학을 위해 (보통 단순화된) 경제이론을 (항상 정량화된 것은 아닌) 역사적인 사실에 적용하는 경제학자이다(McCloskey 1978: 15).

이것은 실제로 널리 수용되었다. 계량경제학의 거두인 아놀드 젤러(Arnold Zellner)가 포겔을 계량경제학회 신임 회원으로 추천할 때, '포겔은 계량경제학

---

3) 베버에 따르면 '이상형은 현실에서 경험적으로 발견될 수 없다'(Weber 1949: 90, 42-7, 91-102).

방법을 경제사에 적용하는 운동을 주도한다고 알려진 학자'이며, '그의 업적은 경제 이론을 경제사에 적용하는 것을 장려하는데 중요한 요인이었다'라고 주장하였다.[4] 하지만 정작 포겔 본인은 '신경제사의 중요성은 주로 실체적 발견의 참신성에서 유래'(Fogel 1966: 644)하며, 암묵적인 방법에서 유래하지 않는다고 주장하였다. 실로 윌리엄스타운에 온 경제학자들의 이성과 계량경제사학 방법론이 가진 제한적인 시야와 엄격한 가정 등을 고려하면 어떻게 그들이 많은 총명한 학자들의 눈을 흐리게 만들었는지 놀라울 지경이다. 첫째 날부터 방법론의 부적절함이 비판되었으며 심지어 매혹된 일부 학자들조차 이를 지적하였다. '[역사학에서 계량경제학 방법들은] 터널과 같이 좁은 지적 시야의 한 형태를 나타낸다. 이것은 매우 제한된 관찰을 마찬가지로 협소하게 특정된 경제행위의 어떤 측면에 관한 가설들과 대조시키는데 배타적으로 주의를 집중하는 경향에서 가장 빈번히 나타난다'(David 1971: 464).

그러나 가장 중요한 반대는 더글라스 노스로부터 나왔다. 이는 그리 새로운 뉴스는 아니다. 1965년 노스는 '신경제사는 현재의 상황(학문적으로 처참한 상황)에 대한 치료가 되기에는 한참 모자란다. 대체적으로 실망스럽다'라고 주장하였다(North 1965: 86, 90).[5] 그러나 1978년에는 비록 계량경제사학의 취지에는 공감한다고 하면서도 노스는 더 나아가서 동료 계량경제사학자들이 신고전파 경제학의 가치에 대해 순진한 믿음을 가지고 있다고 비판하였다.

이론(특히 가격이론)의 체계적인 사용에 대한 강조는 신경제사의 가장 결정적인 공헌이었으며, 이는 더욱 과학적 역사학을 발전시키기 위한 시도였다. 이론모형들을 명시적으로 사용하고 검정 절차에서 통계학적인 추론을 체계적으로 사용하는 것은 이 접근의 가장 두드

---

4) 이 젤러의 추천 제안은 오슬로 대학의 프리시(Frisch) 아카이브에 있다.

5) 엡시 도마(Evsey Domar)는 1965년 당시 노스의 논문에 대해 논평하였는데 도마 또한 1957년 윌리엄스타운 학술대회에 참가한 경제학자였다. 1957년에는 쿠즈네츠가 말한 것처럼 도마는 새로운 접근법에 대해 상당한 회의감을 가지고 있었으나, 1965년에는 경제사학자들을 '서술과 동어반복의 성향을 가지고 있으며 분석적 모형들을 무시'한다는 이유로 기꺼이 공격하였다(Domar 1965: 116). 그렇지만 노스의 계량경제사학의 현상에 대한 비판을 접하고, 노스의 '자기-절단'에 덧붙이는 것을 자제하기로 결정하였다. 그럼에도 불구하고 당시 노스가 비판한 것은 계량경제사학의 낮은 연구 수준이었지 그 방법론 자체는 아니었다는 점이 강조되어야 한다. 같은 논문에서 그는 여전히 경제이론을 사원의 가장 적합한 수호자로 간주하였다. '결론적으로, 신경제사의 품질을 높이기 위해서는 옛 경제사의 상당량을 문밖에 내버려야 한다고 나는 확신하며, 경제학자들은 경제사학 동료들이 생산한 연구가 경제학의 다른 분야들에서 기대되는 수준에 도달하는지 회의적인 눈으로 보아야 한다'(North 19965: 91).

러진 공헌들이다. 맥클로스키와 나의 의견이 갈라지는 지점은 나는 대부분의 신경제사가 신고전파 경제학을 과거에 단순히 적용한다고 생각한다는 점이다. 그것은 공헌이긴 하지만 빠른 속도로 수확체감에 도달하는 공헌으로, 경제학자에게 우리가 경제학 분야에 필요 없는 것은 아니지만 미미하다는 확신을 남길 수 있다(North 1978a: 78).

맥클로스키는 이 비판에 반발하였다. '[노스는] 계량경제사학이 경제학 도구들을 무비판적으로 사용한다고 (그릇되게) 불평한 계량경제사학자이다'(McCloskey 1978: 28). 그럼에도 불구하고 다른 설명도 존재한다. 노스는 오랫동안 그의 연구의 방향을 '다양하고 다르게 전개되는 역사의 변화와 경로를 설명하는 인류 역사의 중심 퍼즐'(North 1990: 24)로 설정하였으며, 특히, 제도의 형성과 진화에 관한 연구로 설정하였다. 그가 이렇게 구(舊) 역사학자들의 연구주제와 비슷한 취향을 가졌기 때문에 신고전파 가정들의 유용성을 의심하게 되었으며 결국 '우리가 제도경제의 존재와 형성 그리고 진화를 이해하는데 신고전파 가정들이 근본적으로 장애물이 된다'고 결론지었다(North 1990: 24). 사실 제도들에 대한 고려는 매우 단순화된 합리성 원칙의 포기와 환경의 복잡성에 관한 연구를 요구한다. 노스는 어떤 경우에도 주저하지 않았다. 그는 완벽한 정보와 합리적 극대화 행위를 절차적 인지와 제한된 합리성으로 대체하였고, 단순성 가정을 사회적 상호작용의 비결정론적 결과들에 대한 논의로 대체하였다. 결국 제도들을 효율적인 경제단위로 보는 그의 이전 관점들은 버려졌고, 거래비용의 단순한 모형을 통해 제도들을 나타내는 것도 버려졌다. 결론적으로 노스는 오히려 동료 계량경제사학자들보다 구 역사학파에 더 가까워졌다.[6] 그는 이 변화의 영향을 숨기지 않았다.

제도분석을 명시적으로 포함하면 경제사와 역사 일반의 저술(그리고 읽기)이 어떻게 달라지는가? ... 이에 대한 간단한 대답은 제도분석이 역사학에 포함되면 훨씬 나은 이야기를 말할 수 있다는 것이다. 계량경제사학 이전의 역사학은 실제로 제도들을 다루었고, 가장 탁월한 실천가들의 손에 의해 연속성과 제도적 변화의 그림, 즉 진화적인 이야기가 제공되었다. 하지만 그것은 총체적 구조가 없는 단속적인 이론과 조각난 통계 위에 구축되었기 때문에 일반화 또는 실질적으로 개별적 이야기들의 임시방편적 성격을 뛰어넘는 분석에 이르지

---

6) 노스는 학문의 출발점이 구 역사학파와 가까웠다. 그는 젊은 시절 마르크수주의자로 자처하였으나 그 시절 이미 '장시간 가격이론과 사랑에 빠졌다'(Hughes 1982: 4-5). 1970년대 초반 그는 '하버드파'의 비판들을 일부 옹호하고 신경제사 운동의 '신고전학파'와 결별하였는데 이는 역사학파들의 결정적인 주장들을 요약한 것이었다. 포겔과 엥거만이 〈교차로에 선 시간(Time on the Cross)〉을 출간한 쯤에는 간극이 이미 분명하게 벌어져 있었다.

못하였다.

계량경제사학의 공헌은 체계적인 이론인 신고전파 이론을 역사학에 적용하고 세련되고 정량적인 기법들을 역사적 모형들의 특정 및 검정에 적용한 것이다.

그러나 우리는 신고전파 이론의 무비판적인 수용으로 큰 대가를 치렀다. 비록 가격이론을 역사학에 체계적으로 적용한 것이 중요한 공헌이나, 신고전파 이론은 일순간의 자원배분에 관련된 것으로, 시간에 따른 변화를 설명해야 하는 역사학자들에게는 너무나 제한적이다. 더구나 분배는 마찰 없는 세상, 즉 제도들이 존재하지 않거나 중요하지 않은 세상에서 이루어진다고 가정되었다. 이러한 두 가지 조건들이 경제사가 정말로 신경 쓸 부분을 포기하도록 만들었다. 즉 시간에 따른 사회의 다양한 성장, 정체, 쇠퇴 패턴을 설명하고, 인간 상호작용의 결과인 마찰들이 광범위하게 발산하는 결과들을 일으키는 방식을 탐구하려는 시도를 말이다(North 1990: 131-2).

이제 원래 제시한 주장으로 돌아가려고 한다. 즉 계량경제사학의 특별한 공헌은 그것이 시사하고 역사학을 경제학에 재통합하기 위해 사용한 방법이었다는 것이며 그것에 대해 서술하겠다.

1.3. 계량경제사학의 작업장

신경제사의 헌신자이자 실증주의적 트렌드의 중요한 방어자인 맥클로스키는 두 가지 근거에서 새로운 접근법의 참신함에 크게 찬사를 보냈다. 첫째, 계량경제사학은 경제사의 이론화를 대표하였다. 둘째, 계량경제사학은 정량화의 속도를 정하였다. 사실 이 두 가지는 하나가 부족하면 다른 하나는 일어날 수 없는 것인데 사실 정량화는 어떤 함수의 형태들에 관한 '미친' 가정들과 매우 엄격한 변수 측정 능력에 의존한다. '가용 사실들에 의해 정해지는 과거의 경제 현상에 대한 호기심의 한계는 거의 없다. 계량경제사학자들은 생산함수와 수요곡선 그리고 함수를 측정할 수 있다는 미친 신념으로 머리가 멍해진 그 한계를 더 멀리 밀어냈다'(McCloskey 1978: 21).

복잡한 정성적 인과 시스템(말하자면 제도적 진화)으로 '멍해진' 전통적인 경제사와 비교해서 이것은 거대한 전환이었다. 그러나 적어도 초창기 계량경제사학자들은 계량경제사학의 기초와 의미하는 바를 잘 인식하고 있었다. 즉 경제사를 경제 이론과 같은 페이지에 올리는 것은 실증주의로 인식되는 일반 과학의 기준을 받아들이는 것을 의미하였다. 결과적으로 설명이 모든 사례를 포괄하는 일반법칙의 공식화와 일치한다는 의미에서 역사학은 경험 또는 자연과학들과 구별되지 않아야 했다. 칼 헴펠(1942)은 마이어, 콘라드, 포겔 등에게 역사학을 재구성하는 데 있어 주로 거론되는 인물이다. '다른 어떤 경험과학 분야와 마찬가지로 역사에서, 현상의 설명은 일반 경험법칙 아래 그것을 포괄하는 데 있다. 그 건전함의 기준은 … 오로지 그것이 초기 조건이나 일반법칙들에 관한 경험적으로 잘 확인된 가정들에 기반하는지 여부이다'(Hempel; Fogel 1964: 1에서 재인용).

그러므로 '신경제사의 가장 근본적인 방법론적 특징은 모든 과거 경제발전을 타당한 가설-연역 모형의 형태를 가지고 설명하려는 시도이다'(Fogel 1966: 656).

비록 헴펠은 역사에 대한 설명이 실증주의적 결론이라기보다는 '설명 스케치'로 구성되고 역사 모형은 보편적 법칙이 아니라 '유사 법칙'이라고 주장했지만(Fogel 1964: 246), 그는 포괄적인 법칙에 대한 경험연구를 수행하기 위한 정확한 조건들, 즉 일련의 초기 조건과 사건들의 각 특정 사례 등을 진술하였다. 이것들은 계량경제사학자들은 맹세코 따르는 '헴펠의 지침들(Hempelian lines)'이었다(p.248).

가정-연역 모형은 실증주의적 공식화(경제주체들의 합리성 정의)를 허용하는 결정적인 가정에 기초하였다. 또한 그 모형은 계산 가능했는데, 왜냐하면 사건의 모든 유형이 모형을 특정하거나 통계적 추론이 가능한 무작위 충격을 특정함으로써 표현될 수 있었기 때문이다. 그러므로 그 모형은 관측되지 않은 현상들에 대한 예측적 진술과 가정법적인 조건 진술을 허용하였다. 이러한 3가지 특징들을 순차적으로 다루어 보겠다.

먼저 합리성 원칙과 방법적 개인주의를 경제사학에서 받아들였다는 것은 곧 정통 경제 이론을 옹호한다는 신호였다. 실로 이전의 조사는 정확히 이러한 원칙들에 대한 예외와 반박들을 다루었다. 그러나 교리와의 동조는 희생용 제물들을 요구하였는데, 제도적, 사회적 역사학이 그들 가운데 하나였다.

결과적으로 합리성은 더욱 옛날 역사에서도 인간의 행동을 규정하는 상수로 간주되었으며, 경제인(Homo economicus)은 호모 사피엔스 사피엔스(Homo sapiens sapiens)의 내재적 자아로 일으켜 세워졌다. '경제인의 모험 이야기들이 있을 것 같지 않은 장소, 예를 들어 19세기 인도, 또는 중세 유럽, 또는 쇠퇴기의 로마 등에서 쌓이기 시작한다'(McCloskey 1978: 24).

하지만 이것은 거의 공감을 받지 못한다. 수십 년 동안 인류학자들과 역사학자들은 다른 문명들이 개인 이익 극대화와 거리가 먼, 협동적인 활동에 기초한 생산 및 사회적 상호작용 양식들을 조직하였다는 것을 보았다. 마가렛 미드 (Margaret Mead)의 뉴기니 아라페쉬 연구(Mead 1962: 37)에서 최근 연구까지 이 주제는 여러 번 입증되었다. 오늘날의 동시대 연구, 즉 혁신, 회사와 제도 이론 등은 이러한 점을 강조하고 있다. 모든 변화가 환상이며 경제인이 수천 년간 조금도 진화하지 않고(Schabas 1995: 198) 고대 로마와 21세기 초 홍콩 주식시장에서 똑같은 기준들에 따라 행동한다는 파르메니데스(Parmenides) 세계의 관념은 적어도 유쾌한 농담이다.

그러나 다른 단순 아이디어와 같이 경제인 가정은 거칠거칠함 속에서 거의 구별되지 않는 결정적인 역할을 가진다. 그것은 선형 또는 선형화된 시스템 기반의 강력한 회계 및 통계 도구들을 사용하도록 해 주었으며, 가장 빈번히 사용되는 도구로서 회귀분석의 일상적인 사용을 가능하게 했다(Fogel 1966: 652). 더 나아가, 훨씬 더 엄격한 가정들을 허용하였는데, 예를 들면, 콥-더글라스 (Cobb-Douglas) 생산함수들과 이들이 의미하는 모든 것인 수익불변, 한계 생산성 요소 가격, 독립적 생산 요소들의 불편 집계(unbiased aggregation of supposedly independent factors of production), 연속적으로 미분 가능한 생산함수들이다 (예: 1856-1973년까지 영국경제 성장: Matthews et al. 1982: 590).

이러한 조사 및 계산 방법의 몇몇 기술적인 시사점들과 이를 역사적 자료에 사용하는 것의 적합성에 관한 논의는 다음 절에서 다룰 것이다. 그러나 우리는 인간 및 사회적 행위의 패턴으로서 이기적이고 극대화를 추구하는 합리성의 가정에 다른 시사점이 있다는 것을 추가해야 한다. 이는 선험적으로 이념적이다. 다시 한번 맥클로스키는 어느 정도 드러난 가정을 외친다. '경제 이론이 연구를 지배하는데, 이는 연구에 결론들이 아니라 통일성을 부여한다. 사실, 결론들은 종종 주제에 대한 변주들이다. "시장이, 신이여 축복하소서, 작동한다"...'(McCloskey 1978: 21).

이 이념은 계량경제사학자들이 전달한 주요 작품들 가운데 하나인 '교차로에선 시간(1973)'에서 명백히 드러난다. 이는 포겔과 엥거만이 콘라드와 마이어를 따라서 남북전쟁 이전 남부의 노예 수탈의 수익성을 주제로 하여 수행한 인상적인 연구이다. 이 책에서 농장주와 노예가 합리적으로 행동하는 집단으로 묘사된다. 그렇지만 적어도 이들 중 한쪽은 노예이므로 선택은 의미 없는 것이다. 노예 소유주들은 '일꾼들을 훌륭하게 관리'할 수 있는 '영리한 자본주의적 비즈니스맨'으로 표현된다. 노예들은 '질적으로 뛰어난 흑인 노동력'으로 칭송되는데, 왜냐하면 그들은 '[숙련된] 직업을 얻으려고 경쟁'하며, '주인들과 같이 프로테스탄트 윤리로 물든 채', '부지런하고 효율적인 일꾼으로서', '그들에게 열린 오직 하나의 길에 따라서 자신들을 발전시키고 개선하기 위하여' 분투하였기 때문이 다(Fogel and Engerman 1974: 73, 150, 201, 203, 210, 231-2, 263). 비록 저자들이 흑인 노예들을 미국 남부 경제발전의 중심에 놓아 흑인 역사를 구원하려 하였다 지만 결과는 의심스럽지 않다고 해도 보잘 것 없다.

이것은 경제 이론에서 많이 논의되고 잘 알려진 주제에 관한 것이고, 계량경 제사학이 이를 수입해서 새로운 것은 없으므로, 이 장은 더 상세하게 나가지 않 을 것이다. 다음 절은 계량경제사학의 몇 가지 특별한 기여들을 다룰 것이다.

산업혁명: 역사에서 변이의 표준적인 양태로서 무작위적 사건들

계량경제사학이 합리성 공준(postulate)에 관한 정통의 상식을 수정 없이 수 용하였으므로 첫째 주제는 꽤 진부하였다면, 둘째 주제는 특별한 기여, 즉 이 책 의 관점에서는 실제로 중요한 기여에 해당된다. 이는 예상된 것인데, 계량경제 역사학(econometric history)으로도 명명된 '더욱 과학적인 경제사'의 추구는 멋진 통계적 추론 도구들을 기꺼이 적용하려는 것 이상을 의미하였다. 이것은 어떤 엄격한 조건들의 부과, 말하자면 역사 자체의 순전히 확률적인 역사의 성질을 요구하였다.

잘 알려진 대로 초기 통계학자들은 자신의 발견을 시계열로 확장하려고 시 도했다. 비록 제본스(Jevons), 에지워스(Edgeworth)와 같은 사회과학자들이 초기 에 얼마간 중요한 공헌을 했지만, 그들은 결국 자신들의 방법을 사회 영역과 경 제학으로 확대하는 것을 주저하였다. 나중에 계량경제학의 설립자 가운데 한 명 인 라그나 프리시(Ragnar Frisch)도 비슷한 당혹감을 토로하였다. 그는 자신이 창 시에 결정적인 역할을 했던 확률적 접근을 따르지 않았다. 그렇지만 계량경제학자 들은 무작위라는 개념을 일반화했는데, 두 가지 방향의 일반화가 계량경제사학 혁 명과 관련되었다. 첫 번째는 역사적인 사건들을 규칙적인 역사적 과정에 침입하는 무작위 요소들로 간주하는 것이었다. 두 번째는 첫 번째만큼 강력한 것으로, 이는 역사의 시계열을 같은 확률과정의 실현 가능한 거대한 우주로부터 추출된 표본으 로 생각할 수 있다는 주장이었다. 그러므로 네이만-피어슨(Neyman-Pearson) 전략 에 따라 가설 검정을 적용할 수 있고, 모형의 방정식들을 데이터에 적용함으로써 얻은 모수들의 유의도를 계산할 수 있게 되었다. 그것이 마이어와 콘라드가

1957년 학술대회 논문에서 따른 전략이었다. 내생, 외생, 무작위 변수들로 정확하게 정의된 '확률적 인과 모델'이 '인과 순서'에 대한 최소한의 조건을 결정하기 위해서 사용되었다(Meyer and Conrad 1957: 532). 그러나 이 결정적인 점이 학술대회에서 더 강한 반응을 불러일으켰다는 것을 추가로 언급해야 하겠다. 쿠즈네츠는 참석자들 다수가 프리시와 비슷한 의구심을 공유하였으며 콘라드와 마이어 또는 그들의 제자들을 따르지 않았다고 지적했다.

토론에서 제기된 질문들 가운데 하나는 오차항에 대한 이러한 해석으로 허용되는 확률 검정들이 경제사에서 분석되는 종류의 상황에 타당하냐는 것이다. … 토론의 대체적인 취지는 저자들과 다른 결론을 제시한다. 토론의 기준은, 내가 알기로는, 그러한 '적절한 근사'가 존재하는 경우는 거의 없나는 것이었다. … 왜냐하면 검정들은 경제적 추세가 존재하는 우주의 조건에서 이루어져야 하기 때문이다(Kuznets 1957: 549-50).

최근에는 크라프츠(Crafts)가 이 문제를 상당히 자세히 논의했는데 그의 해법이 계몽적이다. 1977년에 발표된 한 논문에서 그는 역사적 사건들이 필요충분조건들(예: 언제나 그리고 오직 A면 B)로서 보편적인 포괄 법칙들 아래서 설명될 수 없다는 것을 받아들였다(Crafts 1977: 432). 더구나 해석의 심각한 문제들, 관찰의 유일성, 변수들의 다중공선성(multicollinearity), 불충분한 자유도 등이 주어진 경우 다중회귀는 작동하지 않을 것이다. 초기의 계량경제학 전통과 같이, 제시된 대안은 역사를 우연의 내재적 과정으로 고려하는 것이었다.

유지되어야 할 모든 것은, 어떠한 X가 되었든 주어진 X값에 대하여 Y의 확률분포가 존재하며 이 분포는 X값에 따라 달라진다는 점이다. … 우리가 할 수 있는 최선의 일은 하나의 오차항으로 설명적 일반화들(explanatory generalizations)을 공식화하는 것이다(Crafts 1977: 433-4).

회고적 추론과 이에 따른 후견(post hoc ergo propter hoc) 오류의 위험을 회피하기 위하여, 크라프츠(Crafts)는 우연을 사건들의 참된 구조에 대한 무지로 간주하는 것을 거부하고, 대안으로서 우연을 역사에서 환원될 수 없는 무작위의 표현으로 간주할 것을 제안하였다. 그러므로 '우리가 할 수 있는 최선의 일은 하나의 오차항으로 설명적 일반화들을 공식화하는 것이다'(Crafts 1977: 433-4). 그러나 그것은 사소한 가정이 아니었는데, 왜냐하면 이는 회귀분석과 다른 통계적 추론 도구들이 도입되는 결정적 계기가 되었기 때문이다. 이들은 신속하게 계량 경제 역사학에서 공통으로 사용되는 도구들이 되었으며 광범위한 주제들에 관한 새로운 연구와 논문들을 쏟아냈다.

그 개념은 예를 들면 영국과 프랑스가 제1차 산업혁명[7])에서 다른 성과를 보인 배경에 있는 다른 동기들과 프랑스가 뒤진 이유를 탐구하는 데 적용되었다. 특히, 토론은 하그리브스(Hargreaves)의 제니 방적기와 아크라이트(Arkwright)의 수력 방적기가 왜 영국에서 발명되었는가는 질문을 중심으로 전개되었다.[8] 크라프츠의 대답은 '18세기 유럽에서의 경제발전 일반, 특히 기술 진보는 하나의 확률과정'으로 간주되어야 한다는 것이었다(Crafts 1977: 431). 다시 말하면 '천재의 한방 또는 행운'(Crafts 1995b: 756), 또는 '천재의 한방 또는 우연 또는 횡재'가 무로부터(ab nihilo) 결정적으로 거대한 발명을 낳은 것이다(Crafts 1995b: 595). 그리고 그것이 영국을 1등으로 만들었다. 결과적으로 성장의 가속과 제1차 산업혁명에 결정적인 것으로 입증된 면직물 산업에서의 결정적 발명의 시간과 장소에 대해서는 아무런 설명도 없다(p.596). 그러면 이러한 의문이 생길 것이다. 이런 발명들이 프랑스에서 일어났다면 프랑스가 산업혁명을 주도하고 지배했을까?

그 질문 자체가 가지는 정당성과 논리적 의미들은 의심스럽고 바로 뒤에 논의할 것이지만 당분간은 무시해도 괜찮을 것이다. 논쟁에서 두 개의 다른 중심 측면들인 제1차 산업혁명으로 알려진 급진적 변화의 역사적 결정, 역사에서 확률적 요소들의 역할과 측정이 지금은 더욱 흥미롭다.

오랫동안 크라프츠는 제1차 산업혁명이 분명히 과장되었으며, 이전에 딘(Deane)과 콜(Cole)이 계산한 것은 수정되어야 한다고 주장했다. 상당히 많은 그의 추종자들은 더 나아가 제1차 산업혁명이라는 개념 자체를 거부했다. 이것은 '너무 많은 것을 가지는 개념이며'(Coleman 1983: 435), '1832년 전의 영국 사회는 제1차 산업혁명은 물론 하나의 산업혁명을 겪은 적이 없었다. 이제까지 그것의 원인에 관한 동의가 이루어지기 정말 어려웠는데, 왜냐하면 "제1차 산업혁명"이 없었기 때문이다. 지금까지 역사학자들은 그림자를 쫓아온 것이다'(Clark

---

7) 역자주: 이 절에서 산업혁명이 원문에서 고유명사(대문자)로 표현된 경우, 18세기 말 영국에서 시작된 제1차 산업혁명으로 번역하고, 보통명사로 표현된 경우, 산업혁명으로 번역하였다.

8) 왜 새로운 압연이나 쇳물 처리의 새로운 공정들, 특히 철광석에서 선철로 변화하는 데 쓰는 공정(산업혁명에서 가장 중요한 한 사건: Mokyr 1985: 10)들에 관해 묻지 않는가? 왜 헨리 코트(Henry Cort)가 1784년에 공정을 개발하고 프랑스에서 개발한 사람은 없었는가? 왜 와트와 아크라이트의 특허가 등록된 1769년 기적의 해의 행운은 프랑스에는 적용되지 않았는가? 이러한 계속되는 후속 질문은 어쩌면 질문 자체에 그 답이 있을 것이다.

1986: 39, 66). 어떤 이는 팸플릿 문구처럼 한 마디 덧붙였다. '하나의 산업혁명이 있었는가? 이 질문의 한심한 점은 알만한 학자들이 질문이 아니라 용어를 진지하게 받아들인다는 것이다'(Cameron 1990: 563).

비록 더 결정적인 점은 다른 곳에 있지만, 이러한 주장들에 대한 정량화된 답변이 있다([그림 1.1]). 주요 사실들은 역사를 조사하면 얻을 수 있다. 〈표 1.1〉은 크라프츠가 제공한 것인데 영국의 실질 산출의 (%로 표시한) 연간 성장 추정치들을 비교한 것이다. 추가 증거를 고려하기 전에, 이 표가 비록 크라프츠의 더 비관적인 추정을 무비판적으로 받아들인다고 해도 일반 성장에서, 특히 제1차 산업혁명의 주도산업인 면직 산업에서, 인상적인 가속이 있었다는 강력한 증거를 제공한다는 점이 강조되어야 한다.

이것은 단순 산수로도 알 수 있다. 같은 표에서 우리는 해당 성장률에 대하여 생산을 2배로 만드는 데 걸리는 기간을 추가로 표기하였는데 성장률이 가속했다는 간단한 결론에 도달했다. 2배 산출 소요 기간은 경제 전체에 대해서는 제1차 산업혁명의 결정적인 시기에 1/2 또는 1/3로 줄어들었다. 그리고 당시 총생산의 20%를 차지하던 섬유산업은 10년에 거의 2배로 성장하였다.

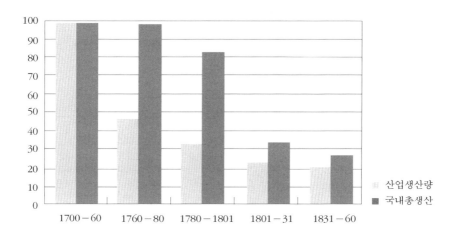

□ 그림 1.1 생산을 2배 수준으로 올리는 데 소요되는 기간(소요 연수), 1700-1860년
출처: Crafts(1989).

크라프츠, 로스토우, 딘과 콜의 제1차 산업혁명에 대한 시각의 공격, 즉 '도약(take off) 또는 놀라운 발전이 아니라 꾸준한 성장으로 보는 더욱 점진주의적 해석'(Crafts 1989: 65, 67)을 지지하는 공격은 그의 증거자료에 의해 설득력을 잃

은 것 같다(〈표 1.2〉). 더 나아가, 그는 다음과 같이 인정한다. '산업들 내에서 소수의 부문에서는 매우 빠른 생산성 향상이 일어났다. 가장 눈에 띄는 섬유산업에서는 기술의 급진적 변화와 더불어 생산성 향상이', 어쨌든, '1760-1840년 사이 영국에 거대한 경제구조 변화와 고용구조의 혁명적 변화'를 가져왔다. 왜냐하면, '영국경제는 19세기 2/4분기까지 이전에는 상상할 수 없었던 놀라운 수준의 총요소생산성 성장을 달성'(pp.69, 71, 68)하였기 때문이다. 이렇게 차이 나는 성장률은 제1차 산업혁명의 결정적인 특징이다. 다시 크라프츠에 따르면 면직산업에서 실질 산출의 연간 성장률은 1700-60년 동안 1.37%였고, 1760-1800 동안 7.57%를 기록했는데, 같은 기간 동안 피혁제품 산업은 0.25%와 0.37%, 마직물 산업은 1.25%와 1.44% 성장했을 뿐이다(Crafts 1985: 23). 이러한 이중 경제는 전통 부분들이 서서히 성장하였음에도 불구하고 급진적으로 성장하는 근대적 부분에서 연료를 얻었다. 1780-1860년 동안 면직, 제철, 엔지니어링, 광산, 교통수단, 그리고 일부 소비재(종이, 도자기)는 매년 1.8%의 성장을 하였으나 전통 산업 분야는 매우 낮은 성장률을 보여 결국 전반적인 경제성장률을 0.7%로 끌어내리는 역할을 하였다(Mokyr 1985: 4-5).

■표 1.1 실질 산출 성장률, 1700－1913년(%/연)

	산업 산출				국내총생산		
	Crafts (1989)	Crafts (1989) (cotton text.)	Deane, Cole,	Hoffman (1965)	Crafts (1989)	Crafts (1995)	Deane, Cole
1700-60	0.7 (99yr)		1.0 (70yr)	0.67 (104yr)	0.7 (99yr)		0.7 (99yr)
1760-80	1.5 (47yr)		0.5 (139yr)	2.45[a] (29yr)	0.7 (99yr)	0.6 (116yr)	0.6 (116yr)
1780-1801	2.1 (33yr)	5.7 (13yr)	3.4 (21yr)		1.3 (84yr)	1.3 (54yr)	2.1 (33yr)
1801-31	3.0 (23yr)	5.6 (13yr)	4.4 (16yr)	2.70 (26yr)	2.0 (35yr)	1.9 (37yr)	3.1 (23yr)
1831-60	3.3 (21yr)		3.0 (23yr)	1.98[b] (35yr)	2.5 (28yr)	2.4 (29yr) (1831-73)	2.0 (35yr)
1873-99						2.1 (33yr)	
1899-1913						1.4 (50yr)	

[a] 1760-1830년
[b] 1830-70년

출처: Crafts(1989: 67); Mokyr(1993: 9). 우리가 계산한, 생산의 현재 가치를 2배로 만드는 데
　　　걸리는 기간을 괄호 안에 제시하였다.

▌표 1.2 영국의 노동력과 산출, 1700–1840년(%)

	1700	1760	1840
남성 노동력			
공업	18.5	23.8	47.3
농업	61.2	52.8	28.6
산출			
공업	20.0	20.0	31.5
1차 산업	37.4	37.5	24.9

출처: 〈표 1.1〉

　　아마도 사람들은 살짝 다른 성장률 추정값들이 무슨 의미가 있는지 궁금하
며 이 차이로부터 어떤 결과를 유추할 수 있을지 물어볼 것이다. 크라프츠는 자
신이 만든 논쟁에 빠져 오해들과 해석들에 대한 반론을 위해 페이지 소모를 강요
당하고, '우리는 역사의 불연속성으로서 산업혁명의 중요성을 재확인한다'(Crafts
and Harley 1992: 721)고 반복적으로 주장한다. 그러나 이 불연속성은 아직도 발
견되지 않는데, 이는 과정을 역사적으로 상호연결된 원인으로 설명하는 것과 그
것을 작고 의미 없는 무작위 섭동들로 설명하는 것 사이에 약간의 차이 이상이
있기 때문이다.
　　크라프츠는 두 번째 설명에 집착하므로, 제1차 산업혁명이 기존 산업들에서
일어난 단순한 변환이었다고 고수한다. 생산방식들이 뒤로 전승되며, 시장 전통
과 규제들이 존속하고, 관행(routine)이 기술적 과정들을 지배하므로 경제에는 본
질적인 연속성이 존재한다. 그러나 이 시기에 일어난 특별한 일은 새로운 기술,
절차, 모범 사례(best practice) 등의 중첩으로, 이는 생산성의 누적적 증가와 산업
및 기업들의 상대적 위치의 급격한 변화를 이끌었다. 이러한 관점에서 통계는
감추는 만큼 드러난다. 왜냐하면 산업들 간뿐 아니라 각 산업 내에서도 성장률
의 차이들이 있었기 때문이다(Mokyr 1993: 9). 그리고 제1차 산업혁명을 이해하
는 것은 이러한 다른 리듬들을 이해하는 것과 분리될 수 없다. 크라프츠가 1977
년 다시 한번 지적했듯이, '제1차 산업혁명은 산업 산출, 국민 생산에서 제조업
의 비중, 주요 기술혁신에 기초한 (다른 유형의 경제를 의미하는) 공장 기반 활동

등의 급격한 상승을 포함하는 가속적인 구조변화의 시기로 이해될 것이다'(Crafts 1977: 431). [그림 1.2]는 크라프츠 자신이 제공한 산업 생산의 추세 성장 그래프를 재현한 것이다. 제1차 산업혁명이 가져온 불연속성에 대한 증거로 이보다 더 나은 것이 있겠는가?

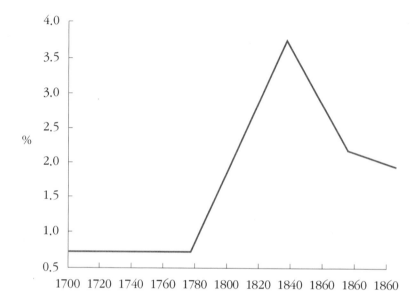

❑ 그림 1.2 급진적인 전환: 산업혁명 기간 산업 생산의 성장추세, 1700-1900년
출처: Crafts(1989).

문제는 그 과정이 하나 또는 몇 개의 무작위 경제구조 변화에 의한 것인가, 특히 이것이 영국과 프랑스에서 차이가 발생한 이유냐는 것이다. 놀랍게도, 크라프츠에 의해 촉발된, 그 자신의 견해를 확증하는 의견들 가운데 하나는, 모키어(Mokyr)[9]의 의견인데, 명백하게 다른 해석으로 이어진다. 즉 '제1차 산업혁명의 기술적인 정의는 미시적 발명의 가속화로 이어지는 거시적 발명의 군집화(clustering)이다'(Mokyr 1993: 22). 더욱이 모키어는 '영국 기술의 성공을 이끈 비

---

9) 1985년 논문의 두 버전을 통해 알 수 있듯이, 모키어는 그의 계량경제사학에 대한 시각을 바꾸었다. 1985년의 '산업혁명과 신경제사' 논문에서는 새로운 접근의 한계를 지적하면서도 그것에 상당히 동조하였다. '신경제사는 자기 자신이 제시한 문제들, 명확하고 논박 가능한 가설들을 낳은 종종 잘 정의된 문제들에 대해서는 가장 우수한 답안을 내놓는다는 것을 보여주었다. 실로 새 방법의 명확함이 그들을 좁은 범위의 문제들에 한정되도록 만들었다'(Mokyr 1985: 2). 1993년의 새로운 버전의 논문에서 모키어는 일부 계량경제사학자들이 영국의 제1차 산업혁명을 부정하는 것을 강력하게 공격하였다.

결은 미소 발명의 비교우위'(p.33)'라고 주장했다. 물론 문제는 어떻게 그리고 왜 이 비교우위가 성립했냐는 것이다.[10) 크라프츠 자신이 이 문제에 대한 답변 정보를 제공하였다. 그는 영국의 제도적 우위, 즉 특허제도, 교통의 앞선 발전, 무역시스템, 그리고 혁신전파 능력 등에서의 우위를 지적하였으며, 반대의 측면에서 '지대추구 태도(rent seeking attitude)'와 '변화에 저항하는 능력'에 관련된 프랑스의 불리함을 지적하였다(Crafts 1995b: 759; 1995a: 594). 노스는 크나큰 조직혁신이 기술혁신만큼이나 이러한 진전의 원인이라고 제안했다(North 1965: 87-8). 그리고 랜즈(Landes)는 노스와 같은 시각에서 새로운 '공장 시스템'의 영향을 논의하였다(Landes 1993: 140).

이러한 사실을 해석하기 위해 세 가지 주요 접근방법이 제시되었다. 첫째는 크라프츠의 의견과 궤도를 같이하여 제1차 산업혁명 개념은 단순히 이론적인 건축물에 불과하다고 제안한다. 일찍이 1926년에 클라팜(Clapham)은 1851년의 인구조사 자료에 근거하여 변화가 사람들이 이야기하는 것만큼 그리 크게 급진적이지 않았다고 제안하였다(Landes 1993: 135). 그렇지만 그 자료는 완전히 신뢰할 만한 것이 아니었다. 예를 들면, 1861년이 되어서야 인구조사가 토목공학자를 성직자, 의사, 변호사 등과 같이 '전문직'으로 분류하였다(Crafts 1995b: 759).[11) 더구나 통계적인 합산이 불연속성과 변화를 부드럽게 만들고, '혁신과 변화가 일어나는 분야들을 전통의 바다에 빠뜨렸다'(Landes 1993: 148). 특히 산업혁명 초기시절 통계의 신뢰성뿐 아니라 '가용한 자료의 양' 또한 문제였다(Fogel 1966: 652). 그러므로 '기껏 할 수 있는 일은 가용한 자원과 일반 경제적, 통계적 추론 하에서 신중하게 "추측 추정치(guesstimates)"를 구하는 것이었다'(Crafts 1989: 66). 그리고 앞에서 지적한 것처럼, 생산 조건들이 급격하게 변화한 증거인 생산량이 2배로 증가하는 데 걸리는 시간은 제1차 산업혁명에 대한 이러한 '통상의

---

10) 분명히 크라프츠는 이러한 거시적 발명들이 무작위 사건들이라고 암시했다. 반대편 시각에서 보자면 현대 혁신이론은 바라보는 초점의 전이를 요구하는데, 정교한 과학적 가정을 공식화하기 훨씬 어려운 발명이 아니라 혁신이라는 현상에 초점을 둬야 한다고 주장한다. 이러한 틀에서 혁신이 관련 연구 단위이며, 이때 혁신은, 세상에 가득 찬 불확실성, 제한된 기회들, 기술적 병목과 기술궤적의 영향, 및 실험적 국지적 탐색 행위 아래에서, 주체들의 이질성이 주어진 가운데, 일어나는 경제적 선택 과정으로 간주된다(Freeman 1994). 심지어 발명이 순전히 무작위적 과정이라고 해도, 우리는 혁신의 선택과 운하화(canalization)가 축적된 경제 역량에 깊이 뿌리박고 있으며 순수 확률적 과정이 아니라 사회적으로 정의된 과정이라는 것을 인지해야 한다.
11) 이것은 통계적인 범주들이 현실의 변화를 수용하는 데 시간이 걸리는지, 그리고 얼마나 이러한 범주가 많은 것을 상당 기간 표현 못 하는지에 대한 명확한 사례이다. 마찬가지로 신산업이 통계에서 반영되는 데 상당 기간이 소요된다는 복수의 사례들이 있다.

(business as usual)'해석들을 반박한다.

두 번째 대안은 첫 번째에서 더 나아간 개념으로, 제1차 산업혁명은 무작위에 의해 설명될 수 있다는 것이다. 그러한 점에서 마이어와 콘라드는 경제 과정을 헴펠의 틀 내에서 가설-연역 모형으로 공식화할 것을 제안하였다. 즉 일반적인 포괄적 법칙은 모든 체계적인 영향들을 독립변수들로 표시하는 결정론적 시스템으로 표현되고, 관측 오차들, 비체계적 영향들 및 누락된 변수들은 무작위 항으로 표현되었다(Meyer and Conrad 1957: 535). 이러한 틀에서는 하그리브스와 아크라이트의 발명들은 할리(Harley)가 1990년에 묘사한 대로, 순수하게 우연한 뽑기의 표시일 것이다. '영국에서 산업의 기술적 돌파가 일어난 것은 부분적으로 경제의 역동성에 기인하지만, 영국은 아마도 발명의 무작위 과정에서 행운의 뽑기로부터도 혜택을 받았을 것이다'(Landes 1993: 147에서 인용).

크라프츠의 어떤 면에서는 더 세련된 설명도 이 범위를 벗어나지 않는다. 크라프츠는 1977년에 영국의 우위가 사전(ex ante) 성공 확률이 더 크다는 것을 증명하지 않는다고 주장하면서, 그럼에도 불구하고 결과가 순전히 우연이라는 것을 부정했다(Craft 1977: 441). 하지만 몇 년 지나서, 1995년에, 언급된 발명들이 '우연이었을 수 있다'고 말하면서, 크루제(Crouzet)를 승인하듯이 인용하였다(Craft 1995a: 595). 같은 논문에서 랜즈가 옳고, 1977년 주장의 근거가 되었던 이전의 성장률 비교는 틀리고, '프랑스의 잠재성장률과 1인당 소득이 영국보다 낮았다는 것은 분명해 보인다'(Craft 1995a: 592)고 인정하면서도, 저자는 확률 인과적 접근법을 포기해야 한다고 결론 내리지 않았다. 심지어 영국의 자료에서 성장 잠재력이 더 컸다는 것이 분명한데도, 외생적이고 무작위적인 기술충격들과 이들이 초래한 결과들이 여전히 영국의 결정적인 우위를 설명하였다(Crafts 1995b: 758-9; 1995a: 597).

랜즈는 이 잠재력과 사전의 발전 수준이야말로 합리적 설명을 위한 결정적 요소들이라고 대답하였다.

혁명적인 사건들이 일어날 가능성은 이론적으로 흥미롭다. … 그렇지만 그것은 이해와 설명을 찾는데 일종의 패배 선언이다. 다시 말하자면, 우리에게 영국의 기술적 변화 가능성(크라프츠가 사후 발견한 상상의 괴물)을 말해주는 것은 영국의 섬유 산업의 결과적인 우월함이 아니라 이전의 발전이다(Landes 1995: 600).

이 마지막 대안적 해석은 단순하게 복잡한 현실을 이해하기 위해서는 복잡

제1부 역사와 경제

한 설명이 요구된다고 말한다.[12] 이러한 틀에서, 포괄적인 법칙의 주장에 근거하고, 거의 정의되지 않은 무작위 변수들에 더해진 종속변수들과 설명변수들의 정확한 이분법의 기초위에 수립된, 형식적 모형들은 단지 추측과 한계를 지닌 도구에 불과할 것이다. 대신에 우리의 접근은 완벽하게 결정되고[13] 단순 상관관계 또는 다중회귀에 근거한 계량경제학의 설명과 달리, 역사적인 설명이 대체로 과잉결정되고(overdetermined) 여러 수준의 인과관계를 추구한다는 것을 인지한다. 그러면 잠정적인 마무리를 랜즈와 함께 하기로 한다.

여기서 역사적 분석의 황금 법칙을 진술하고자 한다. 거대한 과정들은 거대한 원인들을 요청한다. 나는 이것을 경제학자들이 사전(prior)이라고 부르는 것으로 여긴다. 나는 매우 복잡하고 거대한 시스템 변화는 복잡한 설명을 필요로 한다고 확신한다. 상대적인 중요성이 변화하는 다중원인들, 조합적인 의존성 … 시간적 의존성. … 나는 또한 일종의 현실 원칙을 주장한다. 작은 차이들이 계속 강화되어 더욱 넓어지는 소용돌이를 만들거나, 일련의 발전이 '경로 의존성'으로 고착되는 등, 내재적 필연성을 위한 수학적 모형들을 고안하는 것은 어렵지 않다. 그러나 아무리 열심히 공부한 모형과 현실이 비슷하다고 해도 그것은 운좋게 그냥 우연일 뿐이다. 현실 세계는 행위자들과 행위를 받는 사람들로 이루어져 있다. 사람들과 집단들이 변화와 도전에 반응하며, 제약들을 피하고, 다른 해법들을 발견한다. … 내가 겸손한 제안을 하나 해보겠다. 경제사는 나쁜 숫자들로부터 보호가 필요하다. 계량경제학의 기술들이 더욱 기교화될수록, 더욱 수량화에 의존할 것이며, 우리는 더욱 보호를 필요로 한다(Landes 1994: 653-3).

반사실들(counterfactuals)의 저항할 수 없는 논리

이전에 언급한 것처럼 계량경제사학자들은 종종 그들의 연구를, 새로운 도구들을 사용하여 오래된 문제들을 접근하는 것으로 제시하였다.[14] 한편 다른 때에

---

12) 계량경제사학자도 이를 인지할 수 있다. '도시들의 성장, 인구의 증가, 1인당 국민소득의 증가, 그리고 농장에서 공장으로의 이동이 한꺼번에 이루어졌다. 영국은 인구증가 없이 산업화하거나 부유해지지 않고 도시화할 수 있었을 것이다. 하지만 사실은, 이 모든 것을 한 번에 달성하였으며, 각각의 효과들을 합성하였다'(McCloskey 1985: 54).

13) 앞서 인용한 1965년의 계량경제사학의 현상에 관한 비평적 평가에서, 노스는 '구 경제사'의 한계와 '신'경제사의 몇몇 단점들을 부각시키기 위해 학생들에게 어떤 논문들의 명시적인 모형들을 만들라고 숙제를 내주곤 한다고 서술하였다(North 1965: 90). 이 게임은 물론 순수한 것은 아니다. 즉 이 게임은 형식적 수학적 모형의 논리적 일관성과 설명력이 역사에서 설명을 위한 모형이라는 것을 가정하며, 놀랄 것도 없이, 그것의 실패를 드러낸다.

14) '실로 신경제사학자들은 새로운 반사실적 명제들을 시작하기보다는 기존의 전통적인 이론에서

그들은, 상당히 합리적으로, 방법과 관련 연구 질문에 있어서 경제사에서 중대한 전환을 수행하고 있다고 주장하였다. 이러한 '현격한 과거와의 단절'은 명료하고 형식적인 모형들의 사용, 확률 인과적 모형의 부분으로서 변수들의 조작적 정의, 그리고 끝으로, '모형(가정과 결론들의 논리적 진술)의 증거(존재하였던 세계)와 반사실적 연역(존재하지 않았던 세계)에 대한'(Davis 1966: 657) 검정 등과 관련되어 왔다. 이러한 반사실적 가정을 검정하기 위한 모델의 사용은 계량경제사학의 두드러진 특징이 되었는데, 왜냐하면 이것이 긍정적 주장들의 생산은 그 검정에 의존한다는 강력한 요구들과 연결되었기 때문이다. '있었던 것과 있었을 듯한 것의 비교를 통해서만 우리는 사건들의 본질에 대해 진술할 수 있다'(p 658).

고전적인 사례는 윌리엄즈타운 학술대회에서 발표된 콘라드와 마이어의 논문에서 다루어졌다. 저자들은 '노예제가 남북전쟁 이전 남부에서 이윤이 남지 않았다'라는 명제에 대한 적절한 반사실적 검정을, '만약 남북전쟁이 일어나지 않았더라도 남부는 흑인 노예제도를 한세대 안에 순차적으로 폐지했을 것이다'라는 직접적으로 검정 불가능한 다른 명제를 궁극적으로 반박하는 형태로 제안하였다.

반사실적 논리와 관련된 주요 논점들을 다루는 것은 마치 기름을 부어 불을 끄는 것과 같다. '어떤 반사실들을 통한 원인의 논리도 오직 자의적 결정이나 우리의 개념적 기초지식의 직접적 표현에 의해서만 인과적 연계(nexus)에 있는 전항들(antecedents)과 결과들을 우리에게 제공할 뿐이다'(Climo and Howells 1974: 468).

반사실을 통한 인과적 연계의 수립은 논리적으로 훈련될 수 없는 자의적 결정들이나 형이상학적 기초들에 의존한다. 결과적으로 반사실은 실체적 추론을 제공할 수 없다고 주장할 수 있는데, 왜냐하면 가정이 분명히 거짓이기 때문이다. 이것은 논리학에서 전통적인 문제이다. 폭발의 원리(ex falso sequitur quod-libet), 즉 거짓 가정으로부터 거짓 또는 참 어느 쪽의 결론도 내릴 수 있다. 타당한 추론과 타당하지 않은 추론을 분별할 길이 없는 것이다. 다른 말로 하자면 막다른 골목이다. 만약에 반사실이 세계와 관련된다고 가정하고, 필요조건이거나 필요충분조건이라면, 반사실의 정의는 법칙처럼 주어져야만 한다. 그러나 반사실 자체가 이 모형으로부터 나온 거짓 진술로 정의되므로 현실 세계와 유리되어 있다. 사실주의를 도구주의와 맞바꾼다는 것은 참으로 드문 장인 기술이다.

그들이 발견한 명제들을 명료하게 만들고 검정하는데 주로 관여해 왔다'(Fogel 1966: 653).

앞의 문단에서 우리는 경제사학에 널리 퍼진 반사실들의 사용에 대해 경고하면서 그것들의 인식적 한계들에 대해 논하였다. 그러나 다른 저자들로부터의 그렇게 많은 경고에도 불구하고 반사실들이 실로 경제적, 통계적, 역사적 추론에서 널리 사용되고 있다.[15] 왜냐하면 인과성(뒤에 더 다룰 것임)에 관한 주장들이 반사실의 형태를 띤다고 대체로 인정되고 있기 때문이다. 'A가 B를 야기하였다'라는 주장은 일반적으로 동등한 형태인 'A가 없었다면 B라는 사건이 일어나지 않았을 것이다'라고 재진술될 수 있으므로 인과 분석에서 반사실들의 사용이 널리 퍼졌다고 주장된다. 이 절에서는 이 같은 시각에 맞서고, 엘스터(Elster)의 고전적 업적(Elster 1978)에 따라서 반사실들에 대한 대안적 논리 개발의 가능성들을 논의한다.

인과성 문제는 물론 반사실적 논리에 관한 연구의 중심적 동기이다. 결과적으로 인과성에 관한 작업 가능한 개념이 정의되지 않으면 조건적 진술의 타당성에 대한 편리한 기준을 수립할 수 없다. 흄(Hume)이 이야기한 공간적 인접성, 시간적 순서 및 불변의 결합에 근거한 인과성의 전통적 관념, 즉 원인을 사건 B에 대한 충분조건으로 정의하는 관념은 너무 제한적으로 여겨진다(Elster 1978: 178f). 대안으로, 우리는 영구적 결합과 인접성을 포기하고, 인과적 함의를 약한 결정론의 형태로 보는 넓은 관점을 취한다. 왜냐하면 다중 원인들의 복잡성과 상호연결을 인식하기 때문이다. 그러나 원인들의 상호의존성 아래 모든 조건적 주장의 거부를 연역적으로 도출한 존 스튜어트 밀(John Stuart Mill)과 달리, 엘스터는 이러한 상황에서도, 거짓 전항(false antecedent)으로부터 참인 결과항(consequent)으로 이어지는 참인 조건명제의 틀에서 인과적 연계가 논의될 수 있다고 제안한다. 반면에 참인 전항에서 거짓 결과항으로 이어지는 거짓 조건명제는 물론 쓸모가 없다[16](Elster 1978: 12).

엘스터는 반사실들을 통해 인과성을 정당화하고 거꾸로 정당화하는 순환론을 거부하고, 역사적 반사실의 타당성을 수립하기 위하여 정당성(legitimacy)의 기준과 (진리가 아닌) 주장 가능성(assertability)의 기준을 제안한다. '정당성의 동적기준'은 단순히 '우리는 반사실적 전항의 실제 과거에 끼워넣기(insertion)가 가능해야 한다고 요구한다'(Elster 1978: 184)이다. 단순하지만 자명하지 않은데, 왜

---

15) 또는 최근의 심리학. 엘스터는 반사실적 믿음이 감정의 형성에서 나타난다고 주장한다(Elster 1999: 49, 256).

16) 역자주: 조건명제 p → q의 진리값은 p가 참이고 q가 거짓일 경우에 거짓이고, 나머지 경우에는 모두 참이다.

냐하면 이는 가능한 주장들의 범위를 현저하게 줄이고 그것들을 구체적인 역사에 근거하게 하기 때문이다. 그 경우 반사실은 다음과 같은 형태를 취한다. 't라는 시점에 구성(configuration)이 $A_1 \ldots A_n - k_{B1} \ldots B_k$ (실제 과정인 $A_1 \ldots A_n$ 대신)이었다고 하자. 그러면 $t + t'$라는 시점에 변수들(전 과정을 표현하는 모든 변수)의 부분집합 $x_{i1}, x_{i2} \ldots x_{ip}$은 $C_1 \ldots C_p$라는(실제 사건 대신) 값을 가질 것이다(p.184). 정당성 조건은 연구자가 다음과 같은 일을 할 수 있도록 하는 이론이 주어진다고 전제한다. 즉 (1) 실제 과거에 전항을 끼워 넣을 수 있도록 전항의 선택을 여과한다. 이어서, 두 번째 조건인 주장 가능성 조건은, 이론이 (2) 가설적 전항에서 가설적 결과항으로 이어지는 추론을 수립할 수 있을 것을 요구한다. 엘스터에 대한 응답으로, 맥클로스키는 검정에 적합한 모형의 올바른 상세화(specification)를 통해서 모호함과 부조리의 죄악을 피할 수 있다고 주장하였다(McCloskey and Nansen 1987: 702). 그러나 이러한 방어는 실로 자신을 폭로하는 것인데, 왜냐하면 이것이 문제의 한 부분이기 때문이다. 그것이 세 번째 조건을 추가해야만 하는 이유이다. 즉 현재의 상태와 주장 가능한 반사실을 허용하는 과거 분기점 사이에 최소한의 거리가 반드시 존재해야 한다. 실제 상태가 $st = [A_1, \ldots, A_n]$이고 가설적 결과항이 $s't = [A_1 \ldots A_n - k_{B1} \ldots B_k]$이라면, 상태 st와 두 경로들을 허용하는 과거 상태 st_1사이의 거리는 고려될 수 있는 거리이지만 st_{1+1}은 그 경로들을 허용하지 않을 것이다. 이러한 틀에서, '전항이 참인 가장 가까운 세계(들)에서 결과항이 유지되면(참이면) 반사실 전체는 주장 가능하다'(McCloskey and Nansen 1987: 191).[17]

이러한 조건들이 반드시 모든 가능한 쓸모없고 틀린 반사실들을 막아주지 않는다. 왜냐하면 이들의 적용은 그리 직접적이고 단순하지 않기 때문이다. 그러나 그런 조건들은 역사 연구 분야에 필요한 가르침을 제공하며, 각 경우에 대해 정당성과 주장 가능성을 정의하기 위한 해석 가능한 기준들을 규정한다.

주요 초기 사례는 철도가 미국경제 성장에서 미친 효과에 관한 논쟁이었다. 포겔은 이 주제에 관한 선구적 업적을 발표하였는데, 매우 엄격한 반사실적 가

---

17) 또는 다른 방법으로 표현하자면 '가정적 조건 명제들(subjunctive conditionals)을 가능한 세계들(possible-worlds)로 설명하는 것은 어떤 거짓 전항을 가지는 조건 명제들은 참이고, 어떤 것들은 거짓이 되는 것을 허용한다. 이것은 단순하게 전항이 참인 가장 가까운 세계들이 결과항이 참인 모든 세계들인지 여부에 의존한다(전항이 참인 조건 명제가 참이려면 결과항이 참이어야 한다; 역자주). 또는, 동등하게, 해당하는 조건 명제가 실제 세계(전항이 거짓이므로 조건 명제가 참이다; 역자주)뿐 아니라 적어도 가장 가까운 전항-세계들(전항이 참인 세계들)만큼 가까운 모든 세계에서 참인가 여부에 의존한다'(Jackson 1987: 64-5).

설들을 가정하였다. 즉 1890년 이후에 운하와 도로가 더 이상 건설되지 않았으나 5,000마일의 운하와 일부 도로들이 개선되었고, 새로운 저장고들이 세워졌을 것이고, 운송비용을 줄이기 위해 농업생산의 공간 구조가 변화했을 것이라고 가정하였다. 이러한 틀에서 그는 철도로부터 발생한 사회적 절약이 국민총생산의 1.8%에 달한다고 계산했다(Fogel 1966: 650).[18]

포겔은 다른 대안들도 식별되었지만, 철도가 효율적이었던 것은 '논란의 여지가 없다'고 충분히 조심스럽게 말하였다(Fogel 1964: 10). 더 나아가, '그런 자료에서 안전하게 도출할 수 있는 오직 한 가지 추론은 철도가 교통서비스를 다른 교통수단보다 더 싼 가격에 제공하였다는 것이다'(p.13). 정통 논쟁방식에 익숙한 경제학자도 더 저렴한 서비스와 더 많은 이윤에 대한 증거를 찾은 다음 추론을 더 이상 진행시키지 않고 여기서 중단할 것이다. 왜냐하면 그것만으로도 누적적 경쟁우위의 획득에 충분할 것이기 때문이다. 그러나 포겔은 멈추지 않고 비사실적 검증을 밀고 나아갔다. 동료 연구자가 퉁명스럽게 말했다. '철도가 운하를 재빠르게 대체했다는 사실이 철도의 압도적 우수성의 증거는 아니다. ... 산업들에 대한 공급 효과는 철도를 성장 이론에서 원인변수로 만드는 것을 정당화하는데 거의 충분하지 않았다(Davis 1966: 661). 여기에 진실이 일부 담겨 있을 것이다. 즉 비록 인과적 연결이 존재하더라도 열등한 경로로 고착(lock in)되는 많은 사례들이 오늘날 알려져 있다. 그러나 이것이 포겔이나 데이비스가 주장한 것은 아니다. 그들은 기능적으로 동등한 교통기술이 하늘에서 뚝 떨어져서 철도만큼 비용 절감을 이루었을 것이라고 단순히 가정한다. 사실 포겔은 철도 경쟁에 적절히 적응한 운하 운송 기업들의 사례들을 둘러볼 뿐이다(Tunzelmann 1990: 296). 아무튼 저자들은 문제에 관한 다른 어떤 것도 말하지 않고, 철도의 직접적인 효과가 감소했다고 단순히 주장한다.

이러한 주장은 정당(legitimate)한데, 왜냐하면 이 반사실을 지지하기 위한 기술혁신이론이 제공될 수 있기 때문이다. 그러나 엘스터의 기준에 따르면, 그것은 주장 가능(assertable)하지 않다. 왜냐하면 그것은 원자적(atomistic) 철수 손실(withdrawal losses)과 도입 이득(introduction gains)의 체계적 효과 사이의 혼동에 근거하기 때문이다(Elster 1978: 204). 철도는 추가적인 유연성을 도입하였으며,

---

18) 포겔은 철도를 밀, 돼지고기, 소고기, 및 옥수수 등 4가지 재화들의 운송 수단으로 가정하고 철도의 효과를 계산하였다. 투입물들의 사용처, 사람이나 다른 재화들의 운반수단으로서 철도의 효과들은 무시되었다. 그럼에도 불구하고 포겔은, 모든 재화들이 고려되면, 전체 절약이 국민총생산의 5%를 넘지 않을 것이라고 제시하였다.

실행 학습(learning by doing)에 있어 결정적인 단계들을 일반화하였고, 새로운 생산기술들을 확산시켰고, 19세기 말의 관리 혁명에 결정적인 여러 층의 전문적인 관리자들을 훈련하였다(Chandler 1977 제6장 참조). 더구나 철도는 '서로 밀접하게 얽히고 서로 지지하는 기술들의 클러스터'를 일반화하였다(David 1969: 510-11), 즉 철도는 수확체증을 촉진하였다. 이러한 효과들은 포겔과 엥거만의 도구로 측정될 수 없는 것이며, 따라서 적합한 분기점을 찾아서 과거로 옮겨질 수 없다.

비록 많은 토론이 이 연구업적에 대해 이루어졌지만 가장 주요한 반대주장은 아직도 처음 제시된 반대들이다. 그렇다, 가용한 측정 방법이 정확했다고 인정한다면 철도는 단지 2-5%의 국민소득 증가에 기여했을지도 모른다. 하지만 도대체 2-5%는 어느 정도인가? 이것이 어셔(Usher) 그리고 랜즈가 하버드대학의 저녁 만찬에서 말한, 포겔의 결론들에 대한 반대이다(Landes 1978: 7). 본래의 주장은 논리를 그것의 발 위에 얹어 놓고 설명을 위한 현실적 틀을 찾는 것이라면 버틸 수 없다. 즉 철도가 없는 성장, 또는 실제 성장의 97%인 가상의 성장이란 엄격히 무의미한 것이다.

이 경우는 포겔의 주장에서 더할 나위 없이 분명하게 나타난다.

여기서 재미있는 사실은 철도가 공간적으로 분산되어 있던 지역을 이어줌으로써 심리적으로 경제발전을 옹호하는 분위기를 만드는 데 독특한 기여를 했다는 관념이다. 비록 호황 심리의 분출이 그런 기업들의 자취를 따라갔다는 증거는 상당하지만, 철도의 부재가 국민에게서 상당한 정신적 기질을 빼앗았다는 증거는 제시되지 않았다. 그리고 그런 증거가 제시될 수 있을지 의심스럽다. 왜냐하면 호황 심리가 토지와 다른 자산들 가치의 예상치 못한 변화로부터 이익을 얻을 기회에 대한 반응이었다면, 그것은 철도에만 고유한 결과는 아니었다. 똑같은 우호적인 정신적 기질이, 예상치 못할 정도로 획기적으로 교통비용을 줄이는, 새로운 운하의 건설이나 새로운 방식의 교통수단을 통해서도 만들어졌을 것이다(Fogel 1964: 10-11).

실질적인 의미는 반사실적 조건명제가 적어도 이 경우는 불가능하다는 것이다. 즉 관련 대안들의 식별이 실현 가능하지 않다('똑같은 기질이 … 만들어졌을 것이다'). 더구나, 전체 작업에 대해 합당한 의심을 가질만한 근거들이 있다('그런 증거가 제시될 수 있을지 의심스럽다 …').

호크(Hawke)가 포겔의 방법을 따라 영국철도가 세계 경제에 미친 영향을 연구 실행한 사례는 여러모로 시사하는 바가 크다. 수요탄력성이 완전히 0이라는 강력하고 의심스러운 '다른 조건은 불변인 한(cetris paribus)' 유형의 가정 아래, 호크는 여객 수송에 집중한다. 그는 사회적 절약의 사전적(ex ante) 개념을 사용하여, 철도의 창설 이전 대안들의 비용을 논의하고, 포겔이 계산한 값보다 큰 순효과를 도출한다. '1865년에 철도가 없었다면 필요한 보상액이 국민소득의 7-11% 수준일 것이다'(Hawke 1970: 401). 결과적으로 하나의 혁신이 전체 경제에 무시할 수 없는 영향을 끼칠 수 있다. 그러나 이것은 하나의 중대한 혁신에 의한 영향과 경제 진화의 비연속성을 모두 부인하려던 포겔과 반대편 결론일 뿐이다.

두 저자들의 주장들은 분명히 제안된 방법론의 구체적인 사용에 의존한다. 두 경우 모두 반사실은 실제 과거에 불가능한 끼워 넣기에 의존하므로, 주장 가능성 비판에 취약하다. 우리의 주장은 역사 연구가 사실주의를 버리지 않고 다른 방향을 따라갈 수 있었다는 것이다. 사실, 여러 학자들이 다른 방향을 찾아보려고 의미 있는 노력을 하였다. 기술적 돌파의 효과는 기술적 경로와 운하화(canalization)의 중요성을 강조하는 혁신이론들과 알프레드 챈들러(Alfred Chandler)의 제도주의 접근에 의해 다루어졌다. 챈들러는 철도가 중요한 조직적 돌연변이를 제공하고 근대 기업들을 위한 훌륭한 모범사례를 대표한다는 것을 보였다. 이러한 틀에서, 포겔이 어리둥절하게 말한, 철도의 '심리적' 영향은 사실적으로 평가되고, 기업, 관리자, 노동조합, 경제 지역 및 제도, 등등의 구체적 역사로 추적될 수 있다. 그리고 이러한 평가와 과거 역사로의 추적은 기괴한 심리적 측정으로서가 아니라 관리 관행 발전의 구체적 의미로서 이루어진다. 사실 철도의 확장 개발은 심오한 변화를 의미했으며 경제적으로도 건실하였다. '1840년에 이르러 새로운 방식의 교통수단이 막 기술적으로 완성되어 갔을 때 철도속도와 규칙적인 운영은 증기기차 운송시스템이 연간 운송량에서 운하를 이용하는 것보다 50배에 달할 잠재력을 가지도록 하였다'(Chandler 1977: 86). 더구나 '1840년에 이르면 철도의 건설이 야말로 유럽에서 단일 산업성장 촉진책으로 가장 중요한 것이 되었다'(Landes 1969: 153). 광범위한 지역을 관리하며, 근대적 회계, 계획 및 관리의 엄밀한 도구들을 적용하고, 중간관리층들에 의해 통제되는, 한 세대의 기능적 관리자들의 준비는 이 과정의 결정적인 특징이었다. 그들은 '현대 경영의 개척자'였다 (Chandler 1977: 87). 그들은 경영혁명의 보이는 손들(visible hands)이었다.

두 세대가 지나자 그 변화는 거대해졌다. '실제로 1890년에 이르러 철도에 투여된 누적 투자액은 비농업 부문 전체에 투자된 것을 합친 것보다 더 많았으며 그때까지 비주거시설 자본 형성의 40% 이상을 차지할 정도였다'(Chandler and Hikino 1997: 38). 새로운 교통과 통신시스템이 완비되었으며, 그것이 결국 제2차 산업혁명을 위한 배경이었다. 철도의 도입은 기계화, 판매 및 생산 규모 증대의 새로운 시대를 열었으며, 자본 및 신용시장들의 새로운 기능 방식들을 낳았고, 더욱 통합된 국가경제에서 새로운 지역적 유형들을 발전시켰다. 새로운 세상이 열린 것이다.

우리는 역사적 진화의 문제로 돌아가서 살피고자 한다. 그것은 작고, 무작위의, 독립적인, 고립되고 중요하지 않은 요소들에 의해 야기되고 설명될 수 있는가, 또는 경로의존적, 체계적 변화들에 의해 움직이는가? 질문은 여전히 남아있다. 시간의 불가역성과 역사적 전환의 증거를 고려하면 이 수수께끼는 다음과 같이 번역될 수 있을지도 모른다. 만약 무작위적 변화들이 일어나지만 모든 상태 공간에 대한 불변의 확률분포가 존재하지 않으면, 즉 만일 점근적 분포가 시스템 자체 역사의 일부로서 진화하고 확률과정이 비에르고딕(non-ergodic: 통계역학의 용어로 비평형(불균형) 상태를 의미; 역자주)이면(David 1993: 208), 설명은 초기 조건들뿐 아니라 시스템의 이력에서 복잡한 변수들 사이의 상호작용 과정의 결과까지 고려한 동적 모형을 공식화함으로써 표현되어야 한다. 그것이 바로 역사의 여신이 하는 일이다.

1.4 소결

신경제사는 역사학과 경제학에 대한 경제사학자들의 평가에서의 중대한 변화를 대표하였고, 여전히 대표한다. 실제로, '이 분야는 대체로 고전이론에 대한 반란에서 비롯되었다'(Fogel 1964: 389)라고 널리 받아들여졌으며, 경제학을 단지 수학의 한 분야로, 사회과학을 실증주의 과학으로 변환하는 것에 대한 혐오는 많은 이들에 의해 큰소리로 표출되었다. 쉬몰러는 이미 경제학 '이론'으로부터 정량적 역사주의적 경제학의 독립을 주장하였으며, 그의 주장은 본래 '방법논쟁'의 일부였다. 이 논쟁 이슈는 매우 잘 알려져 있다. '이론학자'들이 승리하고 신고전파 혁명이 경제학의 전형으로 강요되었다. 이후, 1930년대 계량경제학이 부상하고 경제사와의 차별성을 심화시켰을 때, 이것은 2차 신고전파 혁명의 자극

아래에서 부활하였다. 이것이, 하버드대학 경제사의 초대 학과장인 애쉴리(Ashley)가 경제학과 경제사의 상호 무시와 거리에 기초하여 휴전을 제안한 이유였다. 그는 다음 세대들에 의해 단순히 무시되었는데, 심지어 반세기 전환점에서, 슘페터가 그에게 동조하면서 역사는 모든 경제학자 교육의 일부가 되어야 한다고 주장하였을 때, 그들의 목소리는 멀리 가지 못하였다. 그러나 휴전은 있었는데, 이는 그들이 요청해서가 아니라 단지 새로운 정통경제학에서 이 소외된 주제에 대해 주의가 더 이상 미치지 않았기 때문이었다. 정교한 계량경제학의 확인과 모형화를 통한 이론화를 강요하는, 공리화(axiomatization)가 젊은 세대 신고전파 경제학자들의 노력을 지배하였으므로, 그들은 너무 어렵고 다른 역사에 관심이 없었다.

그러나 그러한 상황은 오래가지 못했다. 이 장의 제1절에서 지적하였듯이, 역사학을 경제학에 재통합시키는 것이 새 종족의 목표가 되었다. 계량경제역사학, 또는 신경제사의 부상과 더불어, 신고전파 경제학은 다시 역사로 돌아왔고 계량경제사학자들은 그들 전문분야의 최전선으로 나아갔다. 실로, '신경제사는 경제학의 경제사와 경제 이론의 재통합을 대표하고, 경제학의 이들 두 분야의 100년에 걸친 분열에 종지부를 찍는다. (구) 경제사는 19세기 중후반에 발생한 고전파 경제학의 연역적 이론들에 대한 반란 과정에서 하나의 뚜렷한 학문 분야로 부상하였다'(Fogel 1965: 94).

포겔의 주장은 다음과 같다. 경제학은 정적인 모형에 전념하였으므로 역사는 다룰 수 없었다. 왜냐하면 역사의 진화는 본질적으로 동적이기 때문이다.[19] 결과적으로 경제학과 경제사의 이혼은 당시 동적모델도 없었고 엄밀하게 정량적인 검증방법도 없었으므로 이해할 수 있는 것이었다. 나중에는 화해의 순간이 다가왔는데, 그것은 계량경제사학자들의 경제학에 대한 주요 공헌이었다. 하지만 구 역사학자들은 이전과 마찬가지로 격하게 반응했다. 그들은 이러한 학문적 외도에 관여된 지나친 단순화를 두려워하였다. 이는 챈들러가 좀 더 최근에 애쉴리와 같은 호소를 반복한 까닭이다. '나는 이 두 분야의 통합을 강화하고 새로운 학문 분야를 만들어야 할 필요가 없다고 본다. 내가 보기에는 분업을 권장해

---

19) 동시대에, 반신고전파적 편향으로 비난할 수 없는 레온티에프(Leontief)는 학제간 협력과 역사에 대한 다원적 접근을 호소했다(Leontief 1948: 617). 그는 나중에 모형의 정당성 조건으로서 동적 안정성을 요구하는 계량경제학에 대해 비판하면서, 역사적 탐구를 위한 전략은 덜 집계적(aggregated) 형태로 '발전적 과정'에 관한 연구에 기초하여야 한다고 주장하였다(Leontief 1963: 1-2).

야 한다. 각자 자신의 분야에서 연구하고 각자 자기분야의 학문적 가능성과 한계를 충분히 인지하면서 우리 각자의 분야에 집착하자'(Chandler 1970: 144).

이 경고는 소용없었다. 역사 또는 적어도 경제사는 신고전파 경제학에 의해 결국 전부는 아니더라도 대부분의 상징적인 부분은 점령되었다. 이 장에서 우리가 주장하였듯이, 이 사실의 몇몇 의도되고 의도되지 않은 결과들은, 제도연구가 단순한 양적 탐구와 검정에 복종한 것, 도구주의가 사실주의에 대하여 정당성을 입증한 것, 논리적 또는 방법론적 기반도 거의 없는 가정연역법이 우위를 차지한 것 등이다. 측정 방법의 상당한 선명성을 얻었지만 대가로 측정대상에 대한 애매한 형이상학적 가정들을 동반했다. 새로운 유형의 엄밀성과 정확성이 수립되었으나, 조사를 더 하기 위해 고안된 기술들은 인식론적 정합성을 결여하였다. 전격전의 최종 결과는 파괴적이었다.

웨슬리 미첼(Wesley Mitchell)의 경기순환에 관한 작업은 측정의 엄밀성과 투명성을 확립하려는 매우 다른 초기의 시도였다. NBER의 영감을 불어넣는 고무자이며 초대 소장(1920-45)이었던 미첼은 일련의 경기순환의 주요 특징들을 연구하는 프로그램을 시작할 수 있었다. 그는 일반균형이론을 단호하게 거부했다(Louçã 1997: 155ff), 그러면서도 정량적 방법론과 경제 이론에 공헌했다. 그렇지만 우리가 이 장의 시작에서 본 것과 같이 계량경제사학이 이룩한 것은 미첼 사후 9년이 지난 1957년에 열린 NBER 학술대회였다. 그러므로 최근의 NBER 간행물(Lamoreaux et al. 1999)에서 경제학과 역사학의 새로운 친선을 북돋을지 모르는 현대 경제 이론의 추세들에 관한 낙관적(아마도 지나치게 낙관적) 견해를 보는 것은 고무적이다. 편집자는 분열의 깊이에 대해 현실적인 평가로 시작한다.

오늘날까지, 경영사 학술대회는 사학교육을 받은 이들이 주류를 차지하는 반면 경제사학회는 잘 훈련된 경제학자들에 의해 좌지우지된다. 두 학회의 공통 관심사들이 많은 영역에 걸쳐 있음에도 불구하고, 전문적 준거집단들이, 무엇이 흥미로운 질문들, 적절한 증거, 및 설득력 있는 주장 등을 구성하는지에 관한 규범들은 말할 것도 없이, 어떤 경우에는 놀랄 정도로 달라 보인다. 더구나 학제적 노력이 부재한 가운데, 이 차이는 지속될 것처럼 보인다 (Lamoreaux et al. 1999: 5).

NBER은 학술대회와 간행물 등에서 학제적 연구 노력을 계속 이어왔으며 다음과 같이 주장한다. '… 최근 경제이론의 발전은 더 위대한 의사소통을 위한 역사적인 기회를 제공하고 있으며, 우리는 이 학술대회에서 나온 논문들이 드물게 뛰어나며 전망 있는 새로운 학제적 접근법을 보여준다고 생각한다'(Lamoreaux et al. 1999: 5).

라모로 등은 진화경제학에서의 새로운 발전들은 전문가들이 더 이상 1960년 대와 1970년대의 낡은 신고전파적 사고에 의해 지배되지 않는 것을 의미하며, '이 새로운 사고가 경제 이론을 경영 역사의 서술에서 더욱 유용하게 만들었으 며 반대로도 그러했다'(1999: 6)고 주장한다. 특별히 넬슨(Nelson)과 윈터(Winter), 그리고 다른 진화 이론가들의 아이디어들을 언급하면서, 그들은 이를 '신경제이 론'이라고 명명한다. 우리는 이 말이 미국 또는 다른 어느 곳에서도 진화경제학 의 전파 범위를 과장한다고 생각하는데, 사실, 그들은 이것이 학부생들이 배우 는 것은 아니라고 시인한다. 그럼에도 불구하고 우리는 그들의 현대 방법논쟁을 해결하기 위한 끊임없는 노력에 박수를 보낸다.

라모로 등은 역사와 경제학을 재조합해야 할 필연성에 대응한다. 이것은 경 제학은 역사 없이 진화할 수 없다는 결정적인 의제이다. 역사적 틀에서, 경제 이 론들, 모형들 및 가정들은 현실을 설명하고 이해하는 데 더욱 정확하고 효과적 이어야 한다. 경제학에서 인과관계는 결정론이 아니라, 결정의 복잡한 과정으로 평가받아야 한다. 인공적인 추론은 구체적이고 상세한 연구와 분석 및 정책에 대한 논쟁으로 대체되어야 하며, 경제학을, 애덤 스미스와 초기 고전파 저자들 시절처럼, 도덕 과학 또는 정치경제학으로 회복하여야 한다. 이는 계량경제사학 에 대한 대안 전략으로서 경제학과 역사의 재혼을 주장한다. 실로 이것이 이 책 이 표방하는 바이다.

제1부의 나머지 장들에서 다룰 대안 전략은 여러 수렴하는 공헌들에 근거하는 데, 공통의 출발점으로서 결정적인 역사적 과정들을 설명하는 틀을 구성하는 뚜렷 한 리듬들을 확인할 것이다. 홉스봄(Hobsbawm)은 이 '세계 경제의 장기 패턴'을 장기 확장 시기와 장기 불황 시기의 회귀(recurrence)로 식별하였다(Hobsbawm 1997: 37, 142, 229, 312). 그러나 이 아이디어는 경제학에서 통계적 탐구의 기원들 로 거슬러 올라간다. 콘드라티예프, 슘페터 및 몇몇 초기 계량경제학자들은 처음 으로 이 추측을 지지하였으며, 이를 자본주의 발전의 새로운 이론들을 위한 출발 점으로 삼았다.

이 진술의 실증적인 내용과 이론적인 정합성이 다음 장들에서 논의될 것이 다. 일단, 테민(Temin)의 다음 말로 결론을 내리고자 한다. '현존하는 경제 모형 들이 50년 지속되는 균형상태로부터의 이탈을 담을 것 같지 않다. 국가들이 그렇게 오랫동안 성장경로에서 벗어나면 균형이론은 거의 관련이 없다'(Temin 1997: 138).

그러므로 결정적 질문은 실패한 균형이론을 어떻게 대체할 것이냐이며 어떠한 것이 역사와 경제학을 재결합하기 위해 계량경제사학의 대안으로 필요할 것인가이다. 우리가 곧 다음 장들에서 살펴보겠지만, 어떤 수리경제학자들은 적어도 계량경제학의 아버지들은, 자본주의 경제발전 과정의 구조적 변화에 관한 연구(사회적 혁신과 변화들의 거대한 영향들)를 중심으로 한 이러한 새로운 역사적 발견법(heuristics)을 공유하였다. 이러한 틀에서, 산업혁명은 단순히 투자의 총합이 증가하는 것으로 보는 시각으로 평가될 수 없다. 우리의 연구에 관심이 있는 것은 '새로운 기계적 시스템'(마르크스) 또는 '공장시스템'(랜즈)의 창조이다. 그것이 무작위 효과들, 역사적 우연한 사건들(accidents) 및 섭동들(perturbations)에 관한 추측들이 주변적인 이유이다. 왜냐하면 그것들은 균형이론의 맥락에서만 관련성을 가지기 때문이다. 균형이론은 충격들의 설명적 역할을 평가하기 위하여 안정적 구조를 취한다.

우연한 사건들은 물론 역사에서는 일상처럼 매우 흔한 것이다. 게티스버그에서 챔벌린 대령은 제2여단이어야 했는데 실수로 제20메인(Maine) 여단을 지휘하였으며, 부하들과 함께 리틀 라운드(LIttle Round) 고지를 완강히 방어함으로써, 남부 연합의 진격을 저지하고 결국 전투의 운명을 바꾸었다. 1930년 히틀러는 기적적으로 차량 충돌사고에서 살아났다. 이것은 수백만 명의 운명을 바꿀 수도 있는 사건이었다. 그러나 과학에서 질문하고 대답할 수 있는 어려운 질문은 이러한 사건들의 비결정성과 시공간에서의 예상하지 못한 돌연변이들에 관한 것이 아니라, 오히려 그것들의 '오래된' 이유들, 그것들이 일부이거나 그들이 일으키는 변화들, 즉 그것들이 특별한 구조 내에서 획득하는 영향과 의미에 관한 것이다.

하나의 사례가 이 점을 조명하는 데 도움이 될 것 같다. 1532년 11월 16일 까하마르카(Cajamarca)에서 처음 만난 황제 아타후알파(Atahuallpa)와 피자로(Pizzaro)는 상당히 병력 차가 있었다. 잉카의 병력은 8만 명이었으며, 스페인 정복자들은 단지 106명의 보병과 68명의 기병으로 구성되었다. 그럼에도 스페인 정복자들은 압도적인 수의 적군을 도살하고 격퇴하였으며, 페루를 정복하였다. 각 병사의 행동은 당연히 중요하였지만, 이 결과를 설명하는 근본적인 이유들에는 잉카 제국의 과거 위기, 알려지지 않은 기병의 군사적 영향력 및 새로운 무기들의 효과적이고 상징적인 영향력 등이 포함된다. 돌아보면, 까하마르카의 결과를 결정하는 데 있어서, 유럽이 누리고 있었던 가축과 작물, 그리고 결과적으로, 인구증가와 세균의 통제, 군수산업을 포함한 산업들의 창조 등에서의 경쟁우위의 중요성을 추가하여야 한다(DIamond 1998: 67-8). 그림을 완성하자면, 근대 권력 기관들의 관행과 관련된 상징적인 언어들을 조작하는 정복자들의 능력도 중요하였으며, 결코 다른 것들에 뒤지지 않는 효과를 미쳤다(Todorov 1990).

이것이 우리가 큰 결과를 가져오는 작은 사건들에 관한 맥클로스키의 지나치게 일반적인 결론에 대해 동의할 수 없는 이유이다(McCloskey 1991: 27). 작은 사건들은 어떤 환경하에서 큰 결과를 가져올 수 있지만, 그렇지 않은 경우가 많이 발생하며, 이는 역사가 설명할 수 있는 것이 아니다. 더 나아가, 결정적 카오스의 은유를 사용하는 것은 부적절한데, 왜냐하면 초기 조건들이 복잡한 경로를 낳는 상호작용을 가지는 어떠한 구조와 관련되지만, 이 구조는 여전히 진화하지 않는 고정된 구조이기 때문이다. 이런 시각에서 맥클로스키의 결론은 또한 지나치다. 그녀의 시각에 따르면, 이 카오스의 세계에서는 오직 서사적인 방법들만이 가능하며, 이들은 인과적 의미로 해석 불가능하다(McCloskey 1991, 논쟁에 대한 것은 Dyke 1990; Roth and Ryckman 1995; Reisch 1991/1995). 반대 시각에서, 랜즈는 경제사의 내재적 복잡성을 강조한다. '여기서 역사적 분석의 황금 법칙을 진술하고자 한다. 거대한 과정들은 거대한 원인들을 요청한다. 나는 이것을 경제학자들이 사전(prior)이라고 부르는 것으로 여긴다. 나는 매우 복잡한 거대한 시스템 변화는 복잡한 설명을 필요로 한다고 확신한다: 상대적인 중요성이 변화하는 다중원인들, 조합적인 의존성 …시간적 의존성'(Landes 1994: 653).

이것은 분명히 역사에 해당하지 않는다. 왜냐하면 고정된 형태의 사회 과정을 표현하는 구조가 상정될 수 없다. 그러나 구조는 존재하며 그것은 고정된 것이 아니라 진화한다. 이 경우 복잡성은 환류 과정에 관련될 뿐 아니라 매우 중요하게도 과정 동안 구조 자체의 변화와도 또한 관련된다. 이것이 진화이며, 이것이 역사학은 정적인 균형이론이나 가역적인 동적 모형을 사용할 수 없고, 비가역성, 비에르고딕성(non-ergodicity), 경로의존적 특징을 가지는 과정들에 의존해야 하는 이유이다(David 1997). 이 장에서 우리가 좋아하는 사례인 산업혁명은 이러한 우리의 주장을 매우 잘 증명해준다. 작은 사건들이 거대한 산업지형의 변화를 촉발할 수 있었을 것이다. 그러나 우리가 거대하고 연계된 기술-경제 또는 사회-제도 시스템의 조정 과정들의 논리에서의 체계적 변화들을 고려해야만 우리는 산업지형 그 자체를 이해할 수 있을 것이다. 그것은 숙고된 역사(reasoned history)를 요구한다.

그러나 어떤 진보도[새로운 기계적 혁신들] 누적적이며, 자기지속적인 변화과정을 촉발하는 데 충분하지 않았다. 왜냐하면 산업혁명을 일으키는 데 하나의 결혼이 필요하였기 때문이다. 한편으로, 산업혁명은 수작업을 대체할 뿐 아니라 공장에서 생산의 집적화를 추진하는 기계들을 요구하였으며 ... 다른 한편으로, 산업혁명은, (1) 어떤 공정의 기계화가 다른 공정들에게 상당한 압박을 주고, (2) 이 나라에서의 개선 효과가 전체 경제로 느껴질 정도인, 넓고 탄력적인 수요를 가지는 상품을 생산하는 거대한 산업을 요구하였다(Landes 1969: 81).

이 책에서 우리는 더 나아가, 산업혁명(제5장)과 철도의 발전과 영향(제6장)에 대한 대안의 설명을 제공할 것이다. 그러나 우리는 먼저, 20세기를 통틀어, 교조적인 경제 이론(orthodox economic theory)에 대항하였으며, 역사적 분석의 역할을 경제 이론과 실습에서 재정립하려 노력하였고, 진화의 수수께끼를 풀고자 한 몇몇 경제학자들을 먼저 살펴본다. 우리는 먼저 슘페터부터 알아보겠다. 왜냐하면 그는 종종 진화경제학의 시조로 여겨지기 때문이다. 사실, 이것은 그렇게 단순하지 않은데, 우리는 제2장에서 이를 해명하기를 희망한다. 우리는 경제 진화와 그 수수께끼들을 이해하기 위한 노력들을 살펴본다. 이것들은 샤를 페기(Charles Péguy)가 유창하게 강조하였듯이 단순하지 않다.

'이들만큼 더 신비로운 것들은 없다, 그녀는 말한다. 이 깊은 전환점들, 이 전복들, 이 재생들, 이 깊은 재시작들. 이것이 바로 사건의 비밀이다'(Charles Péguy Clio 1932: 269).

슘페터의 숙고된 역사를 위한 탄원

2.1 서론

1930년대와 40년대의 계량경제학 혁명은 제도주의 도전에 대한 신고전파 경제학의 우위를 다시 확립하였다. 역설적으로, 한 정통파 경제학자는 신고전파의 우위를 뒷받침하는 데 공을 세운 새로운 계량경제학회의 유명한 지도자 중 한 명임에도 불구하고 경제학의 새로운 정통인 신고전파에 저항했다. 슘페터 (Schumpeter)의 숙고된 역사를 위한 탄원의 역설이 제2장의 주제이다.

한 인간이자 과학자로서 슘페터는 고난의 시대를 살았다. 제2차 산업혁명, 오스트리아제국의 몰락, 러시아 혁명과 소비에트의 중부 유럽으로 확장, 대공황, 나치즘의 승리, 미국 이민 등, 20세기 전반은 정말 격랑의 시절이었다. 슘페터 (1919년 그는 새로운 비엔나 공화국의 장관이었다. 또한 은행가였으며 매우 생산성 높은 경제학 관련 작가였다)는 이러한 사건들에 영향을 미치려 했다. 그러나 그는 무엇보다도 먼저 이러한 변화의 성질을 이해하려고 하였다. 이것이 그의 연구가 이 책에서 다루는 문제로 직접 이어진 이유이다. 어떻게 경제학이 역사를 설명하는 데 도움이 될 수 있으며 어떻게 역사가 경제학을 설명하는 데 도움이 될 것인가?

슘페터의 처음 이론적인 습작의 근원을 거슬러 올라가면 2가지 뿌리를 볼 수 있다. (1) 정적 균형 분석의 한계를 알았지만 극복할 수 없었던 클라크(Clark, J. B)의 작업이었다. 슘페터는 그의 연구 프로그램을 물려받아 그의 생애 동안 발전시켰으나 그도 수수께끼를 풀지는 못하였다. (2) 주요 영향은 방법논쟁이었으며, 역사주의자들의 주장들을 더욱 중시하게 되었다. 이 두 가지 뿌리가 균형 패러다임의 언저리에서 자리를 잡았으며, 이것이 당시 경제학과의 관계에서 슘페터의 역설적인 태도를 설명해 준다. 가장 왈라스적이었으며 모든 신고전파 가운데 가장 정통이면서, 슘페터는 또한 균형 패러다임에 도전한 유일한 주류경제학자였고, 따라서 가장 이단적이었다.

결과적으로, 로젠버그(Rosenberg)는 심지어 슘페터가 '20세기 경제학을 통틀어 가장 급진적인 학자'이며, 이는 '그가 가장 결정적이고 귀중한 신고전파 교리를 거부하기를 역설했기' 때문이라고 주장했다(Rosenberg 1994: 41). 로젠버그는 매우 감정이입적이다. '실로, 나는 1930년대 말에서 1940년대에 존재하였던 신고전파 경제학의 복잡한 구조물 가운데 슘페터의 지독한 공격들에 살아남은 것은 거의 없다고 주장하고 싶다'(p.41). 기본적으로 슘페터의 '자본주의, 사회주의, 민주주의(Capitalism, Socialism and Democracy, CSD 1942)'와 '경제발전론(Theory of Economic Development)'의 일본판(1937) 서문에 근거하여, 로젠버그는 슘페터의 신고전파 패러다임에 대한 지독한 공격들을 식별한다. 즉 변화가 자본주의의 결정적 특징이며 이는 와해로의 영원한 경향을 의미하므로, 또한 균형은 진보의 부재로서 아무런 복지 우위를 가지지 못하므로, 혁신은 합리적-균형을 형성하는 의사결정과는 거리가 멀다. 이 맥락에서, '순환흐름(circular flow)'은 본질적인 변화의 운동들이 박탈된, 따라서 단지 단순화된 자본주의를 기술하였다. 결국, 슘페터는 균형 패러다임에 대한 대안으로서 이러한 돌연변이 과정의 역사적 분석에 헌신하게 되었다(Rosenberg 1994: 44-5, 48, 50, 56). 불행하게도, 이 모든 사례는 부분적이고 정황적인 증거에 근거한 것인데, 바로 그 슘페터가 이 모든 주장들을, 사후 저작들을 포함하여, 다른 때에는 부인하였다.

확실히 하나는 명백하다. 슘페터는 연구 프로그램의 정의에서는 신고전파들에게 반대하였다. 그의 '피설명항(explanandum)'은 기술적, 제도적 변화였으며, 이 특징들은 정통 시각에서는 '다른 것들의 불변(ceteris paribus)' 조건들에 의해 무시, 소멸된다(Rosenberg 1994: 50-1). 실로, 불변(ceteris paribus)은 비가역적 과정을 연구하는 데는 소용없다(CSD: 95). 결과적으로, 슘페터의 해석에서 진짜 문제는 왜 그가 쓰지도 추종하지도 않는 신고전파 패러다임과 결별하지 않았는가이다. 실로, 평생의 저술을 통해 그는 균형 패러다임의 틀을 고수하였다. 로젠버그의 급진적인 언급에서 인지되지 못한 이 역설은 본질적인 질문이다. 또는 알렌(Allen)이 슘페터의 가장 완전하고 권위적인 전기에서 다음과 같이 말한 것과 같다.

역설, 실패, 재앙 그리고 실망 등이 슘페터의 삶과 업적을 나타내는 요지이다. 그는 역설적인 삶을 살았으며 역설적인 경력을 가졌다. 그는 역설적인 생각을 하고 역설적인 책들을 썼다. 몇 번이나 반복해서 그는 과학자, 학자, 정치가, 기업가로서 실패했고 심지어는 한 인간으로서도 그러했다. ... 그러나 역설적으로 실패의 경력도 전체로서는 성공이었다(Allen 1991: i. 4).

이 역설은 일반균형의 거대한 개요와 이것의 경기순환과 변화, 또는 역사에서의 적용과 관련해서 명확하게 나타났다.

2.2. 방법논쟁에서 사회경제학으로: 역사의 역할

슘페터의 첫 저서 <이론 국민경제학의 본질과 주요 내용(Das Wesen...DW 1908)>은 실제로 멩거(Menger)와 쉬몰러, '이론가들'과 '역사학파' 등을 대립시키는 방법론 논쟁에 관한 커다란 학위논문이었다.[1] 슘페터는 멩거가 은퇴한 직후 비엔나 대학에 입학했다. 슘페터는 멩거의 후계자인 비저(Wieser)의 지도를 받았는데 방법논쟁에서 '이론적'인 부분을 지지하였고 경제학에서 추상적이고 자연적인 접근법의 중요성을 높이 평가했다. '방법론적 그리고 인식론적 시각에서 볼 때 순수한 경제학은 "자연과학"이며 그것의 정리들(theorems)은 자연법칙들이다'(DW, Swedberg 1991: 28에서 재인용). 생물학에서는 배울만한 것이 없다(p.27).

슘페터는 당시 강한 왈라스의 억양을 가지는, 멩거의 충실한 지지자로 간주되었다. 힐데브란트(Hilderbrand)는 1911년 슘페터를 그라츠(Graz) 대학의 교원으로 임용하는 것에 반대하였는데, 이는 그가 대학이 반'역사주의자'에 의해 점령되는 것을 원하지 않았기 때문이다. 나중에, 정치적 경력(칼 레너 집권 공화국의 재무장관으로서 1919년 3월에서 10월까지)과 은행가 경력이 실패한 후에, 그의 한계효용 '이론가'로서의 명성이 그를 역사학파의 소굴인 독일로 이끌었다. 슈몰러의 제자이며 친구인 슈피도프(Spiethoff)의 영향으로 꼭 필요했던 본(Bonn) 대학

---

1) 쉬몰러는 연속적인 사회발전 단계를 묘사하는, 사회학, 윤리학, 역사학의 통찰력을 조합한, 역사적 방법론을 개발하였다. 그의 장기적 시야는, 마샬이 콩트의 정학과 동학의 분리에 대해 비판할 때, 호출되었다. 쉬몰러의 '요강(Grundrisse)'은 '당할 자가 없는 넓은 지식과 미묘한 생각의 구체화'였다(1907 서언, in Marshall 1890: 48). 그럼에도 불구하고, 케인즈는 마샬이 일생 동안 '독일 역사학파의 박식하지만 반쯤 뒤죽박죽인 작업에 대해 불만을 가졌다고 지적하였다'(Keynes 1972: 210).

의 자리를 겨우 얻었다(Swedberg 1991: 69-70). 슘페터는 그때까지도 자신을 한 계효용주의자로 여기고 있었다. '경제분석의 역사(History of Economic Analysis 1954, 이하에서는 HEA)'의 각주에서, 그는 자신의 위치를 비저와 같은 '강한 경제이론 신봉자'로 표현했다(HEA: 819 n.). 그는 또한 전 생애를 통틀어 극도의 실증주의자였으며 실증과학과 규범적 개입의 명확한 분별을 옹호했다. 당시 비엔나에서 지배적 학술 풍조인 논리실증주의 영향으로 슘페터는 항상 이러한 형태의 '치료적 니힐리즘'을 수호했다.

그러나 그의 방법논쟁의 대차대조표는 시간이 흐르며 변해갔다. 이는 그가 '경제발전론(The Theory of Economic Development 1911, 이하에서는 TED)'을 삼 년 뒤에 출간하였을 때 이미 명확히 드러났다. 슘페터는 그의 '경제 교리와 방법 (Economic Doctrines and Methods 1914, 이하에서는 EDM)'에서 다시 그 문제를 논하였다. 이제 그는 아직 한계효용주의를 지지함에도 불구하고, 그의 입장은 더 신중해졌다. 전반적으로 논쟁은 쓸모없고 과대하게 포장되었다고 여겼다. 그는 이 논란에 대한 설명을 제시했다. '2가지 방법 사이의 경쟁과 갈등, 행동의 자유를 위해서든 우위를 차지하기 위해서 서로 다른 정신적 관습을 가진 사람들 간의 투쟁'(EDM: 167)[2]이라는 것이다. 이는 어느 쪽의 입장에 대해서도 칭찬이라 보기 힘든 언급이다.

EDM은 종합의 요소들, 즉 쉬몰러가 주장한 사회과학과 자연과학의 인과적 연결의 유사성 및 과학의 목표로서 법칙의 정의를 수용하는 것에는 신중했다 (EDM: 170). 슘페터는 심지어 자신이 이전에 쉬몰러의 개혁정책들에 대한 주장에 대해 가했던 주요 비판들 가운데 하나를 철회할 수 있다고 주장하였는데, 왜냐하면 쉬몰러의 주장이 그의 마음을 바꿨기 때문이라는 것이었다(p.175). 이점은 그렇게 분명하지 않다.

슘페터는 쉬몰러의 6가지 주요 혁신요인인 (1) 이론의 상대성, (2) 사회생활의 통일성, (3) 반합리주의, 이는 나중에 쉬몰러가 포기한 것으로 짐작되었다, (4) 역사의 진화와 역할, 즉 마르크스에 비교될 수 있는, (5) 복잡성의 긍정, 그리고 (6) 유기체적 개념, 사회의 몸에 대한 비유(EDM: 175 ff.)를 지적했다. 놀라운 사실은, 슘페터가 여전히 '더욱 순수한 경제학', '비교할 수 없을 정도로 확고한 기초를 가지는', '더욱 단순한', '더욱 일반적인'(pp.181 ff., 189-90) 한계주의 혁

---

2) 슘페터는 이 의견을 나중에도 견지하였다. HEA에서 그는 모든 논쟁이 '쓸모없는 에너지 낭비의 역사'라고 폄하했다.

명에 매료되어 있었음에도 불구하고, 위의 특징들 가운데 많은 것을(특히 (2),(4),(5),(6)) 자기 연구에 통합하였다는 것이다.

그러나 EDM의 구상은 어느 정도 주목할 가치가 있다. 이 논문은 막스 베버 (Max Weber)의 '사회경제 요강(Grundrisse der Sozialökonomie)'을 위해 준비되었는데, '사회경제 요강'은 분과를 초월한 사회과학을 위한 새로운 방법론을 제시하기 위해 의도된 총서였다. 베버는 방법논쟁 자체에 대해 강하게 반대하였는데, 그는 방법논쟁을 통계 및 이론적 방법을 역사적 방법에 대항시키는 인공적인 양극화를 초래하는 것으로 비난하였다. 이 구상은 슘페터의 생각에 지속적인 영향을 미쳤다.[3]

1926년 이론적 간섭 없이 한참을 지난 후에야, 슘페터는 '구스타프 폰 쉬몰러와 오늘의 문제들(Gustav von Schmoller and the Problems of Today)'이라는 논문에서 쉬몰러의 이론들에 대해 논의하였다. 이것은 저자에 대한 굉장히 긍정적인 평가와 사회경제학의 공식적 승인이라는 의미에서 중요한 전환을 나타냈다. 여기에서 슘페터는 새로운 경제학의 기초로서 이론, 통계학, 역사학, 그리고 사회학의 유익한 결합을 주장하였다. 그리고 이때부터 이것은, 자본주의 이해를 위한 역사의 역할에 대한 강조와 함께,[4] 그의 일관된 견해로 남았다. 이것이 슘페터가 이 책의 주장을 펼치는 목적들과 관련된다는 정확한 이유이다.

'경기순환론(Business Cycles 1939, 이하에서는 BC)'의 첫 부분에서 이것이 명확하게 진술되었다. 즉 역사학은 '우리 문제를 이해하는 데 가장 중요한 기여'(BC: 13)를 한다. 이 책은 분명 경제 역사 분석의 중요한 조각이며, 우리는 다시 이것에 대해 나중에 다룰 것이다. 그의 걸작인 HEA로 말하면, 이것은 사회경제학 프로그램의 가장 완비된 진술이다. 경제학 연구를 위해 지시된 중요한 기술들은 역사학(가장 중요하다. 왜냐하면 연구 대상이 역사적 시간 안에서 본질적으

---

3) 이것은 슘페터 EDM에 기록한 또 다른 콩트의 영향이다. 이 철학자는 '사회적 삶의 총체성과 순수하게 경제적 문제들을 제외한 다른 문제들에 대한 역사적 방법의 필요성'(EDM: 96)을 주장했다. 물론 슘페터는 나중에 이 연구 프로그램을 더 발전시켰다. 왜냐하면 역사적 방법은 심지어 '순수하게 경제적인' 문제들을 해석하는데도 필수적으로 여겼기 때문이다.

4) 다음과 같이 가정해 볼 수 있다. 즉 방법논쟁에 대한 1908년의 책인 DW의 부정이 이러한 슘페터 견해의 중요한 변화와 훗날 역사학파의 본질적 요소들을 자신의 체제로 통합하는 것과 연결되었다고 말이다. 동시에, 한계학파와의 중요한 차이점들이 슘페터에 의해 발전되었다. 멩거와 달리 그는 가치이론이 어떠한 심리적 기초를 요구한다고 생각하지 않았으며(Botttomore 1992: 19), 그는 파레토(Pareto)가 '효용'이라는 개념을 제거한 것을 칭찬하였고, 극대화하는 합리성이 사실적인 특징이 아니라고 제안하였다(Ten Great Economists(TGE): 179, 192).

로 유일한 과정이기 때문이다), 다음으로 통계학, 다음으로 이론, 마지막으로 경제사회학이다(HEA: 12).

이 방법론적 지시가, 비가역 변화 과정에 관한 연구로서 경제학의 정의와 조합되고, 진화하는 사회들의 유기체적 비전과 합하여 이 절의 주요 결론을 정의한다. 즉 슘페터는 역사학파의 몇몇 본질적인 특징들을 매우 독특한 틀에 통합하였고, 또한 그는 경제 속에서 역사적 돌연변이의 새로운 영역에 발을 들여놓았으므로, 슘페터는 실로 신고전파 경제학자가 아니었다. 그러나 동시에, 그는 자기 자신을 그러한 경제학자 중 하나로 여기지 않을 수 없었다. 왜냐하면 균형 패러다임을 전적으로 부인할 수 없었고 심지어는 이를 역사적 힘의 돌연변이와 통합하려 하였기 때문이다. 그의 왈라스 체제의 역할에 대한 논의에서 분명히 드러나듯이, 이는 역설의 단순한 재진술 이상이다. 이는 프로그램 관점의 결론인데, 왜냐하면 근대 진화론적 프로그램의 과학적 실행 가능성은 슘페터식 타협을 거부하는데 결정적으로 달려있기 때문이다.

이 딜레마는 슘페터 저서 여러 곳에서 분명해졌다. BC에 대한 과학계의 냉담한 반응은 슘페터가 사치스럽고 난해한 연구를 발전시키면서 주류 경제학자로서의 면모를 지키는 것이 갈수록 어려워지고 있음을 명확히 보여줬다. 쿠즈네츠가 말했듯이, 순환들은 정량적인 현상이므로 통계적 방법으로 다루어져야 하며, 슘페터가 암시한 정성적인 현상으로 다루어져서는 안 된다. 슘페터가 계량경제학회 창립 회의 의장이었으므로(그가 BC를 저술할 때 부학회장이었으며 차년도 회장으로 내정되어 있었다), 그는 정량적 경제학과 그가 종종 찬양하던 수학적 형식화에 기여할 것으로 기대되었다. 그러나 그는 그러지 않았으며, 사실, 전 과학계에서 오직 프리시만 그 책을 열정적으로 받아들였다(Swedberg 1991: 271 n.).

슘페터는 이 모순을 인정하고 극적으로 대처했다. 이것은 그가 참여했던 마지막 중요한 학회인 1949년도 경기순환에 관한 NBER 학술대회에서 분명하게 나타났다. '역사학자들'(미첼을 추종하는 NBER 연구자들)과 '통계학자들'(카울즈 위원회 소속학자)이 충돌한 이 학술대회에서, 슘페터는 역사적인 방법을 옹호하는 임무를 맡았다. 더 나아가, 그는 얼마 전에 작고한 NBER의 창설자이자 소장이었던 미첼을 대변할 도덕적 의무감을 느꼈다. '경제변동론'의 저자이자 계량경제학회의 저명한 회원으로서 그의 이러한 불편한 이중역할에서, 슘페터는 자신을 방어하는 선언을 이렇게 시작하였다. '나는 경기순환 현상에 대하여 이론적 또는 통계학적 작업을 희생하면서, 더구나 배제하면서까지 역사적 접근을 옹호하려는 소망을 가지고 있지 않다'(Schumpeter 1949: 308). 그러나 그는 바로 그의 주요 정의를 반복하였다. '경제적인 삶이란 역사적인 시간과 교란된 환경에서 진행되는 독특한 과정이다.'

역사학은 외생적이고 가끔 발생하는 사건들을 조사하는 데 필요할 뿐 아니라 바로 순환의 유기체를 조사하는 데도 필수적으로 필요하다.

왜냐하면 역사적 연구는 이제까지 다루었던 필수적이지 않은 요소의 본질과 중요성을 밝히기 위해서 뿐 아니라 그 밑에 있는 순환과정 자체를 밝히기 위해서도 필요하다. ... 그러나 역사분석이 충격에 관한 정보를 주고 동학적[이론](dynamic[theoretical]) 모형들은 어떤 충격이 퍼져나가는 메커니즘에 관한 정보를 준다고 말하는 것은 정확하지 않을 것이다. ... 대략 이것은 그렇고 나는 만일 청중들이 계량경제모형의 역할이 ... 현상의 역사분석의 결과들을 구현하고 총량들의 역학을 기술하기 위한 필수적인 봉사를 하는 것이라는 명제를 받아들인다면 매우 만족할 것이다. 그러나 계량경제모형들은 이 이상을 한다. 모형들은 충격들을 '설명'해주거나 이들의 '설명'을 도와주는, 상황들을 '설명'한다. 그리고 그 반대 역시 참이다(Schumpeter 1949: 313-13).

이것은 매우 악명 높은 주장인데, 그 이유가 단지 하나의 예리한 반논리 교육법을 찾으려 하거나(청자들은 역사적 방법을 그들이 그것을 반대하는 바로 그 이유로 받아들여야 한다) 또는 순환들에 대한 어떤 유형의 프리시식의 형식(Frischian formalism)을 수용해서만은 아니다. 또 다른 이유는 그것이 슘페터가 얼마나 역사적 연구와 정성적 방법의 역할을 옹호하는 데 몰입했는지를 나타내기 때문이다. 그리고 확실히 슘페터의 마지막 충고는 청중들을 놀라게 했다. '살인을 피하고 내 마지막 명제를 시작하기 위하여, 정말 필요한 것은 대규모의 산업과 지역 관련 논문 모음집이다. ... [역사적인 변화와 "지도자급 인물의 행위"를 포함하여]'(Schumpeter 1949: 314).

그의 주장이 역사의 흐름을 바꾸지 못했으며, 계량경제학 혁명은 이미 잘 진행되고 있었다는 것은 잘 알려져 있다. 비록 그의 주장들이 몇몇 동료학자들인 사뮤엘슨(Samuelson),[5] 굳윈(Goodwin)('그건 정말 나에겐 충격적이었다', Swedberg 1991: 176), 마크럽(Machlup)(1951: 95)을 놀라게 했지만 그의 주장들은 역사적 방법에 대한 계량경제학자들의 공격을 막지 못했고(Gordon 1986: 27), 균형 경제학

---

5) 사뮤엘슨은 이 사건을 묘사하길, 슘페터는 주로 '인기 없는 쪽 편을 드는' 성향을 가졌다고 했다 (Samuelson 1951: 49-50, 50 n). 여러 정황들을 볼 때, 이런 해석은 분명히 주요 요인이 아니다.

의 새로운 숨결이 일어나는 것도 저지하지 못했다.[6] 슘페터는 이것을 막을 수도 없었고 사실 도전할 수도 없었다. 왜냐하면 너무 늦기도 했고 너무 작았기 때문이다. 비록 그는 자신이 '살인은 피하게' 하고 있다고 추정했지만, 그는 균형 패러다임과 결별할 준비가 되어있지 않았다. 그는 추정에 대해서는 옳았다.

2.3 진화와 진화주의

경제이론의 토대를 논하면서 슘페터는 신고전주의가 정점인 시기에 다음 같은 상당히 기괴한 진술을 하였다. 역사 없이는 우리의 과학이란 의미가 없을 것이다. 이 주장은 매우 강한 것이었다. 즉 어떠한 설명도 역사의 서술에서 적절한 위치에 맥락화되지 않으면 정당하지 않다. 그렇지만 무엇이 역사인가? 또는 더 정확하게 말해서 경제학자들이 사건과 관계들의 순서와 시간적 구조에 대해 무엇을 알 필요가 있는가? 답은 간단히, 하지만 매우 까다롭게, 그들은 진화를 이해할 필요가 있다는 것이다.

역설적인 슘페터는 진화를 정의하지 않았고 그 자신의 진화주의 개념은 단순화와 혼동이 얽히고 복합된 것이었다. 우선, 진화주의는 슘페터의 방법론 영역에서 어떤 분명한 위치가 없었다. 실로 그는 물리과학을 권위적인 모형으로 정의하였다. '또 우리는, 아마도 처음으로, 하나의 단계에 도달하였다. 거기에서는 사실과 문제들이 뚜렷하고 같은 빛 속에서 우리 모두 앞에 있으며, 분석과 기술이 물리과학의 정신 같은 어떤 것 안에서 서로 협동할 수 있다'(Schumpeter 1927: 287).

이러한 좀 강한 주장에도 불구하고, 슘페터는 항상 '힘', '평형' 등의 개념들과 같은 기계적 영향들을 경제학 영역에 포함하는 것을 부인하려 했다. 더 나아가, 그 자신의 이론적 추론은 변화의(진화의) 문제로 지배되었다. 순환 그리고 자본주의적 발전의 전체적 '유기적' 과정[7]은 균형보다는 다른 현상으로 설명되

---

6) 카울즈(Cowels) 위원회 연구 프로그램의 충격은 해당 전문가 사회에서 지배적이라 할 수 있었다. 계량경제학이 승리한 것이다. 당시 NBER 연구원이었던 프리드만(Friedman)은 학술대회에서 최종 연구방법의 통합은 카울즈 위원회와 NBER방식을 결합하여 성취될 것이라고 주장하였다(Friedman 1951: 114). 그러나 쿠프만스(Koopmans)는 계량경제학 방법의 우수성에 대해 확신에 차서, 학술대회의 대차대조표가 첨부된 카울즈 그룹의 내부 메모에서, '너무 싸우지 맙시다'라고 권고할 수 있었다(Epstein 1987: 111).

7) 1940년대 초에 보낸 편지에서, 슘페터는 그의 사고의 유기적 성격이 공식화의 어려움에 책임이

어야 한다. 즉 '끊임없이 옛 경제구조를 파괴하고, 끊임없이 새로운 것을 창조하면서, 끊임없이 경제 구조의 내부로부터 혁명을 일으키는, 산업적 돌연변이(생물학적 용어를 쓴다면)로 설명되어야 한다. 이 창조적 파괴(Creative Destruction) 과정은 자본주의에 관한 본질적인 사실이다'(CSD: 83).

이것은 사실 좀 예외적인 진술[8]인데, 왜냐하면 대체로 슘페터는 경제학에 명시적인 생물학적 은유를 통합하려는 어떠한 시도도 매우 강력한 어조로 의심하고 거부하였기 때문이다. 1911년에 그는 다음과 같이 썼다.

여기 ['형이상학적' 경향들의 유형]에, 또한, 다윈에 중심을 둔 온갖 종류의 진화론적 사고가 속한다. 적어도 이것이 비유에 의한 추론 이상을 의미하지 않으면 말이다. ... 그러나 진화론적 이념은 지금 우리 분야에서 신뢰를 잃었다, 특히, 다른 이유로, 역사학자와 민족학자들 사이에서 그렇다. 지금 '진화론적'이념들을 둘러싼 비과학적이고 과학외적 신비주의의 질책에 딜레탄티즘(dilettantism: 아마추어 취미생활을 의미)의 질책이 추가된다. '진화'라는 용어가 한 역할을 하는 모든 성급한 일반화에 대해 우리는 인내심을 잃었다. 우리는 그러한 것들로부터 멀어져야 한다(TED: 43).

거의 40년이 지나서도 슘페터는 여전히 같은 의견을 가지고 같은 언어를 사용하여 표현했다. HEA에서 1870-1914년 기간에 관해 서술하면서, 그는 생물학적 진화주의를 '우리 경제학자들이 익숙한 어떤 것도 넘어설 정도로 이념적 편이와 딜레탄티즘으로 감염된 분야'(HEA: 788)로 강조하여 기술하였다. 그럼에도 슘페터는 다윈의 '종의 기원'을 과학에서 지동설만큼이나 중대한 업적으로 여겼으며(HEA: 445, 445 n.), 다윈의 과거 생물학 이론들에 대한 역사적 습작들을 과학사회학의 결정적 작품으로 간주하였다. 그러나 그는 다윈의 역작이 사회과학에서 어떤 종류의 영향을 미쳤는지 구체적으로 지목하지 않았다. 그가 공감하는 언급들은 아마도 의례적이었을 수도 있다. 그럼에도 슘페터의 목적은 당대의 영향력이 크고 널리 퍼진 '순진한 자유방임'과 단순화된 버전의 다윈주의를 결합하고, 결국 위생규제 또는 공공교육 및 보건시스템을 포기하라는 '멍청한' 제안을 하는 스펜서식 진화주의에 대한 공격임이 분명했다(HEA: 773). 슘페터는 또

있다고 주장했다. '내 구조들 안에서 배후에 현실성의 살아있는 조각을 가지지 않은 것은 없다. 이것이 아무리 봐도 장점은 아니다. 이것은, 예를 들면, 나의 이론들을 수학적 공식화가 힘들게 만든다'(E Anderson 1994: 2에서 재인용)

8) 이 '생물학적 용어'는 1941년 TED의 스페인어 번역본 서문에서 처음으로 사용되었다(Schumpeter 1944: 15).

한 BC의 서론에서, 경제 과정들의 유기성에 관한 그의 가정이 결코 그가 자유방임주의의 지지자임을 의미하지 않는다는 것을 독자들에게 알리려고 했다(BC: vi). 그러므로 '산업적 돌연변이'의 개념은 좀 예외적이며 경제발전과 진화의 불균형 성질들을 강조하기 위하여 신중하게 선택된 용어이다. 여기서 슘페터는 왈라스보다 마르크스에 실로 더 가깝다.[9]

사실 슘페터의 진화주의는 다윈주의 또는, 일반적으로, 생물학적 은유에 근거하지 않았다. 이들은 그의 체제에서 사소한 역할만 하였다. 그러나 그럼에도 그것은 진화개념이었는데, 이는 그것이 두 가지 중심 개념들에 근거하였기 때문이다. 첫째, 경제는 돌연변이들을 가지는 발전과정에 의해 추진되는, '유기적'[10] 전체로 정의되었다.

둘째, 이것은 자본주의를 창조와 파괴로 보는 비기계적 역사적 관점을 정의하였다. 체제의 핵심에서의 혁신으로부터 일어나는 변화인, '돌연변이' 개념은 위에서 논의하였으므로, 이 절에서는 유기적 시스템의 개념을 살펴볼 것이다.

여기 슘페터가 생물학적 비유를 비판하면서 이 개념을 어떻게 제시하였는지 보자.

먼저 우리는 '유기적' 시스템이며 '기계적' 시스템이 아닌, 사회가, 인간의 몸과 같은 생물학적 유기체의 비유에 따라서 유익하게 분석될 수 있다는 생각을 알아차린다. … 그러나 분명히 철없는 이 생각이 다음과 같은 사실을 보지 못하도록 해서는 안 된다. 즉 경제적 과정의 '유기적 본성'에 대한 강조는, 마샬의 예에서 그러했듯이, 단지 매우 건전한 방법론적 원칙

---

9) 슘페터의 주요 주장은 경제적 현실의 본성이 마르크스가 생각했던 것과 같이 균형을 무너뜨리는 과정이라는 것이었다(HE: 77, 774; CSD: 83). TED 일본어판(1937) 서문에 이것이 나타나는데, 여기에서 그는 마르크스가 왈라스와 더불어 그에게 영감을 준 원천이며, 왈라스와 달리 마르크스는 동적 변화과정을 논의하였다고 주장하였다(일본어판 서문의 한국어 번역은, 요셉 슘페터 지음/박영호 옮김, 경제발전의 이론, 박영률출판사, 2005를 찾아볼 것; 역자주). CSD에서 슘페터는 마르크스가 최초로 '위기'를 우연한 사건으로 보는 개념을 버리고, 쥐글라(Juglar) 파동을 예견했다고 주장하였다(CSD: 41). 엘리자베스 슘페터(Elizabeth Schumpeter)는 1951년 에세이 모음집 서문에서, 그녀의 남편과 마르크스가 자본주의를 동적인 과정으로 보는 비전을 공유했다고 주장하였다(Elizabeth Schumpeter in Schumpeter 1951: 9).

10) 물론 '유기적'이란 주장이 시스템의 자기충족성의 사소한 선언이라고 할 수도 있겠는데, 앞 절들에서 여러 번 그러한 입장들이 발견되었다. 이 경우, 시스템의 '유기성'은 그것의 기계적인 특성으로 완전히 식별된다. 즉 '자연적' 시스템은 목적을 가진 행동을 배제한다. 이 절에서 그 용어는 매우 뚜렷한 의미로 사용되지만, 여전히 생물학적 은유의 간접적 영향을 지시한다. 즉 유기적 시스템은 복잡하고 비결정적인 상호작용과 되먹임작용들을 포함한다. 또한 상호작용과 되먹임(feedback)작용의 대상에는 환경도 포함된다. 즉 이것은 개방적 시스템이다. 이것이 슘페터의 유기적 전체의 개념과 연결해서 사용될 때의 의미이다.

을 전달하는 수단일 뿐이라는 것이다. 특히 '계획' 유형의 이론가들은 종종 몇 개의 경제적 총량들 사이의 몇몇 기능적 관계들로부터 '실용적' 결과들을 도출하는 통탄할 실행에 탐닉한다. 이때 그들은 그러한 분석적 설정들이 더욱 깊은 것들, 무게를 재고 측정할 수 없는 더욱 미묘한 관계들을 태생적으로 설명할 수 없다는 사실을 완전히 무시한다. ... '유기적' 고려는 비록 그 자체로는 거의 적절한 것은 아니지만 아마도 그런 미개한 절차에 대한 해독제이다(HEA: 788-9).

논쟁적 편의는 별도로 하고 - 즉 '계획 유형의 이론가들'은 쉽게 '한계효용 유형의 이론가들'로 쉽게 대치될 수 있으며 전체 문장의 의미가 유지될 것이라는 - 이것이 슘페터 사고의 본성을 분명하게 가리킨다. 즉 유기적 고려들은 쓸모없는 생물학적 비유를 피하고 경제학 탐구를 위한 총체적인 방법을 제공하기 위해 필수적인 것으로 상정되었다. 방정식 체계의 해는 복잡하고 '더 미묘한' 관계들을 충분히 반영할 수 없었다. 이것은 경제학에서 인과성(BC: 7)과 그 특징 분석(Schumpeter 1949: 313)에 대한 그의 접근법을 설명해 준다. 진화주의란, 당시 슘페터에게는 단지 실시간에서 유기적 진화, 또는 역사적이며 비가역적인 변화과정들에 대한 고려였다.

사회적 현상들은 역사적 시간에서 독특한 과정을 구성하며, 끊임없는 비가역적인 변화들이 그들의 분명 가장 명확한 특징이다. 만약에 진화주의가 이러한 사실을 단지 인식하는 수준 이상이 아니라면 모든 사회적 현상에 대한 추론은 진화적이거나 진화와 관련되어야 한다. 그러나 여기서 진화주의는 그 이상의 것을 의미한다. 사람들은 사실을 그들 생각의 축과 방법을 지도하는 원칙으로 만들지 않고도 인식할 수 있다. ... [제임스 밀]의 여러 시스템들은 이들 어떤 분야에서도 그의 생각이 진화에 맞선다는 의미에서 진화론적이 아니었다. 그리고 이것이 우리에게 진화주의의 기준이 될 것이다. 철학에 관해서든 ... 그리고 어떤 '과학 분야'에서도 말이다(HEA: 435-6).

우리는 아마도 슘페터가 사회적 과정을, 새로움의 창조인 혁신적 돌연변이를 통한 균형의 내재적, 동적(dynamic) 교란으로 정의하였으며 이것이 정확히 그의 진화론적 틀을 정의한 것이라고 결론지을 수 있다. 그것은 왈라스의 장소인 균형의 정상 과정(stationary process)을 포함하고, 마르크스의 장소인 불균형을 향해 움직이는 힘과 과정들도 포함하였다. 그리고 그것은 유기적이었는데, 왜냐하면 두 과정들이 양립 가능한 것으로 간주되었고, 모든 관련 변수들이 스스로 운동과 변화를 발생시키는 시스템에 내생적인 것으로 간주되었기 때문이다. 더욱이 이 특별한 조합은 경제학에서 매우 독특한 부분으로 여겨졌다, 그리고 슘페터는 자신의 일반적이고 역사적인 접근법만이 일반균형이론의 정학과 균형을 파괴하는 힘들의 동학을 통합할 수 있다고 믿었다. 즉 이에 따르면 우월한 종합에서, 물리적이고 생물학적인 비유들의 비과학적인 편이가 저지될 것이다. 왜냐하면 그러한 비유들은 부분을 전체로 보고, 그럼으로써 아마추어적 또는 단순한 관점들을 발전시켰기 때문이다.

슘페터의 자본주의하에서 순환과 구조 변화의 장기 파동에 관한 연구는 경제 과정을 진화적 세상의 일부로 생각할 때 겪는 난점들에 대한 그 자신의 해답의 창의적인 사례들 가운데 하나를 제공하였다.

1910년에 TED 저술을 준비하며 슘페터는 그 자신의 견해들을 짧은 명제들로 요약하였다.

첫째, 경제 과정들은 2개의 다르고 또한 실제로 명확히 구별되는 범주들인 정적과 동적으로 나뉜다. 둘째, 동적 과정은 순수한 경제적 진화를, 즉 경제 자체로부터 일어나는 경제 모형에서의 변화들을 구성한다. 셋째, 경제적 진화는 근본적으로 경제의 정적 균형의 교란이다. 넷째, 이 교란은 경제의 정적인 집단들 내에서의 반응, 즉 균형의 새로운 상태로 향한 움직임을 불러일으킨다(Schumpeter, Andersen 1994: 41에서 재인용).

현재 우리의 목적을 위해 슘페터가, 밀(Mill)이 이전에 했던 것처럼, 정학과 동학을 2개의 실제 과정들로 구분했다는 것을 강조해야겠다. 이 구분은 교란들이 없으면 시스템이 '정적(static)'[11]이지만 그런 교란들은 시스템 자체의 내부에서 일어난다는 개념 구상과 관련된다. 1908년, 슘페터는 '순수' 경제학에서 중심 질문은 정학과 균형이라 주장하고(이는 확실히 왈라스에게 승인을 받을 자격이 있었다) 동학을, '미래의 땅'(DW, Swedberg 1991: 29-30 재인용)이라는 다소 수사적인 선언에도 불구하고, 주변적인 현상으로 간주했다(DW, Bottomore 1992: 171에서 재인용). 그렇지만 위의 1910년 명제에서 지시되었듯이, 그는 재빨리 그의 의

---

11) 초판 TED(1911)에서 슘페터는 '순환흐름(circular flow)'/'발전(development)'이라는 구분을 사용하였는데, 재판에서(1926) 이들은 '정학(statics)'/'동학(dynamics)'으로 교체되었다. 1934년 이후에는 TED 영어판 서문에서 지시되었듯이, '프리시 교수에 경의를 표하여'(원래 두 용어를 각각 균형과 순환 구조들을 나타내려는 의도로 사용하였지만, 프리시 교수에 경의를 표하기 위해 더 이상 원래 의미로 사용하지 않겠다는 의미; 역자주), 또한 BC에서도 지시되었듯이, 슘페터는 정적/동적 분석 형식들(static and dynamic forms of analysis), 그리고 자연에서의 정상 또는 발전 과정들(stationary or development processes in nature) 등의 구분을 사용하였다(TED 1934 edn.: 6).

견을 바꾸었다.

DW가 이미 기업가에 관한 미래 논의를 위한 어떤 단서들을 제공한 것 역시 분명하다. 슘페터는 경제적 삶에서 혁신들의 역할을 강조한 19세기 경제학자인 리델(Riedel), 기업가에 관한 튀넨(Thuenen) 또는 뵘 바베르크(Bohm Bawerk) 등의 선행 연구, 그리고 특히, 당시 독일에서 대단히 중요했던 초낭만파적 영향 아래서, 그의 스승인 비저(Wieser)로부터 영향을 받았다. '위대한 사람' 또는 어떤 '영웅적인 개인'의 모습이 경제학에서 정의되었는데, 이는 마치 스펜서가 사회학에서, 니체가 철학에서(Streissler 1994: 19 ff., 34; Allen 1991: 101), 클라크(J. B. Clark)가 경제학에서 그랬던 것과 같다. 기업가정신(Entrepreneurship)은 1908년 저작에서 모험적인 혁신을 수행하는 기능으로 해석되었다(Allen 1991: 47).

1911년 TED에서 슘페터는 이러한 결론들을 작동하는 주요 경제적 과정들인 '순환흐름'과 '발전'의 구분으로서 제시하였다(TED: 145). 중농주의자들이 발견했다고 짐작되는 경제적 인과성에서 '잃어버린 고리'(EDM: 43 ff.)인 순환흐름을 기술한 것은 다음과 같다.

각 경제적 기간이, 기술적인 의미뿐 아니라, 그것이 경제적 공동체 소속원들에게 같은 과정을 다음 경제적 기간에 같은 형태로 반복하는 것을 유도, 가능하게 하는 정확한 결과들을 생산한다는 의미에서, 어떻게 다음 기간의 기초가 되는가. 어떻게 경제적 생산이 사회적 과정으로 일어나고, 어떻게 그것이 모든 개인의 소비를 결정하고 소비는 다시 이후의 생산을 결정하는가(EDM: 43).

다른 말로 표현하면, 이것은 정상 과정 또는 균형을 위한 조건인데, 이 둘은 분석적으로 동등하다(BC: 42 n.; 68). 다른 한편, 발전은 시스템의 사회적 조건들 안에서 양자적 도약(quantum jump), 즉 '균형점을 너무 멀리 이동시켜, 극소한 움직임들로는 이전의 균형점에서 새로운 균형점에 도달할 수 없을 정도의 시스템 내부에서 일어나는 변화'(TED: 47 n.; 또한 Schumpeter 1935: 4)로 정의되었다. '정적 조건들'은 (경기) 순환을 배제하나 성장을 배제하지 않는다.[12] 사실, 저축으로 인한 자본축적[13]과 인구증가의 조합으로 정의된 '성장'은 정적 균형의 관

---

12) 역자주: 슘페터의 경제발전론(TED)에서 경기순환론(BC)에 이르는 이론 체계는 순환흐름/발전(TED)에서 균형/진화(BC)로 변하는데, 용어의 변경에도 불구하고 내용은 거의 변하지 않는다. 순환흐름/균형은 왈라스의 균형체제, 단순재생산, 인구증가와 자본축적 등에 의한 경제성장을 포함하며, 발전/진화는 혁신에 기초한 불균형을 동반한 성장, 경기순환 등을 포함한다.

13) 슘페터의 자본 개념은 생산 과정의 기술적 구조와 구분되는 유연한 자원(flexible resource)으로

념에 포함되었다(Schumpeter 1927: 289 ff.). 따라서 균형은 변화(균형 조건들의 파열)를 위한 내부적 충격을 발생시키는 시스템 내의 '이동하는 무게중심'으로 정의되었다. 발전은 변화의 본성을 설명하였던 반면에(BC: 560 n.), 균형은 변화의 흡수를 기술하였다(Schumpeter 1937: 159). 즉 시스템의 안정성(stability) 성질로 정의되었다. 이 주제는 더 논의할 것이다.

실제의 경제적 시스템은 2가지 과정을 통합하지 않고는 이해할 수 없다. 사실, 비록 슘페터가 가끔 '완전' 균형은 실제로 존재하지 않으며(BC: 52) '방법론적 허구'(p.964)라고 지적하거나, 또는 실제 가격들이 균형 주위를 맴돈다고 말한 왈라스와 클라크를 비판하였더라도(HEA: 999, 1000 n.), 슘페터의 일반적인 접근법은 변화와 균형을 포함하는 것으로서 발전과정의 통합적 설명을 주장하는 것이었다. 경기순환 이론에 대한 그의 '1차 근사(first approximation)'에서 균형은 불황의 끝과 번영의 앞에 존재하였다.[14] '2차 파동'이 고려되고 순환이 4개의 국면으로 기술되는 '2차 근사(second approximation)'에서 균형 조건들은 2개의 변곡점에서, 즉 침체가 불황으로 이어질 때와 회복이 번영으로 이어지고 새로운 순환이 시작될 때 충족되었다.[15]

세 가지 주요 논점이 강조되어야 한다. 첫째, 이 틀에서 정상 과정 또는 균형 조건들은 동적 운동의 특별한 경우, 특히 운동이 없는 이산점들(discrete points)에 해당하는 경우로 간주되었다(BC: 70-1, 963). 이것은 기계적인 밀-콩트의 '정학'과 '동학' 구분의 정의와 거의 일치하며, 정학 분석의 가능성, '경제학 논리의 중추', '엄밀한 분석을 위한 기반 조성'(BC: 68)을 제공한다.

둘째, 균형의 존재가 진술되었고 균형의 안정성은 변화와 교란을 흡수하는 실제 과정들로 정의되었다.

그럼에도 불구하고, 우리에게 중요한 것은 실제의 힘으로서 이 [균형을 향한] 경향이며, 단순히 이상적 균형 준거점들의 존재가 아니다. ... 우리는 시스템이 균형에서 이탈하는 한정된 기간들과 균형으로 향하는 마찬가지로 한정된 기간들을 구분하길 바란다(BC: 69-70).

정의되었다(Oakley 1990: 38). 그것은 순환흐름에 속하는 것이며, '현재 기간의 생산을 유지해주는, 이전 경제적 기간들의 사회적 생산물의 일부'(EDM: 54)이다. 그러므로 축적의 2가지 원천이 있는데, 하나는 순환흐름이고 다른 하나는 혁신에 의해 움직이는 발전과정이다.

14) 역자주: 슘페터의 1차 근사를 $f(t) = -\cos(t)$ $(0 \leq t \leq \pi)$로 묘사할 수 있는데, $f(t) = 0$이 되는 $t = \pi/2$가 균형점이다.

15) 역자주: 번영-침체-불황-회복 등 4개의 국면으로 이루어지는 경기순환을 $f(t) = \sin(t)$ $(0 \leq t < 2\pi)$로 나타낼 수 있는데, 이 함수의 변곡점들은 $f(t) = 0$, π이다.

역시, 의심의 여지도 없다. '상식이 균형을 형성하는 이 메커니즘이 경제학의 순수 논리 연습으로 고안된 허구가 아니라 우리 주변의 현실에서 실제로 작동한다는 것을 우리에게 말해준다'(BC: 47, 56).

이 의미에서, 균형 메커니즘은 경제적 시스템에서 변화에 대한 저항, 즉 기존의 사업과 제도적 전통들의 방어를 제공하였다. 그것은 새로움의 창조[16]를 포섭하는 질서의 창조, 예를 들면, 혁신 후에 균형을 회복하는 모방 같은 것이었다. 균형 또는 질서는 가격형성의 순간이고, 반면에 발전 또는 무질서는 진화적인 과정이다. 슘페터의 강한 어조의 표현에 따르면 '변동들은 반드시 어떤 것을 둘러싼 변동들이다'(BC: 69).

셋째, 이것은 균형이 바람직한 상황으로 간주되었다는 것을 의미하지 않는다. 1차 근사에서는 호황의 약속이 실현된 상황은 전체 공동체에게 소비재의 가용량이 증가한 상황으로 간주되었다(TED: 161). 그러나 2차 근사에서는 이것이 확실히 더 복잡했다. 왜냐하면 시스템이 영구적인 혼란으로 기술되었으며, 시스템의 변화(불균형 과정들)가 진보의 유일한 형태였기 때문이다. 이 관점에서, 슘페터는 분명히 '고전파'와 일반균형 패러다임에 반대하고, 심지어 실제 경제적 진화를 담지 못하는 그들의 무능력을 비난하였다. 그가 EDM에서 강조하였듯이, 최초의 근대적 산업 위기들이 발발했을 때, '고전파'들은 쉽게 접할 수 있는 모든 증거들에 대항하여 여전히 세이의 법칙(Say's Law)을 옹호하고 불균형의 이론적 가능성을 거부하고 있었다(EDM: 150). 쥐글라의 주요 업적은 대조적으로, 새로운 연구 의제를 정확히 정의하였으며, 문제를 적시하였고, 이를 실증적으로 기술하였고, 설명을 제시하였다는 것이다(Schumpeter 1927: 287). 다시 말하면 경제적 시스템을 전진시키는 새로움의 경향은 기업가가 균형에 도전하는 능력에 달려있다. '얼마나 비참한 사람인가. 이 경제주체는 항상 끙끙거리며 균형을 찾고 있다. 그는 야심도 없고 아무런 기업가정신도 없다. 간단히, 그는 힘과 삶이 없다'(DW, Swdberg에서 재인용 1991: 29).

이러한 단서들로 슘페터의 순환 이론은 재평가될 수 있다. 시스템의 운동은 정상상태 표현(steady-state representation)[17]하에서 분석되었으며, 다음엔 변화의

---

16) 로젠버그는 슘페터의 순환흐름에 대한 입장을 자본주의에서 변화의 실제 과정들로 해석하는 데 반대하고 이론적 기술로 해석한다(Rosenberg 1994: 43). 그리고 스베드베르그(Swedberg)는 그 것을 이상형(ideal type)으로 해석한다(Swedberg 1991: 32). 그러나 이전의 인용들은 이러한 해석들을 반박한다. 슘페터에게, 순환흐름은 발전과 동시적인 실제 과정이었으며, 완전한 이론은 같은 틀에서 2차원을 통합하여야 한다.

가능성이 독립적이고 분리 가능한 차원으로 도입되었다. 왜냐하면 둘 다 별도로 격리될 수 있는 사회적 과정들에 대응하기 때문이었다. 다시 말하면, 왈라스는 두 과정 가운데 하나의 토론에 간편한 접근법을 지시했다(BC: 47). 그러나 이것은 충분하지 않았는데, 왜냐하면 진화 또한 설명되어야 했기 때문이다. 왈라스에게 욕구들은 주어졌으나, 슘페터에게는 실제 경제적 과정들이 새로운 욕구들을 창조하고 깊은 전환들로 이어졌다. 슘페터의 연구 프로그램은 진정한 일반이론을 창조하기 위하여 왈라스의 도식에 대한 동적인 짝을 제공하는 담대한 과업으로 구성되었다.

이것은 성장과 순환의 문제들 사이에 일종의 논리적 분리 가능성을 의미하였다. 왜냐하면 성장은 저축을 통한 자본축적의 단조적 추세와 인구 증가로 축약되고 균형화 과정에 더해졌기 때문이다. 물론 이것이 추세와 순환을 평가하는 통계적 문제를 해결한 것은 아니다. 왜냐하면 균형의 실제 추세가 존재하지 않았고 오직 몇 개의 이산적인 균형점들(각 순환당 2개), 순환과정 자체가 무게중심의 상향 이동을 보이기 때문이다.

그리고 더욱이, 3개 순환 도식은, 짧은 순환들의 균형들이 더 긴 순환들의 추세선(trend line)의 인공적 표현(artificial representation)에서 정의되며, 번영이 시작되고 3개 유형의 순환들의 균형들이 일치하는 콘드라티예프 파동의 시작점에서 유일한 진짜 균형이 성립한다는 것을 의미하였다. 다른 모든 점은 '균형의 근방들(neighbourhoods)'이며, 그러므로 새로운, 바로 구조적 이유로 안정적이지 않다. 즉 더 긴 순환들인 콘드라티예프 파동들의 진화 동학이 더 짧은 순환들을 과잉결정(overdetermine)하였는데, 긴 순환들이 자신의 균형 근방에 있는 때에도 그러했다. 이것은 실제 경제에서 작동하는 되먹임(feedback) 메커니즘들의 표현형태였으나, 이는 수학적 모형의 취급에 특이한 어려움을 추가하였으며 그리고 슘페터는 그의 이론들이 수학적 공식화[18]에 매우 적대적이라는 것을 받아들였

---

17) 역자주: 정상상태란 시스템 내의 변수들이 일정한 비율로 변화하는 것을 말한다. BC에서 슘페터는 자본축적 또는 인구증가에 따른 경제성장을 진화가 아닌 정학(순환흐름)에 속하는 것으로 분류하였다. 이 틀에서는 정상상태 표현으로 주어지는 자본축적, 인구증가와 그에 수반된 경제성장은 혁신으로 유발되는 변화와 분리된다. 비슷한 단어로 번역되는 확률과정인 정상 과정(stationary process)과 다른 개념이다.

18) 슘페터가 생애의 마지막 여러 해에 느꼈던 실패의 의미에 대한 주요 이유들의 하나는 그의 이론들을 위한 형식적 모형을 개발할 능력이 그에게 없었다는 것이다. 그 자신의 일기는, 적어도 BC를 준비하던 1934년부터 그 이후까지, 그가 변수들의 시간 경로를 설명하는 일반균형 모형을 찾아서 거의 매일 절망적으로 방정식 체계들과 씨름하였다는 것을 증명한다(Allen 1991: ii.,

제1부 역사와 경제

을 때 분명히 이러한 것들을 마음에 두고 있었다.

시스템의 무게중심이 이동하는 영구적인 경향과 다른 순환들의 복잡한 상호 작용은 시스템 자체에 의해 창조된 불안정성의 본원적 형태를 설명한다. 슘페터 의 이론은 스스로 생성하는 복잡성과 불안정성의 시스템이었으며, 거기서 균형 개념은 실로 매우 부차적인 역할만 맡았다. 그러나 슘페터는 이론 경제학적 이 유들이 아니라 철학적인 이유들로 그의 이론의 왈라스적 절반과 결별할 준비가 되어있지 않았다. 이 거절의 근거는 과학에 관한 그의 일반적 관점과 경제이론 에서 차지하는 자신의 위치에 대한 정의에서 찾을 수 있다. 우리는 케인즈에 대 한 슘페터의 날카로운 논쟁으로 보는 삽화를 이용하여 이를 논의하기로 한다.

2.4. 슘페터와 케인즈: '반자발적 변수들'과 숙고된 역사

슘페터와 케인즈는 태어난 해가 같았으며, 거리가 좀 있었지만, 같은 사건들 을 겪었으며, 같은 이론들과 부딪혔고, 같은 주제로 토론했다. 그러나 그들은 이 러한 시간들에 다르게 반응하였고, 정반대되는 가설들과 추측들을 공식화하였다. 더욱이 지리적인 거리 이상으로 큰 간극이 있었으니, 오해와 경쟁의식이었다.

이것은 대체로 슘페터와 관련해서 맞는 말이며, 그는 경쟁자이자 동료의 성 공을 몹시 부러워하였다. 케인즈의 일반이론(General Theory, Keynes 1936)이 나 오자마자 발표된 그의 서평은 생생하고 거의 비교할 수 없는 씁쓸함과 과학적 공격성을 담은 것이었다. 그 짧은 논문은 신랄한 공격으로 가득 차 있었다. 슘페 터에게, 케인즈의 일반이론은 '인공적인 정의들', '역설적으로 보이는 동어반복 들', '기만하는 일반화', '케케묵은' 심리학 법칙들에 근거하였다. 또한 그 책은 '정신과 의도에 있어서 리카르도 학파'이었는데, 이는 결코 케인즈를 기쁘게 하 려는 것이 아니었다(Schumpeter 1936: 792, 792). 서평의 마무리는 괴팍함의 금자 탑이었다. 케인즈의 저축과 유효수요 개념들에 도전하면서, 슘페터는 루이 15세 의 예를 들었다. 루이 15세는 마담 퐁파두르(Pompadour)를 불러, 가능한 한 많이 써서 불황을 피하고 인민의 복지를 보장하도록 유효수요를 증가시켜주길 요청 했어야 했다. 물론 슘페터는 만약에 피바다로 끝난다면 이것은 단지 우연일 것

8, 142, 177, 190, 227). 그러나 굿윈(Goodwin) 같은 동료들은 슘페터가 수학에 어려움을 겪었 다는 것을 증언했다. 그럼에도 불구하고, 그는 가용한 미분 및 차분 방정식들이 사회적 관계들 과 복잡한 행위들을 포함한 진화적 시스템을 정의하는 데 부적합하다고 추측하였다.

이라고 결론지었다.

그러나 여전히 이 서평은 2가지 중요한 주제를 지적했다. 첫째는 생산함수들에 어떤 변화도 가져다줄 수 없는 단기적인 시각에 대한 비판('다른 세계의 이론')이었다. '산출의 변화들이 오직 고용의 변화들에만 관련된다는 가정에 대한 추론은 모든 생산함수가 불변이라는 추가적인 가정을 강제한다. 지금 자본주의의 뛰어난 특징은 생산함수들이 불변이 아니라 반대로 끊임없이 혁명화된다는 것이다'(Schumpeter 1936: 793). 결과적으로, 단기적 운동들에 대한 이론은 슘페터가 나중까지 주장했듯이, '두드러진 자본주의 현실의 특징들을 배제할 것이다'(HEA: 1144).

두 번째, 주제는 같은 이유들에 근거한, 일반이론의 3가지 기계신들(dei ex machina)에 대한 비판이다('그들 가운데 전체 올림프스가 있다'라고 슘페터는 썼다 (HEA: 794)). 즉 기대, 소비의 심리적 법칙, 유동성 선호의 예정(schedule of liq-uidity preference) 등 3가지 모두는 슘페터에 따르면 경제적 설명의 일부가 될 수 없었다. 이하에서 케인즈와 슘페터의 연구 프로그램들과 진화에 대한 그들의 평가를 간단히 비교하기 위하여 이 2가지 주요 비판들을 논의할 것이다.

1936년 서평에서 슘페터는 기대와 심리적 법칙들(케인즈의 소비와 유동성 선호에 대한 설명 같은)의 사용을 거부하였다. 이것들은 외부요인으로서 그리고 경제적 행위의 궁극적 원인으로서 도입되었다. 그러한 설명들은 순전히 외생적으로 유도된 인과성과 같이, 동어반복으로 간주되었다.[19]

케인즈의 시스템에서 기대의 정확한 본질은 논쟁의 대상이다. 미니(Mini)는 기대들이 경제주체들의 본성의 일부이므로, 그것들이 독립적인 변수들이 아니라고 생각한다(Mini 1991: 179). 그러나 이것은 완전히 설득력이 있는 것은 아닌데, 경제학이 반드시 실제 생활 주체들의 모든 특징을 다 설명해 주는 것은 아니기 때문이다. 다른 한편, 오도넬(O'Donnel)은 투자 결정과 경제 시스템의 변환과 관련된 장기 기대들은 전형적으로 독립 변수들이며, 반면에 기존 자본 설비의 사용 결정과 관련된 단기 기대들은 내생적이라고 생각한다(O'Donnel 1989: 241,

---

19) '그러나 기대들은 케인즈에 의해 이들을 일으킨 순환적 상황들과 연결되지 않고, 따라서 독립변수들과 경제적 행동의 궁극적 결정인자들이 되었다. ... 기대는 우리가 왜 사람들이 그들이 기대하는 것을 기대하는지 이해하게 되면 설명적 가치를 가진다. 그렇지 않다면 기대는 문제들을 해결하는 대신에 이들을 감추는 기계신에 불과하다'(Schumpeter 1936: 792). 물론, 슘페터가 TED에서 했던, 이전의 설명을 여전히 수용했다면 이것은 인과성의 관련 형태(relevant form)일 것이다. TED에서 원인은 시스템의 첫 번째 관련 외생 변수로 간주되었다(TED: 10).

236). 이 해석에서, 장기 경제적 기대들이 특정 자본재 부문의 단기 기대들을 결정하고, 따라서 이 분야의 고용을 결정한다. 한편 단기 기대들은 소비재 분야의 고용을 결정한다.

케인즈가 기대를 다루는 방식은 그의 철학에 깊숙이 근거하였다. 확률론(Treatise on Probability 1921; 이하에서는 TP)의 초고에서, 케인즈는 논리학이 논리적으로 옳으면 확실 또는 참인 연역적 관계들 뿐 아니라 불확실성을 포함하여야 한다고 주장했다. 이 일반 논리학은 '함축의 논리와 참과 거짓의 범주들로부터 확률의 논리와 지식, 무지 및 합리적 믿음의 범주들'(TP: 62)로의 통행을 암시했다.[20]

이 합리적 믿음의 이론에서, 불확실성은 3가지 원천에서 발생한다. 즉 한 사건의 확률에서(확실성 정도의 측도), 주장의 비중(weight)에서(즉 가용한 증거의 본성), 그리고 마지막으로 사건들의 알려지지 않은 확률들(unknown probabilities)에서 발생한다. 그러나 수학적 기댓값들에 대한 전통적인 접근은 모든 변수와 사건의 수치적이고 측정 가능한 성질을 가정하며, 따라서 주장의 비중과 위험을 무시한다.[21]

다시 말하면, 케인즈에게 불확실성은 측정 가능한 품질(quality)들과 측정 불가능한 품질들, 또는 정량적 현상과 정성적 현상들이 존재하는 세상의 반영이었다. 오도넬은 케인즈의 현실 해석이 정도(degree)에 의해 기술될 수 있는 품질의 특징들과 그럴 수 없는 특징들을 구분하였다고 제안한다. 앞의 범주에는 부분들의 합으로 기술될 수 있는 대상 또는 성질들(무게), 전체적인 정도가 부분의 정도와 같은 것들(색깔), 그리고 마지막으로 전체가 부분과 독립적인 것들(아름다움) 등이 포함된다(O'Donnel 1989: 62). 이러한 틀에서 '색깔'과 '아름다움'은 유기적 단위의 사례이고, '무게'는 비유기적(non-organic) 단위이다. 기대는 전형적으로 오직 유기적 시스템으로만 표현될 수 있으며, 따라서 계산할 수 없고 순수한 연역적 논리의 데카르트 세계에서는 표현 불가능한 변수들의 하나이다. 이것은 모형의 범위에 따라 내생적 또는 외생적으로 표현되는 반자발적 변수(semi-au-tonomous variables)의 관념에 상응한다.[22] 이러한 변수들의 관련성은 그들이 인

---

20) 역자주: 케인즈는 확률의 빈도주의(frequentist) 해석에 대한 비판을 확률론 연구의 출발점으로 삼았다. 확률 개념을 포함하여 논리학을 확장하려는 케인즈의 시도는 20대에 요절한 수학자이자 철학자인 램지(F. P. Ramsey)의 비판을 받았는데, 이후 램지는 주관적 베이지안(subjective Bayesian) 확률론의 선구적인 업적을 이루었다. 케인즈는 램지의 비판을 받아들였다고 한다.

21) 케인즈는 위험을 수학적 기댓값 곱하기 실패확률로 정의하였다(Keynes 1921: 348). 이것은 나이트(Knight)의 선구적인 책이 나오기 대략 10년 전에 쓰여졌다.

22) 일반이론(GT)에서 이러한 변수들은(소비성향, 자본의 한계효율, 이자율) 독립 변수로 공식화되

과성의 결정론적 시각과 양립할 수 없다는, 그리고 그들이 네트워크 인과성과 복잡성의 유기적 종합을 표현한다는 사실로부터 나온다.

아주 초기 저작들로부터 기대에 대한 이러한 전체적 접근을 거부하면서[23] 슘페터는 여러 차례 대안을 공식화하려 했으나 실패하였다. BC에서, 나이트 (Knight)의 기대 개념을 다루면서, 슘페터는 정상상태로 돌아갔는데, 이는 그 경우에는 전지적 능력이 없어도, 기대들이 경험에 기초하며, 따라서 완벽한 예지가 가능하고 실로 자명하다는 것을 지적하기 위해서였다(BC: 52). 그러나 만약에 교란들이 시스템에 영향을 미치면 기대들이 결과적으로 변화한다. 기대들은 불균형들을 보전하거나 저지할 것이다. 극단적 해법은 기대들을 균형화하는 특성들로 취급하는 것이었다. 그리고 이것은 독특하게 독단적이고 신고전파적인, 매우 불편한 방식으로 가정되었다.

비록 그것들['어떤 유형의 기대들'의 와해적 효과들]이 종종 일시적으로 그것을 거스르겠지만, 그것들 자체가 균형 경향의 존재 또는 때때로 균형 경향이 지배적이라는 명제를 부정하는 것은 아니다. 이론가에게 진짜 골칫거리는 변수들에 예측된 값들을 도입하면(우리는 이제, 한편으로 그들이 확실하게 예측된다고 가정하고, 다른 한편으로 과거값들을 포함할 것이다) 문제의 성격 전체가 바꾸고 문제를 기술적으로 다루기 너무 어렵게 되기 때문에 균형 경향, 또는 심지어 균형점 자체의 존재와 안정성을 증명할 수 없게 된다는 사실로부터 온다(BC: 54).

그러한 틀에서 기대들은 균형화 경향에 기여하는 내생변수와 완전하게 알려진 외생변수 중 어느 한쪽으로 취급될 수 있다. 그러나 두 가지 해법 모두 불만족스럽다. 슘페터는 분명히 첫째 해법을 선호했는데,[24] 그렇지 않으면 기대들은 다른 빈칸을 채우기 위한 이론적 빈칸을 구성할 것이라고 주장하였다(HEA:

었다. 그렇지만 케인즈는 그것들이 다른 변수들(기대, 등등)의 영향을 받기 때문에 이것이 불순한 해법이라는 것을 인식하였다. 반자발적 변수들을 외생변수로 지정하는 것은 모형화의 빈곤 증명(testemonium paupertatis)이다.

23) 케인즈의 어떤 저작도 출판되기 전인 TED에서, 슘페터는 이미 '사회적 과정의 반사가 아니라 동기와 의지의 행동'에서 더 많은 것을 보려는 '심리학적 편견'에 확고하게 반대한다고 진술하였다(TED: 43). 그러나 TGE에서, 슘페터는 기대 개념의 동적 특징의 발견을 케인즈에게 돌렸다(TGE: 381). 하지만 이런 측면이 슘페터의 저작에서는 전혀 발전되지 않았다. 사실, 슘페터는 대체로 케인즈 학파의 기대 개념에 반대하였다.

24) '우리가 왜 사람들이 그들이 기대하는 것을 기대하는지 알지 못한다면 그들에게 효율적인 원인 (causa efficiens)으로 호소하는 어떤 주장도 무용지물이다. 그러한 호소들은 이미 몰리에르 (Molière)를 즐겁게 했던 가짜 설명들의 등급에 속한다'(BC: 140).

312). 그러나 그 경우에도, 그는 내생적이라고 임의적으로(ad hoc) 정의된 이 변수들에 대한 설명이 없다고 주장하였다. 기대들에 관해 가용한 유일한 해석은 그것들을 무시하는 것이다. 왜냐하면 그것들은 다루기 너무 어렵기 때문이다 (BC: 56).

우리의 시각에서 이 어려움에 대한 유일한 해법은 준자발적 변수들의 개념으로 표현하는 것이다. 이들은 시스템에 의해 전적으로 내생적으로 설명될 수 없고 그들의 행동이 외생적 사건들에 의해 충분히 자발적으로 결정되지 않는 변수들이다. 사실, 그들은 모수들(parameters)이 아니라, 유기적이고 복잡한 현실들의 이론적 짝들(counterparts)인 것이다. 즉 그들은 시스템의 구축되는 비선형성들을 지시한다. 이제, 놀라운 것은 슘페터가 정상성(stationarity)의 영역(여기에서 그는 나이트의 불확실성과 위험의 개념을 논의하였다)을 떠나서 발전의 관념을 고려할 때 어떤 식으로 이 정확한 문제를 감지했다는 것이다.

BC에서 슘페터는 3가지 다른 종류의 변수들이 존재한다고 주장했다. (1) 이론적(theoretical), 즉 법칙에 연관되며, 결과적으로 행위가 변하지 않는 변수들, (2) 무작위(random), 그리고 (3) 역사적(historical), '잡종(hybrid) 변수들'로 정의된 것들이다. 왜냐하면 그것들은 '변화과정 중인 이론적 법칙'을 대표하기 때문이다 (BC: 194-5). '그래서 우리는 ... 역사적 변수를 하나의 변수, 즉 그것의 확률적 표준(normal)이 그것의 이론적 표준의 변화로 인해 변화하는 변수로 정의할 수 있을 것이다'(p.198). 그리고 '바로 역사적 순서의 개념이 어떤 주어진 양의 법칙에 반드시 영향을 미치리라 예상되는 경제적 구조 내의 비가역적 변화의 발생을 암시'(CSD: 72 n)하므로, 이는 상당히 기괴한 종류의 변수들, 내생적이라고 할 수도 없고 외생적(슘페터 관점에서 순수한 확률변수들, 또는 이론의 범위 바깥에 있는 식별된 요인들)이라고 단순화할 수도 없는 종류의 변수들을 암시한다. 다시 말하면, 돌연변이와 진화라는 형태발생의 과정은 현재 수준의 연립선형방정식 수식화 모형들의 엄격한 공식화 틀 안에 가두어질 수 없으며(왜냐하면 이들은 유기적인 표현이 아니기 때문이다) 본질적으로 역사적인, 새로운 유형의 설명을 포함할 것을 요구한다.

슘페터의 핵심 개념인 혁신은 그런 틀이 아니면 완전히 이해할 수 없으며, 케인즈의 기대 개념에 대한 슘페터의 모든 주장이 혁신으로 직접 확장될 수 있다는 것을 쉽게 확인할 수 있다. 혁신의 근원(발명)은 외생적이므로 설명되지 않는다. 혁신의 확산은 내생적이지만 동시에 시스템을 와해시키는 근원이기도 하다. 혁신은 어느 곳에서도 충분히 설명되거나 시스템에 의해 완전히 설명될 수 없다. 왜냐하면 그것은 특이한 의사결정들에 의존하므로 가정된 관계들로 표현될 수 없기 때문이다. 혁신은 시스템에 내생적이지만, 새로운 조합들을 만드는 독특한 능력인 기업가적 기능에 의해 최종적으로 결정된다. 기업가적 기능은 분명히 모형 영역의 바깥에 있다. 물론, 내생변수와 외생변수의 경계는 슘페터가 인지하였듯이, 각 연구의 목적들에 따라 변할 수 있으며, 따라서 분류의 기준으로는 관련이 없다.[25]

더욱 신중하고 현실적인 방식으로 케인즈는 3가지 주요한 기대의존 변수들인 소비성향, 자본의 한계효율, 유동성선호를 도입하였다. 그가 그렇게 한 것과 유기적 시스템들 내에서 축약 불가능한 불확실성을 강조한 것은 옳았다.[26] 그가 슘페터 같이 자기모순적인 설명들의 그물에 얽히지 않고 그렇게 할 수 있었던 이유는 케인즈의 철학이 유기성의 관념[27]을 제시하였고, 그리하여 균형의 엄중함에서 그를 해방시켰기 때문이다. 하지만 그는 이 관념들을 동적 접근 안에서 통합시키지 못하였다.[28]

---

25) '정확히 무엇을 시스템에서 내생적이라고 보는지는 물론, 어떻게 우리가 시스템의 범위를 설정하느냐 그리고 어떤 사실과 관계를 우리가 자료(data) 또는 변수로 다룰지 결정하는 것에 달려 있다'(BC: 7 n.). 책의 마지막 부분에서, 그는 '정신력' 같은 변수가 평소와 같이 외생변수로 간주되거나, 또는 연구자와 연구에 따라서 내생변수로 간주될 수 있다는 것을 지적했다. BC는 보통 '좁은 의미'를 취한다고 이야기된다(p.1050 n). 물론 이것은 경제사상의 역사가들에게 가장 큰 혼란을 일으켰다.
한센(Hansen)은 슘페터 이론의 외생성 또는 내생성을 저자 자신에 의해 밝혀지지 않은, '영원하고 소진되지 않을 토론 주제'로 생각했다. 솔로몬의 해법인 한센의 해석은 다음과 같다. '그것은 주로 자료의 변화를 강조한다는 측면에서 외생적이다. 하지만 그것은 또한 내부적, 자기 영속적 시스템의 조건들 아래에서 움직인다는 측면에서 내생적 이론이다. ... 그것의 충동적 힘, 혁신, 계속 이어지는 순환이 파동 같은 운동을 갱신한다. ... [경기순환]은 동적인 경제의 내적 본성에 의해 결정되는 내생적 과정이나, 혁신이 기본 자료의 변화라는 의미에서는 외생적이다'(Hansen 1951: 80).
26) 일반이론(GT)에서 케인즈는 수학적 모형이 기대를 표현할 수 없다는 것을 명확하게 진술하였다(Keynes 1936: 162-3).
27) 역자주: 케인즈는 유기적 통일성(organic unity)의 관념을 선배인 철학자 무어(G. E. Moore)로부터 배웠다. '전체는 부분의 합이 아니다'로 이해되는 이 관념은 케인즈가 거시경제학을 창시하는데 중요한 역할을 하였다. 개인들의 관점에서는 합리적 행동이 사회적으로 바람직하지 못한 결과를 초래할 수 있다는 것을 지적한 '절약의 역설'은 이 관념의 맥락에서 쉽게 이해될 수 있다.
28) 통계적(원문은 statistical로 표기되었으나 문맥상 static(정적)으로 수정되어야 한다; 역자주)인 틀로 인해, GT에서 기대가 변동들을 이해하기 위해 도입된 제22장을 제외하고, 기대들은 외생변수로 처리되었으며 설명이 불확실성에서 추상화되었다. 이 책에서 중요한 것은, 순환과 불규

이것은 이야기의 끝이 아니다. 슘페터의 설명 체제에는 더 복잡한 문제가 있다. 그는 균형화 경향(일정 기간 혁신으로 추진되는 반대 경향에 의해 상쇄되었다)을 가정했고, 각 순환에서 몇 개의 균형점이 실제로 존재한다고 주장했다. 이것은, 주류 전통과 마찬가지로, 균형점들의 자취를 추세로, 순환을 균형으로부터의 이탈로 분석하는 전통적인 통계학적 방법의 적용을 시사한다. 그러나 슘페터는 빅셀(Wicksell)과 프리시의 흔들말(rocking horse) 은유에 대한 약간의 수사적 지지에도 불구하고, 그러한 도식을 받아들이지 않았다. 왜냐하면 그 자신의 충동은 내생적인 것으로 정의되었고, 따라서 균형은 본질적으로 불안정한 것으로 상정되었기 때문이다. 즉 불안정성은 구조적이며, 교란이 시스템을 변화시키는 것이 바로 자본주의 진보의 조건이었다. 결과적으로, 계량경제학자들은 잘 길들인 방정식 체계로 환원될 수 없는 그의 공식화에 매우 적대적으로 반응하였다.

틴베르겐(Tinbergen)은 BC를 날카롭게 비판하고 책이 '계량경제학에 외계인'이라고 간주하였다. 왜냐하면 슘페터에게 관련 변수들은 충격들이었고, 그가 계량경제학자들에게 '주요 관심을 받을 가치가 있는' '메커니즘의 중요성을 하찮게 만들었기' 때문이다. 틴베르겐은 슘페터의 충격이 시스템에 내생적이라는 이론을 받아들일 수 없었다. 왜냐하면 이것은 전통적인 순환 모형과 계량경제학의 도식과 양립할 수 없었기 때문이다(Tinbergen 1951: 59, 60). 슘페터는 틴베르겐의 모형이 '반향들과 전파들을 작동시키는 힘 또는 원인들에 관해 아무런 이야기도 없이 이들을 기술한다'(Schumpeter 1937: 162)고 논평하면서 비판에 암묵적으로 대답하였다.

사실, 슘페터는 충격들이 두 가지 종류가 있으며 모두 균형과 양립 가능하다고 진술하면서, 정통 경제학에 대한 충성을 지키려고 하였다.

이제, 경제적 변동들을 일으키는 것은 시스템 외부에서 영향을 미치는 개별적 충격들이거나 시스템 자체에 의해 발생하는 뚜렷한 변화과정일 것이다. 그러나 이 두 경우 모두에서 균형이론은 시스템이 반응하는 규칙들의 코드를 우리에게 제공한다. 이것이 균형이론은 반응기구의 묘사라고 하는 말의 의미이다(BC: 68).

뒤에 같은 책에서, 슘페터는 충격을 물의 흐름과 비교하였는데(BC: 179), 이는 1933년 프리시의 논문에 나타난 비유와 가깝다. 그럼에도 불구하고 몇몇 현

칙한 성장은 동적 맥락이 아니면 설명될 수 없다는 것이다.

저한 차이점들이 남아있다. 프리시는 감쇠 전파(damping propagation) 메커니즘을 제안했는데, 이는 균형의 안정성 관념을 재도입하는 가장 일관된 방식이다. 반면에 슘페터는 순환하면서 불안정한 성장 형태를 표현하는 특별한 발진기(oscillator)를 기술하였다. 그리고 이것이 슘페터가 순환과정의 편리한 표현으로서 프리시의 흔들말 비유를 끝내 받아들이지 못한 이유이다(Louçã 1997).

HEA에 이 특수한 시스템의 설명에 대한 그리고, 결국, 현존하는 통계학 방법들의 실패에 대한 다른 은유가 있다. 여기에서 슘페터는 경제적 시스템이 마치 바이올린처럼 충격에 대한 공명기(resonator)라고 지적한다. 충격과 전파 자발적 시스템들은 명확하게 서술되지만, 나무 상자와 음악가의 손가락 동작들 모두 콘서트의 미적 즐거움을 충분히 설명하지 못할 것이다(HEA: 1167).

더 나아가, 프리시의 모형에 나온 전파와 순환적 메커니즘들이 순환을 설명할지는 몰라도, 그것들이 추세-경향 행태를 설명하지 못한다. 이것은 슘페터의 이론과 주요 차이점이다. 슘페터의 이론은 대신 어떠한 충격이 있든지 간에 이들에 대한 경제적 시스템의 창조적인 반응에 관심을 기울였다(BC: 72). 실로, 그의 이론을 발전시키면서 슘페터는 이 문제를 자세하게 논의하였다. 전파 메커니즘은 전통적으로 균형화하는 왈라스적 특징으로 간주되었으나, 이론은 언제 균형 조건들이 달성되는지 지시하지 않았다. 슘페터는 균형화 힘은 실제로 존재한다고 주장하였지만 실제 균형은 이산적이고 드문 점들에서만 이룰 수 있고, 시스템의 운동에 의해 즉시 버려진다는 것을 강조하였다. 그러므로 그에 의하면 통계학에서 지시되는 균형선은 단지 인공적인 표현이다.

그들은 [균형의 근방들] 계열의 가장 관련 있는 항목들이다. ... 그 점들을 지나는 직선이나 곡선, 또는 근방들을 지나는 밴드나 좁은 영역 등은 실제로 경제적 의미를 갖는 추세를 제공한다. ... 우리는 안다. ... 이 추세는 사이클과 구별되는 현상을 표현하지 않는다. 반대로, 진화가 본질적으로 순환들 안에서 움직이는 과정이므로, 추세는 순환과정의 결과이거나 그것의 성질이다. ... 더구나 우리는 또 그것이 이산적 점들이나 구간들에서만 현실적인 의미를 가진다는 것을 안다. 만약에 우리가 그것들을 직선으로 연결하면 ... 근방들 사이에 퍼진 영역들은 보기 쉽지만 실제 의미는 없다는 것을 마음에 새겨야 할 것이다. 어떠한 사실도 그것들에 상응하지 않는다. 실재하는 것은 순환 그 자체뿐이다(BC: 206-7).

아니면 통계적 방법들을 비판한다. '만약 추세-분석이 어떤 의미가 있다면 그것은 이전의 이론적 고찰들에서 유래한 것일 뿐이다. 그 고찰들은 우리에게 결과의 해석뿐 아니라 방법을 고르는 데에도 안내해 주어야 한다. 이것이 실패하면 추세란 단지 과거 역사를 요약하는 기술적 도구일 뿐이며 무용한 것이다. 그것은 사실 단지 형식적일 뿐이다'(Schumpeter 1930: 166).

슘페터는 '참조 순환들(reference cycles)'을 통해 추세와 순환의 관계에 관한 같은 문제를 해결하려는 미첼의 노력을 인정하였다. 이는 '추세를 제거하는 것과 그대로 두는 것 사이의 사려 깊은 타협'(Schumpeter 1952: 339)이었다. 그리고 그는 심지어 평균값이 단조적으로 증가하거나 감소하는 하위 간격들(sub inter-vals)로 형식적 추세를 정의하였다(Schumpeter 1935: 3). 그러나 추세의 경제적 의미와 '통계 방법'(최소자승)의 적용 가능성은 단조적 변이의 경제 메커니즘의 해석에 의존하여야 했다. 유일한 그러한 유형의 메커니즘은 성장(저축과 인구)이며 이것이 '실제 추세'를 구성한다(BC: 201 ff.). 그러나 이전에 말한 것처럼, 이것은 전체 시스템의 행태에서 사소한 영향으로 간주되었다.[29]

간단히 말해서, 슘페터는 모형의 2차적인 특징인 성장의 실제 추세가 있으며, 균형으로의 경향이 달성되는 이산적인 점들이 있고, 순환과 진화 둘 다 나눌 수 없이 설명하는 인과적 과정이 있다고 주장하였다. 그러므로 유의미한 추세, 진화와 순환을 기술하는 '추세-결과'는 하나 그리고 같은 과정을 종합하였다. 따라서, 슘페터에 따르면, 어떠한 다중회귀도 적용될 수 없었는데, 왜냐하면 이는 이 과정의 분해 가능성을 의미하였기 때문이다. 그러나 이론에 따르면, 충격(혁신)과 그것의 전파과정의 유의미한 분리가 없었다. 왜냐하면 양쪽 모두 내생적이고 모든 분해가 자의적일 것이기 때문이다. '성장의 요소를 제외하면 우리 시계열들의 추세들은 순환적 변동들을 만드는 것들과 구별되는 영향들에 기인하지 않고 단지 전자의 결과들을 구체화한다. 이 "결과-추세들"에 대해 ... 최소자승법 유형의 형식적 방법들을 적용하는 것은 전적으로 부적절하다'(Schumpeter 1935: 6).

같은 주장이 다른 저작들에서도 나타났다(Schumpeter 1930: 167; BC: 198). 이것은 무작위 충격들이 전파 메커니즘에 미치는 영향에 관한 슬루츠키(Slutsky) 효과에 대한 거부의 중요한 이유였다(BC: 180-1). 슘페터 모형의 진수가 여기 있다. 균형은 추세의 참조였다. 그러나 이것이 분석 방법의 선택에 시사하는 것은 없었다. 왜냐하면 그것이 어떤 경우에도 순환 자체와 유의미하게 분리될 수 없

---

29) 상관관계 방법의 비판을 이유로 케인즈는 분해와 '추세'과 '잔차'의 개념들에 대한 의구심을 공유하였다(Keynes 1921: xiv. 319).

었기 때문이다. 더구나 분석의 어려움을 더하여, 이론은 균형의 자동적인 교란에 대한 설명을 제공하고, 관련 과정이 자본주의의 중심적 특징인 불균형의 혁신적인 창조적파괴 과정이며 그것의 생존과 적응의 주요 이유임을 지시하였다.

이것은 사실 '잡종 변수들'의 중심성의 결과이다. 이 변수들의 '이론적 표준'은 돌연변이의 비가역적 과정을 따라 변한다(BC: 196, 198). 따라서 역사적 접근법이 순환의 일반이론에 필요하다. 왜냐하면 순환은 항상 '역사적 개별자'이기 때문이다(Schumpeter 1935: 2). 추세는 존재하나 우리의 분석적 마음 안에 존재한다. 그것은 우리 자신의 표현에서는 '평활화된 곡선의 중력축'(BC: 210)이다. 균형은 존재하나 2차적이고 인공적인 표현들의 영역으로 추방되었다.[30] 순환만이 지속적이고 유의미한 현실이다. 이것은 진보의 이름이다.

그리고 순환과 함께 우리는 진화개념 또는 역사로 돌아왔다. '파악해야 할 본질적인 점은 자본주의를 연구할 때 우리는 진화과정을 다루고 있다는 것이다'(CSD: 82).

2.5 결론

슘페터의 야망은 거대했다. 그는 적어도 일반균형의 결정성과 일반 불균형의 비결정성을 포괄할 만큼 충분히 일반적인 이론을 정식화하려 하였다. '나는 시간에 따라 변화하는 경제변화과정 이론모형을 구축하기 위해, 또는 아마도 더 명확하게, 어떻게 경제적 시스템이 끊임없이 그것을 변형시키는 힘을 생성하느냐는 질문에 답하기 위해 노력하고 있었다'(Schumpeter 1951: 158-9). 이 혁명적인 힘, 자본주의의 모교(alma mater)는 혁신이며 슘페터는 1911-12년부터 이것을 쫓았다(Schumpeter 1927: 292).

그러나 혁신은 본질적으로 역사적이며, 그리고 역사적인 과정으로서만 이해될 수 있다. 혁신의 군집과 무작위적이 아닌 분포(BC: 75), 그리고 조직적 및 제도적 구조 변화들과의 관계 등은 근대 자본주의의 유기적 기능의 일부이다. 이것이 숙고된 역사(reasoned history)가 세 가지 의미에서 경제학 이론을 형성하는 핵심 기능의 일부로서 사용되어야 하는 이유이다. 첫째, 슘페터에 따르면, 이론

---

30) 현실주의적 설명에서, 완전경쟁 가정을 포기함으로써 문제가 더욱 복잡해진다. 과점적 상황에서 균형은 비결정적으로 되며(CSD: 79-80), 같은 것이 독점적 경쟁에서 일어난다(BC: 57).

자체는 2개의 다른 의미로 설명적 가설들의 신체(corpus) 또는 개념적 도구들의 몸통(body)으로 이해될 수 있다(Schumpeter 1952: 326-7). 그리고 그가 앞쪽의 해석을 선호하는 것은 응용 역학의 단순한 도구들에 저항하여 경제학 자체의 본질을 진화적 과정으로 간주하는 데 근거하였다. 둘째, 우연한 교란들에 근거한 변화의 이론(설명적 사건들을 도입하는 분석적 형태로 그것들을 설명하려는 어떠한 희망도 버린다)은 자체로 자기 패배일 수 있었다. 그러나 변화의 이론은 또한 대안 전략을 선택할 수 있으며 불균형 운동을 연구할 수 있었다. '순환들은 자본주의적 진화 형태이다'(Schumpeter 1952: 333 또는 1927: 295). 이것이 숙고된 역사가 궁극의 완전한 이론이라는 이유다(1927: 298). 셋째, 이전의 주장들 때문에, 엄밀한 통계학에 근거한 형식적 방법들은 이론의 증명이 가장 필요한 때 우리를 실망시킬 수 있었다. 이 연구의 대상인 변화와 진화가 본질적으로 역사적이므로 숙고된 역사가 요구된다. 순환들은 '어떠한 형식적 기준의 이행보다 훨씬 더 중요한 ... 역사적 의미를 지닌다'(Schumpeter 1935: 7).

이러한 가정과 직관에 따라 슘페터는 이코노메트리카(Econometrica)의 창간호 논문에서(Schumpeter 1933: 7) 다양한 경제학자들의 '연합' 또는 결합을 호소했다. 그는 엄밀함과 증명은 실제 경제의 설명에 필수적인 지식의 표현에 의존한다고 주장하였다.

이 모든 연구에서, 동시대의 한 선각자가 슘페터의 비전을 정의하는 데 큰 역할을 하였다. 그는 당시 장기순환(long cycle)에 대한 가설로 널리 알려진 러시아 경제학자 콘드라티예프였다. 슘페터는 그의 이론을 지지하였고 실로 주요 전파자가 되었다. 그것은 자본주의 발전의 진화적 과정에 대한 그 자신의 비전을 완성하였으며, 주요 혁신들에 의해 유발된 구조적 변화에 관한 역사적 틀을 제공하였다. 콘드라티예프는 마르크스로 연결되는 다리를 제공했다. 즉 축적은 내재적으로 균형 파괴적이며 파국적인 과정을 설명하였다(HEA: 749).

콘드라티예프와 달리 슘페터는 자신의 이론을 확증하기 위하여 거대한 통계적 증거를 사용하지 않았다. 역사적인 이론, 추상적 모형들, 그리고 실제 계열과 사건들의 진화에 관한 기술이 BC에서 사용된 주된 방법이었다. 한 가지 이유를 들자면, 그는 가용한 통계 도구들의 품질에 대한 확신이 없었다. 그리고 그는 최소자승법과 다항식 근사 같은 방법을 거부했다. 그 방법들이 요구하는 균일 분산, 잔차의 정상분포 등은 당연한 것으로 가정될 수 없었다(BC: 201). 다른 이유로는 그는 얽힌 순환들이 근사적으로 분해될 수 있다고 믿었다. 왜냐하면 그는 순환들을 하나하나씩의 완벽한 곱들(multiples)로 나타냈고 n번째 순환의 수준이 n+1번째 순환의 추세에 대한 균형 수준이라고 주장했다. 그러나 그는 또한 이 결과들이 모호하지 않을 수 없다는 것을 받아들였다. 왜냐하면 그는 동시에 비선형 현상들('돌연변이들')이 발생할 수 있고 역사적-경제적 진화를 지배할 수 있다고 의심하였기 때문이다. 실제 순환들에서 정규성의 결여는 이런 의심을 강화했다(Fellner 1956: 44-5). 이 의미에서, 슘페터와 미첼은 최고의 맞힘(best fit)이 거짓일 수 있다는 것을 받아들였다.

다른 한편으로 슘페터는 추세를 순환의 결과로 나타내고, 이를 균형들의 어떤 근방들을 통과하는 오직 이산적인 균형점에서만 경제적으로 유의미한 성질을 가지는 직선으로 정의하였다. 그러므로 그는 분해의 원리를 거부할 실질적인 이유들을 가지고 있었다. 왜냐하면 당시 가용한 어떤 기술도 의심의 여지없이 그러한 결과를 얻을 수 없었기 때문이다. 그러나 슘페터는 새로운 정학과 동학 이론을 개발하지 않았으며 지배적인 관점들을 받아들였다. 그는 아직 균형이론의 관념에서 벗어나지 못했으며, 콘드라티예프가 하였듯이 비가역적인 과정을 이동하는 균형 경계(frontier)로 표현할 수 있다고 생각하였다.

슘페터는 가역적 운동들이 변화가 없는 행동이며 따라서 가상의 실체라는 것을 알았다. 가역성은 경제학에서 존재하지 않는다.

마지막으로 중요한 것은 만약 추세와 순환 자체를 생성하는 기초적 역사적 과정이 설명되지 않으면 순환들을 추세 위의 변동들로 설명하는 것이 적절하지 않다는 것이다. 이것은 콘드라티예프의 학문적 삶과 작업을 통틀어 성가신 질문(vexatio questio)이었다.

03

니콜라이 콘드라티예프:
역사와 통계학에 대한 새로운 접근

3.1 서론

앞장에서 보았듯이, 그가 오랫동안 역사와 경제학의 재결합을 위해 영감이 필요할 때, 슘페터는 콘드라티예프에게서 숙고된 역사와 통계학에 대한 응용연구를 찾았다. 이 장에서는 그가 무엇을 배웠으며, 우리는 오늘날 그 유산으로부터 무엇을 이용할 수 있는지 밝히고 토론할 것이다.[1]

니콜라이 콘드라티예프(1892-1938)는 20세기 초의 1/3 동안 활약한 재능있는 젊은 러시아 경제학자들 중에서 최고는 아니지만, 영향력 있는 인물들 가운데 한 명이었다. 그리고 확실히 당시에 국제적으로 가장 잘 알려졌었다. 그의 결정적인 공헌은 자본주의 발전에서 슘페터에 의해 명명되고 이후 '콘드라티예프 파동(Kondratief waves)'으로 알려진 장기파동(long waves) 가설을 발표한 것이다. 이 가설은 얼마간 경제학의 연구 의제에서 중요한 주제를 대표하였다. 그럼에도 불구하고 동시대의 균형 경제학의 지배는 이 연구를 경제사의 주변부로 추방하였다. 경제사는 여전히 경제학의 2차적인, 완전히 과학적이지 않은, 먼 친척으로 간주되고 있다.

그러나 최소 몇십 년 동안 다음의 2가지에 대한 광범위한 동의가 있었다. (1) 콘드라티예프에 의해 식별된 장기 운동들의 관련성에 대해서다. 왜냐하면 인상

---

1) 역자주: 이 장의 일부는 〈정치경제학의 역사(History of Political Economy)〉에 출판된 우리 중한 사람이 이전 작업한 것을 기반으로 하였다(Louçã 1999). 해당 자료를 사용할 수 있도록 승인해준 저널의 편집자에게 감사드린다.

적으로 두드러진 발전 패턴을 가진 장기간들의 존재가 널리 인식되었기 때문이다. (2) 장기파동의 존재 여부를 확인하기 위해 새롭게 개발된 통계적 방법의 관련성이 있었다. 그러나 그러한 일치(consensus)는 이러한 장기 국면 또는 순환들의 정확한 설명으로 확대되지 않았다.

본 장에서는 이 연구로부터 드러난 논쟁들, 지난 세기의 전반부에 가용했던 종합들, 그리고 문제들에 대한 조사 결과를 제시한다. 이들은 콘드라티예프가 역사와 경제학의 재조합을 위해 도전적인 의제를 제시하였듯이, 여전히 자본주의 동학에 관한 어떠한 연구에도 중요하다. 3.2절에서는 콘드라티예프 연구의 직접적인 유산을 설명하려고 한다. 이어 선구자들, 콘드라티예프 분석의 주요 특징, 그리고 그것이 동시대 저자들 사이에서 일으킨 일치와 불화의 요소들은 3.3절과 3.4절에서 논의될 것이다. 3.5절은 분해 문제를 다룰 것이다. 마지막으로, 3.6절에서는 그의 업적이 당시에 미친 영향을 생각해보고, 3.7절에서는 몇몇 결론들을 제시할 것이다.

3.2 콘드라티예프의 생애와 업적

니콜라이 디미트리예비치 콘드라티예프(Nikolai Dimitrievich Kondratiev)는 1892년 3월 4일 모스크바 북쪽의 코스트로마주 소작농의 가정에서 태어났다. 그는 투간-바라노프스키(Tugan-Baranowsky)와 다른 경제학자들, 인식론자들, 그리고 역사학자들이 제공한 과정들을 따라가면서 상트페테르부르크 대학에서 공부하였다. 혁명사회당 당원이었던 그의 초기 전문직 업무는 농업경제학, 통계학, 식량 공급의 중요한 문제 등의 분야였다. 그는 1917년 10월 5일, 25세에 불과 며칠간 지속된 케렌스키 마지막 정권의 공급 장관으로 임명되었다.

혁명 이후 그는 학술연구에 전념하였다. 1919년 그는 표트르 대제 농업학교 교사로 임명되었고, 1920년 10월 모스크바에 국면연구소(Institute of Conjuncture)를 설립하였다. 첫 소장으로서 연구소를 과학자 두 명의 작은 조직에서 1923년에는 연구원이 51명인 규모가 큰 연구센터로 키웠다.

1923년 콘드라티예프는 '가위 위기'(농산물 가격과 공산물 가격 사이의 벌어지는 격차)에 관한 논쟁에 개입하였고, 그의 동료 대부분이 택한 노선을 수용하였다. 1923-5년에는 소비에트 농업 발전 5개년 계획에 관한 작업을 하였다. 1922년에 주요 순환들에 관한 이론의 첫 잠정적 버전(〈표 3.1〉)을 책으로 출판한 뒤에, 1924년에는 영국, 독일, 캐나다, 미국 등을 여행하였고, 러시아로 돌아오기 전에는 여러 대학을 방문하였다. '신경제정책'(NEP)의 후원자로서 중공업 개발보다 농업과 소비재 생산을 우선하는 전략을 선호하였다.

러시아 경제정책에 있어 콘드라티예프의 영향은 1925년까지 지속되었고, 1926년에는 하락하고, 1927년에 끝났다(V. Barnett 1995: 431). 그 당시, NEP는 소련공산당(CPSU) 지도부의 정치적 이동이 일어난 후 폐기되었다. 콘드라티예프는 1928년 연구소 소장직에서 쫓겨났고, 1930년 7월에 불법적인 그러나 존재하지도 않는 '소작농' 노동당의 회원이라는 죄목으로 체포되었다. 그해 8월 초에는 스탈린이 몰로토프에게 그의 처형을 요청하는 편지를 썼다(V. Barnett 1995: 437).

콘드라티예프는 8년 형을 선고받고, 1932년 2월부터 모스크바 근처 수즈달에서 감옥 생활을 하였다. 그의 건강은 악화되었고 상태는 나빠졌지만 연구를 지속하였고 심지어 새로운 책들을 준비하기로 결심하였다. 몇몇 글들은 실제로 완성되었으며 1990년 초에 러시아에서 그리고 뒤에 해외에서 출판되었다(Kondratiev 1998). 감옥에 있는 동안 콘드라티예프는 통계학, 사회과학의 방법론, 장기파동, 그 밖의 문제들에 대한 논의들을 포함한 그의 5권 분량의 책에 대한 계획을 부인에게 보냈다. 그는 결국 그 작업을 마무리하지 못한다.

그는 1938년 8월 31일 딸인 엘레나 콘드라티에바(Elena Kondratieva)에게 마지막 편지를 보냈다. 바로 뒤인 9월 17일 그는 2번째 재판을 받았으며 유죄 평결을 받고 총살되었다. 콘드라티예프는 당시 46세였으며 거의 40년 후인 1987년 7월 16일에 명예를 회복하였다.

그의 인생은 짧고 비극적이었지만 전 세계적으로 학술 분야에서 존경받는다. 그는 여러 국제과학협회의 회원이었고, 논문은 해외로 번역되고 출판되었다. 정치 지도자들이 그의 책들을 논평했으며, 그의 자본주의 역사의 해석은 강력하고 도전적인 비전임이 입증되었고, 그는 새로운 통계적 방법과 개념들의 초기 전파, 적용, 논의 등에 기여하였다. 결과적으로, 계량경제학회의 창립회원 명단이 작성될 때, 그의 이름은 바로 추천되었다. 프리시는 1932년 10월 7일 슘페터에게 콘드라티예프와 슬루츠키(Slutsky)[2] 2명의 러시아인을 제안하였다. 이후 이미 감

---

[2] 슬루츠키는 국면연구소와 연관되어 있으나 계량경제학회의 회원은 아니었다. 그는 정기특파원이자 새로운 협회의 원동력인 프리시와 친구였고, 1927년 논문(프리시의 후원하에 1937년 Econmetrica에 늦게 출판됨)은 널리 유포되어 많은 관심을 끌었다. 슬루츠키는 새 협회에 초대받았을 때 경제학자라기보다는 통계학자라고 주장하면서 거절하였다. 하지만 외국 기관과 연관

옥에 있던 콘드라티예프는 프리시, 미첼, 슘페터, 케인즈, 디비시아(Divisia), 볼리(Bowley), 아모로조(Amoroso), 피셔(Fisher), 무어(Moore), 슐츠(Schultz), 지니(Gini), 하벌러(Haberler), 호텔링(Hotelling), 그리고 다른 저명한 경제학자들과 함께, 29명의 회원들 가운데 러시아인으로는 유일하게 1933년 8월[3] 계량경제학회 창립회원으로 선출되었다.

〈표 3.1〉에 장기순환 문제를 다룬 콘드라티예프의 주요 저술 목록을 나타내었다(인식론에 관한 초기 몇몇 저술들은 목록에서 제외되었으며, 아직 이들은 다른 언어들로 번역되지 않았다).[4] 그의 주요 논문들의 일부에 대한 초기의 독일어와 영어 번역본들을 주목하라.

콘드라티예프의 논문은 게재되면 즉각적이고 중대한 영향을 주었으며, 그의 논문들의 일부가 신속하게 번역되고 출판된 것은 그의 명성과 계량경제학회 회원으로 선출된 것을 설명해 준다. 더욱이, 당시의 몇몇 가장 영향력 있는 경제학자들, 통계학자들 및 수학자들은 이런 유형의 설명을 진심으로 지지하였고, 또는 적어도 유의미하고 적절한 가정으로 간주하였다. 프리시, 틴베르겐, 슈피토프(Spiethoff), 쿠즈네츠, 미첼, 슘페터, 랑게(Lange), 한센(Hansen) 등이 그런 경우였다.

이 불러올 정치적 결과에 대한 그의 두려움의 결정적이었다는 것을 추측할 수 있다. 어쨌든 슬루츠키는 스탈린주의자들의 숙청으로부터 살아남았다. 한편, 콘드라티예프를 포함한 것도 수수께끼인데 왜냐하면 그는 당시 교도소에 있었기 때문이다. 그가 아내를 통해 수락했거나, 협회의 창립자들이 그와의 이전 접촉으로부터 그의 참여를 당연하게 여겼을 것이다.

3) 그럼에도 불구하고 콘드라티예프와 연락하는 것이 어렵거나 불가능하다는 것은 그의 이름이 때로는 언급되기도 하고(1934년 9월 동료 명단) 때로는 누락되기도 한다는 것을 암시했다(1933년 10월 목록). 때로는 '그가 살아있다면' 그는 회원이라는 사실에 대한 언급이 있었다(하버드 대학의 Schumpeter Archive에 포함된 목록).

4) 콘드라티예프 최초 저서는 역사적 접근의 방법론을 논의한다(1915). 1918년에 그는 볼셰비키 경제정책에 대한 비판을 발표하였다. 농업경제학과 계획에 대한 몇몇 논문들도 1920년대에 발표되었다.

연도	책/논문	내용[a]
1922	The World Economy and its Conjunctures During and After the War	State edition, Vologda, 258 pp.; P&C
1923	'Some Controversial Questions Concerning the World Economy and Crisis (Answer to Our Critiques)'	Originally in Socialititcheskoie Khoziaistvo, 4-5: 50-80; LF
1924	'On the Notion of Economic Statics, Dynamics and Fluctuations'	Originally in Socialititcheskoie Khoziaistvo; a section published in QJE, 29, 1925: 575-83, under the title 'The static and Dynamic Views of Economics'; LF
1925	'The Major Economic Cycles'	In voprosy Konjunktury, 1(1): 28-79; German trans. In Archiv für Sozialwissenschaft und Sozialpolitik, 56(1926): 573-609; partial trans. into English in Review of Economic Statistics, 18 (1935): 105-15; Complete trans. Into English (1979 and 1984), and French (1981)
1926a	'About the Question of the Major Cycles of the Conjuncture'	In planovoe Khoziaistvo, 8: 167-81
1926b	'Problems of Forecasting'	In Voprosy Konjunktury, 2(1): 1-42; German version in Annalen der Betriebswirtschaft, 1, 2 (1927): 41-64 and 221-52; LF; P&C
1928a	The Major Cycles of the Conjunct	Originally published in Russian with the 1926 papers and debate with Oparin (Economitcheskaia Jizn, 288 pp.); LF; P&C
1928b	'Dynamics of Industrial and Agricultural Prices (Contribution to the Theory of Relative Dynamics and Conjuncture)'	Voprosy Konjunktury, 4(1): 1-85; German abridged version in Archiv für Sozialwissenschaft und Sozialpolitik, 60 (1928): 1-85; LF
1934	'Main Problems of Economic Statics and Dynamics'	Russian edn . 1992 (Moscow: Nauka); P&C

[a] LF: Fontvieille's edition of Kondratiev's works(Paris: Economica, 1992); P&G: Warren Samuels et al., edition of Kondratev's Works for Pickering and Chatto.

그러나 그들이 읽은 것은 전체 텍스트가 아니었으며, 종종 콘드라티예프 생각을 실로 잘못 표현한 것이었다. 러시아어를 읽을 수 있고 원래의 기여를 알고 있었던 쿠즈네츠와 가비(Garvy)를 제외하고, 다른 사람들은 1925년 논문의 독일어판 또는 부분 영역판을 읽었으며, 1926년 논문과 같은 해에 일어난 논쟁을 모두 놓쳤다. 중심 방법론적 문제에 관한 콘드라티예프의 다른 문헌은 말할 나위도 없었다. 더 나아가, 정확하지 않은 번역을 읽었다. 에스쿠디에(Escudier)에 따르면, '장기순환'이 독일어로는 한결같이 '장기파동'으로 번역되었으나, 콘드라티예프는 변수의 분석에서 파동의 개념을 사용하고 세계적 운동에 대한 그의 해석에 순환 개념을 사용하는 것을 선호하였다고 한다(Escudier 1990; 128). 미국에서도 번역에서 파생된 개념과 용어상의 실수는 재생산되었다. 오랫동안 가장 널리 받아들여진 콘드라티예프의 1925년 논문의 영역판은 1935년에 주요 학술지인 경제통계학 리뷰(Review of Economic Statistics)에 게재되었으나, 독일어판의 중역이었으며, 이론적인 부분을 포함하지 않았고, 통계적 방법과 경험적 법칙들을 제시하는 데 그쳤다(Kondratiev 1935; Stolper 1984: 1647). 마지막으로 중요한 것은 그 당시 필수적인 텍스트들이 번역되지 않았을 뿐 아니라, 이들이 1980년대 또는 1990년대까지 무시되었다는 것이다. 콘드라티예프가 교도소에서 작성하고 1990년대에 겨우 러시아어로 출판된 논문들은 말할 나위도 없다.

결과적으로, '콘드라티예프 파동'은 그가 작성한 텍스트들의 가장 중요한 측면들을 모르는 저자들에 의해 오랫동안 논의되어 왔다. 일반적으로 1990년대까지 러시아어를 쓰지 않는 저자들은 1920년대의 최초 번역들만 알았다. 사실, 그의 1922년 논문의 완전한 영문판은 1979년에, 1925년 논문은 1984년에 출판되었다. 원래 텍스트들에 대한 이러한 무지의 결과로 해석자들은 자신들의 버전을 콘드라티예프에게 돌렸다. 1992년에 겨우 1926년 국면연구소에서 벌어진 논쟁의 주요 논문들이 프랑스어로 출판되었고, 1998년에 영어로 출판되었다.

그럼에도 불구하고 놀라운 것은 콘드라티예프가 명명한 장기순환 또는 장기파동에 대한 연구 프로그램의 회복력이다. 이러한 연구는 1930년대와 1940년대에 경제학에 대한 접근의 차이들에도 불구하고 다양한 과학자들의 관심을 끌었을 뿐 아니라, 제2차 세계대전 이후 산업경제 확장의 '황금의 30년(30 Golden Years)'의 바로 전과 바로 후에 재활성화되었다. 그리고 최근에는, 복잡성 이론이라는 완전히 새로운 틀에서, 몇몇 저자들은 '장기파동'이 경제적 과정들의 복잡한 본성으로부터 창발되는, 진동 동반(entrainment of oscillations)의 특별한 모드들(modes)로 표현될 수 있다고 제안하였다(Mandelbrot 1987: 126; Lo 1991: 1308). 1920년대와 1930년대에 콘드라티예프에 의해 생성된 초기 일치(consensus)의 본질은 다음 절의 주제이다.

3.3 선구자들: 초기의 일치

이 절의 첫 부분에서는 몇몇 저명한 콘드라티예프의 선구자들이 이룩한 기여를 간단히 제시하는데, 그가 그들의 주장들을 알고 있었고 이들 위에 업적을 쌓은 경우들과 그가 그들의 저작들에 대해 무지하였거나 완전히 무시한 경우들을 모두 제시한다. 두 번째 부분에서는 '콘드라티예프 가설'을 원래의 공식화와 이어지는 논쟁에 따라 제시한다.

선구자들의 첫 번째 파도는 하이드 클라크(Hyde Clarke), 제본즈(W. S. Jevons), 칼마르크스, 프리드리히 엥겔스(Friedrich Engels)이다. 콘드라티예프는 이 가운데 한 사람을 완전히 무시하였다. 이는 하이드 클라크로, 1847년에 영국 철도 기록(English Railway Register)에 실린 논문 한 편과 간단한 소책자(Louçã and Reijnders 1999에 수록됨; 또한 Black and Collison 1992를 볼 것)를 출판하였으나, 그의 명성은 대부분 제본즈가 그를 경제적 활동에서 장기순환 가설의 창시자로 지목한 사실에 기인하였고(Jevons 1884: 129), 지금까지도 대체로 무시되고 있는 그 자신의 원래 기여에 기인하지 않았다. 실로, 클라크는 1847년에 발생한 품귀 위기가 반복되는 현상의 부분이며, 대략 10년의 순환들이 전체 경제의 54년 운동의 부분으로, 대부분 수확조건들과 궁극적으로 기후조건들의 영향에 의해 동기화된다고 주장하였다. 그는 메켄지(Mackenzie)가 이전에 수행한 시계열 연구에서 영감을 받았다(J. Klein 1997: 113-15). 제본즈는 이 아이디어들을 받아들였다.

마르크스와 엥겔스는 순환들을 자세하게 논의하지 않았고, 그들이 주제에 대해 논평할 때는 본질적으로 산업, 경기순환들을 언급하였다. 자본론(Das Kapital)을 집필하는 중에 마르크스는 1858년 3월의 편지에서, 엥겔스가 관리자로서 경험을 통해 얻은 실증적인 증거로부터 얻은 13년 순환이 고정자본의 갱신에 의한 위기의 시간표를 설명하는 그의 이론에 편리한 단위라고 시사하였다.

그러나 자본론 제2권에서 마르크스는 경기순환 주기의 단축에 관한 엥겔스의 논평을 인정하면서도 다른 더 긴 주기들을 고려하였다. 그는 스크로프

(Scrope)를 길게 인용하였다. 생산도구들과 고정자본의 구축을 위한 5-10년 주기를 기술한 뒤에 스크로프는 다음과 같이 썼다. '공장, 상점 같은 건물에 지출되는 자본은 ... 회전하지 않는 것처럼 보인다. 그러나 실제로 이 건물들은 ... 운영 중에 사용되고 소유주는 그의 운영을 계속하기 위해 그것들을 반드시 재생산하여야 한다. ... 이 투자된 자본은 20년 또는 50년 주기의 회전을 따른다'(Scrope, Marx 1885: ⅱ. 163에서 인용).

마르크스는 이 구절에 찬성한다고 논평하면서, 그것이 유기적 관점을 나타낸다고 진술하였다. 그래서 마르크스는 그가 자본론 제3권과 잉여가치학설사(Theories of Surplus Value)에서 자주 지적하였듯이, 자본의 재생산이 그것의 '영구적인 부조화'의 밑바탕이 되는 다른 리듬들을 따라간다는 것을 알고 있었다.

마르크스와 엥겔스를 장기파동 연구의 선구자들로 뽑은 슘페터는 엥겔스의 1894년에 출판된 자본론 제3권의 편집자 주들이 콘드라티예프에 대한 예견이라고 주장하였다(Schumpeter 1990: 420 n.; 또한 앞의 제2장을 볼 것). 사실, 엥겔스는 단순히 이전 수십 년 동안의 경기순환의 리듬 변화를 논의하고 가능한 이유인 운송과 통신 시스템의 확장에 따른 세계 시장의 변화를 지적하였다. 그는 산업 순환의 교대가 상승과 하강 기간의 증가를 설명해 줄 것으로 결론지었다. 이 의미에서, 그의 직관은 1870년대와 1880년대가 구조적 변화의 기간이었으나 이 현상에 대한 추가적인 이론적 설명이 없었다. 그럼에도 불구하고 축적 체제의 변화에 대한 이러한 초기의 예표(prefiguration)는 일부 추종자들에게 영향을 주었다.

영국 노동자 계층에 대한 그의 초기 책의 1886년 미국판 부록에서, 엥겔스는 장기파동 연대기에 꽤 잘 맞는 다른 역사적 기간들(1825-42, 1842-68, 1868...)을 기술하는 데까지 이르렀다. 물론, 마르크스와 엥겔스는 모두 산업과 기술혁명으로 야기된 주요 변화를 인식하고 있었고, 마르크스는 주요 기술혁명들과 결합된 고용과 생산량의 장기 변동에 관한 이론을 설명하면서 이 과정들을 명확하게 논의하였다. 다음은 실로 마르크스의 저작들에서 발견되는 장기파동에 관한 가장 가까운 표시다.

기술혁명이 덜 주목되고 축적이 무엇보다도, 이미 성취된 새로운 기술적 토대에 근거한 양적 확장 운동으로 나타나는 기간들이 있다. 그런 경우 다소간 작동하기 시작하는 것은 실제 자본구조가 어떻든 간에, 자본과 같은 비율로 노동에 대한 수요가 증가하는 법칙이다. 그러나 자본에 의해 이끌린 노동자들의 수가 막 정점에 도달한 때에는, 생산물이 너무 풍부해서 그것들의 판매에 조그마한 장애라도 발생하는 경우 사회적 메커니즘이 정지한 것처럼 보인다. 그것은 대량으로 그리고 가장 격렬한 방식으로 즉시 작동하기 시작하는 자본에 의한 노동소외 과정이다. 바로 그런 생산의 와해는 자본가들이 노동을 절약하기 위해 모든 신경을 긴장시키도록 만든다. 조금씩 구축하는 상세한 개선들은 이른바 그러한 높은 압력 아래 집중된다. 그것들은 생산의 주요 영역들의 모든 주변을 통하여 자본구조의 혁명을 일으키는 기술적 수정에 구체화된다(Marx, Complete Works, 러시아판, v. 49: 220-1, Minshikov 1987: 69에 인용됨).

그럼에도 불구하고, 이 구절은 주로 서술적인 설명이며, 마르크스가 이윤율 저하 경향 법칙 또는 이 추세에 대한 반대 경향들을 공식화했을 때,5) 이 장기리듬이 논의되지 않았다는 것은 잘 알려져 있다. 이것에 대한 하나의 가능한 해석은 마르크스가 이러한 한 시기에서 다른 시기로의 변화가 이윤의 실현을 위한 노력 과정의 결과에 영향을 미친다는 것을 고려하지 않았다는 것이다. 그리고 비록 몇몇 반대 경향들은 분명히 기술적 변화(불변자본의 가치나 상대적 잉여를 추출하는 과정에서의 변화)를 다루었지만 마르크스는 그의 이론에서 기술혁명에 두드러진 역할을 부여하지 않았다. 더 나아가, 그는 이러한 연속적인 긴 기간을 설명하거나 정의하지 않았다. 실로, 그가 그렇게 하는 것이 어려웠을 텐데, 왜냐하면 그는 최초의 국제적 성격을 가진 제2차 파동의 시기에 집필 중이었기 때문이다. 이런 관점에서 볼 때, 그들의 고정자본의 재생산 순환들이라는 개념이 대부분의 장기파동 연구의 선구자들에게 영향을 미쳤다 하더라도, 마르크스와 엥겔스를 장기파동 연구의 직접적 선구자들로 간주할 수 없다.

그러나 클라크, 제본즈, 마르크스, 엥겔스는 모두 같은 점을 강조한다. 모두 과잉 생산과 풍요 속에서 불안의 기간들, 경제적 격동, 그리고 엄청난 기근들을 목격하였다. 그리고 그들은 이러한 상승과 하강들의 규칙성과 더불어 자본주의 발전에 수반되는 거대한 구조적 변화들을 알아차렸다. 이후에 글을 쓴 다른 저자들도 반복적으로 같은 결론에 도달했다. 존 베이츠 클라크(John Bates Clark)는 새로운 생산 방법의 성숙기가 45년이라는 것을 알아냈다(Clark 1899: 429). 그리

---

5) 역자주: 마르크스는 자본론 제3권 제3부의 제13-15장에서 이윤율 저하 경향 법칙을 다루는데, 여기에서 그의 저작 전체에서 가장 정교하다고 평가되는 경제변동(공황) 이론을 전개한다. 마르크스에 따르면 노동자의 착취와 경쟁력을 강화하려는 개별 자본가들의 노력은 노동 대비 기계, 도구 등 불변자본의 증가, 즉 자본의 유기적 구성도(뒤의 역자주에서 설명)의 상승을 가져온다. 마르크스의 가치론에 따르면, 다른 것들이 불변이면, 유기적 구성도의 상승은 이윤율을 낮춘다(경향 법칙 자체, 제13장). 마르크스는 제14장에서 노동착취의 강화, 임금과 불변자본 가격의 하락, 상대적 과잉인구, 무역 등 이윤율 저하를 저지하는 반대 경향(상쇄 요인)들을 제시한다. 그리고 제15장에서 법칙 자체와 상쇄 요인들의 상호작용으로 경기변동의 과정을 설명한다.

고 파버스(Parvus 1901), 투간-바라노프스키(Tugan-Baranowsky 1901: 52-3), 빅셀, 파레토는 긴 기간을 기술하는 데 같은 달력을 사용했다. 따라서 초기 일치의 첫 번째 필수 요소는 '콘드라티예프 문제'라고 불릴 수 있는 것에 대한 인식과 더불어 19세기 자본주의 발전의 진화 과정의 연대기였다. 장기 확장과 장기 불황의 회귀(recurrence)는 설명 방식은 달라도 논쟁의 여지가 없는 것으로 여겨졌다. 몇몇 저자들은 마르크스의 통찰력을 따랐고 이러한 변화의 과정을 설명하려고 노력했다.

파버스(Parvus)는 교육[6]받은 경제학자가 아니었다. 그의 1901년 논문은 1896년 위기의 전환점에 의해 만들어진 새로운 조건에 대한 짧은 텍스트에 불과했다. 도시의 개발이나 확장, 자본축적의 증가, 새로운 발명품의 보급(그는 특히 전기, 타자기, 자전거 등을 언급했다) 등으로 표시된 번영의 해들(years of prosperity)을 고려하면서, 파버스는 수축(contraction)이 뒤를 따르는, 자본주의 생산에 '도약들(jumps)'이 있는 기간들, '질풍노도(Sturm und Drang)'의 긴 기간들, 즉 자본 확장의 기간들이 있다고 주장하였다(Parvus 1901: 12, 16, 19, 20, 26). 자본축적의 파동 운동은 세계 시장의 불규칙한 발전, '자본주의적 진동의 법칙들'에 상응한다(p.27).

파버스는 마르크스와 엥겔스가 짧은 산업 순환들만 다루었고 가속 및 지체된 발전의 긴 기간, 즉 이러한 '질풍노도' 기간의 가능성은 설명하지 않았다고 인정하였다(p.27). 그러나 그는 자본의 확대 재생산의 유기적 결과인 과잉 생산에 의한 위기를 설명하기 위해 그들의 이론을 일반화하고 사용했다. 사회적, 정치적 요인들도 고려하였다. 예를 들어, 그는 노동시간 단축을 위한 섬유 노조의 싸움이 1896년 위기의 주요 원인이 된 요소였다고 지적했다. 그러나 그의 기여는 피상적이고 주로 서술적이었다. 그는 경기순환 상승보다 긴 일반적 확장 기간의 가능성에 직관적으로 주목했지만 이를 설명하기 위한 이론이나 일반적인 역사적 전망은 제시하지 않았다. 그 결과, 두인(Duijn)이 장기파동을 '파버스 순환'(Duijn 1983: 61)라고 해야 한다는 주장은 분명히 과장된 것이다. 장기 변동에 있어 확장영역에서 불황의 영역으로의 흐름 변화를 주목한 초기 저자들처럼 파버스는 한 단계에서 다른 단계로 넘어가는 과정에서 현저한 차이를 알아차리고 몇몇 관련된 차이점들을 기록했지만 이에 대한 설명을 제공하지 않았다.

---

6) 파버스는 알렉상드르 헬프핸드(Alexandre Helphand)의 가명으로 20세기 초 사회민주주의 인터내셔널의 활동적인 회원이었다. 그가 그의 논문에 가명으로 서명하였기 때문에, 우리는 같은 절차에 따라 '파버스'를 텍스트의 저자로 언급한다.

이 문제를 다루는 다음 저자들은 장기 운동의 엄밀한 증명과 통계적 식별에 훨씬 더 신경을 썼다. 반 겔더른(Van Gelderen)의 1913년 논문은 콘드라티예프의 작업 이전에 이 분야 연구에 대한 가장 중요한 기여였다.[7] 그는 좀바르트(Sombart)와 다른 파버스의 통찰들, 즉 번영의 해들의 구별, 자본주의적 생산양식으로 인해 발생하는 것으로 간주되는 자본의 질풍노도 등을 인정했다. 한편, 좀바르트는 확장과 수축의 기간들을 알아차렸으나 이들을 단순한 우연들로 간주하였다(Van Gelderen 1913: 45, 46). 그리고 그는 생산 부문들 사이의 생산력 분담의 징후로서 가격의 운동을 분석하고 산업 순환보다 더 긴 운동을 발견하였다. '일반 물가 수준의 평균 10년 변동과는 별도로, 가격-곡선들 또한 더 긴 파동 운동을 보이는데, 이 운동은 위아래로 움직이는 과정에서 수십 년이 소요된다'(p.14).

그 결과, 1850-1873년까지의 확장기, 1873-1895년까지의 불황, 1896년 이후의 확장이 발견되었다. 확장과 수축의 '봄 조수(spring tide)'와 '썰물 기간(ebb period)'들이 철도 건설에서 비롯되는 운송비의 변화, 그에 따른 금속 수요의 증가, 미국으로의 이민 등과 같은 1850-1873년의 확장에 관한 구체적인 요인들에 의해 설명되었다(van Gelderen 1913: 15, 22). 그러나 이 분석은 가격 운동들에만 국한되지 않았는데, 왜냐하면 반 겔더른은 산업 생산의 주요 구조적 변화들의 영향, 즉 전기 부문의 발전과 금 생산의 증가 등을 지적하였기 때문이다(p.20).

그런 다음 반 겔더른은 다음과 같은 4가지 유형의 인과요인에 대한 체계적인 연구를 수행했으며, 그 존재는 여러 개의 시계열에서 논의되었다(p.22 ff.).

1. '이전보다 더욱 강력한 방식으로 인간의 욕구를 충족하는, 생산-분기(production-branch)의 갑작스런 출현(자동차와 전기 산업)'(p.40)에 따른 생산의 가속화; '전기 공학'의 등장이 특히 강조되었다.
2. 특히 식민지에 대한 수송 시스템의 확장
3. 미국, 러시아, 동아시아 지역의 산업화와 같이, 새로운 지역들로 자본주의 시스템의 확장을 통한 교역량의 진화

---

7) 만델(Mandel)은 콘드라티예프, 슘페터, 뒤프리즈(Dupriez) 등 그 누구도 깊이와 범위에 있어서 반 겔더른의 장기변동이론에 미치지 못한다고 주장했다(Mandel 1975: 52). 이는 과장이다. 왜냐하면 비록 콘드라티예프가 가장 적절한 방법을 사용하거나 일반적인 설명을 제공하지 않았다고 지적할 수 있겠지만, 그는 더 많은 경험적 작업과 더욱 세련된 이론적 설명들을 개발했기 때문이다.

4. 통화 시스템에서 일어나는 변화들, 특히 금 생산의 증가와 연결된, 이자율의 운동들

'봄 조수(spring tide)'의 필요조건은 생산량 증가에 기인한 총수요의 확장으로 간주되었다. 생산의 빠른 증가율과 원자재의 인플레이션 압력에 의해 야기된 비용 증가가 위기와 이후 하강의 조건을 조성하는 것으로 상정되었다.

명목과 실제 변수를 고려했을 뿐 아니라 구체적인 역사적 맥락에서 경제체제의 진화를 설명했기 때문에 반 겔더른의 논문은 사실 장기파동 연구의 첫 번째 구성 요소였다. 그의 업적의 비극적 운명(대부분의 뒷 세대 작가들에 의해 무시되었으며, 1996년에야 영어로 번역되었다)과 작가 자신의 비극적 운명(그는 나치스의 네덜란드 침공이 임박한 1940년에 자살했다. Reijnders 1990: 54 n.)은 이와 관련하여 정의가 이루어져야 한다고 외친다. 최근 그의 논문 출판(in Freeman 1996)과 클라크(Clarke), 드 울프(de Wolff), 파버스 저작들의 출판(Louçã and Reijinders 1999)은 이 선구자들의 기여한 바를 부각시키는 방향으로 나아가는 단계라고 볼 수 있다.

반 겔더른과 동시대에 일하면서도 그의 기여를 무시한 채, 경제적 운동과 정치 및 제도적 조건의 관계를 연구하는 다른 몇몇 저자들은 장기파동 가설을 지지하는 가치 있는 주장들을 생산했다. 알폰소 피에트리 토넬리(Alfonso Pietri-Tonelli)는 물리학의 '과학적 절차'(Pietri-Tonelli 1911: 220)를 적용한다고 주장하면서 경제적 시스템을 진자(pendulum)로 기술하였다. 그것의 동학은 결국 외생적 요인에 의해 생성된 파동을 설명하는 에너지 전파 형태로 연구되었다(p.222). 피에트리-토넬리는 주요 전환점을 설명하기 위한 시도로 경제적 요인과 정치적 요인의 상호작용을 고려했고, 파레토(Pareto)와 마찬가지로 단순한 통계적 방법(추세를 설명하기 위한 1차 다항식)을 사용했다. 1921년 그는 가격, 극장표, 결혼, 범죄 활동의 시계열과 같은 장기 변동의 징후들에 대해 광범위하게 조사하였다. 그의 연대표에는 1852-1873년까지의 확장, 1873-1897년까지의 축소, 1897-1913년까지의 새로운 확장이 포함되어 있었다.

브레시아니-투로니(Breschiani-Turroni)는 1913년 가격에서 장기파동(약 1850년경에는 저점, 1870년경에는 정점, 1895년경 새로운 저점)을 식별하는 글을 썼는데, 그는 카셀(Cassel)의 금의 양의 효과에 대한 이론을 통해 설명했다. 그러나 이후 논문에서, 그는 가격 대신에 생산원가, 기술적 진보, 새로운 영토의 발견과

착취와 같은 특정 요인들을 포함한 이윤변동을 관찰된 장기 변동의 중심적 원인으로 고려하였다(Breschiani-Turroni 1917: 9).

1913년 파레토는 엘리트 내부, 즉 지배계급, 기업가(투기자)와 임차인(전통 자본가) 사이의 사회적 갈등에 의해 경제의 긴 파도를 설명하는 논문을 썼다. 그들의 교대하는 지배는 과감한 확장과 소심한 수축의 연속적인 시기를 설명했다. 후속 연구에서도 같은 주제를 전개했다(Pareto 1916). 같은 시기에 아프탈리온(Aftalion 1913: 1-7), 르누아르(Lenoir 1913: 148-9) 및 레스퀴르(Lescure 1912: 452-90)는 이러한 장기 운동을 발견하고 토론하였다. 아프탈리온은 1913년 저서에서 마르크스의 전통을 따라, 고정자본의 재생산에 필요한 장기간으로 순환적 변동을 설명하였다. 이 기간은 기대의 형성에 영향을 주고 '꽤 긴 순환적 변이들'의 원인이 되는 '넓은 진폭의 파동'을 일으킨다(Aftalion 1927: 165). 콘드라티예프는 나중에 이런 접근법을 개발했다.

이러한 통찰력의 다양성과 중요성에도 불구하고, 이러한 논문의 대부분은 부분적으로 언어 장벽으로 인해 널리 발표되지 않았으므로 이 논쟁의 상당 부분은 사라졌다. 그 예로 국면연구소가 콘드라티예프의 1926년 논문에 대한 논쟁을 조직했을 때, 스펙테이터(Spektator)는 파버스를 언급했고, 포크너(Falkner)는 콘드라티예프에게 데 울프, 브레시아니 투로니, 피에트리 토넬리의 연구를 인정하지 않는다고 비판했다. 콘드라티예프는 답변에서 1926년 초안을 작성한 후 브레시아니-투로니를 읽었으나(Kondratiev 1992: 244, 250, 289), 다른 것은 읽지 않았다고 지적했다. 아무도 반 겔더른을 언급하지 않았다. 후에 콘드라티예프는 적어도 드 울프(그리고 드 울프를 통해 반 겔더른의 주장을 알게 되었다)와 피에트리 토넬리를 읽고, 1928년에야 이 모든 기여를 연구자들 설명의 성격에 따라 고려하고 분류할 수 있었다.

주요 예외적인 부분은 반 겔더른의 작업인데, 그의 논문은(1924, 최초의 영어 번역본은 Louçã and Reijnders 1999) 그의 절친한 친구 샘 드 울프(Sam de Wolff)에 의해 만들어진 참조를 통해 부분적으로 해외에서 접할 수 있었다. 드 울프는 카를 카우스키(Karl Kaustsky)를 위한 기념논문집으로 널리 알려진 책에서 장기파동에 대한 반 겔더른의 이론 설명을 발표한 네덜란드의 사회 민주주의자였다. 드 울프는 같은 연대기(1825-49, 썰물; 1850-73, 봄 조수; 1873-95, 썰물; 1895, 그리고 그 후, 봄 조수 또는 질풍노도)를 채택하고 반 겔더른을 따라 세련된 기술통계 방법을 사용했다.

이 저자들은 중요한 선구자들이다. 그들은 장기파동의 연대기에 대한 넓은 일치를 나타내며, 가격 진동과 (적어도 일부 저자들에게는) 새로운 산업 분야의 영향이 매우 두드러져서 그들이 독립적으로 동일한 결론을 도출함으로써 그것들을 설명했음을 보여준다. 이와 같은 초기의 일치는 특히 전환점들을 설명하기 위한 사회적 및 정치적 요인들의 위치(이탈리아인들이 지향한 바와 같이), 혁신과 구조변화의 역사적 역할(반 겔더른), 가격과 생산 시계열 간의 관계, 단일(카셀의 화폐 이론) 또는 다중 인과적 설명, 그리고 규칙성과 회귀를 감지하고 증명하기 위한 시계열의 통계적 처리 등과 같은 주제들을 포함한 미래 연구의 주요 의제를 설정하였다.

3.4 콘드라티예프: 유기적 접근

이전 작가들의 중요성에도 불구하고 연구의 기초를 수립한 것은 콘드라티예프였다. 왜냐하면 독립적으로 발전된 그의 연구는 반 겔더른 것보다 더 완전하고 일반적이었기 때문이다. 콘드라티예프의 아이디어는 더 큰 영향을 미쳤는데, 왜냐하면 그것의 일부가 곧 번역되고 더 넓은 과학계에서 자주 논의되었기 때문이다. 그러나 그의 이론적 주장은 자세하게 연구될 수 없었는데, 왜냐하면 이것이 번역되지 않았고 러시아에서 벌어진 논쟁이 거의 완전히 무시되었기 때문이다. 오랫동안 가비(Garvy)의 1943년 논문이 이 논쟁의 거의 정확하고 완전한 자료원(데이(Day 1981)와 바네트(barnett 1998)의 책과 함께 여전히 영어로 된 드문 참고문헌)이었으나 그것은 주장들에 대한 약간 편향된 요약이다. 간단히 말해서, 콘드라티예프는 저지르지 않은 죄목으로 스탈린주의자들의 법정에서 유죄 선고를 받았을 뿐 아니라, 그의 작업 또한 원래 저작의 불완전하고 일관성 없는 버전들에 근거하여 최소 50-60년간 논의되어왔다. 이 절에서 그 작업을 간단하게 검토하고 주요 명제들을 간단히 요약한다. 다음 절에서는 몇몇 분석적 기여에 대해 알아볼 것이다.

1922년 콘드라티예프는 몇몇 통계 시계열 자료의 조사에 기초하여 장기순환 가설을 간단히 공식화한 책을 출판하였다. 그의 결론은 매우 잠정적이었고 역사적 자료에서 상승과 하강의 긴 기간들이 있다는 주장에 도달했다. 비판자들에 대한 답변으로 다음 해에 준비된 논문에서, 콘드라티예프는 '국면의 주요 순환들은 단지 가능성이 있는 것으로 고려되었다'(Kondratiev 1923: 524)고 강조하였다. 일부 사람들에게 이것은 단순한 기계적 회귀를 시사하는 것으로, 그리하여 제1차 세계대전과 전쟁 후 수년 동안의 극심한 불황 이후 장기간의 회복이 필연적으로 일어날 것이라고 해석되었다.

그의 인식론에 대한 이전 작업과 역사의 분석적인 표현에 기초하여, 콘드라티예프는 비록 '전체 경제의 진화가' 유기체의 그것에 필적하는 '비가역적 과정'(1923: 496)이라 하더라도 비가역적 과정과 가역적 과정이 공존한다[8]고 주장하였다. 자신은 마르크스주의자가 아니라고 밝히면서도, 콘드라티예프는 레스퀴르(Lescure), 아프탈리온(Aftalion), 트로츠키(Trotsky), 파네코크(Panekoek), 카우츠키(Kautsky) 등의 주요 순환들에 대한 분석에 따라 자본주의의 발생적 과정에 대한 마르크스의 이해를 정확하게 추종한다고 주장하였다. 콘드라티예프는 자신이 가역과정(상품의 변형(metamorphosis or transformation of commodity))[9], 고정자본의 재생산, 위기 등)과 비가역과정(기술과 사회적 변화를 설명하는 것들)이라는 큰 연구의 한 부분이라고 주장하길 원했다. 더 나아가, 그는 주요 순환들이 2차적인 환경적 상황들에 의해 영향을 받는 내부 변화요인들의 활동으로 유기적으로 설명될 수 있다고 주장하였다.

트로츠키는 1923년 6월에 반응하였고 콘드라티예프의 가설을 비판하는 글을 게재하였다. 이글은 다소 중요한 논쟁을 불러일으켰는데, 왜냐하면 이것이 훗날의 해석에서 자주 오해되는 논쟁의 한계와 시사점들의 경계와 한계를 구획하였기 때문이다. 트로츠키는 2가지의 균형 개념을 언급하였다. (1) '장기균형(secular equilibrium)', 즉 '자본주의 발전 곡선'에 캡슐화되는 발전의 일반적 추세, 그리고 (2) '순환균형(cyclical equilibrium)', 불비례 위기(crises of disproportion)[10]를 제거하고 시스템을 복원한 후에 부과되는 균형(Trotsky 1923: 7 ff)이었다. 균형은 이런 의미에서, 저항력[11]이 매우 강하면서도 내재적으로 불안정한 자본의 변환

---

8) 퐁비에유(Fontvieille)가 편집한 콘드라티예프 저작의 프랑스어 번역에 따랐다.

9) 역자주: 상품의 변형(또는 전화)이란 교환을 통해 상품이 화폐로 바뀌고(판매), 화폐가 상품으로 바뀌는(구매) 것을 말한다. 더 자세한 논의는 자본론 제1권 제3장을 참조하라.

10) 역자주: 불비례 위기란 각 산업 부문 간의 불균형 또는 조정실패로 발생하는 경제위기를 의미한다. 레닌(Lenin) 등 당시 주류 마르크스주의자들은 자본주의적 생산의 무정부성에서 비롯되는 산업들의 불균등한 발전을 자본주의 경제위기(공황)의 주요 원인으로 보았다.

11) 1921년 6월-7월 코민테른(Comintern)의 제3차 회의 보고에서 트로츠키는 이렇게 썼다. '따라서 자본주의는 항상 와해 또는 복원 과정에 있는 동적 균형을 가진다. 그러나 동시에 이 균형은 저항의 큰 힘을 가진다'(Trotsky 1921: 226).

과 회전의 일반적인 누적적 과정의 요약이다. 특히, 발전의 장기추세는 정치적 사건에 의해 변화될 수 있다. 트로츠키에게 장기 변동은 외생적으로 발생하기 때문에 순환이 아니라 추세 변이였다. 본질적인 차이는 순환은 경제적 시스템의 내부적 모순에 의해 추동되지만, 즉 자본의 축적과 재생산의 시간에 의해 결정되지만 자본주의 발전 곡선의 이동은 중요한 외부적인 사건들에 의해 일어난다는 것이다. 이 중요한 변화들은 당시 일반적으로 합의된, 1781-1851, 1851-73, 1873-94, 1894-1913, 1913...(p.7 ff)에 따라 날짜가 정해졌다. 트로츠키는 자신의 주장을 설명하기 위해서, 100여 년에 걸친 정치, 이념, 경제적 진화를 기술하는, 더 타임즈(The times)가 1923년 1월에 발표한 표를 사용하였다.

이러한 차이는 정치적 의도, 즉 반체제적 힘, 의식적 사회적 결정에 의해 부과되는 파열의 가능성을 보전하려는 것이었다. 이 틀에서, 외생성은 전략과 사회적 설계의 창의적 역할을 더욱 강조하였다. 데이(Day)가 언급했듯이, 트로츠키의 변화요인을 '내생화'하려는 콘드라티예프의 노력은 그의 세계 비전의 본질과는 모순되었다.

분할된 추세선 대신 단일 방정식에 의해 생성된 연속 곡선을 제시함으로써, 콘드라티예프는 이동 균형(moving equilibrium) 개념에 내재된 이념적 가정을 드러냈다. 즉 자본주의의 역사적 발전에서 불균질성이 없다는 것이다. 트로츠키스 외부 조건들을 '내부화'함으로써 마르크스주의자들이 거의 생각할 수 없는 초결정론적인 역사 이론을 만들어냈다(Day 1981: 89).

모순은 매우 예리했다. 왜냐하면 콘드라티예프는 어떤 종류의 사건으로도 바꿀 수 없고 분석에서 완전히 무시된 '비가역적' 운동, 그리고 '가역적' 과정의 본질에 의해 내생적으로 결정되는 정치적이고 사회적인 요소들을 대신 고려하였기 때문이다. 더 나아가, 관련 특징들은 이동 균형을 둘러싼 가역적 진동이었다. 트로츠키는 이 개념을 거부하였고 이동 균형 개념이 일종의 조화(harmonization) 과정을 시사한다고 결론지었다.

이런 비판은 콘드라티예프를 놀라게 하였다. 실제로 그는 1923년의 답변에서 코민테른의 제3차 회의에서 바르가(Varga)의 입장과 트로츠키의 연설을 꽤 솔직하게 인용하였다. 이 회의에서 그들은 국제적 국면에서 결정적 변화를 인정하였다(Kondratiev 1923: 521-2). 콘드라티예프는 국면의 변화에 관한 언급들에서 다른 것을 보았는데, 새로운 정치적 조건의 변화를 필요로 하지 않는 불황기 직후의 새로운 장기 확장 파동의 진화의 가능성에 대한 일반적 진술이었다. 1923년 경의 환경은 이미 달라졌고 경제적 상황은 더욱 악화되었다.

결국 균형의 본질에 대한 논쟁의 정치적 함의 때문에 콘드라티예프는 이 문제를 더 이상 발전시키지 않는 쪽을 선호하였다. 사실, 1926년 국면 연구소에서의 내부 토론은 통계적, 방법론적 관점에서 더 중요한 것이었지만, 더욱 넓은 해석적 논점들에 대한 이전의 질문들을 재정립했을 뿐이다.

논쟁은 4개의 중요한 주제를 포함하고 있었다. (1) (쥐글라(Juglar) 경기순환과 더 긴 운동들 사이의 방법과 이론 양쪽에서 형식적 비유의 타당성, 이는 콘드라티예프에 의해 암묵적으로 지지되었고 트로츠키에 의해 명시적으로 비판되었다. (2) 국면의 평가, 1920년대 초반에 새로운 장기 회복이 나타나고 있는지, 아니면 위기가 여전히 일반적인 하강에 의해 지배되고 있는지를 알기 위해서였다. (3) '가역적' 운동의 원인, 즉 균형과 내생적 및 외생적 요인들의 본성. 그리고 이들과 (4) '비가역적' 운동의 본성과의 연계이다.

그의 주장을 가다듬은 콘드라티예프는 후에 정적 균형에 의해 기술되는 '본질'이 현상의 정체성과 불변성의 핵심이 되어야 하고, 반면 동학은 '동적 균형'의 개념 아래서 변화와 차이를 기술하여야 한다고 주장했다(Kondratiev 1924). 그러나 콘드라티예프에 따르면 변화는 대상의 존재론적 정체성을 전제로 하므로, 동학은 정학을 포함하는 것으로 간주되었다. 그러한 의미에서, 그는 동적 과정들은 2가지 형태의 운동으로 구성되어 있다고 주장하였다. (1) 방향성이 정해진 비가역적 과정, 예를 들어 인구증가와 생산량 증가, 확대 재생산 모형들(p.17) 그리고 (2) 방향이 변화 가능한 가역적 과정, 예를 들어 이자율, 가격, 고용(p.12), 장기순환 또는 '국면의 곡선'은 만약 어떤 비가역적 과정을 무시한다면 자연스럽게 두 번째 형태에 속한다. 콘드라티예프가 인정했듯이, 그는 물리학에서 가져온 은유인 하층(substratum) 개념을 사용하고 있었다. 하지만 그는 이것이 경제학에서 편리한 유사체(analogue)를 가지고 있지 않다는 것을 인식하였다(pp.14-15).

1925-1926년 콘드라티예프는 자신의 이론적 접근을 다시 정교화하였다. 이론은 3가지의 주요 이론적 특성을 가진다. 첫째, 콘드라티예프는 마르크스와 쥐글라가 고려한 바와 같이 위기들이 자본주의적 생산양식의 '유기적인' 한 부분이라고 주장하였다(Kondratiev 1928a: 111). 이것은 단순한 외생적 인과관계를 거부하는 중요한 주장이었지만, 또한 정확한 전체론적(holistic) 결과도 가지고 있었다. 즉 '전체성(totality)'의 유기적 개념은 구성 요소의 단순한 합보다 더 많은 것

이 있다는 것, 전체에는 '새로운 어떤 것'이 있다는 것을 의미하며(Kondratiev 1926b: 63), 콘드라티예프는 이 함축성을 충분히 알고 있었다. 만약 이것이 그렇다면, 어떤 순수한 원자론적인 개념도 현실의 분석에서 사용되거나 받아들여질 수 없다. 결과적으로, 그가 페르부신(Pervushin)과의 논쟁에서 강조한 바와 같이 모든 순환은 동일 경제적 과정의 부분이다(V. Barnett 1996: 1021).

둘째, 콘드라티예프는 이 유기적, 전체론적, 비원자적 인식론이 '인간 개입'의 합리성이 자연과학에서 연구된 사례보다 더 큰 다양성을 창조하는 사회적 과정의 현실에서 필요한 대응물이라고 생각했다(Kondratiev 1926b: 83). 즉 합리성이 대표적 대리인(representative agent)의 패턴과 전형적으로 관련되어 있다고 하는 신고전파들과 달리, 콘드라티예프는 경제학을 변이의 창조에 관한 연구로 정의했다.

셋째, 콘드라티예프의 경우에 변이는 여전히 균형과 양립할 수 있었다. 시스템은 항상 이동 균형으로 향하는 경향이 있다. '그래서 국면의 장기순환은 동일 시스템의 균형과 관련하여 자본주의 시스템 요소의 실제 수준의 편차를 나타낸다. ... 균형 수준 자체가 변하는 과정'(1928a: 159)이다.

따라서 충격들은 필수 자본재의 기초적인 투자를 통한 '생산 조건의 급진적 변화'로 인한 불균형 과정이라고 생각되었다(1928a: 158, 160). 콘드라티예프는 가역적 과정이 그 주변에서 조직되어야 하는 균형에 대해 구체적으로 논의하지 않았다. 그는 단지 균형이 시스템의 가장 가능한 상태를 표현한다고 제시할 뿐, 시스템 자체의 변화들은 다루지 않았다.

전반적으로 이것은 모순적이고 불완전한 비전이었다. 콘드라티예프가 지지한 전체론적이고 유기적인 관점은 마치 원자적이고 관련이 없는 현상인 것처럼 서로 다른 유형의 동적 운동 사이의 분해 절차 또는 절대적인 구별을 사실상 배제하였다. 균형이 가정되었지만, 그것의 경험적 짝들 가운데 하나인, 비가역적 과정 또는 균형이 위치해야 할 추세선은 연구에서 제외되었다. 더 나아가, 이 개념은 하나의 장기순환에서 다음 순환으로의 구조변화를 설명하지 못했다. 콘드라티예프는 그의 주장의 논리에 의해 비가역적 운동과 가역적 운동 사이에서의 엄격한 분리 가능성을 가정해야만 했으며, 순환이 추세에 미치는 영향과 그 반대 방향의 영향을 무시하여야 했다. 이것은 생산력의 장기적인 진화에 영향을 미쳐야 할 어떤 구조적 요인들이 단지 순환 자체의 내생적 결과로 정의되었기 때문에 중대한 모순을 의미하였다.

많은 저자들은 회복(revival)을 설명할 수 있는 2가지 본질적인 요소인 투간-바라노프스키의 '무료 대부 자금(free loanable funds)' 이론과 마르크스의 고정자본 재생산 반향-순환(echo-cycle) 이론에 기초한 장기순환에 대한 콘드라티예프의 인과적 설명의 부정확성과 모호함을 중점적으로 비판하였다. 우리의 주장은 이 논쟁이 진실로 관련되었지만 덜 중요했다는 것이다. 콘드라티예프 이론의 주요 한계는 그가 만든 다소 매혹적인 설명적 가설이 아니라 정학과 동학의 개념, 비가역적 운동과 가역적 운동의 개념, 그리고 결과적으로, 균형의 개념이었다. 이는 불확실한 인식론을 토대로 모순적이고 헷갈리게 하는 기법인 그의 추세 분해 절차의 기초를 만들어냈다.

반면에 콘드라티예프는 일반균형 거시경제학으로 설명될 수 없는 장기적인 변동을 찾아냈다. 그는 그러한 변동을 자본주의 역사에서 뚜렷한 시대의 특정 현상으로 묘사했다. 이로 인해 그는 1926년 논문에 발표된 인상적이고 상세한 귀납적 연구를 수행하고 방대한 증거와 통계적 및 그래픽 정보를 생성하였다.[12]

이 연구에서, 반 겔더른이 15년 전에 했던 것처럼, 콘드라티예프는 장기파동 II에서 III으로의 전환을 주도한, 화학, 전기 및 자동차 산업을 기반으로 한 새로운 산업혁명과 같은 생산력의 주요 변환을 식별했다(Kondratiev 1928a: 140). 그는 장기파동에 대한 첫 번째 철저한 연대 방식을 수립했다. 1780년대 말 또는 1790년대 초부터 1810-17년까지 첫 장기파동이 상승하고 1810-17년부터 1844-51년까지 하락, 다음 파동의 상승은 1844-51년부터 1870-5년까지이고 1890-5년까지 하락, 세 번째 파동의 상승은 1891-6년에서 1914-20년까지이고 1914-20년 이후의 하강세를 보였다. (〈표 3.2〉에서 콘드라티예프의 연대 방식과 그의 선구자 및 동시대 연대 방식 간의 비교를 보라) 더 나아가, 콘드라티예프는 설명 모형에 다양한 기술적, 경제적, 사회적 및 정치적 요인을 포함함으로써 연구에 귀중한 공헌을 하였다. 반 겔더른에서 파레토에 이르기까지의 이전 저자들과 같이 이러한 상호 연결은 연구에서 중요한 부분이 되었다.

이러한 아이디어들에 대한 중요한 토론이 1926년 2월 6일 콘드라티예프가

---

12) 콘드라티예프는 4가지 경험적 법칙을 확인했다. (1) 새로운 장기순환이 시작되기 몇 년 전에 기술혁신, 화폐 유통, 새로운 국가가 수행하는 역할 등에서 중요한 변화가 일어난다(1928a: 138). 이러한 변화는 20년 전에도 일어날 수 있었다(p.141). (2) 전쟁과 혁명을 포함한 계급투쟁은 상승기에 극심하다. (3) 농업 쇠퇴는 하강기에 더 강렬하다. (4) 단기순환의 하강은 장기순환의 하강기에 더 강하며, 그 반대의 경우도 같다(p.140 ff.). 반 겔더른은 이미 마지막 '경험적 법칙'을 공식화했다(van Gelderen 1913: 49-〈표 8.13〉이하를 보라).

사회과학연구소연합 경제연구소의 세미나에서 발표한 논문을 중심으로 이루어졌다. 일주일 후 여러 동료의 지원을 받아 오파린(Oparin)이 자신의 반대 보고서를 발표하였으며 1928년에 콘드라티예프와 오파린의 논문과 세미나의 회의록을 포함한 소책자가 발간되었다. 콘드라티예프와 오파린의 대립은 주로 통계적 방법론에 관한 것이었다. 왜냐하면 오파린은 대안 이론(카셀의 화폐 이론)을 지지하였으나 이를 특별히 강조하지 않았고, 콘드라티예프는 그런 유형의 이론이 더 나쁘지는 않아도 같은 유형의 통계적 문제들을 만든다는 것을 매우 쉽게 보여주었기 때문이다. 그러나 어떤 종류의 '원근 왜곡(perspectivistic distortion)'을 만드는 추세 제거 함수(detrending functions) 선택의 이론적 정당화의 부족과 자의성에 관한 오파린의 지적들은 충분히 정당화되었다. 이 주제는 다음 절에서 더 상세히 논의할 것이다.

에벤토프(Eventov)와 보그다노프(Bogdanov)는 오파린과 달리 대안들을 공식화하지 않았는데, 추세 제거에 반대하는 흥미로운 주장, 즉 추세(경제성장)와 순환들(성장의 가속과 감속)이 단순히 같은 현상이라는 주장을 발표하였다(Kondratiev 1992: 246 ff.; Garvy 1943: 210). 이는 분해가 정당화되지 않는다는 것을 의미했다. 수하로프(Sukharov)는 수명주기(life-cycle) 개념에 기초해서, 장기 변화에 대한 더 이상의 설명이 필요 없다고 주장하기 위하여, 사회적 시스템의 유기적 본성에 관한 콘드라티예프의 주장을 지지하였다. '진화 중인 유기체의 생리학은 진화의 연속되는 단계들에서 다르다. 자본주의적 진화는 명확히 다른 단계들을 가지는 유기적 과정이다. 즉 젊음, 성숙, 쇠퇴 ... 그리고 심지어 죽음'(Garvy 1943: 210에서 인용)이다.

다음 절에서 보겠지만, 결정적이지는 않았어도 이 논쟁은 중요했다. 그것은 콘드라티예프의 통계적 기술에서 몇몇 가장 중요한 실수를 찾아냈지만 해결하지 못했다.

■ 표 3.2 장기파동의 연대

저자/시기	1차 장기파동 상승	1차 장기파동 하강	2차 장기파동 상승	2차 장기파동 하강	3차 장기파동 상승	3차 장기파동 하강
Engels		1825−42	1842−68	1868−…		
Pietri −Tonelli			1852−73	1873−97	1897−1913	
Bresciani−Turroni			1852−73	1873−97	1897−1913	
Van Gelderen			1850−70	1870−95	1895−…	
De Wolff		1825−49	1850−73	1873−95	1895−…	
Trotsky	1781−1851		1851−73	1873−94	1894−1913	1913−…
Kondratiev	1780/90−1810/17	1810/17−1844/5	1844/5−1870/5	1870/5−1891/6	1891/6−1914/20	1920−…

주: 표에서 제시하듯이, 콘드라티예프는 시작과 종료 기간에 대해 긴 간격을 두고 신중하게 시기 구분을 하였다.

3.5 분해 문제

콘드라티예프는 초기의 정학과 동학에 관한 연구의 결과로 분해 문제를 상세히 다루었다. 1923년 콘드라티예프는 장기파동 이론의 그의 첫 번째 대략적인 개요에 대한 비판들에 답하면서, 경제는 비가역적이고 동적인 과정이며, 순환 기능(혈액순환, 영양)과 비가역적 과정을 가진 유기체에 비유될 수 있다고 진술하였다(Kondratiev 1923: 496). 이 비전은 비가역과정(자본의 축적, 집적(concentration)[13])과 가역적 짝들(위기들, 상품의 변형)을 지적한 마르크스의 비전에 비유되었다. 결론은 2개의 서로 다른 영역인 비가역적 현상(발전 단계 이론)과 가역과정(순환 이론)의 연구가 열려 있다는 것이었다(1923: 496-8). 콘드라티예프는 그 구별이 항상 자명하지 않다는 것을 인식했다. '물론, 실제 연구에서는 두 물체 사이에 완벽한 한계를 설정하기 매우 어렵다'(p.497).

하지만 슘페터 그리고 이 특별한 주제에 있어 슘페터에게 영감을 준 클라크(J. B. Clark)와 달리, 콘드라티예프는 정학이 실제 현상을 기술한다고 생각하지 않았다. 사실 그는 1924년 논문(Kondratiev 1924: 7-8, 10-11)에서 오직 동적 운동만이 현실적이라고 진술하면서 이 문제에 있어 슘페터를 비판하였다. '현실에서 우리는 경제적 생활에서 오직 하나의 동적 과정만 가지며, 우리가 이를 비가역적 경향성[추세]과 가역적 진동 운동으로 분해함은 단지 과학적 분석을 위해서임을 잊어서는 안 된다'(1924: 29; 또한 1923: 496; 1925: 575-6).

그 주장은 경제적 동학이 사회적 과정의 전체성과 역사적 진화의 본질을 표현하며 그리고 그것의 내부 메커니즘의 이해가 편리하고 적절한 설명의 개발에 결정적이라는 것이었다. 그 결과 콘드라티예프는 과학적인 설명을 위한 인식론적 정당성의 궤적으로서 내생성의 교리를 불러일으켰다.

이러한 간헐적이고 외부적인 원인은 사회경제적 동학의 전체 과정에 포함되며, 그 이유로 순환을 일으키는 외부적 요인으로 고려될 수 없다. 우리의 관점에서 보면, 장기순환과 특히

---

13) 역자주: 마르크스는 자본의 축적(accumulation), 집적(concentration), 집중(centralization)을 구별해서 사용하는데, 자본 또는 사회적 부의 양적 증가를 축적, 노동력 대비 기계 등 생산수단의 비중이 증가하는 것을 집적, 자본의 소유가 소수의 자본가에 몰리는 것을 집중이라고 부른다. 자본론 제1권 제25장 참조.

물가의 동향에 대한 설명은 메커니즘의 특성과 사회경제적 발전의 일반적인 과정의 내부법칙에서 추구되어야 한다(Kondratiev 1928b: 425).

결과적으로 적절한 인과관계의 주장은 단순하고 기계적인 틀에서 사건에 필요한 조건들의 집합으로 기술되었다. 모든 것은 시계열을 분해하고, 그 요소들을 해석하고, 증명의 가치를 쪼개진 세계에 대한 외과적으로 정밀한 분석에서 나오는 결론에 귀속시키는, 초기의 표준 수학적 절차의 사용과 남용을 위해 준비되었다.

콘드라티예프는 그러한 분해를 수용하고 주장하였다. 비록 그는 가역적 과정이 항상 어떤 비가역적 요소들을 포함하며, 따라서 두 유형의 운동 사이에 실질적인 독립성이 없음을 고려하면 분해가 어느 정도 인위적(1924: 13)이라는 것을 인지하였음에도 말이다. 즉 구별은 단지 '과학적 분석의 목적'을 위해 만들어졌다(p.14). 이러한 관점에서 보면, 분해는 정학과 동학 사이의 구분(예: 이윤율 저하 경향 또는 자본의 유기적 구성[14] 증가로 표현되는)의 문제보다 부차적인 문제였고, 정학은 동학의 특수한 차원이었다. '동적 과정에서 추상하면 정적 규칙성을 발견하게 된다. ... 이러한 의미에서, 정학은 동학의 한순간이며 정적 규칙성의 공식은 동적 규칙성 공식에서 시간 요소가 제거되거나 0으로 축소된 것이다'(p.69).

1926년 논문에서 콘드라티예프는 다시 같은 문제를 제기했다. 그는 비가역적인 과정에 관련하여 가역적 과정의 독립성이 없으며 전체가 실제 과정이라고 말하기 시작하였다. '실로, 나는 동학의 실제 과정이 고유하다고 생각한다'(1926b: 102-3). 동시에 그는 분해는 단지 연구 목적만을 위해 허용될 수 있다고 주장했다.

전체로서 경제적 진화는 반드시 의심할 여지 없이 단일의 분리할 수 없는 과정으로 간주되어야 한다. 왜냐하면 이렇게 함으로써 경제적 동학의 특성들을 완전히 이해할 수 있기 때문

---

14) 역자주: 마르크스는 자본론에서 3가지의 자본 구성(composition of capital) 개념을 사용한다. 먼저 특정 기술 수준에서 각 생산 요소들의 물리적 양 사이에 존재하는 비율을 기술적 구성(technical composition)이라 부른다. 요소들의 가격 또는 가치를 알면 금액 단위로 요소들 사이의 비율을 계산할 수 있는데 이를 가치 구성(value composition)이라 부른다. 가치 구성은 이질적인 요소들을 고정자본이나 노동력 등으로 통합하여 다룰 수 있는 편리함을 제공한다. 기술이 변화하면 기술적 구성과 가치 구성이 모두 변화하게 되는데 마르크스는 요소 가격의 변화를 제외하고 기술의 변화만을 고려하는 가치 구성의 개념을 만들었는데 이것이 자본의 유기적 구성(organic composition of capital)이다. 새 기술에서 자본의 유기적 구성은 바뀐 기술적 구성에 기존의 요소 가격을 적용하여 계산한다. 자본론 제1권 제25장 참조.

이다. 비록 전체로서 경제적 진화는 반드시 단일의 분리할 수 없는 과정으로 간주되어야 하지만, 여기서 제시된 경제적 과정 및 요소의 분류를 수용하는 것은 경제적 현실의 과학적 분석의 목적을 위해 절대적으로 필요하다(Kondratiev 1925: 583).

임의적인 맞힘(fitting) 절차를 회피하기 위하여, 즉 함수의 선택에 있어서, 콘드라티예프는 자신이 공동 작업을 선호한다고 주장하였다. 사실, 그는 정확한 안내를 주는 최소자승법을 신뢰했다(1928a: 115). 그러나 그는 어느 정도 자의성은 불가피하다고 인식하였다. '나는 한순간도 내가 발견한 이론적 곡선들이 진화의 실제 곡선들을 표현한다고 단언하지 않는다. 반대로, 나는 현재 그 곡선들을 정확히 결정하는 방법이 없다고 단언한다'(p.163).

그러나 콘드라티예프는 근본적인 비가역 운동과 가역적 국면(conjuncture)의 장기순환을 모두 찾아내는 자신의 방법을 신뢰하였다.[15]

나는 이론적 구성물인 이 곡선에 진화의 실제 경향이 상응한다고 상정한다. 하지만 우리가 발견한 이론적 곡선이 그 경향에 정확히 상응한다고 단언할 수는 없다. … 우리는 단지 이론적 곡선이 주어진 경험적 곡선의 경향을 정확히 표현한다고 말할 수 있을 것 같다. … 이론적 시계열과 관련하여 시계열의 편차에 장기순환이 존재하는가 결정하는 것이 과제임은 명백하다(Kondratiev 1928a: 116).

콘드라티예프의 주장에 대한 가비의 해석에 따르면, 분해는 항상 인공적이었다. 분해를 정당화하고 추세가 제거된 시계열에서 장기파동을 찾기 위해 가역적 운동과 비가역적 운동을 구분하는 것이 기술적으로 필요하였다. 그러나 추세는 시스템의 평균 성장률을 나타내었고 장기순환은 성장의 가속 또는 지연을 나타냈으므로, 둘 다 같은 요인들의 집합으로 만들어졌고 실제로는 구별할 수 없었

---

15) 그럼에도 불구하고, 콘드라티예프는 추세 제거의 임의성을 충분히 인식하고 있었다. 그는 1925 년에 이렇게 말했다. "'진화적' 또는 비가역적 과정이라는 용어는 외부의(비경제적인) 교란하는 원인이 없을 때 일정한 방향으로 발전하고 반복 또는 반전이 없는 변화에 적용된다. 예를 들어, 인구증가, 총생산량의 증가 등의 영구적 경향성을 지적할 수 있다. 이러한 비가역적 과정의 개념은 장기적 추세(secular trend) 개념과 분명히 유사하다. 그러나 나는 현재 장기적 추세 개념은 단지 기술적이고 통계적일 뿐이지 경제적이지 않다고 생각한다. 예를 들어, 직선으로 표현되는 어떤 장기적 추세는 일정 기간의 생산에 적합할 것이다. 그러나 같은 기간을 더 긴 기간의 부분으로만 본다면 다른 장기적 추세는 포물선 형태로 나타날지도 모른다. 이는 장기적 추세 개념이 항상 경제학자들에게 경제적 동적 과정에 대한 정확한 아이디어를 주지 않는다는 것을 의미한다. 이러한 이유로 이 글에는 사용하지 않았다'(Kondratiev 1925: 570-80). 그럼에도 불구하고, 그는 뒤이은 저작에서 널리 이용했다.

다. 그 결과, 분해는 '순수하게 인공적인'(Garvy 1943: 210) 것이었다.

물론, 두 주장을 동시에 받아들일 수는 없다. 실제 과정은 특이하며 분해 불가능하고, 어떤 분해 절차도 가짜 결과를 만들어 내거나(콘드라티예프는 이 위험에 대한 어떠한 보호도 지시하지 않았다) 또는 실제 과정은 분해될 수 있고, 별도의 이론적 설명과 몇몇 정확한 함수들을 통해 의미 있게 다룰 수 있는 실제 구별되는 개체들이 존재한다. 비록 콘드라티예프가 첫 번째 해석에 립 서비스를 제공했지만, 두 번째 해석이 그의 작업을 지배했음은 명확하다. 그렇지 않았으면 정당화될 수 없고 무관한 것이었다. 그는 추세를 도출하기 위해 몇 개의 함수를 사용했으며, 함수의 선택은 일관된 기준에 따르지 않고 수학적인 편의에 따라 지시되었다. 어떤 경우에도 그러한 함수나 모수에 대해 획득한 값에 대한 해석은 지시되지 않았다. 그의 우려에도 불구하고, 콘드라티예프는 분해 방법을 가장 집중적으로 사용한 저자들 가운데 한 명이었다. 그의 트로츠키와 보그다노프(Bogdanov) 등을 상대로 한 논쟁은 단일 과정 또는 분리 가능한 요소들의 집합으로서 추세와 순환 사이의 관계에 관한 것이었다. 현재 기법의 정교함에도 불구하고 분해 문제는 여전히 우리와 함께 있으며, 다음 장에서 더 논의할 것이다.

3.6 콘드라티예프 저작의 동시대적 영향

이후의 역사를 볼 때, 영어와 독일어로 출판된 콘드라티예프의 몇몇 논문들의 영향은 매우 효과적일 뿐만 아니라 상당히 놀라운 것이었다. 계량경제학의 새로운 접근법을 개발하는 핵심 프로젝트에 관여한 경제학자들의 다수(프리시, 틴베르겐, 슘페터를 포함한), 그리고 동시에 양적 및 역사적 연구에 관여한 저명한 경제학자들의 일부(미첼, 쿠츠네츠)는 콘드라티예프의 작업에 주목하였으며 이를 전적으로 지지하거나 열정적으로 언급하였다.

프리시는 1927년 봄 미국을 방문했고, 4월에는 긴 원고인 '통계 시계열 분석'을 준비했는데, 이 원고는 출판된 적은 없지만, 미첼의 도움으로 미국 경제학자들 사이에 널리 유포되었다. 첫 페이지에서부터 프리시는 콘드라티예프의 30-50년의 '주요 순환'을 형성하는 '경기순환 변동의 중심이 되는 장시간 운동' 가설에 동의하였다(Frisch 1927: 4). 참고문헌의 출처는 1926년 독일어 번역본이었지만 프리시는 쿠즈네츠(Kuznets, 1930년에 출판된 책)의 원고에서 가져왔고, 이 원고는 러시아 논쟁의 설명뿐만 아니라 콘드라티예프의 이론을 지지하는 통계 정보도 포함하고 있었다. 훗날 프리시의 가까운 친구가 되고 이 아이디어를 공유했던 슘페터가 독자적으로 접근법을 발전시켰다는 것은 매우 명확하다. 그들 사이의 서신은 시계열 논문이 전파된 후인 1927년 8월에 처음 시작되었다. 그것은 콘드라티예프를 언급하지 않았는데, 그의 가설은 이미 슘페터에 의해 공개적으로 수용되었다. 실로, 그들의 장기파동 가설에 대한 집착은 동시적이었으나 독립적이었다.

슘페터는 서구에서 장기순환 이론의 주요 옹호자가 되었고, 경기순환론(1939)의 많은 부분을 그것에 바쳤다. 하지만 그가 1926년 독일어 번역본을 읽었고 그 이후부터 그것의 주요 아이디어를 수용했음은 분명하다. 이는 잘 알려져 있으므로 콘드라티예프를 지지하는 슘페터의 주장에 대해 이 장에서 논하지 않을 것이다. 그러나 프리시가 같은 진영에 참여한 것은 강조할만한 가치가 있다. 비록 그는 과학적이고 수학적인 글들에서 그 가설을 자세히 논의하지는 않았지만, 그의 순환 모형 중 일부가 특정 범위의 모수에 대해 장기파동을 일으킬 수 있음을 보여주려 노력했고, 이를 모형들의 가능성을 지시하는 것으로 간주했다. 더구나 프리시는 1930년대 불황에 대한 자신의 해석과 전쟁의 위험성을 장기파동 논의를 이용하여 반복해서 주장하였고, 1932년에는 그 질문을 논의하는 일련의 라디오 강연을 하였다. 이후 이러한 강의와 함께 당시 국면의 논의에 바쳐진 소책자에서, 프리시는 19세기 다브넬(D'Avenel)의 책으로부터 얻은 1201-1800년의 밀 가격의 장기 시계열 자료를 이용하여 자신의 주장을 설명했다([그림 3.1]).

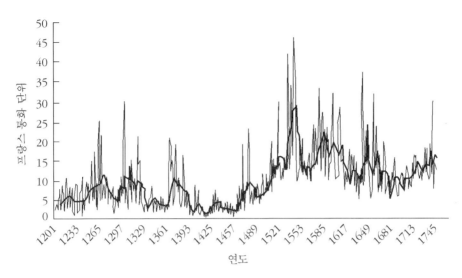

❑ 그림 3.1 프리쉬(Frish 1927)가 제시한 1200-1800년, 프랑스 밀가격의 D'Avenel Series

프리시는 특히 1300년-1800년 사이의 연도를 살펴보았다. 그는 콘드라티예프가 했던 것처럼 10년 이동평균을 사용했고, 크고 지속적인 움직임을 발견했는데, 그는 이를 그래프16)에서 보는 바와 같이 전체 역사에서 가격의 장기순환을 지시한다고 해석했다. 이 설명은 적어도 프리시에 관한 한, 1930년대의 황폐함을 이해하기에 매우 효과적이었기 때문에, 그는 평생 그것을 유지했다.

틴베르겐은 전에 드 울프의 책을 읽었기 때문에 즉시, 그리고 독립적으로, 거의 유사한 이유로 같은 가설을 옹호하였다. 그는 1929년에 그 책에 대한 비평을 썼고, 러시아에서 나란한 노선의 연구가 진행되고 있음을 알아차렸다. '장기파동에 관한 연구는 아직 초기 단계에 있으며, 이 주제에 대한 가치 있는 연구가 주로 모스크바에서 진행되어왔다'(Tinbergen 1929: 29). 프리시와 같이, 틴베르겐은 평생 같은 관심사를 유지했고 1980년대까지 이 주제에 관한 회의에 계속 참여하였다. 1987년 그는 그 문제에 관한 클라인크네히트(Kleinknecht)의 책에 다소 호의적인 서문을 썼다(Kleinknecht 1987b).

1927년에 처음으로 출판된 중요한 책에서, 웨슬리 미첼은 반 겔더른, 드 울프, 콘드라티예프(콘드라티예프의 1926년 독일어 번역-Mitchell 1956: 227 ff) 등의

---

16) 다브넬의 시계열 자료는 단지 다방면 중에 일부분만 관찰한 평균에 불과하고 시계열 자료 자체의 의미와 일관성이 의심스러워, 이 이야기에는 몇 가지 심각한 단점이 있다. 그러나 이것은 프리시의 수용과 이 해석에 대한 엄청난 믿음을 가로막지 못했다.

업적을 인정하고, 비록 책의 주제는 (쥐글라) 경기순환이었지만 그들의 공헌에 대한 견해를 밝혔다. 이후 책에서 번즈와 미첼은 다시 '장기순환 이론 중 가장 유명한 것', '도매가격에 있어 장기파동은 자본주의 장기순환 특성의 유기적인 부분이라는 대담한 가설' 등을 논의하였다(Burns and Mitchell 1946: 431-40).

즉각적인 반응에 관한 한, 쿠즈네츠는 당시 콘드라티예프의 작업에 흥미를 보인 또 다른 중요한 젊은 연구자였다. 러시아어를 읽을 수 있었으므로, 쿠즈네츠는 콘드라티예프의 1922년 저서, 1925년 논문(독일어 번역 포함), 그리고 콘드라티예프-오파린 논쟁(Kuznets 1930: 259 ff)을 가장 먼저 깊이 있게 연구하였다. 더 나아가, 쿠즈네츠는 트로츠키, 반 겔더른, 드 울프의 주장을 잘 알고 있었으며, 그들의 기여를 종합하여 자신의 저서에 포함하였다. 1940년의 슘페터의 경기순환론에 대한 중요한 개관 논문에서 그는 장기파동 가설에 대해 훨씬 더 비판적인 태도를 나타냈으며, 장기간 역사적 진화에 대한 대안적 설명을 개발했다는 것은 잘 알려져 있다(더 최근의 재평가에 대해서는, Solomou 1987).

1930년대 후반 동안 콘드라티예프의 작업에 관한 관심이 사라지기 시작했으며, 슘페터의 경기순환론(1939년)을 제외하고는 새로운 기여는 연구에 추가되지 않았다. 동시에, 하벌러(Haberler)와 같은 다른 경기순환 연구자들은 장기파동에 관한 어떠한 주장과도 거리를 두었다. 그렇지만 하벌러는 슈피토프와 슘페터를 토대로 하여, 장기순환마다 그 자체의 역사적 지형을 가지고 있으며, 일반 이론이 허용될 수 있다고 인정하였다. 하지만 그는 누군가가 변동을 일으키는 규칙적인 요인의 존재를 보여줄 수 있을지에는 의문을 표하였다(Haberler 1937: 308).

또 다른 저명한 연구자인 앨빈 한센(Alvin Hansen)은 1926년 독일어 논문의 1935년 영문번역을 인정하고 인용했으며, 콘드라티예프의 주장을 슈피토프(Spiethoff), 슘페터, 미첼, 폰 원드럽(von Wantrup)의 주장과 비교하였다. 그는 최근 3개 장기파동의 규칙성이 더 짧은 경기순환의 규칙성에 필적함을 발견하였다. '우리가 주요 경기순환에서 발견하는 어떤 주기성과도 같은 수준의 주기성이 이 3개의 장기파동에 우세하게 나타났다'(Hansen 1941: 29). 나중에 한센이 같은 문제에 대해 훨씬 더 '불가지론적이고 매우 회의적인 입장'(한센 Hansen 1951: 56)을 취했다고 덧붙여야겠다.

프리시와 틴베르겐 모두 유럽에 고립되고 전쟁으로 둘러싸여 있었으며, 어떤 경우에도 이 의제에 전문적인 관심을 쏟지 않기로 마음먹었으므로, 1930년대 말과 1940년대 초 슘페터가 이 명제의 주요 지지자이거나 가장 많이 관여했던 옹호자였음은 명백하였다.[17] 1942년 프리키(Frickey)는 추세 분해에 반대하는 중요한 주장을 담은 책을 출판했고 완전히 상세화되지 않은 대안의 발생적 방법을 제안했다. 프리키는 장기추세는 '수학적 곡선 피팅(curve fitting) 문제'가 아닌 '역사적 서술의 문제'로 평가해야 한다고 주장했으며, 그는 다른 함수들을 써서 임의로 순환을 만들고 가짜 결론에 도달할 수 있음을 증명하였다(Frickey 1942: 8). 그의 미국 데이터를 사용한 결론이 콘드라티예프의 가설과 양립 가능하다고 제시되었다(pp.231 n., 232, 340).

조지 가비(George Garvy 1943)는 그의 긴 논문에서 콘드라티예프의 주요 이론적 주장, 방법, 통계적 증거를 제시하고, 그와 반대의 주장과 비교하며 자신의 견해로 결론을 내렸다. 가비의 주된 비판은 콘드라티예프의 평가에서 저점에서의 전환점에 대한 설명이 부족하고, 따라서 '경제적 시스템 전체에 걸쳐 장기간 지속되는 규칙적인 운동'이 있다는 주장에 대한 이론적 근거가 없다는 것이었다(가비 Garvy 1943: 208). 더 나아가, 그는 추세에 대한 아무런 설명이 없었다고 콘드라티예프가 추세가 실제 경제적 진화에 상응하는지 보여줄 수 없음을 인정했다고 강조하면서 주장하고, 쿠르노(Cournot) 아이디어가 독립적이라고 추정되는 개체들을 추세와 순환으로 구분의 수용이 콘드라티예프에게 '경제적 과정을 독립적 힘들에 의한 작용의 합'으로 보도록 강제하였다고 주장하였다(Garvy 1943: 210). 장기파동 가설을 버리면서도 가비는 수수께끼는 여전히 관련된다고 주장하였다. 왜냐하면 경제사에서 다른 성장률을 가진 연속적 단계들을 발견할 수 있었고, 실제 동학이 그것들을 설명해야 했기 때문이다(pp.219-20).[18]

1940년대 또 다른 연구원이 런던 경제대학(London School of Economics)에서 콘드라티예프의 명제를 가르쳤다. 로스토우(1948: 9, 29, 45)의 강의는 슘페터와 특히 1935년 콘드라티예프 논문의 번역본에 바탕을 두었다. 매우 젊은 리처드 굿윈(Richard Goodwin) 같은 사람들은 슘페터에게 그 명제를 배웠고 이후에 다른 사람들에게 퍼뜨렸다. 그와 동시에 펠너(Fellner)는 다소 회의적인 입장을 취했다. 1949년 그는 슘페터와 논의한, '장기파동을 특별히 참고한, 길이가 다른

---

17) 프리드리히 밀스(Frederick Mills)는 슘페터가 설득에 공을 들인 경제학자들 가운데 하나였다. 1940년 4월 12일자 편지에서, 밀스는 슘페터에게 저녁에 그 가설을 논의한 것에 대해서 '확실히 흥미로운 것이고 유익한 것'이라면서 친절하게 감사를 표했다(Box HUG(FP) 4.21, Schumpeter Archive, Harvard University). 그러나 그가 설득된 것 같지 않다.

18) 이는 같은 주제에 대한 매디슨(Maddison)의 입장과 비교할만하다(Maddison 1991: 95 f., 105 ff.).

파동에 대하여'(펠너가 슘페터에게 보낸 편지, 1949년 3월 26일, 하버드 대학교)라는 제목의 원고를 준비했다. 펠너는 슘페터의 주장에 매료되었지만, 그의 자신의 기여는 '과정'과 '외적 요인' 사이 상호관계의 본질에 대해 어떤 의심을 나타낸 것이다. 예를 들면, 그는 미래에는 다음 콘드라티예프 파동을 설명할 혁신이 배타적으로 또는 주로 군사 분야, 따라서 '외부적'인 분야에서 발생할 수 있음을 시시하였다. 그 후 펠너는 콘드라티예프의 통계적 방법(Fellner 1956: 38)을 제시하고 몇 개의 경험적 시계열 자료(pp.40-1)를 점검하면서 문제를 다시 보기 시작하였다. 그의 결론은 장기리듬을 발전의 불규칙한 특징으로 수용함을 지시하였다. 그 결과, 소위 '일반적인 경제활동에서 장기순환은 단지 더 가파른 추세와 덜 가파른 중간 추세의 교대에 불과'(p.49)하므로, '우리는 50년 장기순환의 존재를 주장하지 않는 것을 선호한다'(p.42).

20세기의 첫 1/3의 여러 중요한 전통 연구인 신고전파 경제학, 계량경제학, 정량적 경제학, 비주류 접근법, 진화경제학의 주요 인물들을 포함한 이 인상적인 과학자들의 목록은 콘드라티예프 단독으로 주요 구조적 변화와 산업 자본주의의 역사에서 진화의 패턴을 인식하지 않았음을 증명한다. 비록 연구자들은 설명과 콘드라티예프가 느꼈던 난점들에 대한 인식론적이고 분석적인 해결에 관해서는 동의하지 않았지만, 이러한 과정들의 근사적인 연대에 대해서는 일반적으로 동의하였다. 그리고 이것이 콘드라티예프의 가설에 대해 인상 깊은 초기 일치가 있었던 이유일 것이다. 이는 제4장에서 더 논의될 것이다. 주요 경제적 및 사회적 변화가 있었으며, 콘드라티예프는 이러한 변화들에 대해서 연대를 정하고, 해석하고, 논의할 수 있는 틀을 제공했다.

그럼에도 불구하고, 이러한 변화 기간들의 본질, 원인에 대한 의견일치는 없었다. 실로, 이러한 같은 어려움을 오늘날 우리도 느끼고 있다. 왜냐하면 이 과학자들이 풀려고 했던 퍼즐은 여전히 의제로 남아있고, 이러한 초기 논쟁들로부터 중요한 방법론적 통찰력을 얻을 수 있기 때문이다.

3.7 결론: 진화하는 경제

콘드라티예프의 연구는 경제사를 최초로 정량화한 주요 조사 중 하나이다. 그것은 초기 장기 경제적 운동의 근사적인 연대 설정에 대한 일반적인 일치를 형성했고, 일정 시기 동안 자본주의 발전의 변화를 설명하는 패러다임이 되었다. 그것은 경제학에서 최초의 응용 통계학 연구 중 하나였으며, 이런 노력을 둘러싼 논쟁이 그것의 단점과 모순을 비췄음에도 불구하고, 미래 연구를 위한 기준점으로 지속되었다. 두 가지 결론을 말하겠다.

첫 번째는 콘드라티예프가 기울인 노력의 중요성, 깊이, 그리고 범위와 관련된다. 소박함과 단순함에도 불구하고 그의 작품은 경제사학자, 거시경제학자, 통계학자들에 의해 읽혀야 한다. 왜냐하면 그것은 실제적이며, 구체적이고, 살아 있는 역사에 기계적 통계학적 방법을 적용함에 따른 수수께끼의 일부를 명확히 제시하고 있기 때문이다. 콘드라티예프의 예측에 관한 논문(1926b)은 통계학과 역사에 대한 초기 문헌에서 걸작 중의 하나다. 그것은 경제학, 수학, 물리학과 철학 등에서 동시대 저자들을 대상으로 한 강력한 개관 논문이며,[19] 가역적 과정과 비가역적 과정 사이 관계의 문제를 상세히 다룬다.

콘드라티예프는 회귀(recurrence)와 인과성(causality)에 대해 신중한 입장을 채택했다. 정확히 같은 인과적 환경이 되풀이되는 가능성이 거의 없으므로 경제사에서는 다른 것들이 불변(ceteris paribus) 조건이 충족되지 않는다. 각각의 사건은 독특하다. 그러나 콘드라티예프에 따르면 일정한 규칙적인 현상들을 설명하는 안정된 인과관계 구조도 있다고 한다. 물론, 이것은 사회과학 연구에 있어서 복잡한 전체의 설명이 우선순위라는 것을 암시했다. '우리는 특히 각각 주어진 전체는 그 구성 요소의 단순한 합계가 아니며 이 요소들의 특성들로부터 이해될 수 없다는 것을 강조해야 한다. 각각의 총합은 새로운 것, 어떤 특수한 것

---

19) 본문은 클라크, 볼리(Bowley), 밥슨(Babson), 제본즈, 투간-바라노프스키, 비버리지(Beveridge), 데니스(Denis), 쉬몰러. 쿠르노, 리스트(List), 마샬, 밀, 카우츠키, 엥겔스, 마르크스, 그리고 파레토 뿐 아니라 퍼슨(Person), 스트루베(Strouvé), 뒤르켐(Durkheim), 마하(Mach), 푸엥카레(Poincaré), 마이어슨(Meyerson), 콩트, 짐멜(Simmel), 라플라스(Laplace), 볼츠만(Boltzmann), 플랑크(Planck), 포르투갈인 테오필로 브라가(Teófilo Braga) 등의 참고문헌과 인용문을 포함하였다.

을 나타내며, 기본현상으로 환원될 수 없다'(1926b: 63).

초기 조건이 알려지지 않고, 인과 구조와 규칙성이 근사적으로만 이해되므로, 콘드라티예프는 정확한 예측 가능성을 일축했지만, 귀납(induction)이 역사적 자료의 이해 수준을 높일 수 있는 유일한 방법으로 제시되었다. 따라서 '역사적-비교적(historico-comparative)'과 '통계학적' 방법은 가능한 두 가지 귀납 형태였으며, 둘 다 해당 탐구에 사용되어야 했다(1926b: 74). 더욱이, 통계학 자체로는 확정적인 결론이 가능하지 않으므로, 두 방법이 조합되어야 한다.

통계학적 방법은 지식 습득[귀납] 방법이나 다름없는데, 이는 적용될 때마다 실제 관계와 규칙성을 엄밀하고 정확하게 드러내지 못하게 방해하는 일련의 어려움에 마주친다. 어려움은 단순히 현실의 복잡함에서만 일어나지 않고, 자료의 질, 필요한 기본적인 사건의 양을 처리할 수 없는 것, 마지막으로 우리의 주관적 오류 등에서도 일어난다(Kondratiev 1926b: 77).

따라서 그가 상당히 자의적인 통계적 설명에서 비롯된 확실성을 선호했더라도 방법의 조합은 콘드라티예프 연구의 핵심 유산 중 하나다. 우리의 주장은 이런 특징이 그의 저술이 성공을 거둘 수 있었던 이유의 한 부분이라는 것이다. 왜냐하면 당시에 자본주의가 성장의 다른 유형들에 의해 특징지어질 뿐만 아니라 역사학과 통계학이 다른 쪽이 없으면 맹목적이라는 것이 일반적으로 인정되었기 때문이다.

콘드라티예프는 경제사를 사회적 진화의 한 부분으로 평가하였고, 이용 가능한 분석적, 통계적 도구를 사용했으며, 그들의 인식론적 기초를 논의하였다. 그의 동시대인들 사이에서 얻어진 원래의 일치는 많은 이들에게 구별되는 성질들을 가지는 장기간들이 산업 자본주의의 당당한 특징이라는 것을 보여주었다. 그의 설명에 대한 의견 불일치들은 그 당시 사용되고 있던 방법과 이론의 일부 한계들을 부각하였다. 이것이 실로 콘드라티예프의 결정적인 기여였고, 우리가 그에게 관심을 두는 이유이다. 그는 역사는 경제학의 부분이며, 경제학의 방법은 필연적으로 분석적이고 역사적인 것이라고 설득력 있게 주장하였다.

04

조수와 파도의 이상한 끝기

4.1 깨진 일치

앞에서 살펴본 것과 같이, 20세기 초반까지만 하더라도 장기간에 걸친 확장과 수축을 포함하는 자본주의 발전의 순환적 특성을 인정하는 분위기가 경제학자들 사이에 팽배해 있었다. 이러한 기간 구분에 대해서는 상당히 합리적인 사유가 존재했었다. 우선 가격 통계로부터의 근거가 강력했고, 영국의 지배적 지위와 금본위제 등 상대적으로 안정적인 정치적·제도적 상황 하에서 장기간에 걸쳐 나타났던 기존의 확장이 전기와 제강이라는 기술혁명에 기인한 격렬한 변화를 맞이했다는 점도 근거로 작용했다. 이러한 변화는 일부 초기 연구자들에 의해 목격되기도 하였고, 최근까지도 상기되고 있는 것들이다. 결과적으로 사회적 관계, 제도적 설정, 국제관계 등이 재구성되는 시기에 대한 근거는 자연적으로, 쥐글라 순환보다 더 장기적인 관점에서 새로운 축적의 체제로 이론화되었다.

이러한 사유들은 후대 연구자들에게도 여전히 유효했다. 당시 '대불황(Great Depression)'이라고 불렸던 1880년대와 1890년대 초반까지의 저점 뒤에는 '아름다운 시절(Belle Epoque)'이라고 불리기도 하는 맹렬한 확장기가 뒤따랐고, 그 뒤에는 제1차 세계대전과 1929-1933년까지의 대공황이 나타났다. 제2차 세계대전 이후 약 30년에 걸친 '황금기(golden years)'는 장기 경제성장에 대한 확신을 심어 주었고, 미국의 지배적 지위와 브레튼 우즈(Bretton Woods) 체제 등과 같은 안정적인 제도적 기반이 다시 갖추어지게 되었다. 1974-1975년까지의 국제적 위기 이후, 순환적인 경기침체의 늪은 더욱 깊어졌으며, 오늘날(1990년대; 역자) 우리는 명백히 기술적·경제적 전환을 맞이하게 되었다. 그럼에도 불구하고, 많은 경제 이론과 통계적 방법론들은 이러한 역사적 패턴으로부터 확인 가능한 거대한 변화를 반영하지 못하였다.

이 장은 콘드라티예프와 슘페터 이후 현대 자본주의의 동학에 관한 연구를 살펴보고자 한다. 경제의 장기파동 문제는 역사학자와 경제학자들의 많은 관심을 불러일으켰으나, 이러한 장기적 변화의 중요성에 대한 초기의 일치(consensus)는 더 이상 존재하지 않았다. 그 이유는 앞 장에서 부분적으로 제시되었다. 계량경제학 혁명과 신고전파 경제학에 대한 주요 대안들을 제거한 주류 종합의 승리 이후, 그리고 일견 무한한 지수함수적 확장을 구가하던 전후 시대의 틀에서, 강렬한 구조 변화의 장기순환 패턴은 이론적으로 타당하지 않고 실질적으로도 의미가 없다고 치부되었다. 새로이 등장한 통계적·계량경제적 연구들은 이전의 총량 GDP의 체계적인 장기 변동의 존재를 부정하기 시작하였다. 곧 장기파동 연구는 낡은 것으로 치부되거나 폐기되었고, 기계적 이론과 모형들은 이러한 진화의 신비에 관한 관심을 지워버렸다.

장기파동설 연구는 비주류 학계에서 개별 연구자의 산발적 연구로만 부활하게 되었다. 만델(Mandel 1964)은 장기파동설을 최초로 재평가한 가운데, 이후 홉스봄(Hobsbawm 1968) 역시 장기 확장기의 종말을 선언하였고, 1970년대 초반의 보카라(Boccara), 멘쉬(Mensch 1975), 프리만(Freeman 1977), 두인(Duijn 1983), 포레스터(Forrester) 및 동료 연구자들의 연구가 뒤따랐다. 1970년대 이후 주요 경제적 변화가 발생했던 1980년대부터는 페레즈(Pérez), 클라인크네히트(Kleinknecht), 샤이크(Shaikh), 고든(Gordon), 레인더스(Reijnders) 등의 연구, 매디슨(Maddison) 등의 새로운 통계적 연구, 브로델(Braudel)과 왈러스테인(Wallerstein) 등의 역사적 연구 등과 함께 이 분야 연구가 활성화되기 시작하였다. SSA(Social Structures of Accumulation)학파, 조절학파(Regulationist schools), 일부 신슘페터학파(neo-Schumpeterians)와 일부 마르크스주의자들도 이 논의에 참여하였다. 1990년대에는 많은 학자 중 특히 타일리콧(Tylecote), 보세레예(Bosserelle), 파욜(Fayolle) 등이 이 분야에서 주요 업적을 남겼다.

이러한 '경제에서 역사적 돌연변이' 현상에 관한 연구는 크게 3가지 관점으로부터 비판받아 왔다. 첫 번째는 정통경제학적 관점으로, 이 관점은 구조적 변화를 무시하며, 경제를 '설명되지 않은' 기술변화에 의해 주도되며 인위적 조건(극대화 합리성, 자유 경쟁, 완전정보 등) 하에서 작동하는 누적적이고 단순한 과정으로 이해한다. 이러한 이해의 틀에서는 현실주의나 역사적으로 뚜렷이 나타나는 시기 구분은 부적절하거나 비논리적인 것으로 고려된다. 물론 장기파동설 연구 프로그램은 이러한 비판에 강력하게 도전한다. 왜냐하면 그것은 대안인 진화론적 접근을 수립하기 때문이다. 거기에서는 추상적인 대표적 대리인이 완전히 무시되며, 다양성과 새것의 창조가 경제적 변화의 주요인으로 고려되며, 시간이 중요하고 형태발생 과정이 실제 경제를 기술한다고 생각된다.

두 번째는 변화의 역사적 과정을 연구하지만 가용한 장기파동 모형의 적절성을 의심하거나 모형 자체를 거부하는 일부 비판자들의 관점이다. 물론 쿠즈네츠가 가장 유명했는데, 그는 주요 혁신에 대한 투자가 무리 지어 일어남에 따라 순환이 발생한다는 슘페터의 개념을 최초로 비판하였다. 사실, 쿠즈네츠, 랑게(Lange), 로젠버그 등의 비판은 어떤 구체적 모형보다는 주로 장기파동의 과학적 증명을 위한 일반적인 방법론적 조건에 대한 것이었다, 하지만 그들은 슘페터 또는 신슘페터학파 모형에 기초하여 논평을 전개하였으며, 뒤에 보겠지만, 그들의 주요 주장들은 단지 그 모형들의 가장 분명한 약점에만 대항하였다.

세 번째는, 매디슨 혹은 SSA 혹은 조절학파 몇몇 연구자들의 관점이다. 이들은 역사적으로 드러난 시기별 차이를 인지하며, 실제로 정확한 정의, 변화의 본질, 진화과정 등에 관한 연구에 집중하기도 하였지만, 이들은 순환이나 파동 등과 같은 개념의 적절성에 대해서는 회의적이다. 그러나 이들은 역사를 단순히 일련의 연속적인 사건들로 보는 전통적 관점을 따르지 않는다는 점에서, 사회적 진화의 해석에 관한 그들은 논쟁은 우리의 연구 프로그램과 실로 가깝다. 왜냐하면 고든과 초기 SSA학파는 바로 그러한 맥락에서 명시적으로 글을 썼고, 다른 이들은 '단계들(stages)'(조절학파) 또는 '국면들(phases)'(매디슨)로 분류되는 자본주의 경제의 장기 변동에 대해 논의하였기 때문이다. 프랑스 경제학자 중 브와예(Boyer)는 경제학 연구에 제도적 틀을 포함한 축적과 규제체제의 개념으로 이론에 크게 기여하였다. 새로운 일치가 나오려면(이 책은 그것을 위한 탄원이다) 경제의 역사적 진화에 대한 다양한 기여들을 종합하여야 한다. 공진화(co-evo-lution), 돌연변이와 구조적 위기, 선택적 및 적응적 행동 등은 진화경제학으로 되살아난 경제학 브랜드의 구성 다원주의(constituent pluralism)안에서 이 경제학을 위한 주요 개념적 준거가 되어야 할 것이다. 이러한 관점에서 지금까지의 오해를 명확히 하는 것이 필요하다.

이어지는 여러 절에서는 (1) 전통적인 통계적 방법, (2) 역사적 이야기들

(narratives), (3) 형식적 모형의 순수한 시뮬레이션 등 크게 세 부류의 모형, 증명, 이론화에 대해 다루고자 한다. 이들은 서로 완전히 다른 대안들은 아니지만, 경제적 시계열에서 장기 변동과 변화의 분석에 대한 차별화된 접근방법을 취하고 있다(〈표 4.1〉).

장기파동 분석은 1890년대 및 20세기 초반에 시작되었으며, 주로 자본주의 생산양식의 중대한 변화에 대한 해석(반 겔더른, 파버스, 콘드라티예프)과 장기 경제분석에 있어서 사회-정치적 결정들의 통합을 위한 도구(브레시아니 투로니, 피에트리 토넬리, 파레토)로서 등장하였다. 두 경우 모두 연구 프로그램은 본질적으로 역사적이라고 정의되었다. 그럼에도, 이들 창립 저자들이 처음에 사용했던 방법들은 주로 몇몇 지수를 기술하거나 역학과 보존계 열역학의 비유 영향 아래 있었던 주류경제학에서 차용된 부적절한 수단을 비판 없이 활용하는 데 그쳤다. 사회적, 경제적, 정치적으로 차별적인 일련의 시기들을 설명하는 데 적당치 않은 방법을 사용함에 따라, 이러한 연구의 타당성에 많은 의문이 제기되기도 하였다.

장기 변동 분석의 대표적인 방법은 콘드라티예프 시대로 거슬러 올라갈 수 있다. 콘드라티예프가 체계적인 연구에 돌입하던 당시, 주로 사용되던 2가지 분석 방법은 진동에 대한 역사적이고 이야기식 설명과 초기 계량경제학 기법으로, 콘드라티예프는 이들 두 방법을 모두 사용하였다. 초기 버전에서, 역사적 기술은, 정치적 사건과 사회적 과정들(전쟁이나 혁명 등 주요 사건), 제도들의 역할과 진화, 국제체제 확장의 역사와 지리 등에 대한 분석은 물론 총생산, 총소비, 가격, 교역 등의 시계열 데이터의 시각적인 검토까지 포함하는 방법이다. 이 방법은 초기 마르크스 계열 저자들에게 중요하였으나, 이후 1970-1990년대에 걸쳐 타일리콧, 페레즈, 신마르크스주의 접근, 그리고 일부 조절학파와 신슘페터학파의 작업에 의해 부활하기 이전까지의 시기에는 계량경제학 기법이 대세로 등장함에 따라 기억에서 사라졌다.

이러한 기술적 및 개념적 방법과는 달리, 통계적 방법은 초기에 장기파동에 대한 강한 논란을 일으켰다. 통계적 및 계량경제학적 방법에서는 세 가지의 주요 기법이 존재한다. 첫째, 이동평균 평활화 방법과 추세 편차 계산법이 있다(대표적으로, 콘드라티예프, 오파린, 쿠즈네츠, 잉베르(Imbert), 즈완(Zwan), 두인, 나키세노비치(Nakicenovic), 지포스(Sipos), 멘시코프(Menshikov), 치조프(Chizov), 크레이그(Craig)와 와트(Watt), 글리스만(Glismann), 테일러 등). 이 방법에서는 만일 어떤 기간에 걸친 평균 증가율이 장기추세보다 높거나 낮게 계산되었다면, 이것이 바로 장기파동의 증거라고 보았다. 두 번째는 성장률 변환과 상대적으로 단기파동의 행위로부터 장기파동을 분석하는 것과 관련되며(만델, 고든, 클라인크네히트, 두인, 뒤프리즈(Dupriez), 하트만(Hartman), 에이에크(Ewijk) 등), 세 번째는 스펙트럼 분석과 관련된 것이다(에이에크, 메츠(Metz), 쿠진스키(Kuczynski), 레인더스 등). 이들 기법의 유용성에 대해서는 논란이 존재하는 것이 사실이지만, 역사적 방법에 대한 보완적 도구로서, 또는 주로 수용된 경기순환 모형의 비유에 따라 순환적 구조의 존재를 증명하고 비교를 통해 연구의 정당성을 얻기 위한 시도로서, 그것들이 널리 사용되었다.

그런데 이러한 방법들이 결정적인 근거를 제공하는 데 실패하게 되자, 연구자들은 새로운 대안을 찾기 시작하였다. 새로운 방법은 포레스터(Forrester)의 영향 아래 1970년대 MIT에서 시작되었다. 순수한 시뮬레이션의 사용은 아무런 직접적인 경험적 주장이 없는 수학적 모형에 단순히 기초함으로써 이전의 두 계열의 방법들과 달리 시계열의 해석에 관한 어떠한 직접적 주장을 제시하지 않으며, 전통적인 계량경제학과 달리 모수들이 시연의 요구에 따라 조정되며 실제 변동에 관한 가용한 증거를 무시한다. 모형은 시뮬레이션이 총량 경제적 시계열의 일부라도 단순히 모방할 수 있다면 설명력을 갖는다고 간주된다. 따라서 얼마나 닮았느냐가 추상적 모형에서 표현된 인과적 함의에 대해 기대되는 증명이다.

이상의 세 부류의 방법론들은 〈표 4.1〉에 정리되어 있다. 표에 정리된 연구자들의 이름은 예시로서 전체 리스트가 아니며, 일부는 이론적 근사성에 따라 작성됨에 따라 연대기 순으로 작성되지도 않았음을 밝혀 둔다. 또한 다양한 방법론을 사용한 연구자도 있으나 연구자별 가장 대표적인 연구 방법에 따라 분류하여 간략히 정리한 것이다. 그리고 여기 정리된 모든 연구자가 자신이 장기파동 연구자라고 인정하지도 않음을 밝혀 둔다. 쿠즈네츠, 매디슨, 조절학파 등이 그러한 예이다. 이들은 장기파동 연구 논쟁에 중요한 부분을 차지하거나 해당 연구 분야에 공헌한 바가 있는 만큼, 이들의 연구를 장기파동 연구에 포함하는 것이 적절할 것이다.

연구자들을 세 방법론 중 하나로 분류하기 어려운 경우에는 세 분류의 중간 단계로 표시하였다. 〈표 4.1〉에서 음영으로 표시된 부분의 연구자들은 통계분석과 순수한 역사적 기술의 전환 영역에 해당한다. 이들은 만델, 고든, 샤이크, 부아예 등으로 통계적 및 계량경제학 방법론을 사용하였으나 주로 이윤율의 진화

추이와 관련이 있었고 따라서 구체적인 역사적 분석과 관련되어 있었다. 다음 절부터는 이들 다양한 방법론들과 문제점들에 대한 설명 및 논의가 이어진다.

일부 과거 논쟁의 경계선은 실상 주류 개념들의 영향 아래 팽배하였던 기계적인 통계적 방법론으로 인한 회피 가능한 결과였음을 주장할 것이다. 특히 전통적인 경기순환과 성장분석에 사용된 방법론들과의 유사성으로 정의된 방법들, 즉 '추세'와 '순환'에 적용된 표준적인 분해 절차를 비판하고 기각할 것이다. 4.2절부터 4.6절까지는 통계적 문제의 논의에 필요한 일부 기술적 세부 사항이 포함될 것이다. 이 부분을 깊이 있게 탐독하고 싶지 않은 독자들은 4.7절로 넘어가기를 권한다. 4.7절에서는 방법론에 대한 기술적 토론을 요약하게 될 것이며, 4.8절과 4.9절에서는 새로운 형태의 연구 의제를 제시할 것이다.

▌표 4.1 장기파동 연구 분야의 주요 방법론 분류

모형 분석 (시뮬레이션)	통계적 및 계량경제학 분석		역사적 분석
	Kondratiev		Trotsky
	Oparin		
	Kuznets		
	Imbert		
	Dupriez		
	Duijn	Mandel	Maddison
Forrester	Kleinknecht	SSA	
Sterman	Menshikov	Gordon	Regulation schools(규제학파)
Mosekilde	Hartman	Aglietta	
	Metz	Boyer	Freeman
Mensch	Reijnders		Pérez
	Ewijk	Reati	Tylecote
	Zwan	Kuczynski	Fayolle
Silverberg		Shaikh	Bosserelle
		Entov	
		Poletayev	
		Moseley	
	(기타: Sipos, Chizov, Craig/Watt, Glismann, Taylor, Nakicenovic, Marchetti)		(기타: Braudel, Wallerstein, Modelski)

4.2 추세 편차와 평활화 기법

콘드라티예프에게 닥쳤던 추세와 순환의 분해 문제는 제3장에서 이미 논의한 바 있다. 많은 연구자들은 퍼슨스(Persons)나 콘드라티예프 등과 같은 형태의 추세 제거와 평활화 절차를 사용하였다.[1] 콘드라티예프의 주요 업적이 이루어진 시기(1925-27)와 같은 기간에 작성된 책에서, 쿠즈네츠는 경제의 장기 진화에서 '주(primary)' 운동(추세)과 '부(secondary)' 운동(대략 22년)의 구별을 설명하기 위하여 '추세-편차 분석(trend-deviation analysis)'이라는 용어를 사용하였다(Kuznets 1930: 325). 이동평균 필터(moving average filter)는 주운동을 제거하였고, 생장곡선 (logistics) 또는 다른 곡선들은 일부 사소한 경우에 사용되었다(쿠즈네츠는 최소자승법을 광범위하게 사용하지는 않았다, 1930: 61). 당연히 마지막 각주에서 쿠즈네츠는 콘드라티예프가 '통계분석의 근대적 방법'이라는 것을 사용하였다고 인정했다(p.263).

제2차 대전 이후 장기파동 연구의 첫 번째 부흥기에, 잉베르(Imbert)는 유사한 절차를 따랐다. 추세는 생장곡선, 포물선, 쌍곡선 등으로 제거되었고, 잉베르는 로그변환을 사용하지 않았다는 비판 이외에는 콘드라티예프의 방법론을 전적으로 지지하였다. 이 절차는 자주 사용되었다. 하지만 결과가 추세 제거 함수의 선택에 민감하다고 인정하면서, 두인(Duijn)은 산업생산 지수의 로그 선형 추세 변환을 제안하고, 연속된 쥐글라 순환의 성장률 비교를 검증하였다(Duijn 1980: 224 ff). 멘시코프(Menschikov)와 클리멘코(Klimenko) 역시 추세 편차 절차의 효과를 알고 있었다. 그러나 그들은 잔차에서 변동이 50년보다 크면 이를 제거하기 위해 여전히 지수적 추세와 삼각회귀(trigonometric regression)를 사용하였으며, 마지막으로 잔차에 9년 이동평균 필터를 사용하였다. 하지만 그들은 파동이 시스템적이고 상당히 결정적인 경우에만 이동평균이 정당하다고 주장하였다 (Menshikov and Klimenko 1985: 76, 77).

이 절차들은 다음과 같은 세 가지 방법론적 문제점을 해결하지 못했다. 추세

---

1) 저자주: 퍼슨스의 곡선 피팅과 이동평균을 통한 추세 제거 방법은 분해의 표준 형태가 되었다. '퍼슨스의 추세 제거, 계절별 변이 제거, 불규칙 파동의 평활화를 위한 방법은 이제 계량경제학 작업을 위한 데이터 준비의 표준적 부분이 되어서 거의 생각 없이 사용되고 있다'(Morgan 1990: 63).

제거는 그 추세의 경제적 고유한 실재를 가정하고 순환으로부터의 엄밀한 분리 가능성을 시사한다. 추세 제거를 위해 특정 곡선을 선택하는 것은 장기 시계열의 경제행위에 대한 어떤 가설을 사전에 정의함과 같다. 평활화 방법은 인공물을 창조할 수 있다. 추세 제거와 선형 필터링 기법의 어느 영역에서도 이들 문제에 관한 어떠한 대안도 찾을 수 없었다.

그런데도 이 방법들은 여전히 사용되고 있으며, 비판 없이 받아들여지고 있다. 이것과 여전한 추세 제거 절차에 대한 의존에는 두 가지 중요한 이유가 있다. 첫 번째 이유는 메타 이론적(meta-theoretical)이다. 추세는 균형 조건들을 구체화함으로 상정되고 그것들은 식별 가능해야 한다. 따라서 정통경제학은 이러한 가정을 선호하였다. 그러나 두 번째 이유는 기술적이다. 더욱 간단하고 가용한 통계적 방법은 자료가 정상 과정(stationary process)임을, 즉 평균과 분산이 시간 독립적인 과정임을 요구하는데, 추세 제거가 정상 과정의 잔차 시계열을 얻을 수 있는 가장 간단한 방법이다.

정상성(stationarity) 변환의 하나로 직관적으로 이론적 정당성을 갖는 것은 성장률 계산이다. 이는 공통의 척도, 경제적 국면의 통상적 분석에서의 준거점, 그리고 시계열의 표준적 기술에 상응한다. 더욱이 이는 그 자체로서 경제적 개체로 해석될 수 있다. 즉 성장률 정보는 기대를 구성하고 정부, 기업, 개인의 의사결정에 기여한다. 몇몇 연구자들은 추세 제거 방법의 어려움을 알고, 다른 통계적 검정을 위해 성장률 변환을 사용하였다. 그러나 성장률 변환은 스펙트럼의 특성을 높은 주파수 또는 짧은 순환에 치우치게 하는 '하이 패스 필터(high pass filter)'처럼 작동한다(Reijnders 1990: 219 f; Fayolle 1994 1994: 136). 예를 들어 궁극적으로 콘드라티예프 순환이 존재하는 곳에서 (더 짧은) 쿠즈네츠 순환이 존재함을 의미하는 결과로 나타나게 된다는 것이다(Bieshaar and Kleinknecht 1986: 190-1).

그럼에도 불구하고, 성장률 변환은 통계학에서 광범위하게 사용되었다. 번스(Burns)는 추세를 확인하기 위해 10년 기간을 5년 단위로 나누어 성장률을 계산하였으며, 아브라모비츠(Abramovitz)는 어떤 진동의 추세를 분석하면서 연간 성장률을 미리 정의된 순환의 마루(peak)간 및 골(trough)간으로 측정하였다.

장기파동 분석에 있어서, 이 방법들은 모순되는 결과를 도출하였다. 에이에크(Ewijk)는 잉베르가 제시한 다른 쥐글라 순환 간 성장률 비교 기준을 따랐는데, 장기파동 가설을 지지하는 일반적인 근거를 찾지 못하였다. 즉 영국의 경우

1780-1860년까지 확장하고 1860-1920년까지 수축하는 콘드라티예프 순환보다 더욱 긴 순환이 감지되나, 1830-1913년까지 프랑스의 산업생산량과 독일의 투자 및 수입 데이터로부터 콘드라티예프 파동의 증거를 찾을 수 있고, 미국 데이터에서는 그러한 흔적이 나타나지 않는다(Ewijk 1981: 340, 355 f.). 그는 이 방법론에 대한 중대한 비판, 즉 이 방법이 전환점(turning point)의 정의에 좌우된다는 것을 인정하고, 전체 기간에 대한 '정상(normal)' 성장률의 계산을 제안하였다(p.347). 두인은 연속적 쥐글라 순환의 성장률 간 가정된 관계를 귀무가설로 하는 통계적 검정을 정의하고 같은 절차를 따라 분석을 수행하는데, 에이에크와 반대로 장기파동의 존재를 받아들인다(Duijn 1980: 226, 1983: 149 f.).

비샤(Bieshaar)와 클라인크네히트(Kleinknecht)는 미리 정의된 전환점 간 로그 선형 곡선 기울기의 차이를 분석하는 단측 t-검정을 정의하였다(Bieshaar and Kleinknecht 1984: 282). 클라인크네히트는 장기파동의 상승기와 하강기의 성장률 차이를 검증하였고(Kleinknecht 1987b: 15 f.), 매우 장기간에 걸친 '지배적 수명주기(hegemonic life cycle)'를 보인 영국의 경우를 제외하고, 1890년 이후 장기파동의 몇몇 근거를 확보하였다(Kleinknecht 1987a: 219 f.).

그런데 이 방법론이 명백한 편향성을 보이므로, 이 모든 결과는 신중하게 받아들일 필요가 있다. 성장률 변환은 정상성을 얻기 위한 일반적 방법론들과 같은 문제점들을 안고 있으나, 경기순환의 전환점이나 기간의 사전 정의와 같은 예비적인 역사적 지식을 활용하고 있으므로 다소 더 좋은 통제 시스템을 가지고 있다고 볼 수 있다. 그것은 모형 개발자가 따르는 역사적 가설을 개방하여 제시하고 있는 만큼, 이 방법론의 제약이라기보다는 장점이라고 보아야 할 것이다. 다시 말해, 해당 모형의 가정들은 논쟁의 소지가 있고 전환점의 선택이 검증의 결과를 좌우할 수도 있지만, 다른 곡선 피팅 기법의 드러나지 않으나 이론적으로 관련된 가설들과는 달리 최소한 명료하게 제시할 수 있고 통제 가능하다는 장점이 있다.

4.3 스핑크스의 수수께끼: 분해 문제의 재평가

앞 절에서는 표준적인 통계 기법 사용의 문제점에 대해 논의하였다. 여기에서는 자본주의의 진화에 대한 역사적 시기 분석의 영향을 고려하면서 이 문제를 계속 논의하도록 한다. 전통적인 통계분석에서는, 만일 분해가 수용된다면, 다양한 요인들의 식별과 이론적 특성화가 매우 중요해진다. 이를 위한 가장 간단한 방법은 추세, 주기, 계절적 변이, 무작위 충격 간 가법적(additive) 혹은 로그 가법적(log-additive) 관계를 가정하는 것이다. 이렇게 하면 다른 모든 상호의존성이 제외되므로 문제를 극도로 단순화시키게 된다. 그러면 요소 각각은 특정 인과적 맥락에서 설명되고, 별도로 분리되어 분석될 수 있으며, 시계열은 그들의 합계 결과로 받아들여진다. 이러한 원자론적 가설은 주류 통계학의 접근방식에 부합하고, 또한 전형적 검증을 진행하기 위해서는 정태성이 요구되므로, 연구자들은 다른 이의를 제기하지 못하고 공표 가능한 결과를 빠르게 도출하기 위해 분해 기법을 사용하도록 압박을 받게 된다. 그러나 이는 시간과 역사가 결과적으로 괄호 안에 넣어지고, 역사적 경향이 없어지지만 원하던 균형 성질을 가지는 새로운 통계적 개체에 연구가 집중된다는 것을 의미한다. 케인즈는 바로 이러한 위험성을 이미 경고한 바 있다.

비록 이 패러다임에 많은 상상력과 다양한 기법이 투입되었음에도, 프로그램이 경제의 장기 진화를 다루며 역사를 떼어 놓고 볼 수 없는 만큼, 이러한 관점을 많은 장기파동 연구자들이 받아들인 것은 매우 해로웠다.

이러한 틀에서, 분해 기법의 문제점에 대한 해법으로 제시된 것은 다음과 같은 4가지가 있다. (1) 일부 연구자들은 분해 기법을 전적으로 지지하며 어떠한 제약 없이 이 기법을 사용하며, (2) 일부는 이 기법의 활용이 '순수하게 인위적'이고 단지 논쟁적일 뿐이라고 지적하며, (3) 몇몇 연구자들은 표준적 기법에 반대하나 분해의 대안을 찾으려 하고, (4) 마지막으로, 일부는 이런 해법을 모두 거부한다. 이들 대안적 관점을 간단히 살펴보기로 한다.

첫 번째 해법을 지지하는 연구자들은 추세를 표현할 함수의 선택에 내포된 이론적 가정, 그 표현의 구조적 안정성의 수용, 그리고 추세와 순환 간 가정된 가법적(또는 로그 가법적) 관계, 즉 추세와 순환 간 상호의존성이 없다는 비현실적 가정 등 분해 절차의 어려움이나 편향성을 명백히 인지하지 못한 경우이다. 분해 절차의 특정 형태로서 이 분야 연구에서 과거에 광범위하게 사용되었던 것으로는 '이진 분할(binary split)' 방법이 있는데, 이는 연대 추정 시스템(dating scheme)을 고정하기 위해 가격 시계열을 사용하고 그 기간들의 설명력을 검사하기 위해 물량(volume) 시계열에 대한 검정을 진행하는 것이다. 그러나 이 기법은 가격과 물량 시계열이 가까이 공적분(cointegrated)되어 있음을 요구하는데, 그렇지 않으면 검증은 무관하다. 증명이 이미 암묵적이거나 실험으로 추가적인 단서가 제공되지 않는 것이다.[2]

두 번째 부류는 분해의 함정을 논의하였지만 그럼에도 분해 기법을 예시적 또는 '순수한 인위적' 목적으로 선호한 연구자들이다(Garvy 1943: 210).

세 번째 부류는 분해 방법을 비판하고 다른 대안을 찾으려 하였으나, 이를 여전히 특정 목적으로 사용한 연구자들이다. 역시 분해 기법의 함정을 인지하고 논의하였던 두 번째 부류의 연구자들과는 달리, 세 번째 부류의 연구자들은 보통 분해 기법을 피하고자 노력하였다. 쿠즈네츠가 바로 그 예인데, 그는 1930년 저작에서 어떤 추세 제거 기법도 무이론적(atheoretical)이거나 기술적으로 객관적일 수 없으며, 독립적이라고 말해지는 과정 간 구분을 할 수 없다고 주장하였다.

장기 운동은 시계열의 주기적 변동의 기저를 이루는 연속적이고 비가역적인 변화이다. … 이러한 운동에 대한 우리의 지식이 얼마나 정확한지는 순환적 변이들에 대한 우리의 개념 구상의 명확성에 달려있다. 장기 운동과 경기순환의 의존성은 곡선 피팅이나 평활화 등 어떤 세련된 수학적 방법으로도 해결되지 못한다(Kuznets 1930: 60).

쿠즈네츠의 대안은 명확한 이론적 가정을 추세 제거 곡선의 선택에 포함하는 것이었다. '만일 어떤 가설이 입증되기 위해서는, 장기 운동이 검증될 가정을 포함하는 곡선에 의해 기술되어야 한다'(1930: 61). 물론 그는 함수의 선택에 임의성의 요소가 항상 있다고 가정하였으며, '전체 분리 과정의 본질적인 불확실성을 반드시 염두에 두어야 하며 그렇지 않으면 과도하게 기계적 피팅 방법에 과도하게 영향을 받을 것이다'(pp.62, 67)라고 하였다. 마지막으로 '피팅된 곡선

---

2) 역자주: 두 시계열이 공통의 단위근(unit root: 단위근을 가지는 확률과정은 비정상 과정의 한 유형으로 가장 간단한 예는 취보 과정(random walk)이다)을 가지면 이들이 공적분 관계에 있다고 말한다. 두 시계열이 공적분 관계에 있지 않으면 이들 사이의 직접적인 회귀분석은 가짜 관계(spurious relation)를 추론하는 결과를 낳는다. 물가, GDP 등 대부분의 거시경제적 시계열들은 단위근을 가지는 비정상 과정(non-stationary process)으로 취급된다.

들은 유일한 수학적 표현이 아니며, 장기 운동에 대한 균일의 분석적 기술을 찾는 과정에서 사용되는 잠정적 방정식의 하나일 뿐'(p.68)이라고 하였다.

쿠즈네츠는 최소자승법을 회피하여야 할 '기계적 방법'의 패러다임으로 제시하였으며, 연구자들에게 다른 새로운 방법을 찾을 필요가 있다고 조언하였다. 그러나 아직 확실한 대안이 제시되지 않은 상황인 만큼, 이 방법을 사용할 때에는 이론적 가정을 신중히 고려하고 기계적 맞춤의 결과가 가설에 대한 결정적 검증 결과는 아님을 받아들일 것이 권고되었다. 사실, 쿠즈네츠는 추세 제거를 위해 생장곡선 또는 곰페르츠(Gompertz) 곡선을 사용하였고, '2차 운동들(secondary movements)'을 계산하기 위해 이동평균을 사용하기도 하였다. 그는 콘드라티예프와 같이 시계열의 구조에 따라 다른 함수를 사용하였다. 그의 비판은 젊은 연구자들에게 영향을 주었다.[3]

네 번째 부류는 어떠한 분해 절차에 대해서도 반대하는 더욱 급진적인 몇몇 연구자들을 포함한다. 이들은 추세 곡선 선택 시 임의성을 피할 수 없는 만큼 장기파동은 추세 편차로 유의미하게 표현될 수 없다고 말한 뒤프리즈(Dupriez 1959: 243), 또는 장기 변동은 단순히 급격하거나 완만한 기울기의 중간단계의 추세일 뿐이라고 주장한 펠너(Fellner 1956: 49) 등의 초기 연구자들의 의견을 포함하고, 순환과 추세 모두 같은 과정의 무리에서 발생하거나 결정적인 형태로 상호작용하는 만큼 비선형성에 대한 가정은 분해의 가능성을 폐기한다고 바르게 지적하는 실버버그(Silverberg 1985: 274) 같은 후대 의견도 포함한다.

최근 화폐경제학지(Journal of Monetary Economics 1998: 41)에 게재된 논쟁은 이 문제들의 일부를 논의하였다. 파비오 카노바(Favio Canova)는 다른 추세 제거 방법들을 비교하고 이 방법들이 순환에 대한 이론적 정의와는 별개로 어떠한 정형화된 사실도 확실히 구분해 내지 못했다는 회의적인 결론을 내렸다. 비록 크

---

3) 쿠즈네츠의 연구로부터 몇 년 후, 프리키는 '우리는 추세-순환 분리를 위한 장기 추세를 맞추고 그로부터 순환적 편차를 계산하는 전통적인 절차의 적용으로 조사를 시작하는 관념을 분명히 거부한다'(Frickey 1942: 9)라고 하며 콘드라티예프 등 많은 사람에게 영감을 주었던 워렌 퍼슨스(Warren Persons)의 분해 방법을 강하게 비판하였다. 특히 프리키는 곡선 피팅 선택의 임의성에 대해 논의하였다. 선철 생산의 장기 시계열을 고려하면서, 프리키는 29개의 서로 다른 곡선들을 장기 추세에 맞추었으며, 잔차로부터 2-3년에서 40-50년까지 다양하게 분포하는 순환를 얻어 냈다(p.10). 결과적으로 그는 기계적 방법을 거부하고, 몇 가지 통계적 방법들(예컨대, 비교를 위해 다양한 시계열의 분산 패턴의 확인하는 것 등: pp.9-10)을 일부 이용하면서 이론과 역사에 기반한 '발생적(genetic)' 대안 모색을 제안하였다. 그럼에도 프리키는 로그 선형 추세와 잔차의 조사분석을 장기 변동을 찾기 위한 '최초 근사치'로 활용하였으며(pp.21, 250, 260 f.), 분석 결과가 장기파동 가설에 부합한다고 주장하였다(pp.231 n., 232 n., 255 n., 340).

레이그 번사이드(Craig Burnside)는 역사적 시계열의 복잡한 형태는 여러 순환의 주파수들이 중첩된 것이나 적절한 필터를 설정하면 이 과정을 주파수 영역에서 분석할 수 있다고 대답하였지만, 논쟁은 열려 있다. 어쨌든 각 이론적 순환에 상응하는 광범위한 주파수의 정의는 역사적 돌연변이를 만족스럽게 설명해 주지 못하며 분해 문제의 어려움을 유지한다. 왜냐하면 실로 그것은 이동하는 표적에 접근하려 하기 때문이다.

분해의 수수께끼는 서로 밀접한 관계가 있는 세 개의 문제가 만족스럽게 다뤄져야만 해결될 수 있다. 첫 번째는 추세의 구조적 안정성 가정으로, 이는 균형의 개념을 다시 도입하는 것이며, 시계열은 장기간에 걸쳐 같은 모수를 가지는 같은 함수에 의해 발생한다고 상정된다. 연구자들 대부분은 이를 암묵적으로 고려하는 반면, 일부 연구자들은 이러한 가정을 명시적으로 받아들이기도 한다. 그러나, 결국 추세는 어떤 기간 전체에 대해서는 구조적으로 같지만 하위의 세부 시기별로 별개의 구조들이 존재한다는 기이한 주장이 되어 버리므로, 어떠한 기술적 정교함이 투입되더라도, 가정 자체가 설득력이 없다. 더욱이 이 하위구조는 연구자별로 찾는 개별 관심사에 따라 일부는 50년 주기, 일부는 22년 주기, 10년, 7년, 4년 주기 등을 정의되는 것이 명백하다. 이는 다음과 같은 역설로 귀결된다. 순환과 충격 간 분해의 균형화 구조는 추세와 순환 간 사전적 분해에서 파생된 교란들의 부분이므로 이 경우 균형은 지킬박사와 하이드씨의 얼굴을 모두 가져야 하므로, 이러한 방법은 일관적이라고 할 수 없다.

두 번째 문제는 추세를 표현하는 함수를 선택할 때 사용하는 기준의 정의 문제다. 이 문제는 위에서 언급한 연구자들 대부분이 논의하였는데, 어떤 결론도 도출되지 않았다. 그러나 만일 어떤 연구를 규율할 기준이 없다면 논증적 논리의 여지가 없으며 증명은 동어반복이 되어 버리고 만다. 즉 증거가 연구자 자신의 편리한 확인 방법에 따라 창조되었으므로 그는 단지 자신이 이미 알고 있는 것을 확인할 뿐이다. 만일 그렇다면, 첫 번째 문제 해결의 희망은 폐기되어야 할 것이다.

세 번째 문제는 추세와 순환의 엄격한 독립 가정과 이와 연결된, 시계열이 두 과정의 합산으로 정의되는 생성시스템의 선형성 가정에 관한 것이다. 몇몇 연구자들도 이 문제에 대해 논의하였는데, 대부분은 독립성이 통계 작업을 가능케 하기 위한 계략일 뿐임을 인정하였다.

다시 말해 이들 세 문제에 대한 대답은 분해 문제가 이러한 틀에서 해결될 수 없음을 보여주는 것이다. 사실 분해 문제는 방법론의 가용성에 따라 재단된 것이다. 즉 계량경제학 분석이 어떤 이론을 입증하기 위한 권위적인 요소로 고려되고 정상성이 그 분석에 요구되는 만큼, 추세 제거는 전략적 문제가 된다는 것이다. 그러나 균형, 선형성, 분해 가능성, 요소들의 독립성 등의 모든 가정이 역사적 분석에서는 받아들일 수 없다는 것을 고려할 때, 결론은 이 분야에서 이 분석의 지속적인 영향은 단지 잘못된 문제에 대한 정답을 찾았음을 증명할 뿐이다.

4.4 시뮬레이션 모형

이상의 모든 방법은 실제 시계열 분석에 기반한 암묵적인 증명 방법을 가지고 있는데, 이는 통계적 검정과 입증의 정당성을 수립하기 위한 그것의 가설 확인 능력이다. 그러나 분해 기법의 결함과 결정적이지 않거나 가짜 결론에 도달할 위험성으로 인해 일부 연구자들은 대안들을 찾아 나섰다. 특히 포레스터와 동료 연구자들은, 만일 어떤 모형이 역사적 시계열에 비견될만한 데이터를 생성해 낼 수 있다면 이것이 적절한 검정과 충분한 증명을 제공해 줄 것으로 보고, 계량경제학 분석 방법을 거부하고 다른 증명 체계를 지지하였다. 이 방법은 '단편적 사건 접근법(episodic events approach)'과 '가간섭성파 접근법(coherent wave approach)'에 대한 대안으로서, '구조적 변화 접근법'으로 지정되었으며(Moseklde et al. 1987: 257-8), 전통적인 통계적 방법이 장기파동 연구에 부적절하였던 것과는 달리 이 접근법은 역사적 분석을 가능케 할 것으로 생각되었다(Forrester et al. 1985a: 224). 한편 이들은, 실증적 연구를 위해서는 선험적 이론이 필요하고 통계적 검정이 인과적 주장을 증명하지 못하므로, 적절한 행위적 가정에 근거한 모형에 캡슐화된 이론, 그리고 현실에 가까운 데이터의 생성이 비결정적인 계량경제학 방법들의 한계를 극복하는 데 필요하다고 주장한다(p.236).

포레스터와 동료 연구자들이 확립한 국가모형(National Model)은 그러한 방면의 중요한 노력을 대표하였으며, '성장의 한계(Limits to Growth)' 논의를 따라 1980년대 초반에 많은 영향을 미쳤다. 이 모형은 다음과 같은 크게 3가지 형태의 순환을 생성한다. (1) 재고와 고용의 상호작용으로 창출되는 경기순환, (2) 자본과 노동의 진화로부터 만들어지는 쿠즈네츠 순환, 그리고 (3) 다섯 가지 서로 다른 메커니즘으로부터 만들어지는 콘드라티예프 순환 등이다. 여기서 콘드라티예프 순환의 5가지 메커니즘은 (a) 자본 자체가 자본의 투입 요소가 되는 사실로부터의 긍정적 되먹임(positive feedback)을 의미하는 자본의 자기 주문(self-ordering), (b) 또 다른 긍정적 되먹임 고리(loop)인 실질이자율과 가격의 진화, (c) 인플레이션 나선(inflation spiral), (d) 혁신의 도입, 즉 50년 순환의 기초 혁신과 모형에서 유도된 뭉침 과정(bunching process), 그리고 (e) 정치 사회적 가치의 효과 등이다(Forrester et al. 1985b: 204 f.).

그보다 짧은 주기와 관련하여서는, 그들은 외생적인 무작위 충격을 요구하지만, 대조적으로 장기파동은 모형 내의 '자기 발생적 과정(self-generating process)'이다 (Forrester et al. 1985b: 209; Sternman 1987: 132). 주요 요인들은 긍정적 되먹임 고리들, 특히 자본의 자기 주문 고리들이다. 하지만 자본과 노동 간 상호작용 또는 실질이자율 동학 등도 역시 고려된다(Mosekilde et al. 1992: 198), 그러한 경우 기술은 부차적이며 더 장기적 진동에 대해서는 불필요한 것으로 취급된다. '국가모형은 장기파동이 기술 수준이 일정하고 혁신의 정도가 0일 때도 발생한다고 입증하였다'(Forrester et al. 1985b: 208). 장기파동의 원인으로 언급된 것 중 하나인 기술적 진화와 변화는 모형에 외생적인데, 이것은 주요 원인(자본의 자기 주문)과 다르며 인구의 진화, 정부 활동, 작은 무작위 충격 등과 같다(Sternman 1987: 130 f.; Mosekilde et al. 1992: 192). 이것은 모형의 작동과 현실을 기술하는 능력 사이에 특별한 모순을 낳았다. 그리고, 선택된 증명 기준에 따르면 이것은 중요한 문제이다. 왜냐하면 각 장기파동은 특정한 기술적 유형과 실제로 관련된다고 받아들여지기 때문이다. '비록 혁신이 장기파동의 설명에 필요한 것은 아니지만, 개별 장기파동이 기초 기술들의 특정한 집합을 중심으로 만들어졌다는 데에는 거의 의심의 여지가 없다. … 이러한 집합은 자연 생태계에서의 종(種)들처럼 서로 상승적으로(synergistically) 진화하며, 유한한 틈새를 찾아 다른 후보자들과 경쟁한다'(Sternman 1987: 152).

이제 이것은 입증 논리에서 하나의 심각한 어려움을 지시한다. 왜냐하면 모형과 현실 자체 간 차이의 상태가 명확하지 않기 때문이다. 연구자들은 먼저 혁신을 제외한 모델을 정의하지만 실제 경제적 과정에서 장기파동은 체계적인 혁신의 충격과 이것의 '반향(echo)' 효과에 의해 만들어짐을 인정한다. 사실, 스터만과 동료 연구자들의 기술혁신의 중요성에 대한 관점이 정확하다면, 각 '기초 기술들의 특정한 집합'이 모형에서 무시된 상황에서, 모형은 실제 시계열과의 근접성이 실제보다 더 그럴싸한 시뮬레이션을 생성할 수 있을 뿐이다. 그 사례는 유사성 증명이 만족스러운 기준이 아니며, 그들이 거부하고자 하였던 계량경제학 절차만큼 임의적일 수 있음을 보여준다.

후에 포레스터의 동료 학자들은 새로운 후속세대 모형들을 제공하였는데, 이들은 사회-경제적 체제가 긍정적 되먹임 반응으로 설명되어야 함을 지적하였다 (Mosekilde et al. 1992: 212). 이는 자가촉매적(auto-catalystic)(Sterman 1988: 395, Rasmussen et al. 1989: 281)이며 모드 혹은 주파수 고착화(mode or frequency-lock―ing) 과정을 의미하는 것인데, 주기적 운동의 다른 모드 간 결합에 의해 생성되는 개별 진동의 일관된 동반으로(Sterman 1988; Mosekilde and Sterman n. d.: 1, 8), 비선형 시스템에서 일반적인 현상이라 할 수 있다. 이러한 중요한 통찰들은 이들 모형에 관한 지속적인 연구를 통해 얻게 된 것으로, 그것들은 실제가 모형의 시뮬레이션과 같음을 증명하지는 않지만 그럼에도 중요한 새로운 추측을 제안한다. 다시 말하면, 이 작업은 장기파동에 대한 새로운 직접 증거를 만들지는 못했으나, 과학에서의 은유적 혁신의 역할과 중요성을 확인하였다. 추측을 창출한다는 것은 새로운 지식 개발에 결정적인 일이지만 그럼에도 과학적 탐구의 첫걸음일 뿐이다.

그러나 모형들 자체가 나름의 역사를 가지므로, 경제사의 장기파동 연구 분야에서 모형으로부터 순수한 추상적 시뮬레이션 모형을 사용하는 데 어떤 제약을 가하는 이차적 사유들이 있다. 사실, 경제학에서는 지금까지 우리 과학에서 지배적인 모형들에게 추측 이상의 것이 요구되었으며, 이것이 바로 시뮬레이션에 대한 무비판적 수용을 환영하지 않는 이유이다. 더 나아가, 최근 경제학에서의 지배적인 모형들은, 그들의 가치에 대한 현재의 논의가 강조하듯이, 그 자체로 1950년대와 60년대의 신고전파 종합(neoclassical synthesis)을 지지하는 거시계량경제학 모형들의 역설적 실패에 대한 잠정적 해법이다. 실로, 구조적 추정이 어려운 상황에서, 실물경기순환(Real Business Cycle) 모형은 통계적 추론의 인지적 가치에 의문을 제기한 대안을 제시했다. 결과적으로, 루카스(Lucas)는 기존의 경험에 대한 회의적인 비판을 옹호하였고 인공경제에 기반한, 실제 시계열을 모방하는 '장난감 모형들(toy-models)'의 사용을 제안하였다. 그 의미에서, 보정(calibration)이 추정을 대체하였고, 신고전학파는 암묵적으로 분석의 내재적 한계를 인지하였다. 즉 실제 경제에 관한 주장들을 생산하는 대신에 경제학 이론은 단지 은유적 개체의 구성, 순수하게 '기계적인 모방'을 보여주어야 한다는 것이다.

이러한 인공물의 기계적 삶의 발견법(heuristic) 가치에 대한 적대적 신뢰는 최초의 노벨경제학상 수상식 연설에서 '플레이오메트릭스(playometrics)'의 위험과 실천을 공격했던 라그나 프리시(Ragnar Frisch)의 현명함과 대조된다(프리시는 1969년에 제정된 노벨경제학상을 틴베르겐과 공동 수상하였다).

4.5 내생성: 모형의 적절성에 대한 논쟁

지금껏 어떠한 방법도 이런 문제를 종식하지 못했다. 보완적 질문은 통일된 사회이론을 지지하는 백 년 묵은 선언과 구체적인 역사를 고려함에서 경제학이 겪는 심각한 어려움 간 명백한 모순에 관한 것이다. 이 절에서는 장기파동 이론이 역사적 과정의 일반 경제학적 비전이라는 중요한 의제를 다루는 데 유용하며 이러한 이해를 간과한 것은 신고전파 기준의 숭배로부터 비롯되었다는 주장을 발전시킨다.

쿠즈네츠는 1940년 슘페터의 경기순환론을 검토하면서 이 의제를 제기하였다. 쿠즈네츠에 의하면, 이 연구 프로그램의 신뢰성을 위해서는 2가지의 조건이 필요하다고 한다. 우선 (1) 진동이 일반적이어야 하고, (2) 회귀(recurrence)를 일으키는 외부적 요인이나 경제체제 내부적 특이성을 밝혀야 한다는 것이다 (Kuznets 1940: 267). 그렇지 않으면 만족스러운 증명이 존재하지 않으며, 그 점에서 슘페터는 '견딜 만큼 유효'하다고 보기 어려운 이론을 제공했다.

이제 회귀는 개념적으로 매우 부정확한 요구이다. 문자 그대로 볼 때, 이는 단지 상승(upswing)은 하강(downswing)을 따라야 하고, 역으로 타이밍이나 인과성의 본질에 대한 필요한 제약 없이, 순환 국면의 반복되는 질서가 항상 존재함을 시사한다. 다시 말하면, 순환은 선행하는 연속(sequence)의 결과 - 회귀 요건의 약한 버전(weak version)이라 할 수 있다. 이 버전은 이 책 제2부, 특히 제2부의 결론에서 우리가 지지하고 예시한다. 제2부의 결론에서 우리는 이런 유형의 회귀가 정의된 인과 체제로 이론적으로 설명된다고 주장한다. 쿠즈네츠와 이 장에서 소개된 연구자들 대부분이 시사하는 더 강한 버전(stronger version)은 회귀가 추가적인 정의들에 따라야 함을 의미한다. 즉 회귀는 반드시 어떤 정확한 한계 내에서 잘 정의된 안정적인 인과관계를 가진, 계속 반복되는 시간 변이(time variation)이어야 한다는 것이다. 간단히 말해서, 회귀에 대한 강한(strong) 버전의 요구들은 분석이 경기순환(전통적으로 규칙적 순환을 생성하는 불규칙적 충격의 합계로 분석되었던)의 비유(analogy)를 긴밀하게 따라야 함을 의미한다.

분명하게, 쿠즈네츠의 콘드라티예프 파동에 관한 연구는 바로 이 강한 버전을 따를 것을 요구했는데, 회귀는 오직 충격(외생적으로)이나 전파 메커니즘(내생적으로)에 의해서만 정당하게 설명될 수 있다는 것이다. 강한 외생적 충격을 가진 선형 모델은 어떤 종류의 역사적 초자연적 설계를 암시하지 않고는 순환성을 생성할 수 없으므로, 증명의 부담은 내생적 메커니즘의 특성과 충격의 분포에 관한 가정에 있다. 이러한 요건들이 입증을 위한 과학적 조건으로 제시되었다.

오스카 랑게(Oscar Lange)는 1941년에 슘페터의 같은 책을 검토하였다. 그는 비록 쿠즈네츠 순환을 거부하고 콘드라티예프 파동들이 '경험적으로 더 잘 정립되었다'라고 인정하였지만, 그 파동들이 '실패 위험성의 변동과 연계된 혁신의 규칙적 변화보다는 오히려 기술적 발견에 기인한 역사적 "사건"에 의해 외생적으로 주도된 만큼', 과연 '순환'이라고 부를 수 있을지 의문을 표시했다(Lange 1941: 192). 랑게는 경기순환 분석으로부터 더 장기적 변동으로 '상당히 기계적'으로 확장하였던 슘페터를 비판하면서, 회귀는 증명될 수 없고 외생적 요인들이 주로 작용한다는 이유로 순환적 특징을 기각하였다. 그럼에도 불구하고, 대안의 해법인 내생적 요인들의 순환적 설명에 기초한 회귀가 인기 있는 전략으로 등장했다.

이 2가지 가능한 시사점인 인과성이 전파와 균형화 메커니즘 안에 있음을 요구하는 회귀와 강한 버전의 회귀가 불가능함을 의미하는 외생적 요인들의 지배가 수십 년 동안 문제에 대한 논쟁을 지배하였다.

프리시의 순환 모형 이후, 모수 값의 매우 정확하고 변하지 않는 선택을 제외하고 어떤 선형 결정론적 시스템도 자체로 폭발이나 감쇄가 없는 지속적인 변동들을 생성할 수 없으며, 그러한 구조와 모수의 경직성은 받아들이기 어렵다는 점은 이미 잘 알려져 있다. 이는 순환 이론 발전의 다음 단계가 무작위 충격의 편입인 이유이다. 그러나 이는 새로운 문제들을 초래한다. 즉 원래는 잔차(즉 무지의 척도)로, 따라서 모형화 도구들에 의존하고 변동의 기원을 설명하는 데 불충분하다고 정의된 충격들이 인과성의 새로운 개념으로서 모형 안에 통합된 것이다. 이러한 유형의 결정은 이론이 비경제적 요인의 강한 영향을 시사하거나, 단순히 경제적 요소의 많은 부분이 알려지지 않거나 가설이 수립되지 않았다는 이유로 내생 변수로 모형에 들어가지 못하거나, 마지막으로 모형이 제한적이거나 취급 가능한 수준으로 제한되기 때문에 도입된다.

물론 이런 동기들이 충격의 인과적 성질을 정당화하는 것은 아니다. 이는 연구자들이 순수하게 외생적 인과성에 대해 고려함을 중단시키지는 않았다. 애초에 프리시가 슘페터의 혁신을 설명하기 위해 사용하였던 진자에 대한 비유도 그러한 경우이다. 그러나 그 모델은 프리시가 혁신을 외생변수로 정의하였지만 슘페터는 강력하게 반발하고 충격이 내생적이라고 주장하였다는 점에서 변수의 명확한 정의를 얻는 데 어려움이 있음을 보여주었다(Louçã 2000). 굿윈이 언급하였듯이, 프리시의 진자와 동등한 그의 분수에 비유한 공식은 '사회적 역사의 외생적(협의로 정의된 경제에) 사건들이 중요한 역할을 담당함을 수용한다'(Goodwin 1987: 28; 1985: 12)는 것을 의미한다.[4]

순수한 외생적 인과성에 기반하여서는 회귀를 정의하기 어렵다. 이는 여러 학자 중 특히 클라인크네히트가 대안적 전략이 필요하다며 신뢰할 만한 이론은 인과적 내생적 설명에 의존함을 주장하였던 이유이다. '그런 파동이 진짜 순환인지 아닌지에 관한 질문은 이론적 설명들이 내생적 특성을 설득력 있게 보여주는가에 달려 있다'(Kleinknecht 1992: 5; 1987a: 222; 1987b: 13, 33). 이에 대해서는 폴레타예프(Poletayev 1992: 166), 에이에크(Ewijk 1981: 325), 메츠(Metz 1992: 82) 등 다른 학자들도 마찬가지이다.[5]

이런 정의는 방법론적으로 대단히 어려운 문제를 초래한다. 왜냐하면 경기순환 분석과의 유사성에 의한 모형 구성이 실제 역사적 과정에 관한 연구와 호환되지 않는 변수에 대한 엄격하고 철저한 정의를 요구하기 때문이다. 사실, 이는 어떤 과장된 가정을 요구하거나, 이에 대한 대안으로, 시스템이 외생적 충격을

---

4) 더욱 일반 일반적으로, 레인더스는 외생적 충격으로 움직이는 균형 장치에 대한 흔들말 비유를 공식적으로 지지한다. '잘 알려진 경기순환의 충격과 전파 이론에서처럼, 장기 운동은 경제가 충격을 균형화(counterbalence)하고 흡수하는 메커니즘의 작동에 대한 특수한 징후로 해석된다'(Reijnders 1990: 52).

5) 같은 방향에서, 에스쿠디에는 내생성을 프로그램의 성공을 위한 과학적 조건이라고 정의하였고(Escudier 1990: 128), 글리스만은, 쿠진스키(Kuczynski 1992: 264), 델베케(Delbeke 1985: 11), 그리고 두인(Duijn 1983: 129) 등이 그랬듯이, '내생적 이론'을 요청하였다(Glismann 1985b: 221). 알트바터는 엄밀한 경제적 관점에서 외생적 요인들이 자본주의 위기의 동학에 내생적으로 고려될 수 있다고 주장하였다(Altvater 1983: 13). 프랑크와 푸엔테스(Frank and Fuentes 1992: 1, 5), 로지에와 도케(Rogier and Dockès 1983: 125, 183) 등도 같았는데, 그들에게 계급투쟁은 자본주의에 기인하므로 내생적이다. 최근에 보세레예는 회귀와 내생성이 장기 변동 연구의 성공을 위한 조건이라고 주장하였다(Bosserelle 1994: 47).

받고 내부적으로 정의된 메커니즘에 따라 이를 전파할 때 어떤 내생적 변환을 요구하는, 규칙성 또는 심지어 회귀를 방해하거나 창조하는 외생적 인과성을 가능케 한다. 결과적으로 선형적 충격 전파 시스템은 2가지의 극단적인 인과성을 정의한다. 즉 완전한 외생성의 강한 버전 또는 완전한 내생성의 강한 버전(충격이 진동을 유지하는 데 결정적이라고 하더라도, 그 충격이 임의적이고 작으며 경제적으로 중대하지 않을 것을 요구하는)이다. 후자의 경우, 상관관계가 없는 임의적 충격이 상관관계가 있는 변동을 발생시키며, 복잡성으로부터 단순성과 질서가 일어난다.

일부 연구자들은 완전히 내생적인 설명을 과학적 명제와 비과학적 명제 사이의 구획을 위한 조건으로 식별하는 데까지 나갔다. 물론 그러한 완전성은 그 대상이 전체 세계일 수 없으므로 순전히 수사적이다. 콘드라티예프의 경우가 가장 적절한 사례인데, 그에게 내생성이란 모든 관련 변수들이 경제적 시스템 자체로부터 생성된 것으로 정의될 수 있음을 의미하였다.

이것은 단지 이러한 단편적이고 외부적인 원인['특히 금 추출의 변이 등과 같은 외부적 원인']은 그 자체로서 사회적 경제적 동학의 전체 과정에 포함된다는 것을 의미하며, 바로 그 이유로 인해 순환을 설명하는 외부적 원인으로 볼 수 없다. 우리의 견해로는, 장기순환 특히 가격의 순환에 대한 설명은 사회-경제적 발전의 일반적인 과정의 메커니즘 특성과 내부의 법칙들에서 찾아야 할 것이다(Kondratiev 1928b: 425).

결과적으로, 바로 이러한 일반법칙들은 캘리포니아와 호주에서의 금 발견, 두 차례의 세계대전, 대영제국의 쇠퇴, 19세기 말 전기 혁명 등을 동시에 설명할 수 있어야 한다. 즉 그것들은 이러한 모든 변수의 공변이(co-variation)를 설명해야 하며 그것도 정의되지 않은 '사회-경제적 발전의 일반적인 과정'의 관점에서 설명해야 한다. 그러나 이러한 주장은 분명히 지나치며, 몇 군데에서 콘드라티예프는 이를 이해한다는 것을 지시하였다. 일반적으로 고려되는 외생적 원인이 실제로 경제적 시스템의 결과이며, 따라서 내생적으로 결정된 요인들의 결과라고 반복하면서도, 그는 여전히 사회 내에는 '창조의 요소'가 있음을 받아들였다(Kondratiev 1928b: 149, 150-1). 더 나아가 그는 순환이 누적적 인과 효과의 연속인 '내부적 논리'에 상응하지만, 새로운 역사적 조건이 순환적 변동을 촉발할 수 있다고 하였다(p.164).

콘드라티예프의 전통은 (1) 단지 '내생적 모형'만이 유효하며, (2) 모든 종류의 관련된 요인들이 내생적 변수로 모형화되어야 한다는 이야기가 된다. 결과적으로, 모형의 범위는 사회적, 경제적, 정치적, 제도적 현실을 모두 포함하게 되는 것이다. 역설적으로, 위에서 언급된 연구자들의 대부분은 물론, 이러한 보편성의 이론적 요구에 상응할 수 없는 모형들을 제안하였다. 왜냐하면 그것들은 소수의 변수로 한정되고, 바로 이 하나의 사실로 인해 관련 요인들 대부분을 무시할 수밖에 없기 때문이다. 그 요인들은 최종적으로 어떤 외생적인 잔여의 무작위 항의 형태로 압축된다.

내생성의 정의는 명백하게 사용되는 조작적 모형의 범위에 의존한다. 물론 문제는 역시 용어의 문제이며, 몇몇 연구자들은 이 개념을 느슨하게 사용한다. 내생성은 그것이 설명 가능한 모든 요소를 지칭하는 일반 사회적 이론의 맥락에서는 정의 불가능하므로, 형식적인 모형의 틀에서만 엄격히 다룰 수 있다. 단순한 형식적 모형과 폭넓은 이론적 틀 간에는 극적인 상충관계(trade-off)가 존재하는데, 전자는 경험적 증거로 검증 가능하며 외생적 및 내생적 변수의 정의가 철저하고, 후자는 정의가 그리 정밀하지 않다. 형식적이고 검증 가능한 모형을 선택하는 사람은 누구나, 적은 차원의 수, 대체로 선형적인 구조, 그리고 분해 가능성과 같은 표준적인 한계들을 받아들여야 한다. 대안으로, 다른 선택은 경제적 영역의 경계가 객관적으로 정의되지 않으며 정부 개입, 사회 제도, 문화적 특성 등과 같은 요소들을 자의적으로 내생화할 수 없다는 관념의 수용을 시사한다. 이 요소들은 형식적 모형이 완전히 결정할 수 없으므로 분명히 경제학과 매우 관련이 있다. 다시 말하면, 대안은 검증할 수 있으나 현실을 설명하지 못하는 모형 또는 현실을 설명하나 꼭 조작적이지는 않은 모형이다. 결과적으로, 단순한 형식적 모형의 유용한 역할은 사회적으로 복잡한 과정의 정확한 설명이 아니라, 연구를 위한 추측을 만들어내는 데 있다. 은유들로부터 그들이 모르는 것을 내놓으라 함은 현명하지 않다.

다른 한편, 완전한 내생성이란 도달할 수 없는 이상적이고 완전히 포괄적인 모형을 의미한다. 그것은 우주 전체를 표현해야 하며, 그러면 모든 것이 정의상 내생적인 만큼 내생적 및 외생적 변수 간 구분이 무의미해진다. 그러나 이런 우주적 비전은 유용할 수 있을지언정 조작적 모형을 제공하지 않으며, 일반 이론과 구체적 모형제작 간 모순을 넘어가기 위한 문학적 장치일 뿐이다.

대안으로, 자본주의를 구체적인 역사적 과정으로 정의할 수 있을 텐데, 그 모순들 가운데 일부는 생산과 분배의 구체적인 경제적 분석으로 포착될 수 있는 반면에, 다른 부분들은 각 모형의 범위를 벗어난다. 경제적 하위 시스템이 다른 사회적, 정치적 영역들과 부분적으로 그리고 개념적으로 자율적이므로 이론은 그들의 상대적 자율성과 상호연결을 모두 다루어야 한다.

장기 시계열 연구자들이 이 해석을 받아들인다면, 그들은 이론을 공식화하기 위해 경제적인 힘뿐만 아니라 사회 및 제도적 환경과 역사적 사건들(슘페터는 개별 파동은 '역사적 개인'이라고 썼다)도 고려해야 한다.

따라서 위험에 처한 것은 외생적 및 내생적 결정의 극단적 버전이 아니다. 이율배반의 바로 그 목적이 거부된다. 사실, 내생적 및 외생적 변수 간 표준적인 구분은 적어도 (1) 추세와 순환의 선형 및 가법적 표현, (2) 분해가 가능하고 의미가 있다는 사실, (3) 연구의 관련 대상은 추세가 아닌 순환이라는 것, (4) 순환은 내생적 메커니즘에 의해 설명되는 가역적 과정이라는 것, (5) 추세는 균형을 표현하고 가역적 운동은 균형 주위로 조직된다는 것 등을 의미한다. 그러나 이 패러다임은 시간이 없고, 변화도 없고, 거의 200년에 걸친 역사의 기간으로 확장되면 더 불합리하고 동시대 자본주의의 관찰 가능한 현실과 분명히 모순되는 균형의 성질들을 가지는 모형들을 정의한다.

더욱이 역사에 관한 어떤 이론도 사회-경제 환경과 역사의 우발적 사건의 진화를 무시할 수 없고, 경제적 노력의 결과로만 그러한 요소를 완전히 통합할 수 있는 것도 아니다. 사실, 역사적 관점에서 엄격한 내생성은 사소하거나 잘못된 것이며, 단지 자기 확신적인 사고방식을 구성할 뿐이다. 이것이 바로 만델이 레아티(Reati, '논평' in Poletayev 1992: 169), 샤이크(Shaikh 1992: 175), 또는 페레즈(Pérez 1985: 453) 등과 같이, 장기파동에 대해 비대칭적이고 통합된 설명을 정의한 이유이다(Mandel 1979: 14-15).

마지막 질문은 내생변수와 외생변수의 차이에 관한 것이다. 그에 대한 식별은 형식주의를 선호하는 지배적 패러다임 내에서도 다소 임의적일 수 있다. 예를 들어, 모형제작에서 투자는 자발적인(외생적인) 것으로, 또는 시스템의 진화로 유도되는(예: 총생산에 따라) 것으로, 또는 동시에 둘 다라고 지정될 수 있다. 투자가 내생적인 동시에 외생적이면 인과성은 명확하게 결정되지 않을 수 있다. 다른 한편, 도구주의적 인식론의 근거로서 경제가 유한한 그리고 그들의 타당한 관계가 계산 가능한 일반적으로 매우 적은 수의 변수들을 가진 형식적 모형으로 완전하게 표현될 수 있다는 솔직한 믿음은 실제 진화과정의 분석과 양립할 수 없다.6) 그것은 '잡종 변수'에 대한 슘페터와 케인즈 주장의 의미였다.

제1부 역사와 경제

대부분의 장기 경제적 운동에 연구가 1세대 기계적 모형들을 고집하던 상황에서, 이론의 가정된 타당성 또는 명료성이 내생성과 연관되었다는 것은 이해할 수 있다. 그러므로, 쿠즈네츠나 랑게의 요구사항을 수락하는 것은 성배, 즉 순환을 생성할 수 있는 완벽하게 포괄적인 내생적 모형 또는 전지의 '라플라스의 악마' 찾기에 공개적으로 초대하는 것에 해당한다.[7]

전체 탐색은 엄청난 자멸적인 에너지 손실에 이르렀다. 성배는 단순히 존재하지 않아서 찾지 못하는 것이다. 즉 인과성은 신학을 제외하고는 자족적이지 않기 때문에, 그 범위가 거의 우주 전체에 해당하는 완전히 내생적인 설명은 문학적인 장치이자 체념으로 이어지는 미학적 옹호이거나 무의미한 방법론적 기준일 뿐이다.

이러한 분야 전체와 관련하여 연구의 정당화를 위해 필요한 표준적 형식주의와 조작적 모형에 전체 우주를 포함하는 두 가지의 모순된 요구들로 나뉘어서, 장기파동 프로그램의 모형제작 절차들은 대체로 지금까지 결론에 이르지 못하였다.

---

6) 최근에는 이러한 분해에 대한 헌법적 교리가 선형성 가정의 포기로부터 도전을 받아왔다. 굿윈의 1990년 모델과 같은 일부 비선형 소산 모델들은 현실을 모방하기 위한 강제 요인(forcing factor)이 필요하다. 이것은 경제적으로 정의되고 모수화되어 있으므로 무작위 충격 절차가 아니다. 그것은 비선형 기능이 진화와 변화, 구조 및 내재적 무작위성을 생성하는 모델에서 내생적 및 외생적 인과성을 동시에 표현한다. 그리하여 기초 기술의 변화가 '주파수 변환기(frequency converter)'(Goodwin 1985: 271-2)처럼 작동하는 경제에 영향을 미치고 사회의 동학과 구조를 변화시킨다. 결과적으로, 내생변수와 외생변수 간의 엄격한 분리가 해소된다. 즉 이 모형에 관한 한, 강제 요인은 내생적으로 결정되면서도 초기 조건들의 영향을 받으며, 반세기마다 외생적으로 재모수화(reparametrize) 된다. 그리고 내생변수들은 겉보기에는 무작위이지만 결정적으로 불규칙한 진동을 생성한다(Goodwin 1990).

7) 이러한 성배 찾기 전통은 실로 연구의 범위와 예측 능력 모두와 관련하여 일부 연구의 가장 사치스러운 특성에 대한 책임이 있다. 연구의 범위는, 잉베르(Imbert 1959: 151)에 따르면 범죄, 자살, 이혼, 학교 출석 및 파업에 대한 시계열, 마쉐리(Marcherri 1993: 6, 10; 1986: 377, 383)에 따르면 우표의 도입과 확산, 1470년대부터의 도서 인쇄 산업, 1485년 이후 영국의 군함, 미국의 살인율 및 살인 기술, 주요 도시의 최초 지하철 건설 등의 시계열, 그리고 베크만(Beckman), 셜록(Shearlock), 또는 로렌츠(Lorenz)를 따르는(Marshall 1987: 3에 인용) 여성의 복식, 아리조나의 목재 성장이나 광고 전략 등에 대한 시계열 등을 포함하여야 한다. 예측 능력과 관련하여, 마쉐티(Marchetti 1988: 2)는 멘쉬(Mensch)와 같은 맥락에서 주요 혁신의 물결이 1984-2002년에 예상된다고 하였고, 홀과 프레스톤(Hall and Preston 1988: 21)은 제4차 콘드라티예프 파동이 2000년이나 2003년에 끝날 것이라고 하였으며, 이슬람(Islam 1985: 66)은 1990-2000년은 회복기가 될 것으로 예측하였다. 또한 같은 맥락에서 제본즈의 입장을 대담하게 일반화하여, 아발킨은 장기파동 연구의 미래는 우주적 과정에 대한 이해와 연결될 것이라고 제안한다(Abalkin 1992: 14).

4.6 분해 절차에 대한 예시로서의 스펙트럼 분석

순환 분석을 위한 전통적인 계량경제학 방법에 대한 비판은 시계열의 통계적 분석을 위한 비모수적 방법과 연구에 대한 가설 확립을 위한 역사적 방법의 방어로 이어졌다. 스펙트럼 분석(spectral analysis)은 가장 강력한 통계적 대안 중 하나로, 꼭 두 번째 요구(역사적 방법)까지는 아니지만, 첫 번째 요구(비모수적 방법)에 상응한다. 이 절에서는 장기 경제분석에 대한 스펙트럼 분석의 응용을 살펴보도록 한다.

스펙트럼 분석은 일련의 총 분산을 개별 주파수의 기여도로 분해하는 것에 기반하는 것으로, 일반적으로 추세의 본질에 대한 어떤 이론으로부터도 독립적인 '이론적으로 자유로운' 장치로 제시되었다. 그러나 이 특성은 경험이나 연구실 수준의 재현에는 적합하지만, 역사적 돌연변이의 비가역성을 고려할 때 장기적 사회진화의 분석에도 꼭 그러한 것은 아니다.

장기파동 연구의 부흥 이전에, 장기파동 연구에 스펙트럼 분석을 처음 응용한 것은 쿠즈네츠가 제안했던 바와 같이 장기 시세(long swings)와 관계된 것이었다. 1965년에 아델만(Adelman)은 장기 시세를 생성하고 실제 시계열을 꽤 잘 모방할 수 있었던 클라인-골더버거(Klein-Golderberger)의 무작위 충격 모델을 사용한 기존 실험을 재고하였다. 아델만은 계열을 정상화(stationarize)하고 잔차를 계산하기 위해, 로그-선형 추세와 최소자승법을 사용하였다.

결론은 쿠즈네츠 시세가 '평활화 과정의 사용에 따른 가짜 장기순환의 도입에 일부 기인하였고, 통계적으로 작은 수의 무작위 충격의 평균을 낼 필요성에 일부 기인하였다'(Adelman 1965: 459)는 것이다. 1968년 하우리(Howrey) 역시도 같은 결론에 도달하였다. 그는 스펙트럼 분석을 하기 위해 성장률 변환을 사용하였는데, 1869-1955년까지의 기간 및 1860-1961년까지의 기간에 대한 미국의 GNP, 인구, 1인당 GNP, 산업생산량 및 기타 시계열 데이터로부터는 장기 시세의 존재를 찾을 수 없었다(Howrey 1968: 250).

콘드라티예프 파동에 스펙트럼 분석을 사용한 것은 그보다 더 후의 일이다. 에이에크는 미국, 영국, 프랑스, 서독의 데이터에 이 방법을 최초로 적용한 것으로 주장한다. 그는 정상성을 위해 1차 차분(first differences) 및 1차 로그 차분

(first differences in logs) 등 두 가지 변환을 도입하였고, 제2차 대전 중에 대한 보간법을 적용하였을 때 프랑스를 제외하고 나머지의 경우 생산에 대해서는 장기 파동의 근거를 찾지 못하였으나 가격에 대해서는 근거를 찾을 수 있었다(Ewijk 1982: 478, 486, 489). 그리고 다른 연구자들도 이를 따랐다.[8]

이러한 틀에서, 스펙트럼 분석의 세 가지 주요 방법론적 문제가 지속된다. 첫 번째는 다른 계량경제분석 절차에도 공통으로 나타나는 것인데, 결론에 도달하게 위해서는 실제 사용 가능한 것보다 더 장기의 시계열이 필요하다는 것이다. 1965년 당시의 초기에, 아델만은 7개의 쿠즈네츠 기간은 확실한 검증에 불충분하다고 언급하였고(Adelman 1965: 451), 두인은 스펙트럼 분석을 위한 통계적 정보의 불충분으로 인해 정성적 데이터의 필요성을 옹호했다(Duijn 1977: 567). 장기파동 가설을 검증하는 데 필요한 주기의 수는 10개(Ewijk 1981: 336-7), 8-10개(Beenstock 1983: 139), 7-10개(Duijn 1983: 169), 7개(Solomou 1988: 16), 혹은 더 장기 시계열이 필요하다는 다양한 주장이 있어, 의견의 일치에 이르지 못하고 있다. 이러한 의견 불일치는 일반적이며 적어도 단기간에 해결하기 어렵다.

두 번째 문제는 추세 제거를 위한 분해 절차에 대한 민감도이다. 비샤와 클라인크네히트(Bieshaar and Kleinknecht)가 이 문제에 주목하였으며(1984: 281), 몇몇 다른 연구자들도 정상화의 핵심 의제를 다루었다. 두인은 그 과정이 전환점에 영향을 미칠 수 있다고 주장하였고(Duijn 1983: 169), Metz(1987: 392)가 이를 지지하였다. 거스터(Gerster)는 추세 분해 가정이 어떠한 진화적 운동으로부터도 분석 대상 시계열이 자유로워야 함을 시사한다고 지적하였다(Gerster 1992: 124). 실로, 시계열은 순전히 무작위적인 정상 가우스 과정(stationary Gaussian process)의 실현으로 생각되어야 한다(Gerster 1992: 128; Howrey 1968: 229; Adelman 1965: 448).

세 번째 문제는 만일 순환의 진폭과 주기가 돌발적으로 변한다면, 즉 구조적 안정성에 대한 가정이 문제가 되는 경우, 결과가 영향을 받을 수 있다는 점이다

---

8) 동시에, 하우슈타인과 노이비르트도 세계 산업 생산의 장기 지수 성장으로부터 편차의 스펙트럼을 계산해 내기 위해 같은 절차를 따랐다. 에너지 소비, 발명, 혁신, 특허 등 다른 데이터 계열도 같은 식으로 분석되었고, 이들은 50년 순환의 증거를 발견하였으며, 40년, 32년, 20년, 13년, 7년 순환의 증거도 찾았다(Haustein and Neuwirth 1982: 53, 66, 69 ff.). 이들 순환은 수명 주기라기보다는 지체 순환(lag cycle)으로 해석되었는데, 지배적인 자기 상관 순환이 없었고, 결과적으로 가설을 지지할 수 없었다. 빈스톡은 이 데이터를 차분하여 매우 장기 가격 계열로부터 157년, 40년, 27년, 14년 순환의 증거를 발견하였으나 콘드라티예프 순환에 대한 근거는 찾지 못하였다(Beenstock 1983: 139 ff.)

(Glismann 1985a: 231; Chizov 1987: 5; Taylor 1988: 427). 추세 표현은 필수적이며 가능한 중단 없이 매우 긴 기간 동안 시리즈를 생성하는 전체 프로세스를 포착하는 것이 필수적인데, 이는 많은 통계학자에 의해 암묵적으로 가정되는 것이다.

이러한 문제를 해결하려는 노력 중 하나가 얀 레인더스(Jan Reijnders)에 의해 전개되었는데, 그는 스펙트럼 분석을 장기파동 연구의 틀에 포함하고 추세 분해의 순수한 기계적 절차는 지양하고자 하였다. 그의 선택은 추세의 경제적 설명에 대한 가정을 명확히 하는 것이다. 그는 계량경제분석에서 기존 방법에 대한 매우 세련된 논의를 발전시키고, 추세를 '표준 추세(standard trend)'와 '체계적 편차들(systematic deviations)'의 합으로 고려하는 새로운 기법을 제안한다. 레인더스가 창(window)의 크기가 완전한 순환을 설명하는 데 충분치 않을 때 '원근 왜곡'의 위험을 지적한 것을 근거로, 표준 추세는 매우 장기간의 평균 성장률로부터 계산된다(Reijnders 1990: 190, 133, 135 f.). 표준화 과정(혹은 표준 추세의 제거)은 가격에 대한 690년간의 펠프스-브라운(Phelps-Brown)과 홉킨스(Hopkins) 지표 등 가능한 가장 긴 계열의 값에 기반한다. 모든 계열의 기반이 되는 것으로 생각되는 해당 추세로부터의 잔차에 대한 스펙트럼 분석은 장기파동의 존재에 대한 검증이며(Reijnders 1990: 218), 레인더스는 전쟁 기간에 대해 보간법 적용 시, 1700년 이후 가격 계열과 생산 계열에 긍정적 근거가 있다고 결론짓는다 (pp.227, 230).

이 경우 스펙트럼 분석의 몇 가지 주요 문제, 즉 정확히 거부되는 순전히 무이론적인 적용을 피할 수 있다. 레인더스는 또한 지배적인 기법에 대한 강력한 비판을 제공한다. 그는 성장률 변환이 창을 미리 결정하고 '원근 왜곡'의 위험을 증가시킨다는 것을 보여준다(1992: 25). 즉 성장률 변환이 가장 긴 파동을 숨긴다는 것이다. 마지막으로, 그는 역사적 시리즈에서 분명히 예상되는 이분산성(heteroscedasticity)과 자기 상관(auto-correlation) 문제는 부분적으로나 잠정적으로만 해결될 수 있다고 주장한다(1990: 155-6).

그러나 이러한 노력은 아직 결정적이거나 완결된 것은 아니다. 사용 가능한 데이터를 위해 레인더스는 그가 가진 모든 영국 시계열에서 지난 690년 동안 암묵적인 경제적 추세 영향이 있다고 과감하게 가정한다. 이는 7세기(원래 시계열은 1264-1954) 동안 영국 남부 지역의 소비재 물가의 진화로 표현될 수 있다. 그는 또한 단조 증가 함수인 지수 함수로 구현된 이러한 추세가 다른 모든 시계열의 순환적 영향으로부터 유의미하게 분리될 수 있다고 가정한다(Reijnders 1990:

132). 두 가지 선택의 결과로, 그는 376년과 242년의 매우 긴 순환과 같은 설명할 수 없는 결과를 얻는데, 이는 어떤 이론으로도 뒷받침되지 않는다.

이 방법의 어려움은 극복하기 어려운 것으로 보인다. 스펙트럼 분석은 여전히 주파수의 중첩을 추세-순환 관계의 특정 형태로 가정하며, 결과적으로 분해의 일반적 비판에 직면한다.

그러나 이것이 전부는 아니다. 가설을 검증하기 위해 시계열의 정상화가 필요한 계량경제학 절차를 선택했기 때문에, 많은 연구자가 극심한 경제적 혼란을 겪는 전쟁 기간과 같은 극단적인 경제 상황을 다루는 구체적인 어려움에 직면하였다. 일반적으로, 이러한 통계적 방법을 적용하려면 적절한 분석이 가능하도록 전쟁 기간이 계열의 평균 및 분산에 미치는 영향을 사전에 제거해야 했다.

예외 없이, 이러한 유형의 통계 연구에 관여한 사람들은 그러한 징벌적 방법의 필요성을 받아들였고, 이는 놀라운 일이 아니다.[9] 메츠에 따르면 전쟁 기간에 대한 선형 보간법만이 콘드라티예프 가설을 복원할 수 있으며, 그렇지 않으면 그 검증은 20세기에 쿠즈네츠 시세가 유일하게 나타남을 보여준다(Metz 1992: 89). 메츠(Metz)는 더 나아가, '통계적 관점에서 볼 때 대부분의 세계대전 시기의 값은 시계열의 "정상적인" 구조를 방해하는 아웃라이어(outlier)로 간주 될 수 있다'(p.110, 89)라고 말한다.

클라인크네히트는 그러한 견해를 강력히 지지한다. 그는 이에 대한 3가지 이유를 제시한다. 이들 이유는 (1) 전쟁의 영향이 매우 혹독하여 데이터를 왜곡시키며, (2) 그렇지 않으면 통계가 믿을 수 없는 결과(즉, 1950년대에 쿠즈네츠 하강)를 줄 수 있고, (3) '아웃라이어'가 제거되지 않으면 살아남을 쿠즈네츠 순환에 대한 이론적 설명이 없다는 점이다(Kleinknecht 1992: 4). 물론, 첫 번째 이유의 실재론적 인식론을 위한 관련성을 보기는 어렵고, 두 번째와 세 번째는 통계적 결과에도 불구하고 이론을 수정한 것이다. 역설적인 것은 이러한 방법의 매

---

9) 에이에크는 프랑스 산업생산에서, 제2차 세계대전 기간에 선형 보간법을 적용할 경우, 장기파동에 대한 몇 가지 증거를 찾을 수 있었다(Ewijk 1982: 486). 비샤와 클라인크네이트는 전쟁으로부터의 영향의 존재로 인한 분산 차이를 완화하기 위해 GLS 기법을 사용하였다(Bieshaar and Kleinknecht 1986: 185). 클리멘코와 멘쉬코프는 단순히 1933-57의 전쟁 기간과 그 영향을 제외할 것을 제안했다(Klimenko and Menshikov 1987: 351). 솔로무는 영국 자료를 이용한 연구에서 전쟁 기간 더미 변수와 선형 보간법을 사용했으며 1913년 이후 쿠즈네츠의 장기 시세에 대한 증거를 찾지 못했다(Solomou 1987: 25, 34-5). 라스무센과 그의 동료들은 보간법을 통해 전쟁의 영향을 제거할 것을 정당화한다. 왜냐하면 그 기간은 계열의 분산 대부분을 설명할 수 있고, 전쟁이 '경제적 장기파동의 기본 메커니즘에 직접 관여'한다고 볼 수 없기 때문이다(Rasmussen et al. 1989: 288).

력이 선험적 해석에 도전하고 새로운 증거를 밝히는 능력에 기반을 두고 있다는 것이다. 그러나 이 경우, 그리고 알려진 것과는 반대로, 증거는 매우 솔직하고 개방적인 방식으로 기존 이론에 맞추어지며 독립적인 검증은 수용되지 않는다. 즉 증거가 이론을 따르지 않으면 증거는 통계학자에 의해 변경된다는 것이다. 확증의 인식론은 이 정도까지 가지 않았으며, 이 정도로 확인이 거의 없지도 않았다.

이런 종류의 검증에서 가능한 인과관계는 없다. 전쟁 기간을 제외하는 시계열이 검증되고 장기파동 또는 장기 시세의 존재를 확증한다면 이는 흥미로울 수 있지만, 역사라는 것은 분명히 숨겨진 전쟁을 포함하고 있다는 점을 고려할 때, 현실을 설명하거나 분석하는 데에는 완전히 부적절하다. 역사의 일부를 지우는 것은 역사를 연구하는 방법이 아니다. 역사적 인공물의 창조와 조작은, 경제적 운동과 관련하여 국제적인 군국주의를 절대적으로 분리할 수 없다면, 실제 진화에 대한 어떠한 합리적 주장도 허용하지 않는다.

4.7 문제들과 관점들

지금까지는 크게 두 부류의 방법론들을 검토하였다. 이는 필수적인 이론적 문제에서 기술적 우회로 보일 수 있지만, 임시방편적 개념, 기계론적 모형 및 균형이론이 만연한 이 분야 연구의 한계를 다루는 데 있어서 중요하였다. 여기서는, 새로운 대안을 모색할 수 있도록, 방법론들을 요약 정리하고자 한다.

첫 번째 방법론 부류는 표준적인 통계 및 계량경제학 접근으로, 분해 문제를 해결하지 않았다(계량경제학 방법을 사용하는 연구자들은 엄격한 조건에서 성립하는 해결책을 내놓았으나 저거들은 경제사 연구에 쓸모가 없다고 본다; 역자주). 이는 이미 예상되었는데, 왜냐하면 큰 경제적 변화가 없다는 가정이 유효한 경기순환 분석에서 지배적인 방법을 이 가정이 명백히 틀리는 성장과 변화의 장기적인 과정에 관한 연구로 단순히 전환하면 반드시 실패하기 때문이다. 실로, 이 은유는 50년, 100년, 혹은 그 이상 동안의 구조적 불변성을 타당하게 받아들이기 어려운 관계로 일관성이 없다. 케인즈와 틴베르겐 간의 토론은 10년의 기간에 대해 확립된 상관관계에 대한 케인즈의 반대에서 비롯된 것임을 기억할 필요가 있다. 인과적 안정성의 추정, 그렇게 다른 기간에 정확히 같은 방식으로 작용하는 완전히 같은 원인, 더구나 내생성의 요건에 추가된, 즉 전체 시간 과정을 설명하는 같은 원인은 실제 역사와 양립할 수 없다.

마지막으로, 방법론을 보호하기 위해, 적절한 부분의 연구가 가능하도록 전쟁이나 주요 경제위기 등 역사의 불편한 부분들의 부적절성을 선언하는 등 일부 추가적인 가정이 만들어졌다. 그러나 경제사의 구조적 변화가 구체적인 역사적 파열을 무시하고는 설명될 수 없으므로, 이는 실패를 인정하는 것이 되어버린다.

그렇지 않으면, 표준 계량경제학 방법은 분해의 수수께끼를 풀 수 없었다. 왜냐하면 아마도 그것을 푸는 것이 불가능하기 때문이다. 몇 가지 유망한 길, 즉 스펙트럼 분석과 같은 비모수적 방법들이 제시되었지만, 역사적 시계열의 축약 불가능한 불규칙성을 고려할 때, 이러한 새로운 유형의 방법을 사용하는 가장 현명한 방법은 가설 검증에서 최종 단어를 가진다고 주장하기 보다는 여러 추측 (conjectures)을 구축하는 것이다.

두 번째 방법론 부류는 모형 접근법이다. 이는 인과 체계를 찾는 데 훨씬 더 큰 자유도를 생성하고, 지배적인 전통적 계량경제학 방법의 또 다른 주요 한계인 선형성의 가정을 극복하는 데 기여할 수도 있다. 사실, 비선형 시스템과 모형은 내생적 및 외생적 변수의 전통적인 정의에 의문을 제기하며, 시스템의 상태에 따라 외부 섭동의 영향을 차별화하고, 모드-잠금(mode-locking) 행위를 생성하고, 같은 맥락에서 구조적 불안정성과 동적 안정성을 모형화하고, 복잡성을 해석한다. 그러나 시뮬레이션은 실증적 증명이 아니기 때문에 모형만으로는 실증적 논리나 현실에 대한 적절한 해석을 유지할 수 없다. 이런 의미에서 모형은 현실을 분석하기 위해 가설을 만드는 데 유용한 은유이지만, 현실 자체가 아니며 재현할 수도 없다.

세 번째 부류는 숙고된 역사의 복잡성에 기반한 접근법으로, 인과관계 가설을 설정하기 위해 역사적, 분석적, 기술적 통계 방법과 비선형 양적·질적 연구의 현대적이고 유아적 방법 간의 교차점에서 개발되어야 한다. 이러한 의제는 다음과 같은 내용을 포함한다.

1. 고전적 실증주의와 경험주의에 의해 만들어진, 세계에 대한 완전한 양적 기술 주장에 대한 거부

2. 정량 분석에서 '역 문제(reverse problem)'에 대한 우선순위 부여, 즉 추상적 모형의 제작 및 시뮬레이션 대신 실시간 시계열의 특징 식별에 대한 우선순위 부여
3. 복잡한 결정과 반자발적 또는 '잡종' 변수로 대표되는 사회적, 제도적, 정치적 요인의 중요성 수용. 이러한 요소는 사회적 및 경제적 조정의 부분, 즉 사회적 갈등의 규칙들, 경제적 결정, 생산양식의 재생산에 기여하는 정치적 의사결정 등을 정의하는 것과 같은 응집적 과정의 부분이다. 그들은 제도 진화의 근저에 있으며, '균형'이라고 부르는 경제적 행동, 즉 지속적인 변화 추동에도 불구하고, 그리고 그것과 함께하는 시스템의 국지적 동적 안정성을 설명한다.

이러한 이유로, 숙고된 역사 접근은 자기 완결된 모형과 방법에 대한 극단적인 가정을 부정하며, 불완전하고 결정적이지 않으며, 설명적이고 예측적이지 않으며, 단순히 경제학적이기보다는 역사적인, 그리고 기계론적이기보다는 진화론적인 통합 이론을 추구한다. 오래전 쿠즈네츠는 자신의 이러한 탄원이 이 분야에 거의 영향을 미치지 않았음에도 불구하고, 학제적 접근을 주장했다.

우리가 경제성장 과정, 기술적·인구통계적·사회적 틀도 변화하는 장기적 변화과정을 적절히 다루려면 – 그리고 적절한 경제력의 운영에 결정적으로 영향을 미치는 방식으로 – 경제학을 넘어선 분야로 뛰어드는 것이 불가피하다. … 인구 성장 패턴, 기술적 변화의 본질과 힘, 정치 제도의 특성과 추세를 결정하는 요인들 … 이해하는 데 도움이 되는 관련 사회 분야의 연구 결과에 익숙해지는 것이 중요하다(Kuznets 1955: 28).

이 책의 제2장과 제3장에서 보여주고자 했던 것처럼, 콘드라티예프와 슘페터는 비록 일관적이지는 않지만 같은 주장을 하였다. 우리의 접근방식은 이러한 도전을 받아들이고 경제학이 사회과학으로 재구성되는 분야로 뛰어들고자 한다.

4.8 새로운 연구 의제

파동(wave)의 은유가 축적, 고용, 생산 또는 무역 구조의 장기적인 진화를 기술하는 데 가장 적합한가? 그것은 분명히 균형 패러다임을 연상시킨다. 왜냐하면 파도와 조수가 물의 수위를 바꾸지만, 실제 수위가 이끌리는 달의 인력, 바람, 그리고 교란 등이 존재하지 않는다면 일어날 준거 상황이 여전히 있기 때문이다. 실로, 왈라스는 위기가 그리 중요치 않으며, 일시적인 파도에 의해 흔들리는 호수 표면의 은유에 기반하여 정적 분석이 중요함을 주장하였다. 결과적으로, 이러한 새로운 은유가 불규칙한 성장의 본성을 터득하고 토론을 위한 적절한 추측을 생산해 내는 데 도움이 되는지 질문해 볼 수 있다.

파동에 대한 비유는 부족하다. 그리고 여기서는 그것이 단지 기존에 확립된 준거라서 사용될 것이다. 왜냐하면 실제의 경제적 시계열에서는 비정상성(non-stationarity)과 시간 의존성이 중요하며, 실로 이론으로 설명되어야 할 중심적인 특성이기 때문이다. 즉 경제적 변수들은 실제로 진화하고 있으며, 사회의 엔트로피적 죽음을 제외하고는 가상의 영구적 수준이나 일정한 성장률을 중심으로 안정화되지 않는다. 즉 메모리가 긴 지속적 과정들이 전형적으로 거시경제 변수들을 추동한다. 그러나 여전히 이 은유는 조수의 최대 및 최저 수준이라는 두 개의 끌개(attractor)의 형태로 간헐적인 균형이 존재함을 의미한다. 물론 이러한 조건에서도 비유는 제한적이다. 물질적 발전이 지속되는 상황에서 사회는 이러한 유형의 영구적인 경계로 제한되지는 않는다.

더욱이 진화는 다양성과 참신함의 창조에 지나지 않으며, 한층 유력한 이유로(a fortiori) 고정된 끌개나 엄격히 불변의 메커니즘이 그 과정을 표현할 수 없다. 불규칙한 파동들은 존재하며, 그들은 다른 것들이 불변(ceteris paribus) 조건의 받아쓰기(diktat) 아래 연구될 수 없다. 즉 시간은 난류이다. 순환 이론들은 결정론적 균형화 표현 아래 이러한 현상을 캡슐화하려 시도하였고, 시뮬레이션의 품질을 위해 어떤 외생적 잡음이 추가되었다. 자연히 그들은 논리적 설명이나 일관된 설명을 생산하지 못했다.

대안으로, 우리는 비선형 복잡 모형들(nonlinear complex models)이 구조적으로 불안정한 시스템의 동적 안정성인 물질적 자원, 노동, 혹은 기술적 역량의 가용성 등에 의해 한정이 된 어떤 지역 내에서, 끌개들 주변의 이중성을 다루는 데 필요하다고 주장한다. 여기에서 구조적 불안정성은 구조변화로 인한 체제 전환 (switches of regime)을 포함한다. 이러한 진화적 모형은 자본주의는 불안정하고 모순적이지만 축적과 재생산 과정을 통제한다는 실제 경제의 중심적 특징을 다루어야 한다. 더욱이 중대한 불안정성은 새로운 발전과 동적 안정성의 새로운 국면을 생성한다. 이 형태 발생적 특징은 슘페터를 매료시킨 자본주의 특유의 강점이며 마르크스와 엥겔스의 공산주의 선언문에서 '단단한 모든 것이 공기에 녹아든다. …'라는 근대화 프로그램으로 생생하게 기술되었다.

장기파동 연구에서 일부 연구자들은 이러한 기준들을 다루었다. SSA 학파와 조절학파는 역사적 결정론에 대해 논의했고, 경제적 단계를 연구하는 역사학자들과 몇몇 마르크스주의자 또는 신슘페터학파도 마찬가지였다. 그들의 모형 중 일부는 비선형 관계를 탐구하고 새로운 가설을 세웠으며, 많은 연구자가 당연히 일반균형 패러다임이 부적절하다고 주장했다.

그러나 이전에 주장한 바와 같이 이 연구의 첨단은 지금까지 지배했던 어려움과 모순들, 부적절한 방법의 만연, 그리고 이론 구성과 모형 정의를 위한 주류 인식론적 요구사항 의존성을 명확히 지적하고 있다. 신고전파 교리는 자주 기각되었지만 선형 계량경제학 방법에 대한 일반적인 의존은 균형 개념을 다시 도입하고 시계열의 역사적 본성을 과감히 제한하였다. 실증주의적 기준은 종종 거부되었지만, 많은 연구자는 시간 과정 분해의 원자론적이고 결정론적인 의미를 받아들였다. 이들의 시사점은 바로 자멸이었다.

새로운 의제는 유기적이고 진화적인 은유로의 회귀를 의미하며, 특히 이는 형태발생(또는 경제사의 구조적 위기에 관한 연구)과 공진화(co-evolution) 등 두 가지 개념을 포함한다.

형태발생은 변화와 통제, 또는 파열과 연속이라는 두 가지 핵심적인 특징을 의미한다. 이들 두 개념은 공존하며, 상호의존적임과 동시에 불가분하기도 하다. 사회적 과정의 단일 용어 분석의 일방성은 실로 경제학에서 대부분의 상대주의적 경향에 대한 책임이 있으며, 연속성 이론의 극단적인 예는 완벽한 합리성과 일반균형 패러다임이라는 가정으로 정의된 이론이다.[10]

---

10) 합리성 가정의 모순에 대한 다음의 새로운 예를 보라. '실험실에서 개별 피험자 인간이 고립된 개인으로 테스트 될 때 합리적인 선택의 표준을 위반하지만, 교환 제도라는 사회적 맥락에서 개인의 합리성에 기반한 예측 모델과 일관된 (마치 마법처럼) 결정을 내릴 수 있는 이유는 무엇인가?'(V. Smith 1991: 894). 합리성 가정의 평균을 수정하기 위해 고안된 실험 경제학 프로

조정은 역사적 발전에서 제어 시스템과 응집 기능을 해석하고 분석하기 위한 적절한 개념이다. 어떠한 상태로서의 균형이 아니라 복잡한 상호작용을 받는 사회적 과정인 조정은 성장 패턴에서 끌개들의 존재, 사회 제도의 무게, 그리고 경제적 시스템과 사회의 다른 부분 사이의 관계를 설명한다. 그러한 관점에서, 그것은 원래 유기체 수준에서 정의되었으나 사회의 일반적인 진화과정에 은유화된 형태발생의 생존 가능성에 대한 조건을 설정한다. 즉 조정은 왜 불균형 과정이 존재하나 제약을 받는지, 왜 다른 리듬들이 모드-잠금되어 있는지, 왜 구조적 불안정성이 지속되나 시스템을 폭발로 이끌지 않는지를 설명한다.

튜링(Turing)은 컴퓨터 과학의 선구자로 유명하나 복잡성을 처음 발견한 사람 중 하나로는 잘 알려져 있지 않은데, 그는 무작위 충격 하에서 서로 다른 속도로 확산하는 두 가지 구성 요소의 매우 간단한 화학 시스템으로 형태발생을 모형화했다. 이 시스템은 자동촉매 특성이 주어졌을 때 '불안정성의 시작'에 이르렀다. 그 모형의 경우, 조직 패턴의 창발(emergence)은 구조의 발전을 수반하는 것이 불안정성임을 보여준다(Turing 1952: 37). 이것은 복잡성에서 나오는 질서이며, 우리는 이것이 일반적인 사례의 예를 제공한다고 추측할 수 있다.

물론 단순한 화학 및 유기 시스템과 사회적 시스템 사이에는 큰 차이가 있다. 생태학적 틈새에서 긍정적 되먹임과 소극적 되먹임의 평형, 발전의 채널화(다른 문헌에서는 '운하화'라는 용어로 사용됨)이다. 생존 가능성과 안정성의 공간 선택은 주로 자연적으로 조정된 과정에 의해 주도되는 반면, 경제와 사회에서는 자연적인 과정과 의식적인 선택과 의도적인 행동 과정의 조합이 있다. 이러한 의미에서 사회적 조정은 2가지 관련 변수 집합의 작동으로 정의될 수 있다. 이들 변수 집합은 (1) 기술적, 과학적, 경제학, 정치적, 제도적, 문화적 하위 시스템(subsystem)들과 (2) 이들 하위시스템을 연결하는 반자발적(semi-autonomous) 변수들이다. 지금까지 경제사에서 장기파동 운동에 대한 논의의 중요한 부분은 정확히 이러한 고유한 변수 집합에 관한 것이었다. 그럼에도 그것은 엄격하게 독립적이고, 분리 가능하며, 가법적(additive)인 하위 시스템에 대한 가정과 그것들 각각을 해석하는 협의의 원자론적 가설을 통해 제한되었다. 새로운 연구 의제는 그러한 제약으로부터 해방을 요구한다.

그램의 창시자 중 한 명인 버논 스미스(Vernon Smith)가 일반균형을 구하기 위해서 마법의 주문을 요청한 것은 옳다. 좀 더 세속적인 설명은 의사결정을 조정하고 사회 과정에서 극심한 긴장과 파열을 피하려고 제도적 또는 사회적 과정이 작동한다는 것을 의미한다.

4.9 결론: 진화와 돌연변이, 새로운 일치를 위한 요약

콘드라티예프 순환에 대한 언급에서, 망델브로(Mandelbrot)는 순서가 다른 순환의 중첩은 위계적 서술로 평가하여야 한다고 제안했다(Mandelbrot 1987: 126). 이 책은 바로 그러한 접근법을 취한다. 즉 창발, 복잡성, 개방적 시스템 등은 사회 역사적 과정에 적용된 진화 이론의 중심적 특성이다. 그러한 의미에서 다음과 같은 기초 가설을 설정할 수 있다. (1) 사회적 하위시스템(과학, 기술, 경제, 정치, 문화 등)들은 많은 수의 불규칙한 파동을 만들어 내는데, 이들은 순환적이거나 파동과 같은 시로 다른 주기성을 가진 운동으로, 특정한 하위시스템 순환들(정치적 경기순환, 기술궤적, 문화적 운동, 제품이나 산업의 수명주기 등) 또는 하위시스템 간 연계 내에서의 지체와 되먹임에 의해 야기된다. (2) 그러한 흐름은 구조적 위기 이후 창발하는 특정 조정과정들에 의해 일부 변동 대역에서 조합된다. 따라서 이러한 조정과정들은 실제 역사적 발전에서 경기순환과 장기파동 운동에 대한 중요한 인과적 결정이며, 그것이 이 책 제2부의 초점이다.

몇몇 연구자들은 다양한 방식으로 이 가설들을 예상하였다. 겔더른은 장기파동 연구에서 관련된 해석을 공식화한 첫 번째 연구자이다. 그는 주기성이 단지 기술적 하위시스템에만 연결된 것이 아니라 자본주의 시스템 전체의 작동, 즉 사회 질서의 구성과도 연결되어 있음을 지시하였다(Gelderen 1913: 45). 물론 그보다 약 50년 전, 마르크스는 '전체로서 자본주의'의 조정과정이 중요함을 예상하였고, 이것을 깊은 경향들과 반대 경향들, 즉 갈등의 결과로 설명하였다. 마르크스와 겔더른 모두에게 조정은 유기적 은유의 근거였고, 근대 진화경제학자들이 그들의 논의를 따랐다.

이러한 접근방식의 주요 결과 중 일부는 바로 기존에 언급된 인식론적 결론이다. 즉 개별 하위시스템이 어떤 사회적 관계들의 발견법(heuristics)으로 정의되면, 그들 간 상호관계는 단순한 모형의 철저한 설명으로도 변수가 내생적인가 아니면 외생적인가에 따라서도 결정론적으로 판별될 수 없다. 반면 반자발성(semi-autonomy)[11]은 결과적으로 역사적 동학을 이해하는 데 가장 적절한 변수

---

11) 역자주: 저자들은 케인즈에게서 반자발적 변수의 개념을 가져왔다. 반자발적 변수는 내생적이면서 동시에 외생적일 수 있는데 이 변수가 거시변수, 즉 집계(aggregate) 변수이면 가능하다. 예를 들어 케인즈의 일반이론에 등장하는 투자나 저자들이 사용하는 혁신은 모두 집계 변수이

는 조정과정 그 자체임을 의미한다. 요약하면, 위계적 설명은 다섯 하위시스템의 유기적 총체뿐만 아니라 이들 각각의 특별성과 결정 유형들을 고려한다.

이들 '5개 하위시스템' 접근법은 3가지 중심적인 혁신적 특징을 가진다. (1) 하위시스템 간 관계가 현실을 설명하는 데 있어서 인위적으로 분리된 설명보다 더욱 적절하므로, 이 접근법은 하위시스템 간 중첩(overlapping)에 기반을 둔 기술이다. (2) 이것은 주요 변동의 시간 대역을 정의하는 하위시스템 간 동시성의 결여나 조절 불량의 관점에서 위기와 국면 전환을 분석한다. (3) 모든 유형의 사회적 갈등이 조정과정, 즉 정당성의 생산에서 강압에 이르기까지 모든 형태의 권력에 의해 생성되고 분명히 표현된다. 이 조정과정은 몇 개의 수준에서 동시에 진행된다. 첫 번째 수준은 경제적 시스템의 사회적 작동에 구현된 행동, 갈등을 통합하는 긴장, 관습, 그리고 제도이며, 두 번째 수준은 권력, 전략, 그리고 지배다.

이러한 의미에서 조정이 있다는 사실은, 자본주의 경제의 일반적 특성의 이념적인 의미로 보거나, 시장을 지배하는 영구적인 동적 안정성 속성(초중앙화된 의사결정 구조를 필요로 하는)의 정확한 의미로 보거나, 조화나 균형이 존재함을 의미하지 않는다. 다시 말하면, 복잡성과 구조적 변화는 역사적 발전으로서만, 공진화 과정으로서만 설명될 수 있다. 이것은 새로운 일치(consensus)를 위한 구성 요소이다. 우리가 이전 장들에서 보았듯이, 다양한 전통의 경제학자인 비주류 학파, 원조 계량경제학 운동, NBER들이 패러다임의 효과적인 변화를 주장해 왔다. 노벨 물리학상 수상자이며 산타페연구소(Santa Fe Institute) 설립자인 필립 앤더슨(Philip Andersen)은 '이론 경제학은 향후 10년 안에 전통적인 균형이론을 사실상 폐기할 것이다. 가까운 미래에 은유는 균형이 아닌 진화가 될 것이다'(Science, 1995년 3월 17일: 1617)라고 하였다.

며, 내생적이면서 동시에 외생적인 반자발적 변수이다. 저자들은 원자론적 방법론(방법론적 개인주의)을 거부하고 하위시스템-전체 시스템으로 이어지는 위계적 방법론을 택하고 있다. 따라서 정성적이든 정량적이든 모든 핵심 변수가 집계 변수로 내생성과 외생성을 동시에 갖춘 반자발적 변수이다. 저자들은 많은 아이디어를 진화경제학으로부터 가져오지만 방법론적 개인주의를 강력하게 거부한다는 점에서 이에 우호적인 다른 진화경제학자들과 같은 집단으로 분류하는 것은 경계하여야 한다.

결론

숙고된 역사의 이론

> '현재의 시간과 과거의 시간 모두
> 아마 미래의 시간에 존재할 것이다.
> 그리고 미래의 시간은 과거의 시간 안에 있을 것이다'
>
> T. S. 엘리엇, '4개의 4중주'

C.1 서론

이 책의 제1부에서 우리는 숙고된 역사, 즉 제도적 환경과 규제 양식의 틀에서 기술혁신, 구조변화, 그리고 경제적 사회적 운동의 공진화를 포함하는 경제사 접근법의 근거를 주장하였다. 제2부에서는 경제적 시스템을 관통하는 연속적인 기술혁명의 확산 모형에 기반하여 지난 2세기에 걸친 근대적 자본주의 사회의 발전에 관한 설명을 할 것이다. 본 결론에서는 다음과 같은 제1부의 주장을 요약한다. 각 시기가 고유의 특성을 가짐에도 불구하고 시간이 감에 따라 기본적인 것들이 여전히 적용된다.

우리는 계량경제사학과 표준 계량경제학이 제도적 및 기술적 변화의 가장 중요한 면을 포착하는 데 실패했다는 점을 주장하였다. 그럼에도 불구하고, 개념을 정리하고 아이디어를 검증하는 방법들로서, 그들은 역사 연구의 유용한 보완재가 될 수 있을 것이다. 역사와 관련된 문제점은 거의 무한한 수의 사건들을 분류하고 묘사하고 분석해야 한다. 단순화하는 이론적 틀이 필수적이라 할 수 있다.

4.9절에서 사회의 다섯 개의 반자발적 하위시스템이 공진화한다는 아이디어를 제시하면서 우리는 잠정적으로 단순화하는 분류 틀을 개발하였다. 우리는 5개 역사적 과정 또는 사회의 하위시스템이 역사적 연구를 통해 경제성장 과정에 영향을 미치는 상대적으로 자율적이지만 상호작용하는 주요인들로 밝혀졌다는 것을 주장하였다. 우리는 계량경제학에 대한 케인즈의 지적들인 정성적 변화의 기본적 중요성과 반자발적 변수들의 역할을 전적으로 받아들였으며 제2장에서 논의하였다. 2절에서 간략히 논의할 5가지 중첩되는 하위시스템은 과학, 기술, 경제, 정치, 그리고 일반 문화이다. 추가로, 인간은 다른 동물들과 자연환경을 공유하는데, 이는 역시 경제성장과 강력하게 서로 영향을 주고받는다. 다섯 가지 과정은 각자의 부분적으로 자율적인 '선택환경'을 가지며 인간에 고유한(이것이 생물학적 진화의 비유가 제한적인 가치를 가지는 이유이다) 반면, 자연환경은 인간과 동물 모두에게 공통적이다. 그렇지만 유사성은 거기서 끝난다. 여러 하위시스템 내에서 인간 특유의 선택환경을 이해하는 것이 필수적이다. 예를 들어, 과학적 지식과 기술적 지식 및 인공물의 축적은, 비록 다른 동물들과 마찬가지로 식량과 주거지를 찾거나 이와 관련된 의사소통 과정에서 비롯되기는 하였지만, 특유의 인간적 과정이다. 기술의 경우, 잔가지, 나뭇가지, 돌 등의 '도구'를 이용하는 조류나 포유류가 있지만, 도구나 기타 인공물을 체계적으로 설계하고 개선하는 것은 목적의식이 있는 인간 특유의 활동으로, 부분적으로 자율적인 선택환경에서 이루어지는 것이다.

  경제학자들은 자본주의 경제 내 기업의 경쟁적 행위와 적자(fittest) 기업의 생존을 분석하는 데 종종 생물학적 비유를 사용하였다. 이것은 원래 다윈의 이론이 경제학으로부터 넘겨받은 비유를 다시 빌려옴을 수반한다. 그러나 기업이 치열하게 경쟁하면서 직면하게 되는 선택환경은 사실 동식물이 직면하는 자연환경과는 매우 다르며, 경제적환경은 매우 독특한 방식으로 빠르게 변화한다. 마지막으로, 정치적 시스템과 문화적 환경 또한 특유하게 인간적이다. 이들은 과학과 기술의 진화와 상호작용하듯이, 경제의 진화에 강력하게 영향을 미친다. 기업의 생존만을 다루거나(Alchain 1951), 인공물 및 국가의 생존만을 다루는 진화 이론들은 경제성장을 연구하는 데에는 부적절하다(Freeman 1991). 이에 우리는 인간 역사의 고유한 특성에 직면하는 수밖에 없다.

  비록 다섯 하위시스템 각각은 고유의 특성과 상대적 자율성을 가지고 있지만, 경제성장 과정 중 '선도(forging ahead)', '추격(catching up)', '낙오(falling behind)'

과정에 주요 통찰력을 제공하는 것은 그들 간 상호의존 및 상호작용이다. 이들 간 긍정적 적합성(congruence)과 상호작용은 성장을 위한 가장 비옥한 토양을 제공하는 반면, 적합성의 결여는 성장을 완전히 방해하거나 둔화시킬 수 있다.

C.2 숙고된 역사의 이론적 틀

여기서 제시된 이론은 경제성장에 대한 많은 이전의 설명들과 닮았다. 예를 들어, 마르크스의 역사적 유물론 개념은 생산력, 생산 관계, 상부구조 간 긴장을 사회 정치적 변화 혹은 경제성장 둔화의 원천으로 강조하였다. 다른 많은 역사가와 경제학자들(예: 베블렌, 모키어, 폰 툰젤만, 갤브레이스, 페레즈)은 사회의 다른 수준에서 정치적 및 제도적 변화는 물론, 특히 기술변화와 기업 내 조직변화 간 상호작용을 강조해 왔다. 우리의 접근법은 다음과 같은 2가지 측면에서 이들 대부분과 다르다. 첫째, 본 이론에서는 과학과 일반 문화의 중요성을 더 강조한다. 이러한 점에서 이는 니덤(Needham)과 버널(Bernal) 등 과학자들의 이론과 제이콥(Margaret Jacob), 버그(Maxine Berg), 브루랜드(Kristine Bruland) 등 몇몇 역사학자들의 이론은 유사하다. 두 번째, 다른 이론들은 기술이나 경제의 중요성을 강조하는 반면, 이 이론은 이 분석 수준에서 5가지 영역 중 어느 것에도 인과적 관계를 중요하게 내세우려 하지 않는다. 반면 특히 각자의 선택 환경과 함께 분업에 기반한 영역 각각의 상대적 자율성을 강조한다. 그들 간 부정합의 가능성 그리고, 주기적으로, 잘 조정된 발전의 복원을 시도하는 급진적인 제도의 혁신을 생성하는 것이 바로 이러한 공진화이다. 그러나 새로운 규제체제 내 그러한 조정은 경제성장(인간이 추구하는 유일한 목표는 아니다)에 꼭 호의적이지 않다. 경제성장에 호의적인 '적합성'은 예를 들어 군사적 점령을 달성하고 유지하는 등의 다른 형태의 적합성과 구분되어야 한다.

그러나, 우리의 분석은 주로 경제성장 및 그것을 매우 중요하게 생각하는 사회와 관련되어 있다. 경제성장의 역사에 대한 이론적 틀은 다음과 같은 4가지 요건을 갖추어야 한다. 첫째, 이는 과거 수백 년, 특히 지난 2세기에 걸친 세계 경제 성장의 주요 특성을 요약하는 타당한 설명과 양식화된 사실의 이해를 제공하여야 한다. 둘째, 선도, 추격, 낙오 등 아브라모비츠(Abramovitz 1986)가 찾아낸 3가지 주요 분류에 대해 그러해야 한다. 셋째, 일반화를 위해 각 분류별 주요 회귀적(recurrent) 현상들을 식별하여야 하며, 이들은 물론 새롭게 전개되는 사건들과 새로운 역사적 증거에 대해 꾸준히 검증되어야 한다. 마지막으로, 과학기술사, 경제사, 정치사, 문화사 등 역사의 다양한 하위분야에서 등장하는 연구 자료, 사례연구, 일반화를 분석하고 조화시키기 위한 틀을 제공하여야 한다.

도전적이면서도 위험성이 따르는 이 과제의 첫 단계로, 관심 주제에 대해 다음과 같은 정의들이 잠정적으로 제안되며, 그들로부터 경제성장을 설명하기 위한 근거가 도출된다.

1. **과학사**는 자연계에 대한 지식의 발전과 주로 관련된 제도 및 사회 하부시스템의 역사이며 이러한 목표를 위해 활동하는 개인들(전문 기관에서 일하든 하지 않든)이 창조한 아이디어의 역사이다.

2. **기술사**는 인공물과 기술(technique)의 역사이며, 이들을 설계, 개발, 개선하는 것과 주로 관련되고, 이러한 활동에 사용되는 지식을 저장하고 확산시키는 것과 관련된 개인과 집단의 활동, 제도 및 사회 하위시스템의 역사이다.

3. **경제사**는 재화와 서비스의 생산, 분배, 소비와 주로 관련된 제도 및 사회 하위시스템의 역사이며, 이러한 활동들의 조직과 관련된 개인과 제도의 역사이다.

4. **정치사**는 군사적 사안을 포함한 사회의 거버넌스(즉 중앙정부, 지방정부, 혹은 국제기구에 의한 법적·정치적 규제)와 주로 관련된 개인, 제도, 사회 하위시스템의 역사이다.

5. **문화사**는 사회의 행동 규범에 영향을 미치는 아이디어, 가치, 예술적 창작, 전통, 종교, 관습의 역사이며, 그리고 그것들을 촉진하는 개인과 제도의 역사이다.

마지막으로, 인간은 다른 동물들과 자연환경을 공유하고, 자연환경은 또한 나름의 역사를 가지며 상당히 독립적인 진화를 보인다. 비록 이는 보통 역사학자들의 연구영역이 아닌 지질학자, 생태학자, 천문학자, 기상학자, 물리학자 등의 영역이나, 인간의 역사에 중대한 영향을 미치고 분명히 산업화 및 경제성장과 서로 영향을 주고받는다. 더욱이, 생태학적 요인은 21세기 경제성장의 정도와 방향을 결정하는 데 두드러진 역할을 할 수 있을 것이다. 그러나 이 논의에 관여된 특별한 요인의 관점에서, 경제성장의 이러한 측면은 여기서 더 전개되지 않는다.

이러한 결론에 기반을 두고, 우리는 이 5개 세분(subdivision)들을 개념적이고 분석적인 목적으로 사용하는 것을 간단히 정당화하고자 한다. 하지만 우리 물론 사람들이 한 가지의 역사만 만들어냄을 인정하고 실제 삶에서는 다섯 개 흐름이 중첩되고 뒤섞여 있음을 인식한다. 그러나 세분의 사용이 단지 극도로 복잡한 주제를 다룰 때 편의성의 사안만은 아니며, 20세기에 등장한 학술적 세분화와 전문화를 따르는 질문도 아니다. 이들 두 요인은 어느 정도 역할을 하기는 하며, 학술적 전문화는 각 영역을 독립적으로 고려함의 중요성을 보여준다. 더욱이, 서로 분리된 하위분야가 자리 잡았다는 점은 특히 각자의 특별한 관심사가 더 큰 범위에서는 간과될 수 있다는 과학자, 기술자, 경제학자들의 불만을 반영한다. '역사'는 주로 왕, 여왕, 황제, 여황제, 대통령, 헌법, 국회, 장군, 장관, 그리고 국가의 다른 대리인들이나 정치적 역사(상기 정의에 따른 정치적 역사)나 기껏해야 정치적 문화적 역사인 것으로 느껴지곤 했다. 〈기술사 백과사전〉 편집인이 이러한 접근에서 기술이 간과되었다는 데 항의한 유일한 인물은 아니다 (McNeil 1990).

그러나 여기서 이 5가지의 세분들이 더욱 근본적인 이유로 제안된다. 우선 이들 각각은 경제성장 과정에 대해 반자발적인, 그리고 사소하지 않은 수준의 영향을 미치는 것으로 나타났으며, 이는 시기와 지역별로 다양하다. 그리고 더욱 중요하게, 동시성과 조화의 결여 또는 다르게 말하면, 경제성장에 대한 조화로운 통합과 선순환 효과의 결여 문제를 일으킬 수 있는 것은 정확히 이 다섯 가지 과정 각각의 상대적 자율성이다. 따라서 이들 각 역사 흐름의 상대적으로 독립적인 발전과 상호의존성, 통합의 상실, 재통합을 모두 연구하는 것이 필수적이다.

'비동기(out-of-synch)' 현상과 이 5가지 흐름 사이의 긍정적 또는 부정적 상호작용에 관한 연구는 라이벤스타인(Leibenstein 1957)의 'X'-비효율성뿐 아니라 아브라모비츠(Abramovitz 1979/1994)의 성장을 위한 '잠재력'과 실현된 성장 사이의 구분을 이해하는 데도 필수적이다.

라카토스(Lakatos) 전통에서 성장한 과학사학자들과 토론을 해 본 적이 있는 사람들이라면 그들이 자신의 주제에 대한 '내부주의적' 관점에 대해 강한 애착을 보이며, 경제 또는 정치적 사건의 과학에 대한 영향과 관련한 '외부주의적'

아이디어에 대해서는 저항한다는 점에 감명 받았을 것이다. 그들에게 새로운 과학 가설과 정리를 위해 작동하는 '선택환경'은 순전히 과학계 자체의 기준과 방법으로 구성된다. 그들은 '외부' 영향을 무시한다는 점에서 잘못되었고, 이와 반대로 과학계의 '내부' 선택환경을 경시하거나 무시하는 역사가들도 마찬가지이다.

이와 유사하게, 기술사와 관련하여, 배, 망치, 도구와 무기용 부싯돌, 마구, 증기 기관 또는 쟁기 등의 진화에 관한 연구는 인간 문명에 필수적인 이러한 인공물들에 대해 이루어진 개선의 상대적 자율성을 강조한다. 이러한 점은 진화적 과정으로서의 기술혁신(Technological Innovation as an Evolutionary Process)이라는 책(Ziman 2000)에서도 찾아볼 수 있다. 엔지니어, 설계자, 발명가, 정비공 및 많은 기술사학자의 관심을 끌고 영감을 주거나 제약하는 선택환경은 주로 기술 환경, 기술 효율성 및 신뢰성 기준 그리고 기존 또는 미래의 기술 시스템과의 호환성 기준 등이다.

과학과 기술이 서로에게 미치는 상호 영향은 수많은 연구에서 입증되었으며, 실제로 열역학 및 증기 엔진과 같은 초기 기술 분야에서는 물론 오늘날의 컴퓨터 기술 및 생명 공학과 같은 분야에서도 분명하게 나타난다. 기술은 자연의 법칙과 과학의 법칙을 고려해야 한다. 그럼에도 불구하고, 프라이스(Derek Price 1984), 로젠버그(Nathan Rosenberg 1969/1974/1976/1982), 파빗(Keith Pavitt 1995) 및 기타 학자들은 상호작용의 본질을 이해하기 위해 각 하위시스템의 특성을 정확하게 인식하여야 한다는 설득력 있는 주장을 내놓았다. 이는, 중국 과학 기술의 역사에 대한 니덤의 막대한 공헌이 분명히 보여주는 것처럼, 최근의 역사만을 언급하는 것도 아니다.

질(Gille 1978)과 휴즈(Hughes 1982)와 같은 기술사학자들은 기술의 체계적인 특성을 충분히 입증하고 기술 시스템의 서로 다른 요소 간 상호의존성을 분석했다. 이 연구자들과 로젠버그(Rosenberg 1969/1982)는 이러한 시스템적 특성에서 파생된 기술적 필요성이 새로운 창의적 노력을 위한 초점 장치 역할을 할 수 있음을 보여주었다. 물론 그러한 노력은 종종 경제적 이점과 보상에 강력하게 영향을 받는다. 마지막으로 넬슨과 윈터(Nelson and Winter 1977)는 그들의 선구적 논문인 '혁신의 유용한 이론 탐색(In Search of Useful Theory of Innovation)'에서 기술궤적(technological trajectories)의 역할에 주목하였다. 여기서 기술궤적은 특정 제품이나 산업에 특화된 것과 방대한 수의 공정과 산업에 영향을 주는 전기 및 기계화 등과 같은 일반 궤적도 포함한다. 그들은 이 책의 제2부에서 보여주고자 하는 것처럼, 그러한 궤적들과 생산 및 시장 확장의 조합이 경제성장에 가장 강력한 영향 중 하나임을 올바르게 식별했다. 이러한 아이디어는 도시(Dosi 1982)에 의해 더욱 발전되었다. 그는 기술궤적과 기술 패러다임에 관한 논문에서, 쿤(Kuhn)의 과학 패러다임에 비유하여 기술적 발전 패턴의 상대적 자율성을 암시하였다. 기술과 경제 혹은 기술과 과학 간 긴밀한 상호의존에도 불구하고, 기술의 역사에서 이러한 상대적으로 자율적인 특징을 고려할 필요가 있다.

경제성장과 발전에 대한 만족스러운 이론은 이러한 상호의존성을 인정해야 하나, 과학과 기술에서 진화적 발전의 상대적 자율성이 일부 독립적인 고려를 정당화함을 인식해야 한다. 성장 모형 관점에서 아델만(Irma Adelman 1963: 9)이 생산함수($Y_t=f(K_tN_tL_tS_tU_t)$)에서 S_t를 U_t에서 분리하는 데 채택한 절차에 대한 강력한 정당성이 있다(여기서 K_t는 시간 t에 자본 스톡의 서비스, N_t는 천연자원의 사용률, L_t는 노동력의 고용, S_t는 사회의 응용지식의 양, U_t는 경제가 작동하는 사회－문화적 환경을 나타낸다).

본질적으로 유사한 주장이 경제 변화에도 적용된다. 지난 2세기 동안 산업사회의 발전에 있어서 자본축적, 이윤, 기업 조직의 변화, 기업과 은행의 행동 등의 중요성에 대해서는 누구도 심각하게 의심할 수 없다. 경제 제도도 발전 순환에서 상대적인 자율성을 가지고 있다. 우리는 성장 모형에서 자본축적의 처리에 대한 서플(Supple)의 비판을 충분히 받아들일 수 있지만, 여전히 GDP 대비 투자 비율, 경기순환, 자본-노동 비율의 추세, 자본-산출 비율 및 기타 변수들에 여전히 주목한다. 이는 또한 노동력의 성장, 고용 수준 및 인구 통계학적 추세, 토지 및 천연자원의 가용성에도 적용된다. 물론 이들 모두는 기술뿐만 아니라 문화적, 정치적 추세에도 영향을 받는다. 경제성장에 대한 설명은 특히 경제사와 기술사 간 상호의존성에 세심한 주의를 기울여야 한다. 이는 제2부에서의 우리의 이해에 많은 영감을 주었다. 예를 들어, 기술의 변화가 상대적으로 오랜 기간 느리게 변화하거나 변화하지 않는 생산 및 시장 시스템의 제도적 형태를 추월할 때, 우리를 발전과정의 '비동기' 국면을 연구하도록 이끄는 이러한 상호의존성의 변화하는 특성을 이해할 필요가 있다. 물론 조립라인이나 공장 생산과 같이 새로운 기술 발전에 자극을 주는 반대의 현상이 나타날 수도 있다.

이러한 비동기 문제의 일부는 사회의 전체 정치 및 법적 조직에 영향을 미칠 정도로 규모가 클 수 있다. 한 가지 분명한 예는 중세 유럽의 농노 제도였다. 역사학자와 경제학자들의 대부분은 노동력의 유동성이 자본주의적 산업의 등장에 대한 중요한 전제조건이었다고 주장할 것이며, 이는 산업혁명에 대한 '양식화된 사실'의 거의 모든 리스트에 등장할 것이다. 쿠즈네츠(Kuznets 1971)는 근대 경제 성장의 6가지 '주요 특성'을 언급하면서 농업 분야에서 비농업 분야 직업으로의 급격한 변화를 지적하였으며, 역사학자들 대부분은 중세 영국의 경우 농노 의무를 예외적으로 조기에 완화하였는데 이것이 후일 영국이 산업혁명을 '선도'하는 데 기여한 주요 요인 중 하나였다는 데 동의한다. 마찬가지로, 동유럽의 '재판농노제(Second Serfdom)'의 강화와 노동력의 유동성에 대한 기타 산업적 제약은 종종 러시아와 일부 동유럽 국가들의 경제성장 지연의 주요 원인 중 하나로 제시되고 있다(Dobb 1947). 하지만 이런 지연으로 이끈 사건들의 순서에 대한 논쟁이 여전히 이어지고 있다. 이러한 점은 노예제도에도 적용된다. 비록 우리는, 제1장에서 보인 것과 같이, 미국의 노예제에 대해 계량경제사학자들이 채택한 반역사학적 접근에 관해서 동의하지 않지만, 미국경제의 발전을 이해하기 위해 이 제도를 연구해야 할 필요성을 분명히 인정할 것이다.

마지막으로 문화적 변화는 일반적으로 경제성장에 중대한 영향을 미치는 것으로 받아들여지고 있으며, 최근 버그(Berg) 및 브루랜드(Bruland)와 동료 연구자들에 의해 정당히 재강조되고 있다. 가장 기본적인 수준에서 (순수 기술 교육은 물론) 문해력(literacy)과 일반 교육의 질이 '신성장이론'과 세계은행의 개발보고서(World Bank 1992)의 많은 부분에서 핵심적인 역할을 하는 것으로 알려져 있다. 또한 물론 논란의 여지가 있기는 하지만(Kitch 1967; Castells 1998), 막스 베버(Max Weber 1930)와 토니(R. H. Tawney 1926)의 '종교와 자본주의의 부상'에 관한 고전 저작은 고리대금, 이자율, 일, 소비 및 축적에 대한 태도의 변화가 중세 유럽에서 기업가적 행위의 부상에 중요하였다는 것을 보여주었다. 이러한 변화들이 프로테스탄트는 물론 가톨릭 신학자들에 의해서도 이루어졌다는 사실은 그들의 중요성을 감소시키지 않는다. 일부 역사학자들이 종교 활동을 사회의 이념적 '상부구조'의 일부로 취급하는 경향이 있기도 하나, 종교와 국가 간의 갈등, 문화 규범 수립에 있어서 종교의 역할 등은 물론 많은 종교적 질서와 전통의 상대적인 자율성은 종교가 단순히 정치 체제의 한 부분으로 간주될 수 없음을 의미한다.

또한 더 분명하게, 엥겔스(1890: 477) 자신이 인지하였듯이, 정치의 독립적인 역할도 부정될 수 없다. 제2부 전체, 특히 마지막 장에서, 우리는 연속적인 기술적 체제 각각에 함께 등장하는 사회적 갈등들을 다루는 데 있어서 '규제체제(regime of regulation)'와 정치적 권력의 역할을 강조하게 될 것이다.

분명히 단순화한 마르크스주의적 체계와 이 책에서 잠정적으로 제안하는 것 간에는 서로 다른 점은 물론 닮은 점도 존재한다. 우리는 마르크스주의적 체계의 역사학에 대한 독창적인 주요 기여를 인식하는 가운데, 그 체계의 일부 경직성과 분류 문제를 피하고자 한다.

이 책의 제1부는 경제성장 연구를 위한 이론적 틀의 개요를 서술하고, 성장을 설명하고 이해하는 데 가장 중요하다고 생각되는 다섯 가지 역사적 과정의 잠정적 정의를 제공하고자 하였다. 이들 각각은, 지연과 가속 현상을 확인하고 분석한다는 관점에서, 개별 사회 내에서의 자율적 발전은 물론 다른 요소들과의 상호작용에서 연구되어야 할 것이다. 그러나, 이러한 형태의 이론적 틀로 역사를 이야기할 뿐만 아니라 구체적인 사실들은 물론 회귀적(recurrent) 현상까지도 식별·설명해 내지 못한다면, 경제성장에 대한 역사적 접근은 받아들여지기 어려울 것이다. 좀바르트가 말했듯이, '모든 역사와 특히 경제사는 특수한 경우뿐만 아니라 회귀하고, 그리고 회귀하면서, 어떤 유사한 특성을 보이는 사건과 상황들, 즉 함께 그룹화될 수 있고, 집합적 이름이 주어지고, 전체로 취급될 수 있는 경우들도 다루어야 한다'(Sombart 1929: 18).

C.3 회귀적 현상

이 책의 제2부에서는 몇몇 회귀적 현상을 확인하게 될 것이다. 그러나 여기서 우리는 회귀가 범위와 내용에 있어서 제한적이라는 믿음을 재차 강조한다. 개별 기술혁명과 경제성장의 개별 국면은 각자 고유의 특성을 가진다.

그러나 이것이 고유의 사건들로부터는 물론 이 제한된 회귀로부터 많은 것을 배울 수 없음을 의미하지는 않는다. 기상학과 지진학은 모두 자연과학으로, 장기 예측이 어려우나 정책 결정에 유용한 확률적 예측을 제공한다. 사실, 전체 우주가 진화하므로, 다음 일식 날짜와 같이 우리가 큰 확신을 가지는 장기적 예측조차도 실제로 매우 높은 확률이 부여된 조건부 확률적 예측에 지나지 않는다.

이러한 맥락에서 시드니 윈터(Sydney Winter)의 '우리는 같은 강에서 두 번 목욕할 수 없다'라는 헤라클레이토스 관점의 회상은 많은 생각을 불러일으킨다.

헤라클레이토스가 (그리고 시드니 윈터도) 이름이 같고 밖에서 보이는 모습이 똑같더라도 우리가 내일 목욕하기로 선택한 강이 어제 또는 오늘 목욕한 강과 같지 않을 것이라고 한 점은 옳다. 이는 모든 물리적인 우주에 대해서도 사실이다. 그것은 실제 계속 진화하고 있으며, 그것의 어느 한 부분도 어제와 오늘이 같지 않다. 그럼에도 불구하고, 거의 모든 강은 충분히 오랜 시간 동안 (수천 년은 아니더라도 수 세기 동안) 비교적 안정된 특성들을 가지고 있어, 우리는 강들을 탐색하고 관개용으로 이용하기 위하여 이러한 특성과 반복되는 변화 패턴에 대한 지식을 사용할 수 있다. 비록 항상 유효하지는 않더라도 강에 대한 유용한 일반화를 만들 수 있다. 예를 들어, 최초의 위대한 인류 문명 중 하나는 나일강에 대한 과학적 관찰, 강의 행동으로부터 회귀하는 패턴의 식별, 그리고 대규모 농업 관개에 이러한 지식을 활용하였던 점에 기반하였다. 하구의 미사화(silting) 또는 강우의 유속에 대한 영향에 관한 모형이 만들어질 수 있으며, 이는 과학과 기술의 발전 모두에 유용하게 사용될 수 있다. 물론 물을 마시거나 목욕하려는 사람들의 행동에 영향을 미칠 수 있는 기후 변화, 침식, 오염과 같은 변화의 과정을 무시하는 것은 어리석은 일이지만, 회귀의 규칙성은 많은 실용적 목적에 충분하였다. 최근 세계 여러 지역에서 심각한 홍수가 일어나고 물 공급이 많은 지역에서 새로운 중요한 문제로 새로이 등장하였음에도 불구하고 이는 여전히 사실이다.

따라서 헤라클레이토스의 진술이 타당함에도 불구하고, 우리는 하천의 회귀적 행동과 이 지식을 사용하는 인간 제도에 대해 제한적인 조건부 일반화를 만들 수 있다는 포퍼(Popper)의 주장에 동의할 수 있다. 그러나 후자의 진술에는 더 큰 조건이 적용된다. 역사적 연구에 관한 질문은 다음과 같다. 얼마나 많은 유사성이 얼마나 지속되는가, 식별 가능한 회귀 패턴에 종지부를 찍는 것은 무엇이며, 새로운 패턴은 어떻게 등장하는가?

이것이 실로 경기순환-재고순환(키친순환; Kitchin cycles)이든지, 전통적인 경기순환(쥐글라 순환)이든지, 또는 장기순환(콘드라티예프 또는 쿠즈네츠 순환)을 연구하던 경제학자들을 사로잡았던 질문들이다. 경제성장에 대한 분석은 근대 자본주의 경제에서건 고대 문명에서건 반복적 행위에 관심을 가져야 한다. 비록 불규칙성이 많았다 하더라도, 최소한 최근에는 일반화나 정책 입안을 위한 어떤 유용한 조짐들을 제공할 수 있는 충분한 회귀 현상이 존재했다. 카를로타 페레즈(Carlota Perez 1983/1985/1988)의 장기파동에 관한 저작은 당연히 그래야겠지만, 똑같은 행위가 배제되더라도, 놀라울 만한 유사성 또는 차별성과 어떤 숨겨진 것들이 여전히 존재할 수 있으며, 이들은 현상을 이해하고 심지어 확률적 예측과 정책을 알리는 데 도움이 될 수 있음을 보였다. 제2부의 결론에서 우리는 지난 2세기에 걸친 경제사를 이해하는 데 도움이 되리라 생각되는 회귀적 현상에 대해 논의할 것이다.

또한 다양한 양태로 발현되었지만, 수천 년 동안 지속되어 온 인간 사회의 진화의 몇 가지 근본적인 특징이 있다. 그 특징들은 주로 인간 행위를 동물의 행동으로부터 구별하는 것들일 것이다. 이들은 인간과 고등 유인원이 차별화되기 시작한 초기 시기부터 지속된 특징들이며, 이들은 다양한 방법을 통한 학습에 좌우되며, 따라서 학습 양식의 변화에 대한 분석은 경제성장 연구의 중심적 특징이 되어야 할 것이다.

매우 초기에 인류의 학습은 우리 인류가 유래한 먹이를 찾는 동물의 그것과 매우 닮았을 것이다. 이는 먹을 수 있는 것과 먹을 수 없는 것, 잠재적인 음식과 실제 먹을 수 있는 것에 대한 시행착오와 지식의 축적에 기반한 탐색과 관찰 과정이었다. 다른 동물들을 사육하고, 불을 사용하며, 그리고 무엇보다도 정주 농경을 하게 되면서, 학습과 전파는 더욱 복잡해졌다. 그러나 이는 여전히 탐색, 실험, 언어, 소통, 그리고 당연히 행운에 기반해 있었다. 많은 역사 이론과는 달리, 과학의 기원은 중세가 아닌 구석기시대 혹은 그 이전으로 거슬러 올라갈 가능성이 있다. 초기와 비교해 현재 달라진 것은 탐색, 관찰, 학습이 아니라, 자연 세계에 관한 지식(과학)과 도구 및 인공물을 생산, 사용, 개선하는 방법에 관한 지식(기술)의 탐색, 재탐색, 학습, 축적, 기록, 입증, 전파 등을 실시하고 체계화하는 양식들이 달라진 것이다. 가족과 부족 내에서 그리고 다양한 지리적 환경에서 분업이 진행됨에 따라 생산 및 교환 시스템(경제)에 대한 학습이 점점 더 중요해졌다. 일부 지식이 관습 및 전통(문화)과 사회적 행동(정치, 전쟁, 노예제도)을 규제하는 형태로 일상화됨에 따라 별개의 지식이 일반 문화에서 혼합될 뿐만 아니라 그 중요도도 점점 증가하였다.

이제까지 모든 인간 경제가 '지식경제'였으며, 현대의 경제만 그렇다고 주장하는 것은 우리의 오만일 뿐이다. 결과적으로, 우리가 처음에 했던 다양한 역사적 과정의 구분은 아주 최근이나 중세에만 등장한 것이 아니라 수천 년간에 걸친 인류 역사의 특징이었다. 변화된 것은 지식을 학습하고 축적하고 전달하는 방법, 생산을 조직화하는 방법의 변화와 상호작용하는 방법, 그리고 경제 활동 및 사회적 행동을 규제하는 방법이다. 실행에 의한 학습(learning by doing)은, 비록 과거에는 주로 채집이나 섭취를 통한 학습이었을 것이나, 인간 역사와 항상 함께해 왔다. 생산을 통한 학습(learning by producing)이나 사용을 통한 학습(learning by using)도 인류가 다양한 도구를 사용하기 시작하면서부터 항상 우리와 함께 존재했다. 상호작용을 통한 학습(learning by interacting) 역시도 마찬가지이다. 이들은 모든 문명에 걸쳐 나타나는 지속적인 인간의 행위들이다. 변화한 것은 학습, 기록, 학습한 것의 전파 양식들이며 서로 다른 학습 양식들이 상호작용하는 방식이다.

인간 진화의 또 다른 독특하지만 관련된 특징은 적어도 수천 년 동안 인간 사회에 존재해 온 분업의 범위와 성격이다. 물론 개미와 벌과 같은 일부 동물 종도 상당히 복잡한 사회 조직 패턴을 보이는 것이 사실이다. 이들 동물 사회에 관한 연구에서도 의사소통 및 통제의 패턴과 조직화의 계층적 패턴에 관심을 기울이는 것이 필수적이다(Fabre 1885, Maris 1975). 그러나 인간 사회에서 노동의 분업은 그 복잡성 때문임은 물론, 지식 축적의 속도, 기술변화의 속도 및 방향, 커뮤니케이션 및 계층적 조직 패턴의 변화 등과 관련된 새로운 전문화의 출현 때문에도 특별하다. 물론 개미와 벌 군집의 행동 루틴은 생물학적 시간에 따라 진화했지만, 상대적으로 확고한 예측을 할 수 있을 만큼 안정적이므로 양봉가에게 유용할 수 있다. 인간의 행위에도 영향을 주는 행동 루틴은 상대적으로 예측하기 어렵고 덜 안정적이다.

그럼에도 불구하고 여기에도, 탐색의 양식이 인식하기 어려울 정도로 변하더라도, 깊고 매우 지속적인 강이 존재한다. 우리는 새로운 지식, 기술과 관련된 창의적 행동, 혁신, 경제 및 정치 조직과 관련된 일상적인 행동에 대한 탐색은 상대적으로 자율적인, 그러나 지속적인 흐름 또는 역사적 과정이라고 주장했다. 꿀벌과 개미의 행동에 대한 비유는 무엇보다도 이러한 활동에서 상상력의 역할과 변화하는 목적 때문에 무너진다. 마르크스가 잘 지적했듯이, 최악의 건축가와 최고의 꿀벌 간 차이는 무엇보다도 건축가는 상상 속에서 건물을 짓는다는 것이다.

우리가 제4장에서 이미 강조하였듯이, 창의적이고 의식적이고 목적적인 활동은 사회적 삶의 모든 영역에서 중요하며, 의심의 여지없이 인간 사회진화의 중요한 차별적 특성이다. 물론, 우주 일반, 지구 또는 특정 국가의 진화에도 목적 지향적 요소가 있다고 믿는 몇몇 과학자들이나 신학자들이 있다(예: 가이아이론). 또 다른 사람들은 진화의 양식 자체가 실체 없이 목적의 모습을 부여하기에 충분하다고 믿는다('눈먼 시계공', 카오스 이론의 몇몇 버전들 등). 이들 이론 중 어떤 것이 진실이건, 목적의 요소는 다른 동물 종의 진화나 지질학적 진화와는 명백히 다른 방식으로 인간 역사에서 의식적 활동 안에 명백하게 존재한다.

물론, 아주 작은 규모 도구를 의도적으로 사용한다거나, 언어, 의사소통, 사회 조직의 형태에 있어서 인간과 인간이 진화해 온 동물 간 일부 유사점이 있다. 그러나 최소한 최근 5,000년 동안, 인간과 동물 간 차이가 너무 벌어져, 생물학 또는 다른 자연과학을 인간 역사 이론의 모형으로 따르는 것은 터무니없는 일이다.

이러한 이유로 우리는 개인뿐 아니라 사회 집단의 의도적 행동에 대한 포퍼의 제한적인 접근을 받아들일 수 없다. 포퍼는 '집단, 국가, 계급, 사회, 문명 등'을 '경험적 대상이라기보다는 대체적으로 대중적인 사회 이론의 가정(Popper 1963: 341)'이라는 관점을 유지하면서 사람들의 집단에 의한 의도적 행동의 효과를 무시하는 경향이 있다. 그는 '가장 잘 만들어진 쥐와 사람의 계획은 종종 틀어지며' 약속된 기쁨보다는 고통과 눈물로 이어진다고 강조한다. 그는 그러한 집단적 목적을 가질 수 없는 실체에 사회적 목적을 부여하는 '음모 이론'을 매우 경계하고, 의도적 인간 행동의 의도하지 않은 사회적 영향을 공개하는 것으로 '이론적 사회과학의 주요 과제'를 공식화한다(p.342). 이러한 유형의 분석은 경제 이론, 특히 케인즈 이론에서 확실히 중요한 역할을 했으며, 일부 신기술의 광범위한 적용에 따른 의도치 않은 환경적 결과를 고려하는 데 중요하다. 그러나 때때로 집단은 비록 갈등에 휩싸이거나 실패로 귀결되는 경우가 있다고 하더라도, 마치 개인들이 그러한 것처럼 달성하고자 하는 목표 중 적어도 일부는 달성한다. 따라서 역사적 분석은 '의도하지 않은 결과'의 분석에만 국한될 수 없으며 '의도된 결과'도 고려해야 한다. 개인이 바람직한 미래를 상상하고 다른 개인과 연합하여 생활수준을 따라잡거나 환경을 개선하는 등 다양한 집단적 목적을 달성할 가능성은 분명히 인간과 다른 동물 사이의 중요한 차이로서, 경제성장 연구의 필수적인 부분이다. 분명히 이 연구는 의도된 것은 물론 의도되지 않은 결과까지 포함해야 한다. 의도되지 않은 결과의 예를 들자면, 추격하지 못하고 낙오하는 것은 경제성장을 촉진하기 위해 설계된 어떤 정책의 실질적인 결과일 수 있다. 그러나 포퍼의 음모 이론에 대한 정당한 혐오에도 불구하고, 의도되거나 의도되지 않은 결과는 물론 개인이나 집단의 의도적 행동에 관한 연구를 배제할 수 없다. 이 연구에서, 의도된 목표에 대한 성공과 실패의 비교는 특히 유익할 수 있다. 비록 인간이 종종 구하고자 하는 목표를 이루지 못하거나 충돌하거나 타협하기 어려운 목표를 고집하면서 재앙을 자초할 수도 있고, 혹은 서로 다른 여러 목적의 결과가 개별적으로 취해진 것과 상당히 다를 수 있으므로, 그럼에도 불구하고 의도적 행위는 무시될 수 없다.

C.4 결론

정확히 의도적인 활동과 갈등의 역할 때문에, 우리는 이제 펼쳐지고 있는 '정보사회'의 제도를 형성하기 위한 다양한 시도의 결과를 예측하려 하지 않는다. 제9장에서 우리는, 정보 과부하, 콘텐츠 및 정보와 엔터테인먼트의 흐름을 통제하려는 독점적 노력 등 몇몇 미래 규제체제의 문제점에 대해 다루게 될 것이다. 그러나 우리는 '네트워크 사회'의 문화가 역사의 초기 시대와 매우 다를 수 있으며 사회 전체가 진화하는 방식에 서로 강력한 영향을 미칠 수 있다는 마누엘 카스텔스(Manuel Castells)의 견해를 공유한다.

카스텔스(Castells 1996/1997/1998)는 이러한 새로운 가능성을 잘 알고 있다. 정보사회의 근본적인 경향에 대한 그의 분석의 많은 장점 중 적어도 하나는 그의 편견 없는 개방성이며, 또한 문화적, 경제적, 정치적, 과학적 또는 기술적 결정론과 관계없이 단일 요소 결정론의 함정을 회피한다는 점이다. 베버와 케인즈처럼 그는 사회의 다양한 하위시스템 간 상호작용의 복잡성이 하나 또는 다른 하위시스템이 서로 다른 시간에 일시적으로 우세한 영향을 미칠 수 있음을 인식한다. 고물카(Gomulka)의 신고전파 경제성장 이론에 대한 비판과 같이, 카스텔스는 정보사회 진화의 초기 단계에서 기술의 급격한 변화로 인한 충격이 경제나 전체 체제의 역동성에 대한 주요 원천이라고 믿는다. 그러나 베버와 마찬가지로 그는 중세 중국에서처럼 문화적 '석화' 또는 정치적 불모화가 발생할 수 있음을 인식한다. 라스키(Laski 1944)의 저작 중 많이 간과되어 온 로마제국의 쇠퇴에 관한 책(신념, 이성 그리고 문명: Faith, Reason and Civilization)의 내용과 같이, 카스텔스는 '정보주의 정신'의 윤리적 빈곤과 세계 경제의 깊어가는 불평등이 정보 자본주의를 고대 로마에서처럼 다른 신조의 공격으로부터 견딜 수 없게 만들 수 있음을 인지한다. 이는 그의 저작 〈정체성의 힘〉(The Power of Identity: Castells 1997)이 제2권의 주제이다.

산업혁명과 그 이후의 역사

As Time GoeS By:

From the InduStrial REvolutionS

서론

기술변화, 그리고 경제발전의 장기파동

　　본서의 제1장에서 우리는 역사 탐구를 위한 방법론과 이론으로서의 계량경제사학을 비판해 보고자 하였다. 또한 우리는 경제의 장기 변동을 해석하는 데 있어서 정성적 변화를 깊이 있게 분석하기보다는 표준적인 계량경제학 방법을 이용한다는 점에서 제3-4장의 콘드라티예프 이론을 포함한 몇몇 장기파동 이론을 비판하기도 하였다. 그리고 제2장에서는, 슘페터가 경제학에서 역사의 활용을 열성적으로 언급하면서도 그에 대해 일관적으로 접근하지 않는다는 점을 들어 그를 비판하기도 하였다. 그러한 비판을 가함과 동시에, 우리는 콘드라티예프와 슘페터 모두 장기파동 이론으로 경제학사에 큰 족적을 남겼음을 인정하였다. 더욱이 우리는 자본주의 경제의 진화를 만족스럽게 설명하기 위해서는 혁신과 혁신의 수익성(profitability) 및 확산(diffusion)을 분석에 중심에 두어야 한다는 슘페터의 주장에 동의한다. 그러한 관점은 단지 슘페터 및 그 추종자들이나, 혹은 소위 '진화경제학자'들에게만 국한되는 것은 아니다. 역사학자들이나 기타 사회과학자들도 기술변화가 경제 시스템의 질적 변화에 대한 주요 원천이라는 점을 일반적으로 수긍한다. 사회 시스템의 진화에서 혁신의 중요성을 인지하는 예시로서 특히 근래에 눈여겨 볼 것으로는 자이먼(Ziman 2000)이 편집한 '진화적 과정으로서의 기술혁신(Technological Innovation as an Evolutionary Process)'라는 책이다. 차이점들은 기술혁신의 중요성에 대한 인식으로부터 나오는 것이 아니라, 그들이 분류되고, 측정되고, 분석되는 방법 및 그들의 사회적 및 경제적 현상과의 관계가 어떻게 해석되는 방법으로부터 나온다.

　　몇몇 경제학자들은 기술변화는 느리고 점진적인 변화였으며 지금도 그러하다는 관점을 취한다. 우리는 선박(Gilfillan 1935), 레이온 플랜트(Hollander 1965),

발전 및 배전(Hughes 1982) 등의 예에서 볼 수 있듯 제품이나 공정 상의 점진적 개선이 중요함을 인정하는 가운데, 혁신이라는 것은 본질적으로 매우 고르지 못한(uneven) 과정으로서 종종 폭발적이기도 하고 때로는 점진적일 때도 있다는 슘페터의 관점을 공유한다. 더욱이 혁신이 무리지어 일어남으로써, '기술적 혁명(technological revolution)'이라고 할 만한 현상이 벌어지기도 한다. 결과적으로 개별적 혁신이든 개별 혁신들의 집단(family)이든, 연속성은 물론 비연속성도 고려해야 할 필요가 있는 것이다. 캐나다 경제학자인 키르스테드(Keirstead 1948)는 슘페터의 경제학에 관한 그의 책에서 이러한 변화하는 환경을 혁신의 '무리(constellations)'라고 하였는데, 우리도 여기서 이 표현을 사용하게 될 것이다.

이런 접근법을 사용하는 데에는 일부 저항도 존재한다. 많은 경제학자들은 혁신의 중요성을 인정하면서도, 전체 과정에 대한 일반화라는 거대한 복잡성에 도전하기보다는 특정 혁신 프로젝트에 집중하는 경우가 많다. 또 다른 몇몇은 기술사를 포함한 역사라는 것은 독특한 과정이며 혁신은 매우 다양하므로, 무리를 이해하고자 하는 본서의 시도가 원론적으로 부적절하다고 주장한다. 특히 일부 역사학자들과 경제학자들은 전기화(electrification)와 컴퓨터화(computerization) 등 주요 변화를 '기술혁명(technological revolution)'이라고 부르는 것 자체를 거부한다.

제1장에서 살펴본 바에 따르면, 일부 역사학자들은 심지어 산업혁명(industrial revolution)의 '혁명' 자체를 거부하기도 한다. 그러한 태도는 현대 경제의 모든 분야에서 정보기술이 광범위하게 적용됨에 따라 예전보다는 덜 일반적이기는 하다. 정보기술로 인한 변화는 많은 사람들이 '전자기술 혁명(microelectronics revolution)' 혹은 '정보혁명(information revolution)'과 같은 기술을 받아들이도록 하였다. 이제 우리 주변에서는 '인터넷 혁명(internet revolution)'이나 '컴퓨터 혁명(computer revolution)' 등의 용어를 언급하지 않는 신문이나 잡지를 찾아보기 어려울 정도이다. 그럼에도 일부 학자들이 '혁명'이라는 단어를 거부하는 현상의 이면에는 우리가 짚고 넘어가야 할 중요한 이슈들이 존재한다. 과연 기술변화라는 것을 이미 확립된 기술에 대한 무한한 점진적 개선작업으로 볼 것인가, 혹은 '급진적 혁신(radical innovation)'이나 '기술혁명(technological revolutions)'이라고 불러야 할 만큼의 상당한 기술적 비연속성이 존재하는가?

여기서 우리는 슘페터를 따라 후자의 관점을 취하고자 하며, 지난 2세기 반 동안 발생하였던 변화는 '연이은 산업혁명들(successive industrial revolutions)'이었다고 본다. 이제 본서의 제2부에서 우리는 산업구조와 기술의 심대한 변화의 근거를 조합함으로써 이러한 관점의 정당화를 시도할 것인데. 이들 변화는 우리 저자들이나 역사학자들에게는 물론 우리 동시대인들에게 주요 불연속성을 보여 주었으며 '기술혁명'이라는 말을 사용할 만한 충분한 이유가 있음을 보여준다.

우리는 혁신의 군집(clusters of innovations)이 비록 나중에는 참신함이 흐려지고 전체의 일부분이 되어버린 경우에도, 당시에는 엄청난 충격을 주었다는 점을 보여주기 위해 소설가나 예술가 등까지 포함한 관찰자들의 코멘트를 꽤 상세하게 인용하게 될 것이다. 〈표 1〉은 개별 기술혁명별로 특히 눈에 띄면서 주요 신제품이나 신공정의 기술적 가능성(feasibility)뿐만 아니라 거대한 잠재적 수익성까지 명백히 보여주는 동시대의 사건들을 보여준다. 여기에 사용된 방법은 원래 앤드류 타일리콧(Andrew Tylecote 1992)이 사용하였던 것인데, 우리는 이러한 방식의 극적인 '전시효과'가 기술적 '혁명'의 가능성과 현실성을 구축하는 데 매우 중요하다고 믿는다. 이 표에 나타난 사건들 이후 많은 사람들이 슘페터적 편승 현상(Schumpeterian bandwagon)에 뛰어들기 시작했다. 부분적으로, '혁명'이라는 표현이 그러한 현상을 설명하기 위해 사용되었는지 아닌지 여부는 단순히 의미론적 문제이다. 예를 들어 방법론자들의 경우 바람의 세기가 어느 정도가 되어야 '폭풍', '돌풍', 혹은 '허리케인'일지에 대해 의견의 일치를 보일 수 있는데, 역사학자들이나 경제학자들의 경우 무엇이 '혁명'인지에 대해 동의하기는 무척 어려운 일이다. 일부는 전자식 컴퓨터의 확산을 다른 계산도구 (예: 계산자, 천공계산기,[1] 주판 등)의 점진적 확장이라고 보며, 또 다른 일부는 20세기 후반의 이 사건을 '컴퓨터 혁명'이라고 부르는 데 문제가 없다고 보기도 한다.

---

1) 역자주: 원문은 tabulating machine으로, 보링머신 등과의 구분을 위해 천공계산기로 번역하였다.

표 1 콘드라티예프 파동의 요약

기술 및 조직 혁신의 무리(constellation) (1)	매우 가시적이고, 기술적으로 성공적이며 수익성 있는 혁신 (2)	경제의 주요 추동부(carrier branch) 및 기타 주도부문(other leading branches) (3)	핵심 투입요소와 기타 주요 투입요소 (4)	교통 및 통신 인프라 (5)	경영 및 조직 변화 (6)	상승기 / 하강기 (7)
1. 수력을 기반으로 한 산업의 기계화	아크라이트의 크롬포드 공장(1771), 헨리 코트의 '연철(puddling)' 공정(1784)	면사방적, 철(Iron) 제품, 수차, 표백	철(Iron), 면화, 석탄	운하, 유료도로, 범선	공장 시스템, 기업가, 파트너십	1780s–1815 / 1815–1848
2. 증기기관을 기반으로 한 산업과 교통의 기계화	리버풀–맨체스터 철도(1831), 브루넬의 증기선 '그레이트 웨스턴' 호(1838)	철도와 철도 장비, 증기기관, 인쇄기, 알칼리 산업	철(Iron), 석탄	철도, 전신, 증기선	합자회사, 기능 노동자에 대한 하도급	1848–1873 / 1873–1895
3. 산업, 교통, 주거의 전기화	카네기의 베세머 강철 레일 공장(1875), 에디슨의 뉴욕 펄 가(街) 발전소(1882)	전기 장비, 중공업, 중화학, 강철(steel) 제품	강철(steel), 구리, 금속합금	강철(steel) 철도, 강철 선박, 전화	전문 직업 경영 시스템, 테일러리즘, 거대기업	1895–1918 / 1918–1940
4. 교통의 동력화, 시민경제, 전쟁	포드의 하이랜드 파크 조립라인(1913), 중유 분해를 위한 버튼 공정(1913)	자동차, 트럭, 트랙터, 탱크, 디젤엔진, 항공기, 정제공장(Refineries)	석유, 가스, 합성소재	라디오, 고속도로, 공항, 항공편	대량생산과 소비, 포디즘, 위계	1941–1973 / 1973–
5. 경제 전반의 컴퓨터화	IBM 1401 및 360 시리즈(1960년대), 인텔 마이크로프로세서(1972)	컴퓨터, 소프트웨어, 텔레콤 장비, 바이오기술	'칩'(반도체) 회로	'정보고속도로(Information Highways)'	네트워크(내부, 지역, 세계 네트워크)	??

물론 후일 산업혁명의 대표격이 되었던 산업들 중 몇몇은 이미 16-17세기 혹은 심지어 그보다 더 먼저 성장하고 있기도 하였다. 예를 들어 섬유 생산 기계류는 이미 중세시대부터 제작되어 왔고, 산업혁명 당시의 분위기로 알려져 있는 주요 사회적·문화적 변화는 그보다 훨씬 오래전부터 시작되었다. 그럼에도 불구하고, 우리는 18세기 후반 몇몇 핵심 산업의 성장률 가속화와, 그러한 가속을 가능케 하였던 발명과 혁신, 그리고 가내 생산으로부터 공장 생산으로의 변화 등은 '혁명'이라는 표현을 사용해도 될 만큼의 사건이라는 입장을 유지한다. 우리는 이러한 관점을 제5장에서의 근거들을 사용하여 정당화하고자 한다.

비록 새로운 제품이나 산업기술이 처음에는 일부 업종에만 국한되어 있었다는 비판도 있으나, 이들은 점차 다양한 재화와 서비스의 개발, 생산, 운송, 배급으로 확장되었다. 그러한 불연속성은 고고학자들이 '석기시대', '청동기시대', '철기시대' 등을 구분하는 것만큼이나 오랫동안 익숙하였다. 우리는 그보다 훨씬 급격하고 복잡한 산업사회의 기술에 접근할 때에도 이와 유사한 정당화가 가능하다고 주장한다. 바로 본서의 제2부에서 우리는 이러한 접근법을 정당화할 근거를 제시할 수 있기를 기대한다.

'증기기관의 시대' 혹은 '전기의 시대' 등과 같은 표현은 단지 편리한 기술적 시기구분이었음에도, 역사학자들 사이에서는 오랜 기간 동안 공통적인 어법이었다. 우리가 제1부에서 주장한 것처럼 이러한 형태 구분은 단지 편의를 위해서만 필요한 것이 아니고, 기술이나 산업구조 그리고 더 넓은 경제·사회적 시스템 변화의 연속적 패턴을 이해할 수 있도록 하기 때문에 필요하다. 대부분의 기술사학자들은 기술의 시스템적 특징이 중요함을 인지하고 강조하여 왔다(Gille 1978; Hughes 1982). 새로운 제품과 공정의 혁신과 확산은 고립된 사건이 아니라, 재료, 에너지 공급, 부품, 기능, 인프라 등의 가용성과 필수적으로 관련된 일이다. 슘페터가 목격한 것과 같이 혁신은 무리를 지어 등장하는 경우가 매우 많고, 시간적으로나 공간적으로 고르게 분포되는 경우는 매우 드물다. 이런 일이 일어나는 데에는, 예를 들어 바이오기술이나 고분자화학과 함께 새로운 제품군이 쏟아져 나오게 만든 과학적 발견 등 분명한 이유가 존재한다. 석유나 전기처럼, 새롭거나 혹은 급격히 증가하는 에너지원 및 재료의 경우도 유사한 효과를 가진다. 스탄키에비츠(Rikard Stankiewicz 2000)는 이러한 현상을 엔지니어들과 기업가들에게 새로운 '설계공간(design space)'이 열린 것이라고 표현하였고, 브레스나한과 트라첸버그(Bresnahan and Trajtenberg 1995)는 매우 광범위한 효과를 가진 그러한 변화를 묘사하는 데 '일반목적기술(General Purpose Technologies: GPTs)'이라는 용어를 사용하기도 하였다. 그보다 먼저, 넬슨과 윈터(Nelson and Winter 1977)는 이러한 현상을 '일반자연궤적(generalized natural trajectory)'이라는 말로 표현하였다.

우리는 과학적 발견이 일반목적기술의 개발에 주요 영향을 줄 수 있음을 인지하는 가운데, 매우 남용되고 있는 '혁신의 선형 모형(linear model of innovation)'[2]에 동의하지는 않는다. 과학과 기술 간 관계는 상호적인 것이며,[3] 다음 장들에서 볼 수 있는 것과 같이, 새로운 혁신의 무리는 이 둘 모두의 발전에 의존한다.

본서의 제2부는 그러한 일단의 혁신이 어떻게 발생하고 전파되며, 몇 십 년 동안 산업사회를 지배하는 파동이 되는지, 그리고 수십 년에 걸친 대규모 파동 이후 다른 새로운 파동으로 대체되는지에 관한 내용이다. 우리는 이러한 현상이, 앞의 제2-4장에서 볼 수 있는 것과 같이, 경제학자들에 의해 확인되고 연구되어 온 자본주의 발전의 '장기파동(long waves)'의 근간을 이룸을 제시한다. 이러한 장기파동의 존재를 거부하는 것은 GDP나 산업생산량 등 총량의 추세를 측정하는 단순한 계량경제학적 기법에 기반한다. 그러나 슘페터가 이미 주장하였듯이, 그러한 총량적 접근은 경제성장 과정의 핵심이라 할 수 있는 경제의 구조적이고 정성적인 변화를 무시하기 때문에, 그들이 드러내는 것만큼이나 많은 것을 감추어 버리게 된다. 제1부에서 우리는 GDP의 총량적(aggregate) 성장뿐만 아니라 성장을 가능케 하는 새로운 산업의 등장과 새로운 기술의 도입 역시 중요함을 주장하였다. 로싸(Louçã,1997)는 경기주기에 대한 순수 계량경제학적 접근에 대한 비판을 전개했고, 이 책의 첫 부분은 그러한 비판을 더욱 발전시켰다. 제2부에는 추가적인 목적이 있다. 이는 발전의 장기파동을 야기하는 기술적, 구조적, 사회적 변화 과정을 깊이 있게 분석하는 것이다. 바로 다음 장은 첫 번째 콘드라티예프 파동에 대해 분석하며, 그 다음 제6장부터 제9장까지는 이후 파동들에 대해 분석한다.

물론 슘페터는 혁신과 그 확산에 대한 주기 이론을 정립한 주요 경제학자이며, 우리의 접근법은 그가 개척한 것에 의지하고 있다. 그러나 제2장에서 밝힌 것처럼, 우리의 접근법은 몇 가지 관점에서 슘페터의 이론과는 차별적이다. 슘

---

2) 역자주: 혁신은 과학 분야에서의 기초연구에서 출발하여 응용연구, 개발연구, 상용화의 과정을 거친다는 모형이다.

3) 역자주: 1970년대 이후 혁신의 선형 모형에 대한 비판적 모형들이 등장하기 시작하였으며, 이들은 과학과 기술 간 상호작용의 중요성을 강조하는 경우가 많다.

페터는 후대 학자들이 새로운 근거와 아이디어를 바탕으로 자신의 이론을 수정할 것을 촉구하였는데, 우리는 바로 그의 조언을 따르는 것이다.

쿠즈네츠, 로젠버그 등 슘페터를 비판한 학자들은 다음과 같이 주장했다.

1. 어떠한 혁신도 경제 전반의 수익성, 투자, 고용, 성장에 있어서 중대한 주기적 파동을 일으킬 만큼 크지 않다.
2. 심지어 여러 혁신이 하나로 결합되더라도, 아무도 그러한 조합이 어떻게 함께 형성되고 발전하여 반세기에 걸친 거대 파동을 일으킬 수 있는지 보여주지 못했다.

1980년대와 90년대에는 이러한 비판에 대한 응답이 부상하기 시작하였다. 이때는 슘페터가 말한 혁신의 군집이라는 개념이 역사학자와 혁신이론가들 사이에서 잘 정립된 시기였다. 많은 경제학자들도 이 개념에 대해 연구하였는데, 특히 프리만 등(Freeman et al. 1982) 및 페레즈(Perez 1983) 등 경제학자들의 장기파동 논의에 이 개념이 등장하였다. 그들은 일부 기술변화 과정의 확산적 특성, 그들이 수반하는 불연속성, 경제 시스템의 구조적 변화, 고용의 패턴, 시스템 확산 과정의 장기성 등을 입증하는데, 특히 전자 및 합성재료의 예를 들면서 이러한 무리(constellation)를 분석하는 데 '신 기술시스템(New Technology Systems)'이라는 용어를 사용하였다.

혁신의 시스템적 특성과 광범위한(pervasive) 적용 등의 개념은 일반적으로 잘 받아들여지고 있다. 이는 장기파동 논의에 직접적으로 관여되지 않은 경제학 이론가들도 마찬가지이다. 예를 들어 헬프먼(Helpman 1998)과 그 동료 연구자들은 브레스나한과 트라첸버그(Bresnahan and Trajtenberg 1995)의 계량경제학저널 (Journal of Econometrics)에 실린 논문으로부터 '일반목적기술(GPT)'이라는 표현을 받아들였다. 헬프먼은 점진적 혁신과 그들이 '극단적인' 또는 주요 혁신이라고 말하는 혁신 간의 중요한 차이점을 인정한다. 그의 모델에서 '혁신적 보완성'과 '목적의 일반성' 때문에, GPT를 추동하는 것은 극단적인 혁신이다. 헬프먼 (1993: 4)은 '이러한 효과가 특히 강력할 때, 예를 들어 전기의 경우 경제 조직에 기념비적인 변화를 가져왔으며, 가끔 그들은 근로시간, 가정생활의 제약, 사회적 계층화 등을 통해 사회의 조직화에까지 영향을 미쳤다'고 하였다.

'기념비적'이라는 용어를 사용한 것과 조직적 및 사회적 변화를 포함했다는 점은 특히 주목할 만하며, 이는 '신성장이론' 분야인 이 분석이 페레즈 등 혁신체제론 및 장기파동 분야 경제학자들의 연구에 가까이 다가서도록 하였다. 페레즈는 특히 기술변화는 물론 제도적 변화도 강조함으로써 주목할 만한 연구자였다. 그녀가 일관적으로 주장한 것처럼, 시스템 변화라는 것은 기술혁신은 물론 심대한 사회적 및 조직적 혁신의 조합을 통하지 않고서는 일어날 수 없으며, 필연적으로 장기간이 소요된다.

제3장에서 언급한 바와 같이, 19세기말 전미경제학회(American Economics Association: AEA)의 창립자 중 한 명인 존 프레스터 클락(John Breston Clark)은 독일과 미국에 대한 경험적 관찰을 통해 새로운 생산 기법이 성숙하기까지 45년이 걸린다는 점을 포착했다(Clark 1899: 429). 본서에서 논의하고자 하는 시스템적 변화에는 심지어 더 긴 시간이 걸린다. 실제로 우리가 상정하는 불규칙적인 시대구분은 일반적 경기주기(Juglar cycle)의 5년 내지 13년 기간이라기보다는 '반세기'에 걸친 장기간에 해당한다. 우리가 제3장과 제4장에서 보인 것과 같이, 콘드라티예프를 포함한 많은 장기파동 이론가들은 인프라 투자의 장기 수명과 매 반세기마다 일어나는 '메아리성(echo)' 교체로 장기파동을 일부 설명한다. 물론 우리는 이러한 설명 자체는 거부하지만, 새로운 기술 시스템의 등장, 구체화, 확산은 몇 년이 아닌 수십 년의 문제라는 점은 수용한다. 본서에서 다루는 혁신의 무리라는 것은 신산업, 새로운 서비스, 관리시스템뿐만 아니라 새로운 인프라도 포함하기는 하지만, 장기 파동으로 귀결되는 것은 오래된 인프라의 '메아리성(echo)' 교체가 아니다. 이는 신기술의 등장과 경제 전반에 대한 확산까지 포함하는 장기적(prolonged) 과정이다. 혁신에 대한 많은 실증적 연구들은 개별 제품이나 공정에 집중해 왔으며, 시장 포화가 빠르게 (예: 10년 내지 20년 정도의 짧은 기간 내에) 발생함을 발견하였는데, 전체 기술 시스템의 확산은 이와는 다른 문제이다. 실제로 페레즈가 지적한 것처럼, 개별 제품의 확산 정도는 종종 관련 시스템의 성숙 정도에 영향을 받는다. 예를 들어 새로운 전기 제품은 새로운 인프라가 구축되고, 전기 기술자와 엔지니어의 기량이 확보되고, 신기술에 대한 소비자 태도와 법적 환경이 호의적일 때 더욱 빠르게 확산된다. 이들은 새로운 혁신의 등장 초기에는 일종의 장벽으로 작용하면서 확산을 지체시킨다.

그런데 우리처럼 시기구분과 기술의 역할을 중요하게 생각하는 일부 역사학자들은 우리와 조금 다르게 시기 구분을 하기도 한다. 예를 들어 턴젤만(von Tunzelman)이나 챈들러(Chandler) 등은 첫 번째와 두 번째 콘드라티예프 파동을

'제1차 산업혁명(First Industrial Revolution)'이라고 합쳐 부르는 분류 방식을 선호한다. 이 방식에서는, 제3차와 4차 파동은 '제2차 산업혁명'이며, 현재의 변화는 '제3차'이다. 본서의 제2부에서는, 왜 우리가 '콘드라티예프'의 파동 분류를 선호하는지 명확히 밝힐 것이다(물론 우리는 제4장에서 설명한 이유로 인해 '파동(wave)'이라는 은유에 전적으로 만족하는 것은 아니다).

기술 시스템의 전체 수명주기는 보통 한 세기 이상이다. 철도 시스템은 19세기 중반에 나타나 현재도 매우 중요한 위치를 차지하고 있다. 전기 기술은 전자 시스템의 필수적인 기반이며, 자동차는 앞으로도 사라지지 않을 것이다. 그러나 기술 시스템의 전체 수명은 몇 개의 국면을 거친다. 매우 극초기 단계에서는 주로 실험실 수준의 현상이며, 산발적인 과학적 발견들이 가장 중요한 사건들일 것이다. 대규모 확산은 기술적·상업적 가능성이 성공적으로 실증된 이후에야 시작될 수 있다.

자본주의 경제의 선택환경에서는 가장 수익성 높은 혁신이 최초 성공적 적용 이후 폭발적 성장 국면을 거치게 될 것이다. 또한 현시대의 인터넷과 정보기술 예에서 볼 수 있는 것처럼, 기술의 적용 가능한 분야가 증가함에 따라 거시경제적 효과가 상당히 커지게 될 것이다. 그러나 기하급수적 성장이 영원히 지속되는 것은 아니어서, 수익성이 서서히 약화되고 성장 속도가 느려지는 성숙 단계가 뒤따르게 된다. 더 많은 신기술들이 등장해 경쟁하게 되지만, 이전의 지배적인 기술은 사라지지 않고 다양한 기술들과 공존하게 된다.

따라서 단순하고 도식적으로 볼 때, 기술 시스템 수명 주기의 다음과 같은 국면이 존재할 수 있을 것이다.

1. 실험실 발명 단계(초기 원형(prototype), 특허, 소규모 실증, 초기 적용 등이 나타남)
2. 기술적·상업적 타당성에 대한 결정적시연(광범위한 잠재적 적용 가능성이 나타남)
3. 새로운 규제체제가 수립됨에 따른 경제의 구조적 위기와 정치적 조정의 위기라는 격동적 기간 동안 폭발적인 도약과 성장
4. 지속적인 고성장 단계(새로운 시스템이 상식으로 받아들여지고 세계 경제 주도국들에서 지배적 기술 체제로 받아들여지며, 더 다양한 분야의 산업과 서비스에 적용됨)

5. 수익의 둔화 및 약화 단계(시스템이 성숙하고 새로운 기술들로부터 도전을 받게 됨에 따른 현상으로, 새로운 구조적 조정의 위기로 이어짐)

6. 성숙기(새로운 기술과의 공존으로부터 '르네상스' 효과가 가능, 그러나 천천히 사라질 가능성도 존재)

여기서 우리는 슘페터 이래로부터 '콘드라티예프 파동'(혹은 주기)라고 불린 경제·사회적 시스템 내의 현상은 2-5단계 국면에 해당함을 보여주게 될 것이다. 6단계 국면의 경우 시스템은 경제에 대한 큰 효과를 더 이상 갖지 않으므로 우리는 2-5단계를 상정한다. 1단계 국면의 경우 상당히 긴 기간 동안 지속되겠지만, 이 단계에서는 경제적 효과들이 거의 인지되지 않는다.

현시대의 정보기술 및 인터넷의 예를 살펴보면 장기적인 구상 및 확산 시기에 대해 확인해 볼 수 있다. 제9장에서 보이고자 하는 것과 같이, 이 기술의 기원은 과학과 발명이라는 측면에서 볼 때 반세기 이전의 시간으로 돌아간다. 그러나 확산의 거시경제적 효과로 볼 때, 이는 20세기 말(특히 마지막 분기)의 현상인 것처럼 보인다. 그러한 영향은 정보통신 기술이 세계적으로 확산되어 거의 모든 국가와 경제부문들에 영향을 미치는 21세기 초반기에 들어서는 더욱 거대할 것이다. 확산의 속도는 아마 느릴 수 있다. 비록 확산 속도는 격렬했던 초창기보다는 약간 느려질 수 있지만, 새로운 기술 시스템이 총 경제에서 차지하는 비중이 훨씬 크고 거시 경제 효과도 엄청나다. 우리는 이후 이어지는 각 장에서, 연속적인 산업혁명 각각은 비록 개별적인 독특한 특성이 있었음에도 불구하고, 대략적으로 이러한 패턴을 보여 왔음을 제시하게 될 것이다.

ICT 등 몇몇 기술 시스템이 매우 광범위하게 파급되어 수십 년에 걸쳐 전체 경제의 움직임을 지배했으며, 중대한 사회·정치적 변화와 상호 영향을 주고받았음을 처음으로 제시한 것은 페레즈(Perez)였다. 그녀는 우리가 아래에서 사용한 몇 가지 중요한 독창적 아이디어를 제안했다.

1. 페레즈는 각 장기파동별로, 하나 이상의 '핵심 요인(key factors)'(철, 석탄, 석유, 전자 칩)이 매우 저렴하고 보편적으로 이용 가능해짐에 따라 요인들 간 새로운 조합의 가능성을 방대하게 발생시켰다고 제시하였다(이 조합이란 스탄키에비츠가 후에 '설계공간(design space)'이라고 한 것이다). 페레즈는 '핵심 요인'의 생산자들은 '동기부(motive branch)'라고 불렀는데, 이들

은 각 파동별로 중요 산업으로 성장하였다. 본서에서는 '핵심 요인'이라는 용어보다는 '핵심 투입요소(core inputs)'라는 용어로 부르도록 한다. '요인(factor)'은 다른 의미로 불리는 경우가 많아, '투입요소'가 좀 더 정확하게 우리가 의미하고자 하는 바를 전달할 수 있을 것이다.

2. 페레즈는 이러한 핵심 투입요소와 일부 보완재의 가용성을 기반으로 한 신제품이 다른 새로운 산업의 부상을 촉진 할 수 있으며, 그 새로운 산업('추동부'; carrier branch)의 급격한 성장과 거대한 시장 잠재력은 전체 경제의 성장에 주요 추동력을 제공할 것이라고 제안하였다(면직물, 증기기관, 철도, 전기제품, 자동차, 컴퓨터 등이 이에 해당한다). 새로운 인프라가 신산업의 니즈를 충족시킬 것이며, 추동부와 동기부 모두의 급격한 성장을 상호 자극하고 용이하게 할 것이다(〈표 1〉). 페레즈의 개념은, 이들 신규 고성장 산업을 '주도업종(leading sector)'이라고 하였던 로스토(Rostow 1963) 등 역사학자들의 개념과 상당히 닮아 있다. 우리도 역시 '주도업종(leading sector)'이라는 표현을 사용하여, '추동부', '동기부', 신규 인프라 등의 개념을 보완하고자 한다. 그리고 '주도업종'을 따르는 경제의 몇몇 다른 부문들이 있는데, 이들은 페레즈가 '유도부(induced branches)'라고 하였던 것으로, 휴게소, 수선소, 정비고, (자동차의 경우) 판매업자, 대중 관광업체 및 패스트푸드 업소 등이 그 예이다.

3. 이들 새로운 산업, 서비스, 제품, 기술들로부터 발생하는 구조적 전환(structural transformation)은 필연적으로 그들을 설계하고, 사용하고, 생산하고, 유통하는 데 필요한 조직적 혁신의 조합과 결부된다. 일련의 시행착오(trial and error) 과정을 통해, 신기술을 관리하고 조직화하는 새로운 '상식적(common-sense)' 규칙들이 점차 부상하게 되며, 이는 신산업은 물론 기존 산업에서도 효과적임을 입증할 수 있게 된다. 예를 들어 공장 기반의 생산은 면직물은 물로 다른 섬유의 생산에도 사용될 수 있고, 대량 일관생산 기법은 자동차나 정유 분야뿐만 아니라 식품 및 요식업에도 적용될 수 있으며, 컴퓨터 시스템은 거의 모든 산업이나 서비스에 사용될 수 있다. 페레즈는 이러한 관리와 조직화의 새로운 접근법을 '새로운 기술적 스타일(new technological style)'과 '새로운 기술경제패러다임(new techno-economic paradigm)' 등으로 다양하게 불렀다. 또한 페레즈는, 일단 이것이 부상하여 효과적임을 입증하게 되면 사회에 더 광범위한 영향

을 미치게 되며, 기업은 물론 정부와 일반 문화 측면에도 영향을 미치게 된다고 하였다.

4. 이처럼 광범위한 구조적 및 조직적 변화 과정은 매끄럽고 점진적인 방식으로 발생하지 않는다. 새로운 '기술경제패러다임'은 그것이 분명히 뛰어나고 수익성이 있음에도 불구하고, 기존의 지배적 패러다임, 제도적 체제, 문화적 규범과 결부된 강력한 기득권의 존재로 인해 쉽게 수용되지도 않고 보편화되기도 어렵다. 따라서 흔히 장기파동의 하강기로 묘사되는 시기는 일부 신규 기업·산업의 급격한 성장과 높은 수익성이 다른 부문의 더딘 성장, 위축, 침체 등과 병립하며, 적절한 규제체제를 둘러싼 정치적 갈등이라는 특징이 있는 거대한 난기류의 시기였다. 통화 장애(monetary disorder), 상대적으로 높은 수준의 실업률, 관세 분쟁 등이 이들 구조 전환 시기의 특징적 현상이라고 할 수 있다. 기존의 제도적 틀과 새로운 기술의 무리 간 부조화(mismatch)는 국가별·산업별로 다양한 방식으로 해결될 수 있다.

지금까지 신기술의 만연한 효과에 대한 응답으로 다양한 제도적 변화가 있었으며, 앞으로도 그러할 것이다. 많은 국가에서의 자율적 또는 반자율적 사회·제도 변화 과정은 확산 과정에 영향을 미칠 것이다. 또한 새로운 패러다임의 확산은 국가는 물론 기업이나 산업별로 불균일하게 분포하게 될 것인데, 일부는 깊게 즉각적으로, 그리고 다른 일부는 상당한 시차를 두고 영향을 받을 것이며, 그 외에는 여전히 영향이 없는 경우도 있을 것이다. 페레즈의 패러다임 변화 개념은 모든 국가의 모든 기업들이 동일한 조직화 모델을 도입할 것임을 의미하지는 않았으며, 오직 전기화나 컴퓨터 등의 경우에만 (비록 지역별로 다양한 적응, 실험, 역사적 경험 등에 의해 조정되기는 하겠지만) 기업 행위의 진화에 세계적 수준의 영향을 미칠 것임을 의미하였다. 구조 변화와 새로운 패러다임 수용의 격변기 후에는, 장기파동의 '호황(boom)' 또는 상승(upswing) 국면에 해당하는 안정적 시기가 뒤따른다.

이러한 아이디어는 상당한 관심을 불러일으켰고, 일부는 이를 수용하기도 하였다.[4] 본서는 여기서 이들 아이디어를 더욱 체계적으로 검증하고 명확히 하고자 한다. 이러한 작업은 다음과 같은 사항을 필요로 한다.

---

4) 예를 들어 다음과 같은 문헌 참조. 타일리콧(Tylecote 1992), 로이드 존스와 키위스(Lloyd-Jones and Kewis 1998), 그리고 프리만(Freeman 1996), 로사와 레이엔더스(Louçã and Reijnders 1999) 등이 장기파동의 역사에 관한 핵심 문헌을 취사선택하여 편집 3권 분량의 출판물.

1. 각 파동에 대한 경험적·역사적 데이터를 수집하고 분석하여 위의 제안을 실제로 지지하는지 반박하는지를 확인할 필요가 있다. 여기에는 기업, 산업, 기술 및 국가 수준의 정량적 및 정성적 분석이 모두 포함된다.

2. 각 파동별 특유성을 고려하고, 개별 혁신의 무리가 지배적으로 등장하고 성숙되는 과정 중 어떻게 기술적, 과학적, 경제적, 정치적, 문화적 환경에 의해 개발·촉진(혹은 저해)되는지를 보여줄 수 있는 '평가적(appreciative)' 역사 기술(historical description)이 필요하다. 그러한 기술은 본서의 제4장 추론된 역사에 관한 우리의 결론에 기반하게 될 것이다. 이는 타당성을 확보하고 목적론적 해석5)을 회피하기 위해 필수적이다. 이는 새로운 패러다임 각각이 호의적인 영향의 매우 다른 조합으로 구성되며, 그 확산이 매끄럽지 못하고(untidy) 불확실한 역사적 과정임을 인지한다.

분석은 영국의 산업혁명으로부터 출발하며, 다음 장의 대부분 내용은 영국 사례와 관련이 있다. 이 이유는 당시 산업혁명은 영국에서 시작되었고, 다른 국가들이 영국의 산업화를 '추격(catch-up)'하는 현상이 19세기 후반까지는 본격적으로 나타나지 않았으며, 이로 인해 영국 사례에서만 콘드라티예프 파동에 관한 데이터를 찾을 수 있기 때문이다. 제2차 콘드라티예프 파동에서는, 미국과 독일이 많은 산업분야와 기술 분야에서 영국을 추격하였으며 일부 분야에서는 두각을 나타내기 시작하였다. 따라서 영국 사례에 중점을 두는 가운데, 우리는 특히 미국 등 다른 일부 국가도 분석하도록 한다. 이후 장(제7-9장)에서는 몇몇 국가에서의 제3차 및 4차 콘드라티예프 파동과, 정보통신 기술에 기반한 제5차 콘드라티예프 파동의 새롭게 부상하는 특징에 대해 다룬다. 그런데 이러한 일부 주도국(leading countries)만 다루고 있다는 점이 본서의 약점이다. 비록 그 주도국들의 역할이 매우 중요하기는 하나, 타일리콧(Tylecote)이 주장한 것처럼 기타 국가들과의 관계 역시 항상 중요하다. 따라서 향후 연구들은 본서의 이러한 약점을 극복할 수 있기를 바란다.

그리고 슘페터의 접근법과 차별화된 우리의 접근법 두 가지를 밝혀 두고자 한다. 슘페터에 비해 우리는 특히 혁신의 확산을 더욱 강조하고자 한다. 초기 발명과 혁신이 기술개발에 있어서 필수적이기는 하지만, 거시경제 현상에 대한 효

---

5) 그러한 목적론적 해석은 패러다임이 이미 존재함을 가정하며, 진화적이기보다는 이상적으로 확산을 설명한다.

과는 미미하다는 것이 우리의 견해이다. 투자, 산출, 교역이 급증하는 현상은 혁신의 확산과 규모의 경제에 의존한다. 따라서 슘페터는 제강(steel) 산업을 제2차 콘드라티예프 파동의 상승 국면으로 구분하는 반면, 우리는 이를 베세머 공정 및 다른 신규 제강 공정이 광범위하게 확산된 3차 파동으로 분류한다. 소량의 강철은 물론 제2차 및 3차는 물론 그보다 훨씬 이전의 시기에도 사용되었다. 그러나 거시경제 관점에서 중요한 현상은 제3차 콘드라티예프 파동에서 제강 산업의 대대적인 확장이라는 것이 우리의 견해이다. 사실 산업혁명 당시 경제의 상승국면은 강철(steel)이 아닌 철(iron)이었다.[6] 두 번째로, 슘페터는 '영웅적(heroic)' 기업가(entrepreneur)의 역할을 강조하였지만,[7] 우리는 기술적 혁명과 동반하는 관리 시스템(management system)의 변화를 더욱 강조한다(〈표 1〉의 첫 번째 열).

우리는 핵심 투입요소를 생산하는 '동기부(motive branches)'와 전체 역사적 기간의 전형으로 작용하는 '추동부(carrier branches)'의 급격한 성장에 대한 근거는 상당히 강력하며 실제로 많은 역사학자들로부터 지지를 받는다는 입장을 유지한다. 따라서 우리는 핵심 투입요소의 상대적 가격의 하락, 다분야 적용, 보편적 가용성에 대한 근거가 있다고 믿는다. 물적 인프라의 역할에 대해서도 상당히 설득력 있는 근거가 있으며, 나키세노빅과 그뤼블러(Nakicenovic and Grübler 1991)에 의해 매우 잘 수집·제시되었다.

물론 정보기술이건 기존에 광범위하게 파급되었던 기술이건, 모든 기술혁신은 그 효과가 불균일하다. 이러한 이유로 우리는 장기파동의 불규칙적인 기간 구분을 제시하여, 대략적으로만(only approximately) 반세기 정도를 상정한다. 또한 그 이유로 인해, 제4장의 결론부분에서 밝혔듯이 우리는 파도(wave)에 대한 은유가 최적은 아닐 수 있다고 본다. 파도에 대한 은유는 매끈하고 규칙적인 인상을 줄 수 있어서, 우리가 보여주고자 하는 격동적 난류(turbulent) 과정과는 분명히 다르다. 일부 핵심 산업과 서비스는 분명히 깊이 있게 영향을 받고, 다른 분야들은 제한적으로만 영향을 받으며, 이러한 변화가 발생하는 속도는 상당히 다양할 것이다. 일부 제품과 산업은 새로운 무리의 등장과 확립 직후 영향을 받

---

6) 역자주: 철(iron)은 탄소 함유량이 낮거나 거의 없는 순철(pure iron) 및 연철(wrought iron), 탄소 함유량이 1.7% 이상인 선철(pig iron), 3.0~3.6%인 주철(cast iron) 등을 의미한다. 이와 달리 강 또는 강철(steel)은 탄소 함유량이 0.1~1.7%인 것으로 철과는 구분하여 부른다. 본서에서 steel은 제품이나 기술인 경우에는 강철, 산업이나 기업인 경우에는 제강이라고 번역하도록 한다.

7) 이에 대해 쿠즈네츠는 '그래서 기업가들이 매 50년마다 피로를 느꼈다는 뜻인가?'라며 비판하였다.

기 시작할 것이며, 다른 분야들은 몇 십 년 후에나 그렇게 될 것이다. 이미 지적한 것처럼, <표 1>의 (2)번 열은 기술적 그리고 경제적 이점과 새로운 시스템의 잠재성을 매우 광범위한 대중에게 분명히 설명한 것으로, 몇몇 결정적 사건들을 정확히 보여준다. 타일리콧(Tylecote 1992)은 그의 책에서 새로운 패러다임이 '명백한 우수성(clear-cut superiority)'을 입증하는 몇 년의 '결정화(crystalliza-tion)' 기간이 있음을 보이며 이와 유사한 설명을 제공한다.

새로운 기술적 스타일이 명백한 우수성과 광범위한 (국제적) 파급의 잠재성을 입증한 후(Tylecote 1992: 68) 지배적 위치에 도달하게 되는 속도는 확산에 필요한 새로운 인프라에 상당히 의존한다. 이들 인프라는 두 가지이다. 한 가지는 <표 1>에 보인 것과 같이 기본적으로 교통과 통신을 위한 물적 인프라이며, 새로운 기량(skills)의 교육·훈련이나 신제품·신서비스의 설계·개발에 필요한 중요한 인프라(과학기술 인프라)도 존재한다. 이들 인프라에 대한 투자는 항상 정치적 발의와 규제체제의 변화를 필요로 하며, 보통 극심한 정치적 논쟁과 갈등의 대상이다. 바로 이 점에서 위에 소개된 페레즈 모델의 네 번째 포인트는 상당히 적절하다. 페레즈는 하강기 국면에는 새로운 무리의 성장이 (기술에 비해 변화를 거부하는 성향이 많은) 기존 제도와 사회적 틀에 의해 다양한 방식으로 지체될 수 있다고 제시함으로써, 이 분야에 독창적인 기여를 하였다. 또한 정치적, 사회적, 문화적 변화가 새로운 무리(즉 새로운 '규제체제(regime of regulation)')에 대한 더 큰 범위와 지원을 제공하는 프레임워크의 개발로 귀결될 수 있다는 의견도 상당히 타당하다. 이러한 아이디어는 '생산력(productive forces)'과 '생산관계(relations of production)' 간 긴장이라는 마르크스의 개념을 연상시킨다. 그러나 마르크스는 그의 이론을 자본주의 체제에서의 사회적 관계 일반 또는 초기 사회 형성에 적용한 반면, 페레즈는 뚜렷한 자본주의 경제의 틀 내에서의 연속된 변화와 관련하여 이론을 전개하였다.

경제 내에서 기술적, 조직적 변화의 상호작용을 더 광범위한 정치적, 문화적, 사회적 변화와 분리하는 것은 매우 어렵고 도전적인 과제이다. 그러나 우리는 타일리콧(Tyloecote 1992)의 선구적 연구, 로이드존스와 루이스(Lloyd-Jones and Lewis 1998)의 연구로부터 고무되었고, 이어지는 장에서 이들 근본적인 문제들을 간략하게나마 다루어 보고자 하였다. 우리는 주요 신기술의 확산은 '기념비적인' 조직 및 제도적 변화로 귀결된다는 헬프먼(Helpman 1998)의 주장에 동의한다. '조정의 구조적 위기(structural crisis of adjustment)'라는 표현은 기존 기술 체제

(technological regime)로부터 새로운 체제로의 격렬한 전환기에 발생하는 이러한 문제점들 중 일부를 묘사하기 위해 최근 다방면에서 사용되어 왔다.

이후의 설명은 기술과 경제 구조의 변화에 초점을 맞추고 있지만, 각 장의 결론 섹션에서는 이러한 광범위한 사회 문제 중 일부를 소개한다. 이는 우리가 제4장에서 주장했듯이 역사적 이야기의 필수적인 부분이다(Hodgson 1999). 이들 이슈 중 일부는 제2부의 결론 부분에서 추가적으로 전개될 것이다.

결론 부분에서는 개별 콘드라티예프 파동의 반복적인 특성 일부에 대해 논의하게 될 것이며, 이는 우리가 단순한 시기구분 기법보다는 '콘드라티예프 파동'이라는 표현을 사용하는 이유를 정당화할 수 있을 것이다. 우리는 개별 파동은 공간적 제약에도 불구하고 고유의 특성을 가지고 있음을 전적으로 인정하며, 다음 장들을 통해 파동별 고유의 특성들 중 일부를 설명할 것이다. 그럼에도 불구하고, 우리는 장기파동의 반복적 특성에도 주목하는데, 이는 광범위하고 상호 의존적인 혁신이 무리지어 나타나는 현상을 포함하며, 핵심 투입요소, 추동부와 새로운 인프라, 새로운 관리 스타일의 역할 등도 포함한다. 마지막으로, 중대한 구조적 변화는 각 파동별 제도적·사회적 프레임워크의 많은 변화를 필요로 하는 조정의 위기(crisis of adjustment)를 통해서만 발생할 수 있다. 한 국가의 정치적 시스템과 지역 문화는 그들 자체의 역학을 가지고 있다. 우리가 제시하는 이론은 실제로 기술변화와 경제의 구조 변화를 크게 강조하지만, 이를 '기술결정론(technological determinism)'으로 볼 수는 없다. 기술변화는 그 자체가 사회적, 정치적, 문화적 영향의 산물이다. 결론 부분에서 우리는, 모든 역사학자들에게 어려움으로 직면하고 있는 것으로 우리가 제4장과 제1부의 결론에서 소개하고 있는, 공진화(co-evolution)라는 근본적 질문으로 되돌아온다.

영국의 산업혁명: 면직물, 철 그리고 수력발전의 시대

5.1 서론: 1770년대부터의 성장 가속화

영국 산업혁명의 주요 특징에 대한 해석은 역사학자들[1]마다 다르다. 일부는 기업가정신을, 일부는 발명과 혁신에, 일부는 문화와 과학에, 일부는 교통, 통신, 무역에, 일부는 시장 수요의 성장과 구성에 중점을 두었다. 그러나 대부분은 단일 요인으로 설명하는 것이 불충분하다는 것에 동의하며, 농업의 변화는 물론 노동력의 이동, 자본의 축적 등과 함께 설명한다.

산업혁명에 대한 주요 연구의 내용, 특히 경제사학회가 발간한 11권짜리 '산업혁명'(Church and Ligley 1994)의 내용에 대한 해석은 5.1-5.8절에 요약되어 있고, 그 다음 결론부에서는 첫 번째에서 두 번째 콘드라티예프(5.9절과 5.10절) 전환에 대한 토막글로 마무리한다.

경제사학자들은 대부분 18세기 후반 영국의 산업 생산, 투자, 무역이 급격히 증가하였다는 데에 동의한다. 호프만(Hoffmann)은 1700-1780년까지 영국 산업 생산의 성장률을 연 0.5-1% 사이로 계산했으나, 1780-1870년까지의 성장률은

---

1) 예: 애쉬튼(Ashton 1948); 서플(Suppl 1963), 디인(Deane 1965); 홉스봄(Hobsbawm1968), 하바쿡(Habbakuk 1963); 플루드와 맥클로스키(Floud and McCloskey 1981/1994), 로스토우(Rostow 1960), 마티아스(Mathias 1969), 랜드(Landes 1969), 턴젤만(von Tuzelmann 1978/1995a), 폴리니(Paulinyi 1989), 모키르(Mokyr 1994b), 호핏과 위글리(Hoppit and Wrighley 1994); 로이드 존스와 루이스(Lloyd-Jones and Lewis 1998), 버그와 브룰랜드(Berg and Bruland 1998)

3% 이상으로 추정하였다. 보다 근래의 추계(Crafts 1994)에 따르면 후기의 추정 성장률이 낮아졌지만 근본적으로 큰 변화는 없었다(〈표 5.1〉: [그림 1.2]). 제1장에서 우리가 보인 바는 물론 랜즈(Landes)가 일관되게 주장했듯이, 수정주의 역사학자들은 그들이 가속 성장의 '신화'라고 생각했던 것을 파괴하고자 하였으나, 실제로는 그것을 확인했다. 서플(Suppl 1963: 35)은 그 결론을 다음과 같이 요약했다. '경제 변화는 꾸준히 가속화되지 못했으나 혁신, 투자, 생산량, 무역 등 모든 것이 급증하는 것처럼 보이는 다소 정확한 지점(대부분의 역사학자들이 1780년대에 위치시키는 지점)이 있었다.'

비록 18세기 후반 산업의 급성장이 영국경제 성장을 가속화시키는 주된 요소이지만, 디인과 콜(Deane and cole 1962)은 1800-1860년까지의 전체 국민 소득 성장률이 1740-1800년까지 기간의 2배에 달한다고 추정했다. 크래프트(Crafts 1994: 196)의 추정치는 기존의 계산보다 더 낮았다. 그의 계산에 따르면 1760-1780년까지는 연 0.7% 수준이었으며, 1780-1800년까지는 1.32%, 1801-1834년까지는 1.97%의 성장률을 보였다. 이것은 매우 중대한 변화로, 이전에 비해 높은 수준의 장기 경제 성장률이 지속되었던 것이다.

또한 역사학자들은 영국 산업의 급성장이 단순히 '균형 잡힌 재생산(모든 산업의 동시에 성장하는 '균형')'이 아니라 전체 면직 산업과 철 산업(〈표 5.1〉)을 비롯한 몇 개의 선도적인 부문에서만 예외적으로 빠른 성장을 보이는 특징을 보인다는 데에 동의한다. 산업의 부가가치 총액에서 면직의 비율은 1770년 2.6%에서 1801년 17%로 증가했다. 이는 이례적인 급속한 산업구조의 변화이며, 서플이 영국 산업혁명 초기에 가장 극적인 확장을 경험한 것은 면직물 산업이라고 언급한 바 있다. 그 후 1840년 철도 투자와 운송망 확산이 경제를 지배하는 듯 보였고, 세기의 3분기(third quarter of the century)에는 제강 산업과 증기선 건설이 주도하는 듯 했다(Supple 1963: 37).

물론 다른 산업과의 전후방 연계도 중요하지만, 예외적으로 면직물 산업의 역할은 일반적인 동시대인과 이후 역사학자들 모두에게 인정되어왔다. 면 재료 수입량은 1783-7년 연평균 1,600만 파운드에서 1787-92 2,900만 파운드, 1800년 5,600파운드였고 주요 공급원이 서인도제도에서 미국의 노예 농장(slave plantation)으로 바뀌었다. 19세기 역사학자 베인스(Baines 1835)는 면재료 수입 증가율은 '어떤 다른 제조업에서도 전례가 없이 빠르고 꾸준하다'라고 묘사하였다. 1793년 미국의 일라이 휘트니(Eli Whitney)에 의한 면화 진(gin)의 발명은 면

재료 공급의 지속적이고 급속한 확대를 보장했다. 베인스는 기술적 발명과 그 확산의 직접적 효과가 1770년대와 1780년대에의 놀라운 성장의 원인이 되었다고 하였다. '제니 방적기(jenny)와 수력 방적기(water-frame)의 발명으로 인해 1771-1781년까지 급격한 증가가 일어났고, 1781-1791년까지 10년간은 뮬 방적기(mule)가 발명되고 아크라이트(Arkwright)의 특허권이 만료된 직후여서, 발전 속도는 엄청나게 빨라졌다.'

당시 생산성의 증가는 일련의 발명 및 개선을 기반으로 하였으며, 점차 공장 생산 시스템의 활용에 더 의존하게 되었다(Chapman 1972; Hills 1994; Mann 1958; von Tunzelmann 1995b)(〈표 5.2b〉). 면직 산업에서의 공정기술 향상은 급격한 가격하락을 가능케 했고, 이는 결국 영국에게 인도, 아시아 등 기타 공급자들 대비 우월한 수출경쟁력을 제공하였다. 면직물 수출은 1820년까지 총생산량이 60%에 도달했고, 영국이 세계 최대의 수출국이던 1899년 당시 영국 제조업 수출의 30% 이상을 차지하면서, 단일 품목으로서는 19세기 세계 무역에서 가장 큰 부분을 차지하게 되었다.

랭커셔 면사(Lancashire cotton yarn)의 가격하락은 나폴레옹 전쟁의 인플레이션 시기에 두드러지게 발생하였다. 100호 면사의 가격은 1786년 38실링에서 1807년 6실링 9펜스로 떨어졌다. 랜즈(Landes 1965: 109)는 1837년까지 면사 가격이 1760년 기준의 1/20수준으로 떨어졌다고 추정하였다. 이는 원재료 가격하락이 주요 원인이라고 볼 수 없으며, 생산 조직과 면사의 공정 과정의 혁신에 기인한다(〈표 5.2(b)〉).

그러나 면직 산업은 의심할 여지없이 영국 산업혁명의 선도적인 분야였음에도 불구하고, 면사는 잠재적으로 적용할 범위가 넓지 않고 면직 산업 자체에만 국한되었기 때문에 페레즈(Perez)가 정의한 '핵심 투입요소' 또는 '핵심 요인'에 해당하기 어렵다. 오히려 산업혁명의 다른 급성장 산업인 제철 산업이 '핵심 투입요소'와 '동기부(motive branch)'의 역할을 하였다(〈표 5.1〉). 따라서 이 절에서는 면직 산업의 혁신에 대해 간략히 논의한 후, 제철 산업의 핵심 혁신에 이어 수력과 수송의 혁신, 제1차 영국 산업혁명의 인프라에 대해서도 고찰한다.

■ 표 5.1   1700-1760년도부터 1811-1821년까지 영국의 실질 산업 생산량의 부문별 증가 (%당 년)

연도	면직	철	건설	산업생산량 (가중평균)[a]
1700-1760	1.37	0.60	0.74	0.71
1770-1780	6.20	4.47	4.24	1.79
1780-1790	12.76	3.79	3.22	1.60
1790-1801	6.73	6.48	2.01	2.49
1801-1811	4.49	7.45	2.05	2.70
1811-1821	5.59	-0.28	3.61	2.42

[a] 다른 산업 포함: 1770년 가중치(weights) 기준으로 한 1700-90년; 1801년 가중치(weights) 기준으로 한 1790-1821년
출처: Crafts(1994).

■ 표 5.2(a)   면직물의 노동 생산성: 면 100파운드당 작업시간(OHP)

	OHP
인도 수동 방적기 (18세기)	50,000
크롬프턴의 뮬 방적기 (1780)	2,000
100축 뮬 방적기 (c. 1790)	1,000
동력 뮬 방적기 (c. 1795)	300
로버트의 자동 뮬 방적기 (c. 1825)	135
현대의 최신 기계 (1990)	40

출처: Jenkins(1994: xix).

■ 표 5.2(b)   면직물 방적 기술변화, 1780-1830년[a]

	면 100파운드당 방적 비용		면 100파운드당 노동 시간 지수(Index)
	금액(£)	지수(Index)	
1780	2.10	100	100
1790	1.07	49	-
1795	0.57	23	15
1810	0.21	5	-
1830	0.13	4	7

[a] 영국 면사 80번 기준.
출처: Paulinyi(1989: 66).

5.2 면직 산업의 발명과 혁신

면직 산업은 페레즈의 용어로 추동부(carrier branch), 로스토우(Rostow)의 용어로 '주도 업종(leading sector)'라고 하는 것이 적절할 것이다. 우리가 보게 될 것처럼, 많은 면직 분야에서의 기술은 물론 조직 차원에서의 혁신들은 이후 섬유 산업의 다른 분야와 일반 제조업의 기술혁신을 이끌었다.

사실상 어느 시대에나, 면직은 물론 모든 분야에서 경제 성장에 대한 발명의 중요성은 중요하다는 데에는 별다른 이견이 없다. 실제로 오래된 영국 역사교과서에서 발명은 가장 눈에 띄는 위치를 차지하기도 하였다. 애덤 스미스(Adam Smith 1776)와 최근의 연구들은 독창적인 주요 발명품뿐만 아니라 공장이나 작업장 내의 프로세스에 대한 지속적인 개선을 강조한다. 또한 베인즈의 사례에서 본 것과 같이 발명이 혁신으로 이어지는 속도와 빠른 확산이 강조되기도 한다. 특허 등록 건수는 1740-9년 기간에 연간 80건 정도였으나 1770-9년에는 300건에 육박하였고, 1790-9년에는 600건 이상으로 증가했다(〈표 5.3〉). 특허는 불완전한 지표지만, 이 추세를 무효화할만한 변화도 없었다(Eversley 1994). 이러한 양적 비율의 증가는 영국의 산업혁명의 다른 선도 부문과 면직 산업과 관련이 있는 자본재에서 나타났다(〈표 5.3〉).

표 5.3 18세기 영국의 다양한 자본재에 대한 특허

▌표 5.3 18세기 영국의 다양한 자본재에 대한 특허

특허 분류	1770 - 79	1780 - 89	1790 - 99
동력원(주요 이동수단과 펌프)	17	47	74
섬유기계	19	23	53
금속공학 장비	6	11	19
운화와 도로 건설	1	2	24
소계	48	90	170
(전체 특허의 %)	(16)	(19)	(28)
전체 자본재 특허	92	168	294
(전체 특허의 %)	(31)	(34)	(45)
전체 특허	298	477	604

출처: C. MacLeod(1988).

 18세기 주요 발명의 본질에 대해서는 약간의 의견 차이가 있다. 어떤 저자들은 당시의 발명들이 매우 단순하여, '정식으로 교육받지 않은 무명의 기술자, 목수, 시계 수리공 등에 의해 우연한 기회에 만들어진 것이라는 인상을 남긴다'고 하였다(Ashton 1948). 애쉬튼(Ashton)은 '이러한 이해는 산업현장에서의 대부분의 혁신 이면에 체계적 사고가 자리 잡고 있음을 간과하여 해를 끼쳐 왔다'면서, 우연에 의한 부분이 과도하게 강조되었다고 하였다. 게다가 '많은 경우 두 개 이상의 기존 아이디어나 프로세스가 관련된 것으로, 발명가가 이들을 통합하여 복잡하고 효율적인 기계를 만들어 낸 것이다. 예를 들어 크롬프턴(Crompton)은 이러한 방식으로 제니 방적기의 원리를 롤러에 의한 방적과 통합함으로써 뮬 방적기를 만들어 낸 것이다'(Ashton 1963: 154).
 랜즈는 산업혁명의 기계 기술자, 금속 수리공, 기계 수리공, 연장 재단사(tool-cutter)들의 높은 기능 수준을 강조한다.

더욱 놀라운 것은 이 사람들의 이론적 지식이다. 그들은 대체로 역사적 신화의 무식한 땜장이는 아니었다. 페어바인(Fairbairn)이 지적한 바와 같이 평범한 기계수리공 조차도 대개 상당한 산술가였고 기하학, 수준측량(levelling), 계량(측정)과 어떤 경우에는 실용 수학에 대한 상당한 지식을 갖추고 있었다. 또한 기계의 힘, 세기, 속도 등을 계산할 수 있었고 설계와 단면도를 도출할 수 있었다(Landes 1965: 296).

반대로, 발명품이 지속적인 사회적 과정의 결과물이라기보다 개인의 천재성이나 과학적 탁월성의 결과물이라는 이해도 존재한다. 부분적으로, 이러한 사실에 대한 해석의 차이는 (오늘날에도 여전히) 발명과 혁신의 광범위한 스펙트럼으로부터 발생한다. 그때나 지금이나 대다수의 발명과 혁신은 기존의 공정 과정과 제품에 대한 점진적인 개선이었고, 애덤 스미스가 확인한 것과 같이 다른 종류 작업장에서 기계를 사용하는 노동자들에 의해 만들어지기도 하였다. 물론 발명은 분업(division of labor)에 기초하여 전문화로 인해 가능하기도 하였지만, (이 역시 애덤 스미스가 관찰한 바로서) 어떤 발명들은 과학자들의 작업[2]으로부터 만들어지기도 하였다.

턴젤만(Von Tunzelmann 1995b)은 혁신자들에 대한 유인책이 시간 절약이며, 상당히 단순한 기계화 패러다임 내에서 추구되는 고정자본과 운전자본, 노동력, 토지 등에서의 절감은 바로 이 시간 절약이라는 목적의 간접적 결과였다는 증거를 제공하였다. 이는 전체 생산 시스템에서 초점 장치와 조정(coordination)의 역할을 제시하였다. 베인스는 '가장 핵심적인 병목에 해당하는 특정 부품들의 경우 시간 절약을 위해 그 작동 속도를 높일 뿐만 아니라, 수차례 반복적으로 사용하기도 하였는데, 블록 인쇄의 실린더는 최대 5회까지 반복 사용되기도 하였다'(Baines 1835: 236).[3] 이러한 혁신 전략에 따라 제니 방적기는 전통적인 방적 물레를 초기에는 8배, 나중에는 120배까지 단일 기계 내에서 증가시켰다'(p.15).

그럼에도 불구하고, 하그리브스(Hargreaves), 아크라이트, 크롬프턴 및 전후 발명들의 효과는 점진적이기보다는 혁명적이었다(〈표 5.2(a)〉). 18세기 말 노동 생산성의 향상은 100파운드의 면화를 가공하는 작업시간을 양적 측면에서 대폭 줄였다. 파울리니(Paulini 1989)가 제시한 〈표 5.2(b)〉는 1780년과 1810년간 100파운드의 면화를 방직하는 비용이 유사한 규모와 순서로 감소하고 있음을 나타낸다. 후기 혁신의 만드는 데 필요한 동력으로 인해 기계는 공장과 같은 특정 목적의 공간에 설치되어야 했다. 아크라이트는 자신의 발명에 대한 권리를 회전축 1,000개짜리 기계에 제한을 둔 가운데, 인간과 동물의 힘은 수력으로, 이후에는

---

2) 힐스(Hills 1994: 112)는 북서부 과학 산업 박물관에서 실제로 회전하는 기계를 작동시킨 경험에 대한 논평을 바탕으로 하그리브스와 아크라이트사가 활용한 개선의 궤적을 강조하고 있다. 많은 발명품들은 오두막 산업의 오래된 기술을 공장 생산의 새로운 조건에 적응시키는 것에 기초하고 있었다.

3) 역자주: 턴젤만(von Tunzelmann 1995b)이 제시한 예시는 다음과 같다. 예를 들어 유체 펌프의 경우, 핵심 부품의 작동을 빠르게 함으로써 성능을 향상시킬 수도 있으며, 그 부품을 여러 개 사용하여 용량을 늘림으로써 성능을 향상시킬 수도 있는 것이었다.

증기(steam)로 대체되었다(Jenkins 1994). 그는 자신의 발명에 대한 권리가 아닌 공장 운영을 통해 재산을 축적하였다. 1788년까지 영국 내 200개 이상의 공장이 아크라이트 형태였는데, 주로 아크라이트 특허에 대한 첫 번째로 소송 성공 이후인 1780년대에 건설되었다. 일반적으로 이 공장은 3-4층 높이로, 약 1,000개의 회전축과 10마력 수차가 있었다(Chapman 1992: 27). 이러한 공장 건설의 물결에 대한 극적인 인상은 윌리엄 블레이크의 시 '예루살렘'(1804)에 묘사되어 있다. 이 시는 거의 제2의 영국 국가처럼 불리기도 하였는데, 공장을 '잉글랜드의 푸르고 쾌적한 땅'에 있는 '어두운 악마의 공장'이라고 표현하기도 하였다.

비록 평판은 나빠졌지만 엄청난 부자가 된 아크라이트의 예는 면직 산업에서 파생된 여러 부문의 산업과 다른 산업가들에 대한 깊은 인상을 남겼다. 이는 채프먼의 논문에는 다음과 같이 언급되어 있다.

(이는) 목화가 1770년부터 19세기 중반 사이에 영국경제의 성장에 광범위하게 기여했다는 명백한 증거이다. 아크라이트의 기법은 우스티드 모직물에 적용하기 어렵지는 않았다. 그의 면방적 공장에 기반한 모직물 공장은 곧 미들랜즈의 양말공장과 랭커셔, 웨스트 라이딩, 스코틀랜드의 일부 지역에 건설되기 시작하였다. 리즈의 존 마샬(John Marshall of Leeds)은 린넨 산업에서 아크라이트의 기술과 공장 조직을 적용하여 공장 시스템을 출범시켰다(채프먼 Chapman 1992: 57-8).

채프먼(Chapman)은 계속해서 면직 산업의 기술을 직간접적으로 모방하여 파생된 섬유 산업에 대해 설명하고, 가스로 점등하는 다층 철골조 건물의 건설이나 철을 사용한 전문 면직 기계와 부품의 설계와 생산 등의 탄생에 면직이 미친 영향을 설명한다. 로버츠(Robert)는 1820년대에 자신의 맨체스터 공장에서 뮬 방적기와 베틀의 생산 표준을 개발하였고, 이러한 기술은 이후 기관차 제조에 적용되었다(Musson 1980: 91).

5.3 수력발전과 급속한 성장 그리고 철의 다양한 적용

숯 대신 코크스(coke)로 광석(ore)을 제련하는 기술과 코트(Cort's)의 선철(pig iron)을 '교련법(puddling)'으로 성형성 있게 전환하는 기술은 18세기 금속가공산업에 있어 두 가지 결정적인 혁신이었다. 이 기술들은 1780년과 1840년 사이에 철의 생산량을 6만 톤에서 약 200만 톤으로 늘려 저렴한 철의 공급을 엄청나게 증가시켰다([그림 5.1]). 물론 철의 생산을 석탄, 코크스, 철광석, 물에 대한 지역적 공급에 맞추기 위해 이외에도 많은 점진적 혁신(incremental innovations)들이 용광로 기술 분야에서 등장하기는 하였다. 그러나 코트(Cort's)의 혁신과 '코크스의 사용'은 18세기 말까지 영국 제철 산업이 유럽에서 확실한 우위를 차지하게 한 두 가지 가장 중요한 혁신이었다.

1709년 초의 아브라함 다비(Abraham Darby)가 철광석을 제련하기 위해 용광로에 코크스를 처음 사용하였는데, 고품질의 생산을 위해서는 이외에도 더 많은 혁신이 필요했다. 이들 추가적 혁신들 가운데 중요한 한 가지는 1762년 조셉 스미튼(Joseph Smeaton)이 발명한 것으로, 용광로의 온도를 올리기 위해 수력으로 작동하는 풀무(bellows)를 사용한 것이었다.

용광로의 기술 발전에도 불구하고, 선철(pig iron)은 부서지기 쉽고, 많은 용도에 부적합한 재료였다. 따라서 이를 반복적인 가열과 해머링을 통해 연철(wrought iron)로 전환하여 사용하여야 했는데, 이는 매우 값비싸고 노동집약적인 과정이었다. 결과적으로, 이러한 문제를 해결한 헨리 코트(Henry Cort)[4]의 '교련법(puddling)'과 '압연법(rolling)'은 코크스의 사용에 버금가는 중대한 혁신

---

4) 코트는 원래 해군의 제복 납품업자였다. 물론 코트 자신은 철 생산자는 아니었지만, 해군에 대한 납품업자로서 1770년대 영국 해군이 가격과 품질로 인해 영국산 철 사용을 꺼린다는 점을 잘 알고 있었다. 그는 1775년에 부채를 청산하기 위해 사업 파트너로부터 작은 주조 공장을 인수했다. 포츠머스 근처 폰틀리에 있는 이 주조 공장에서는 철의 생산에 있어서 다양한 실험을 할 수 있었고, 1780년 해군으로부터 대량 주문을 받았을 때 공장을 늘렸는데 그 결과로 용광로와 압연공장을 가질 수 있게 되었다. 통상의 스웨덴 철 대신, 그는 현지에서 혁신을 하였고 1783년과 1784년에 특허권을 취득하기에 이르렀다. 그 후 그와 그의 숙련된 장인들은 사우스웨일즈와 슈롭셔에서 6개의 교련 및 압연 공장을 디자인하는 것을 도왔다. 그의 기술은 거의 1세기 동안 철공업에서 가장 중요한 것이 되었다(Paulinyi 1989: 125-8; Mott 1983). 비록 두 특허 모두 스웨덴과 잉글랜드의 기존 기술로부터 만들어진 것이지만, 홈이 파여진 롤러는 그 자체로서 중요한 것이었다.

이었다. 1783년과 1784년 특허 출원 및 추가 개선작업 후, 이 공정은 연철의 공급을 크게 증가시켰고(1788과 1815년 사이에 500%), 1801-1815년까지 톤당 가격은 22파운드에서 13파운드로 하락하게 되었다. 이러한 가격 하락은 나폴레옹 전쟁 기간의 철의 군사적 수요가 엄청나게 증가했고, 산업혁명에 따른 민간부문 수요가 급증했다는 점을 고려하면 매우 놀라운 것이었다. 철 가격의 하락은 이후 20년 동안 계속되었고 그 결과 철은 제1차뿐 아니라 제2차 콘드라티예프 파동에서도 핵심 투입요소였다([그림 5.2]). 코트의 교련법과 압연법은 나폴레옹 전쟁이 끝나기 전 전 유럽으로 확산되었고, 영국 업체들은 철의 비용과 양적 측면에 있어 결정적인 우위를 확보하였다. 이 기술은 1820년대 웨일스 숙련공들이 프랑스와 독일5)로 이주하면서 확산되었다. 18세기 초기 철 산업에서는 수력을 사용하였던 데 반해, 이 시기에는 증기 엔진이 사용되면서 가격이 추가적으로 하락하게 되었다.

옥스포드 기술역사(Oxford History 1958: iv.200)에서 16세기 초 수차(water wheel)는 유럽에서 가장 중요한 동력원이었다. 이는 광산업과 금속공학의 기초가 되었고 수차에 의해 움직이는 망치질과 벨로우즈(bellow)는 주철 제조와 공장의 변화를 일으키는 필수적인 요인이었다. 수차는 광석을 들어 올리거나, 파쇄, 스탬핑, 총통 시추, 철사 도장 등을 하는 데 사용되었다. 수력은 동과 은의 채굴에도 적용하였다. 결국 증기 엔진의 디자인과 효율성의 개선을 통해 용광로, 압연공장, 단조 공장에서 증기 엔진이 수차를 대신하게 되기는 하였으나, 18세기에는 주로 수력이 우위를 차지하였다.

조셉 스미튼(Joseph Smeaton 1724-92)은 27세에 '어떻게 수차의 디자인과 효율을 개선할 수 있을까에 대해 연구하기로 결정했다. 그는 아주 정확한 악기 제작자의 견습생었으며, 정말 좋은 모형을 직접 만들어 정확하게 시험해 보았다'(Oxford History 1958: iv.203). 스미튼은 '공장을 변화시킬 수 있는 자연 풍력과 수력에 대한 실험 조사'라는 제목의 두 개의 논문을 1759년 5월 3일과 24일에 왕립협회에서 발표했다. 그는 컨설팅 엔지니어로서, 영국 전역의 수많은 공장을 설계했다. 그는 실험을 통해 수차의 외주 속도가 3ft/sec보다 약간 빠를 때 최상의 효과를 얻는다는 것을 보여주었다. 이후 상사식 수차(overshot water wheels)의 외주 속도를 분당 210피트로 하는 것이 일반적인 설계규칙이 되었다.

---

5) 나폴레옹의 패배 후, 영국의 연철공은 벨기에, 프랑스, 독일로 가서 그들의 기술을 가르쳤다. 프랑스에서는 1818-19년에, 독일에서는 1824-5년에 처음으로 연철 압연 공장이 설치되었다. 이 모든 영국인 연철공은 사우스 웨일즈 출신이다(Schubert 1958: 107).

스미튼은 유럽 최대의 주철 생산업체인 캐런 제철(Carron Ironworks)의 컨설팅 엔지니어였고, 실험을 통해 기계에 주철 부품을 사용하는 것을 개발할 수 있었는데, 이는 기계 공학에 크게 기여한 부분 중 하나이다. 그의 첫 번째 주철 수차 차축(axle)은 캐런 1호로 용광로 엔진을 위해 1769년에 만들어졌다. 주철 기어는 뎁트포드(Deptford), 브룩 밀(Brook Mill)에서 1778년 사용되었고, 그 후로도 자주 사용되었다.

스미튼의 디자인은 18세기 목재 수차 시대의 종말을 의미한다. 그의 수많은 개선 작업은 나무 바퀴로 만들어지고 전달되는 동력의 한계를 보여 주었다. 그가 죽은 후, 순금속(all-metal)건축이라는 디자인에 있어 혁명적인 발전이 일어났다.

타일리콧(Tylecote 1992: 42)이 '스미튼의 혁명(Smeaton Revolution)'이라고 불렀던 것은 1780년경 최고 수준의 수차의 에너지 비용을 1750년대에 비해 20 내지 30% 절감하였다. 이러한 감소는 철의 가격하락 효과, 바퀴의 크기와 효율성의 증가, 그리고 유지비 절감 효과와 결합하였기 때문이다.

조셉 스미튼의 삶과 업적은 디자인, 자문회사(consultancy), 그리고 기업가정신 사이의 풍부한 상호작용을 통한 영국경제의 새로운 산업화 부문의 특징에 대해 잘 묘사하였다. 그것은 당시 영국에서 '과학'과 '기술'의 구분이 과학자나 기술자에게 큰 의미가 없었고, 공장, 건설 현장, 실험실 사이를 쉽게 이동했다는 것을 보여준다. 그의 과학 논문 2편은 왕립학회 훈장을 수여 받았고, 그의 수많은 실용적 혁신을 보완해 나갔다.

철 수차의 사용은 18세기와 19세기에 걸쳐 다목적의 재료가 수많은 새로운 분야에 적용되는 과정의 하나일 뿐이었다. 그것은 많은 산업에서 널리 적용되고 있으므로 산업혁명의 전형적인 핵심 투입요소라고 할 수 있다. 모키르(Mokyr)가 지적하듯이 '철 수차는 수력과 린넨(linen) 또는 양모(wool)를 기반으로 한 산업혁명을 가능하게 하였다. 이는 실제로 여러 곳에서 일어난 일로, 못에서 엔진에 이르는 수천 가지의 품목에서 철의 이용을 대체할 수 있는 것은 없었다. 철의 가격이 하락하자 전통적으로 건물, 다리, 배 등의 분야에서 지배적으로 쓰였던 목재의 영역에 철이 침범하였다(Fludand and McCloskey 1994: 29).

철은 수력과 증기동력에서 새롭게 적용할 수 있는 필수적인 재료가 되었다. 볼튼과 와트(Boulton and Watt)의 사업이 펌핑(pumping) 이외의 다른 용도에도 적합한 엔진을 만들 수 있었던 것은 그들이 철의 거장 존 윌킨슨(John Wilkinson)과 협약을 맺었을 때였다. 발명가이자 기업가인 윌킨슨은 실린더 보링 기계에 대한 특허를 1775년에 획득했다. 비록 대포(cannon)에 구멍을 내기 위해 설계되었지만 실제 그것은 볼튼과 와트 엔진의 실린더에 구멍을 뚫는 작업에 있어 정확성을 높이는 데 효과적이라는 것이 입증되었다. 첫 번째 엔진 중 일부는 실제로 윌킨슨이 자신의 용광로에 사용하기 위해 만든 것이기도 하였다. 또한 그는 첫 증기 해머를 1782년에 소개했다. 윌킨슨은 '철의 미치광이(iron-mad)'라 불릴 정도로 열성적인 지지자였고, 자신의 장례식을 위한 철관(iron-coffin)을 직접 만들 정도였다(정작 1808년 그가 사망할 무렵에 그는 너무 뚱뚱해서 철관에 들어가지 못했다). 그는 1787년에 첫 연철 보트를 만들었고, 최초의 '철교' 계획에 관여하기도 하였다(그러나 직접 만들지는 못하였다).

금속 부품과 기계들이 점점 목재들을 대체하면서, 면 산업 자체뿐만 아니라 다른 섬유 산업들 또한 금속 가공 산업과 공구 생산자들의 기술에 점점 더 의존하게 되었다.

철이 적용된 품목은 다음과 같다.

광산용 철로
수차의 기어(gear) 및 기타 부품
1760년 캐런 주조공장의 첫 번째 주철 톱니바퀴
수차
선박의 닻과 쇠사슬
군수품 및 무기

화학 산업의 용기(vessel) 및 파이프
금속 및 건설 산업을 위한 해머 및 기타 도구
광산과 건축에 쓰이는 삽과 곡괭이

못(nail)

철 쟁기 및 기타 농기구
다양한 종류의 증기기관

광산용 권선 기어
광산용 펌프

취입(blowing) 실린더

식기류
시계 및 과학적인 작업에 쓰는 기구
다리
쇠살대(grate) 와 난로
운하 잠금 장치용 기계

다양한 산업용 롤러

섬유기계
1795년부터 다층 면직 공장 및 창고용 철골조
주철 수도관 및 탱크
조리기구
가구
장식물

철은 오랜 기간 사용되어 왔으며, 이전에 비해 새롭게 적용하여 사용되는 규모와 범위도 넓어졌다. 맥신 버그(Maxine Berg 1998)는 장신구와 패션 중심의 금속 제품을 포함한 소비재에서 디자인과 발명 사이에 중요한 상호작용이 있었다고 지적해 왔다. 물론 나폴레옹 전쟁 때는 군사적 용도가 중요했고, 워털루 전투의 승자인 웰링턴 공작이 '철의 공작(Iron-Duke)'이라는 별명을 얻게 된 것은 놀라운 일이 아니었다. 이후 수십 년 동안 프로이센이 산업화를 따라잡기 시작하자 젊은 오토 폰 비스마르크(Otto von Bismarck)는 동료인 융커스(Junkers)에게 독일은 의회가 아니라 '피와 철'에 의해 통일될 것이라고 주장하였다.

18세기 후반과 19세기 초반에 철의 가격하락은 페레즈가 제안한 장기파동의 핵심 투입요소의 세 번째 기준은 물론, 보편적 가용성과 다양한 적용이라는 기준도 충족시켰다. 철의 가격하락은 주로 기술혁신이 원인이기도 하였지만, 1750-1800년 사이의 운하의 건축 네트워크에 따른 운송비 감소 또한 일부분 기인했다. 이러한 운송혁신은 새로운 방향으로의 전환이었다. 이는 모든 종류의 물품에 대한 비용 절감을 가능하게 하였지만, 특히 가장 크고 무거운 상품에 대한 비용 절감을 촉진시켰다.

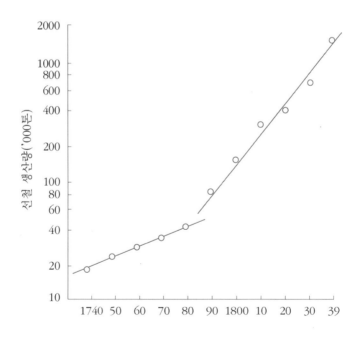

□ 그림 5.1 핵심 투입물인 철의 가속 성장: 영국의 선철 생산량, 1740-1839년

출처: Oxford History(1958: iv. 107).

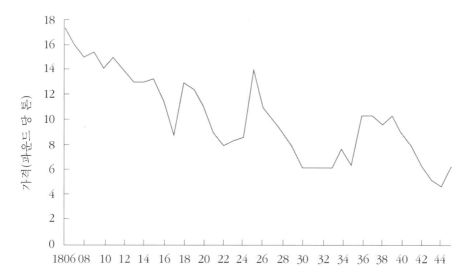

□ 그림 5.2 철의 가격: 영국 리버풀 머천트 바(English merchant bar at liverpool),
1740-1839년

출처: Mitchell(1988).

5.4 교통 인프라: 운하와 도로

산업혁명은 증기기관 및 철도와 관련되어 있지만, 1830년대와 1840년대에는
탄광에 이르기까지 광범위하게 퍼졌다. 산업화의 첫 물결은 수력, 운하, 그리고
유료 고속도로로 알려진 도로에 의존하였다. 당시 대규모 투자는 이러한 네트워
크에 초점을 두고 있었다([그림 5.3]). 1700-1750년까지 의회에서는 유료 고속도
로법(Turnpike Act)을 매년 8건의 비율로 통과시켜 왔으나, 1760년대와 1770년대
에는 매년 40건의 비율로 증가했다.

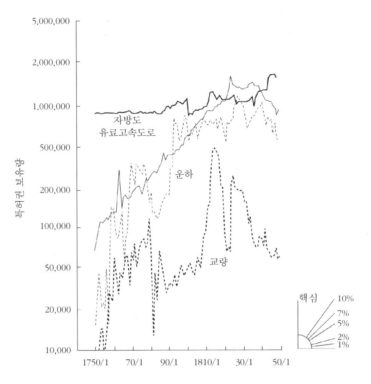

□ 그림 5.3 교통과 사회 간접 자본, 1750-1850년

주: 운하와 도로의 유지보수, 개선, 조성에 대한 지출, 1750-1850년(경상가 기준)

출처: Hawke and Higgins(1981: 230).

▮표 5.4 18세기에서 19세기 운하와 철도에 대한 투자(투자된 명목 자본의 %)

	운하 1755 – 1815 (1)	철도 1820 – 1844 (2)	운하 1755 – 1780 (3)	철도 이전연도 (4)	운하 1780 – 1815 (5)	철도 이후연도 (6)
1.귀족, 상류층, '신사' 등	22	28	41	22	22	37
2. 지주: 농부, 목축업자 등	2	–	1	–	2	–
3. 상인: 상인, 무역상, 소매상인 등	39	45	27	52	40	38
4. 제조업자	15	11	8	15	15	7
5. 성직자를 포함한 직업	16	9	16	8	16	10
6. 여성	6	5	8	2	6	8
	100	100	100	100	100	100

출처: Hawke and Higgins(1981).

교통 기반시설은 경제사학회(Economic History Society) 논문집 2권, 3권(Hoppit and Ligley 1994) 등 산업혁명과 관련한 많은 연구에서 도외시되었다. 그러나 위글리(Wrigley 1994)는 원자재 공급에 관한 그의 논문에서 18세기 후반 운하 건설의 주요 원동력인 석탄, 철, 기타 광산 공급에 대해 언급하였다. 운하건설의 지리적 패턴과 화물운송 수단의 가치는 통계에서 각 분야별 투자자의 정보(〈표 5.4〉)를 통해 뒷받침되고 있다.

뉴캐슬에서 런던으로 가는 석탄의 해상운송은 산업혁명 훨씬 이전에 설립되었지만, 1760년대 이후부터 운하와 유료고속도로 건설의 물결은 영국 내 석탄운송 비용을 약 50%[6) 감소시켰다. 초기 운하 중 하나인 워슬리에서 맨체스터로 가는 브릿지워터 공작 운하(Duke of Bridgewater's Canal)는 1760년대의 저렴한 석탄 가격을 입증하였다. 이 운하는 워슬리 쪽에서부터 거의 막장(coal face)까지 지하로 들어갔고, 수로교(aqueduct)를 타고 이르웰(Irwell) 강을 건넜기 때문에 유명해졌다. 이는 제임스 브린들리(Jame Brindley)에 의해 설계되어 만들어졌으며, 그는 수차와 운하를 조작한 초기 기계 기술자였다.

이러한 개발은 공급개선 뿐만 아니라 시장 확대를 통해 모든 산업과 서비스에 혜택을 주었다. 홉스봄(Hobsbawm 1968)은 첫 번째로, 석탄 채굴 지역, 선대 제도(putting out system), 신산업 섬유 지역, '마을 산업' 중심에서 시골지역 전반으로 영국의 산업이 '넓게 흩어지게' 되었다는 점과 다른 하나는 런던이 거대한 밀집 지역, 무역, 서비스(유럽 최대규모)의 중심이 된 것을 지적하였다.

정치적으로 결정적인 지주 계급은 우연히 자기 땅 밑에 놓여 있던 광산과 마을에 있는 제조업자들에게 직접적인 이익을 얻게 되었다. 운하나 유료고속도로와 같은 투자에 대한 지역 귀족과 상류층의 관심이 두드러진 것은 지역 농산물에 더 넓은 시장을 개방하려는 희망 때문만이 아니라, 지역 광산이나 제조업에서 더 좋고 저렴한 운송의 기대 이점에 기인했다 (Hobsbawm 1968: 16).

두 번째는, 상업과 토지 이익이 지배적이었던 네덜란드나 다른 유럽 국가들과 달리, 영국에서는 제조업에 대한 관심이 종종 정부 정책을 결정할 수 있었다는 것이다. 영국에서 지주(토지소유귀족; landed aristocrats)의 과두정치(oligarchy)는 여러 면에서 다른 유럽 국가들의 봉건적 위계와는 달랐다. 이들은 수익성 있

---

6) 운하들은 북해와 아일랜드해를 메르시 강, 오우세 강, 세번 강, 템즈강, 트렌트 강, 클라이드 강, 포스 강과 18세기 후반에 미들랜드, 북부, 스코틀랜드의 증가하는 인구 중심지와 연결시켰다.

는 투자에 관심을 가진 '부르주아(Bourgeois)'였다. 지주들의 새로운 교통 인프라에 투자한 공헌은 주목할 만하지만, 상인들은 이들보다 더 크게 공헌하였다(〈표 5.4〉). 지주나 상인 모두 운하의 가치를 인정하였고, 잘 발달된 자본시장을 기회로 활용하였다. 이는 이미 17세기와 18세기 초에 주로 무역과 정부 부채를 기반으로 크게 성장했다.

마티아스(Mathias)는 다음과 같이 지적했다.

내륙 운송 시스템, 해운 및 항구에 대한 투자는 산업 성장을 위한 전제 조건 중 하나이다. 그러나 그러한 시스템을 구축하기 위해서는 기관 효과나 자본의 동원이 선행되어야 한다. 운하와 유료고속도로의 자금조달은 18세기 영국의 자본이 얼마나 풍부하고 사회적 맥락에서 투자가 얼마나 유리한지를 알 수 있었다(1969: 105-7).

이러한 자본의 '사전 동원(prior mobilization)'을 애덤 스미스(Adam Smith)는 '이전' 축적이라고 하였고, 마르크스(1867a/1938)는 '원시적인(primitive) 축적'이라고 설명하였다. 자본론 1권의 마지막 장에서 '미국에서 금과 은의 발견, 오스트레일리아 원주민의 광산에서의 절멸, 노예화, 매장, 동인도제도의 정복과 약탈의 시작, 아프리카 흑인을 상업적으로 사냥하여 사육장에 가둔 것 등은 자본주의 생산 시대의 장밋빛 새벽을 알리는 신호탄'(p.775)이라며 폐단의 흔적을 생생하게 고발하였다.

마르크스는 동인도 회사의 기록, 워렌 헤이스팅스(Warren Hastings)의 재판, 그리고 18세기 영국 및 다른 유럽 강대국의 식민주의에 수반된 약탈과 부패에 대한 많은 공식적이고 직접들은 이야기를 통해 '원시적 축적'의 수익금이 어떻게 본국으로 다시 흘러가는지를 보여주었다. 태커레이(Thackeray's)의 베니티 페어(Vanity Fair)에서는 동인도 회사의 '내이보브(Nabobs)'와 나폴레옹 전쟁 당시 그들이 새롭게 발견한 재산이 영국 사회에 어떤 영향을 미쳤는지를 소설가의 관점으로 보여준다. 내이보브는 소금, 아편, 베텔(betel), 기타 상품에 대해 동인도 회사 직원들에게 수여한 독점 계약과 중국 무역의 독점을 통해 부와 권력을 얻었다. 마르크스가 비꼬는 것처럼, 연금술사들보다 더 똑똑한 그들은 아무것도 없는 상태에서 금을 만드는 조건으로 계약을 따냈다. 큰 재산이 하루아침에 버섯처럼 불어나고, 돈 한 푼 들이지 않고 원초적 축적이 계속되었다. 워렌 헤이스팅스의 재판에는 그런 사건들로 가득 찼다(Marx 1867a/1938: 777).

또한 마르크스와 다른 역사학자들 모두 1694년 영국은행 설립과 국채의 정기적인 거래로 영국 국채의 상승이 중요하다고 하였다. 수익성 있는 투자를 추구하는 상당한 민간 자본의 가용성은 1720년의 남해포말사건(South Sea Bubble)에 의해 증명되었고, 이는 알렉산더 포프(Alexander Pope)와 같은 시인은 물론 귀족과 가게 주인들까지 투기에 나서게 했다. 잘 발달된 자본시장의 존재는 인프라 투자를 가능하게 했고, 당시 상대적으로 소규모였던 산업계는 아니었다. 위글리는 면직 산업 그 자체는 새로운 인프라 투자를 위한 주요 자금은 아니라고 명확하게 말했다.

면화의 이동은 수세기 동안 사용되어 온 재화 운송 방법이 큰 어려움이 없었음을 보여준다. 원면(raw cotton)의 이동은 백만 톤이 아니라 백만 파운드로 측정되었고 단위 무게당 석탄보다 훨씬 높은 가치를 가졌다. 페닌 계곡(Pennine valley) 근처의 낙차가 있는 곳에 초기 공장이 건설되었다는 사실은 이 점을 말해준다(Wrigley 1994: 103).

이 시기에 지주 귀족과 상인들은 공동체 내에서 가장 부자들이었기 때문에 그들의 적극적인 관여는 새로운 인프라 투자에 대한 주요 요인이었다. 새로운 섬유 사업가들은 자신의 기계와 공장 투자를 위한 충분한 자본을 마련하기 위해 고군분투하였다. 그러나 제조업체가 부유층이나 상인(〈표 5.4〉)에 비해 인프라 투자에 대한 기여가 작다는 것은 그들이 영향력이 없었다거나 중요성을 느끼지 못했다는 것이 아니다. 반대로, 조슈아 웨지우드(Josiah Wedgwood)와 같은 사업가는 자신의 도자기를 전 세계에 수출하려는 야망이 새로운 투자에 달려 있다는 것을 매우 잘 알고 있었기 때문에 잉글랜드 중부지방의 운하와 도로를 촉진시키는데 있어 열광적이었다.

그러나 특히 운하에서의 인프라 투자는 당시의 산업 투자와 규모 면에서 큰 차이가 있었다. 피터 마티아스(Peter Mathias 1969: 105)는 '대형 운송사업은 경제에 도움이 되거나 수익창출 전에 완료되어야 한다'고 지적했고, 그러기 위해서는 자본의 광범위한 사전 동원이 필요했다. 1761년 워슬리에서 맨체스터로 가는 브릿지워터 공작 운하(Duke of Bridgewater's Canal)가 보여준 바와 같이 그 보상은 매우 클 수 있다. 홉스봄(Bobsbawn 198: 30)은 운하가 18세기 리버풀과 맨체스터 또는 버밍엄 간 운송의 톤당 비용을 80%까지 절감했다고 추정하였지만, 실패도 있을 수 있었다고 하였다. 흥망성쇠(fluctuation)에 대한 예상은 비관주의 시대와 교차해서 나타나는 1790년대의 운하 붐에서 볼 수 있는 전형적인 희열과 '열광(mania)'의 현상으로 이어졌다. 이러한 편승(bandwagon)과 버블 현상은 각각의 연속적인 콘드라티예프 파동에서 매우 빠르게 성장하는 부문들에서 전형적으로 나타나는 현상으로, 주기적인 패턴의 성장과 개별 프로젝트의 높은 불확실성과 함께 매우 큰 이익의 기회가 공존하고 있음을 보여준다.

5.5 제1차 콘드라티예프 파동의 기업과 산업화의 새로운 기술·경제패러다임

위의 5.1-5.4절은 1770-1820년대까지 영국경제에서 급격히 성장하던 업종의 주요 특징을 매우 압축적으로 설명하였다. 면직물, 철, 건설 등은 1770년대에는 전체 산업의 약 1/5분의 가치 밖에 되지 않았으나, 1831년에는 전체 산업의 약 절반 이상을 차지할 정도로 성장하였다. 1770년에는 여전히 농업이 전체 고용과 생산량의 약 1/4분을 차지했으나, 1810년에는 산업과 건설이 농업을 추월하였다. 이는 '산업혁명'이라는 표현의 사용을 충분히 정당화시켰다.

이러한 산업혁명은 단순히 생산량 비중의 변화뿐만 아니라 전반적인 경제, 산업의 변화, 사회, 조직, 문화적 변화에 대한 문제였다. 물론 농업 분야에서도 소작농들이 인력을 고용하여 시장에 내다 팔 목적으로 농사를 짓는 등 점차 자본주의 산업화가 진행되기도 하였다. 면직물 산업은 다른 부문의 산업을 앞질렀지만, 이 역시도 변하고 있었다. 1770-1801년까지 면직물 산업과 철 산업은 모든 산업의 몇 배로 성장하고 있었던 반면, 1831년까지 이들의 성장률은 약간 둔화되었고 다른 산업들은 빠르게 성장하고 있었다(〈표 5.5〉).

도자기 산업과 같은 몇몇 다른 산업들은 무거운 재료와 최종 생산품의 운송을 위한 새로운 인프라를 활용하여 1760년대 이후부터는 선도적인 분야로 빠르게 성장했다. 대표적인 사업가는 조슈아 웨지우드로, 그는 공장 단위로 생산라인을 재구성하고 자신의 제품을 전 세계에 마케팅을 하는 새 그룹의 기업가로서의 열망과 이상을 드러냈다. 파트너인 토마스 벤틀리(Thomas Bentley)에게 보낸 편지 등의 글과 연설문에서 그는 산업화의 새로운 기술경제패러다임의 주요 원리에 대해 분명히 설명하였다. 이 단계에서 개인 기업가가 비즈니스의 대부분의 측면을 조직하고 관리하였다.

부문	산업화 이전	산업혁명	
	1700 – 60	1770 – 1801	1801 – 31
면직물	1.4	9.0	6.0
철	0.6	5.0	4.5
건축물	0.7	3.2	2.9
그 중 운하	1.0	6.0	3.0
전체, 모든 산업	1.0	2.0	2.8

출처: Crafts(1994), 운하 제외(저자 추정).

웨지우드는 수많은 디자인과 프로세스혁신뿐만 아니라 많은 조직혁신에도 책임을 맡고 있었다. 그는 기술변화, 자본 축적 등은 물론 정치적, 사회적 이상 등으로부터도 자극을 받았다. 그는 자신의 고향인 스태퍼드셔의 운하와 유료 고속도로 건설을 촉진하는 데 매우 적극적이었고, 동료 사업가들과 자신의 역할에 있어 개혁적이고, 혁명적인 비전을 가지고 있었다. 그는 1766년 토마스 벤틀리에게 다음과 같이 편지를 썼다.

나의 많은 실험들은 나의 바람으로 이어졌고, 우리의 생산이 더 많은 개선을 위한 엄청난 가능성이 있다는 확신을 나에게 심어 주었습니다. 그것은 현재 다듬어지지 않은 야생의 상태로서, 쉽게 다듬어질 수 있고 훨씬 더 완벽해질 수도 있습니다. 그런 혁명이 눈앞에 닥쳤으니, 당신은 그 혁명을 돕고 그것을 통해 이익을 얻어야 할 것이라고 생각합니다(Jacob 1988: 136 인용).

이 편지의 많은 흥미로운 특징 중, '실험'에 대한 강조와 '혁명'적인 혁신에 대한 설명은 주목할 만하다. 벤틀리에게 보내는 또 다른 편지에서는 공장 조직과 분업의 원리에 대한 개요를 설명하면서, '실수할 수 없는 인간의 기계를 만들기 위해'라고 하였다. 자주 인용되고 있는 이 구절은 새로운 공장에서 작업 절차를 합리화하고, 인간의 무지함, 무능함, 게으름, 취한 상태, 지루함, 피로감 등을 통해 발생하는 문제를 극복하기 위한 많은 기업가들의 노력을 압축하여 설명하고 있다. 이는 테일러리즘, 컴퓨터화, 로봇공학 등에서 볼 수 있듯 오늘날에도 여전히 유효한 프로젝트였다. 그와 동시에 베르너 솜바트(Werner Sombart)가 '영혼은 입장할 때 보관소에 남겨두어야 한다'고 말한 것처럼, 인간을 한낱 기계의 부속품으로 만든 산업화의 비인간화를 비난하고자 마르크스주의자들부터 낭만주의 시인과 예술가들까지 달려들었던 대상이기도 하였다. 웨드우드는 그의 공장에서의 규율과 정확한 근무시간을 유지하기 위해 정교한 벌금과 벌칙 제도를 도입했다.

그러나 조슈아 웨지우드를 사람을 노예처럼 부리는 상사로 묘사하는 것은 큰 실수일 것이다. 사실 다른 기업가들은 업무 속도와 새로운 공장 내의 기계들에 대한 다양한 작동에 매우 집중하고 있었다. 웨지우드의 친구인 에라스무스 다윈(Erasmus Darwin)[7]은 작업장과 노동자들을 중앙에서 감시할 수 있는 이상적인 공장 등의 주제를 논의하기 위해 과학자, 발명가, 기업가 등과 함께 더비 철학회(Derby Philosophical Society)를 이끌고 창립한 사람이었다. 그러나 그들은 마을 조명, 중앙난방, 실내 화장실, 그리고 심지어 프랑스 혁명과 공화주의 등에 대해 논의하기도 하였다(Jacob 1988: 167).

이들은 자신들을 이상주의적이면서도 실용적인 개혁가들로 보았고, 모두에게 이익이 될 물질적 발달의 새로운 시대로 진입하기 위해 과학, 자본, 기계 등과 연계하였다(Briggs 1960). 웨지우드의 미래 산업에 대한 창의적인 비전은 그의 사업 전반으로 확장되었고, 도예가, 디자이너, 엔지니어, 공장 관리자로서의 기량과 혁신은 그의 성공 스토리의 일부로 마땅히 언급되었다. 그는 가난한 도예가의 13번째 아들이었으며, 많은 역사가들(e.g. Ashton 1948/1963; C. Wilson 1955)은 당시 영국의 사회적 이동성이 다른 나라보다 훨씬 컸다고 강조한다. 기업가들은 매우 다양한 배경을 가지고 있으며, '비국교도(dissenter)'(다른 비정통의 종교 종파의 지지자와 퀘이커교도(Quaker))의 역할이 자주 언급되었다. 애쉬튼은 발명가, 고안자(contrivers), 경영주, 기업가를 구분하는 것은 쉽지 않으며, 이들은 모든 사회 계층과 전국 각지에서 생겨났다고 말한다.[8]

비국교도들이 기업가정신에 있어 중요한 이유는 일반적인 관행을 따르지 않는 비순응자적(nonconformist) 관점과 합리주의 때문일 것이다. 그러나 애쉬튼은

---

7) 찰스다윈(Charles Darwin)의 할아버지

8) 그들은 농업에서 혁신을 일으킨 홀캄 홀(Holkham Hall) 지역의 콕(Coke) 백작이나 운하 분야의 브릿지워터 공작 등 귀족을 포함하였다. 카트라이트(Cartwright)나 도슨(Dawson) 등 같은 성직자들과 교구 주임 목사들은 천을 짜고 철을 제련하는 새로운 방법을 혁신했다. 존 로벅 (John Roebuck)과 제임스 키어(James Keir) 같은 의사들은 화학 연구에 착수했고 사업가가 되었다. 변호사, 군인, 공무원, 그리고 이보다 더 하위 계급의 사람들도 제조업에서 원래의 소명에 비해 훨씬 큰 진보의 가능성을 발견하였다. 이발사인 리차드 아크라이트(Richard Arkwright)는 면방적업자들 중 가장 부유하고 가장 영향력 있는 사람이 되었고, 여관 주인인 피터 스터브스 (Peter Stubbs)는 타일 교역에서 매우 존경과 관심을 받았으며, 교장인 사무엘 워커(Samuel Walker)는 영국 북부 철공업의 선두주자가 되었다(Ashton 1963: 156).

비국교도가 대학과 정부로부터 배제됨으로서 산업 내에서 경력을 쌓을 수 있었다고 지적한다. 게다가, 이들의 교육에 대한 열의로 인해 그들만의 학교가 설립되기도 하였고, '중산층 가운데에서도 더 교육 수준이 높은 계층'을 구성하게 되었다. 한때 스코틀랜드가 유럽 최고의 초등 교육 시스템과 몇몇 일류 대학들을 보유하였을 때, 일류 발명가들 중에는 와트(Watt)와 그의 조수였던 싱클레어(Sinclair), 텔포드(Telford), 맥키람(Macadam), 닐슨(Neilson) 등 스코틀랜드 장로교파 사람들이 많았다. '과학적 탐구에 대한 자극이나 그것의 실용적 적용이 일어난 곳은 불꺼진 옥스퍼드와 케임브리지(대학교)가 아닌 글래스고와 에든버러(대학교)였던 것이다'(Ashton 1963: 157).[9] 잉글랜드의 경우, 브리스톨, 맨체스터, 워링턴, 노샘프턴 등 도시에 설립된 비국교도 학원들(Dissenters' academies)이 스코틀랜드에서 대학이 했던 역할의 상당부분을 담당하였다.

5.6 신생 프롤레타리아와 노동 시간

신생 산업 프롤레타리아(industrial proletariat)의 등장은 일자리를 찾기 위해 도시로 내몰린 토지 없는 농업 노동자의 문제만이 아닌, 그보다 훨씬 복잡한 과정의 문제였다. 도시 및 농촌지역에서의 임금상승과 노동관계와 같이, 초기부터 이동에 대한 제약을 없앴다는 것은 영국 산업화에 있어 독특하고 중요한 특징이다. 또한 이민은 물론 인구 통계적 혁명의 특수성을 고려해야 한다. 인구 통계학적 변화는 18세기 후반의 국내시장 성장에 있어 매우 중요했고, 1780-1820년 사이의 1인당 국민소득은 크게 증가하지 않았다.

산업혁명을 위한 노동력 공급 증가는 공장으로 일하러 가는 남성, 여성, 어린이만의 문제가 아니라, 노동시간, 노동조직, 규율의 문제이기도 하였다. 실제로 일부 이론가들(Marglin 1974)은 주로 경제적 또는 기술적 요인보다 규율을 지속함으로 인해 공장 작업이 증가한다고 설명한다. 랜즈의 기술-경제에 대한 설명은 타당해 보이지만, 일단 공장 시스템이 확립되고 나면 운전자본에서 고정자

---

9) 역자주: 원문에는 옥스퍼드, 케임브리지, 글래스고, 에든버러 등 도시 이름만 언급되어 있으나, 사실상 대학을 의미한다. 옥스퍼드대학교와 케임브리지대학교가 잉글랜드의 보수적인 대학을 대표하는 반면, 글래스고대학교와 에든버러대학교는 스코틀랜드를 대표하는 대학이다. 또한 스코틀랜드는 영국 국교회가 아닌 장로교 신자가 많은 지역으로 잉글랜드와 갈등이 있었던 지역이다.

본으로 투자의 이동, 많은 운영의 조직화, 교대와 분업 등 자체적인 동력을 지니게 된다(von Tunzelmann 1995b). 유동자본(Circulating capital)은 기계에 대한 새로운 투자 이후에도 중요성이 지속되었다. 운송 원료, 재고 보유, 상품 출시 등에 소비되는 시간은 운전자본의 감소가 인프라에 대한 투자의 주요 동기중 하나임을 의미했다(Javary 1999).

에드워드 톰슨(Edward Thompson 1994)은 작업장 규율의 맥락에서 시간의 중요성을 잘 묘사하였다. 그의 논문은 19세기 소설 토마스 하디(Thomas Hardy)의 '소설 <더버빌가의 테스(Tess of the D'Urbervilles)>'의 인용구로 시작한다. '테스는 빨리 걷기 힘든 어둡고 꼬불꼬불한 골목길을 걸어 오르기 시작했다. 이 길은 땅 한 뼘에도 값을 매기기 전, 바늘 한 개 달린 시계로도 하루의 시간을 재는데 충분했던 시절에 생긴 것이었다'(p.448).[10]

여기서 '바늘 한 개 달린 시계' 즉 해시계(sun-dial)의 은유는 시간의 개념이 수 세기에 걸쳐 변화하였으며, 계절, 태양, 수탉의 울음소리, 그리고 심지어 바람의 방향 등 시간의 옛 개념들이 어떻게 포악한 두 바늘 시계(two-handed clock), 노커-업(waker-up 혹은 knocker-up),[11] 알람시계, 시계의 초침, 스톱워치, 출근카드기(clocking on), 그리고 후대의 최신 컴퓨터 기술의 마이크로 초 단위 등으로 변화하였는지를 아름답게 보여주고 있다. 톰슨은 19세기의 첫 10년까지도 전통적 휴일이나 행사 등이 간간이 끼어들게 됨에 따라 연단위의 작업시간이 불규칙한 가운데, 근무일 및 근무주까지도 불규칙하게 짜여졌음을 목도하기도 하였다(Thompson 1994: 468).

이러한 '산업화 이전' 시간에 대한 태도[12]에 비추어 볼 때, 제조업의 성장이 거대한 문화적 및 조직적 변화와 노동 시간에 대한 극심한 사회적 갈등을 동반했음은 놀라운 일이 아니다. 18세기 영국 '하류층'은 방탕하며 부도덕하고, 술에 취해있고, 게으르며 몰지각하다는 불만이 팽배해 있었으며, 학교는 시간 규율을 반복해서 가르쳤고 게다가 조슈아 웨지우드 같은 가부장적 고용주는 공장 내 벌칙을 시행하기도 하였다.

---

10) 역자주: 유명숙이 옮긴 <더버빌가의 테스(문학동네)>에 번역되어 있는 문장.

11) 역자주: 산업혁명 시기 영국과 아일랜드에 있었던 직업으로, 사람들이 정시에 출근할 수 있도록 잠을 깨워 주었다.

12) 17세기에 칠레의 시간은 종종 '크레도스'로 측정되었다; 지진은 1647년에 두 개의 크레도스 기간 동안 지속된다고 묘사되었다; 반면 계란의 조리 시간은 '아베 마리아가 소리 내어 말했다'로 판단할 수 있었다(Thompson 1994: 450).

작업시간을 증가시켜야 한다는 압박은 첫 번째 산업화에서 강하게 나타났고, 19세기 초에 발명된 가스 조명의 사용 시간이 늘어나 공장의 장시간 근무 및 교대근무를 용이하게 하였지만, 새로운 공장 내 프롤레타리아계층의 저항 역시 강력해서 근무시간 단축을 위한 조합의 장기적인 노력을 이끌었다. 이러한 개선의 노력은 이윤이 작업일의 '마지막 시간'에 결정된다고 보는 고위급(Senior) 그리고 다른 고전 경제학자들의 저항을 받기도 하였다. 그러나 존 스튜어트 밀(John Stuart Mill)은 '상업적인 이유보다 상위 차원에 근거하여' 여성과 어린이들의 하루 10시간 노동을 옹호하기도 했다.

　　그러나 장시간 노동에 충격을 받은 샤프츠베리 경(Lord Shaftesbury) 등 새로운 노동조합과 개혁자론자들은 물론이고, 로버트 오웬(Robert Owen), 조시아 웨지우드, 사무엘 화이트 브레드(Samuel Whitbread) 등의 계몽된 산업가들도 있었다. 성공한 기업가들은 기술과 조직혁신에 대해 논쟁을 벌였고, 이와 함께 교육과 훈련을 향상시키고, 기업 내의 가부장주의를 개혁하는 것이 대강 1일 작업시간을 연장하는 것보다 생산성을 향상시킬 수 있다고 하였다. 노동조합의 경우 법적 처벌과 편협함으로 인해 고통 받고 오래가지 못해 기록이 매우 불완전하지만, 18세기 후반에는 일반화되었다(Laybourn 1992). 더욱 성공한 노동조합은 가장 숙련된 수공기술자들로, 그들은 협상 지위가 상대적으로 더 강했고 고용주들과 작업에 대한 합의를 이끌어 냈다. 로버트 오웬은 노동자를 동정하였고 1830년대에 미숙련자를 포함한 모든 노동자들이 갈망하던 '전국노동조합대연합(Grand National Consolidated Trade Union: GNCTU)' 설립을 추진했다. 이는 비록 제한적인 성공에 그치기는 하였지만, 이로부터의 경험은 물론, 짧게 존재하다 사라진 노동조합들, 지속적이고 안정적인 직업별노동조합(craft union), 그리고 기타 우호적인 단체들이 연대감과 노동자 계급 문화를 만드는 것을 도왔고, 이들이 1830년대와 1840년대 '인민헌장(People's Charter)'을 강하게 지지했다는 표현을 찾을 수 있었다. 이는 보통 선거권 및 기타 정치적 목적이 새로운 도시 노동자 계층의 비탄에 찬 고통을 개선하는 데 최고의 희망을 제공한다는 인식을 보여준다. 샤프츠베리 경과 다른 개혁가들은 여성과 아동을 위한 작업시간 제한을 위해 노동조합의 투쟁과 입법을 촉구하였다. 로버트 그레이(Robert Gray 1996)의 '1830-1860년 영국의 공장 문제와 산업화' 연구에서 청년과 여성의 1일 작업시간을 10시간으로 줄인 1847년 제정법에 영향을 준 것은 차티스트 운동(Chartism)이었다.

이러한 움직임과 공장 규율(factory discipline)을 둘러싼 수많은 갈등은 산업혁명이 결코 분쟁 없는 합의적 이행이 아니었음을 의미한다. 1842-3년에는 수많은 폭동, 총파업, 잉글랜드와 웨일즈의 몇몇 도시에서 사실상 반란 사태가 일어나는 등 고통 받은 사람들의 저항이 절정에 달했으며, 이는 거의 사회주의 혁명에 가까웠다.

시간에 대한 사고방식에 있어 극심한 문화적, 사회적 변화는 산업혁명의 본질적인 특징이었다. 폰 턴젤만(Von Tunzelmann)의 시간 절약형 기술변화에 대한 연구와 톰슨의 산업화 이전과 이후 사회의 시간에 대한 태도 연구를 조합하면, 이에 대한 가장 중요한 특징 하나를 찾아 볼 수 있다. 톰슨은 다음과 같이 결론 짓는다.

모든 종류의 성숙한 산업사회는 시간 절약과 '일'과 '삶' 간 구분에 의해 특징이 나타난다. 쟁점은 '생활 수준(standard of living)'의 문제가 아니다. 만약 성장 이론가들(theorist of growth)이 우리가 그렇게 말하기를 원한다면, 우리는 오래된 대중문화가 많은 면에서 불필요하고, 지적으로 공허하고, 활기를 없애고, 피비린내 나게 가난하게 만들었다는 것에 동의할지도 모른다. 시간적 규율(time-discipline)이 없다면 우리는 산업인(industrial man)의 끈질긴 에너지를 가질 수 없었다. 그리고 이 규율이 감리교나 스탈린주의로 나타나건 혹은 민족주의의 형태로 발현되든, 그것은 산업화가 진행되는 곳[13]에 나타날 것이다. 그러나 중요한 것은 한 가지 삶의 방식이 다른 방식보다 낫다는 것이 아니라, 이곳이 가장 광범위한 갈등의 장소라는 점; 역사적 기록은 중립적이고 필연적인 기술적 변화에 관한 것이 아니라 착취와 착취에 대한 저항이라는 점, 그리고 그 가치관은 획득될 뿐만 아니라 상실될 수 있다는 점이다(Thompson 1967: 93-4).

마지막으로, 한 가지 명심할 사항이 있다. 이는 비록 공장 생산이 면직 등 경제의 급격한 성장을 주도하는 분야의 표준이 되었지만, 19세기까지 전체 고용에서 상대적으로 적은 부분을 차지했다는 점이다.

1770년대와 1780년대 영국경제 성장은 분명히 상당한 수준이었지만, 간신히 몇몇의 선도 부분에 기반을 두고 있었다. 1790-1820년대까지 산업화는 특히 면직물뿐만 아니라 방적과 모직, 린넨과 같은 섬유 산업의 다른 분야 등의 많은 산업

에 영향을 미쳤다. 1800년대 대부분의 면직 공장들은 여전히 수력을 사용하고 있었지만 다른 산업에서는 증기 엔진이 서서히 확산되었다. 턴젤만(von Tunzelmann 1978)이 보여주었듯이, 실제 증기 엔진의 광범위한 확산과 많은 다른 산업의 기계화는 1830-1840년대에 사용하기 시작한 개선된 고압 증기 엔진에 의존한다(아래 6.4절 참조). 아래 랜즈의 요약은 제1차 콘드라티예프 파동에 대한 협소한 기반에도 불구하고, 이보다 더 좋은 요약을 찾기 어렵다.

숫자는 단지 사회의 표면만을 설명할 뿐이고, 그것들이 정의하는 불변의 명명법 범주를 사용하여 변화한다. 그 표면 아래를 살펴보면 중요한 기관들은 변화했다. 그리고 그 기관들은 (사람에 관한 것이건 부에 관한 것이건) 전체의 일부분에 지나지 않지만, 전체 시스템의 물질대사를 결정하는 것은 바로 그 기관들이다(1965: 20; Lloyd-jones and Lewis 1998: 20).

공장 생산의 사회혁신은 산업혁명에 있어서 '물질대사'의 근본적인 변화 중 하나였다. 랜즈(Landes 1965)는 가내 생산 시스템(cottage production system)을 조직한 노동자 및 구(舊)상업자본가 계급이 이러한 변화를 환영하지 않았다고 강조하였다. 이는 급진적인 변화였고, 18세기와 19세기 초 영국의 예외적인 환경에 의해 성취될 수 있었던 것이며, 구식의 제도와 태도로부터의 저항 및 관성을 극복하기에 충분했다. 랜즈는 공장 생산 시스템(factory production system)은 그 수익성에 의해서만이 아니라 가내 생산 시스템의 위기에 의한 것이기도 하였다고 주장하였다.

최근 경제사학자들의 연구는 문화적, 정치적 변화의 역할에 대한 인식이 높아졌을 뿐 아니라 기술적 변화와 제한적인 경제적 요인에 대해 강조해 왔다. 이러한 연결고리에서 주목할 만한 것은 버그와 브룰랜드(Berg and Bruland 1998)의 연구 및 에드워드 톰슨(Edward Thompson 1963)의 초기 연구인 '영국 노동계급의 형성(The making of the English Working Class)'이다. 톰슨은 노동자 계급의 '집단적 자의식(collective self-consciousness)'은 '산업혁명의 위대한 정신적 이득(great spiritual gain of Industrial Revolution)'이라고 주장하였다.

이는 아마도 영국의 가장 독특한 대중문화였다. 이는 금속, 목재, 직물, 도자기 등 다양한 분야의 기술과 노동자들을 포함하였는데, 이들이 보유했던 '미스터리(mysteries)'와 원시적 도구를 활용한 독창적 재주가 없었다면 산업혁명의 발명은 그저 그림으로만 존재했을지도 모른다. 이러한 장인의 문화와 독학으로 수많은 발명가, 조직자, 언론인, 그리고 인상적인 자질을 지닌 정치 이론가들이 생겨났다. 이 문화는 과거회귀적 혹은 보수적인 문화였다고 볼 수 있다. 사실, 50년 넘게 지속된 장인과 노동자들의 위대한 시위의 한 방향은 프롤레타리아로 전락하는 것에 저항하는 것이었다. 그들은 이 원인이 사라졌다는 것을 알았지만, 30년대와 40년대에 다시 고개를 들었고, 새롭고 상상의 형태의 사회적 통제를 달성하고자 하였다(Thompson 1963: 831).

5.7 수요의 변화 패턴

이 장에서는 '공급' 측면에서 제품혁신, 프로세스혁신, 조직혁신에 대해 강조해 왔다. 물론 이것은 수요, 소비자 습관, 취향의 변화가 아무런 영향이 없다는 것을 의미하는 것이 아니다. 이와 관련한 영향력 있는 연구는 엘리자베스 길보이(Elizabeth Gilboy)의 연구로서, 1932년에 처음 출판된 이후 독립적으로 편집된 3개의 다른 논문 모음집에서 다시 인쇄되었다(Church and Ligley 1994). 그녀는 수요의 역할이 무시되어 왔다고 주장하면서 오래된 제품뿐 아니라 새로운 제품의 수요를 자극하는 데 있어 취향의 변화, 패션, 모방 등의 역할에 대해 현대적으로 설명하였다. 마르크스가 이미 제안했듯이, 처음에는 '사치품'으로 묘사되었던 것이 나중에는 '필수품'으로 받아들여지기도 한다. 그녀는 자신의 입장을 다음과 같이 요약했다.

이론적으로, 수요와 소비 수준이 재빠르고 급진적으로 재조정되는 사회를 광범위한 산업 변화가 일어날 수 없다고 결론지을 수 있다. 그러한 사회는 계층 간의 이동성, 새로운 욕구를 높이기 위한 새로운 상품의 도입, 그리고 국민 전체의 실질 소득의 증가라는 특징을 보인다(Gilboy, in Church and Wrigley 1994: 361).

'존스(Jones) 따라잡기(keeping up with the Joneses)', 즉 주변의 유행 따라잡기에 대한 그녀의 주장은 에버슬리(Eversley 1994)와 랜즈(Landes 1969) 이래로 많은 연구자들에게 수용되었다(그녀의 이론의 반복에 대한 다른 언급은 Mokyr 1994a 참조). 그러나 1960년대 모워리(Mowery)와 로젠버그(Rosenberg)가 수요 주도형 혁신(demand-led innovation)에 대한 주장이 과장되었다고 비판한 것과 같은 방식으로 모키르(Mokyr 1994a)로부터 매우 심한 비판을 받아왔다.

엘리자베스 길보이는 수요의 역할에 대한 강한 주장을 겸손하게 나타냈고,

기업의 급진적 혁신 초기 단계에서는 소비자들이 제품에 대한 사전 지식이 없으므로 기업가들이 시장 수요를 창출한다는 슘페터적 견해를 부인하지 않았다. 그녀는 자신의 주장을 정당화하기 위한 경험적 증거로서의 통계적 출처를 이용하지 않았으나, 에버슬리(Eversley 1994)는 특히 1750-1780년대 인구 증가와 생활 수준의 상승을 바탕으로 국내시장 수요의 확대를 강조하였다. 그는 특히 운하 등 기반 시설의 큰 발전으로 가능케 된 다양한 소비패턴의 증거와 현대적 취향의 변화 등 다양한 예시를 제시했다.

우리는 '가난한 사람들' 사이에 '사치하는 습관'이 만연하고 있다고 주장하는 현대적 근원을 인용할 수 있다. 이는 도덕적 함축(moralising overtones)이 잘려나간 불평으로, 차(tea)와 설탕 모두 많은 세금이 부과되는 것인데도 일부 노동자들이 차에 설탕 넣은 것을 좋아하며, 여성들이 자신에게는 과도해 보이는 좋은 옷으로 치장하고, 작은 시골집에 카펫이나 피아노를 들이는 것 등을 의미한다. 성장을 위해 필요한 것은 예외적인 지출이 '사치품과 필수품'의 중간쯤인 것(낫소 시니어가 '체면유지를 위한 물품(decencies)'이라고 했던 것)이 되어 중간부류(middling sorts of people)의 사람들에게 퍼져나가며, 일부 노동자 계급도 거울이나 일요 나들이 신발용 금빛 버클을 사기 위해 식료품을 줄이고 대출을 고려할 정도였다(Eversley 1994: 294).

이러한 예로서, 에버슬리는 1739년 8월 초순에 못을 만드는 사람인 리차드 웨인라이트(Richard Wainwright)가 소유하고 있는 시골집의 물품 목록을 인용한다. 여기에 나열된 것은 불삽, 석탄 해머, 굽는 쇠, 풀무, 구리 깡통, 나무 가구, 가위, 보온용 팬, 두 개의 철제 냄비, 놋쇠 주전자, 통, 배럴 통,[14] 침대 고정대, 체, 캔들 스틱, 양탄자, 담요, 반죽통, 황동스키머와 보루 스푼, 린넨, 유리병, 그리고 다양한 주방 기구들 등이다(Eversley 1994: 319). 이 평범한 가구들의 목록만으로 '소비지상주의(consumerism)'를 단순히 20세기의 산물로 간주하는 것은 적절치 않다. 중요한 것은 변화하는 구성(composition)이다.

에버슬리는 18세기 3/4분기에 미들랜드 운하망과 랭커셔 운하의 건설이 많은 도시들, 특히 버밍엄에서 석탄은 물론 기타 상품과 식료품 가격까지 떨어뜨렸다고 믿었다. 1770년대 버스 여객과 우편의 속도 및 규칙성이 향상되었는데, 이는 새로운 상품(특히 금속제품)의 지역 시장 창출을 촉진시켰다. 런던과 다른 도시들 간 정기적인 버스 서비스가 1780년대에 처음 시작되었다.

---

14) 원문은 two barrels로, 해석상 논란의 여지는 있다.

맥신 버그(Maxine Berg 1998: 153)는 장식용 금속제품이나 가구 같은 산업은 수요 측면뿐 아니라 공급 측면에서도 소홀히 취급되어 왔다고 주장했다. 그녀는 애덤 스미스가 이미 버밍엄과 셰필드의 금속 산업에 대한 '패션과 팬시 상품'의 중요성을 지적했다고 회상하며, 전통적으로 기계류의 공정혁신을 중요하게 다루는 것과 같이 이 산업에서의 제품혁신에 대해 역사학자들이 고려할 가치가 있다고 주장하였다. 그녀는 1627-1825년까지 특허 통계를 분석하여 산업혁명의 발명품들 중에서 버클과 체결류(fastening)는 물론 장신구, 판화, 그림, 인쇄에 대한 특허의 중요성을 제시하였다. 더욱 중요한 것은, 그녀는 장신구와 장식용 제품을 생산하고 디자인하고 이런 제품을 생산하는 기계와 기구(instrument)를 생산하는 회사와 무역 사이의 상호작용을 지적한다. 특히 그녀는 볼튼과 웨지우드 사이의 강한 상호 영향을 지적한다.

물론 애덤 스미스를 포함한 많은 저자들은 그의 광범위한 유럽 여행을 바탕으로 18세기 영국의 생활 수준이 다른 유럽 국가들의 수준을 훨씬 상회한다고 주장했다. 특히, 이는 중산층이 많고 부유함으로 인해 사실이라고 여겨졌다. 하바쿡(Habbakuk 1963: 115)은 이것을 영국 산업혁명의 주요 설명 중 하나로 발전시켰다. '(영국의) 1인당 평균소득은 유럽 대륙보다 높았다. 많은 사람들이 공산품 소비를 위한 상당한 생활비가 있었다. 그러므로 개별적 산업을 확장하기 위한 유인은 현대 세계의 빈곤한 국가에서 직면하고 있는 비탄력적인 수요에 의해 방해받지 않았다.'

5.8 문화, 정치, 경제, 과학, 기술 간 정합성(congruence)

엘리자베스 길보이와 맥신 버그의 지적이나 문화적 · 정치적 변화의 강조에도 불구하고, 이 장은 '기술결정론(technology determinism)' 또는 '기술-경제결정론(techno-economic determinism)'으로 비칠 수 있다. 그러나 본 장에서, 혁신은 적절한 문화적 · 정치적 풍토 속에서 확산되고, 자금을 조달하고, 만들어진다는 것을 강조할 것이다. 이 빠른 성장과 확산을 가능하게 한 것은 영국 사회의 모든 주요 하부조직 간 긍정적 발전의 조화(정합성)였으며, 그들 간 상호작용이었다. 정합성에 관한 관점은 제1부의 분석에서 확인되었다.

써플은 영국의 경제, 기술, 과학, 정치, 그리고 문화적 특성의 호의적 조화에 대해 훌륭하고 간결하게 요약해 준다.

영국의 18세기 후반 이전 경제적, 사회적, 정치적 경험은 왜 영국이 산업의 개척자가 되었는지를 어렵지 않게 보여준다. 잠재적으로 성장을 유발하는 특징들이 잘 조합된 예로 영국은 동시대 어느 국가들보다도 좋은 사례이다. 기업의 발전, 지배적인 무역 시스템의 틀 안에서 풍부한 자원 공급과 대규모 해외 시장에 대한 접근성, 자본의 축적, 산업화의 핵심기술, 지리적 위치와 풍부한 강이 있는 섬나라 경제의 교통 편의성, 과학적이고 실용적인 유산, 정치적으로 안정되고 비교적 유연한 사회 시스템, 사업과 혁신에 유리한 이념은 영국이 다른 유럽 국가들보다 경제변화에 훨씬 쉽게 접근할 수 있도록 하였고 모두 200년 이상의 역사적 추세를 증명하는 것이다(Supple 1963: 14).

애덤 스미스의 저서 〈국부론〉은 1776년에 나온 영국 산업혁명의 정치·문화적 기초로서 전형적인 사례이고, 경제 이념에 큰 영향력을 제공하였다. 이 이론은 매우 강력하여, 영국 총리(윌리엄 피트)가 애덤 스미스에게 '이제 우리는 모두 네 제자야'라고 선언할 정도였다. 스미스는 새로운 산업가와 상인들의 이윤추구 활동을 합리적으로 제시하였기 때문에 대단한 영향력을 발휘하였다. 그들은 자신의 이윤추구를 통해 공동체를 돕는다고 믿었다.

국부론의 제목과 핵심 주제는 경제 연구의 초점을 무역에서 성장으로, 그리고 농업에서 생산 산업(즉 공업)으로 옮겨 놓았다. 성장의 추구, 자본 축적, 국가 번영 추구가 국가, 산업가, 귀족, 상인들 얼마간 공통 목표가 되었음을 의미한다. 그러므로, 지주들이 가장 부유하고 정치적으로 영향력 있는 계층임에도 불구하고, 빠르게 성장하고 있으나 아직은 규모가 작은 산업의 이익을 촉진하기 위한 경제정책이 뒤따르고 있었다. 애덤 스미스가 명백하게 주장했던 국지적 독점과 무역 제한의 해소는 결코 분쟁 없는 과정이 아니었고, 1840년대 곡물법(Corn Law)이 폐지되면서 그 결말을 맞이했다. 18세기 후반, 산업과 무역에 대한 국가의 개입을 줄이는 비간섭주의적 자유방임주의(laissez-faire) 정책은 많은 지주들뿐만 아니라 기업가에게도 환영을 받았다. 소기업 경쟁은 18세기 후반 영국에서 현실화되었고, 국내와 해외 시장 개방은 스미스가 주장했던 방식으로 기술적, 조직적 변화와 생산적 투자를 촉진시켰다. 그의 저서에 사용된 문장은 일반적인 사회의 문화에서 크게 벗어나지 않았고 폭넓은 독자에게 이해될 수 있을 정도였다(이는 물론 불행하게도 현대의 경제학에는 해당되지 않는 이야기이다).

스미스의 〈국부론〉에 소개된 개괄적 사회적 합의(broad social consensus)는 만장일치를 의미하는 것은 아니다. 그것은 기업가와 상인의 이익을 보다 합리화하여 표현했다. 그러나 지주의 지대 수입은 스미스에 의해 정당화된 것으로 40년 후 리카르도(Ricardo)에 의해 이루어진 것이 아니었다. 스미스는 가난한 사람들의 생활 수준 향상에 대해 매우 관심을 가졌던 반면, 임금 인상을 위한 노동조합의 행위이건 가격 인상을 위한 상인의 행위이건 공공의 이익에 반하는 독점 '음모'에는 공격을 가했다. 자유경쟁주의(laissez-faire doctrine)는 국부론 이후 반세기 동안의 집중적인 도시화와 산업화, 두 세대에 걸친 시인과 소설가들의 사회적 비판, 그리고 비인간적 작업환경에 대한 많은 노동자들의 저항 등으로 인해 무정하다는 오명을 얻게 되었지만, 애덤 스미스의 시대에는 그러한 오명을 얻지 않은 상태였다. 18세기 영국에서 나타난 '집단적 의도(collective intentionality)'는 여전히 문맹자와 가난한 다수(majority)를 받아들이지 않겠다는 의견 일치를 보였지만, 그들 중 상당수의 생활수준이 거의 개선되지 않았음에도 불구하고 그리 많은 폭력적 진압 없이 묵인되었다. 1799년의 조합법(Combination Acts) 및 그 이전 법들은 노동조합의 권한을 제한하기 위해 사용되었고, 러다이트(Luddites)운동에 대해서는 더 심하게 처벌하였다.

다양한 개인의 목적을 조화시키기 위해 필요한 의견일치라는 것은 오로지 특정 경제 이론이나 합리적 설명을 광범위하게 수용하는 데에 전적으로 의존하지는 않았다. 그것은 당시의 일반적인 문화를 바탕으로 퍼졌다. 르네상스, 과학혁명, 그리고 16세기와 17세기 종교개혁은 실용주의, 개인주의, 경험주의의 보급에 직간접적으로 기여하였다. 이는 물론 측정하기는 어려웠지만, 18세기 영국의 특징으로 널리 인지되었다. 더욱이, 1640년대 영국 내전은 왕정복고와 함께 끝나 찰스 1세의 운명을 겪는 다른 군주는 없었지만, 18세기 왕정은 16세기 또는 유럽 대륙에 강하게 자리잡고 있는 절대주의 군주제와는 달랐다. 헌법에 명시되어 있지 않은 사실상의(de facto) 의회 통치권은 1688년부터 확고하게 확립되었다. 정치적 논쟁의 주고받기, 조직적인 반대에까지 확대 적용된 관용 등 의원내각제의 전통은 각계의 다른 많은 제도에 표본이 되었다. 배심원 재판, 관습법, 국민신문(national newspaper)의 발간, 베이컨(Bacon), 로크(Locke), 흄(Hume) 등의 철학적인 전통, '비국교도학원(dissenting academies)'과 비국교도(non-Conformist) 종파들은 비록 완전히 영국에만 국한되는 것은 아니지만 전국 각지의 지역 자주성(local initiatives)이 비옥한 토양에서 꽃이 피도록 하는 민주적 문화의 인상적인 증거들이다.

이 일반적인 문화는 17세기와 18세기의 과학혁명에 기여했고 또한 강하게 영향을 받았다. 과학의 영향은 오늘날 경제학자들이 동시대의 혁신에 대한 과학의 기여를 과소평가하는 것과 같은 방식으로 많은 역사가들에 의해 과소평가되었다. 일부 마르크스주의 역사가들, 니덤(Needham)이나 마르크스 자신 같은 다른 역사가들은 그렇지 않았지만 과학과 비교하여 경제성장에 대한 기술의 기여를 과대평가하는 경향이 있었다. 물론 18세기의 과학은 20세기의 과학과 매우 달랐다. 그럼에도 불구하고, '과학자'라는 표현은 그의 시대에 만들어지지 않았고, 과학자나 자연철학자의 수가 매우 적었지만 애덤 스미스는 그들의 큰 중요성을 잘 알고 있었고, 〈국부론〉의 첫 페이지에 강조했다.

　애쉬튼(Ashton 1948), 머슨과 로빈슨(Musson and Robinson 1969)은 과학의 기술과 잉글랜드·스코틀랜드 사회의 일반 문화에 대한 직접적(특히 머슨) 또는 간접적(특히 애쉬튼) 기여를 설파했던 역사학자들이었다. 어떤 면에서 프랑스 과학이 영국 과학보다 앞섰다고 강조하는 턴젤만(von Tunzelmann 1981)의 주장이 옳을지 모르지만, 이는 실험적이고 탐구적이며 이성적인 정신과 과학자와 발명가들이 연구(work)을 위해 모두 필요한 조건이라는 기본적인 접근을 약화시키지는 않았다. 실제로 턴젤만은 '과학혁명은 1660년이거나 그 이전 세기(Webster 1975년)의 왕립협회(Royal Society)를 기반으로 한 구시대적인 것으로, 편의상 중복적으로 시기구분이 되었을 뿐 금융혁명, 상업혁명, 교통혁명, 산업혁명보다 앞선 것'이라고 지적하였다(von Tunzelmann 1981: 148). 게다가, 그는 발명가들이 가졌던 일반적인 아이디어의 풍토에 대한 과학의 긍정적인 영향을 강조하였다. 애쉬튼은 다음과 같이 주장한다.

프란시스 베이컨의 가르침으로부터 발생하여 보일(Boyle)과 뉴턴(Newton)의 천재성에 의해 확대된 영국의 과학적 사고의 흐름은 산업혁명에 영향을 미친 주요 분야 중 하나였다. 실제로 뉴턴은 그가 기여한 아이디어가 즉시 '유용한' 것인지 아닌지 관심을 갖기에는 너무나 위대한 철학자이자 학자이지만, 관찰과 실험의 방법을 통한 산업발전을 이룰 수 있다는 가능성에 대한 믿음은 그를 통해 18세기에 전해졌다(Ashton 1948: 155).

　머슨, 로빈슨과 마찬가지로 애쉬튼은 당대 최고의 물리학자들, 화학자들, 지질학자들이 영국 산업을 선도하는 인물들과 친밀하게 접촉하였던 수많은 예를 보여준다. 이것의 좋은 예는 산소의 발견자이자 소다수(soda-water)를 발명한 화학자 조셉 프리스틀리(Joseph Priestley)로서, 그의 처남은 철의 거장 존 윌킨슨이었고 웨지우드의 과학 조언자였다. 스미튼, 제임스 와트, 윌리엄 레이놀즈(William Reynolds), 제임스 케어(James Keir)는 집안에 실험실이나 공장이 있었다. 특히 맨체스터와 버밍엄뿐만 아니라 런던의 왕립학회 등 당시의 다양한 과학 단체는 과학자들과 발명가들 간 또 다른 접촉의 장이었다. 애쉬튼은 애덤 스미스가 목도한 과학적 전문화를 고려하더라도 과학의 언어는 아직 일반인의 언어, 문화, 실천과의 접촉을 불가능하게 할 정도로 소수만의 것은 아니라고 하였다. 따라서 과학이 자체적인 제도, 절차, 그리고 공공성을 가지고 있음에도 불구하고, 분명히 기술변화와 혁신에 매우 유리한 방식으로 기술과 일반 사회문화 모두에 영향을 주었다.

오늘날 흔히 미국 문화는 혁신에 특히 유리하다고 하며, 그 지식 환경 및 비즈니스 환경은 상당히 보수적이고 혁신에 대한 수용력이 없는 근래의 영국과 자주 비교되고 있다. 이러한 태도를 측정하기는 매우 어렵지만, 18세기의 많은 관찰자들은 당시 영국 사회가 혁신에 유난히 유리한 시대였다고 믿었다는 점에 주목해야 한다. 전형적인 신랄한 재치로, 존슨 박사(Dr Johnson)는 이 점을 설명하기 위해 교수형의 기술(techniques of hanging)이라는 특이한 예를 들었다. '시대는 혁신 이후 미쳐가고 있다. 세상의 모든 사업(business)은 새로운 방식으로 행해지고, 사람들은 새로운 방식으로 교수형에 처해진다. 타이번(Tyburn)[처형이 집행된 현장] 그 자체는 혁신의 분노로부터 안전하지 않다'.

19세기 후반과 20세기에 미국은 기술혁신에 있어서 세계를 선도하는 국가의 주요 사례가 되었는데, 존슨 박사에 해당하는 후대 미국인들은 아마 전기의자(electric chair)를 미국 사회에 만연한 혁신적 정신에 대한 섬뜩한 예로 들 수 있었을 것이다(제7장 참조).

이 장에서는 18세기 후반 영국경제의 급격한 성장과 구조적인 변화가 주로 핵심 투입요소로서의 철, 동력원으로서의 수차, 무거운 재료의 저렴한 운송수단인 운하, 사람과 경량 상품의 이동을 가능케 한 고속도로, 급성장하는 면직 산업에서 일련의 기계적 혁신을 수반한 새로운 공장 시스템 등에 기반하여, 급진적 및 점진적 혁신을 모두 포함하는 일단의 혁신에 의해 추동되었음을 보이고자 하였다. 이들 일단의 혁신은 예외적으로 호의적이었던 정치적·문화적 변화의 정합성이라는 영국의 상황으로 인해 발생하고 번창할 수 있었으며, 이들 변화는 산업혁명의 2단계에서 훨씬 더 중요하다는 것을 증명하고자 하였다.

5.9 영국의 제2차 콘드라티예프 파동으로의 전환

18세기 후반과 19세기 초반의 영국경제 성장의 가속화에 대해서는 매우 광범위한 합의가 존재하지만, 1815-1845년까지의 기간에 대해서는 의견이 분분한 현실이다. 제본스(Jevons)에 따르면 이 시기는 가격이 하락하는 시기였고, 대부분의 초기 연구자들은 첫 번째 장주기의 '하강국면(downturn)'이라고 하였다(제3장 참조). 그러나 이후의 산출량 연구는 이 시기 생산량 증가율에서 현저한 하강(downswing)을 보인 증거가 거의 없다는 것을 보여주었으므로 솔로무(Solomou)와 같은 저자들은 적어도 19세기[15] 전반에는 콘드라티예프 파동의 비존재에 대한 입증을 주장하기 위해 이 자료를 이용했다.

그러나 우리의 연구는 주로 구조적(structural)이고 질적(qualitative) 변화에 대한 것인 만큼, 이 시기 GDP 측정의 정확성 문제는 본 연구에서 그리 첨예한 문제는 아니다. 이 장에서의 결론부분에서 보여주려고 하는 것은 이 시기는 (1) 빠르게 성장하는 산업, 서비스, 기술의 새로운 무리의 급속한 성장과 (2) 이들로부터 초래된 구조 변화의 결과로 사회적 혼란과 심각한 실업으로 특징지을 수 있다는 것이다. 영국 GDP의 총합적인 성장이 눈에 띄게 둔화되지 않았던 것은 당연할 수도 있다.

새로운 고속 성장은 제1차 콘드라티예프 파동의 영향을 받은 분야에서 생산성을 향상시킴은 물론, 그 파동으로부터의 영향을 덜 받은 다른 지역과 산업으로 산업혁명을 확산시키는 효과를 가졌던 새로운 인프라(철도), 새로운 동력자원(증기 엔진), 새로운 공작기계와 기타 기계류 등으로 특징지을 수 있다. 따라서 최초의 두 개의 콘드라티예프 파동은 영국 산업혁명의 시기에 연속적으로 두 번 있었던 것으로, 첫 번째는 수력 기계화, 두 번째는 증기 동력 기계화에 바탕을 두고 있었다는 차이점이 있는 반면, 두 번 모두 핵심 투입물이 철과 석탄이라는

---

15) 1850년 이전 영국에서 정확한 생산량 측정에 큰 어려움이 있다는 점에 유의해야 한다. GDP의 소급적 추정치는 소득측면, 지출측면, 또는 물리적 산출측면에서 계산하기 힘들기로 악명 높다. 공예가들은 1850년 이전의 GDP 추정치가 '통제된 추측'에 지나지 않을 수 있다고 평했다. 이러한 통계를 연구한 대표적인 초기 학자들 중 한 명인 필리스 딘(Phyllis Deane 1948)은 비록 이 영역의 방법론적 문제가 거의 산출 측면과 마찬가지로 크지만, 그녀와 다른 연구자들이 지출 측면의 추정치에 집중하게 된 소득 추정치의 심각한 약점에 대해 언급했다.

공통점이 있다. 영국 이외의 국가들, 특히 유럽 대륙에서 산업화와 구조적 변화를 가져온 것은 제2차 콘드라티예프 파동이었다. 이들의 추격 프로세스는 제1차와 2차 파동의 주요 특징을 조합한 것이었다.

나폴레옹 전쟁이 영국경제와 유럽 대륙의 성장에 미치는 영향에 대한 평가는 복잡한 문제이고, 역사가들 사이에서는 여전히 논란이 존재하는 부분이다. 그러나 비교적 짧은 기간 동안 영국의 대(對)유럽 무역에서 일부 어려움이 있었음에도 불구하고, 영국경제가 프랑스를 포함한 주요 대륙 경쟁국들보다 훨씬 더 좋은 모습을 보인 것에는 의심할 여지가 없다. 폴 케네디(Paul Kennedy)는 '위대한 강대국의 흥망성쇠(the rise and fall of the great power)'라는 책에서 영국이 프랑스의 희생으로 얻은 이익에 대해 요약하였다.

대혁명 이전 프랑스 식민지 무역의 3/4을 차지했던 산토도밍고의 점령은 1790년대 후반까지 영국 상품의 중요한 시장이자 영국 역수출의 큰 원천이었다. 게다가, 북미, 서인도제도, 중남미, 인도, 극동 등 해외 시장은 유럽 시장보다 빠르게 성장하였을 뿐만 아니라, 장거리 무역은 대개 더 수익성이 높고, 해운, 상품 거래, 해양 보험, 어음 정리, 그리고 은행 활동에 더 큰 자극이 되어 세계의 새로운 금융 중심지로서 런던의 위상을 강화시켰다(Kennedy 1988: 179).

어느 정도 혼란에도 불구하고 영국 총 수출액은 1794-6년 2,170만 파운드에서 1814-16년 4,440만 파운드로 증가했으며 이 기간 동안 경제의 핵심 부문(특히 철과 면)은 빠른 성장을 지속했다. 따라서 1780-1815년까지의 기간은 분명히 상승과 호황의 하나로 분류되어야 한다. 역설적으로 이는 나폴레옹 전쟁이 끝나고 이례적으로 철로 만든 제품에 대한 수요가 급감하여 어려움을 겪으면서 확인되었다. 사회적 고통은 경제가 평화로운 시기의 산출량이 새로운 패턴으로 바뀌면서 널리 퍼졌다. 그럼에도 불구하고 산업혁명으로부터의 추진력은, 경제의 전체적인 성장이 다른 모든 유럽 국가들을 계속 앞지르기에 충분했다(〈표 5.6〉과 〈표 5.7〉).

▌표 5.6   1750-1900년대 세계 제조업 산출량의 분배율(%)

	1750	1800	1830	1860	1880	1900
유럽전체	23.2	28.1	34.2	53.2	61.3	62.0
영국	1.9	4.3	9.5	19.9	22.9	18.5
합스부르크 제국	2.9	3.2	3.2	4.2	4.4	4.7
프랑스	4.0	4.2	5.2	7.9	7.8	6.8
독일의 국가들/독일	2.9	3.5	3.5	4.9	8.5	13.2
이탈리아의 국가들/이탈리아	2.4	2.5	2.3	2.5	2.5	2.5
러시아	5.0	5.6	5.6	7.0	7.6	8.8
미국	0.1	0.8	2.4	7.2	14.7	23.6
일본	3.8	3.5	2.8	2.6	2.4	2.4
제3세계	73.0	67.7	60.5	36.6	20.9	11.0
중국	32.8	33.3	29.8	19.7	12.5	6.2
인도/파키스탄	24.5	19.7	17.6	8.6	2.8	1.7

출처: Keenedy(1988: 190), Bairoch(1982: 294).

▌표 5.7   1750-1900년대 산업화의 단위당 자본 수준(1900=100 영국과 상대적인 비교)

	1750	1800	1830	1860	1880	1900
유럽전체	8	8	11	16	24	35
영국	10	16	25	64	87	[100]
합스부르크 제국	7	7	8	11	15	23
프랑스	9	9	12	20	28	39
독일의 국가들/독일	8	8	9	15	25	52
이탈리아의 국가들/이탈리아	8	8	8	10	12	17
러시아	6	6	7	8	10	15
미국	4	9	14	21	38	69
일본	7	7	7	7	9	12
제3세계	7	6	6	4	3	2
중국	8	6	6	4	4	3
인도	7	6	6	3	2	1

출처: Keenedy(1988: 190), Bairoch(1982: 294).

랜즈는 '대륙 경쟁'이라는 제목의 그의 책에서 다른 유럽 국가들이 영국에 얼마나 뒤처져 있는지를 다음과 같이 강조했다.

당시 유럽 대륙은 영국의 산업발전에서 여전히 한 세대 정도 뒤처져 있었다. 1851년 잉글랜드와 웨일스 인구의 약 절반이 도시에 살고 있는 반면, 프랑스와 독일의 비율은 약 1/4 정도였다. 직업 분포에 있어서도 비슷하다. 중세기에는 영국 남성 노동인구의 1/4(20세 이상)만이 농업에 종사하고 있었다. 대륙에서 가장 산업화된 국가인 벨기에의 경우 그 수치는 약 50%였다. 독일은 이 지점에 이르는데 25년이 더 걸렸다. 실제로 1895년까지만 해도 농업에 종사하는 사람들이 산업보다 더 많았다(Landes 1969: 187-8).

이런 이유로, 우리는 미국이 새로운 기술 선진국(제7장)으로 부상하기 시작한 1870년대 이전까지는 선진국으로서의 영국의 기술과 산업 발전에 초점을 둔다. 물론 프랑스, 스웨덴, 네덜란드나 여러 나라들이 통일되기 이전의 독일 및 이탈리아 등 다른 유럽 국가에서의 기술과 과학의 새로운 발전을 과소평가하는 것으로 받아들여져서는 안 된다. 산업혁명 중 산업의 주요 변화가 영국 북부와 스코틀랜드에서 일어났음에도 불구하고, 런던은 대륙 발명 및 기술에 대한 지식을 영국으로 가져오는 데 핵심적인 역할을 했다. 예를 들어 영국에서 가장 일찍 수력을 활용한 비단 공장은 토마스 코쳇(Thomas Cotchett)에 의해 1705-7년 더비에 지어졌는데, 이는 네덜란드 기술에 기반한 것이었다. 또 다른 런던 출신 견직물 상인인 토마스 롬베(Thomas Lombe)는 견사(silk-reeling) 공장이 잘 자리 잡고 있었던 레그혼(Leghorn)으로부터 기술을 들여와 이를 개선하고 확장시켰다. 롬베는 최신 이탈리아 기술과 300명의 직원 관리를 통해 수익성 있는 공장을 만드는데 성공했다. 더비 공장과 작업 조직은 1732년과 1769년 사이에 잉글랜드 북부의 다른 공장 10곳에서 모방하였다(Chapman 1972/1992: 14). 채프먼의 설명에 따르면, 아크라이트의 더비 공장 파트너였던 제베디아 스트럿(Jebediah Strutt)이 견직 공장의 조직을 베꼈고 스톡포트와 셰필드 견직 공장을 면직물 생산으로 전환하였기 때문에 영국 면직 산업의 초기 공장 시스템의 발전에 영향을 줄 수 있었다(p.15). 이외에도 다른 유사한 예시들이 존재하며, 채프먼은 '런던은 대륙이나 인도에서 가져온 기술들이 지방에 이전할 준비가 될 때까지 육성시킴으로써 면직 산업의 기술혁신에 중요한 역할을 하였다'고 논평하였다(p.12).

1750년까지 맨체스터의 대규모 작업장에서 1,500개의 네덜란드 베틀이 사용되었고, 이는 공장 시스템으로 전환되는 첫 단계라고 합리적으로 추측해 볼 수 있다(Wadsworth and Mann 1931). 이 모든 사례는 외국으로부터 들여온 기술이 산업혁명에 중요하게 작용하였으며, 우리는 이러한 해외 기술의 기여나 해외시장 및 해외 무역으로부터의 경험을 과소평가할 의도는 없다. 우리는 여기서 영국에 일단을 초점을 두고 나중에 다른 나라들을 살펴보고자 할 뿐인데, 이는 기술 리더 및 이를 가능케 한 정치적·문화적·경제적 상황의 조화를 드러내는 것은 국내에서의 혁신과 이를 외국으로부터 도입된 기술과 결합시키는 역량이기 때문이다.

5.10 조정의 구조적 위기

영국의 산업화 과정은 두 단계로 구분되어 진행되었고, 특히 1830년대와 1840년대 초반 심각한 불황기의 실업 문제를 고려할 때, 두 번째 단계는 첫 번째 단계보다 더 고통스러웠다. GDP 추정치는 실업과 1830년대 '신구빈법(New Poor Law)'의 도입에 따른 실업자의 가혹한 처우에 대해 설명할 수 있는 것이 얼마 없다. 그러나 우리는 이러한 사회적 문제들이 1780-1820년대까지의 산업화 초기 시기보다 1830년대와 1840년대에 훨씬 더 심각했다는 것을 몇몇 자료를 통해 알 수 있다.

1830년대 구조적 위기의 주요 특징은 도시뿐만 아니라 농촌의 실업 증가였다. 인구 증가는 즉각적인 농촌의 인구감소를 동반하지 않았으며, 마티아스(Mathias 1969: 238)에 따르면 '농촌의 빈곤상태는 1820년대와 1830년대 중 가장 큰 골칫거리'였다. 빈곤율은 1830년대 초반에 최고조에 달했고, 1834년 구빈법은 고용이 가족을 위한 최저생계 임금을 제공하지 못하는 지역에서 다른 지역으로 (필요하다면 가혹한 방법을 써서라도) 이주하도록 장려함으로써 농촌 빈곤의 악마를 퇴치하기 위해 만들어졌다.

이 가혹한 신구빈법(new Poor Law)은 1795년 도입된 '스핀햄랜드(Speenhamland)' 시스템을 대체하였다. 스핀햄랜드 시스템은 '구빈원(Workhouses)'[16]이라고 하는 기관에서만 구호를 제공하도록 하는 것으로서, 버크셔 지방의 법관들이 스핀햄랜드의 펠리컨 인(Pelican Inn)에서 모임으로써 시작되어 그렇게 불리게 되었다. 이 법관들은 빵 가격 비율에 따라 '원외구제(outdoor relief)'를 통해 노동자들의 임금을 보

---

16) 비록 이곳에서 종종 어떠한 일(work)도 수행되지 않기도 했지만, workhouse라고 불렸다.

조해 주기로 결정하였다. 이 제도는 나폴레옹 전쟁 기간 동안 일반화되었고 전쟁이 끝난 후에도 지속되었다. 그런데 인구가 증가하고, 농민들이 식량가격이 높은 시기의 구제를 기대하여 임금이 낮아지면서 이 제도를 유지하는 비용이 증가하게 되었다. 이는 곡물 수입을 제한하는 곡물법(Corn Law)에 의해 높게 유지되었다. 1840년대까지 의회는 곡물법 폐지라는 곤란한 문제에 직면하지 않았지만, 신구빈법에서 시도한 해결책은 인구의 가장 빈곤한 계층을 희생시키는 것이었다. 이는 실업률과 이주의 증가로 이어졌고, 다시 마티아스(Mathias 1969: 238)에 따르면 '주기적 불황이나 기술 및 구조적 변화로부터 발생하는 실업은 의도적으로 선택한 옵션이라기보다는 비자발적인 것이기 때문에 산업사회의 병폐를 잘못 진단한 것'이었다.

비록 20세기의 통계와 비교할 만한 국가 차원의 실업률 통계는 없지만, 주요 산업 지역의 '극빈자' 수에 대한 지역 통계는 있었다. 홉스봄(Hobsbawm 1994)이 보여주었듯이 랭커셔와 요크셔(산업혁명의 중심지)의 주요 산업지구의 실업률은 성인 남성 인구의 20-30%에 달하였고, 이는 최악의 불황기에만 그런 것이 아니었다. 근대 산업의 새로운 주기적 실업은 투자와 무역의 변동, 특히 1830년대와 1840년대의 철도 투자의 변동과 수공직조(handloom) 방직공의 쇠퇴와 관련이 있다.

심지어 동시대의 소설가들과 역사학자들의 설명은 구빈법 통계와 지역 기록에 근거한 실업의 추정치보다 많은 것을 드러낸다. 디킨스(Dickens)의 〈어려운 시기(Hard times)〉나 가스켈(Gaskell)의 〈남과 북〉과 같은 소설은 통계보다 더 인상적이다. 특히 남쪽의 안락한 가정 출신 엘리자베스 가스켈(Elizabeth Gaskell)이라는 여주인공이 초기 북쪽의 산업화된 현실에 맞서는 모습은 지울 수 없는 감동을 남겼다. 아마도 가장 생생한 동시대의 부분들은 1843년에 토마스 칼라일(Thomas Carlyle)이 직면한 첫 번째 산업사회의 큰 규모의 주기적인 실업에 대한 모순이었다.

영국은 부로 가득 차 있으며, 다양한 생산품이 풍부하고, 모든 종류의 인간 욕구를 위한 공급원이 넘쳐난다. 영국의 땅은 황금빛 수확과, 빽빽한 작업장과 산업용 도구들, 1천 5백만 명의 노동자로 물결치며 수그러들지 않는 풍부함이 피어나고 자라고 있다. 성공한 솜씨 좋은 노동자들 중 2백만 명은 구빈원, 즉 구빈원 감옥에 앉아 있거나 원외구제를 받고 있다. 바스티유(Bastille) 구빈원은 터질 듯 가득 차 있다. 그들은 지금 이곳에 몇 달째 앉아 있지만 구제의 희망은 적다. 기분 좋게 이름 붙여진 구빈원은 그들이 할 수 있는 일이 없기 때문이다. 영국에서만 12만 명의 노동자들이 일종의 끔찍한 마법처럼 억눌려 앉아 있다; 감옥에 갇혀서 그들이 굶어 죽지 않을 수도 있다는 사실에 기뻐한다(Carlyle 1843: 1-2).

칼라일은 심지어 영어로 'work' house인 구빈원에 앉아 있는, 일하고 싶지만 게으르다고 비난받는 사람들의 표정을 설명한 다음, 당시 구빈법도 없었던 스코틀랜드 지역의 빈곤에 대해 '인간이 거주하는 가장 잔혹한 지역에 태양이 한 번도 비친 적 없는 것 같은 비통함과 궁핍과 황량함의 현장'이라고 묘사하였다. 그는 '사물들은, 그것이 단순히 면이건 철이건, 인간에게 반항하는 것이 되어가고 있다. 우리는 이전까지의 어느 국가보다 많은 부를 가지고 있다. 우리는 이들로부터의 선(善)을 이전의 어느 국가보다도 적게 가지고 있다. 우리의 성공적인 산업은 지금까지 성공하지 못한 것이다. 만일 우리가 여기서 멈추면 이상한 성공이다. 과다한 풍요의 한가운데에서 사람들은 죽어갈 것이다'(Carlyle 1843: 5)라고 결론지었다.

세계에서 가장 부유하고 번영한 나라에서 나타난 대량 실업의 광경(칼라일이 추정에 따르면 약 15%에 달하는 실업률)은 엄청난 역설로 다가왔고, 재구축된 GDP 성장의 추정치에 있어서 평활화된 추세를 지지하는 일부 사람들이 말하는 지속적인 번영의 시대라기보다는 격동의 과도기였다고 느끼지 않을 수 없다. 특히 흥미로운 것은 칼라일의 간결한 제안인데, '면직물과 철'은 어쩌면 '인간에게 순종적'이었을지 모르지만, 경제의 나머지 부분에서는 그렇게 '복종적'이지 않았다. 여기에 다시 순조로운 진행의 하나라기보다는 구조적 변화의 격동의 시기라는 인상을 남겼다.

마지막으로 1830년대와 1840년대의 사회적, 정치적 혼란에 대한 증거가 있다. 이 시기는 19세기 중 영국이 사회혁명에 근접했던 유일한 시기였다. 무장 반란은 실제로 몇몇 마을에서 일어났고 많은 곳에서 총파업도 발생했다. 차티스트의 보편적 참정권에 대한 요구를 지지하기 위해 북부 도시에서 수십만 명의 노동자들이 벌였던 시위는 그 이전이나 그 이후 그 어느 때보다 컸으며, 노동조합 조직과 활동 또한 법적 금지에도 불구하고 1830년대에 금세기 최고조에 달했다. 이 모든 것은 나폴레옹 전쟁 직후, 러다이트 운동의 물결에 따른 것이다. 노동자들은 더 이상 산업화의 중단을 현실적인 가능성으로 보지 않고, 대안으로 정치적 압력과 입법 개혁을 통해 새로운 형태의 규제에 의한 보상을 받으려고 했다.

1846년 곡물법의 폐지로 막을 내린 시기에 대한 이러한 인상은 로이드존스와 루이스(Lloyd-Jones and Lewis 1998)의 가장 최근 작품에서 더 확인 가능하다.

그들은 이 시기를 '경제의 구조적 수준에서 변화의 정도에 대한 열정과 저항 모두'를 보여주는 것으로 묘사하였다(p.33). 1830년대와 1840년대의 구조적 위기는 지주계급이 당시 강력해진 기업가와 상인 계급에 대한 양보에서 새로운 정치적 조정 방식으로 이어졌다. 당시 지주계급은 농업 보호 유지를 원했던 반면, 사업가들은 식량 비용을 낮추고, 임금을 낮추며, 산업 도시들의 불만을 완화하기 위해 곡물법(곡물 수입에 중세를 과한 법률) 폐지를 원하여, 이들 간 이해충돌은 첨예해졌다. 애덤 스미스는 이 분쟁을 덮어버린 반면, 리카르도는 그것을 분석의 중심에 놓았으며, 그의 견해는 인구의 증가와 농업용 토지의 가용성에 대한 맬서스(Mathus)의 비관론에 의해 강화되었다. 스미스의 시대에 비교적 낙관적이었던 경제학은 이제 '음울한 과학'이 되었다. 자유 무역업자들은 이 일에 매달려 곡물법 폐지에 대한 광범위한 대중적 지지를 얻는 데 성공하였으며, 궁극적으로 토리당(Tory Party) 자체가 분열되고 토리당의 리더였던 로버트 필(Robert Peel)이 폐지에 대한 의회 다수당을 획득하게 되었다.

영국의 산업은 이제 많은 생산 분야에서의 주도권과 세계 해운 산업에 대한 지배로부터 많은 이익을 얻을 수 있었다. 영국은 전 세계로 확산되는 자유무역에서 많은 이점을 얻을 수 있을 뿐만 아니라, 상품 수송을 영국 선박으로 제한했던 항해법(Navigation Acts)을 1849년에 안전하게 폐지할 수 있을 정도로 강했다. 빅토리아 시대 중반의 붐을 위해 잠정협정(modus vivendi)이 성공한 것이다.

우리는 이제 제6장으로 넘어가, 처음에는 목화와 철보다 '인간에게 덜 복종적'이었지만, 결국 1850년대와 1860년대에 빅토리아 시대의 번영기를 연장시켰던 파동에 대해 살펴보기로 한다.

**제2차 콘드라티예프 파동:
철도, 증기력, 기계화의 시대**

6.1 영국의 제2의 콘드라티예프 파동의 빠른 성장 무리

영국의 제2의 콘드라티예프 파동의 특징은 본질적으로 산업화 초기 단계에서 이미 도입된 변화에 기초하고 있었다. 예를 들어, 핵심 투입요소로서의 철은 1780년과 1840년 사이에 이미 잘 확립되었다([그림 5.1]). 제2차 콘드라티예프 파동에서 철 산업에 대한 새로운 것은 주로 철도뿐만 아니라 새로운 종류의 기계에 철을 대규모로 사용하는 것이었다.

제2차 콘드라티예프 파동의 부상을 특징짓는 것은, 무엇보다도 1820년대와 1830년대에 이미 상호의존적 무리로 등장한 새로운 산업과 기술인 철로 만든 철도였다는 것이다. 여기서 철도는 철도 인프라는 물론 1831-1890년까지 가장 급격하게 성장한 화물과 승객 운송까지 포함하는 것이다([그림 6.1], [그림 6.2] 및 [그림 6.3]). 철도 서비스의 성장과 밀접하게 관련된 것은 물론 증기 기관차와 기타 철도차량 및 장비를 구축하는 산업이었다. 철도 기관차용 증기기관은 전체 증기기관 총생산량의 상당 부분을 차지했다. 18세기 영국 탄광에서 뉴코먼(Newcomen) 엔진이 사용되고 제철과 섬유 산업에서 와트(Watt) 엔진이 사용되기 시작한 이후, 증기 기관의 설계, 동력 출력, 안전 및 연료 소비 등에서 많은 기술적 혁신이 이루어졌다(〈표 6.1〉). 철도는 물론 많은 산업 부문들과 심지어 농업에서까지 증기의 힘을 사용할 수 있게 했던 것은 바로 이 새롭고 엄청나게 개선된 고압 증기기관이었다. 그러한 증기 기관의 제작은 1820년대와 1830년대에 개발된 기술을 바탕으로 각종 기계와 공작기계를 만들면서 급성장하던 엔지니어링 산업의 중심이 되었다. 기관차는 이 새로운 기계 공구를 사용해야만 만들 수 있었다. 기계를 만들기 위한 기계는 다른 산업의 기계화에 필수적이었다. 마지막으로, 이 모든 부문은 석탄과 철이라는 핵심 투입요소를 사용했다(〈표 6.2〉). 마티아스(Mathias)는 우리가 설명하고 있는 새로운 산업·기술들 간의 상호의존성을 다음과 같이 요약했다.

증기 동력은 광산의 배수 공사 수요를 통해 개척되었고, 석탄과 철광석의 수요 증가는 수송에 증기 동력을 적용하는 가장 큰 자극제가 되었다. 1850년까지 철도는 철 산업과 석탄 산업에서 가장 큰 단일 시장이 되었다. 영국의 자원 입지가 이상적이었다는 것은 바로 접근 가능한 석탄과 철광석의 조합(전략적 신소재의 조합)에 있었다. 그리고 영국이 다른 나라들보다 눈에 띄게 선도적이었던 이유는 바로 철과 엔지니어링이라는 전략적 신산업에 필요한 기능이 있었다는 점이다(Mathias 1969/1983: 129).

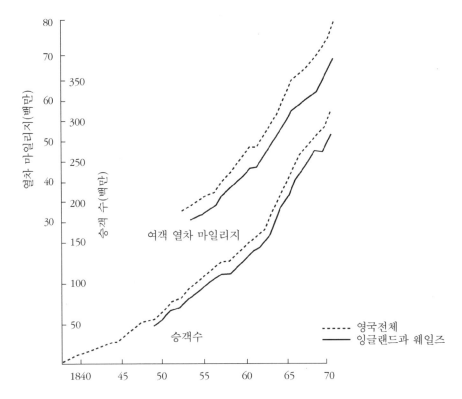

□ 그림 6.1 영국의 여객 수송, 1840-1870년

출처: G. R. Hawke(1970: 54).

　　　　　　　　　　　　　　　　　제2부　산업혁명과 그 이후의 역사

6.2 철도

교통 인프라로서의 철도의 역할은 분명하며, 이는 또한 계량경제사 논쟁에서 주요 분석 초점 중의 하나였다(특히 Fogel 1964, G. R. Hawke 1970, 위의 제1장 참조). 그러나 계량경제 문헌에서 상대적으로 소홀하게 다루어져 왔던 조직혁신과 경영혁신의 본보기 역할 역시 중요한 부분이다.

철도는 제2부 도입부에 요약된 '추동부(carrier branch)'의 대부분의 특성과 일치한다. 이는 질적인 추진력과 경제 시스템 전반에 걸친 구조적 변화를 가져왔다. 미국의 챈들러(Chandler 1965/1977/1990)와 영국의 마티아스(Mathias 1969/1983)가 강하게 강조해온 것도 철도 산업의 이러한 면들이며, 아래에서도 이러한 면들을 강조하게 될 것이다.

인프라 발달은 산업혁명의 일반적인 역사에 충분히 기록되어 있고 핵심 사실들은 명확하다. 영국의 주요 철도망은 1830년대 폭발적인 초기 투자 이후 1840년대에 이미 건설되었다. 다른 나라들, 특히 독일과 미국도 1840년대에 철도건설에 착수하였다(〈표 6.3〉). 그러나 지리적 요인을 고려했을 때, 영국의 주도권은 여전히 상당했고, 이는 투자, 설계, 건설, 수출에 있어 영국이 차지하는 역할로 설명할 수 있다. 1830년과 1840년도에 영국 철도 투자는 지금까지 행해진 것 중 단연코 가장 큰 규모였고, 1834-7년과 1844-7년의 투자 물결은 1790년대 운하 열풍에 비견되거나 그보다 더 큰 '철도 열풍'으로 묘사되어 왔다. 철도 열풍의 한 가지 특징은 이전의 운하 열풍이나 근래의 인터넷 버블(internet bubble)에서처럼 이익에 대한 과잉 기대라는 것이었다. 실제로 몇몇 초기 철도(예: 리버풀-맨체스터 철도)에서 높은 이윤을 실현하자, 언론이 상상한 행복감에 어우러져 슘페터의 '편승(bandwagon)효과'를 야기하기에 충분했다. 국내 네트워크를 고려하지 않은 채 많은 중복 노선을 포함하여 전국적으로 철도 건설에 나서게 된 것은 계획된 많은 노선들이 건설되지 않거나 실제 수익성이 없는 것으로 나타날 것임을 의미했다. 마티아스(Mathias)가 지적했던 것처럼, 영국의 철도는 이러한 점에서 이전의 운하, 유료 고속도로와 유사했다.

이러한 수송 매체의 경제적 잠재력은 완전히 실현되지 않았다. 유료고속도로는 간극[1]과 부패로 얼룩진 경영으로 파편화되었다. 운하는 국가적 전략 없이 건설되어, 폭과 깊이가 다르고, 훨씬 비효율적인 경로로 존재하게 되었고, 이는 상당한 지연과 환적을 야기했다. 과잉투자에 대한 책임을 포함하여, 이 모든 것은 자본비용이 적게 들고 잠재적 주주들의 무비판적 낙관론이 기대될 때, 철도에서 더 큰 규모로 반복될 수 있다(Mathias 1969/1983: 105).

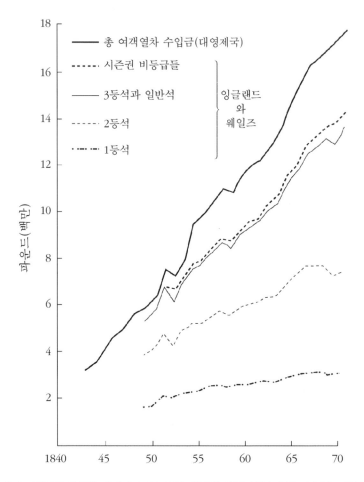

□ 그림 6.2 영국의 다양한 형태의 교통 승객 형태에 따른 철도 수익, 1842–1870년

출처: G. R. Hawke(1970: 55).

역자주: Parliamentary Class는 1844년 영국 철도법에 의해 서민들에게 저렴하고 가장 기본적인 서비스로 제공되었던 좌석이다. 따라서 일반석으로 번역하였다.

---

1) 역자주: 예상과 현실 간 간극 정도로 이해하는 것이 좋을 것이다.

어떤 운송 또는 에너지 인프라가 다른 것으로 대체되는 것은 본질적으로 하룻밤 사이에 일어날 만한 일은 아니다(Grubler 1990). 오히려 어떤 네트워크의 한계가 점점 뚜렷해지고 다른 대안이나 추가 네트워크의 실현 가능성이 명백해질 때까지 새로운 설비에 대한 수요가 축적되어야 하는 것이다. 리버풀-맨체스터 철도는 신규 투자의 규모에 대한 대중의 상상력과 기업가정신을 촉발하는 사건이었다. 당시 운하들은 상인들과 제조업자들에게 금액지불을 요구했고 면화는 뉴올리언스에서 리버풀로 가는 것보다 리버풀에서 맨체스터로 가는 데 더 오래 걸렸는데, 이에 허스키슨(Huskisson)은 1820년대에 의회를 통해 리버풀-맨체스터 철도 법안을 추진했다. 운하 통행료는 1830년 철도가 개통되자마자 톤당 15실링에서 10실링으로 인하되었다(Mathias 1969/1983: 252). 철도의 고속성, 정기성, 신뢰성은 상업에 대한 주요 이점들 중 하나였던 반면, 운하와 도로는 서리와 날씨 등으로부터 악영향을 받았다.

여객 교통의 장점은 더욱 커졌고, 1830년대와 1840년대에는 여객 교통이 화물보다 더 빨리 성장하게 되었다. 운임은 우편 마차보다 훨씬 낮았고, 운영 첫해에 40만 명이 리버풀-맨체스터 노선을 여행했다. 이러한 변화를 이끈 것은 여행자들의 편안함과 요금 절약에 대한 요구뿐만 아니라, 무역의 필요성 때문이기도 했다. 웨지우드(Wedgwood)는 18세기에 이미 그의 방문 판매원(travelling sales-men)에게 직업규약을 도입했고, 1830년대까지 많은 산업들은 상업 여행자와 경영진의 노력과 속도에 의존했다. 이러한 경쟁압력과 비즈니스의 요구 사항은 계량경제학의 계산에서는 생략되었지만 오늘날 항공사가 그러하듯이 경제적, 사회적 중요성은 매우 컸다.

물론 흔히 보여지듯이, 초기 철도는 '최적' 투자와는 거리가 멀었고 많은 결함에 시달렸다. 게다가 19세기 영국의 도로에서는 많은 말들이 이용되었고, 어느 때보다 철도역 너머의 여행에 필요한 말들이 지속적으로 증가했다. 일부 화물 운송에서의 운하는 새로운 철도망이 몇몇 중요한 운송 접점을 연결하지 못했기 때문에 계속해서 더 편리했다. 초기 영국 철도 투자의 다른 심각한 결함은 브루넬의 넓은 게이지 대신 대부분의 철도를 위한 좁은 게이지를 선택한 것으로써 이는 훨씬 후에 완전히 드러났다. 랜즈(Landes 1969)는 독일이나 미국 철도에 비해 화물 마차의 작은 용량으로 인해 철, 제강 등 산업의 효율성에 영향을 미쳤다고 지적했다. 제1장에서 보여 준 바와 같이, 일부 계량경제사학자들은 영국(또는 미국) 경제발전에 대한 철도의 기여를 과소평가하고, 만약 철도는 운하가 존재하지 않았다면, 도로는 GDP에 상대적으로 적은 손실만 있어도 그 일을 해낼 수 있었을 것이라는 개념을 바탕으로 '사후가정법' 양적 공상을 건립하기 위해 노력해왔다. 포겔(Fogel)의 미국 철도에 관한 연구에 따르면 호크(G. R. Hawke 1970)는 영국 철도의 '사회적 절감'(운하와 도로 같은 교통을 이용할 때보다 철도를 이용함으로써 추가되는 비용에 비해 철도 이용을 통해 얻을 수 있는 이득)을 화물은 GNP의 4.1%, 여객은 '편안함'의 비용에 따라 GNP의 2.6% 또는 7.1% 수준으로 계산해 냈다.

마티아스(Mathias 1969/1983: 257)는 '철도가 영국경제에 가져다 준 총 이득을 계산할 수 없다'면서 '철도의 경제 전체에 대한 서비스로서의 중요성은 다른 모든 분야에서 경제 활동을 가능하게 했다는 사실에 있다'고 주장하여, 그러한 계산을 일축했다. 이러한 관점은 급성장하는 산업들의 무리와 '기술혁명의 진정한 화신(veritable incarnation of technological revolution)'의 중심에 있는 우리의 추동부(carrier branch) 개념과 완전히 일치한다.

철도가 국가의 사회 및 경제발전에 미치는 엄청난 영향은 경제 통계뿐만 아니라 예술과 문학에서도 명백하게 나타난다. 터너(Turner)의 유명한 그림 '비, 증기, 속도'는 새로운 기관차의 광경에 영감을 받은 철도 예술의 많은 사례 중 가장 잘 알려져 있다. 그 그림의 영감을 받은 철도 여행에서 터너는 한 여성을 관찰하였고 그가 어떻게 창문을 열기 위해 뛰어오르는지 묘사하였으며, '그는 머리를 내밀고 그녀에게 신기한 빛의 효과를 관찰하라고 소리쳤다. 기차가 그들의 방향으로, 어둠을 뚫고, 브루넬의 다리 중 하나를 넘어오고 있었고, 시뻘건 불꽃에 의해 빛나고, 달리는 비와 소용돌이치는 폭풍을 통해 보이는 기관차의 효과는 '힘, 속도, 응력'이라는 독특한 인상을 주었다'(Faith 1990: 52).

워즈워스(Wordsworth)는 철도를 싫어하는 것으로도 잘 알려져 있지만 이것이 사회생활에 극적인 영향을 미쳤다는 것을 너무나 잘 보여준다. 다른 시인들은 기차 여행에서 영감을 받았고 일부는 심지어 기관차[2]에서 에로틱한 이미지를 떠올린다고 이야기했다. 그 후, 코난 도일(Cornan Doyle)은 그의 많은 셜록홈즈 이야기에서 철도를 중요하고 자주 찾는 장소로 제공하였다. 그 당시, 철도는 일상생활에서 받아들여지는 부분이었다.

---

2) 훨씬 후에 프로이드 자신은 철도 여행의 '특별한 성적 상징성'을 주장하고, 철도 여행에서의 즐거운 감정을 소년들이 열차 기관사가 되고자 하는 널리 퍼져 있는 열망의 덕분으로 돌렸다(Faith 1990: 48). 보다 일반적인 해석은 당시 운전자들의 상대적으로 높은 임금, 안정된 고용, 사회적 지위 측면에서 볼 수 있었다.

운하와 도로가 여전히 많은 교통량을 담당하기는 했지만, 1840년대 이후 교통량 증가의 거의 대부분은 유럽과 북아메리카의 철도에 의한 것이었다. 패트릭 오브라이언(Patrick O'Brien 1994: 259)은 1798-1914년 '유럽의 교통과 경제 발전'이라는 논문에서 '1840년 거의 3,000km에서 1913년 362,000km로 증가한 유럽 전역의 철도네트워크는 여행 소비자들에게 판매된 거의 모든 추가 승객-킬로미터(passenger-kilometer)를 제공할 수 있는 위치에 놓였다'고 하였다. 또한 화물 운송 시 추가로 공급되는 톤-킬로미터의 비율이 극도로 높은 수요를 충족시켰다.

철도는 이 긴 기간 동안 유럽 전역에서 전체 운송 서비스 증가량의 거의 전부를 차지했을 뿐만 아니라, GDP중 운송 서비스의 비율도 급속히 증가하였다. 오브라이언(O'Brien)은 1840년과 1913년 사이에 이 비율이 2배 이상 증가한 것으로 추정하고 있으며, 이는 수요의 승객 소득 탄력성과 더불어 국내외 무역이 상품 생산량보다 더 빠르게 증가한 것이 원인이라고 하였다.

애덤 스미스가 확인한 시장 확대의 규모의 경제 및 전문화에 대한 모든 유익한 효과는 이전의 운하 네트워크보다 철도를 통해 더 빠르게 실현되었다. '철도와 증기 기관차'의 확산에 따라 승객-킬로미터와 톤-킬로미터당 실제 비용이 급격히 하락했다는 것은 명백하다(O'Brien 1994: 256).

오브라이언은 철도 네트워크 구축을 통해 경제의 모든 부분의 직접적인 이익이 있음은 물론, 계량경제학자들의 분석에서 종종 빠져 있었지만 실제로는 매우 중요한 간접적 이익도 있음을 지적하였다. 예를 들어, 그는 다양한 부류의 노동자들(기술자, 감독자, 관리자 등)을 훈련시키는데 있어 철도(그리고 동시에 운하의 역할)의 역할을 강조하였고, 이는 다른 산업의 발전에도 기여했다. 챈들러(Chandler 1965; Chandler and Hikino 1977)는 이러한 논의를 심화하여, 미국 철도가 장기적 지원비용, 유지보수 및 감가상각과 더불어 인력의 모집, 훈련 및 배치에 주목하면서 매우 큰 조직을 관리하고 운영하는 방법 등을 미국경제계 전체에 제공했다고 주장하였다. 철도는 수리, 유지관리, 부품 및 장비의 생산을 위한 작업장을 구축하는 데에도 중요했다(Uselman 1999; Atack 1999). 이들은 대규모 기업들 같이 이름도 없었고 연구가 그들의 주된 활동도 아니었지만, 어떤 면에서는 대형 엔지니어링 회사 내부 연구개발 부서 수준에 상당하였다. 제7장에서 보게 되겠지만, 제3차 콘드라티예프 파동에서 미국 제강 산업 중 가장 성공한 기업가인 앤드류 카네기(Andrew Carnegie)는 자신의 성공은 젊은 시절 미국 철도에서 관리를 통해 겪은 경험 때문이라고 하였다.

최초의 영국 철도 기획자로서 철도를 전 세계적으로 퍼뜨린 '천박하게 활보하는 모험가의 전형'(Faith 1990)을 보여준 조지 허드슨(George Hudson)은 수많은 합병과 토지, 철도, 부두, 금융에서 사기를 통한 매매를 바탕으로 거대한 제국을 건설하기 시작했다. 그는 1840년대 철도 붐 당시 언론에서 큰 주목을 받았으며, 1847년의 추락에서 살아남았다가 2년 후에 다시 추락했다. 그는 영국 철도 5,000마일 중 거의 1/3을 장악했지만, 일부 주요 노선을 장악하지 못했고, 결국 그의 사기가 발견되어 폭로되었다. 랜섬(P. J. G. Ransom)은 1844-5년 철도 열풍의 거대한 강도와 규모에 대해 잘 묘사하였다.

철도 열풍이라고 불리던 금융투기의 거품이 널리 부풀어 오르고 있었다. 그것은 조지 허드슨과 같은 남자들의 활동이 많은 도움을 주었다. 철도회사 기획자인 허드슨 '철도왕'이 관심을 갖고 있다는 소문이 조심스럽게 퍼지면서 주가가 폭등할 수 있었다. 철도 프로모션, 즉 필요성이 명백하고 엔지니어링이 실행 가능한 노선에 대한 프로모션은 수요가 의심스러운 노선과 엔지니어링 문제가 많은 노선으로 먼저 확산되었다. 하지만 그때 프로모션은 대중들이 철도 주식에 대해 떠들어댐에 따라 더 확산되어 있었고, 그때 회사들은 기획자로 하여금 주식을 높은 프리미엄에 팔아치우고 다른 사람들은 원치 않은 아기를 안게 되도록 움직였다(Ransom 1990: 86).

철도 기업가와 기획자들에 대한 대중의 존중을 떨어뜨리고, 루이스 캐롤(Lewis Carroll)의 '괴물(Snark)의 사냥'이라는 시에서 철도 주식이 특별한 역할을 하게 만든 것은 바로 이런 프로모션 형태였다. 그러나 '진짜 철도'가 들어섰을 때에는 인기가 높아졌고, 철도 기술자들과 기술기업가가 국가적인 영웅이 되었다. 브루넬(Brunel)과 스티븐슨(Stephenson)과 같은 사람들은 허드슨 같은 기획자보다 훨씬 더 큰 범위에서 창조적 기업가적 정신을 구현했다. 1848년도 스티븐슨의 장례식장에는 10만 명 이상의 사람들이 참석했고, 영국에서 이전이나 그 이후로 한 번도 본 적이 없는 기술자에 대한 헌사가 있었다. 따라서 허드슨과 같은 기획자 때문에 퇴색된 부분은 있지만, 대규모 사업 활동의 새로운 모델로서 철도의 기여에 대한 의미는 결코 소멸되지 않았다. 철도 관련 직업을 찾는 이들이 많았고, 당분간은 비교적 좋은 보상을 받았다. 그들은 진보적 사업의 모델이었다.

비록 과도하기는 하였지만, 철도 주식에 대한 열풍은 종국에 전국 네트워크의 건설로 이어졌고, 이에 1846-8년에는 영국의 총 투자의 절반을 차지했으며 철도 건설에 총 25만 명의 노동자가 종사하기도 했다. 비록 호황의 정점기 통계이기는 하지만, 철도 시스템의 정규 고용자 수는 계속 빠르게 증가하였다. 마티아스(Mathias 1969/1983: 259)는 1860년대 호황기에 철도는 전체 고정자본 투자 중 1/4을 차지하였고, 1870년대에는 여전히 10% 이상이었다고 추정했다. 다른 방식으로 계산한 철도 투자는 국가 경제 성장에 엄청난 자극을 주었던 것으로 드러났다.3) 호크는 교통량 증가를 추정하였는데([그림 6.1], [그림 6.2], [그림 6.3]) 특히 화물의 경우는 카포크(Coppock 1963년)보다 낮게 계산되었지만, 그럼에도 매우 인상적이었다.

철도에 의해 육성되고 확산된 효율적인 거대 기업체의 특징으로서 오늘날 우리가 당연시 여기는 것은 높은 수준의 정시성(시간엄수), 사전 서비스 계획(forward planning), 정기적인 유지 보수, 하도급 업무를 위한 유능한 전문인력 관리, 그리고 상품과 여행 모두를 위한 배송 속도 등이었다. 철도는 또한 19세기 후반의 대규모 기업들에게 매우 중요했던 방법들을 개발했는데, 그것은 단일 센터로부터 많은 다른 지역에서의 운영을 통제하는 것이었다. 1837년 영국의 킹스 칼리지(King's College) 휘트스톤(Wheatstone)교수에 의해 발명된 전보가 다른 주요 기술 및 조직혁신을 촉진시켰고, 1840년대 새로운 철도 궤도와 함께 급속하게 확산되었다. 신호 장치, 철도 차량, 터널과 제방을 위한 토목 공학에서의 수많은 다른 혁신들은 철도회사와 전국의 수많은 공급자들에 의해 또는 그들을 위해 만들어졌다. 톰슨(E. P. Thompson)이 '후대의 멸시(enormous condescension of posterity)'라고 한 것과 같이, 이제는 거의 눈에 띄지 않을 정도로 이러한 업적들은 간과되기 쉽다. 오브라이언은 철도 투자의 다른 간접적인 효과에 주목한다.

19세기 유럽 전역의 운송 부문에서 발생했던 자본 형성의 가속화는 또한 운송 서비스의 실제 가격 하락이나 상대 가격의 구조 변화에서 포착되지 않는 광범위한 외부 효과나 스핀오프(spin-off)를 야기했다. 예를 들어 ... 운하와 이후의 철도는 비교적 짧은 기간에 걸쳐 많은 자본을 요구했고, 이것은 국내외 저축의 동원을 위한 금융 매개체의 확대와 개선을 촉진했다. 일단 설립되면, 그러한 기관들은 경제의 다른 부문들의 요구를 계속 충족시켰다(O'Brien 1994: 254).

석탄, 철 및 엔지니어링 산업 등 철도의 더욱 직접적인 후방연계 분야는 다

---

3) 여러 가지 약간 다른 추정치는 거뷔쉬(Gourvish 1980)를 참조.

음 절에서 더욱 쉽게 평가·검토될 것이다. 다시 말하지만, 생산 조직화 방법의 질적 변화는 철도에 의해 운반되거나 소비되는 석탄이나 철의 단순한 양보다 더 중요했다. 철도는 빅토리아 경제 전반에 걸친 석탄, 철, 증기기관을 바탕으로 한 새로운 기술적 스타일을 확산시켰다. 그것들은 모든 의미에서 제2차 콘드라티예 프 파동의 '추동부'로 볼 수 있다. 이는 미국철도에 더 한층 강력하게 적용하여 6.6절에서 논의될 것이다.

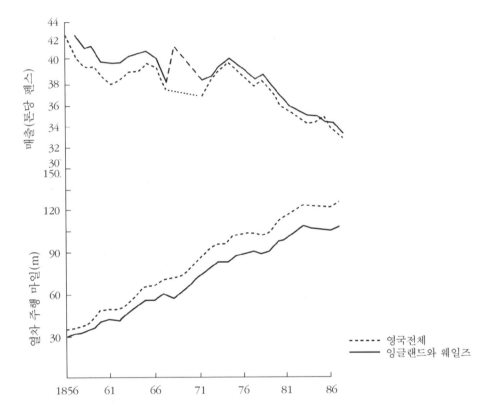

□ 그림 6.3 영국 내 톤당 매출과 화물 수송의 열차 마일, 1856–1886년

출처: G. R. Hawke(1970: 55).

▌표 6.1 증기 동력의 발전에 대한 주요 사건, 1642–1845년

연도	사건	국가
1642	토리첼리(Torricelli)는 진공상태를 입증함	이탈리아
1654	폰 게리케(Von Guericke)는 공기 펌프를 만듦	독일
1690	파팽(Papin's) 실린더-피스톤 모델(piston-in-cylinder model)	프랑스
1698	세이버리(Savery's) 펌핑 엔진	영국

1712	뉴코먼(Newcomen's) 대기압 기관	영국
1725	단조 철판과 보일러 중량 안전 밸브	영국
1761	와트(Watt)의 최초 증기실험	영국
1765	와트의 분리식 콘덴서, 공기펌프, 폐쇄된 실린더 상판(cylinder top), 증기재킷 등의 첫 번째 특허	영국
1769	퀴뇨(Cugnot) 증기 마차	프랑스
1774	스미튼의 개선된 뉴코먼 엔진 달성 주기 1030만(Smeaton's improved Newcomen engine attains duty(a) of 10.3 million)	영국
1775	볼튼과 와튼 파트너십	영국
1776	와트의 최초 펌핑 엔진	영국
1783	와트의 이중 작동 회전 엔진	영국
1792	와트의 이중 엔진 달성 주기 3280만	영국
1800	와트의 제한적인 특허 만료	영국
1801	트레비식(Trevithick)의 고압 자동엔진(콘월)	영국
1802	트레비식의 런던 캐리지와 휴대용 엔진	영국
1803	올리버 에반(Oliver Evan) 고압 엔진	미국
1803	트레비식의 콜브룩데일 기관차	영국
1804	트레비식의 페니대런(Pen-y-Darren) 기관차의 효과적인 열차 운반	영국
1807	풀턴(Fulton)의 클러먼트(Clermont), 최초의 상업 증기선	미국
1812	벨(Bell)의 코멧(comet), 최초 유럽 상업 증기선	영국
1814	스티븐슨(Stephenson) 최초 기관차, Blücher	영국
1819	PS Savannah, 증기를 사용한 최초 대서양 횡단	미국
1825	스톡턴과 달링턴 철도	영국
1827	모즐리의 개선된 왕복 실린더	영국
1829	세긴(Seguin's) 기관차용 다중 연관 보일러	프랑스
1829	레인힐 기관차 대회	영국
1831	리버풀-멘체스터 철도	영국
1835	오티스의 증기 굴착기	미국
1835	웨스트 코니쉬 엔진의 달성 주기 1억2천5백만	영국
1836	철 스크류 프로펠러, 에릭슨	스웨덴
1836	철 스크류 프로펠러, 스미스	영국
1838	시리우스와 그레이트 웨스턴이 대서양을 완전히 증기로 횡단함	영국
1839	SS 프로펠러(후에 아르키메데스), 스크류 추진의 효과성 입증	영국
1841	스티븐슨 Long-Boiler 기관차	영국
1843	브루넬의 영국, 철 스쿠르선	영국
1845	해군성의 스크류 프로펠러 시험	영국

a 펌핑 엔진과 보일러의 비교 효율 측정: 94lbs(파운드)의 석탄에 의해 1피트 높이로 올릴 수 있는 물의 무게

출처: Van Riemsdijk and Brown(1980).

■표 6.2 급성장 분야들: 연평균 산출과 수출의 성장 %, 1837−1846년에서 1866−1874년

분야	생산량	수출
핵심 투입물		
석탄	4.0	8.3
철과 강철	5.4	4.8
기계 수송지점	5.1	5.1
수송 지점과 인프라 철도 수송		
화물	12.5	−
승객	8.9	−
초기 선도 분야		
면직	3.9	4.3
전체 산업	(2.8)[a]	(4.6)[a]

[a] 저자 추정

출처: Coppock(1963: 223).

■표 6.3 초기산업자의 철도 건설, 1830−1850년(개설된 누적 km)

연도	연말기준 개설 선로의 누적 Km				
	영국[a]	프랑스	독일	미국	벨기에
1830	157	31	−	37	−
1831	225	31	−	153	−
1832	267	52	−	369	−
1833	335	73	−	612	−
1834	480	141	−	1,019	−
1835	544	141	6	1,767	20
1836	649	141	6	2,049	44
1837	870	159	21	2,410	142
1838	1,196	159	140	3,079	258
1839	1,562	224	240	3,705	312
1840	2,390	410	469	4,535	334
1841	2,858	548	683	5,689	379
1842	3,122	645	931	6,479	439
1843	3,291	743	1,311	6,735	558
1844	3,500	822	1,752	7,044	577
1845	3,931	875	2,143	7,456	577
1846	4,889	1,049	3,281	7,934	594
1847	6,352	1,511	4,306	9,009	691
1848	8,022	2,004	4,989	9,650	780
1849	8,918	2,467	5,443	11,853	796
1850	9,797	2,915	5,856	14,518	854

[a] 아일랜드는 1831-9년과 1841-7년 동안 영국 수치를 포함

출처: Tylecote(1992: 201).

6.3 핵심 투입물: 석탄과 철

철도 호황기의 증기 기관차는 총 석탄 소비의 2% 미만인 비교적 적은 양만을 소비했기 때문에 철도 발전을 이룰 수 있었다고 강조하였다. 그러나 이러한 '후방연계'를 바라보는 방식은 석탄과 철도 연계 사이의 두 가지 주요 특징을 무시하였다. 첫 번째는 전 국민은 석탄을 연료로 하여 화려한 방식으로 증기기관의 동력을 볼 수 있는 전시효과가 무시되었다는 점이다. 두 번째로 더욱 중요한 것은 철도를 통해 석탄을 다양한 이용자들에게 지금보다 더 낮은 가격과 보편적으로 이용할 수 있게 되었다는 점이다. 사실, 증기 기관차와 철로는 1800-1830년 사이에 주로 석탄을 운반하기 위해 개발되었다.

석탄은 기술혁신을 기반으로 가격이 가파르게 하락하는 투입물은 아니었다. 18세기 초부터 광산에서 물을 퍼내기 위해 증기 기관을 사용하면서(뉴코먼 엔진) 주요 증기 기관 시장 중 하나로 탄광업이 남아있었지만, 탄광업 자체의 기술변화는 상대적으로 더뎠다. 19세기 초 많은 지역에서 석탄 가격은 하락했지만, 이는 광산의 혁신보다 철도를 포함한 운송의 개선에 훨씬 더 기인했다(〈표 6.4〉). 지질학적 상황은 많은 탄광에서의 비용을 증가시키는 경향을 보였다.

▌표 6.4   영국 지역별 석탄 가격, 1800－1850년(톤당 실링)

	런던	버밍엄	맨체스터
1800	46	9	16
1810	38	12	13 (1813)
1820	31	13	10 (1823)
1830	26	6 (1832)	10 (1833)
1840	22	8	7 (1841)
1850	16	5	6

출처: von Tunzelmann(1978: 96).

철의 경우는 매우 다르다. 제5장에서 이미 제시하였듯이([그림 5.2]), 나폴레옹 전쟁 기간과 그 이후 주된 기술혁신(코크 제련과 코트의 교련 및 압연 공정) 결과로 철 가격이 상당히 하락했다. 이 두 혁신 모두 풍부한 석탄 공급의 가용성에 의존했다. 운송비 절감은 분명히 철 생산에 도움이 되었고, 특히 1821년 버킨쇼

(Birkinshaw)가 처음 제시한 철로 제조를 위한 고품질 연철의 경우에 그러했다 (Tylecote 1992). 용광로에 공기를 불어넣는 작업이나 단조작업에 더 좋은 증기기 관을 사용했던 것은 철 제품의 비용 하락에 기여했다.

철도에 직접 소비되는 석탄은 총생산량의 2% 미만이었던 반면, 철 산업의 경우 1840년 국내 판매량의 약 1/4과 1848년 철도건설 붐이 최고조에 달했을 때 전체 소비량의 거의 절반으로 훨씬 높은 비율이었다. 1850년 이후, 철의 국내 판매에서 철도에 쓰이는 비율은 약 10% 또는 그 이상으로 하락했다. 그러나 이는 철도 수출의 큰 증가로 인해 크게 상쇄되었다. 이에 대한 내용은 1856년부터 별도로 측정했을 뿐이지만, 1856-1870년까지 철의 철도에 대한 국내 및 수출 판매량을 합치면 총 규모의 20% 이상을 차지했다. 이러한 수출은 호크(G.R. Hawke 1970)의 '사회적 절감(social savings)' 추정치에 포함되지 않았다(Riden 1980). 1870년 이후, 제3차 콘드라티예프의 강철 선로(steel rails)는 핵심 투입요소가 되었으며, 제7장에서 보여지듯이 강철의 가격 하락과 보편적 가용성은 새롭게 성장하는 신산업 무리의 주요 특징이었다.

철도는 석탄과 철을 영국의 모든 산업화 지역에서 값싼 투입물로 사용할 수 있도록 하였고, 다른 유럽 국가들이 그보다 조금 늦게 이를 이용할 수 있게 되었다. 산업분야 외에서도 석탄 또는 석탄가스가 공급망 범위를 넓히면서 국내 난방 연료로 선호되었다. 석탄과 철이 거의 모든 부분에 사용되었다는 것은 엔지니어링 산업이 런던, 베를린, 파리 등 새로운 중심지에서 발달될 수 있었음을 의미한다. 타일리콧(Tylecote 1992: 46)의 표현대로, '증기 동력에 의한 기계는 위치에 대한 자유를 얻었다. 석탄은 철도가 있는 어느 곳이건 상당히 저렴하게 운송되어, 어떤 크기의 공장이건 동력을 공급할 수 있었다. 따라서 바퀴 위에 장착된 증기는 고정된 증기의 확산을 지원했다.'[4]

면직은 1920년대까지 영국 수출에서 비범한 우위를 유지했지만(〈표 6.5〉와 [그림 6.5]), 1830-1860년 사이에 철의 점유율이 증가하면서 면직의 점유율은 떨어졌다. 기계류 및 석탄의 수출은 19세기 후반에 급속히 증가하였고, 국내 경제에 대한 중요성은 훨씬 더 커졌다. 석탄은 철에 이어 제2의 '핵심 투입요소'로 간주될 수 있는 반면, 지금 우리가 방향을 전환한 엔지니어링 산업은 어떤 면에서는 철도와 함께 제2차 콘드라티예프 파동의 또 다른 추동부(carrier branch)였다.

---

4) 역자주: 바퀴 위에 장착된 증기는 증기기관차이며 고정된 증기는 공장용 증기기관으로 이해할 수 있다. 즉 철도가 각지의 공장 확산을 지원했다는 의미이다.

6.4 증기 엔진, 공작기계 및 엔지니어링 산업

데이비드 랜즈(David Landes)는 산업혁명에 있어 증기기관의 기여에 대한 평가를 다음과 같이 썼다. '대량 생산에 초점을 둔 기계화된 산업의 발전은 인간과 동물의 힘이 제공할 수 있는 것보다 더 크고 자연의 예측불허의 변화로부터 독립적인 동력원이 없었다면 불가능했을 것이다. 석탄과 증기는 산업혁명을 일으키지는 못했지만, 산업혁명의 대단한 발전과 확산을 가능하게 했다'(Landes 1969: 41).

1차 콘드라티예프 파동 초기, 와트 엔진을 포함한 증기 엔진이 비교적 느리게 확산된 것은 주로 기술적 한계와 이들 엔진의 높은 비용 때문이었다. 의회에 의해 오랜기간 동안 연장된 와트 특허 역시 창의적이고 혁신적인 활동을 제약하였고, 세기가 바뀔 무렵에도 특허출원 건수는 상대적으로 적었다. 1800년과 1850년 사이에 주요 기술 발전이 이루어지면서 비용이 절감되었고 증기 엔진의 성능이 향상되어 운송과 고정 엔진 모두에 광범위하게 적용할 수 있게 되었다. 안전하고 효율 높은 고압 기관을 만들 수 있게 한 것은 이 시기(특히 1800-1830년 사이) 공작기계 산업에서의 연이은 혁신이었다. 석탄 소비량의 감소(마력당 시간당 석탄의 무게)는 〈표 6.6〉에 제시하였다. 폰 턴젤만(Von Tunzelmann 1978)은 1800년 전체 면직물 생산량의 1/4 미만이 증기를 동력원으로 하는 공장에서 생산되었으며, 같은 해 수력과 증기의 비용은 거의 같았다고 추정하였다.

당시 수력보다 유지보수 및 운영 비용이 비싸게 들어가던 증기기관에 많은 불만이 있었던 와중에, 아크라이트(Arkwright)와 필스, 카트라이트 소령(Major Cartwright) 등 몇몇 선도적인 면직 사업가들은 초기 증기기관의 고장에 따른 높은 비용 문제에 관심을 가졌다(Chapman 1972/1992: 19). 증기 동력 비용의 큰 하락과 특히 직조에서 증기 엔진 사용의 큰 증가는 1835년 이후에 나타났으며, 턴젤만은 고압 기관의 사용이 큰 효과를 발휘하였다고 보았다. 이는 원래 트레비식(Trevithick)과 다른 사람들에 의해 코니쉬(Cornish) 주석 탄광 산업에서 개발되었다(〈표 6.1〉).

표 6.5 영국으로부터 수출, 1830–1838년ᵃ(경상가)ᵇ

	섬유(전체)		면직		철과 강철, 등		기계		석탄		교통수단, 등		전체
	(£m)	(%)	(£m)	(%)	(£m)	(%)	(£m)	(%)	(£m)	(%)	(£m)	(%)	(£m)
1830-9	31.7	72	20.9	48	5.0	11	0.3	1	0.3	1	–		43.9
1840-9	38.2	69	24.6	44	8.2	15	0.8	1	0.9	2	–		55.4
1850-9	59.9	60	35.6	36	17.9	18	2.4	2	2.3	2	–		100.1
1860-9	98.5	62	57.6	36	24.0	15	4.6	3	4.5	3	–		159.7
1870-9	118.6	54	71.5	33	35.0	16	7.7	4	8.8	4	–		218.1
1880-9	113.8	49	73.0	32	35.3	15	11.8	5	10.5	5	–		230.3
1890-9	104.3	44	67.2	28	32.5	14	16.1	7	17.5	7	1.1	0	237.1
1900-9	126.2	38	86.4	26	45.7	14	23.8	7	32.9	10	8.4	3	333.3
1910-19	200.2	40	135.0	27	62.9	12	27.0	5	50.0	10	9.4	2	504.6
1920-9	288.9	37	192.7	24	96.5	12	58.1	7	65.2	8	29.4	4	791.4
1930-9	106.0	24	62.8	14	54.1	12	41.8	10	37.7	9	24.8	6	438.8

ᵃ 10년당 연평균
ᵇ 카테고리: 섬유(합계) 면화, 모직 의류, 린넨, 실크, 모자, 남성복, 의류 등; 철과 강철: 철과 강철, 하드웨어, 식기류, 비철금속과 제조업; 교통수단 등: 교통수단, 항공기, 새로운 선박과 보트
출처: Mitchell and Deane(1962: 282-4, 302-6); Mathias(1983: 432).

일부 수력 사용자들은 특정 유리한 장소에 그들의 공장을 건설했고 증기동력과의 경쟁을 싫어했다. 그들에게 있어 이것은 경제적 또는 기술적 이점에 대한 단순한 문제가 아니었다. 이러한 고려는 문화적, 정치적 요인에 의해 강화되었다. 실제로 어떤 경우에는 신기술 도입을 통한 이익이 더 커질 가능성이 명백함에도 불구하고 증기 동력 도입에 대한 저항이 지속되었다. 세헤르스테트(Sejerstedt 1998)는 1840년대와 1850년대 노르웨이 제재소 산업에서 좋은 사례를 제시하였다. 당시 이곳은 노르웨이의 주요 수출 산업지였고, 공장은 목재 수출 허가를 받았고, 18세기 또는 그보다 더 이전부터 특권적 지위를 누렸다. 규제 시스템은 19세기 초부터 진보주의자들과 증기동력 옹호자들로부터 공격을 받았으나, 많은 위원회의 잇따른 조사에도 불구하고 1860년까지도 폐지되지 않았다. 세헤르스테트는 토스트루프(Tostrup)라고 하는 당시 한 제재소의 소유주를 예로 들었는데, 그는 처음에는 규제 완화의 선두적인 반대자였지만, 정치적 싸움에서 패배한 후 대규모의 새로운 증기 동력 기반의 공장을 만들었고 이는 가장 수익

성이 높은 기업 중 하나가 되었다.

토스트루프는 자신을 낮은 생산 시스템 또는 제재소 소유주의 특권 그룹과 동일시하였다. 우리는 이 사회적, 문화적 프레임워크 안에서 사업가로서의 그의 동기를 이해해야 한다. 그는 시스템 내에서 다른 공장들과의 경쟁에서 이윤 극대화를 추구했다. 그러나 자신에게 성공을 안겨준 시스템에 대한 보다 근본적인 위협에 직면하자 이익 극대화에 대한 고려 사항은 접어두고 시스템 보전을 목적으로 대체했다. 요컨대 이것은 합리성이 어떻게 제한되는가를 보여주는 좋은 예다(Sejerstedt 1998: 238).

▌표 6.6 제조업에 적용된 증기기관의 석탄 소비율

증기엔진 종류	시간당 마력당 석탄 소비량(lb)
세이버리 엔진(Savery engine) (18세기)	30
뉴코먼 엔진(Newcomen engine) (석탄) (1700-50)	20-30
뉴코먼 엔진(Newcomen engine) (1790)	17
와트 저압 엔진(Watt low-pressure engines) (1800-40)	10-15
고압엔진(High-pressure engines) (1850)	5

출처: von Tunzelmann(1978: 68-70).

더욱이 노르웨이 정부는 규제 완화에 대한 소유주들의 반대에 맞서 현대화와 기술 진보라는 이름으로 규제 완화를 밀어붙였다.

규제 완화의 문제는 영국에서 철도를 건설할 때에도 등장하였는데, 각각의 새로운 철도는 의회의 특별 법안이 필요했다. 이 절차는 토지 소유자와 기타 특수 이해 관계자들의 엄청난 로비를 수반하였다. 1823년 스톡턴-달링턴 철도가 추진되기 전까지 공공 철도를 허가하는 법안 23개가 통과됐다. 이들 대부분은 길이가 15마일 이하인 짧은 마차철도 방식으로 주로 석탄을 운반하기 위한 것이었다. 증기 엔진을 기관차에 적용시키는 데 6명의 엔지니어들이 뛰어들었고, 이 중에서 가장 성공한 사람은 조지 스티븐슨(George Stephenson)이었다. '배기 증기를 보일러 굴뚝으로 뿜어내면서, 불의 힘과 증기를 일으키는 용적이 훨씬 향상되었다. 이는 1770년대에 와트의 별도 냉각기가 증기 엔진에 사용되었던 원리를 기관차에 적용시킨 것이었다'(Mathias 1969/1983: 255).

마티아스는 '성공적인 혁신은 국가의 다른 지역에서 실험으로 숙성된 후에 발생한다'고 결론지었다. 거의 모든 실험은 석탄의 수송비를 개선하고자 하는 열망에서 영감을 받았고 채굴 기술자들에 의해 탄광에서 수행되었다. 조지 스티븐슨은 뉴캐슬 탄광에서 펌프 엔진을 관리하는 소방관으로 어릴 때 아버지와 함께 일을 하였고, 완전히 독학한 사람이다. 증기 기관차를 만든다는 이상으로부터 영감을 받아, 이를 이루기 위해 1823년 자신의 아들 로버트와 함께 뉴캐슬 (New Castle)에 공장을 만들었다.

그러나 1802-1805년(〈표 6.1〉) 사이에 최초의 증기 기관차를 설계한 사람은 전직 레슬러 트레비식(Trevithick)이었으며, 그는 후일 스티븐슨이 더 우수한 설계를 하는 데 영향을 미쳤다. 스티븐슨은 스톡톤-달링톤 철도의 선로와 기관차 설계에 주도적인 역할을 담당했고, 리버풀-맨체스터 철도가 개통 예정이었을 때 그의 '로켓' 기관차가 최고의 기관차 설계를 위해 만든 레인힐(Rainhill) 대회에서 우승했다. 그 이전에는 경사가 급해서 초기 기관차 설계들이 경쟁하기 어려웠고, 짧은 철도는 이러한 구간에서 고정식 기관(stationary engine) 또는 말을 사용했다. 1825년 스톡톤-달링턴 철도는 말과 스티븐슨의 기관('로코모션'이라 불렸던 기관)뿐만 아니라 권선 기어(winding gear)를 사용했다. 1826년 스티븐슨은 그의 엔지니어 중 한 사람에게 고정식 기관, 기관차, 말의 톤-마일당 비용을 자세히 비교하라고 요청했다. 1829년 레인힐 대회와 리버풀-맨체스터 철도의 운행 첫해는 증기 기관차가 미래의 동력이라는 것을 엔지니어와 철도회사뿐만 아니라 일반 대중에게 증명하는 결정적인 사건이었다. 기술 및 비용의 유리한 조합은 그 무렵에 결정되었다(제2부 서론 〈표 1〉 참조).

더 나은 증기 엔진을 설계하고 만드는 것이 가능해진 것은, 후대의 엔지니어들이 제임스 와트보다 더 뛰어났기 때문이 아니라, 대체로 동력 공구 기술과 엔지니어링의 정밀도가 진보했기 때문이었다. 특히 실린더 구멍의 정확한 치수는 기관차에 동력을 공급하는 고압 엔진을 위해서 필수적이었다. 위 5.3절에서 이미 기술한 바와 같이, 1775년에 특허를 받은 존 윌킨슨(John Wilkinson)의 보링 머신(boring machine)은 볼튼과 와트의 증기 엔진의 성능 향상에 중대한 역할을 했다. 또한 윌킨슨의 기계는 18세기 후반 이후 기술자들의 일련의 공작기계혁신들 중 첫 번째일 뿐인 것으로, 증기 동력으로 작동하는 고성능 기계를 일반적으로 활용 가능하게 했던 결정적인 것은 헨리 모즐리(Henry Maudslay 1771-1831)가

선도한 전문 공작기계 산업의 확립이었다. 1800년과 1830년 사이에 모즐리의 공장은 로버츠(Roberts), 네이스미스(Nasmyth), 휘트워스(Whitworth) 등 국내 최고 엔지니어들의 메카로 자리 잡았으며, 이들 각각은 주요 혁신을 담당했었다.

제철회사들은 종종 보일러, 엔진, 기계 등의 제조 분야에 진입하였고, 머슨 (Musson 1980)에 따르면 이 긴밀한 유대는 1870년까지 계속되었다. 그러나 머슨의 지적처럼 기계를 만들기 위한 기계가 널리 보급되도록 한 것은 전문 공작기계 회사의 출현이었다. 폴리니(Paulinyi 1989)는 이 기술을 산업혁명의 '알파 그리고 오메가'라고 표현했다. 모즐리는 계량기, 트루플레인(true-plane), 나사 가공 도구 등 고정밀 작업에 필수적인 중요한 측정 기구 및 기법을 개척했고, 1820년대 로버츠는 이미 그의 맨체스터 공장에서 공작기계와 함께 표준 톱니바퀴와 나사를 판매하고 있었다. 그는 '형틀(template)과 측정기(gauges)를 이용하여 방적기의 표준화된 생산방식을 개발했고, 이후 같은 기술을 기관차 제조에 적용했다 '(Musson 1980: 91).

로젠버그(Rosenberg 1963)는 미국 공작기계 산업의 전문화와 미국 산업화에서의 핵심 역할에 대한 연구로 잘 알려져 있다. 그러나 머슨은 '대량생산'을 개척한 것은 영국의 공작기계 산업이며, 로젠버그가 소형 무기 제작을 위한 '미국 제조 시스템'에 우선순위를 부여하는 실수를 범했다고 주장했다.

가장 유명했던 사람은 휘트워스로서, 그는 공작기계와 정밀공학으로 유명해졌는데, 1830년대부터 19세기의 3/4분기까지 표준 측정, 측정기와 나사산, 대량생산과 호환성 등에 대한 최고의 현장전문가이자 선전가였다. 1850년대 후반에는 그의 이러한 방법들이 중공업 분야에서 광범위하고 보편적으로 채택되었다고 인식되기에 이르렀다(Musson 1980: 2).

머슨은 미국은 경공업에 탁월하였다고 주장하는 반면, 영국은 (해군을 위한 블록제조〈block-making〉로부터 시작된) 중공업 분야에서의 교체가능 부품과 대량 생산에서 확실한 우위를 차지했다. 모즐리는 1802-1809년까지 포츠머스에 있는 해군성 공장에 브루넬이 설계한 모든 블록제조 기계를 만들었다. 이 공장은 1810년에 연간 10만개의 블록(block)을 만들었고 대량 생산을 위해 공작기계를 사용한 최초의 대규모 공장이었다. 이 기계로 10명의 미숙련 노동자가 숙련공 110명분의 일을 할 수 있었다. 2대의 큰 기계톱 이외에, 다른 모든 기계는 금속으로 만들어졌고 구성 부품 조립이 가능하도록 정밀하게 작동했다(Corry 1990).

따라서 1820년까지 금속 표면 트루플레인, 슬로팅(slotting) 머신 및 셰이퍼

(shaping machine)이 개발되어, 비용이 많이 드는 줄질(filing), 끌질(chiselling), 수동 연삭 등의 작업이 사라졌다. 머슨의 견해에 따르면, 영국의 '대량 생산'의 발전은 '조숙한' 것이 아니라, 단순히 '기계공학, 특히 공작기계의 발전'이 19세기 후반과 전반기에 미국보다 영국에서 일찍 시작되어 더 광범위하게 확산되었다는 사실을 반영한 것이었다. 산업혁명이 영국에서 처음 일어난 만큼, 이는 예상할 수 있는 일이었다(Musson 1980: 91). 제8장에서는 포드식(Fordist)의 대량 생산 개념을 검토하고, 영국 공학 산업 등 초기 시스템 및 흔히 '미국식 생산 시스템'으로 알려져 있는 시스템과 관련하여 이를 논의할 것이다.

공식 통계(공장 고용 통계)에 따르면 1870년까지 167,000명이 '기계 제조업'에 종사하는 것으로 나타났다. 그들은 증기기관이 42,000마력을 배치한 2,000개 공장에 고용됐다. 철도와 면직 산업은 이보다 더 많은 인력을 고용했지만, 이들 산업의 기계화를 위해 기관(engine)과 기계류를 공급하는 기계 산업의 역할은 각별한 중요성을 가지고 있었다.

6.5 증기선, 철선, 그리고 운송

1830년대와 1840년대에 영국의 조선 산업은 더 길고 깊은 범선들을 설계하고 만들던 미국 조선소와의 경쟁에서 밀려났다. 마티아스(Mathias 1969/1983: 286)에 따르면, 미국 선박은 소규모 선원으로 더 빨리 항해하고 많은 화물을 운반했다고 한다. 그는 영국 선박이 이 시기 미국 선박보다 20년 뒤쳐져 있었고, 미국 선박은 영미 무역의 3/4을 운반했다고 추정했다.

이러한 와중에 영국의 경쟁적 지위를 회복시키고 조선과 해운을 19세기 말 가장 성공적인 영국 산업으로 끌어올렸던 것은 바로 철 증기선이었다. 브루넬은 단지 훌륭한 철도 기술자나 교량 건설자일 뿐만이 아니었다. 그는 뉴욕까지 대서양 횡단 증기 서비스를 구축한 그레이트웨스턴호(1837)와 추가 동력을 제공하기 위해 스쿠르 추진기(screw propeller)와 외륜(paddle wheels)을 모두 갖춘 1만9천 톤급 그레이트이스턴호(1858) 등 최초의 증기선을 설계했다. 철 스크루 프로펠러는 1836년 영국의 프란시스 스미스(Francis Smith)와 스웨덴의 존 에릭슨(John Ericssion)에 의해 동시에 발명되었다. 1840년대 해군성의 시험평가는 스크루 프로펠러의 우수성을 확립하였고 증기와 철의 지배로 이어졌다. 석탄 보급소의 글로벌 네트워크 설립과 엔진 설계의 개선은 철 증기선 분야에서 영국의 주도권을 공고히 했다. 1890년까지 영국은 세계의 다른 나라들이 합친 것보다 더 많은 용적톤수가 등록되어 있었고, 1892-1896년 사이에 영국 내에서는 거의 80%의 상업 용적톤수의 배를 띄웠다. 그러나 증기선이 (철 선체를 사용하기 시작한) 범선과의 경쟁에서 승리하는 데에는 꽤 오랜 시간이 걸렸다. 범선의 경쟁적 혁신은 오늘날까지도 '범선효과(sailing ship effect)'라고 일컬어지는데, 이는 기술 경쟁에서 위협받는 산업의 이러한 가능성을 의미한다. 영국 조선소에서 증기선의 용적톤수가 범선의 수준을 넘어선 것은 1870년대나 되어서야 일어난 일이다 ([그림 6.4]). 철 증기선의 기본적인 혁신은 영국식이었으며, 결국 세계 중량 화물선 시장에서 범선을 몰아내는 데 성공했다. 1883년에 진수된 4,000톤 이상의 증기선 138척 중 128척은 영국산이었으며, 1887년에 리옹 플레이페어(Lyon Playfair)는 영국의 혁신(즉 3단 팽창 기관)에 대해 다음과 같이 썼다.

최근까지 긴 항해를 떠나는 3,000톤의 증기선은 2,200톤의 석탄이 필요하고 제한된 800톤의 화물만을 실을 수 있었을 것이다. 이제 현대 증기선은 석탄 800톤으로 같은 거리를 항해하고 2,200톤의 화물을 운반할 것이다. 석탄이 절약되면 인간의 노동력은 줄어들었다. 1870년에는 증기선 1,000톤 당 47명의 수작업이 필요했다. 이제는 28명만 있으면 된다 (Cort 1965: 165).

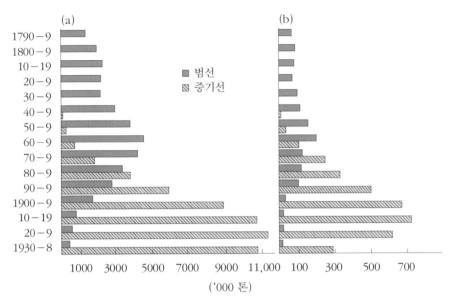

□ 그림 6.4 증기선과 범선: 영국에 등록된 용적톤수, 1790－1938년

(a) 영국(UK) 내 등록된 선박 용적톤수
(b) 영국(Britain) 내 등록된 선박 건조수
출처: Mathias(1969: 288).

1880년대와 1890년대([그림 6.5]) 영국의 다른 산업들이 세계시장 경쟁에서 어려움을 겪었던 것과 달리 조선 산업은 1차 세계대전 시기까지 잘 버텼다. 그러나 영국경제의 주된 이익은 조선 자체보다는 조선 산업의 해운에 대한 효과에서 비롯되었다. 영국 선박으로 무역이 이루어짐에 따라, 다른 많은 금융 및 상업 서비스들로부터의 매출이 영국의 국제수지와 런던 금융가에 이익을 가져왔다. 1849년 항해법[5]이 폐지되기도 하였으나, 주로 철 증기선 덕분에 영국 해운사에 대한 재앙적인 영향은 없었다. 1910년 세계 무역의 40% 이상은 영국 선박이 담당하였고, 영국 선박들은 제1차 세계대전의 잠수함 전쟁에서 용적톤수의 심각한 손실을 입을 때까지 '세계의 운송선'으로 남아있었다. 1839년과 1840년 4개의 유명한 해운회사 설립에 대한 영국 정부의 지원은 매우 성공적인 정책이었으며, 이는 1850년대와 1860년대 해외 무역의 급속한 성장에 의해 강화되었다([그림 6.5]).

---

5) 역자주: 영국의 무역을 영국 선박으로만 하도록 한 규정으로 1651년 처음 제정되었다.

제2부 산업혁명과 그 이후의 역사

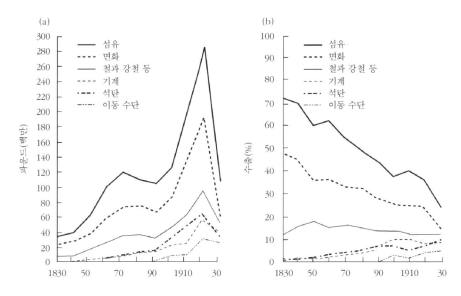

□ 그림 6.5 상품종류별 영국의 수출, 1830-1938년

(a) 수출

(b) 총수출 대비 비중 %

출처: Mathias(1969: 285).

6.6 철도와 미국의 추격

전장(제5장)의 설명은 영국 사례에 초점을 두었는데, 이는 '제1차 콘드라티예프 파동'에 대해 말할 수 있는 것은 영국뿐이었고, 제2차 파동(〈표 5.7〉, 〈표 5.8〉)에서도 영국이 선두였기 때문이다. 그러나 1870년이 되자 영국의 패권은 종말로 가고 있었다. 1870년과 1913년 사이에 미국은 영국을 추월하였고, 생산성과 경제 성장률 측면에서 선두로 나섰다(〈표 6.7〉). 따라서 이 절에서는 더 이상 영국에 집중하지 않고 미국으로 초점을 이동시킬 것이다.

▮표 6.7 주요 국가별 상대적 생산성 수준, 1870−1950년(미국 시간당 GDP=100)

	1870	1913	1950
영국	104	78	57
프랑스	56	48	40
독일	50	50	30
15개국	51	33	36

출처: Abramovitz and David(1994: 9).

　　미국은 풍부한 천연자원과 많은 유리한 제도(institution)에도 불구하고, 19세기 전반에는 부존자원과 거대한 국가 규모 및 시장의 이점을 이용할 적절한 교통 인프라가 부족하여 성장이 지체되고 있었다. 철도의 출현과 19세기 후반의 신기술은 미국이 세계의 다른 나라보다 훨씬 앞서 나갈 수 있도록 하였다. 처음에 미국은 자본과 노동뿐만 아니라 이 기술도 유럽으로부터 수입했지만, 초기부터 미국 발명가들은 이러한 기술을 미국 환경에 맞게 수정하고 재구성했다. 세기가 끝날 무렵, 미국의 엔지니어들과 과학자들은 영국보다 대부분의 산업에서 생산성이 높은 제품과 새로운 공정을 개발하고 있었다.

　　제5장에서 주장했듯이, 18세기 영국경제 성장에 가장 우호적인 제도 중에는 국가 문화에 영향을 준 과학정신과 기술발명에 대한 지원도 있었다. 이러한 특징들은 미국에 쉽게 전파되었고, 과학과 기술에 대한 존중은 벤자민 프랭클린(Benjamin Franklin) 이후 지속된 미국 사회의 특징이었다. 드 토크빌(de Tocqueville)이 미국 민주주의에 관한 고전(1836: 315)에서 관찰했듯이, '미국에서는 과학의 순수실용적인 부분이 기특하게 받아들여지고 있으며, 응용에 필요한 이론적 입장에 세심한 주의를 기울인다. 미국인들은 항상 자유롭고 독창적이며 창의적인 정신력을 발휘한다.'

　　상대적으로 풍부한 토지, 서부로 이동하는 국경, 원주민 문명의 파괴 또는 상대적으로 적은 지역으로 원주민 거주를 제한한 것 등 모두가 경제발전의 자본주의적 형태에 알맞은 환경이었다. 이러한 일반화에서 큰 예외는 남부의 노예경제였다.[6][7]

---

6) (노예제도가 자본주의적) 발전을 지체시켰다는 것은 노예제도를 그들의 이론의 주요 삽화들 중 하나로 삼은 계량경제학자들 조차도 인정하게 했다. 그들은 노예와 노예 소유주 모두가 본질적으로 산업자본주의 노동자와 기업가의 유사한 동기에서 동기부여를 받았다고 주장했다. 그러나 포겔(1966: 646)은 '노예제도는 실행 가능한 경제 체제였지만, 그럼에도 불구하고 저축률을 줄이거

노예경제의 유행으로 남부(the South)와 연방(the Union)8)의 경제 성장이 얼마나 지체되었는지를 평가하기는 어렵다. 그러나 미국이 이전 영국이 달성한 것보다 훨씬 높은 성장률을 달성한 것은 남북전쟁에서 북부가 승리한 이후 시기였다. 노예제도가 폐지된 후에도 노예제도는 사회적·경제적 문제들의 지속적인 유산을 남겼고 그 중 일부는 오늘날까지 지속되고 있으나, 연방의 유지는 주로 북부와 서부지역의 현대 자본주의적 발전경로가 국가 전체적으로 만연하게 되었음을 의미했다. 이런 상황에서 다른 어디에도 없는 기업가적 문화가 번창할 수 있었다. 1860-1900년까지 미국은 세계 제조업 생산량에서 영국과 다른 모든 산업국가를 앞질렀다(〈표 5.7〉).

아브라모비츠(Abramovitz)와 데이비드(David)는 경제 성장의 원천을 분석하면서 북미 노동의 상대적 가격이 높아지면서 자본과 천연자원이 숙련된 노동력을 대체하였다고 주장했다. 이것은 일찍이 19세기 전반기에 특정한 미국의 노동력 절감적, 자본집약적인 기계화 기술궤적(technological trajectory)과 표준화된 생산 방식의 개발을 자극했다. 19세기가 경과함에 따라 '대규모 생산과 높은 처리율의 엔지니어링 기술은 더욱 충분히 탐구되고 널리 확산되었다. 미국 경영자들은 대중 시장을 창출하고 이용하도록 맞추어진 대기업의 조직, 재정, 운영 경험이 풍부해졌다'(Abramovitz and David 1994: 10).

미국의 자본집약적 기술궤적의 범위가 유럽(및 일본)의 궤적과 얼마나 다른지는 〈표 6.8〉에서도 명확히 알 수 있다. 1880년대까지 영국은 여전히 미국보다 전체 자본-노동 비율이 높았지만 1938년 그 비율은 모든 나라처럼 미국의 절반 이하로 떨어졌다. 이 북미 기술궤적과 관련된 큰 비용 절감과 생산성 증가는 수많은 산업 부문에서 설명될 수 있다. 아브라모비츠와 데이비드(David 1994)는 광업과 광물 처리에서의 놀라운 생산성 증가를 강조했다. 개빈 라이트(Gavin Wright 1999)는 채굴 기술자와 다른 기술자들의 교육과 전문가적 수준이 이들 산업에서 높은 기술변화율을 유지하는 주요 요인 중 하나라고 제시하였다. 그것들은 특히 강철, 비철금속, 석유, 화학제품의 대형 공장을 설계하고 확장하는 데 중요했다. 제7장에서 이어지는 내용의 주요 초점은 강철, 구리, 전기 등인데, 이들은 제3차 콘드라티예프 파동의 새로운 고속성장 산업과 기술에 핵심적인 요소

나 기업가정신을 억압함으로써 남부의 경제 성장을 좌절시킬 수 있었다'고 인정했다.

7) 역자주: 바로 앞 각주는 다음 단락 첫머리의 "노예경제"에 대한 각주이다. 그러나 독자의 이해를 위해 번역 과정에서 이곳으로 이동하였으며 괄호 안의 내용을 보충하였다.

8) 역자주: 여기서 the Union은 '연방'으로, 미국 남북전쟁 당시 북부지역 주들을 의미한다.

들이기 때문이다.

▌표 6.8 국가별 자본-노동 비율 비교, 1870-1950년(미국=100)

	독일	이탈리아	영국	유럽 13개국 평균	일본
1870	73	-	117	-	-
1880	73	26	106	68	12
1913	60	24	59	48	10
1938	42	32	43	39	13
1950	46	31	46	39	13

출처: Abramovitz and David(1994: 8).

철도 건설 초기의 영국은 미국 철도에 투자한 자본의 많은 부분과 철도 그 자체, 그리고 대부분의 주요 발명품들의 원천이었던 반면, 미국의 철도 네트워크가 확대되면서 미국의 자본, 기업가정신, 혁신, 장비들의 역할이 두드러지게 되었다. 코넬리우스 밴더빌트(Cornelius Vanderbilt)는 조지 허드슨이 영국 철도업계의 거물이었던 것 이상으로 더 성공적이었다. 1877년 사망하기 전에 그는 해운과 철도 운영으로 1억 달러 이상의 재산을 축적하여 그의 아들 윌리엄 헨리 벤더빌트(William Henry Vanderbilt)에게 물려주었으며, 윌리엄은 철도에서 재산을 두 배로 늘려 정부 규제와의 싸움을 주도했다. 알프레드 챈들러(Alfred chandler 1965)의 철도 : 국가 최초의 대형 사업 연구에서 최초의 미국식 경영방식 개발의 중요성을 보여 주었으며, 본서의 제7장은 제강 산업의 선도 기업가인 앤드류 카네기의 예를 들어 이를 설명할 것이다. 미국의 철도 건설과 교통의 거대한 규모는 19세기 후반에 걸쳐 철도, 엔지니어링 제품, 황동, 펠트, 목재, 그리고 부품을 공급하는 많은 다른 산업들에게 기회를 제공했다. 남북전쟁에도 불구하고 1850년대와 1860년대에 미국의 철로망은 연평균 약 2,000마일의 선로가 추가되었고, 1870년대 초반에는 매년 5,000마일의 새로운 선로가 만들어졌다. 선로 마일리지의 거대한 확장은 비록 느린 속도이긴 하지만 1차 세계대전 직전까지 계속되었다. 챈들러(Chandler 1965: 22)는 1860년대까지 미국의 철도는 압연철의 절반을 사용했으며 1880년까지는 생산된 강철의 3/4을 사용한 것으로 추정하였다.

철도의 성장과 석탄과 철 산업의 상호보완성은 미국 철도 건설과 운영의 거대한 대륙횡단적 규모로 인해 영국보다 훨씬 더 컸다. 독일, 프랑스, 벨기에도 19세기 3/4분기 철도, 석탄, 철의 역할은 크게 다르지 않았다. 이들 기술·산업의 무리는 19세기에 '추격(catch-up)'으로 엄청난 전진을 보인 모든 산업화 국가들의 특징이었다. 특히 벨기에에서는 이들 3개 산업이 경제발전을 지배했고, 이들 3개 산업 간의 상호보완성은 매우 밀접했다(Boschma 1999).

포겔(Fogel 1964)은 미국경제 성장에 있어 철도의 중요성에 대해 챈들러 및 다른 역사학자들과 의견 차이를 보였지만, 그럼에도 불구하고 그는 '철도와 1840년 이후 미국경제의 급부상 간 연계는 수없이 많은 증거로 뒷받침될 수 있을 것'이라고 시인했다(Fogel 1962: 164). 그는 새비지(Savage's)의 논평인 수송의 경제사(Savage 1959)에 나온 '철도의 영향력은 과대평가라고 해도 지나치지 않는다'라는 내용과 로스토(Rostow's 1960)의 '철도는 역사적으로 가장 강력한 산업화의 단일 촉발요인'이며, 그것이 석탄, 철, 공학 산업의 급속한 발전을 이끌었다는 견해를 인용하였다. 포겔은 이렇게 광범위하게 받아들여지고 있는 견해에 이의를 제기하면서, 연관성이라는 것은 인과관계를 증명하지 않는 것이며, 그의 '사회적 절감' 기술이 운하와 수상 운송의 지속적인 우위에 근거한 조건법적 설명의 가능성을 보여준다고 주장한다. 운하, 호수, 강이 19세기 내내 대부분의 유럽 국가들보다 미국에서 중요성이 지속된 것은 사실이지만, 철도가 전신(telegraph)과 함께 미국 산업, 농업의 많은 분야, 특히 운송 및 통신의 신뢰성과 속도에 있어 큰 경쟁적 이점을 가져다주었다는 것은 부인할 수 없다.

챈들러(Chadler) 역시 대륙 전역에 동시에 전파되고 네트워크 내 철도 운행에 대한 통제를 허용하는 데 있어 거대한 외부성(externalities)은 물론 철도와 전신 간 보완성(complementary)의 중요성을 강조하였다. 그는 철도, 증기선, 전신의 효과를 다음과 같이 요약하였다.

그들은 교통과 통신을 이전보다 더 빠르고, 저렴하고, 확실성 높게 만들었다. 전신은 전국 거의 모든 지역에 거의 즉각적인 통신을 제공했고, 반면에 철도와 증기선은 빠르고 규칙적인 우편물 이동을 가능케 했다.
여전히 더 중요한 것은 이 새로운 회사들이 제품과 승객들의 이동에 미친 영향이었다. 속도와 부피가 즉시 증가했다. 철도는 뉴욕에서 시카고로 가는 여행에 소요되는 시간을 3주 이상에서 3일 미만으로 줄였다. 운하와 강이 얼어붙은 겨울에는 역마차를 타고 서부통로를 이용하면 이보다 훨씬 더 시간이 걸렸다. 화물의 운송 시간은 여객 운송보다 더 길었으며, 겨울에는 가장 가볍고 값진 화물만 운송이 가능했다(Chandler 1965: 7).

미국 전역의 생산 공장 시스템의 성장과 도시의 유통사업과 도소매 사업의 엄청난 성장을 가능케 한 것은 교통의 정규성 및 수송량과 통신의 확실성 및 정확성이었다. 포겔은 산업과 상업에서 재료와 부품의 재고와 순환 자본의 비용 절감을 위한 철도의 결정적인 중요성을 충분히 고려하지 못했다.

마지막으로 챈들러는 미국(그리고 세계) 경제의 성장에 있어 철도는 제도적 변화의 영역 즉 새로운 양식의 금융, 노동관계, 경영, 경쟁, 정부 규제 등의 제도적 변화의 영역에 가장 크게 기여했다고 주장한다. '철도 추진자들과 경영자들이 특별히 지적이고 통찰력 있는 기업가여서가 아니라 그들이 해야만 했기 때문에 이 모든 분야를 개척했다. 자본금, 공장 및 장비, 운영비용 및 노동력은 다른 어떤 사업보다 훨씬 더 크다'(Chandler 1965: 9).

그러므로 영국과 다른 유럽 국가들과 마찬가지로, 미국의 철도를 제2차 콘드라티예프 파동의 추동부로서 볼만한 충분한 이유가 있다. 마르크스(Marx)는 이 시기에 대한 자신의 분석과 경험을 바탕으로 '철도와 해양 증기선이 엄청난 규모로 건설됨으로써 현재의 견인차(prime mover) 건설에 사용되고 있는 거대한 기계들이 존재할 수 있게 되었다'(Marx 1867: 41)라고 결론지었다. 일단 건설된 후, 철도 네트워크는 미국경제에 있어 거대한 변화의 물결을 위한 기반시설을 제공했다.

6.7 1870년대, 1880년대, 1890년대 초의 조정의 구조적 위기

일부 경제학자들은 남북전쟁(1861-5년) 이후 수년간 미국경제의 급속한 성장을 제2차 콘드라티예프 파동이 끝날 무렵 콘드라티예프 하강 과정이 없었으며 1895-1913년까지의 상승도 없었다는 근거로 해석한다(.e.g. Solomou 1987). 이러한 주장은 GNP 총량 추세에 근거하여 1870년대, 1880년대의 미국과 1890년대 초기 몇몇 서유럽 국가들이 경험한 조정의 구조적 위기는 무시하였다. 이 수십 년 동안 주요한 질적 변화가 일어나고 있었고, 1880년대와 1894년대의 불황은 이전에 경험했던 어떤 것보다 더 심각했다. 더구나 실업은 이 시기 미국경제의 심각한 현상으로 처음 나타났고, 동시대인들은 이 시기를 '불황'의 하나라고 특징짓는 데 주저함이 없었다.

예를 들어, 데이비드 웰스(David Wells)는 1890년에 출판된 그의 흥미로운 책인 최근의 경제 변화에서 바로 다음과 같은 문장으로 시작하였다.

가장 특이하고 많은 방면에서 전례 없었던 무역, 상업, 산업의 혼란과 불황의 존재는, 처음으로 현저히 1873년에 나타났으며, 현시대[1889년] 변동의 강도로까지 나타났는데, 이는 모든 곳에서 인식되어 온 경제사회적 현상이다. 이것의 가장 주목할 만한 특이한 점은 바로 그 보편성이다(D. A. Wells 1890: 1).

그는 이러한 '혼란'의 원인에 대해 고려하고자 했고, 또다시 기술적 및 구조적 변화를 강조하는 데에 주저함이 없었다. 그는 1880년대의 물가 하락의 원인을 철도, 증기선, 전신과 수에즈 운하(1869년)와 같은 대규모 프로젝트가 가져온 교통의 세계적 개선 탓이라고 하였다. 그는 베세머 강철 레일(rail)의 출현과 '효율적인 기계 생산의 시대'를 강조했는데, 이는 '과잉 생산'과 초과 생산능력 현상을 만들었던 것들이다. 그는 구리의 사례를 인용하며 이렇게 언급했다.

1885년 미국의 생산은 1882년 4만 톤에 비해 7만4천 톤을 생산하였고, 세계의 구리 가격은 크게 하락했다. 많은 수의 소규모 생산자들이 부득이하게 가동을 중단하거나 완전히 붕괴되었다; 그러나 스페인과 주요 광산에서는 '양적 단위의 이익 감소를 상쇄하기 위해' 새로운 노력이 시도되었고, 이로 인해 생산량은 증가하였고 구리의 가격은 역사적으로 알려진 이전보다 더 낮은 수치에 도달할 때까지 계속 하락하지 않았다(D. A Wells 1890: 74).

웰스는 구리와 다른 증거의 사례로부터 '그런 상황 하에서 (매출 촉진을 위한 과잉 경쟁과 생산비용 이하로 가격을 떨어뜨리는 것으로 나타나는) 산업 과잉 생산은 만성적이 될 수 있으며, 위대한 생산자들은 그들이 물게 될 가격에 대해 그들끼리 어느 정도 이해하는 것 (즉 자연스럽게 그들의 생산에 대한 논쟁을 내포하게 되는 것) 이외의 다른 수단이 없어 보인다'(p.74)고 결론짓는다.

구리산업은 급속한 성장과 기술적 변화를 경험하는 신산업들 중 하나에 불과했다. 당시와 그 이후의 많은 관찰자들이 이러한 변화들을 '제2차 산업혁명'[9]이라고 표현했던 것은 매우 인상적이다.

---

9) 이것은 불합리하지 않다. 왜냐하면, 앞서 우리가 주장해 온 것처럼, 제1차 및 제2차 콘드라티예프 물결은 영국 밖에서는 실제로 구별할 수 없었고 단순히 제1차 산업혁명으로 간주될 것이기 때문이다. 그러나 우리는 장기파동을 연구하는 다른 연구자들처럼 전기화, 강철, 구리의 상승을 '제3차 콘드라티예프' 파동이라고 표현하기 때문에 이 명칭은 때때로 혼란의 원인이 된다.

웰스는 1880년대 전반적인 불안정, '경제적 혼란', 실업의 확산을 이전 기술 변화 물결의 성과(철도, 기계화, 증기선 등)와 세계 경제에 영향을 주는 신기술 및 신산업(베세머 강철, 석유, 전기, 구리 제련 등)의 부상 간 조합에 의한 것으로 보았다. 그는 '모든 연구자들은 최근 몇 년간의 산업 불황이 기계를 가장 광범위하게 도입한 나라들에서 가장 심각하게 발생했다는 것에 동의한다'(Wells 1890: 68)고 주장하였다.

제2부 소개와 제5장에서 경제의 구조조정 위기는 새로운 제품, 프로세스, 서비스 무리(constellation)가 작은 출발로 시작하여 급격히 부상하는 현상과 이전 기술변화 파동의 추진력 둔화에 기초한다고 주장해 왔다. 1840-1870년대까지 미국과 많은 유럽 국가들은 철로, 철, 증기 동력, 기계화를 기반으로 한 호황을 경험했다. 미국의 경우 1861-5년의 남북전쟁으로 인해 혼란에 빠졌지만, 웰스는 전후 시기에 (교통 인프라 구조의 거대한 개선과 자본집약적 기계화에 의해 많은 산업에 도입된 기술적 변화를 기반으로) 예외적으로 큰 생산성 증가가 있었음을 관찰할 수 있었다. 동시에, 그는 새로운 분야로부터의 고용창출 효과가 충분한 규모를 달성하기 전에 기계화의 고용 대체 효과를 확인할 수 있었다. 이러한 상황은 1830년대와 1840년대 영국의 구조조정 위기와는 유사하였다.

1870년대 이후 기술 진보와 구조적인 변화의 새로운 파동은, 미국과 영국의 철도 산업의 사례를 통해 볼 수 있듯이, 새로운 발명과 혁신의 무리뿐만 아니라 기존 성숙 산업 분야의 수익성 감소, 경쟁 심화, 그리고 새로운 수익성 투자의 기회 감소 등에 의해서도 추동되었다. 챈들러는 이러한 변화에 대해 다음과 같이 논평했다.

1870년대 철도계의 변화는 사업 확장에서 경쟁으로의 변화로 비즈니스의 거의 모든 방향에 영향을 미쳤다. 경쟁 심화로 인해 제휴와 합병이 이루어졌고, 이는 다시 정부 규제에 대한 수요로 이어졌다. 거대한 합병 체제의 증가는 금융의 새로운 문제를 야기시켰고 미국의 철도 사업에서 투자은행의 역할을 증가시켰다. 거대한 새로운 체제의 관리는 엄청나게 더 복잡해졌다. 마지막으로, 불황, 경쟁, 그리고 임금감소와 정리해고는 철도분야 조직들을 공제조합과 상호원조회에서 경제적 권력의 장치로 변화하게 하였다. 소속 조합원들은 파업을 무기로 한 단체협상을 통해 임금, 근무시간 및 조건 등을 향상하고자 노동조합을 활용하기 시작하였다(Chandler 1965: 15).

1890년대에 이르러 미국의 철도망은 거의 완성되었다. 그때쯤에는 주간통상위원회(Interstate Commerce Commission)가 요금제정과 규제에 관여하고 있었고 신규로 부상하는 산업들은 철도에 의해 처음 개발된 관행을 도입하고 수정하기 시작하였다. 미국의 경우에서도, 영국의 총 GDP 추세에 사로잡힌 경제학자들은 1870년대와 1880년대에 하락이나 불황이 없었다고 주장하였다(e.g. Solomou 1987; Saul 1969). 그러나 세계 수출시장에서 영국의 경쟁력과 수출 성장률이 하락했다는 증거만큼이나 당시와 그 이후 구조조정 위기의 증거는 매우 강했다. 실제로, 만일 그렇지 않다면 왜 그 당시의 많은 사람들이 그 시기를 '대공황'이라고 표현했는지 설명하기가 불가능할 것이다.

사울(Saul 1969)은 1873-1896년 대공황 신화에 관한 자신의 논문에서 '해외에서 경쟁이 전개되고 성장률이 현저하게 둔화됨에 따라 19세기 마지막 분기는 영국에게는 하나의 분수령'(p.54)이었음을 부인하지 않았다. 그는 또한 '19세기 마지막 4분기 동안 영국과 해외 여러 나라들이 흔치 않은 불안한 경제상황을 겪었는데, 당시 이를 "대공황"이라고 하였음을 받아들였다.

마티아스의 회상에 따르면, 1886년 이미 유명한 케임브리지 경제학자였던 알프레드 마샬(Alfred Marshall)은 왕립 위원회와의 영국경제의 침체에 관한 인터뷰에서 '물가 하락, 이자 하락', '이익의 하락'을 인정했지만 다른 것에 대해서는 불황을 인정하지 않았다고 한다. 마티아스(Mathias 1969/1983: 365)는 왕립 위원회의 임명 자체가 의미가 없는 것은 아니었다고 지적하며, '마샬의 의견에도 불구하고 최근의 계산은 사건의 유형에 있어서 좀 더 심오한 약점을 드러냈다'고 주장했다. 특히 그는 영국 수출유형과 국제수지의 급격한 변화를 강조한다. 1870년대의 수출 가격(export value)은 1890년대 하반기까지 회복되지 못했다. 수입이 계속 늘어나면서 무역수지 적자는 증가하였다. 수출가격 하락은 부분적으로 가격 하락 때문이지만, 수출량은 1840-1870년까지 연평균 5%의 증가율에서 1870-1890년까지 연평균 2%의 증가율, 1890-1900년까지 1%의 증가율로 떨어졌다. 특히 면제품과 같은 오래된 산업의 하락은 1904년까지 1872년의 수출가격으로 다시 도달하지 못하는 특징이 나타났다([그림 6.5]). 마티아스는 가격과 이익의 하락이 국내 산업의 성장과 투자율에 간접적인 영향을 미쳤다고 지적했다.

랜즈는 영국의 오래된 산업에서 생산성 이익의 상대적 감소에 대해 다음과 같은 설명을 제시하였다.

영국의 산업 성장률과 생산성 증가율 등의 계산은 주요 산업 시계열로 확인되는데, 높은 번영의 세기 중반 수십 년의 번영기 이후 뚜렷한 하락세를 보여준다. 과거의 증가세는 1900년 이후까지 다시 나타나지 않는다. 1870년부터 영국 산업은, 일련의 근본적인 기술 진보에 의해 탈바꿈한 강철 등을 제외하고는, 산업혁명을 구성했던 원래의 혁신들에 내재된 이익을 소진했다. 더 정확히 말하자면, 그것은 큰 이익을 이미 소진한 상태였다. 기존에 확립된 산업은 그냥 멈춰 있지 않았다. 변화가 시스템 안에 구축되었고, 혁신은 그 어느 때보다도 빈번하게 나타났다. 그러나 장비 비용이 상승하고 기존 기술에 비해 물리적 이점이 감소함에 따라 개선의 한계생산은 감소했다(Landes 1969: 125).

6.8 조직, 관리 및 제도 변화

첫 번째 산업혁명은 아주 작은 기업들의 작품이었다. 애덤 스미스 시대에는 100명 이상을 고용한 회사는 거의 없었고, 심지어 1840년대까지도 극소수의 면직과 제철 산업 분야 기업들만이 1,000명 이상을 고용했다. 그 후 몇 십 년 동안 몇몇 대형 철도회사를 포함한 엔지니어링 기업들의 종업원 수가 꾸준히 증가하였다. 다른 유럽 국가에서도, 성공적인 기업들은 규모와 시장 지배력 측면에서 빠르게 성장하고 있었다. 철도와 전신은 군사적인 이유뿐만 아니라 전략적인 광고에 필수적이라고 믿고 있었기 때문에 공적으로 소유했다. 프리드리히 리스트(Friedrich List)는 영국과 미국에서 '유치산업' 보호론의 옹호자로 알려져 있었고, 실제로 그러하기도 했다. 그러나 그는 독일에서는 국유 철도 네트워크의 옹호자로 더 잘 알려져 있으며, 이는 산업화와 독일 내 다양한 국가 간 관세동맹(Zollverein)에 필수적인 인프라였다. 이 두 가지 목표의 달성은 독일 기업들이 시장과 사업의 규모를 크게 확장할 수 있게 했다. 예를 들어, 크루프(Krupp)사는 1848년에 간신히 100명 이상을 고용했었는데, 1857년에는 1,000명 이상, 1865년에는 8,000명 이상을 고용했다. 1873년까지 16,000명으로 2배 성장했는데, 이는 1870-1년 프랑스-프로이센 전쟁에서 크루프 무기에 대한 예외적인 광고 때문이었다(Menne 1937). 그러나 다른 독일, 프랑스, 이탈리아, 영국 회사들 또한 빠르게 성장하여 1870-80년대 직원 수를 백명에서 수천 명으로 늘렸다.

심지어 전형적인 수백 명의 직원들이 있는 수준에서도, 19세기 중반의 기업가들은 그들의 기업 경영에 있어 점점 더 많은 어려움을 발견했다. 조슈아 웨지우드(Josiah Wedgwood)가 18세기에 했던 것처럼 행동하고 사업의 모든 측면을 살필 수 있는 사람은 거의 없다. 기계와 기술의 다양성 증가로부터 자연스럽게 발전하여 채택된 해결책은 전체 기계와 노동자 그룹에게 하도급 계약의 형태로 책임을 주는 감독자나 숙련된 수공기술자(craftworker)에게 책임을 양도하는 것이었다. 지금까지 일부 영국 기업에서 그러한 양도가 이루어졌는데, 일부 숙련된 노동자들은 경영진과 상당 부분 동일시되었고, 어떤 사람들은 정장 모자(실크햇)를 쓰고 출근하는 일이 없지 않았다. 비록 이 해결책은 수십 년 동안 많은 산업에서 잘 작동했지만, 세기말에 이르러 점점 사라지도록 압박을 받게 되었다. 오랜 기간에 걸친 면직 산업의 성공은 매스와 라조닉(Mass and Lazonick 1990)에 의해 매우 잘 묘사되었다. 그들은 19세기 영국 면직 산업의 장기적인 상업적 성공을 전문적인 기술의 축적, 숙련공 직업별 노동조합의 협력적 태도, 숙련된 노동자들에 대한 책임 양도에 기인한다고 보고 있다. 그러나 역사가들과 공통적으로, 라조닉(Lazonick 1990)은 19세기 말에서 20세기 초에 들어서는 영국의 작업 현장 관리 시스템의 쇠퇴와 미국의 전문경영 관료체제가 생겨났음을 지적하였다. 미국식 관리 조직의 변화와 그와 상응하는 독일의 변화는 제7장에 자세히 설명되어 있다.

수공기술과 작업 현장에 기반을 둔 관리 시스템은 구조적인 변화와 기술적인 변화로부터 압박을 받았다. 전기 장비, 석유, 화학과 같은 새로운 산업은 숙련된 기술자들뿐만 아니라 전문적으로 자격을 갖춘 관리자의 위계가 필요했다. 테일러 식의 경영철학자들과 컨설턴트들은 작업 현장에서 사무실과 실험실로의 권력 양도를 선호했다. 동시에, 경영자와 직업별 노동조합과의 친밀한 관계에서 소외되었던 비숙련과 반숙련직 노동자들은 1880년대와 1890년대 불황의 해에 점점 더 자기주장을 하기 시작했다. 이전에는 '일반' 노동조합과 산업별 노동조합을 조직하려는 시도가 드물게 있었는데, 이 시도가 오래 지속되어 19세기 후반에 이르러서는 성공하게 되었다. '새로운 노동조합주의'는 공공연하게 자본주의에 적대적일 뿐만 아니라, 때로는 이들 노조원들이 가입하고자 하기도 했던 기존의 직별노조에게도 우호적이지 않았다.

유럽 전역에 불어닥친 1848 혁명의 패배 이후, 정부는 일반적으로 자유 방임주의와 자유 무역의 철학을 받아들였다. 대부분의 유럽 국가에서는 기업 이익이 지배적으로 인정되었고, 토지 소유 귀족은 일반적으로 권력을 포기할 것이 아니라면 공유해야 했다. 오직 동유럽과 러시아의 일부에서만, 아시아와 중남미의 많은 나라들과 같은 농노와 귀족적 특권 제도가 계속 유지되었다. 또한 새로운 도시 노동 계층은 1848-1870년까지의 부르주아 계급의 주도권에 대한 도전을 드러내지 않았다. 그것은 '자본의 시대'였지만, 홉스봄(Hobsbawm 1975: 356)이 그의 책 제목에서 지적했듯이, 이 모든 것은 세기의 4/4분기에 극적으로 바뀌었다. '정치적으로, 자유주의 시대의 종말은 문자 그대로 그 단어가 의미하는 것을 의미했다. ... [자유주의는] ... 그들의 자유 무역과 싸구려(즉, 상대적으로 비활동적인) 정부라는 이념의 패배에 의해서뿐만 아니라 선거 정치의 민주화에 의해서도 훼손되었다. 그것은 그들의 정책이 대중을 대표한다는 환상을 파괴했다.'

홉스봄은 자유무역을 약화시키고 산업과 농업 양쪽으로부터 보호주의 압력을 크게 강화한 것은 1870년대와 1880년대의 불황이라고 주장했다. '자유 무역의 추세는 1874-5년에 러시아에서, 1877년에 스페인에서, 1879년에 독일에서, 그리고 사실상 영국을 제외한 다른 곳에서는 1880년대부터 역전되었다'(p.356).

우리가 보았듯이, 제2차 콘드라티예프 파동 중 산업 생산량의 성장은 제1차 때보다 더 광범위한 기반 위에서 더 빠른 속도로 진행되고 있었다. 1848년 혁명에 이은 호황과 1847-8년의 급격한 불황은 여러 방면에서 주목할 만하다. 영국의 수출은 그 어느 때보다도 빠르게 증가했고, 몇몇 다른 유럽 국가들의 수출도 증가했다. 1851년 런던의 새로운 '수정궁(Crystal Palace)'에서 개최된 만국박람회는 자신감 넘치는 산업과 기술 진보를 보여주는 거대하고 성공적인 전시였다. 수많은 산업체들이 그들의 최신 디자인을 뽐냈지만 아마도 지금까지 전시된 가장 큰 석탄 조각보다 더 인상적이거나 상징적이지 않았다. 수정궁 박람회에는 5-10월까지 6백만 명 이상의 사람들이 방문했으며, 하루 평균 약 4만3천 명이 관람했다. 투르게네프(Turgenev's)의 소설 <연기>(1867: 1914)에서 그는 러시아 방문객이 수정궁에서 받은 인상을 묘사하고 있다. 그는 러시아의 발명품들이 '인간의 독창성에 의해 고안된 모든 종류의 전시회에서 아무런 역할을 하지 않는다'는 사실에 우울해했다(p.154). 1876년 필라델피아 박람회는 천만 명이 넘는 훨씬 더 많은 방문객을 끌어 모았다. 몇몇 유럽 주요 도시에서 열린 유사한 박람회는 세계 시장에서 이용 가능한 광범위한 신제품에 대한 대중의 인식을 자극하였고, 전 세계적인 비즈니스 연락을 촉진하는데 중요한 역할을 하였다. 생산과 수출의 거대한 확장은 해운과 철도라는 새로운 운송 인프라와 국제 자유 무역의 승리에 의해 촉진되었다. 산업화 국가 전체의 제도적, 사회적 틀은 무역 문제뿐만 아니라 회사법률, 노동시장 법률과 같은 다른 측면에서도 자유 시장에 적응하기 위해 변화하고 있었다.

홉스봄(Hobsbawm 1975: 55)이 제시한 자료에 따르면, 세계 총 증기 동력량은 1850년 400만 마력에서 1870년 1,850만 마력으로 증가했고, 세계 철 생산량은 4배, 세계 산업 생산량은 2배 이상 증가했다. 1880년에 계산한 결과는 증기선의 세계적인 용적톤수가 1851년 264,000톤에서 1871년 거의 200만 톤으로 나타났다. 놀랄 것도 없이 이런 엄청난 증가는 1870-1의 프랑스-프로이센 전쟁에서 프로이센의 승리, 프로이센 황제 휘하의 제국의 통일, 수많은 새로운 기업의 설립 이후 독일에서는 행복감을 유발했다. 기업인들의 경제적 행복감은 어느 때도 1870년대 초반만 하지 못할 정도였다'(Hobsbawm 1975: 62).

비록 무역 주기는 잘 알려진 현상이었고, 1850년대에 프랑스 의사 클레멘트 쥬글러(Clement Juglar)에 의해 철저히 분석되었지만, 그럼에도 불구하고 1870년대 불황의 심각성은 충격으로 다가왔다. 독일 주가는 최고점과 최저치 사이에 60%나 하락했고, 제강 산업은 많은 용광로가 폐쇄되면서 급격한 생산량 감소를 가져왔다. 상품 가격은 1870년대와 1880년대에 걸쳐 지속적으로 하락했다. 몇몇 독일 논평가들은 미국의 데이비드 웰스가 그랬던 것처럼 위기 현상의 지속성을 강조했다. 총생산량이 증가하고 있음에도 불구하고 구조조정 위기는 불황의 시기로 느껴졌다.

또한 이 시기는 산업 노동자 계층의 커져가는 불만이 점점 과격한 표현으로 나타나기 시작한 시기였다. 1871년 파리 코뮌은 독특한 사건이었지만 큰 경각심을 불러일으켰고, 유럽 전역의 사회주의 운동을 자극했다. 라살(Lassalle)이 '야경국가'라고 했던 것의 단점은 갈수록 많아지고 있었다. 비스마르크(Bismarck)를 비롯한 우파 민족주의자들은 합법적인 박해(1879년 반사회주의법)로 사회민주당을 공격했을 뿐만 아니라, 교육개혁, 초기 복지국가 입법을 통과시킴으로써 사회민주당의 무기를 훔치려고 노력했다(Rosenberg 1876). 한스 로젠버그(Hans Rosenberg)는 1873-96년의 대공황 분석에서 경제적, 기술적 변화는 물론 문화적·정치적 현상까지도 다뤘다. 그는 이러한 문화적·정치적 변화를 묘사하기 위해 'Klima-Uschlag' 및 'Gesinnungs- Glaubens und Idee-enverlargerung' 등의 표현을 사용했다(van Roon 1984).

홉스봄(Hobsbawm)은 유럽 정치의 새로운 3가지 추세는 (모든 곳에서 사회적 불안과 불만으로 이어졌던) 경제 불황의 영향으로 나타났다고 하였다.

1. 사회주의자 및 마르크스주의 정당의 증가

2. 범독 연합과 같은 선동적 민족주의 반체제 정당 및 조직
3. 거대 정당들의 자유주의적인 이데올로기로부터 민족주의로의 전환

　자유주의적인 자유방임 정치의 중심지인 영국에서도 이러한 경향은 1880년대와 1890년대에 뚜렷이 나타나며 로이드존스와 루이스(Lloyd-Jones and Lewis 1998)가 관세개혁운동의 분석에서 설명한 바와 같이 제1차 세계대전에 이르기까지 새로운 형태의 정치로 이어졌다. 유럽 정치의 새로운 구성과 그에 따른 제도적 변화는 (1848년 혁명의 패배와 자유방임주의 경제의 명백한 확실성으로 시작된) 자유주의 승리의 시대가 어떤 환멸과 혼란으로 끝나고 새로운 국제 및 사회적 갈등의 출현으로 끝이 났다는 것을 의미했다.

제3차 콘드라티예프 파동:
강철,[1) 중공업, 전기의 시대

7.1 제3차 콘드라티예프 파동의 급성장 분야

제6장에서 1880년대 경기침체는 석탄, 철, 철도 등 산업혁명기의 기존 산업에서의 수확 체감 국면에 의한 결과이며, 새로운 기량 요건 및 입지 형태를 수반하는 산업과 신기술이 급성장하던 시대였다. 신규 산업 가운데에서는 경제 체제 전반에 걸쳐 많은 적용분야가 있는 전기 및 제강 산업의 발전이 특히 두드러졌는데, 전기 수요 급증으로 인해 전반적인 전력 생산 및 전송을 위한 광대한 인프라 구축이 산업 국가들을 중심으로 이루어졌다. 그리고 신규 산업의 등장은 제조 공장 환경과 설비시설을 발전시켰는데, 타 산업 분야와 가정에서 사용되는 기계, 기기, 기구, 도구 등을 새롭게 탄생시켰다. 전기 산업에 관한 내용은 7.2절에서 보다 자세히 설명되어 있다.

7.3절에서 서술된 것처럼 1870-1890년대까지 이어온 제강 산업의 발전은 매우 인상적이었다. 제강 산업은 이 시기 이전에도 지속해서 발전되어왔지만, 베세머 제강법(Bessemer process)과 같이 1850-1880년대 사이에 있었던 몇몇 신공정들로 인해 엄청난 변화를 가져올 수 있었다. 이로 인해 비교적 짧은 기간에 철도망은 기존의 철로를 강철로 바꾸고 조선업의 경우 철판을 강철판으로 대체하

---

1) 역자주: 철(iron)은 탄소 함유량이 낮거나 거의 없는 순철(pure iron) 및 연철(wrought iron), 탄소 함유량이 1.7% 이상인 선철(pig iron), 3.0-3.6%인 주철(cast iron) 등을 의미한다. 이와 달리 강 또는 강철(steel)은 탄소 함유량이 0.1-1.7%인 것으로 철과는 구분하여 부른다. 본서에서 steel은 제품이나 기술인 경우에는 강철, 산업이나 기업인 경우에는 제강이라고 번역하도록 한다.

는 등 값싸고 고품질의 강철을 큰 규모의 사업에 공급할 수 있게 되었다. 이 시기에는 또한, 강철과 비철금속의 합금, 이들 금속과 비철금속의 생산을 위한 신공정이 그 적용분야를 새로운 발전 플랜트와 (전신주에서 전기모터에 이르기까지의) 장비 등으로 엄청나게 확장시켰다.

새로운 전기 산업은 케이블, 전선 등에 사용되는 구리의 큰 고객이었다(7.4절). 이와 동시에 비철금속이나 중화학공업 산업과 마찬가지로, 구리 산업 그 자체는 전기분해 공법에 의해 혁명적으로 발전하였다. 구리 또는 광석에서 추출한 다른 금속에 대한 소비 증가는 세계적인 운송 수단의 발전과 19세기 말 있었던 아프리카 식민지화와 같은 새로운 공급원에 의해 가능해졌다. 그리고 대부분 강철 증기선으로 토대를 쌓은 글로벌 운송 산업[2]의 발전은 이미 제6장에서 설명되었으며, 이들은 1869년 완공된 수에즈 운하, 1914년 완공된 파나마 운하, 대륙횡단 철도 등을 사용할 수 있게 되었다.

산업 생산에 의한 물량이 그 어느 시기보다 빠른 속도로 증가하고 있음에도 불구하고 국제 무역 생산량이 그 속도를 앞지르기 시작했다. 그러나 앞서 제6장에서 서술한 것처럼 국제 (자유)무역은 당시 세기 말 세계적인 보호무역정책이나 민족주의, 제국주의로 인해 그 성장세가 둔화하였다. 1899-1913년 사이 무역은 생산보다 더디게 성장했으며, 1920년과 1940년 사이에는 그 격차가 더욱 벌어졌다(Maizels 1963: 81).

신산업 분야의 경우 19세기 마지막 분기에 거대 기업들의 성장이 두드러졌다. 남북전쟁 이전의 섬유회사들은 1천만 달러를 넘어서지 못했던 반면, US제강(US Steel)의 기업 가치는 1901년 기준 10억 달러에 달했다(Porter 1973: 9, 64). 신생 대규모 전기회사들은 세계 시장의 분할 및 재분할에 대한 국제 협정을 체결하였고, 국내시장 보호를 위한 독점적 협의를 맺기도 하였다. 전 세계적으로 전기 산업을 이끈 선도적인 전기회사들은 디자인, R&D, 회계, 마케팅, 인사 등 전문직업화에 기반하여 새로운 경영 기법을 탐색하였다. 전기와 제강 분야 신규 거대기업의 부상은 7.5절에, 그리고 그들의 조직적, 경영적 혁신은 7.6절에 구체적으로 설명되어 있다.

마지막으로 1895-1914년에 이르기까지 신규 산업 발전이 대부분의 선진국들

---

2) 글로벌 운송 산업의 발전은 라틴 아메리카, 호주, 남아프리카, 유럽, 북아메리카 사이의 무역에서 중요한 역할을 했다. 또한 대표적인 항만도시에서의 냉동 화물선이나 냉동 창고의 발명으로 인해 아르헨티나, 뉴질랜드, 호주에서의 육류 수출이 더울 활발해졌다. 그러나 운송 수단 발전으로 인한 혜택은 주로 남반구 국가와의 무역에서 발생했다.

을 중심으로 빠르게 이루어졌으나 성장 속도에는 국가마다 차이가 있었다. 예를 들어, 독일이나 미국에 비해 영국의 발전 속도는 매우 늦었는데, 1780-1870년대까지 영국의 산업 성장을 이끌었던 제도적 또는 사회적 틀이 19세기 말 신규 산업이나 기술을 맞이하기에 더 이상 친화적으로 작용하지 못하였기 때문이다. 7.7절에서는 이러한 변화에 대해 보다 자세히 서술하는 한편 책에서 사용된 모형에 대해 구체적인 평가를 해보기로 한다.

선진국과 후진국 사이에 경제 성장이나 1인당 소득 격차는 계속 벌어지는 추세인데, 이처럼 선진국(산업 국가)과 후진국(개발도상국) 간 분화는 향후3) 글로벌 경제가 안고 가야 할 유산일 것이다.

7.2 제3차 콘드라티예프 파동의 추동부(주도업종)로서의 전기

제5장에서 본 것처럼 과학적 사고나 실험은 산업혁명을 이끈 신기술의 발전에 크게 이바지했는데, 특히 전기 산업은 섬유나 증기기관에 비해 더욱 직접적으로 과학과 관계를 가졌다. 18세기에 미국과 일부 유럽 국가 과학자들이 재료의 전기적 성질을 연구한 끝에 전기화학(electrochemistry) 분야가 실험실 실험(laboratory experiments)으로부터 개발되었다. 1740년대 벤자민 프랭클린(Benjamin Franklin)은 뇌우 속에서 전기와 관련된 다양한 실험을 하면서도 운 좋게 살아남았던 반면 그와 동시대를 살았던 독일의 유능한 물리학자 게오르크 리슈만(Georg Richmann)은 유사한 실험을 하다 1753년 사망하기도 하였다. 프랭클린(Franklin)의 실험으로 인해 피뢰침이 만들어질 수 있었고, 1800년 볼타(Volta)에 의해 발명된 최초의 화학 전지는 실험실 밖에서의 전기 사용을 가능하게 하였으며, 크룩생크(Cruickshank)의 전지는 19세기 초에 이미 널리 사용될 수 있게 되었다(〈표 7.1〉).

그러나 초창기의 저전력 전지는 분명히 중요한 요소였음에도 불구하고 통신 산업에 국한되었으며, 1950-1960년대가 되어서야 마그네토나 다이너모와 같은 발전기의 발달로 인해 상업용 규모의 조명을 사용할 수 있게 되었다. 마그네토

---

3) 역자주: 원문에는 20세기로 표기되어 있으며, 실제로 이 책의 내용이 포함하는 많은 이론들은 20세기 후반에 연구된 것들이다. 그러나 실제 본서의 원서는 21세기에 출판되었고, 현시대의 독자들도 21세기를 살아가는 만큼 "20세기"라고 직역하기보다는 "향후"라고 의역하는 것이 좋다고 판단하였다. 더욱이 이 부분에서 지적하는 사항은, 21세기에 들어선 오늘날에도 여전히 현재진행형이기도 하다.

전력의 첫 주요 적용 사례는 영국 사우스 포어랜드(South Foreland)에 위치한 등대였는데, 1858년 등대의 조명을 밝힌 실험을 이끈 패러데이(Faraday)는 다음과 같은 의견을 남겼다. '여기서 밝혀진 조명은 내가 그동안 보았던 그 무엇보다 강력하며 원론적으로 방대한 축적이 가능하다. 랜턴의 규칙성이 우수하고 관리 또한 유용하기 때문에 기본 지식을 갖춘 관리자라면 충분히 업무를 맡길 수 있을 것이다'(Dunsheath 1962: 106).

1860년대 특수화 적용분야가 확산되었음에도 불구하고, 선도 산업화 국가들에서 다이너모 기술(자력식 발전기)이 대규모 발전과 전력의 전송이 성공적으로 달성된 것은 1860년대와 70년대 전기자, 교류 발전기, 회전자 등 일련의 발명과 혁신이 만들어지고서야 가능했던 일이다.

뛰어난 전기 공학도이자 AEG의 설립자이기도 한 라테나우(Rathenau)는 1870년대 그의 창의적이고 기업가적인 능력을 어디에 쏟아부을지 방황하던 중이었다. 기계 공학 분야에서 이미 큰 성공을 이룬 그였지만 더 흥미진진하고 새로운 분야를 찾아볼 수 없었기 때문이다. 세월이 지난 후 그는 미래를 대비하기 위한 일환으로 전기기술에 눈 뜨게 되는데, 이와 같은 예감은 독일의 또 다른 '전기 왕조'라고 할 수 있는 지멘스(Siemens) 가문에서도 시작되었다. 지멘스 가문은 강철과 전기 발명에 있어서 큰 공헌을 하였을 뿐만 아니라 전신, 강철, 전기를 아우르는 다양한 분야에 기업을 설립하였다(Siemens 1957). 1866년 베를린 물리학회(Berlin Physical Society)로 보낸 문서에서 베르너 지멘스(Werner Siemens)는 다음과 같이 말하였다. 새 다이너모 기술이 기술혁명의 중심에 자리 잡고 있으며 이로 인해 세계 어느 곳에서도 싸고 편리한 전력을 사용할 수 있게 되었다(Hall and Preston 1988: 126). 1880년대에는 또 다른 혁신제품들이 쏟아져 나왔는데, 탄소 필라멘트 전구로 인해 가정용 조명이나 공공시설에서의 조명까지 시장 진출이 가능해졌다. 그리고 1889년 전구의 대체는 프레더릭 테일러(Frederick Taylor)의 과학적 실험으로 인해 이미 연구가 꽤 진행되던 시기였다.

■ 표 7.1 전력과 전력 사용 발달 과정에서의 과학과 기술, 1800-1910년

기간	과학과 발명	혁신, 기술, 사용
1800-30	실험실 과학자들의 측정, 분석, 전기에 대한 이론 – 볼타(Volta), 아라고(Arago), 패러데이(Faraday) 등 첫 번째 1차 전지. 1800 (볼타 전지)	크뤽섕크(Cruickshank)의 1차 전지(1800)가 널리 판매됨. 이후 다니엘(Daniel)의 이엑전지(1830)가 전신을 보낼 때 광범위하게 사용되었음.
1830-50	패러데이의 전자기유도(Faraday, 1831) 마그네토 – 픽시(Pixii, 1832), 파리 전신 – 휘트스톤(Wheatstone, 1837), 모스(Morse) 전기 도금에 대한 첫 번째 특허(Staite, 1840년대 초반) 아크등 – 스테이트(Staite, 1840년대)	증기기 발전기의 상업적 발달 – 클라크(Clarke, 1834), 런던; 스투러(Stoehrer, 1840-43), 라이프치히 철도와 함께 전신의 빠른 상업화 다심(multi-core) 케이블 구타페르카 단열재
1850-70	'자기전기(Magneto-Electric) 배터리' 특허 – 요르트(Hjorth, 1855) 지멘스(Siemens)의 전기자(1856) 탄소 필라멘트 전구에 대한 스완(Swan)의 증기기 연구 첫 번째 전기 전화기 발명 – 라이스(Reis, 1861), 프랑크푸르트(1861) '자가 발전기' – 와일드(Wilde, 1863); 지멘스(Siemens), 발리(Varley 1866) 맥스웰(Maxwell)의 방사선 이론(1864) 전기 분해 요법에 대한 첫 번째 특허 – 엘킹턴(Elkington, 1865) 르클랑셰 전지(1868)	첫 번째 해저 전신(1851) 4,500마일의 전신 사용. 영국 1855 소규모의 발전기 제조 홈즈(Holmes)에 의해 등대에서 발전기 사용. 1857 대서양 횡단 케이블(1858) 첫 번째 대규모 케이블 공장(1859) 뉴욕-샌프란시스코를 잇는 첫 번째 전신(1861) 고무 절연체 사용 첫 번째 전해 구리 정제, 사우스 웨일스(1869)

1870–90	그람메(Gramme) 전기자와 믿을 수 있는 최초의 다이너모 전화기에 대한 특허 – 벨(Bell, 1876) 오프 코일 다이너모의 발명 – 브루쉬(Brush, 1878) 에디슨(Edison)의 전구(1878–9) 전화 통신 방법과 라디오에 대한 헬름홀츠(Helmholtz)의 기초 이론 제국물리기술연구원(PTR; Physikalische und Technische Reichsanstalt)의 설립(1886) 전자기파의 실증 – 헤르츠(Hertz, 1887) 파슨스(Persons)의 터빈(1880년대 후반)	아크등 불빛을 사용한 조명(공공 장소, 전시장, 길거리 등) 에디슨 전기조명회사(Edison Electric Light Co. 1878)의 설립과 최초의 상품으로서의 전력(1880년대 초반) 스완(Swan)과 에디슨(Edison)의 램프의 대량생산과 국내 사용 영국에서 첫 번째 전화 교환(1878–9) 벨(Bell)의 전화기 67,000대 제조(1880) 에디슨(Edison)의 1883년 Pearl St (뉴욕) 발전소(DC) 전기 전차선로(tramway)와 도시 철도(1880년대) 통조림 제조에서 전기 도금이 널리 사용됨. 알루미늄(1887)과 염소(1888)에 대한 전해 요법. 웨스팅하우스(Westinghouse)의 AC 도입(1886)
1890–1910	국가 측정 표준 연구소(National Physical Laboratory)의 설립(1891) 음극선관 – 브라운(Braun, 1897) 라디오에 대한 여러 발명과 특허(1890년대–1900년대) 전자의 발견 – J. J. 톰슨(J. J. Thomson, 1897) 라디오를 통한 소통 방법 – 마르코니(Marconi) 열이온관 – 플레밍(Fleming) 음극선 오실로그래프(1901) 삼전계(1909)	'시스템 전쟁(Battle of the Systems)' (AC v. DC) (1887–92) 웨스팅하우스(Westinghouse)의 고압 송전. 나이아가라 강(1893) 여러 산업 기기에서의 AC 전력 사용 AEG와 얼리콘(Oerlikon)의 전동기 제조(1891) GE(General Electric Co.)의 설립(1892) 전기로에서 탄화칼슘으로부터 아세틸렌으로의 전환(1892) 첫 번째 대규모 전해 구리 정제. 미국(1893) 고속 공구 합금 및 동력 공구(1895) 마르코니 무선전신회사(Marconi Wireless Telegraph Co. 1897)

1870년대의 전력은 주로 소규모 시설에서 사용되었는데, 1876년 프랑스 파리의 북역(Garu du Nord)을 시작으로 1878년 영국 런던의 게이어티 극장(Gaiety Theatre), 그리고 독일 베를린에 위치한 카이저 아케이드(Kaiser Arcade)에서의 조명이 차례대로 밝혀졌다. 또한 같은 해에는 30,000명의 관중이 지켜보는 가운데 최초로 전기조명 아래에서 축구경기가 열렸다. 이 새로운 에너지는 전시 무대나 공개 박람회의 조명에 사용되기도 하였다.

초창기에 전력이 가장 많이 사용된 곳은 전차 선로나 도시에서의 기차 철로였는데, 지하 철로에서도 간간이 사용되곤 하였다. 일부 전기 회사들은 특히 일본의 경우 이러한 목적으로 설립된 경우가 많다. 전기 철도가 1879-1881년에 걸쳐 지멘스(Siemens)와 할스케(Halske)에 의해 독일에서 시연되었고, 그 후에 영국 최초의 철도는 브라이턴에서 1883년 볼타(Volk)에 의해 세워졌는데 주로 휴양 목적으로 사용되었다. 1887-1900년 중 영국 런던에 등장한 지하철로 인해 전력 사용이 더욱 중요해졌는데, 강철, 전기, 중공업 기술의 발전이 재차 재조명되던 시기였다. 그리고 이때부터 전기기기의 공급이 미국회사들로부터 제공되기 시작했다. 파르부스(Parvus 1901)는 독일 도시에서 급속하게 확산하는 전기 전차선로에 대해 다음과 같이 표현했다. '1891년 2개에 불과했던 선로가 1900년에는 29개가 되었고, 그 외에도 28개가 건설 중이다. 이는 전기 산업이 19세기 증기기관 산업보다 더 큰 혁명임을 의미한다'(Louçã and Reijnders 1999).

챈들러(Chandler 1977) 역시 미국에서의 기술혁명 변화의 속도를 강조하는데, 1890년까지 이미 교통노선의 15%는 전력으로 가동되는 전차가 차지했으며 이 비율은 1904년에 94%까지 치솟았다. 그리고 교외 확산이나 장거리 출퇴근 이동을 가능하게 한 자동차의 전신은 전기전차나 철도였는데, 나중에는 자동차가 직장으로의 출퇴근 또는 도시 확산을 급속화하는 대표적인 운송수단으로 자리 잡았다. 다른 산업과 마찬가지로 전기 산업 역시 비싼 기기, 고급 기술, 복잡한 수리 및 수리, 정교한 회계 및 통계처리, 그리고 새로운 조정 형태 및 정치적 협의가 수반되기 때문에 획기적인 경영방식이 필요했다. 이로 인해 과거 마차시대의 기존 개인운송업자(owner-operator)나 시청 관리자들은 임금을 받는 정식 경영자로 교체되었다.

조명 사용이나 운송수단보다 장기적으로 더 중요했던 것은 새로운 산업적 적용이었는데, 그중에서 선두주자는 전기야금(electro-metallurgy)과 전기화학(electro-chemistry) 등이었다. 1870년대 사우스 웨일스 지역에서 처음으로 도입된 구리의 전기분해 요법은 1890년대 들어서 그 규모가 매우 커졌고, 특히 전기 산업이 계속해서 발전하는 데 큰 역할을 했다(7.4절). 알루미늄 산업 역시 발단 시기부터 전기에 크게 의존하게 되는데, 미국의 찰스 마틴 홀(Charles Martin Hall)과 프랑스 폴 에루(Paul Heroult)의 발명은 1887년 거의 동시에 이루어졌다. 1888년에는 염소(chlorine)의 전기분해 요법이 뒤를 이었으며, 이로 인해 중화학공업에는 큰 변화가 있었다. 1880년대에도 탄화칼슘으로부터 아세틸렌을 만들 때 전기로가 사용되었으며, 1890년대에는 합성 탄화규소의 생산이 이어졌다.

화학과 중공업 및 전기공학 기술의 접목은 독일 화학 산업의 급속한 발전에 기여했다. 버날(Bernal 1953)은 본인이 연구한 19세기 과학과 산업(Science and Industry in the 19th Century)을 통해 산업발전에 직접적이고 친밀한 관계를 가지는 전기와 화학을 두 개의 다른 분야로 분류했다. 그리고 1870년대에는 독일 염료산업에서 실내 R&D 실험실이 처음으로 만들어졌다. 1880-1890년대 여러 생산품목에 대한 문제점들이 발생했으나 독일에서는 기술자들과 화학전문가들의 협력으로 인해 대폭적인 설계를 진행하였다. 이로 인해 제1차 세계대전에서는 암모니아를 공업적으로 제조하는 방식인 하버법(Haber-Bosch Process)이 사용된다. 염소 생산이나 전기 분해 요법뿐만 아니라 전기 기술은 독일 산업의 가파른 성장에 있어서 핵심적인 역할을 하게 되는데, 특히 독일은 유기화학에서 중요한 아세틸렌 화학[4] 분야의 선두주자로 자리 잡게 된다(J. Fabre 1983).

아로라(Arora)와 로젠버그(Rosenberg)는 전기화학(electro-chemistry)이 미국의 화학 산업에서도 매우 중요한 역할을 했다고 주장한다.

전기화학 제품의 생산은 염소 또는 표백제처럼 염소를 기반해 만드는 방식이 가장 두드러지는데, 본질적으로 값싼 전력을 필요로 한다. 미국의 경우 저렴한 수력 발전에 필요한 자원이 풍부한데, 수력 발전에 드는 고정비용을 천연자원의 상업적 이용에 의한 기술력과 대량 생산으로 상쇄할 수 있다는 장점이 있었다. 공정기술의 시초는 유럽이었으나 미국 환경

---

[4] 1892년 탄화칼슘으로부터 아세틸렌이 생산될 때 전기로가 사용되었는데, 주로 야금술에 의한 방식이었다. 첫 번째 전기로는 1878년 지멘스(Siemens)와 1879년 스티븐스(Stevens)에 의해 만들어졌으나 철과 강철의 스크랩이 들어간 대규모 전기로의 사용은 제1차 세계대전 중에 가능해졌다. 초창기에 전기로는 주로 비철금속과 새로운 형태의 특수강 또는 합금에 사용되었다. 특히 미국이나 독일의 경우 이전에는 전기를 사용하지 않는 도가니로가 그 역할을 하였으나 전기가 그 역할을 대신한 것이다. 전기로는 섭씨 5도에서 15,000도까지 조절할 수 있는데, 이는 가연성 연료로는 불가능한 작업이다(Fabre 1983). 새로운 강철은 고속 생산과 마멸 저항성에 있어 엄청난 우수함이 증명되었다.

에 적용된 이후에는 처음 예상한 것보다 훨씬 큰 규모의 생산이 가능해졌다(Arora and Rosenberg 1998: 77).

아로라와 로젠버그는 미국 화학기업들 가운데 가장 크게 성장한 다우 케미칼(Dow Chemical)과 유니온 카바이드(Union Carbide)의 성장에서 이 전기화학의 대규모화를 특히 강조한다.

전기화 시대의 초창기에는 명확히 예상할 수 없었으나, 장기적인 관점에서 가장 중요한 점은 전기 모터에 의해 열린 모든 산업 분야에 대한 전기 활용이었다. 이에 대해 〈옥스퍼드 기술의 역사(Oxford History of Technology)〉는 다음과 같이 표현했다.

전기 에너지의 두드러진 특질은 유동성인데, 전선만 있으면 어디든지 이동이 가능하다. 중앙 생산시설에서 소규모 소비자들에게까지 에너지를 변환하여 제공하는 다양한 방법이 시도되었지만, 전기만큼 편리하거나 유용한 방법은 없었다. 예를 들어 보일러에 열을 가한다든가 떨어지는 물을 이용한 에너지도 전기 에너지로 먼저 변환된 후에 다시 소비자의 전기 모터를 통해 기계적 에너지로 변환되었다. 이러한 부분들은 전기가 할 수 있는 기술적인 역할들 가운데 가장 중요했는데, 조명이나 열에 사용되는 전기 에너지는 정보 전달 또는 화학 처리 공정을 가능하게 한다는 측면에서 산업 관행을 바꿔 놓았다고 할 수 있다. 그러나 핵심적으로 중대한 점은 바로 노동자의 손이나 팔꿈치에 동력을 배치한다는 점이었다(Oxford History 1958: v. 231).

머지않아 유연하고 강력하며 믿을 수 있는 에너지원의 이점이 알려지면서 엄청나게 많은 전기 모터가 생산되었는데, 베르너 지멘스(Werner Siemens)는 소규모 기업 또는 가정용품 산업에도 전기로 인한 르네상스 시대가 열릴 것이라면서 빠르면 1866년에 전기 모터의 확산화를 예상했다.

한 예로 델베키(Delbeke 1982)는 안트베르펜에 있는 모든 종류의 엔진을 검사하였는데, 이 지역의 산업 구조는 다양했으나 음식, 가구, 금속, 다이아몬드가 주를 이뤘으며 산업 내에 수많은 소규모 회사들이 자리 잡고 있었다. 증기기관에서 전기 산업으로의 급격한 변화는 [그림 7.1]에서 잘 묘사되어 있는데, 전기가 에너지 엔진에 차지하는 비중이 1895년도 거의 0%였으나 1915년에는 무려 90% 이상까지 치솟는다. 19세기 후반 가솔린이 잠시 우위에 있었으나 20세기 들어서는 전기가 최대 규모의 엔진을 제외하면 증기기관이나 가솔린을 대체하게 된다. 그러나 대부분의 전기 모터가 증기기관이나 가솔린의 직접적인 대체재라기보다는 다수의 소규모 회사의 기계화를 위한 싸고, 새롭고, 강력하며 유연한 에너지 원천이라고 할 수 있다.

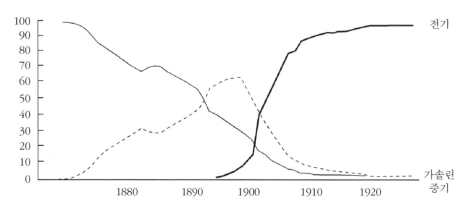

□ 그림 7.1   연간 에너지 엔진별 비중(9년간 이동 평균), 안트베르펜, 1870-1930년
출처: Delbeke(1982).

이번 예는 전기화가 전기-기계 혁명이었다는 사실을 잘 보여준다. 슘페터의 창조적 파괴(creative destruction)는 기계 기술이 사라졌음을 의미하는 것이 아니다. 이는 여전히 많은 분야에서 매우 중요한 역할을 하며, 기계 산업은 파괴된 것이 아니라 변형된 형태로 자리 잡았다고 할 수 있다.

또한 제조업은 물론 많은 서비스에서도 장소와 활동의 전환을 가져 온 전기 전화와 '전송 가능한 동력'의 조합을 추가해야 한다. 홀과 프레스턴(Hall and Preston 1988)에 의하면 전기를 사용한 초장기 사무실 기기는 매우 작은 양의 전력을 소모하였고, 전기로 작동되는 타자기는 나중이 되어서야 보급되었다. 그럼에도 불구하고 전화기의 등장으로 인해 여러 지점을 관리하는 큰 조직의 관리업무가 촉진되었을 뿐만 아니라 소규모 회사들에게도 새로운 유동성이 제공되었다. 1890년까지 228,000대의 전화기가 미국 내에서 사용되었으며, 1900년에는 150만 대까지 치솟았다. 전화기와 타자기의 등장은 대기업, 중앙·지방정부에서의 관료주의 체제로 상징되는 이른바 사무실 기계화를 가능케 했다. 그리고 철제 캐비닛 역시 중요한 역할을 하게 되었다.

1880년대 후반부터 1890년대 초에 이르는 반세기 동안의 통신, 조명, 교통, 발전 및 전송, 그리고 산업 기기에 대한 혁명이 있고 난 뒤 전기는 무수히 많은 새로운 투자 기회를 다방면에서 만들어냈다. 폭발적으로 급증하는 투자는 값싼 강철과 전력으로 인해 여러 조건들을 만족했지만 이와 같은 투자 기회의 개발은 막대한 인프라 시설을 필요로 했다. 그때까지의 전동기는 주로 각각의 지정된 기기에 설치되어 왔으나 1880년대 에디슨 등의 발명가들은 전기가 대중적으로 사용 가능한 '유틸리티'[5] 혹은 '원자재' 형식으로 가정이나 산업에서의 소비자들에게 생산 또는 전송이 가능하다는 것을 깨달았다. 그리고 에디슨은 1882년 뉴욕에서 DC를 이용한 그의 첫 번째 발전소를 발족했다. 그래노베터와 맥과이어 (Granovetter and MacGuire 1988)는 이와 같은 생각을 가진 기술자와 경영진 그룹이 '유틸리티' 공급 회사가 각 가정이나 사업장별 '내부(in-house)' 발전보다 나을 것이라는 점을 부각해 전력 개발의 방향을 밀어붙였던 흥미로운 증거를 제시했다. 그들에 의하면 전기 산업의 대대적인 발전은 대규모 생산 체제 및 분산에 의한 기술이나 경제적 우위가 아닌 이른바 에디슨 '마피아'의 조작에 의한 기술 체계의 '사회적 구성' 때문이라고 한다. 에디슨의 법률 대리인 사무엘 인설(Samuel Insull)을 비롯한 여러 지지자들은 관련 무역협회를 장악하고 중앙집권화된 에디슨 전력회사에 유리한 결정들을 관철하는 데 성공했다. 그러나 유틸리티 방식이냐 가정·직장 내 생산 방식이냐에 상관없이, 모든 곳에서 투자가 급증했다.

일부 국가에서는 전기 산업의 발전이 사기업보다 국가 또는 지방자치제를 중심으로 이루어졌다. 휴즈(Hughes 1982)가 베를린, 시카고, 런던에서의 발전 패턴을 대조한 결과, 영국의 법률이나 규범이 다른 지역에 비해 열등한 것으로 나타났다. 어느 지역이든 간에 새로운 전기 인프라의 구축은 새로운 체계, 법률, 규범, 대규모의 민간 및 공공 투자를 필요로 했다. 1880년대는 치열한 공적 논쟁이 있던 시기인데, 이로 인해 도시, 지역, 국가 수준에서의 다양한 범위의 정책들이 쏟아져 나왔다. 이러한 논쟁은 새로운 인프라 체계 구축에 대한 논의에 그치지 않고 전기기기의 새로운 기술 확산으로까지 이어졌다. 기술자들은 AC와 DC의 장점(David 1987; Tell 2000 참고)뿐만 아니라 업무 조직, 공장 배치에 대한 시사점, 기계 설계, 산업 입지, 경영 구조, 기업 규모에 대해서도 격렬하게 주장하고 나섰다. 즉, 값싼 강철과 전력으로 인해 단지 새로운 에너지 자원이 발생한 것이 아니라 대대적인 생산 체계 또는 사회경제학적 기반이 바뀌었다고 할 수 있다.

[그림 7.2]는 미국 대부분의 공장과 가정에서의 전기 공급이 제3차 파동의 반

---

5) 역자주: 오늘날 각 가정과 사업장에 공급되는 전기, 수도, 가스 등을 의미한다.

세기 동안 이루어진 결과를 보여준다. 그리고 [그림 7.3]에 의하면 1920년경 미국의 전력 가동률이 절반을 넘었고 1930년에는 3/4 이상을 차지한다. 분류 또는 산업적 통계 문제로 인해 정확한 수치를 판단하기는 어렵지만, 독일 경제학자의 추정치를 보고한 홀과 프레스턴(Hall and Preston 1988)에 따르면 전기 산업은 제1차 세계대전까지 산업생산량 성장 30-40%를 차지하는 것으로 나타났다.

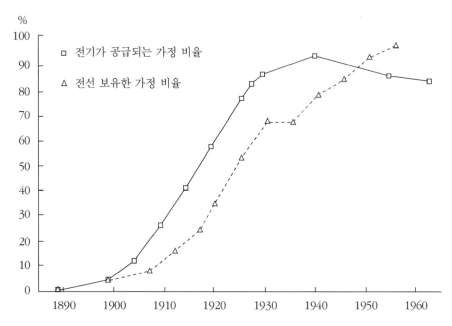

□ 그림 7.2 미국의 전기화, 1890-1960년

출처: 미국 역사 통계; Ayres(1989).

이런 전기화의 시대가 진행되는 동안, 다양한 속성 및 응용과 신규 유연한 에너지원으로 강철과 신산업재료를 연결시키면서, 서로 밀접한 관계에 있는 혁신이 등장하고 통합되기도 하였으며, 가장 중요한 점은 이러한 변화가 대부분의 제조업에서 과거의 증기력에 의한 기계를 대체한 새로운 기계나 동력 공구와 함께 공장 설계나 배치에 있어서 영향을 미쳤다는 것이다. 과거의 시스템 내에서는 축이나 중간축이 공장 내부의 기계들이 얼마나 작동되는지 혹은 고장인지에 관계없이 지속적으로 작동되었다(Devine 1983).

(a)
직접 구동
선축 구동 ------------
집합 구동 ------------
개별 구동 ------------

(b)
직류 송전 ——————— - - - -
직류 전동기(제조업)
'직류 전쟁'
교류 송전 - - - - - - - - - - -
교류 전동기(제조업) ——————

(c)

증기 52%	증기 64%	증기 78%	증기 81%	증기 65%	전기 53%	전기 78%
수력 48%	수력 36%	수력 21%	수력 13%	전기 25%	증기 39%	증기 16%
		전기 1%	전기 5%	수력 7%	수력 3%	수력 16%

(d)
1870   직류 발전기(수동)
1873   발전기에 의한 모터 구동
1878   증기기관 이용한 전기 생산
1879   일용적인 백열광
1882   상품으로 판매되는 전기
1883   제조업에서 사용되는 모터
1884   스팀 터빈 개발
1886   웨스팅하우스가 조명에 사용되는 교류 도입
1888   테슬라가 교류 모터 재발
1891   산업 분야에 교류 송전 사용
1892   웨스팅하우스가 다상 교류 모터 판매; 합병에 의해 GE 설립
1893   사뮤엘 인설(Samuel Insull)이 시카고 소재 커먼웰스 에디슨 설립
1895   나이아가라 폭포에 교류 발전소 건립
1900   센트럴 스테이션 스팀 터빈과 교류 발전기
1907   국가 규제 영토 독점
1917   1차 모터 우세; 유틸리티의 용량과 발전량이 산업적 시설을 초과

❑ 그림 7.3   전기화 산업의 연대순

(a) 기계 구동 방법
(b) 교류의 발달
(c) 증기, 수력, 전기가 기계 구동 전력으로 사용되는 비중
(d) 기술적 및 기업가적 주요 발달 과정
출처: Devine(1983).

1880-1890년대에 증기 엔진을 사용한 과거 시스템의 불편함을 극복하고자 여러 노력이 있었지만, 전기가 보급된 이후에는 전기의 우수성이 더욱 증명되었다. 1880년대 초반에도 전력의 잠재력을 어느 정도 알 수 있었으나 전기기기 사용의 간접적인 혜택이 직접적인 에너지 절약보다 훨씬 크다는 것을 인지한 1900년도 이후가 되어서야 그 우수성이 인정될 수 있었다. 기계의 경우 더 이상 축[6]과 함께 사용되지 않았기 때문에 개별 구동장치(unit drive)[7]는 공장 배치를 더욱

---

6) 역자주: 거대한 수력이나 증기기관으로 만들어진 동력을 공장 내부의 기계들에 동력을 전달하는 축을 의미한다.

유연하게 하였고, 따라서 대규모 자본을 절약할 수 있게 되었다. 예를 들어, 미국 정부인쇄국(Government Printing Office)는 한 공간에서 40개의 인쇄본을 추가적으로 제작할 수 있게 되었다. 개별 구동장치의 사용에 따라 카트나 천장 기중기는 축, 중간축, 벨트에 의해 방해받지 않고 대규모로 사용될 수 있게 되었다. 그리고 휴대용 동력 공구로 인해 생산 체계의 유연함과 적응성이 더욱 증진되었다. 공장들은 더욱 깨끗하고 밝아졌는데, 이는 섬유나 인쇄와 같은 산업에서 생산성과 품질 향상을 위해 매우 중요한 부분이기도 하였다. 따라서 생산 능력(capacity)이 훨씬 쉽게 확장될 수 있게 되었다.

전력의 경제에 대한 혜택의 확장은 1880년대 주요 혁신적 뿐만 아니라, 새로운 '패러다임', '스타일' 또는 생산이나 설계 철학에 따라 좌우되었다. 이는 기계 도구의 재설계, 기기 조작, 여러 타 생산 장비의 설치뿐만 아니라 전력 전송과 지역의 생산 능력에 의해 가능해진 공장 및 산업의 이전까지 수반한다. 이러한 패러다임의 변화는 최근의 인터넷이나 정보기술 또는 초창기 증기력에 의한 산업의 기계화와 비교될 수 있을 것이다.

이들 개별 패러다임의 변화는 새로운 아이디어가 '상식'으로서 일반적으로 받아들여지고, 신기술에 빗댄 표현8)들이 일상 대화에서 흔하게 사용되기까지 상당히 장기간에 걸친 조정의 구조적 위기를 수반하였다.

이전의 증기력 사례에서도 본 것처럼 미술이나 문학 분야가 전력의 급부상에 큰 영향을 받았다. 웰스(H. G. Wells)가 젊은 시절 썼던 단편소설 〈발전기의 왕(The Lord of the Dynamos)〉에서는 런던 남부에 위치한 캠버웰 발전소에서 사람을 다이너모에 제물로 바치는 표현을 하기도 했다. 더불어 시어도어 드라이저(Theodore Dreiser)는 소설 〈시스터 캐리(Sister Carrie)〉에서 가장 침착하고 지적인 등장인물을 전기 기술자로 설정하였고, 다른 등장인물은 전기화를 '새로운 도시의 흥분되고 매혹적인 모습'으로 여기고 있었다(Nye 1990: 146).

데이비드 나이(David Nye)는 에디슨이 전기화에 대하여 대중 소설에 어울릴 만큼의 유토피아적 예상을 했다고 회상했다. 그는 과학에 의해 생명 혹은 삶이 변형되는 소설을 공동으로 저술할 계획을 하기도 했다. '그는 가정 내 전기화로

---

7) 역자주: 기존에는 수력이나 증기기관이 동력을 생산하고 이것을 공장 내부의 여러 기계에 전달하여 나누어 쓰는 방식이었다. 그러나 전기가 사용되기 시작한 이후, 단위(unit) 기계들마다 별도의 동력 구동장치가 사용될 수 있었다.

8) 예를 들어 'She's a live wire (그녀는 활기가 넘쳐)', 'He's a short fuse(그는 화를 잘 내)' 등과 같은 표현이다.

인해 낮과 밤의 구분이 사라질 것이며, 여자들의 정신적 발달 성장으로 인해 지능이 남자들과 비슷해질 것이라고 예상했다. 지속적인 조명으로 잠이 사라질 수도 있고, 나중에는 전기로 인해 죽은 이들과 대화가 가능할 수도 있다고 언급하였다'(Nye 1990: 147).

나이(Nye)에 의하면 세기가 바뀌는 12년의 기간 동안 160권이 넘는 유토피아류 책들이 미국에서 나왔다고 한다. 전기는 미래의 경이로서 가장 흔히 언급되는 세 가지 중 하나였다. 가장 유명한 저서 중 하나인 에드워드 벨러미(Edward Bellamy 1888)의 〈돌이켜보면(Looking Backward)〉은 몇 백만 부가 팔려나갔는데, 이 책에 따르면 이미 전기로 인해 노동력을 절약하는 생산성이 엄청난 충동으로 다가왔고, 2000년이 되어서는 불과 조명을 완전히 대체할 것이라고 가정하였다. 그러나 벨러미(Bellamy)의 핵심 주장은 불필요한 경쟁을 제거함으로써 보다 평등하고 공정한 사회를 설계하는 것이었다. 진보적인 사회적 이상과 전기화의 연결은 여러 대중 문학 분야에서의 공통된 특징이었지만, 마크 트웨인(Mark Twain)의 〈아서왕을 만난 사나이(A Connecticut Yankee in King Arthur's Court)〉에서처럼 위협적이거나 두려운 존재로 묘사된 경우도 있었다.

과장된 희망과 두려움, 유토피아와 디스토피아는 모두 혁신적인 신기술 체제의 경제적 영향은 물론 엄청난 지적 폐해도 반영하였다. 나이(Nye 1990)의 연구 '미국의 전기화(Electrifying America)'에서는 지식인들의 이론화와 추측을 일반적인 미국 노동자들의 현실적 평가와 대조하였는데, 그럼에도 이는 미국 사회 전반에 걸친 전기화의 심오한 효과를 조망하였다. 이는 사실 혁명적 기술이었던 것이다.

7.3 제3차 콘드라티예프 파동의 핵심 투입요소로서의 강철

강철은 이미 산업혁명 이전에도 소량으로 생산되곤 하였으나 제조과정이 비쌌고 품질관리도 쉽지 않았다. 그리고 [그림 7.4]에서 보는 것처럼 초반에는 철의 생산량이 훨씬 많았다. 19세기 전반에도 미국은 품질문제로 인해 대부분의 강철을 영국으로부터의 수입에 의존했고, 셰필드의 일부 제강 공장은 미국 수출로 인해 미국식 상호를 사용하기도 했다. 미국 서부의 개척을 이끈 톱, 도끼 및 여러 다른 도구들 역시 셰필드에서 제작되었다. 제프리 트위데일(Geoffrey Tweedale)은 그의 저서 〈셰필드 제강과 미국(Sheffield Steel and America, 1987)〉에서 '상업 및 기술 상호 의존의 세기'라고 언급했지만 실제로 이 시기의 전반기에 셰필드에 대한 의존도는 절정에 달했다.

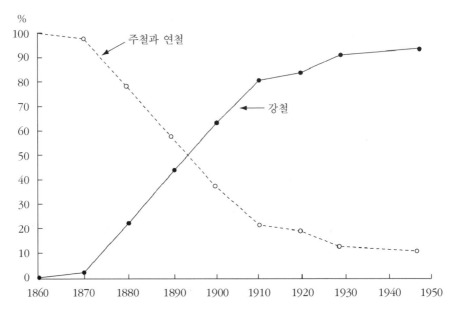

□ 그림 7.4 강철의 급상승, 미국, 1860－1950년(철과 강철의 총생산 비중, %)
출처: Ayres(1989).

1880년 미국의 강철 생산량은 1백만 톤을 조금 넘은데 반해 철의 생산량은 3 배 이상 많았으나 1913년이 되어서는 미국의 강철 생산량이 3,100만 톤을 넘어 섰다. 이는 1780-1810년 기간 영국에서의 목화 생산량 증가 속도보다 빨랐던 것 인데, 이처럼 생산량이 급증할 수 있었던 이유는 베세머 제강법(Bessemer proc－ ess), 지멘스 공정(Siemens process), 길크리스트-토마스 공정(Gilchrist-Thomas process) 등 1850-1880년대 사이에 있었던 여러 급진적 혁신 때문이라고 할 수 있다. 이러한 혁신들은 미국에서 시작된 것은 아니지만, 발명에 대한 우선권은 여전히 논쟁의 소지가 되었고 미국 발명가들 역시 혁신의 초기 단계에서 영국이 나 프랑스, 독일에서의 경쟁상대에 비해 크게 뒤처지지 않았다. 선철 산업에서 용광로는 철과 제강 산업의 수익성 향상에 크게 이바지한 미국에서의 혁신이라 고 할 수 있다(Berck 1994). 동 기간(1880-1913) 영국의 강철 생산량은 130만에서 770만 톤까지 뛰어올랐으며, 독일의 생산량은 70만에서 1,890만 톤까지 수직 상

제2부 산업혁명과 그 이후의 역사

승했다. 독일과 미국에서 이처럼 생산량이 급증하는 결과는 통계를 통해 확인할
수 있다.

카네기(Carneige)가 1875년 철로를 세우기 위해 만든 베세머식 공장은 그가
영국을 방문했을 때 배운 기술을 기반으로 하였지만 생산규모의 증가는 훨씬 빨
랐을 뿐만 아니라 여러 미국 제강회사의 혁신을 이끌어냈다. 이러한 결과로 인
해 비용이나 가격이 랭커셔의 목화 사례에서처럼 급격히 떨어졌다(〈표 7.2〉).

▌표 7.2 미국의 강철궤도 가격, 1870 – 1930년

	강철궤도(톤당 $)	소비자 물가 지수
1870	107	38
1875	69	33
1880	68	29
1885	29	27
1890	32	27
1893	28	27
1895	24	25
1898	18	25
1900	32	25
1905	28	27
1910	28	28
1915	30	30
1920	54	60
1925	43	53
1930	43	50

출처: 미국 역사 통계.

랜즈(Landes 1969)는 조강의 비용 감소가 1860-1890년대 중반 사이까지
80-90% 수준이라고 예상했다. 브리태니커 백과사전(Encyclopedia Britannica, 1898)
에 의하면 강철 선로(steel rail)의 가격은 1865년 톤당 165달러에서 1898년에는
18달러까지 떨어졌고, 그 기간 철 선로(iron rail)의 가격은 톤당 99달러에서 46달
러로 하락했다. 강철 선로는 기존의 철 선로에 비해 5배에서 많게는 6배까지 쓸
수 있었다. 미국 남부 전쟁 당시 모든 가격이 상승하였기 때문에 1865년 가격이

높을 수밖에 없었지만 [그림 7.4]에 의하면 강철이 1880-1890년대에 값이 하락하고 생산량이 풍부해진다는 것을 알 수 있다. 이는 1898년의 가격 저점 이후 신규 제강 카르텔이 일반 물가 인플레이션 기간 중 강철 선로의 가격 안정과 상승에 성공한 이후에도, 강철이 페레즈의 '핵심 투입요소' 기준을 만족함을 보여준다.

강철은 조선업에 있어서도 큰 역할을 했다. 강철로 만든 첫 번째 배는 1850년대에 만들어졌는데, 이런 배들은 특수 목적으로 제작되었다. 1875년 영국 해군 본부의 최고 설계자 바나비(Barnaby)가 조선학회(Institution of Naval Architects)에 보낸 문서에서 다음과 같이 볼 수 있듯, 설계자들은 1870년대까지도 여전히 강철에 대한 믿음이 충분하지 못하였다.

우수한 강철은 제강로와 강욕에서 10년 전보다 훨씬 저렴한 가격에 소량 생산되며, 엄격하고 조심스럽게 관리되는 곳에서는 신뢰할 만한 품질의 재료로 상당양이 공급될 수 있다는 데에 의심의 여지가 없다. 그럼에도 불구하고 우리의 불신은 강철이 보트나 소형 선박, 돛대, 활대 등을 제외한 개인 조선업자에게는 사용되지 않는다는 점이다. 강철 제조업자에게 우리는 다음과 같은 질문을 던져본다. 정교한 처리나 두려움 없이 사용될 수 있는 재료를 구하는 데 대한 전망은 어떠한가?(Robb 1958: 373)

그러나 1877년 강철로 제조된 영국 군함(HMS Iris)의 등장으로 인해 이러한 의구심은 해소되었다. 1870년대 말에는 클라이드(Clyde)[9]에서 건조된 선박 중 강철이 차지하는 비중이 10%가 되지 않을 정도로 매우 낮았으나 1890년에는 90%를 훨씬 뛰어넘었다. 이런 급속한 변화는 바나비가 지적한 질, 유용성, 비용의 문제가 크게 해소된 것으로 볼 수 있다. 판의 두께도 많이 얇아질 수 있었는데, 이는 건설이나 엔지니어링 산업에서도 흔히 있었던 일이었기 때문에 단순 톤당 대비한 가격보다 더 많을 비용을 절약할 수 있게 되었다. 제6장에서 이미 서술된 것처럼 강철로 제작된 배는 해군 무기 경쟁으로 막을 내린 제1차 세계대전 이전까지 영국과 독일에서의 조선업 호황기를 이끌었다. 이 국가들은 민간 및 해군 조선업에 있어서 세계적인 선도자 역할을 하였지만 미국 역시 강철에 있어서 비슷한 수준을 형성하였다(Heinrich 1997).

미국의 제강 산업은 대규모 생산이 가능했을 뿐만 아니라 독일 · 영국의 산업 및 여러 새로운 강철을 적용한 미국의 엔지니어링 회사들과 함께 특수강(special steels) 개발도 주도했다. 강철은 대량 생산 및 가공의 재설계에 있어서 큰 인센

---

9) 역자주: 영국 스코틀랜드의 클라이드 강 혹은 강변으로 조선소들이 많은 곳이다.

티브 역할을 하였지만, 그 장점은 상대적 비용뿐만이 아니었다. 강철은 새로운 제품, 기기, 가공, 기계, 기술, 건설을 가능하게 했다. 1868년 무쉐트(Mushet)는 강철에 바나듐과 텅스텐을 추가할 경우 훨씬 강한 재료가 될 수 있다는 것을 글로스터셔에 위치한 그의 연구실에서 발견했다. 이에 따라 비철금속을 포함한 새로운 합금이 개발되었고, 다양한 기계류에서 보다 단단한 절단면과 많은 공학요소의 정밀도 향상으로 이어졌다. 프레더릭 테일러(Frederick Taylor)는 경영 컨설턴트가 되기 전에 1878-1889년까지 '과학적 경영'이론을 발전시킨 미드베일 제강(Midvale Steel)에서 일하였고, 나중에는 고속도 공구강과 이와 연관된 기계 및 야금법의 개발을 일구어낸 베들레헴 제강(Bethlehem Steel)에서 일하였다.

1895년 베들레헴 제강(Bethlehem Steel)에서 테일러와 화이트(Taylor and White)에 의해 발명된 열 처리기술로 인해 합금강을 생산하였는데, 이는 공작기계를 위해 사용된 탄소강보다 5배나 빠르게 절단할 수 있었으며, 나중에 더 새롭게 태어난 합금강은 그 속도를 3배 이상으로 또다시 가중시켰다. 1890년대에는 셰필드에 위치한 헤드필드(Hadfield)의 회사는 망간강을 생산하였는데, 이는 매우 강한 마모에 대한 저항력이 있을 뿐만 아니라 건설과 엔지니어링, 무기에 있어서 전 세계적으로 사용될 수 있었다. 파나마 운하를 팠던 삽의 앞부분이 이것으로 만들어진 것도 한 가지 사례라고 할 수 있다. 헤드필드는 규소강도 발달시켰는데, 이는 한때 '전기 강판'으로 불리기도 했던 것으로 우수한 자성(magnetic properties)과 높은 전기 저항력(따라서 에너지 손실이 적음)으로 인해 전기 변압기와 발전기에 없어서는 안 될 요소였다(Pearl 1978). 이들 사례들은 강철과 전기의 발전에 있어서 이러한 성호의존성을 다시 한번 보여준다고 할 수 있다.

스테인리스 강철의 성질은 1903년과 1910년 사이에 바나듐 강을 발명한 프랑스의 길렛(L. Guillet)에 의해 연구되었는데, 사실 독일의 슈트라우스와 마우러(Strauss and Maurer), 셰필드의 해리 브리얼리(Harry Brearley)가 먼저 상업적인 가능성을 발견하였다. 브리얼리(Brearley)는 소총 통에 사용되는 크롬강의 적합성을 시험하는 가운데 스테인리스 강철의 놀라운 부식 저항력을 발견하였다. 제1차 세계대전까지 계속되었던 영국과 독일의 무기 경쟁은 특수한 성질을 가진 새로운 합금의 개발과 중공업의 발전에 중요한 자극제가 되었다. 미드베일(Midvale)과 베들레헴 제강(Bethlehem Steel) 모두 장갑판을 위한 미국의 해군 계약을 위해 일하였고 테일러(Taylor) 역시 1906년 이후에 미국 무기와 해군 야전 정비창의 적극적인 컨설턴트 역할을 하였다.

강철은 중공업, 기계, 무기뿐만 아니라 다방면에서 사용될 수 있었다. 이미 많은 소비재 산업들이 그들의 존재 자체나 급속한 성장을 값싸고 풍부한 강철에 의존하고 있었다. 한 예로 통조림 산업은 미국 남부 전쟁 이후에 미국뿐만 아니라 이후에는 유럽에서도 빠르게 성장하였다. 통조림 캔에 사용되는 철을 스트립 강철로 대체하고 전기도금에 의해 주석을 분해하는 과정은 산업을 혁명적으로 변화시켰다. 강철은 이제 통조림 캔의 98%를 차지하였으며, 주석이 차지하는 비중은 2%에 불과하였고, 이로 인해 진정한 대량 생산이 가능해졌다. 제1차 세계 대전까지 여러 가정에서 음식물 섭취를 위해 주석으로 만든 캔을 사용하였고, 군부대에서도 식량 배급을 통조림 식품에 의존하고 있었다. 스테인리스강의 경우 식탁용 커틀러리, 음식, 화학 산업에서 주로 사용되고 있었다. 1890년대 싸고 좋은 품질의 강철에 대한 빠른 성장을 가져온 또 다른 소비자 제품은 자전거였다. 1920년대 이전의 자전거 생산은 아직도 '포드주의적'이지는 않았지만, 강집약적(steel-intensive)인 제품의 새로운 가능성을 활용하면서 분명히 대규모로 생산되었다.

그렇지만 강철, 중공업, 전기 산업에서의 경제적 발전과 기술의 협력 및 보완에 대한 혁신을 설명할 수 있는 또 다른 분야는 대형 건물을 짓는 건설업일 것이다. 1880년대 이전까지는 아주 높은 건물벽의 벽돌무게를 지탱하기 위해서는 낮은 층에서의 벽이 매우 두꺼워야만 했다. '심지어 주철 기둥에 매달린 인테리어의 무게까지 더해져, 자체 무게를 감당할 수 있는 두껍고 우뚝 솟은 외벽은 창문을 내는 데에도 아주 제한적인 공간 밖에 쓸 수 없을 정도였다'(Hamilton 1958: 478).

1883년 윌리엄 제니(William Jenney)가 미국 주택보험회사로부터 모든 방에 채광이 충분히 들어오고 내화성을 겸비한 10층 건물을 지어달라고 위임받았을 때, 그는 6층까지는 주철 기둥과 연철 기둥을 사용했지만 그 위로부터는 강철로 된 기둥을 사용하였다. 그리고 1890년 시카고에 위치한 랜드-맥널리(Rand-McNally) 빌딩은 전체를 강철 뼈대로 하였다. 전체를 강철 뼈대로 할 경우 여러 벽을 독립적이고 동시에 지을 수 있다는 장점이 있다. 곧 외벽은 기둥과 보(beam) 사이의 패널에 있는 '날씨를 볼 수 있는 스크린(weather screen)'이 됨으로써, '마천루(skyscraper)'의 시대가 도래했다. 그러나 물론 고층 건물의 확산은 전기 승강기(1889) (또한 전화기) 없이는 불가능했던 일이다(당시 유압 승강기는 느리고 안전하지 못하여 5층 이상 사용하기에는 어려움이 있었다). 그리고 시카고와 뉴욕은 서로 누가 더 높고 화려한 건물을 짓는지 경쟁하기도 하였다.

발전소, 다리, 공장, 고층 건물과 같이 큰 건축물에 사용되는 강철 기둥의 압연 작업은 1885년 도르만 롱(Dorman Long) 및 1880년대 영국, 독일, 미국에서 이루어졌다. 큰 사무용 빌딩 외에도 발전소나 전력과 천장 기중기를 사용하는 새로운 형태의 공장에서는 강철보와 여러 강철 생산품들을 사용하였다.

강철은 모든 산업과 서비스 분야에 영향을 미친 혁신의 중심에 서 있었다. 다음에 보는 것처럼 큰 프로젝트나 여러 상품을 만드는 데 있어 강철 또는 특수강을 사용하는 것은 일반 상식이 되어버렸다(이 외에도 많은 예가 존재한다).

탄약	수공구	화물 기차
대포	기구	기차역
자동차	기관차	냉장고
철조망	기계 공구	배
자전거	여러 종류의 기계	고층 건물
보일러	모터	탱크
교량	정유 플랜트	주석 캔
화학 공장	관	변압기
기중기	동력 공구	터빈
낱붙이류	압력 용기	창고
공장	철탑	전선
서류 캐비닛	철도	
발전기		

슘페터는 증기력에 의한 기계(steam-powered machine)라는 관점에서 강철에 대해 주로 논의하였다. 이처럼 임의적으로 제한을 둔 이유는 그가 '철도, 강철, 증기에 의해 초래된' 혁명으로 묘사한 두 번째 파동을 주로 강철과 연계시켰기 때문이다(1939: 397). 그러나 우리가 지금까지 본 것처럼 제강산업의 본격적인 혁신과정은 1850-1860년대가 되어서야 시작되었고, 이는 두 번째 파동의 상승을 이끌어낸 원동력이라고는 할 수 없었다. 증기 동력과 '철도화(railroadization)'의 첫 번째 거대한 파동에 기반이 된 것은 철로 만들어진 말(horse), 철로 만들어진 레일, 철로 만들어진 기계였다. 1870-1880년대 경기하강과 맞물려 강철 소비는

많지 않았으며, 1880-1890년대에 들어서야 새로운 가공방식의 보급으로 무수히 많은 새로운 장치와 제품들이 실험적으로 나오면서 값싼 강철의 대규모 사용이 가능해졌다. 슘페터가 기업가정신 이론 때문에 최초 혁신의 날짜에 사로잡혀 있었던 반면, 우리는 확산(diffusion)을 강조한다.

또한 비록 슘페터는 인정하지 않았지만 전기 기계 및 공정과 강철 사용 간의 보완성은 증기력을 사용하는 기계에서의 보완성보다도 더 중요했다. 강철, 합금, 구리나 기타 비철금속을 사용한 것은 많은 전기기기들뿐만이 아니라, 공작기계 등과 같은 다른 많은 산업들에서의 전기기기들도 강과 합금강의 사용에 긴밀히 연관되어 있었다. 따라서 우리는 세 번째 파동을 '강철의 시대'로 부르고 첫 번째와 두 번째 파동은 '철의 시대'로 부르는 것이 더 적합하다고 생각했다.

후일 유나이티드 스틸(United Steel)로 성장한 대형 제강 업체를 설립하고 미국 기업가정신의 전형이라고 불리는 앤드류 카네기는 철도회사에서의 경험으로부터 경영 모델을 가져왔다. 그는 18세부터 사무원 또는 전신 기사로 철도회사에서 일하기 시작했다. 24세가 되던 1856년에는 부서장으로 진급하면서 원가계산 시스템에 익숙해질 수 있었다. 미국 남북전쟁 당시 카네기는 친구들로부터 돈을 빌려 철로, 기관차, 다리 등을 만드는 회사들을 설립하게 된다. 그는 유니온 퍼시픽(Union Pacific) 또는 다른 철도회사들을 통해 주가 조작이나 투기에도 크게 휘말리게 된다. 그에 대해 서술한 작가 중 한 명인 맥케이(Mackay 1997: 144)는 카네기의 '투기에서 제조업으로의 전환'에서는 다음과 같이 묘사하였다. '그때까지 카네기는 주식시장에서의 장난질을 통해 주가를 조작하고 공매도를 하는 등 투기에 집중하였다. 그런 이후에는 의심스럽고 수상쩍은 행동을 일축하였고, 그 대신에 중공업과 강철 생산에 집중하게 된다.'

1872년 영국 방문 이후 카네기는 베세머 제강법으로 인해 전 세계의 철과 제강산업에 혁명이 일어날 것을 확신하였고, 또한 금융회사에서의 경력은 강철 제조에 있어서 큰 돈을 필요로 할 때 많은 도움이 되었다. 그는 1873년 금융위기가 닥쳤을 때에도 버틸 수 있었으며, 1875년 9월 1일에는 강철 선로 제작에 착수하였다.

카네기와 그 직원들은 철도회사에서의 경험을 바탕으로 엄격한 통계적 원가 시스템을 도입하게 되는데, 이는 초창기에 매우 중요했던 경영방식 중 하나였다. '원가 계산표는 카네기가 주로 사용한 통제 도구였다. 카네기는 원가에 매우 집착했는데, 그가 좋아한 격언 중 하나는 "원가를 주시한다면 수익은 알아서 찾아올 것이다"(Chandler 1990: 167)라는 말이었다.' 1880년까지 카네기의 원가 데이터는 미국의 어느 회사보다도 더 정교하고 정확했다. 원가 시스템은 부서와 감독을 관리하는 데 사용되었고, 품질이나 원자재의 혼합 상태를 확인할 수 있었다. 또한 가공 및 생산이 개선될 수 있었고, 기술 발전과 비용 절감을 동시에 이룰 수 있었다.

1880년에 카네기는 이미 백만장자가 되었다. 가난 때문에 1840년대 스코틀랜드에서 이민 온 방직공의 아들로 태어난 그는 1900년이 되던 해에는 세계 최고의 재벌 중 하나였다. 많은 회사들이 손실을 보던 경제 침체기에도 그의 회사는 계속해서 수익을 내었다. 그러나 1892년 펜실베이니아에 위치한 험스테드(Homestead) 공장에서 노동자들이 임금 논쟁에 대한 파업에 들어갔을 때에는 핑커튼 수사기관의 도움에 의해 매우 무자비하게 진압한 적도 있었다. 이 사건으로 인해 제강산업의 노동조합은 1930년대까지 연기되었다(제2부 결론 참조). 이와 같은 그의 역설적인 성격으로 인해 존 더스 패서스(John dos Passos)와 같은 작가들은 카네기를 부하를 혹사하는 상사로 표현하는 반면에 수백 개의 공공 도서관을 기부한 그를 자선가로 바라보는 시선도 있었다.

챈들러(Chandler)는 미국 제강산업의 엄청난 발전에 이바지한 카네기를 다음과 같이 설명하였다.

미국의 제강산업 역사는 작업 생산성의 확장에 있어서 어떻게 기술혁신, 에너지 사용 강화, 공장 설계, 그리고 전반적인 경영과정이 생산량을 증가시키고 처리량에 속도를 내는지 잘 보여주고 있다. 산업 내에서 카네기의 탁월함은 기술변화에 대한 투입, 철도에서 개발된 관리와 통제 기법을 제조업에 창의적으로 이전했던 것 등으로부터 나왔다.
기술이나 조직적인 혁신도 성과가 있었다. 카네기의 회사는 산업 내 어느 회사들보다 가격은 낮았고 수익성은 높았다. 1875년 에드가 톰슨 공장(E. T. Works)[10]이 문을 열었을 때 톤당 9.50달러의 수익이 났고, 1878년 카네기의 강철 레일 공장은 40만1천 달러(주식의 31%)의 수익을 냈다. 이는 다음 2년 동안 2백만 달러까지 치솟았다. 사업이 성장하면서 수익도 증가폭을 늘리게 되는데, 1890년대 말 더욱 다각화된 카네기의 회사는 2천만 달러의 수익을, 1900년이 되던 해에는 무려 4천만 달러까지 그 가치가 치솟았다. 강철 대량 생산의 개척자였던 카네기는 록펠러(John D. Rockefeller)가 석유 산업에서 그랬던 것처럼 재산을 빠르게 모을 수 있었고, 그 결과 전 세계적인 엄청난 부호로 남게 될 수 있었다.

이는 카네기의 기업가적 우수함을 요약할 뿐만 아니라, 규모의 경제, 기술

---

10) 역자주: 카네기가 영국에서 베세머 제강법을 배워 온 후 피츠버그에 설립한 제강 공장으로, 당시 펜실베이니아 철도회사 사장이었던 에드가 톰슨의 이름을 따서 E. T. Works라고 명명했다.

및 조직적 혁신, 생산성, 그리고 수익성의 상호 의존성도 설명해 주고 있다.

7.4 추가적인 필수 투입요소로서의 구리

구리는 이미 기원전 8,000년부터 돌을 대신한 산업 재료로서 자연 상태의 매장층으로부터 뽑아 사용되었다. 그리고 구리를 녹이고 주조하는 과정을 통해 야금(metallurgy)이 시작되었다. 기원전 5,000년에는 구리 무기와 도구들이 이집트 무덤에 시신들과 함께 묻혔으며, 기원전 3,000년에는 청동이 널리 보급되었다. 구리와 주석의 합금은 각각의 물질보다 더 단단했으며, 구리의 경우 그 어떤 금속보다 다양한 합금으로 오늘날까지 사용되고 있다. '청동시대' 이후에 '철의 시대'가 찾아왔을 때도 구리는 여전히 가정 내 물건이나, 관, 동전 등에 많이 사용되었다.

여러 금속 재료들이 지금까지도 계속해서 사용되고 있지만 19세기 말 이후 금속 소비의 절반 이상을 차지한 전기 산업에서의 구리의 사용량은 더 많아지게 된다. 1960년대에는 알루미늄이 유일하게 구리를 대신해 철 다음으로 많이 생산되었다. 20세기에 구리와 알루미늄의 생산 및 소비 급증은 전기 산업의 발달과 연관이 있었다.

■ 표 7.3 세계의 비철금속 생산량, 1850 - 1900년(천 톤)

금속	1850	1875	1900
구리	55	130	525
납	130	320	850
아연	65	165	480
니켈	-a	1	8
알루미늄	-a	-a	7

a 매우 작음.
출처: Oxford History(1958: v. 73).

19세기의 4분기에는 구리의 생산 속도가 주요 비철금속보다 빨랐는데(〈표 7.3〉), 이는 주로 전기 산업에서의 역할 때문이었다. 19세기 초반에만 해도 구리 생산량은 9,000톤에 불과했는데, 그중에 3/4은 1850년 주요 생산지였던 사우스

웨일스에서 제련되었다. 그러나 1870년에는 미국이 새로운 생산 중심지로 주목을 받게 되면서 전 세계 생산량의 절반 이상을 차지하게 된다. 미국은 한편으로는 풍부한 자원과 기술 능력으로 인해, 그리고 다른 한편으로는 전기 산업의 빠른 발전으로 인해 구리 생산의 선두주자로 발돋움할 수 있었다. 미시간, 애리조나, 몬태나는 모두 구리 채굴과 제련작업의 중심지였으며, 해외에서는 칠레나 스페인이 자원 공급을 하고 있었다. 여러 새로운 기업들이 채굴, 제련, 정제작업을 더욱 대규모로 통합할 수 있게 됨에 따라, 600개 이상의 소규모 용광로가 아주 적은 양의 구리를 제련 중에 있었던 스완지(사우스 웨일스) 지역에 비해 우위를 점하기 시작하였다. 1900년에 애리조나와 몬태나는 20만 톤이 넘는 구리를 생산한 반면 웨일스 기업들은 이에 비하면 매우 적은 양을 기록했고, 1921년에는 결국 모든 작업을 중단하였다.

1870-1880년대에도 지역별 원광석과 불순물의 다양성에 따라 용광로 설계에 있어서 많은 발전이 있었는데, 구리 관련 기술에서 가장 중요했던 부분은 전해 제련작업의 도입이었다. 이 작업에 대한 첫 번째 특허는 1865년 사우스 웨일스의 J. B. 엘킹턴(J. B. Elkington)이 가지고 있었는데, 구리판을 전해기 안에 평행으로 매다는 기술은 이후의 작업에서도 기본적인 설계 원리로 여겨지고 있었다. 금, 은, 안티몬, 주석의 불순물을 회수하는 작업 역시 이 특허에 언급되어 있다. 첫 번째 전해 정제작업은 스완지 근처에 위치한 메이슨(Mason)과 엘킹턴(Elkington) 공장에서 1869년도에 시작되었는데, 미국에서는 이 작업이 1892년이 되어서야 실행되었다(Chadwick 1958).

전해 제련작업에서 중요한 점은 전기 제품에 사용되는 금속으로부터 불순물을 제거하는 데 있다. 이미 1850년에 작은 불순물도 전기 전도성에 유해한 영향을 미치는지 알고 있었지만, 상용 등급의 구리 중 아주 일부만이 요구되는 순도에 도달하였다. 이는 대부분의 비전기적 공급에는 문제가 없었지만 전기 공급에 있어서는 매우 심각한 문제였다. 채드윅(Chadwick)은 성장하는 전기 산업과 구리산업의 강한 상호 의존도에 대해 다음과 같이 정리했다.

슈페리어(Superior) 호수 광석은 건식 정제방법을 통해 높은 등급의 구리를 생산할 수 있었지만 일반적으로 고전도성 구리는 전해 정제작업을 통해 생산되었다. 이는 값싼 전력의 출현으로 인해 상업적으로 가능해졌지만 반대로 여기에 사용되는 효율적인 기술에는 다이너모 권선이나 부스바(bus-bar)[11]용 전해 정제 금속이 필요했다(Chadwick 1958: 84).

전기 제품 확산의 초창기에는 이와 같은 상호 간의 관계가 미대륙에 매장된 많은 양의 구리 광석과 채굴, 제련, 정제기술의 발달로 계속될 수 있었으며, 이로 인해 구리에 대한 엄청난 수요를 견뎌낼 수 있었다. 1873-1890년 사이 구리 가격은 하락세를 보이기도 하지만 허핀달(Herfindahl 1959)의 연구에 의하면 1900년 이후에는 강철처럼 안정세를 보이게 된다. 19세기 대부분의 원자재처럼 구리 가격 역시 매일 매일 변동하였다. 그럼에도 불구하고 [그림 7.5]에서 보는 것처럼 1870년대 초반 짧은 가격 인상을 제외하면 1860-1890년대 사이의 하락세 이후에는 파운드당 10센트 정도의 가격이 형성되었다. 그러나 20세기 초반 전기 산업의 발전이 전 세계적으로 이루어지면서 구리의 수요 증가로 인한 일시적인 부족 현상이 일어났고, 구리 가격은 1899-1913년에 상승하게 된다(상승폭은 제1차 세계대전 당시 더욱 커졌다).

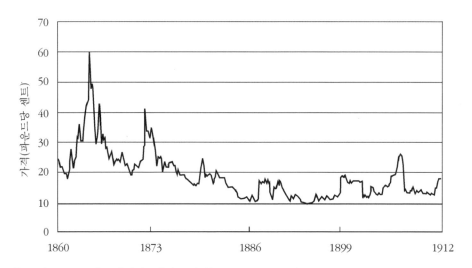

□ 그림 7.5 구리 도매가격, 레이크, 뉴욕, 1860-1912년

출처: Herfindahl(1959).

우리는 구리를 또 다른 '필수 투입요소'로 표현했지만 강철에 대한 관점과는 차이가 있다. 구리의 적용분야는 물론 방대하기는 하였지만, 강철에 비하면 협소한 수준이었다. 더욱이 구리의 엄청난 수요 급증은 전기화에 의한 결과라고 할 수 있다. 따라서 앞서 전해 공정의 예에서 보인 것과 같이, 구리 자체 혹은

---

11) 역자주: 전기 회로에서 전기 에너지를 전달하기 위해 사용하는 전도체의 하나.

다른 비철금속이나 화학 산업에 있어서 구리는 전기화에 대한 필수 투입요소라고 할 수 있다. 구리의 소비량 증가 역시 값싼 가격이나 대량 공급보다는 전도성이나 부식 저항력과 같은 구리의 특수한 성질 때문이라고 할 수 있다.

구리 공급은 점차 수요를 추격하게 되었는데, 이는 북아메리카 및 남아메리카에서의 채굴, 용해, 제련 작업뿐만 아니라 구리와 같은 지금의 광물자원을 있게 한 유럽의 아프리카 식민지에 의해 가능해졌다. 짐바브웨로 불린 아프리카 지역을 정복한 세실 로즈(Ceceil Rhodes)는 케이프타운과 카이로를 잇는 철도를 완성하는 꿈을 꾸기도 하였는데, 그 역시 금이나 다이아몬드와 같은 광물 채굴 사업에 큰 관심을 가졌다(그러나 구리는 한참 시간이 지나서야 전 세계적인 주요 생산물이 된 것으로, 당시 그는 구리에는 관심이 없었다). 구리 생산에 있어서 제국주의의 모험과 다른 유럽 국가들의 채굴 작업은 제1차 세계대전 이전에 카탕가가 세계 주요 생산지로 발돋움한 콩고에서 더욱 활발해졌다. 또한 해운의 발달로 인해 구리나 다른 금속광석 및 광물자원의 무역이 전 세계적으로 이루어질 수 있었다.

7.5 거대 기업과 카르텔의 발달

기술혁신을 뒤이은 경영 및 조직적 혁신은 주도 기업의 대규모 사업을 촉진시켰다. 그리고 전화기와 전신기로 인한 혁명은 사무실이나 서비스 등 모든 비즈니스 조직뿐만 아니라, 정부 행정이나 전쟁 수행에도 도입되었다. 이와 같은 새로운 커뮤니케이션 매체(이후에는 라디오까지 포함)는 여러 지역에 위치한 공장 관리 또는 먼 지역에서의 재료, 부품, 기계의 생산 및 전달에 대한 더욱 복잡해진 경영지침으로 인해 대기업의 발달을 훨씬 빠르게 촉진시킬 수 있었다. 두 번째 파동에서 이미 완성된 전 세계적 운하 및 철도 기반 시설과 몇몇 강국들 간 세력 분권으로 인해 세계 시장에서의 경쟁은 더욱 치열해졌고 자본 수출 역시 급격히 속도를 내었다.

새로운 기업형태의 한 예로 독일 에센에 위치한 크루프(Krupp)였는데, 이는 1903년까지 유럽 최대의 민간 산업체로서(Menne 1937) 스페인의 철광, 독일의 탄광, 에센의 제철소 및 무기 공장을 가지고 있었으며, 제1차 세계대전에서 효력을 발휘하고 근대 잠수함의 시초라고 할 수 있는 키엘(Kiel)의 게르마니아 조선

소까지 차지하게 된다. 제강, 전기 또는 중공업에 관계없이 이 정도 규모의 기업들은 새로운 경영 구조를 필요로 했다. 독일과 미국은 이런 부분들에 있어서 다른 모습을 보이기도 했지만 원가계산 담당자나 전문 기술가들처럼 전문적인 운영자의 역할이 중요해졌다는 공통점이 있었다. 라테나우(Rathenau), 에디슨(Edison), 지멘스(Siemens)와 같이 개인적으로 성공을 거둔 발명가 또는 기업가들은 앞서 언급한 기업들의 초창기 발달과정에 많은 역할을 하였지만 슘페터가 예상한 것처럼 경영적인 문제는 개인 기업가의 역량을 앞지르기 시작했다.

대기업 내 경영조직에서의 '새로운 모델'은 두 번째 파동 기간의 철도회사에서 처음 시작되었기는 하였으나, 당시 미국이나 독일에서 특히 두드러진 경영체계와는 크게 달랐다. 대부분의 제조회사들은 하청을 주거나 아니면 과거에 주로 기술 노동자였던 감독에게 현장 관리의 책임을 맡기는 것과 같은 이전의 경영방식을 따랐었다. 반면에 새로운 경영 체계는 전문 경영자가 부서 조직을 관리한다는 방침을 따르게 되었다.

제1차 세계대전 이전의 전기 산업 내에서 미국을 대표하는 제네럴 일렉트릭(General Electric: GE)이나 웨스팅하우스 일렉트릭(Westinghouse Electric), 독일의 AEG, 지멘스는 이미 전 세계적인 대기업이었지만 더 큰 규모의 거대 기업으로 발전하기 위해 성장하고 있었다. 특히 GE와 AEG는 강력한 재무적 관심이 결부된 합병을 통해 크게 성장할 수 있게 되었다. 초창기의 전기회사들은 이전의 철도회사들처럼 큰 규모의 물질적인 네트워크 발달을 수반하였기 때문에 엄청난 액수의 자본을 필요로 했다. 1878년에 토마스 에디슨(Thomas Edison)은 드렉셀(Drexel)과 모건 앤 컴퍼니(Morgan & Company)에서 도움을 받았고, 엘리후 톰슨(Elihu Thomson)은 철도, 전신기, 전화기 사업자금을 조달하는 데 있어 보스턴 자본가들로부터 지원을 받았다.

	미국			독일	
웨스팅하우스	GE			지멘스	AEG
	톰슨 휴스턴		에디슨		
1893	1,000	2,060	2,180	800	550
1899	2,400	4,480		3,300	n.a.
1906	4,820	12,020		n.a.	8,750
1913	8,000	17,840		23,600	22,650

출처: Byatt(1979).

GE는 1892년 3대 전기기기 제조업체 중 두 군데가 합병해서 설립된 기업이다. 철도 부문 금융 전문가이자 초창기에 에디슨에게 재무적 지원을 했던 헨리 빌라드(Henry Villard)가 이 합병을 추진했던 것이다. 빌라드는 독일에서 3년간 머무르면서 베를린의 도이체방크(Deutche Bank), 그리고 미국에서 이미 영업을 시작한 독일 전기제조업체의 선두주자인 지멘스-할스케(Siemens-Halske)와 친밀한 관계를 맺은 후 미국으로 다시 돌아왔다. 에디슨의 전기 작가 매튜 조셉슨(Matthew Josephson)에 의하면 그는 '세계적인 카르텔'을 준비하고 있었다(Chandler 1977: 427).

'세계적인 카르텔'은 더 이상 멀리 있는 꿈이 아니었다. 이 시기에 여러 산업에서 카르텔화에 대한 강력한 움직임이 있었기 때문이다. 적어도 제2차 세계대전이 있기 전까지 전기 엔지니어링 산업은 주요 기업들 간에 국제 특허에 대한 합의에 있어서 중요한 역할을 했다. 시장 공유 협정도 흔하게 이루어졌고, 독점적인 구매 정책은 대규모 공익사업과 중장비 공급자들 간의 관계를 특징지었다. 그리고 GE와 웨스팅하우스(Westinghouse)의 독점적인 관행은 악명이 높았는데, GE와 독일의 AEG는 세계 시장을 둘로 나누게 된다. 레닌(Lenin)은 두 거대 기업에 의한 세계 시장의 분열은 불균일한 발전이나 전쟁 등의 결과로서 재분열(re-division)의 가능성을 제거하지 못했다고 논평하기도 하였다. 이와 같은 '재분열'은 독일이 제1차 세계대전에 패배한 이후 1922년 협정 재논의가 될 당시 실제로 일어났다. 이에 따른 조건들은 GE에 더욱 유리하게 작용했는데, 1920년 GE는 AEG가 새로 발행한 주식의 25%를 가져가게 되었다.

전기 장비(electrical equipment) 산업에 집중된 가파른 성장 속도는 다른 어느 산업에 비해서도 빨랐지만 경제 체제의 흐름 속에서 비슷한 경향을 보인 분야도 있었다. 전 세계적인 교통 및 통신 네트워크의 확립은 수출뿐만 아니라 원자재 공급, 여러 국가에서의 제조 시설 및 판매 대행 관리, 영업 구조화를 위한 자금 조달의 수직적 통합을 의미하였다. 19세기 말 랭커셔의 섬유회사들은 플랜트 규모의 경제를 누리지 못했고 외부의 경제활동으로부터 이익을 얻었지만, 미국의 신규 산업들은 중소기업의 외부에 있었던 많은 기능들을 내부화하였다. 플랜트 수준의 규모의 경제는 석유, 금속, 화학분야에 있어서 매우 중요했는데, 이제 다른 많은 산업에서도 더 넓은 시장에 걸쳐 활용될 수 있게 되었다. 또한 새로운 투자를 위한 금융 분야, 재료 조달 분야, 마케팅 네트워크 설립, 연구·설계·개발 분야에서도 규모의 경제는 그만큼 중요해졌다. 고도로 숙련되고 훈련받은 노동력의 이점은 이제 이러한 기능 분야에서 여러 단계의 전문 관리자에게로 확대되었다.

이는 (규모의 경제는) 중전기 제품 분야에서도 역시 매우 중요했다. 그러나 전기 산업의 주된 흐름이 대기업의 발달이었음에도 불구하고, 이는 다른 산업과 서비스 분야의 전기화로 인해 상쇄될 수 있었다. 새로운 에너지 기술과 자원은 목재(lumber) 및 제재(saw mills), 계기(instruments), 동력 공구, 기타 기계 제품과 같은 다양한 산업에서의 수많은 중소기업이 번창할 수 있도록 기회를 주었다. 온 국가에 전기화를 가져온 에너지 자원의 유연성은 신규 산업지역의 발달, 일부 산업의 분권화, 전혀 다른 산업분야의 생성, 기존 산업의 변화를 가능하게 했다.

앞서 우리는 안트베르펜 지역에 위치한 작은 회사들에 대한 예를 언급한 적이 있었다. 전기화가 석탄이나 철이 주를 이뤘던 지역(셰필드, 타인사이드, 루르 지방, 중서부 지방, 벨기에 남부)의 발달에 새로운 자극제를 준 동시에, 이는 전혀 새로운 산업 집적지가 부상하도록 했다. 그리고 스웨덴이나 스위스와 같은 새로운 국가들의 산업 진입은 산업화의 세 번째 파동을 설명하는 중요한 특징이기도 하다. 베를린, 도쿄, 런던, 파리, 스톡홀름과 같은 수도의 인근 교외 지역들은 전기에 의한 교통, 값싼 요금, 통신 발달로 인해 산업 지역으로서 인기를 누릴 수 있었다. 베를린의 경우 '일렉트로폴리스(Electropolis)'로도 불렸는데, 독일 전체 전기 산업의 50%를 차지했으며(Hall and Preston 1988) 이 비율은 1895년 이후에 급격히 상승하게 된다.

■ 표 7.5 독일 전기 산업의 고용 상황, 1895년과 1925년

	전체 산업	전기 산업	
			(%)
1895	6,647,000	24,000	0.4
1925	11,108,000	449,000	4.0

출처: Hall and Preston(1988: 103).

7.6 경영과 조직의 혁신: 관료주의 및 테일러리즘의 부상

　　미국 내 전문 경영인 계급의 부상은 대기업의 구조적·행정적 변화 또는 기술 변화뿐만 아니라 경영자 계급 및 교육체계의 발달에 의해서도 촉진되었다. '테일러리즘'이 실제로 중요했던 점은 '과학적 경영관리'가 아니라 이와 유사한 계획 또는 모델과 함께 조직적 혁신에 대한 합리적인 근거를 제공했다는 것이다. 이로 인해 과거의 모델이 사라지고 다양한 관리기능의 전문직업화와 전문화에 기반한 관리집약형 스타일로 대체되었다(관리기능은 무엇보다도 원가회계, 생산 엔지니어링, 영업관리, 설계와 개발, 인사, 홍보, 정보, GE에서와 같은 시장 조사 등을 포함한다). 경영 '관료주의'는 제3차 콘드라티예프 파동의 주요 조직혁신이었다.

　　테일러의 전기를 작성한 다니엘 넬슨(Daniel Nelson 1980)에 의하면 테일러는 자신을 신기술의 이점을 활용하기 위해 기존의 '도급' 시스템에서 급진적 변화의 필요를 인지할 수 있었던 (과학자로서의) '전문직업인(professional)'이라고 보았다. 자본집약도 강화와 연계된 고정비용의 상승은 물리적인 능력을 최대한 활용하거나 부품소재의 흐름을 통제함으로써 수익성을 유지하거나 늘리도록 압박을 가했다. 동시에 영업을 위해서는 고객들에게 기술적인 서비스를 제공하기 위해서 기술자들을 필요로 했는데, 판매작업 역시 기업의 전문적인 기능요소로 발전했다. 저널리스트이자 금융가이기도 한 헨리 빌라드(Henry Villard)가 GE를 사들였을 당시 사원들의 업무와 시설, 서비스, 영업에 대한 기술자들의 책임을 관리하기 위한 지역 담당자들을 앞세워 7곳의 지역 사무소를 설립했다. 따라서 두 번째에서 세 번째 파동으로의 변천은 대기업 내에서의 경영조직과 기업구조의 새로운 형태를 상징하며, 이는 새로운 기술 또는 기술의 보급이나 상호작용만큼 중요했다. 한편, 독일 사회학자인 베버(Weber)는 '관료주의적' 행정체계에 대해

긍정적인 면을 보면서도 부정적인 면까지 함께 비판하였다.

다니엘 넬슨(Daniel Nelson)은 기업 내 하도급이나 현장 감독에 대한 여러 관리적 기능 때문에 '테일러리즘'의 등장이 과거의 생산 체계를 재편성하는 데 있어서 큰 어려움이 있었다고 설명하였다.

1880년대에 최초의 공장 체계 도입에 대한 논쟁이 관리자와 노동자들을 중심으로 불붙게 되었다. 기업들의 존속 기간이 짧고 경쟁이 심화된 제조업체의 경우 여러 방면에 있어서 이상적인 방식이라고 할 수 있었으나 많은 결점 역시 발견되었다. 기술혁신은 분권화된 경영 체계에 엄청난 중압감을 가중시켰다. 예를 들어, 열을 사용하는 산업 내에서 대량 처리 공정(batch process)이 일관생산 공정(flow production)으로 바뀌면서 빠른 일정 소화 및 조정뿐만 아니라 더 많은 관리직원을 요구하기 시작했다. 공장 규모가 커지면서 비슷한 현상들이 나타났는데, 제조업자가 일상 업무로부터 얼마나 격리하든지와 상관없이, 그의 공장에서의 역할, 특히 노사관계 관리는 필연적으로 많아졌다. 이에 대한 당연한 해법으로는 각 분야의 전문가들을 모집하는 것인데 ... 이후의 공장 혁명은 19세기 있었던 대부분의 공장에 대한 특성을 없앴다.

테일러(Taylor)의 아이디어가 1890년대 미국과 전 세계적으로 큰 영향을 미친 것이 사실이기는 하나 실제로 '기획부서의 권한'이나 극심한 전문화에 중점을 둔 그의 생각을 전적으로 채택한 회사는 없었고, 대부분이 부분적으로 적용했다. 이러한 경영 또는 조직적 혁신의 보급은 기술혁신과 전력, 통신, 정밀기계, 강철집약 제품, 가공, 구조와 같이 세 번째 파동에서의 주요 체계적 요소와 상호작용했다. 그리고 GE와 같은 기업들은 미국에서의 일반적인 조건들을 만족시키는 새로운 유형의 자본가적 기업이라고 할 수 있었다. 이런 기업들로 인해 미국 경제는 이전까지의 선두주자였던 영국이 주춤하는 기간에도 고속성장을 이룰 수 있었다.

1870-1950년 기간 동안 우리는 제강산업과 전기 산업을 통해 전문적인 경영진과 복잡해진 관리체계를 동반한 새로운 유형의 미국 거대 기업을 만나볼 수 있었다. 그리고 이 두 산업 모두 미국경제의 특수한 성질을 활용하였다. 이 특수한 성질은 철도가 건설됨에 따라 석탄, 철, 구리 및 다른 광물이 상대적으로 싸고 대량으로 공급될 수 있었던 점과, 미국 시장에서의 거대한 규모의 경제였다.

독일 대기업의 경영방식은 미국과 유사한 점이 있기는 하나 독일 역사 속에서의 국가적 특성을 내포하고 있다. 20세기 초반 독일 제국의 수상이었던 베른

하르트 폰 뷜로(Bernhard von Bülow)는 비록 신규 산업과 기술에 대해 인지하였으나, 그보다는 독일 기업가와 왕족 간의 유사성에 더 집중하여, 그들을 '귀족적 상인(princely merchants)'이라고 칭하면서 초기 독일의 강점을 다음과 같이 회상했다.

완벽해진 커뮤니케이션 방법은 이전에는 불가능했던 완전히 다른 형태로 심지어 가장 먼 국가의 시장까지도 우리에게 가져다 주었다. 기계와 전기 엔지니어링에서의 비교할 수 없는 진보는 우리에게 새로운 산업 기계를 우리가 마음껏 사용할 수 있게 해 주었다. 스텀(Stumm)과 크루프(Krupp), 발린(Ballin)과 라테나우(Rathenau), 키르도르프와 보르지히(Kirdorf and Borsig), 그위너와 지멘스(Gwinner and Siemens)와 같은 고용주와 귀족 상인들(princely merchants)은 이러한 호의적인 환경을 활용하였다. 우리나라는 더욱더 새로운 전망을 내놓았다. 하위 계층은 땅을 떠나 산업으로 흘러들었으며, 보통의 중상위층에서는 아주 많은 산업 관료들을 배출했다. 19세기 중반에 성장의 징후를 보였던 산업화는 제국의 설립 이후(특히 1880년대 이후) 오직 미국만이 견줄 수 있는 맹렬한 기세로 독일에서 달성되었다(von Bülow 1914: 207-8).

경제 및 사회적 관점에서 많은 기여를 한 베버(Weber 1922)는 독일 관료주의의 중요한 역할을 강조했다. 그는 1914년 이전 독일 산업화의 자본주의와 관료주의(Capitalism and Bureaucracy in German Industrialization before 1914)(O'Brien 1994)를 언급하면서 자본주의와 관료주의적 경영방식에 있어서 모순이 있음을 인지하였다. 또한 그는 프러시아나 다른 독일 지역에서의 국가 관료주의가 독일 대기업뿐만 아니라 미국이나 영국에서의 더 큰 기업에서보다도 훨씬 먼저 발달하였다고 주장하였다(Jürgen Kocka). 이는 19세기 후반 및 20세기 초반 독일경제 내에서의 제도적 변화에 대해 구체적인 추동력을 전해주었다. 그리고 독일경제의 '추격'을 위해 국가는 훨씬 더 큰 규모의 계획을 세웠는데, 지멘스와 같은 기업에서 발달한 관료주의는 국가 관료주의에서의 급여, 채용, 행정, 자격 절차에 의해 크게 영향을 받았다. 1847년 설립된 지멘스-할스케(Siemens-Halske)는 1895년 4천 명을 고용했으며 1912년에는 5만7천 명까지 고용했는데, 그중에서도 이 회사와 함께 하는 목적으로 임금을 받는 사람들인 이른바 '직원(Angestellten, employee)'이 큰 비중을 차지했다. 대부분은 전문 기술자이거나 다른 분야에서의 전문가 또는 자격이나 기술을 가진 사람들이었다. 1856년 설립된 독일공학회(Verein Deutscher Ingenieure: VDI)의 경우에는 미국이나 영국에서 흔히 '엔지니어(engineer)'로 불렸던 수공 노동자(manual and craft workers)들을 배제하였다. 그 대신에 VDI는 이론적 배경과 실현 가능한 지식에 초점을 두었는데 이는 독일 기술 직종의 특수한 성격으로 자리매김하였다.

베르너 지멘스(Werner Siemens)는 베를린에 위치한 기술 군사학교에서도 훈련을 받았었는데, 사업을 시작하기 이전에 15년 기간의 군사 경력을 보유하고 있었다. 아마도 이런 경력이 지멘스 회사의 경영방식에 영향을 미쳤을 것이기는 하나 코카(Kocka)는 지멘스 기업 내 소유자-기업가 간의 관계 유지가 필요하다면 언제든지 전통적인 계급 절차를 없앨 수도 있었다고 덧붙였다. 초창기에는 정해진 절차, 지시 또는 소통이 행동 방식을 규정하였고, '회사 밖에서도 관료주의 제도의 영향은 초창기 샐러리맨들의 자아상을 통해 명백하게 찾아볼 수 있었다'(Kocka 1994: 8).[12]

7.7 세계 경제에서의 선도, 추격, 낙오

19세기 말 영국의 산업 경쟁력이 감소하는 반면에 미국은 전 세계경제를 이끄는 막강한 선두주자로 나서게 되던 가운데(〈표 7.6〉), 이 책의 범위를 훨씬 벗어나는 부분이기는 하나 그 외 다른 변화들은 장기적인 관점에서 더 중요했다. 특히, 경제 선진국들과 후진국들 사이의 격차가 확연하게 나타났으며, 이는 세계 경제체계를 흔드는 불안 요소로 자리 잡았다. 중국, 인도를 비롯한 아시아, 아프리카, 라틴 아메리카에서의 여러 나라가 산업화나 경제 발전속도를 따라가지 못하였다. 더욱이 선진국의 선도적인 공상가들은 이와 같은 격차를 세계 경제체계의 자연스럽고 지속적인 특징으로 받아들일 준비가 되었다면서, 전 세계 많은 지역을 식민지로 지배했던 유럽 강대국들에 빗대어 표현했다. 그뿐만 아니

---

12) 1890년 이후 엄청난 성장 기간에 있었던 지멘스의 변화에 대해서 코카는 영업부서와 현장 사무소에서의 '중앙에서 발표된 상세한 규제'의 역할을 강조했다. '그들은 공공 행정처럼 체계화되었을 뿐만 아니라 모든 행동이 전문화되고 규칙화되었다. 1910년에 지멘스와 할스케는 작업 현장을 개정하는데, 공장 작업의 계획 및 관리는 현장에서의 작업과 완전히 분리된 새로운 기획실에서 진행되었다. 이로 인해 생산과 작업이 점점 더 표준화되었다. 생산 과정을 합리화하기 위해 전례 없는 정도의 다양한 색상의 양식과 카드를 사용하는 서면 처방 및 제어 시스템이 도입되었다. 그리고 다른 독일의 대기업처럼 지멘스 역시 제1차 세계대전 직전에 산업조직에 대한 미국의 경영관리법이 독일에 전파되는 동안 '테일러리즘'이라는 단어는 직접적으로 사용하지 않는 대신 이와 유사한 경영이념을 도입하게 된다'(Kocka 1994: 9; Homburg 1978).

라 식민주의에 반대하면서도 자유무역을 지지하는 사람들도 이런 격차가 쉽게 극복될 것이라고는 생각하지 않았다. 예를 들어, 19세기 중반 영국의 자유무역 사상을 이끌었던 리처드 콥덴(Richard Cobden)은 1830년대 산업화를 시도한 이집트에 대해 다음과 같이 말했다. '이 모든 쓰레기들은 우리에게 팔릴 최고의 원면과 함께 계속될 것이다. 이 모든 것은 장난이 아니다. 왜냐하면 그런 제조업자들에게 들어가는 바로 그 손은 토양 경작에서 분리될 것이기 때문이다.'

■표 7.6 세계 제조 생산량의 상대적 점유율, 1880－1938년(%)

국가	1880	1900	1913	1928	1938
영국	22.9	18.5	13.6	9.9	10.7
미국	14.7	23.6	32.0	39.3	31.4
독일	8.5	13.2	14.8	11.6	12.7
프랑스	7.8	6.8	6.1	6.0	4.4
러시아	7.6	8.8	8.2	5.3	9.0
오스트리아-헝가리	4.4	4.7	4.4	-	-
이탈리아	2.5	2.4	2.4	2.7	2.8

출처: Bairoch(1982: 296); Kennedy(1988: 259).

홉스봄(Hobsbawm)은 1839-41년 이집트의 강제적인 자유무역에 대한 내용을 담은 몰리(Morley)의 콥덴(Cobden) 전기에서 다음과 같은 구절을 인용했다.

19세기에 처음도 마지막도 아니었지만 전 세계 산업 분야의 우월한 경쟁을 위해 서부의 전함(gunboat)이 국가 간 무역을 열었다. 리처드 콥덴(Richard Cobden)은 50년 전에도 세기 말 영국 보호령 시대의 이집트를 보면서 경제적 낙후를 벗어나기 위해 현대적인 방법을 모색한 최초의 비백인 국가로 인지할 수 있었을까? 결론적으로 그 당시 선진국과 후진국 사이의 격차는 가장 뚜렷하고 지속적으로 나타났다(Hobsbawm 1977: 221).

식민지 또는 독립국가의 여부와 관계없이 아프리카, 아시아, 라틴 아메리카의 여러 국가들이 선진국에 비해 크게 뒤처진 가운데, 유럽의 일부 국가들은 서서히 속도를 내기 시작했다. 이는 전반적으로 산업화 내에 새로운 기술의 중요성을 깨닫고 필요한 기술과 자본을 얻기 위해 노력하는 국가들이었다(Berg and Bruland 1998). '추격'은 시장에 대한 자발적인 대응보다는 점차 국가에 의한 조직적 절차를 밟아 나갔다. 이는 오스트리아-프로이센 전쟁(1866)과 프랑스-프로이센 전쟁(1870)에서 승리한 프로이센 이후 시대의 독일 제국에서 확연하게 찾아볼 수 있었다.

프리드리히 리스트(Friedrich List)가 〈정치경제학의 민족적 체계(National System of Political Economy)〉를 집필할 당시 그는 19세기 중반 기술, 생산, 수출, 투자 등의 분야를 모두 이끌었던 영국을 독일이 따라잡을 수 있을지 의문이었다. 그리고 이미 프로이센이 다른 지역들보다 우위에 있었기는 하나 독일의 여러 지역을 단일화해야 하는 문제도 있었다. 그럼에도 불구하고 1913년이 되어서 독일은 여러 분야에서 영국과의 격차를 줄여나갔고, 상업 및 해군 분야도 크게 성장하게 된다. 그리고 미국의 경우 생산과 1인당 국민 소득 측면에서 영국을 추월했다. 따라서 세 번째 파동은 제1차 세계대전이 있기 전까지 글로벌 경제력 및 시장 점유율에 대한 격렬했던 변화와 세계적인 경쟁 구도를 잘 보여주고 있다. 그 이전에도 영국의 하락세가 발견되기도 하였지만 대부분의 역사학자들은 독일과 미국의 '추격' 과정을 19세기 말 세계 경제성장기의 주요 특성으로 보고 있다.

랜즈(Landes 1969: 187)는 세기 중반 유럽 대륙은 '산업발전에 있어 영국보다 한 시대 정도 뒤처져 있다'면서도 선두주자와 추격자 간의 격차를 줄이는 게 그리 늦지 않았다고 말했다. 즉, 자기강화적 빈곤이 상승하지 않는다면 후발자가 더 유리할 수도 있다는 의미인데, 따라 잡으려는 노력이 기업가적 혹은 제도적 반응을 불러 일으키기 때문이다. 베른하르트 폰 뷜로(Prince von Bülow) 역시 같은 요점을 강조했다.

그렇지만 '추격'은 단지 정해진 길을 따라가는 기술궤도 설립의 연속이 아닌 새로운 방향으로의 도전과 패러다임의 변화를 의미한다(Perez and Soete 1988). 그 시대를 분석한 루이스(W. E. Lewis)는 국가뿐만 아니라 분야 또는 기술의 변화에 대해 다음과 같이 설명했다.

생산성에 관해 얘기할 때 우리는 석탄, 선철, 섬유, 증기력을 포함하는 산업혁명의 과거 산업시대와 1880년 이후 전기, 강철, 유기 화학, 내연 기관을 포함하는 신규 산업시대를 구분할 필요가 있다.
1880년 전후 과거 산업시대에는 영국의 생산성이 독일보다 훨씬 높았다. 따라서, 독일의 생산성이 더 꾸준하게 상승할 수는 있었다. 반대로 영국은 과거 기술을 최대한 확장하는 노력을 하였는데, 면직물 산업이나 코크스를 활용해 선철을 만드는 작업에 의한 생산이 1880년대까지 이어졌다. 그럼에도 불구하고 독일의 생산성은 여전히 뒤처졌으며 1913년이 되어서도 영국을 완벽하게 따라잡지는 못하였다(Lewis 1978: 121).

전기 산업의 경우 여러 최초의 발명과 혁신이 영국에서 시작되었음에도 불구하고 독일기업들이 영국을 앞서 나갔다. 18세기와 19세기 동안 전기 산업 발달에 이바지한 과학자들은 덴마크, 스웨덴, 벨기에, 네덜란드, 오스트리아, 헝가리, 크로아티아, 세르비아를 비롯한 모든 유럽 국가들에서 나왔다. 그중에서도 패러데이(Faraday), 스완(Swan), 홈즈(Holmes), 맥스웰(Maxwell), 휘트스톤(Wheatstone), 플레밍(Fleming)의 발명품이 가장 중요한 역할을 했다는 데에는 논란의 여지가 없다. 흥미로운 점은 그들이 과학적인 이론뿐만 아니라 매우 현실적인 발명이나 혁신을 만들어냈다는 것이다(예: 휘트스톤의 전신기, 다이너모, 자동기계 작동을 위한 천공된 종이의 사용; 홈즈의 마그네토와 등대 조명; 파슨스의 증기 터빈, 스완의 탄소 필라멘트 램프와 뉴캐슬 공장; 플레밍의 열이온관). 증기력의 사례를 감안한다면 영국이 만연하는 신기술을 선도하는 데 있어 자리를 잘 잡았다고 생각할 수도 있다. 그러나 그렇게 되지 못한 데에는 제도적 요인이나 사회적 체계의 관성 또는 경직성이라는 이유가 있었다.

레슬리 해나(Leslie Hannah)는 런던 정경대학교(London School of Economics)의 취임식에서 다음과 같이 말했다.

1914년 독일 전기 산업의 최대 기업인 지멘스-슈커베르트(Siemens-Schuchertwerke)는 약 8만 명을 고용했으며, AEG(Allgemeine Elektrizitats Gesellschaft) 역시 크게 뒤처지지 않았다. 반면에 그 당시 영국에서는 1만 명 이상 고용한 전기회사가 없었다. 그뿐만 아니라 이런 회사들 역시 새로운 기회를 찾는 영국 고유의 기업이 아니었다. 영국에서 규모가 가장 큰 전기회사 중에서 웨스팅하우스(Westinghouse)와 톰슨-휴스턴(British Thomson-Houston)은 각각 미국의 다국적 기업인 웨스팅하우스(Westinghouse)와 GE의 자회사였고, 지멘스 브라더스(Siemens Brothers) 역시 독일 지멘스 사의 하위 그룹이었다. 4대 기업 중에는 유일하게 GEC(미국의 GE와는 관계없음)만이 영국인에 의해 처음으로 운영되었다. 영국에서 명성을 떨친 선전가이자 조 챔벌레인(Joe Chamberlain)의 보수적 지지자, 상원(House of Lords) 의원이기도 한 허스트 경(Lord Hirst of Witton)은 영국인처럼 보이기는 하나 실은 프로이센 군국주의의 유대인 망명자로서 히르슈 지방에서 자랐으며, 1880년 16세의 나이로 영국으로 온 뒤에 영국인으로 귀화했다(Hannah 1983: 27).

이 모든 내용들이 슘페터가 주장하는 것처럼 독일이나 미국에 비해 뒤처진 영국의 기업가정신을 충분히 증명하고 있다. 그렇지만 이러한 결과는 세 국가의 사회적, 정치적, 문화적, 제도적 변화와 같이 좀 더 큰 관점에서 살펴볼 필요가 있다. 예를 들어, 영국의 교육체계는 신규 산업에서 필요한 관리 및 기술적 발달을 위한 인원을 충분히 공급해주지 못하였다. 그리고 1880-90년대 영국의 금융 기관(또는 기업가)은 단기간에 높은 수익을 내기 위해 영국(Britain) 이외의 지역, 특히 대영제국(the Empire) 지역에 여러 형태의 투자를 감행하였다.13) 그 밖에도 여러 제도적 요인들이 영국에서의 부정적인 결과를 초래했다.

영국의 전문 기술자 공급 부족 현상과 상대적으로 작은 기업 규모는 미국에는 이미 있었던 경영관리의 전문화를 확연하게 지연시켰다. 그리고 독일과 이후에 일본에서도 관리 방법의 중요한 특성으로 여긴 엔지니어링 관리(engineering management) 문화의 발달을 방해했다. 하도급제와 수공 기술자에 대한 책임 위임은 오랫동안 영국 산업의 특성으로 자리 잡았다(Lazonick 1986/1990). 테일러리즘은 전쟁 사이의 기간에만 영국과 프랑스에 큰 영향을 미쳤는데, 관리 및 조직적 혁신의 확산 지연은 19세기 말을 장식한 기술경제 리더십 변화의 주요 특징이었다.

독일과 미국은 시장에 진입하는 기술자들의 양과 질을 모두 향상시키기 위해 고학력의 새로운 기관, 즉 공과대학(독일은 the Technische Hochschulen, 미국은 Institutes of Technology)들을 1870년대, 1880년대, 그리고 1890년대에 걸쳐 세웠다. 또한 보다 큰 규모의 신기술 발달에 재원을 마련할 수 있도록 이 두 나라의 금융기관은 구조와 정책을 조정하였다. 그 결과, 7.5절에서 본 것처럼 독일과 미국에서는 강철 및 전기 산업에서 엄청난 규모의 기업들이 생겨났으며, 이러한 기업들은 새로운 경영체계 또는 기업가정신의 형태로 자리 잡게 된다. 독일과 미국(비록 형태에는 차이가 있지만)의 특성이기도 한 경영의 '전문화'는 나중이 되어서야 영국 기업에서 높은 위치에 있는 사람들에 의해 인식되었다. 특히 독일에서는 확실하게 인정받은 기술자들(그리고 화학 산업에서의 화학자들)이 관리 문화를 장악하고, 독일 선두 산업분야의 실질적 현상이라고 할 수 있는 '기술을 통한 진보(Fortschritt durch Technik)'를 만든 장기간의 생산적 발달과 투자전략에 영향을 미쳤다.

오히려 더 중요했던 사실은 영국이 중하위급 기술자들을 대상으로 한 체계적인 교육이나 훈련 체계를 성공적으로 발달시키지 못했다는 것이다. 영국 전통의 단기간(part-time)의 직업 훈련이나 교육은 산업혁명 초창기 단계에 사용했던 기술에 적합할지는 몰라도 새로운 기술이나 능력을 필요로 하는 시대에는 절대

---

13) 역자주: 여기서 영국은 Britain으로 잉글랜드, 웨일즈, 스코틀랜드를 포함한 지역이다. 브리튼 섬에 있는 영국이라고 보면 된다. 반면 제국 the Empire는 이 브리튼 섬 바깥에 있는 대영제국의 영토, 즉 식민지 지역이라고 볼 수 있다.

적으로 맞지 않았다. 이 부분이 영국과 다른 여러 유럽 국가와의 가장 큰 차이점이라고 할 수 있다. 교육자, 기업가 또는 공식적인 정부의 문의 및 의뢰에 의한 경고가 이어졌는데(Barnett 1986), 효과적인 조치를 취하지 못한 것은 사회 정치적 선택과 우선순위 결정, 영국 기관의 무기력함 때문이었다. 매클라우드(R. M. Macleod 1977)는 19세기 영국의 교육개혁 실패에 대한 내용을 정확하게 설명하였다.

전기 및 중공업의 시대에 접어들면서 엄청난 규모의 투자가 필요했는데, 국가 간 자본형성을 비교해보니, 독일, 미국, 그리고 1880년대 이후 '신규 산업국'으로 분류되는 이탈리아, 스웨덴과 같은 국가에서 영국에 비해 훨씬 큰 비중의 국민 생산이 투자로 이어졌다.

■표 7.7 국민 생산 대비한 자본형성 비중(%)

	영국[i]	미국[ii]	독일[iii]	이탈리아[iv]	스웨덴[v]
1825-1836	3.8[a]				
1836-1845	5.4				
1845-1857	7.0		8.9[b]		
1857-1866	7.1		10.8	9.1[c]	
1866-1873	6.8		12.8[d]	8.9	
1873-1883	7.8		11.1[e]	8.4[f]	10.8[g]
1883-1890	5.5	22.0[h]	11.5[i]	10.8[i]	9.1[j]
1890-1903	7.7	17.9[k]	12.9	9.3	12.0[l]
1903-1913	6.5	17.2	15.3	14.8	12.1
1913-1920	4.4	11.6		5.9	12.1
1920-1929	8.4	14.6	11.9[m]	15.2	13.0
1929-1937	9.1	6.1	5.3	15.5	15.1
1937-1948	7.1	7.7		15.3	18.8
1948-1957	14.0	16.3	14.7[n]	18.0	21.4
1957-1966	16.8	15.3	19.6	19.5	23.8
1966-1973	18.5	15.5	17.2	18.2	23.3
1973-1979	18.4	15.1	12.3		21.4
1845-1873	7.0		10.7[o]	9.0[p]	
1973-1890	6.8		11.3[q]	9.6	9.9[r]
1890-1913	7.2	17.5[s]	13.9	11.7	12.1[t]
1920-1929	8.4	14.6	11.9[m]	15.2	13.0
1929-1948	7.9	7.0		15.3	17.3
1948-1973	16.3	15.7	17.4[u]	18.6	22.8

비중(%)은 연간 산술평균 비율임.
i: 주식을 제외한 총자본형성, GNP 대비 %
ii: 주식을 제외한 총 민간 국내 투자, GNP 대비 %
iii: 주식을 포함한 순자본형성, NNP 대비 %
iv: 주식을 포함한 총자본형성, GNP 대비 %

제2부 산업혁명과 그 이후의 역사

v: 주식을 제외한 총자본형성, GDP 대비 %
[a]1830-6 [b]1850-7 [c]1861-1 [d]1866-72 [e]1872-82 [f]1873-82 [g]1870-81 [h]1890-5
[i]1882-90 [j]1881-94 [k]1895-1903 [l]1894-1903 [m]1925-9 [n]1950-7 [o]1850-72 [p]1861-73
[q]1872-90 [r]1870-94 [s]1895-1913 [t]1894-1913 [u]1950-73.
출처: 미국: 1890-1948년 기간 Kendrick(1961); 1948-1979년 기간 대통령의 경제 리포트
(Economic Report of the President, 1980); 그 외 국가: Mitchell(1981); van Duijn(1983: 159).

〈표 7.8〉에 의하면 1905-1914년 사이 영국의 해외 투자 비중이 순자본형성의
50% 이상을 차지한다. 새로운 기술 확산과 생산 규모를 늘리기 위해 영국 내 경
제에 충분하게 투자하지 못한 것이 독일이나 미국에 따라잡혔던 큰 원인이라고
할 수 있다. 강철이나 화학과 같은 산업이 성장한 것처럼 전기 산업 역시 엄청난
규모의 경제로 자리 잡았기 때문에 영국은 더욱 뒤처질 수밖에 없었다. 세계적
인 네트워크를 지닌 광산(RTZ), 농장, 석유 추출 및 정제(Shell), 담배 산업이나
보험과 같은 서비스 분야만이 세계 시장에서 상대적으로 선방하면서 자리를 유
지했다(Hannah 1997).

▌표 7.8 독일과 영국의 순자본형성 대비 해외 투자 비중(%) (시가)

독일		영국	
1851/5-1861/5	2.2	1855-64	29.1
1861/5-1871/5	12.9	1865-74	40.1
1871/5-1881/5	14.1	1875-84	28.9
1881/5-1891/5	19.9	1885-94	51.2
1891/5-1901/5	9.7	1895-1904	20.7
1901/5-1911/13	5.7	1905-14	52.9

출처: Lewis(1978).

영국 기업들이 해외 투자를 통해 더 높은 수익을 노린다는 내용은 이미 홉슨
(Hobson 1902)과 레닌(Lenin 1915)의 〈제국주의론(Imperialism)〉에 서술되어 있다.
영국은 식민지 점령으로 '철도화' 또는 원자재를 공급하는 농장이나 채굴작업에
서의 여러 인프라 투자를 통해 수익을 얻을 수 있는 기회가 생겼다. 시장 관점에
서도 영국은 확실하고 상대적으로 안전한 운송, 유통, 자금, 소통의 채널을 제공
할 수 있게 되었다. 그러나 독일과 미국의 금융기관이 자국 내 산업의 필요 자본
량을 엄청나게 빠른 속도로 확장한데 반해 영국은 그렇지 못하였다. 그 기간에

런던의 금융기관들은 제조업 대신 경제적 정책 입안에서의 자금 조달과 해외 포트폴리오 투자를 강력하게 주장하고 나섰다. 홉슨(Hobson)과 홉스봄(Hobsbawm 1968)이 설명하는 영국의 사회 및 문화적 변화에 의하면 산업과 기술체계의 혁신을 지휘하는 여러 형태의 제도적 변화에 대한 추동력이 크게 상실되었다.

1870-1880년대 경기침체 이후 영국경제가 독일이나 미국의 성장 속도를 따라가지 못한 사건은 장기간의 세계 경제의 흐름에 대한 가설이 틀렸음을 입증하는 증거이다. 거시경제학적 측면에서 사실상 영국에서는 세 번째 파동이 상승한 결과는 거의 없었다(〈표 7.9〉). 슘페터(Schumpeter 1939: 430)는 다른 나라에서는 볼 수 없을 정도로 런던 금융시장이 해외 또는 식민지 점령국에 대해서만 집중되어 있고, 자국 내 근본적인 기업가적 행위가 미국이나 독일에 비해 뒤처지는 현상을 보면서 영국에서 '전기는 모든 당사자들과 정부의 이니셔티브 및 공공사업계획이 분명한 메리트를 인지하였음에도 민간기업들의 성과가 초대할 만큼 적절치 않았던 몇 안되는 사례 중 하나'라고 언급하였다(p.432). 그럼에도 불구하고 독일, 미국, 영국을 비교한 그의 결론은 다음과 같다. '자국 내 산업 발전이 뒤처짐에 따라 1897-1913년 기간 영국의 경제사 사례(그 시대에 우리가 고려한 유일한 사례)는 우리의 모형에 의해 서술될 수 없다는 사실을 보여주기에 충분하다'(p.435).

■ 표 7.9   장기 파동의 상승기와 하락기 성장률과 산업 생산, 미국과 유럽

	영국		미국		독일[a]	
두 번째 파동						
상승기	1845-1873	3.0	(1864-1873	6.2)	(1850-1872	4.3)
하락기	1873-1890	1.7	1873-1895	4.7	1872-1890	2.9
세 번째 파동						
상승기	1890-1913	2.0	1895-1913	5.3	1890-1913	4.1
하락기	1920-1929	2.8	1920-1929	4.8	1920-1929	–
	1929-1948	2.1	1929-1948	3.1	1929-1948	–
네 번째 파동						
상승기	1948-1973	3.2	1948-1973	4.7	1948-1973	9.1
	프랑스		이탈리아		스웨덴	
두 번째 파동						
상승기	1847-1872	1.7				
하락기	1872-1890	1.3	1873-1890	0.9	1870-1894	3.1
세 번째 파동						
상승기	1890-1913	2.5	1890-1913	3.0	1894-1913	3.5
하락기	1920-1929	8.1	1920-1929	4.8	1920-1929	4.6
	1929-1948	-0.9	1929-1948	0.5	1929-1948	4.4
네 번째 파동						
상승기	1948-1973	6.1	1948-1973	7.9	1948-1973	4.7

[a] 1948-73: 서독

출처: 영국: 두 번째 파동(GB 자료)—W. G. Hoffmann(1955); 세 번째와 네 번째 파동 —Feinstein(1976); 독일, 프랑스, 이탈리아, 스웨덴: R. B. Mitchell(1981); Van Duijn(1983: 156).

지금까지 '우리 연구'에 부합하지 않는 '영국 사례'를 통해 볼 때, 제1부의 결론에서 설명한 대로 우리 연구의 타당성을 가장 강력하게 입증한 것은 바로 영국 사례였다. 우리는 기술 및 경제 분야를 비롯해 정치와 문화 하위체계에서의 반자발적(semi-autonomous) 발달을 강조했다. 반면에 슘페터(Schumpeter)는 제도적 문제나 영국에서의 새로운 기술체계 성장을 지연시키고 방해한 부정적인 요인들을 언급하기는 하지만 주로 '기업가정신 활동'에서의 문제점을 크게 비판했다. 그의 모형은 기업가정신 또는 경제 내 기술적 변화를 제한하거나 자극하는 제도 및 사회적 프레임워크의 중요성을 충분히 반영하지 못했고, 그 결과 영국 사례를 예외적으로 분류할 수밖에 없었다. 하지만 제1부 결론과 제2부 서론에서 보여준 우리의 모형에 의하면 이와 같은 영국의 '예외적인 사례'가 정확하게 '원

칙을 증명했다'라고 할 수 있다.

1914년 이전에 독일이 엄청난 성장으로 영국경제를 따라잡았을 당시에도 독일과 영국 모두 미국에 비해 상대적인 경기 침체를 경험하였다. 폰 뷜로(von Bülow 1914)가 작성한 독일 제국(Imperial Germany)에 의하면 영국의 식민지화와 세계적인 원자재 원천 및 시장으로의 네트워크로 인해 독일경제를 이끈 주요 산업이 타격을 입었다. 그리고 전 세계적으로 수출 경쟁이 심화는 1914년 이전 국제관계 긴장과 영국-독일 간 해군 군비경쟁으로 이어졌다.

폰 뷜로(von Bülow 1914)는 '충분한 함대를 만드는 작업이 비스마르크(Bismarck)가 물러난 후 독일의 정책 중 최우선적이고 가장 중대한 책무였다. 그 책무는 1897년 6월 28일 독일 황제로부터 외교 관계의 지휘를 일임 받았을 때, 나 역시 즉각 맞닥뜨렸던 것이다'라고 회상했다. 그는 해군 무기 생산이 독일의 성공적인 산업화 이후 상업적 경쟁과 직접적인 관계가 있다고 굳게 믿었다.

오늘날 독일 산업은 지구 반대편에도 고객이 있을 정도다. 독일 상선의 깃발이 해외 부두에서 보이는 것은 일상이 되었고 이런 상선들은 독일 해군에 의해 보호받고 있다(p.206).

그는 또한 독일의 성공적인 경제성장으로 인해 내외부적 압박이 생겼다는 사실을 잘 알고 있었다.

불과 반세기 전만 해도 따로 떨어져 있던 나라를 아주 짧은 시간 안에 경제적 발달로 인해 다른 나라들을 따라잡은 사실을 비추어 볼 때 우리는 독일의 엄청난 산업 성장에 대해 자랑스러워할 필요가 있으며, 국가에 대한 애국심 또한 증명되었다. 이와 같은 성공은 건강하고 강력한 의지와 큰 야망을 통한 국가의 생동감 넘치는 활력으로 인해 가능했다. 그러나 우리는 엄청난 속도의 산업 성장이 때때로 잔잔한 고유의 발달을 저해하고 조정이 필요한 불협화음을 일으켰다는 점을 잊어서는 안 될 것이다.

지금은 놀랍게 들릴지 모르겠지만, 영국 정부 상위층에서 독일 해군의 위협을 너무 심각하게 받아들였기 때문에 맹아기 독일 함대를 제거하기 위한 선제공격이 크게 고려되었다. 제1차 세계대전에서의 패배와 전쟁 직후 보상 기간으로 인해 독일은 경제 추격(catch-up)에 큰 타격을 입었고, 이 기간에 미국경제는 유럽의 경쟁국들에 비해 크게 성장하였다. 다음 장에서는 이로 인한 1920년대의 미국과 유럽의 격렬했던 대립과정과 1920-1930년대 전 세계적인 구조적 조정 위기에 대해 다루고자 한다.

제4차 콘드라티예프 파동:
대공황과 석유, 자동차, 동력화, 대량 생산의 시대

8.1 제3차에서 제4차 파동으로

앞선 장들에서는 왜 우리가 GDP 성장 속도의 변화에 기반한 일반적인 경제 계량학적 관점을 받아들이지 않는가에 대해 설명하였다. 장기 파동에서의 '하락 구간(downswing)'은 총생산에 대한 성장이 단지 둔화한다고 보기보다는 다음과 같이 이해할 수 있다. 이는 급속한 신기술 발달에 의한 구조적 조정 기간일 수도 있다. 급격하게 성장하는 신산업과 침체되고 둔화된 과거 산업 간의 차이로 인해 '하락 구간'이 발생한 것이지 절대 산업 전체의 전반적인 문제는 아닐 것이다.

제5장 마지막 부분에 우리는 나폴레옹 전쟁과 이전의 산업혁명 고조 이후의 격동기에 대해 알아보았다. 영국의 총생산은 1820-1840년대에 걸쳐 지속적으로 늘었으나 수동 방적 등 과거 산업의 하락과 철도나 증기기관 등 신규 산업이 '버블' 현상처럼 급격히 성장한 전반적인 구조적 변화가 있던 시기였다. 이러한 변화로 인해 일부 지역에서는 실업률이 크게 상승했고 그 결과, 제도적 문제에 대한 정치적 또는 사회적 갈등이 크게 심화되었다.

제6장에서 우리는 자유 무역과 자유방임주의 사회 및 산업 정책의 새로운 틀로 인해 새로운 철도 인프라, 증기선, 그리고 증기력을 이용한 여러 산업의 기계화를 기반으로 번창하고 더 고른 성장이 뒤따른다는 것을 보여 주려고 노력했다. 그러나 그 장의 마지막 부분에서 보여 주듯이 빅토리아 중반 번영의 시기는 영국뿐만 아니라 새로 산업화된 국가들, 특히 독일과 미국에서도 구조적 조정 위기로 끝이 났다. 격동의 정치적 및 제도적 변화는 보호주의, 민족주의, 제국주

의뿐만 아니라 정당, 새로운 노조, 파업에 대한 결과물이었다.

제7장에서 우리는 전기화와 같은 신기술과 강철 및 합금과 같은 주요 핵심 요소들이 1890-1914년 기간 세계 경제를 지배하기 전까지의 과정을 추적하였다. 세 번째 파동의 상승 국면은 다시 한 번 1920년대와 1930년대의 하강 국면에서 구조적 조정위기로 이어졌다. 그러나 몇 가지 이유로 인해 우리는 제7장의 마지막 부분이 아닌 본 제8장의 처음 부분에서 이러한 하락세와 그에 따른 위기를 다룬다.

우선 '대공황'으로도 잘 알려진 구조적 조정 위기의 마지막 단계는 이전의 그 어떤 위기보다 크고 심각한 사회적 결과를 가져왔다. 그리고 이 위기는 이전 과는 견줄 수 없는 큰 규모와 강도로 벌어졌던 제1차 세계대전 이후에 찾아왔다 (이런 이유로 이 사건을 20세기의 랜드마크로 여기는 것이 비참할 수도 있지만, '대전(Great War)'으로 알려져 있다). 대공황은 더욱 피해를 많이 줬던 제2차 세계대전으로 이어졌다. 이는 실로 홉스봄(Hobsbawm 1994)이 지칭한 바와 같은 '극단주의 시대(The Age of Extremes)'로, 그리고 완전히 다른 유형의 경제를 구축하려는 1917년 러시아 혁명과 1920-1930년대 5개년 계획 등이 이어졌다. 따라서 정치적, 사회적 변화에 있어서 특별했던 시기라고 할 수 있다.

이러한 국제 갈등과 날카로운 정치적 투쟁은 석유, 항공기, 탱크, 자동차, 소비자 내구재를 기반으로 한 새로운 기술 집합의 부상과 밀접한 관련이 있었다. 따라서 우리는 세계 경제의 매우 고르지 못했던 발전의 결과이자 일부 이유이기도 한 세 번째 파동의 하락기와 함께 새로운 파동의 등장에 대한 설명을 시작하기로 결정했다(8.2절). 이와 같은 불균형은 제1차 세계대전의 소모적인 전투에 이어 1920년대 보상을 둘러싼 갈등이 지속됨에 따라 악화되었다. 케인즈(Keynes 1920)가 매우 정확하게 예측했듯이 독일에게 요구된 보상금은 엄청난 국제적 불안감과 독일의 보복 정책, 1939년 발발한 새로운 전쟁을 초래할 정도로 국제적인 부채의 무거운 부담을 야기했다(8.3절). 다른 정치적, 사회적 요인도 이 결과에 영향을 미친 것은 사실이지만 이런 경제적 혼란은 확실한 핵심 요인이었다.

미국 자동차 산업의 급속한 성장은 세계 경제의 고르지 않은 발전과 자국 내 구조적 문제를 더욱 악화시켰다. 8.4-8.8절은 자동차 및 대량 생산(8.4절), 핵심 인풋 요소로서의 석유(8.5절), 새로운 교통 인프라로서의 고속도로 네트워크를 기반으로 한 새로운 조류의 등장에 대해 알아본다. 8.6절은 자동차와 석유가 다른 산업에 미치는 영향을 고려하고, 8.7절과 8.8절은 제2차 세계대전 이후 번영한 장기 성장 기간 동안의 대량소비 패러다임과 대중문화 발전에 대해 설명한다. 8.9절은 제2차 세계대전에서 연합군 승리와 냉전 발발의 결과로 등장한 새로운 규제체제를 간략하게 설명한다. 이는 군사와 복지 분야 모두에서 국가의 조정에 더 큰 역할을 부여하였다. 마지막으로 8.10절은 1970-1990년대까지의 새로운 구조적 조정 위기에 대한 설명과 함께 전체적인 흐름을 묘사한다.

8.2 미국에서의 대공황

경제학자들은 초기 콘드라티예프 파동의 GDP 성장률의 일부 변동에 대해서는 의견이 다를 수도 있지만 세 번째 파동의 하락이나(1918-40년경) 제2차 세계대전 이후의 호황, 그리고 1970-1990년대까지 이어진 하락에 대해서는 거의 이견이 없었다. 주로 의견이 불일치하는 지점은 1930년대 대공황의 성장률 하락과 이러한 하락을 동반한 극심한 실업이 아니라 대공황의 원인들이다. 그리고 우리가 강조하는 것은 신규 산업의 급격한 성장으로 인한 불안정성, 이러한 성장에 수반하는 행복감, 그리고 보상, 무기, 무역을 둘러싼 국제적 갈등으로 악화되는 세계 경제의 불균형한 발전 등이다. 대안적 설명에 대한 검토에서 알드크로프트(Aldcroft 1977)는 수많은 가능성을 구별하지만 두 가지 유형의 설명, 즉 '화폐'와 '현실'에 중점을 두고 있다. 밀턴 프리드먼(Milton Friedman)은 거의 전적으로 통화 정책의 실패에 근거한 설명으로 유명하지만(Friedman and Schwartz 1963) 이는 다른 많은 경제학자들에 의해 논쟁의 대상이 되었다. 가장 최근에 크리스토퍼 다우(Christopher Dow 1998)는 1920-1995년까지의 주요 불황을 다룬 저서에서 프리드먼-슈워츠의 이론을 상세하게 비판했다(Dow 1998: 제6장 및 부록). 알드크로프트(Aldcroft) 역시 1929년 전환점에 대한 '현실'적인 설명을 선호하면서, 1920년대 미국 호황기의 투자기회 고갈을 강조한 T. 윌슨(T. Wilson 1948), R. A. 고든(R. A. Gordon 1951), 한센(Hansen 1951), 로스토(Rostow 1971)의 의견을 언급하였다. 그러나 그는 우리처럼 경기침체의 연장에 있어 통화적 요인의 중요성을 인정하였다(Aldcroft 1977: 282).

1920년대 후반 미국경제에 대한 일반적인 견해는 매우 낙관적이었다. 최근 경제 변화에 관한 전미경제연구소(National Bureau of Economic Research: NBER)의 보고서(Hoover Report)는 '이 나라가 대기업체의 거대한 발전이 새로운 수준으로 치닫도록 주도해 온 전례 없는 동력의 활용과 자동차와 트랙터에 의한 동력의 광범위한 분산'에 대해 '그것은 일부에서 생각하는 것처럼 새로운 형태의 사회적 조직을 만들지도 모른다'라고 언급하였다(Hoover Report 1929: 6-7).

'신경제'에 대한 행복한 생각은 기술혁명과 함께 다시 태어나는 것처럼 보였다. 학계 경제학자들은 주식이 과대평가되지 않았다고 주장했고, 미국 최고의 경제학자로 꼽히는 어빙 피셔(Irving Fisher)조차도 주식이 '영원하게 안정적'일 것이라고 언급했다(Galbraith 1954: 95). 그러나 그의 생애 말기에 피셔(Fisher)는 경기 순환의 통화이론에서 벗어나 1932년 이코노메트리카(Econometrica)의 Vol. 1에 요약된 고유의 침체이론을 전개했다. 이 이론에서 부채로 자금을 조달한 슘페터적 혁신은 붐을 일으켰고, 이는 경기후퇴(recession)로 이어졌는데, 이는 실질적 부채 부담과 디플레이션 사이의 불안정한 상호작용으로 인한 불황으로 변할 수 있는 것이다. 우리는 기술적 및 구조적 변화에 초점을 맞춰 해석을 이어가기로 한다.

이 장에서는 미국이 제1차 세계대전 이후에도 계속해서 세계 경제의 주요 강국이었기 때문에 미국경제의 구조적 변화에 중점을 두기로 한다. 1914년 미국 제조업은 세계 제조업 생산량의 56%, 독일은 16%, 영국은 14%를 차지했다. 이 격차는 1918년에 훨씬 더 벌어졌는데, 미국은 세 번째에서와 마찬가지로 네 번째 파동을 지배한 이들 혁신에 있어서 기술적 선두주자였다. 내연기관 상당수의 원 발명지가 19세기 말 이전의 유럽이었음에도 불구하고 제1차 세계대전 이전에 대량 생산이 시작된 미국 자동차 산업은 1920년대 시장을 완벽히 장악하면서 캐나다와 함께 전 세계 트럭, 자동차, 트랙터의 90%에 가까운 생산량을 기록했다([그림 8.1]).

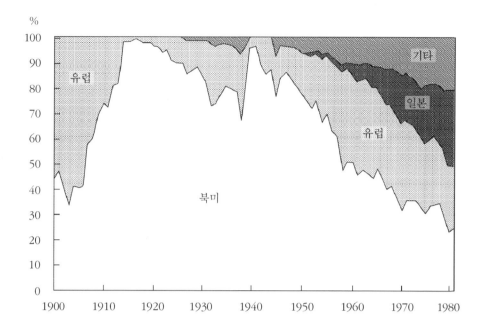

□ 그림 8.1 지역별 자동차류 생산 비중, 1900 - 1980년

출처: Alshuler 등(1955).

대부분의 경제학자들은 미국경제의 내부적 요인이 경기 침체에 가장 큰 영향을 미쳤다고 말하지만 일부는 미국이 채무국에서 주요 채권국으로 전환한 것 등의 국제적 요인이 동등하게 중요했다고 지적했다. 특히 채무국으로서의 독일 문제와 유럽 및 기타 지역에 대한 미국의 대출 감축이 1930년대 불안정의 주요 원인으로 여겨져 왔다(예: Landes 1969). 따라서 우리는 미국뿐만 아니라 독일에도 큰 관심을 기울이기로 한다(8.3절). 세계 경제에서 영국의 역할은 크게 줄어들었지만 당시 '영국 제국'에서 보호주의(protectionism)를 채택한 것은 1930년대에도 여전히 주목할 만한 사건이었다.

다우(Dow 1998: 171)는 1929년 경기 침체를 불러온 사건들과 미국에서 역사상 가장 심각하고 장기적인 경기 침체를 초래한 사건들을 구분하였다. 첫 번째 분류에서 그는 1929년에 '인지할 수 있는 외생적 충동'을 가한 5가지 요인을 정리하였다.

1. 월스트리트 폭락
2. 부동산시장 호황의 끝

3. 금리 상승

4. 주요 수출국의 수출 감소

5. 비교적 이르고 독립적이었던 독일 불경기의 시작

그러나 그는 이 5가지 각각의 영향이 상대적으로 적고, 심지어 다 합하더라도 '소비자 및 기업 신뢰도 변동'에 기인한 1930년도 침체의 정도를 설명할 수 없다고 생각했다. 그의 견해에 따르면 미국 불황을 연장시킨 주된 요인은 은행 시스템의 구조와 이로 인한 실패 때문이었다. 1920년대 호황기는 자동차 산업 자체보다는 자동차 산업 확장의 간접적 효과에 의해 더 많이 주도되었다.

특히 1926년까지 자동차 산업의 급속한 확장이 있었다. 자동차 생산에 대한 투자는 비록 급격히 증가했지만 도로, 서비스 및 보급 센터, 정유 시설, 그리고 새로운 도시와 교외 건물에 대한 투자보다는 훨씬 덜 중요했다. 이것은 어느 정도 일회성 자극이었고, 1921년 이후의 전력, 기타 공공 유틸리티, 전화 시스템에 대한 투자 호황기도 마찬가지였다(Dow 1998: 167).

갤브레이스(J. K. Galbraith)는 고전적이면서도 매우 흥미로운 저서 〈대폭락 (The Great Crash, 1954)〉을 통해 '1929년 여름 미국 주식시장의 극적인 역할'에 대해서는 의심할 여지가 없다고 주장하면서도(p.109) 1929년 10월 주식시장의 폭락이 대공황을 촉발시킨 중요한 역할을 했다고 말했다. 그는 이전의 금융 버블과 마찬가지로 호황기 마지막 단계에서 '초기 가격 상승 전망을 제외하고는 재산 소유는 모든 측면에서 무의미해진다'라는 점을 강조했다(p.46).

다우(Dow) 또한 1929년 미국 주식시장을 '버블 현상'으로 바라보았고, 미국 경제에서의 중요한 역할을 강조했다. 그러나 그는 1929년 사건들을 갤브레이스처럼 세세하게 다루지 않았으며, 그렇게 오랫동안 버블을 지탱한 금융 조작에 대해서도 논하지 않았다. 갤브레이스는 행복(euphoria)과 공황의 심리를 보다 생생하게 묘사했는데, 그와 다우 모두 이것이 대공황에서 매우 중요하다고 여겼으며 이는 대중적 이해와도 일치했다.

갤브레이스는 일반적인 견해와는 반대로 1920년대 소위 경제의 '펀더멘털 (fundamental)'은 '건전하지 않았다라고 강조했다. 생산과 고용이 증가한 것은 사실이었지만 소득 분배는 점점 불평등해졌고 농업(여전히 1920년대 전체 고용의 1/4 이상을 차지함) 분야는 매우 침체되었으며, 부동산 거품의 취약성은 이미

1925-6년에 알려졌다. 갤브레이스의 관점에 의하면 주식시장의 붕괴는 '1929년도 산업이 건전하지 않은 대신 매우 취약했기 때문에 엄청난 충격을 주었다. 특히, 월스트리트로부터 받은 타격에 취약했는데, 그러나 온실이 폭풍에 쓰러질 때 순전히 수동적인 역할 이상의 것은 보통 폭풍의 탓으로 여겨졌다. 1929년 10월 맨해튼에서 발생한 사건과 유사한 의미로 해석해야 할 것이다'(Galbraith 1954: 204).

1920년대 미국의 구조 조정 위기를 나타내는 한 가지 징후는 오래된 교통 인프라(철도) 또는 새로운 인프라(도로)가 플로리다 부동산 호황을 대처할 수 없었다는 것이다.

1925년 내내 힘들이지 않고 부를 추구하는 사람들이 플로리다로 내려오면서 그 숫자가 증가했다. 또한 매주 많은 토지 구획[1]이 진행되었는데, 대략 해변이라고 불리는 곳은 바다에서 5, 10마일 정도였다가 15마일 정도까지 되기도 하였다. 교외는 마을에서 놀라운 거리에 형성되었다. … 교통 혼잡이 너무 심해져서 1925년 가을에 철도업계는 구획 개발을 위한 건축자재를 포함한 덜 필수적인 화물에 대한 금수령을 선포할 수밖에 없었다. 그리고 그 가치는 놀라울 정도로 상승했다.(Galbraith 1954: 34)

1920년대 초반에도 미국 도시에서는 도로망의 부적절성에 대한 항의 시위가 벌어졌고, 나중에 총사령관이자 미국 대통령이 된 젊은 시절의 아이젠하워(Eisenhower)도 참여자 중 한 명이었다.

불안정성의 더 심각한 원인은 여러 산업, 특히 자동차 산업에서의 과잉 생산능력 때문이었다. 자동차 생산량은 1926년까지 4백만 대가 넘었고 경제는 이러한 증가 속도에 맞추는 데 문제가 있었다. 갤브레이스는 국내시장의 성장을 앞지르는 자동차와 기타 내구재 산업의 생산능력 상승 추세를 상당히 강조했다. 그의 견해에 따르면 시장의 한계와 과잉 생산능력은 소득의 불평등한 분배와 유럽 및 기타 지역의 미국 제품 수입 제한과 관련이 있었다(〈표 8.1〉).

---

1) 역자주: 즉 개발을 의미한다.

	미국	일본	프랑스	독일	이탈리아	영국
1913	45.0	n.d.	9-14	3	4-6	0
1924	25-50[a]	n.d.	45-180	13	6-11	33.3
1929	10.0[b]	50	45	20	6-11	33.3
1932	10.0	n.d.	45-70	25	18-123	33.3
1937	10.0	70[c]	47-74	40	101-11	33.3
1950	10.0	40	35	35	35	33.3
1960	8.5	35-40	30	13-16	31.5-40.5	30.0
1968	5.5	30	0/17.6	0/17.6	0/17.6	17.6
1973	3.0	6.4	0/10.9	0/10.9	0/10.9	10.9
1978	3.0	0	0/10.9	0/10.9	0/10.9	0/10.9
1983	2.8	0	0/10.5	0/10.5	0/10.5	0/10.5

관세에 대한 이 표의 범위는 차량 유형 혹은 외국 관세와의 상호성에 따라 변화한다. 예를 들어 1920년대 미국 관세는 25-50%였는데, 해당 범위 내에서 원산지의 관세와 동일하게 조정되었다. 1968년 이후(영국의 경우 1978년) 유럽 국가 항목에 대한 '대대적인 할인(slashes)'은 EEC 및 공통 외부 관세의 철폐를 의미한다.
[a]1922, [b]1930, [c]1940; n. d. = 관련 자료 없음.
출처: Altshulet 등(1985).

매우 빠르게 성장하는 다른 산업(반도체 산업 등)의 경우와 마찬가지로 자동차 산업의 발전은 순조롭지 않았으며, 오히려 수년간의 느린 성장 또는 하락과 번갈아 가며 빠르게 일어섰다. 따라서 생산은 1918년, 1921년 불황기, 1927년에 급격히 감소했다(Fearon 1987). 이와 같은 결과를 가져온 이유 중 하나는 헨리 포드(Henry Ford)가 1927년에 모델 T 자동차 생산은 중단하고 공장을 폐쇄하며 수천 명의 노동자를 해고했기 때문이다. 제너럴 모터스(General Motors: GM)는 미국과 세계에서 압도적인 회사로 성장했으며, 마리아나 마추카토(Mariana Mazzucato 1998)는 시장 점유율과 증권거래소 평가의 불안정성이 1940년대까지 미국 산업의 특징으로 남아있음을 보여주었다([그림 8.2]).

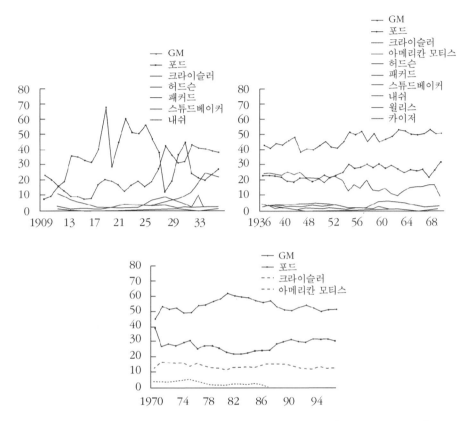

❑ 그림 8.2   미국 자동차 생산회사의 시장 점유율, 1909-1995년(미국 내 생산량 %)

출처: Mazzucato(1988).

미국의 자동차 생산은 1928년에 다시 28%, 그리고 1929년에 23% 급증했지만 자동차 총 생산량은 1926년보다 조금 더 높은 수준이었다. 하지만 이러한 생산량의 변화는 1929년 480만대에서 1930년 280만대, 그리고 1932년에는 110만대로 크게 감소했다. 수출 역시 1929년 60만대 이상에서 1932년 65,492대로 큰 폭으로 감소했다. 이와 같은 자동차와 기타 내구재의 생산 및 수출에 대한 엄청난 변화는 대공황의 가장 두드러진 특징 중 하나였다.

이미 살펴본 바와 같이 크리스토퍼 다우(Christopher Dow)는 1920년대 도로 건설, 서비스, 공급 센터의 성장에 초점을 두었지만, 그 밖에도 고무, 강철, 유리 산업 및 수많은 엔지니어링 부품과 공작기계의 공급자도 성장 영역에 있었다 (〈표 8.2〉). 또한 다우는 자동차와 트럭 운전자의 수요를 맞추기 위해 자동차 산업의 성장 속도보다 빨랐던 정유회사의 휘발유(가솔린) 생산량을 언급하였다. 그리고 이러한 성장은 8.4절에서 설명된 석유에 대한 일련의 혁신 덕분에 가능했다. 모든 산업과 서비스 분야는 급격한 성장뿐만 아니라 자동차 판매 하락에 영향을 받았는데, 따라서 급격한 구조적 변화는 1920년대 미국경제의 불안정과 1930년대 붕괴에 기여했다.[2]

▌표 8.2 제품의 총 소비량에서 자동차 소비량 비율, 1929년과 1938년 미국(%)

	1929	1938
스트립 철강	60	51
봉강(막대강)	29	34
박강판	29	41
합금강	-	54
여러 형태의 강철	18	17
가단 주철	52	53
판유리	73	69
고무	84	80
알루미늄	37	11
구리	16	12
주석	24	9
납	31	35
아연	6	10
니켈	26	29

출처: Landes(1969: 443).

실업률은 1926년 미국 민간 노동인구 대비 1.8%까지 떨어졌고, 1921년 극심한 침체기 이후 1920년대 대부분 기간 동안 이 수준 내지 5% 사이를 유지했다. 이 결과가 완전 고용에 가깝다고 간주할 수도 있지만 피어런(Fearon 1987)과 다

---

2) 1930년대 모스크바에서 일했던 헝가리 경제학자 바르가(Varga 1939)는 1905-36 기간에 '자본주의 세계'에서 '신규 산업'과 '과거 산업' 간의 대립을 현대적 시점에서 연구하였다(〈표 8.3〉). 그는 1930년대 침체기에도 일부 '신규 산업'의 매우 빠른 성장을 지적하면서 다음과 같이 말했다. '경기 불황이나 일반적인 위기 기간에도 자본주의 세계 경제의 생산력 저하에 대한 이야기가 나올 수 없다는 것을 명백하게 보여줬다. 생산력의 발전은 성장 속도가 늦어지거나 국가 및 산업 분야에 따라 극심한 불평등 현상이 나타나거나 혹은 전쟁 준비로 크게 편향되더라도 계속될 것이다'(Varga 1939: 34).

른 학자들은 고용에 대한 광범위한 불안감을 유발한 고용 상황의 몇 가지 특징을 주장했다. 엄청난 성장을 경험한 두 산업(건설과 자동차)은 시기에 따른 변동이 심했고 무급 해고를 겪기도 했다. 그리고 조선, 목화, 석탄, 철도와 같은 일부 오래된 산업은 상대적으로 침체되었다. 피어런은 노동력의 기술적 변화와 구조적 변화에 대해 광범위한 불안을 드러낸 여러 연구를 보고하였다. 또한 그는 1923-9년 노동자의 이직률이 1899-1914년보다 3배나 높았다고 지적했다. 결과적으로 경기 호황에도 불구하고 1920년대를 엄청난 변동, 불안정, 불안감의 시기로 바라보는 것이 적합할 것이다. 물론 이런 현상은 1917년 러시아 혁명 이후 여러 국가에서도 혁명이 일어나면서 실업률이 더 높고, 성장은 더디고, 내전이 널리 퍼진 유럽에서 더욱 그러했다.

▌표 8.3 자본주의 세계에서 '과거 산업'과 '신규 산업' 생산량, 1905/13 – 1933/6

	'과거' 산업 분야				
	석탄과 갈탄 (백만톤)	철 (백만톤)	강철 (백만톤)	조선 (백만 등록 톤)	목화 소비 (백만 첸트너)
1905-1913	1,133	63	57	2.5	14
1914-1918	1,252	66	73	2.9	12
1919-1923	1,252	56	64	4.4	41
1924-1929	1,398	80	95	2.2	51
1930-1932	1,186	57	66	1.7	45
1933-1936	1,149	55	80	1.2	46
	인덱스(1913 = 100)				
1905-1913	85	80	75	75	89
1914-1918	96	83	96	87	85
1919-1923	92	71	84	132	83
1924-1929	104	101	124	69	104
1930-1932	89	72	86	51	92
1933-1936	86	72	104	36	94
	'신규' 산업 분야				
	휘발유 (백만톤)	알루미늄 (천톤)	질소 (천톤)	인조견 (천톤)	자동차 (천개)
1905-1913	40.2	35	178	16	263
1914-1918	64	96	459	–	1,241
1919-1923	104	114	566	32	2,534
1924-1929	162	210	1,090	123	4,957
1930-1932	169	211	1,555	218	3,037
1933-1936	201	213	–	381	4,302
	인덱스(1913 = 100)				

1905-1913	78	56	51.5	100	46
1914-1918	123	151	133	–	214
1919-1923	202	180	163.5	196	438
1924-1929	314	332	315	759	858
1930-1932	328	334	315	1,348	858
1933-1936	390	338	–	2,351	743

출처: Varga(1939: 43-4).

8.3 독일에서의 대공황

제6장 마지막 부분에서 설명된 1873-1890년대까지의 기간과 마찬가지로, 높은 수준의 실업과 불안은 사회주의 및 공산주의의 부상과 함께 극단적인 민족주의 운동을 불러일으켰다. 파시스트와 군국주의 정권이 몇몇 유럽 국가들, 특히 이탈리아와 독일에서 세워졌다.

물론 1933년 히틀러(Hitler)의 승리는 독일 위기의 깊이와 직접적인 관련이 있었다. 나치의 부상은 1923년의 초인플레이션 때문이라고 자주 언급돼왔으며, 이런 엄청난 인플레이션이 사회적 피해를 가져왔다는 데에는 논란의 여지가 없다. 그러나 히틀러와 루덴도르프(Ludendorff)가 1923년 바이에른에서 폭동(putsch)을 일으키려던 시도는 비참한 실패로 끝이 났으며, 나치당에 대한 투표는 1930년 이전까지 3백만 표(전체 유권자 3천여만 명 중)를 넘지 못했다. 1930-2년에 실업률이 급격하게 상승한 후에야 히틀러 정당에 대한 투표가 1930년 6백만, 1932년에 1,300만 명으로 증가했다. 그 무렵 독일에는 약 6백만 명의 실업자가 있었는데, 이들은 엄청난 불만을 불러일으켰고 1932년 독일공산당에 다수표를 몰아준 것은 물론,[3] 나치당의 준군사조직이었던 SA와 SS에 대한 비옥한 채용 기반을 제공하였다.

주로 1930년대에 독일 산업의 중요한 분야가 대공황에서 벗어나 공산주의자들을 분산시키기 위해 나치당을 찾기 시작했다. 존-레텔(Sohn-Rethel)은 대기업 최고위층에게 서비스를 제공하는 독점적인 뉴스레터인 Führebriefe에서 편집 보조로 일하면서 직접 볼 수 있었던 이러한 진화하는 관계에 대해 적절한 설명을 제공했다. 그의 설명에 따르면 IG 파르벤(IG Farben)이나 지멘스(Siemens)와 같

---

3) 역자주: 1932년에 공산당은 총100석을 얻었는데, 이때 나치스와 공산당은 의회 다수를 차지하였다.

은 일부 대기업은 히틀러가 집권하기 전까지 나치당과 다소 거리를 두고 있었다. 나치와 가장 밀접한 관계를 맺은 독일 산업 부문은 '신규'가 아닌 '과거' 산업 분야였다. 철강업, 특히 크루프(Krupp)는 과거의 영광을 회복하고자 하는 나치와 다른 민족주의 단체의 동맹인 '하르츠부르크 전선(Harzburg Front)'의 가장 강력한 지지자였다.

존-레텔(Sohn-Rethel)은 크루프(Krupp)의 지배적인 영향력이 재정적 독립성과 1930년대 우려의 정도, 그리고 육군 최고 사령부와의 친밀한 관계 때문이라고 생각했다. 철강업계의 선두 기업으로서 크루프(Krupp)는 제1차 세계대전 이후와 독일경제의 구조적 위기 동안 어느 정도 불이익을 받아온 부분들에 대해 다음과 같이 말했다.

제철과 제강 산업은 1914-18년 전쟁 이전의 독립적인 경쟁적 역할을 잃었다. 대신에 다른 산업 분야와의 하청 계약을 주도한 철도, 선박 및 군비를 건설하면서 강력한 위치를 확보할 수 있었다. 그러나 이런 관계는 크게 역전되었고, 1920년대 말 주도적인 역할이 소위 '신규 산업'으로 이동하면서, 제철과 제강 거물들의 위치가 아래 위치로 떨어졌다. 이것은 그들의 마음에 들지 않았으며, 히틀러 정권의 첫 3년 동안 슈탈호프(Stahlhof)[4] 지배자들이 하르츠부르크 전선(Harzburg Front)[5]을 위한 목표를 이해하기 위해 그들이 해야 할 지배적 역할을 시각화할 필요가 있었다. 단호한 재무장 정책만이 그들의 목표를 실현하고 공장 생산 잠재력을 시장체계의 제한적인 족쇄로부터 완전히 해방시켜 전면적인 활동 재개를 위한 문을 열 수 있었다(Sohn-Rethel 1978: 46).

경제의 구조적 변화와 정치적 변화 사이의 관계에 대한 위 설명은 전 세계의 미래를 위해 가장 운명적인 것을 증명하기 위해 독일의 예시에 집중되었지만 대공황은 모든 곳에서 새로운 해결책을 모색하도록 자극했고, 그중 일부는 나치의 해결책과 매우 달랐다. 유럽의 여러 국가, 특히 스페인과 스칸디나비아에서는 사회 및 경제정책 분야에서 진보적인 사회적 개혁이 시도되었다. 1932년 루즈벨트(Roosevelt)의 당선과 1936년 재선의 승리에 이은 '뉴딜'정책은 경제를 불황 이전의 번영 수준으로 되돌릴 수 있는 제도적 변화를 일으키려는 새로운 시도였다. 그런데 독일과 일본의 군국주의적이고 민족주의적인 해결책은 처음에 단기

---

4) 역자주: 영어로는 steelyard. 영국 런던에 있는 한자동맹의 무역거래소. 1906-1908년 중에는 또 다른 슈탈호프가 새롭게 등장한 독일 제강 카르텔의 본부로서 독일 뒤셀도르프에 지어졌다.

5) 역자주: 독일 바이마르공화국 당시의 우익 정치연정체.

적인 성장과 고용을 회복하는 데 더 성공적이었다. 일본경제는 1931년 만주 침공과 중국과의 전쟁에 힘입어 처음으로 회복되었다. 한편 미국은 1937년까지도 1929년 총생산량의 수준에 도달하지 못했는데, 제2차 세계대전으로 인해 상품과 서비스에 대한 전 세계적인 수요가 증가하면서 미국경제의 번영을 회복했다. 네 번째 파동의 고속 성장은 군용 차량, 탱크, 항공기, 휘발유, 항공연료, 기계 도구, 군비, 합성고무의 엄청난 생산으로 전쟁 경제의 지배적인 힘이 되었다.

다우(Dow)와 갤브레이스(Galbraith)는 대공황의 국제적 요인을 많이 강조하지는 않았다. 실제로 다우(Dow)는 이것이 미국에서의 절대적인 현상이며, 다른 국가들은 훨씬 덜 심각하게 영향을 받았다고 했다(〈표 8.4〉와 〈표 8.5〉). '1930년대 대공황은 단지 미국이 아니라 전 세계적인 불황이라고 말하는 것이 유행처럼 번졌는데, 사실 이는 말이 되지 않는 소리이다. 양적으로 보더라도 불황의 대부분은 미국에 있었으며 그 원인과 증폭되는 과정 역시 전반적으로 미국에 있었기 때문이다'(Dow 1998: 158).

▌표 8.4 노동인구 대비 실업률 수준(%), 1929-1935년

	1929	1931	1933	1935
벨기에	0.8	6.8	10.5	11.1
덴마크	8.0	9.0	14.5	10.0
독일	5.9	13.9	14.8	6.5
이탈리아	1.7	4.5	5.9	n.a.
네덜란드	1.7	4.3	9.7	11.5
영국	7.2	14.3	13.9	10.8
미국	3.1	15.2	20.5	14.2

출처: Freeman 등(1982: 2).

	1929 – 32	1932 – 37	1929 – 37
그룹 1			
일본	-2	74.4	71
그리스	1	49.5	51
핀란드	-17	79.5	49
스웨덴	-11	67.4	49
헝가리	-23	77.9	37
덴마크	-9	47.2	34
루마니아	-11	48.3	32
노르웨이	-7	37.6	28
영국	-17	49.3	24
그룹 2			
독일	-42	100.0	16
오스트리아	-39	73.7	6
그룹 3			
캐나다*	-42	72.4	00
이탈리아	-33	49.2	–
체코슬로바키아	-36	50.0	-4
벨기에	-31	36.2	-6
미국	-46	70.3	-8
네덜란드	-38	46.7	-9
그룹 4			
폴란드	-46	57.4	-15
프랑스	-31	4.3	-28

*건설과 전력 포함.
출처: Landes(1969: 391).

그러나 그는 경기 침체가 1차 상품을 공급하고 미국과 유럽으로부터의 제조품 수입을 적극적으로 줄여야 했던 개발도상국에 심각한 영향을 미쳤다고 인정했다. 다우는 1차 생산국에 대한 유럽의 수출이 GDP 최고치 대비 5%, 1932년 대비해서는 2% 감소했다고 추정했다. '이것은 미국 이외의 국가들도 경기 침체의 상당 부분을 차지한다는 사실을 보여준다'(p.159).

또한 그는 미국 내부 요인에서 주된 원인을 찾으면서도 다른 국가들이 미국에 엄청난 영향을 받았다고 얘기한 프리드먼(Friedman)의 주장(통화정책 측면을 강조)에 대한 비판적인 자세를 유지했다.

프리드먼(Friedman)과 슈워츠(Schwartz)가 직면하지 않은 국제적 차원에서의 문제점들이 있는데, 이는 그들의 주장과 유사한 어려움을 야기한다. 미국에서의 침체가 너무 심각해서 다른 나라에도 동시에 같은 어려움을 야기했으며, 이 전송 과정에서는 비통화적 채널(국제무역)이 중요했을 것이다(Dow 1998: 216).

당시 대부분의 역사가(예: Kindleberger 1973; Arndt 1944)와 논평가들은 유럽, 미국 및 주요 생산국 간의 상호 영향에 더 큰 중점을 두었다. 특히 대부분의 유럽 국가들보다 더 심각했던 독일의 경기 침체는 미국의 침체 이전에 시작되었고 (Dow 1998: 168), 제1차 세계대전에 의한 대외 채무 상환 압박에 크게 영향을 받았다. 우리가 이미 본 것처럼 케인즈(Keynes 1920)는 베르사유 조약에 대한 그의 비평에서 독일이 요구한 보상금을 지불하는 것은 불가능하며, 상환을 강요한다면 제2차 세계대전으로 이어질 것이라고 주장했다. 두 가지 예측 모두 정확했는데, 전쟁으로 인한 부채가 도스 안(Dawes Plan)과 영 안(Young Plan)에 따라 크게 축소되었지만 독일의 대외 지불은 1920년대 불안정의 주요 원인으로 남아있었다.

대부분의 다른 유럽 국가들과 마찬가지로 독일은 수입 자동차에 엄격한 관세를 부과했는데(〈표 8.1〉), 미국과 비교하면 규모가 여전히 훨씬 작았지만 이러한 보호장벽으로 독일의 자동차 산업은 1920년대에 회복하기 시작했다. 유럽의 자동차 생산은 1920년 세계 총생산의 5% 미만에서 1930년에는 20% 이상으로 증가했는데([그림 8.1]), 독일과 영국이 유럽의 확장을 주도했다.

1932년 독일이 침체에서 회복한 것은 다른 유럽 국가들보다 훨씬 더 빨랐다. 은밀한 재무장은 히틀러가 1933년 1월 집권하기 이전에 이미 시작되었지만, 히틀러의 취임과 함께 이는 독일경제의 주요 원동력이 되었다. 3월 17일 샤흐트(Schacht)는 독일 중앙은행(Reichsbank) 총재로 재임명되는데, 그의 첫 번째 결정 중 하나는 아우토반이라고 알려진 고속도로 건설을 위해 6억 마르크 규모의 대출을 약속한 것이다(Weitz 1997). 그리고 그 며칠 전에 그는 도시 재생 및 공장 건설을 위한 정부 지원 정책을 승인했다. 도로 건설은 1930년대 고용 창출에 널리 사용되었으며, 이미 계획이 준비 단계에 있었다. 이러한 정책으로 인해 그는 '최초의 케인즈인'라는 명성을 얻었는데, 단순히 이론적인 경제학자가 아닌 독창적이고 실용적인 은행가였기 때문이다.

샤흐트는 재정적 기술과 독일 재무장의 중요성에 대한 강한 신념의 조합을 구현했으며, 이는 1933년부터 이어온 전쟁 경제의 방향으로 거시 경제 정책을 확고하게 인도하였다. 그리고 랜즈(Landes 1969: 414)가 지적했듯이 샤흐트는 여전히 일부 측면에서 '재정적 보수주의자'였다. 대부분의 은행가들과 마찬가지로 그는 여전히 인플레이션의 위험에 사로잡혀 있었는데, 괴링(Goering)과 같은 일부 나치 지도자들은 1936-37년에 느리게 진행되는 재무장 과정을 견디지 못하였다. 그럼에도 불구하고 무기 생산은 엄청난 속도로 증가했으며, 1930년대에 일련의 법령에 의해 원자재 사용과 노동력이 관리되었다. 또한 1938년까지 2톤 이상의 강철을 사용하는 모든 건설 프로젝트에 대해 허가가 필요했다.

아우토반 건설의 동기는 단순히 새로운 경제를 위한 고용 창출과 인프라 투자뿐 아니라 군부대 이동과 전쟁 준비를 위한 것이었다. 샤흐트의 전기 히틀러의 은행가에서 바이츠(Weitz 1977)는 나치 지도자들과 사소한 의견 차이에도 불구하고 샤흐트는 항상 강력한 재무장 정책을 믿었으며, 즉시 대규모 재무장에 착수했다. 그는 야금연구유한책임회사(Metallurgische Forschungsgesellschaft: Mefo)로 위장하여 알려진 작은 회사를 설립했는데, 사실 그 목적은 무기를 위한 대규모 정부 계약의 자금을 조달하기 위함이었다. 바이츠는 주문 금액이 210억 마르크 정도라고 추정했다.

중앙은행에서 지불을 보장했다. … 모든 하청업체도 메포(Mefo) 채권으로 지급을 받았는데, 이는 실제로 차용증서(IOU)였다. 그들이 청구서를 메포 회사에 제출하면 국가은행으로 가져가는 방식이었다. … 동시에 제조업체는 채권을 보유하는 동안에 4%의 이자를 얻었는데 … 중앙은행(Reichsbank)의 기업자본금 보유로 인해 지급이 보장되었기 때문으로 … 이러한 점들을 드러내게 되었다(Weitz 1997: 157).

이 정책은 메포(Mefo)의 4대 소유주인 크루프(Krupp), 지멘스(Siemens), 라인스탈(Rheinstahl), GHH(Gutehoffnungshütte)와 함께 시작되었고(지금은 다른 회사들도 참여하고 있음) 채권 가치는 백만 마르크에서 120억 마르크까지 상승했는데, 그중 절반은 공개 채권시장에서 거래될 수 있었다.

지멘스의 참여는 매우 흥미로웠는데, 존-레텔(Sohn-Rethel 1978)은 이 기업이 히틀러가 권력을 잡기 전에는 나치당과 다소 거리를 두고 있었으며, 심지어 카이저 빌헬름 협회(Kaiser Wilhelm Society)를 대신해 막스 플랑크(Max Planck)가 히틀러에 항의한 사건을 지지했다고 말했다. 그들은 유대인 물리학자들에 대한 나치의 대우로 인해 독일 과학 분야가 뒤처지는 것을 두려워했지만 히틀러는 다음과 같이 말했다. '그렇습니다. 한 세대 동안 독일에 선도적인 물리학자가 없다면 무슨 상관이 있겠습니까? 독일 국민의 인종적 순수성이 제 마음속에 훨씬 더 중요합니다'(Sohn-Rethel 1978: 40).

히틀러 정권 초기에 독일 과학 분야의 상황과 회사의 수출 시장 손실에 대한 지멘스의 절망은 새로운 재무장 시장의 등장으로 인해 보상받을 수 있었다. 재무적으로 취약한 독일기업의 대다수는 파산의 위기에서 어느 정도 벗어날 수 있었기 때문에 히틀러의 재무장 정책을 환영했다(Sohn-Rethel 1978: 39).

바이츠는 메포 정책을 다음과 같이 요약했다. '샤흐트는 이를 산업 생산을 시작하고 실업을 줄일 수 있는 매우 독창적인 방법이라고 불렀다. 다른 많은 사람들은 눈에 띄는 회계 처리나 지나치게 외부에 경종을 울리지 않고 군비 생산을 늘리기 위한 잘 위장된 계략이라고 생각했다'(Weitz 1997: 156).

오버리(Overy 1975)는 1933-6년 독일의 회복 기간에서 자동차 산업이 재무장보다 훨씬 더 중요하다고 주장했다. 샤흐트와 히틀러는 첫 번째 아우토반(프랑크푸르트-다름슈타트)의 개통식에서 함께 모습을 보였고 국영기업으로 설립된 '폭스바겐'의 대량 생산을 지지함으로써 독일경제에서의 무기뿐만 아니라 자동차 및 도로 건설의 핵심 역할에 대한 인식을 보여줬다.

제2차 세계대전은 무엇보다도 동력화(motorized)된 전쟁이었다. 독일군이 자동차보다는 마차를 이용한 사단으로 전쟁을 시작한 것은 사실이지만, 제1차 세계대전의 참호전 교착을 끝내고 1940년 빠른 속도로 해안과 1941년 12월 모스크바 외곽으로 진격하였던 것은 기갑 사단과 동력화된 보병 사단이었다. 군 역사학자들은 이 전쟁의 결정적인 전투가 적군이 독일 전차 사단에 큰 패배를 가져오기에 충분한 품질 높은 탱크를 처음으로 대량 배치했던 1943년 여름 쿠르스크에서의 대규모 전차 전투였다는 데에 대체로 동의했다. 또한 이들은 항공기, 탱크, 동력 장비에 대한 영국과 미국의 압도적인 우월성이 서유럽 전쟁의 마지막 단계에서 결정적인 역할을 했다는 데 동의했다. 마지막으로 석유와 고무에 대한 놀라운 전략적 중요성은 합성유와 고무를 대량으로 개발하고 생산하려는 독일의 막대한 노력과 1940-1년 극동지역에서의 일본과 미국의 전략, 그리고 전쟁 중 미국의 합성 고무 산업의 발달에 의해 입증되었다.

이번 절에서는 자동차와 석유 산업을 중심으로 한 네 번째 파동의 새롭고 빠른 성장배경을 소개했으며, 1920년대와 1930년대에 급속한 성장을 수반한 격렬했던 구조적 변화 시기에 대해 설명했다. 제2차 세계대전 이후 여러 국가에서의 번영, 고성장 및 완전 고용 기간은 8.6절과 8.7절에 기술된 것처럼 주로 많은 정부와 국제기구에서 채택한 케인즈식 수요 관리 기법과 여러 산업 및 서비스 분야의 성장 유도에 기반을 두고 있었다. 또한 다음 절에서 설명하는 미시적 수준의 여러 조직 및 관리적 변화를 기반으로 했다.

8.4 자동차 산업과 대량 생산

카르노(Carnot)의 이론적 연구에 뒤이어 내연기관 엔진은 1860-1870년대 주로 프랑스 및 독일의 발명가와 기술자들에 의해 개발되었다. 니콜라우스 오토(Nikolaus Otto)가 1861년에 처음으로 가솔린 엔진을 만들었지만 최초의 4행정 엔진은 1862년 프랑스 기술자인 보 드 로샤스(Beau de Rochas)가 특허를 받았다. 오토(Otto)는 계속해서 개선된 엔진을 개발했으며 1876년에 매우 성공적인 4행정 엔진을 설계하고 제작했다. 그러나 1886년 그의 특허는 로샤스(Rochas)의 특허 때문에 등록이 취소되는데, 더 효율적인 내연기관은 1892년 루돌프 디젤(Rudolf Diesel)에 의해 특허를 받았다. 디젤(Diesel)은 뮌헨 공과대학교를 아주 우수한 성적으로 졸업했는데, 1890년대 그의 프로토타입을 설계하고 제작하기 위해서 크루프(Krupp)와 아우크스부르크 기계 제작소(Augsburg Machine Works)의 지원을 받아 린데(Linde)라는 회사에서 열심히 일했다. 그 결과 1897년에 그는 불꽃 점화 없이 압축 원리로 작동하는 25마력 4행정 엔진을 시연했다. 이는 즉시 상업적으로 큰 성공을 거두었으며, 발명가가 로열티로 큰 돈을 벌었다는 좋은 예를 제공했다. 그러나 디젤 엔진의 성공은 선박용 엔진(잠수함 포함)이나 고정식 산업용 동력, 트랙터 및 대형 트럭과 같은 '대형' 분야에 국한되었다. 적용 범위는 1930년대 제너럴 모터스(General Motors)의 R&D 연구소에서 디젤-전기 기관차가 개발되면서 크게 확장되었다. 디젤의 가장 큰 장점은 낮은 등급의 석유를 사용할 수 있다는 것이다. 그러나 정유 과정에서의 증류 기술과 값싼 휘발유의 가용성(8.5절)으로 인해 더 가벼운 내연기관은 대부분의 자동차에서 우위를 점했다.

1905년까지 수백 개의 소규모 회사가 미국과 유럽 주요 국가들을 중심으로 자동차를 생산하고 있었다. 이들은 모두 작은 기계공장에서의 수공 기술과 범용 공작기계를 사용했는데, 수공인력은 고도로 숙련되어 있었고 기업가들에 의해 조직화되었다. 오늘날 몇몇 회사는 여전히 수공 기술로 적은 숫자의 자동차를 생산하곤 하는데, 매우 비싸고 총생산량의 극히 일부만을 차지한다. 그리고 대부분의 소규모 회사들은 오래전에 파산하였거나 업계가 대량 생산함에 따라 인수되었는데, 이에 대한 책임은 누구보다 헨리 포드(Henry Ford)에게 있었다.

8.2절에서 이미 포드가 제1차 세계대전 이전에 대량 생산 기법을 도입한 후 미국 자동차 산업에서 결정적인 역할을 했음을 보여 주었다. 그러나 포드의 기술은 이전에 다양한 산업에 대량생산을 적용하고자 했던 많은 시도들과는 구분할 필요가 있다.

19세기 후반, 교체 가능한 부품의 사용은 이미 미 군수부 스프링필드 조병창(US Ordnance Departments Springfield Armory)의 첫 번째 혁신적인 응용장치에서 다른 산업으로, 그리고 심지어 제5장에 설명된 영국 기계 도구의 초창기 응용장치와 해군 본부를 위한 블록 제작으로까지 확산되었다. 20세기 초에는 많은 새로운 적용분야가 확인되었지만, 조병창을 비롯한 어느 곳에서도 일부 (보통은 상당히 많은 수준의) 부품들을 하나하나 다듬어 맞추는 작업을 수행했던 숙련된 수공인력 없이 일을 진행하기 힘들었다. 포드(Ford) 이전에 이른바 '미국식 생산 시스템'에 존재했던 것은 실제로 하이브리드나 '후기 수공 시스템(late craft system)'으로서 일부 교체 가능한 부품들이 최종 제품에서 수공제품들과 함께 공존했던 것이다. 이는 재봉틀, 소형 무기, 농업 기계, 자전거와 같은 산업에서의 상황이었다(Hounshell 1984).

대량 생산 기술을 적용한 첫 번째 사례는 헨리 포드(Henry Ford)에 의한 디트로이트의 하이랜드 파크(Highland Park) 공장이었다. 1908년과 1914년 사이에 포드는 모델 T의 제조 과정에서 수공 제품들을 점차적으로 제거했으며, 이 과정은 1913년에 이동식 조립 라인의 도입으로 절정에 달했다. '국제자동차프로젝트(International Motor Vehicle Project: IMVP)'에 관한 MIT 책에서 강조한 것처럼(Womack et al. 1990) 조립 라인 자체는 각각의 부품을 절단, 형성, 압착할 수 있는 기계와 프레스를 도입해야만 가능했다. 기술혁신은 조직적, 경영적 변화를 수반하였으나 이번 장에서는 주로 자동차와 관련 산업의 조직혁신에 대해 논의하려고 한다. '대량 생산 패러다임' 또는 간단히 '포드주의(Fordist) 패러다임'이 반세기 이상 동안 경영 철학을 지배하였고 20세기 후반이 되어서야 새로운 스타일의 경영 사상과 조직이 자리 잡았기 때문에 우리는 조직 및 사회적 변화에 더 집중하였다.

IMVP 저자들은(Womack et al. 1990) 공예에서 대량 생산으로 변화하는 과정을 아름답게 묘사했다. 영국의 부유한 하원의원 엘리스(Ellis)가 1894년 자동차를 사려 갔을 당시 그는 딜러에게 가지 않은 대신 프랑스 기계 도구 제조업체였던 파나르 르바소(Panhard Levassor)에 찾아가서 자동차를 '위탁'했다. 그는 변속기, 브레이크 및 엔진 컨트롤 장치를 평소 위치에서 옮기고 싶어 했다. IMVP 저자들에 의하면 '오늘날' 대량 생산은 수년간의 시간이 걸리고 작업을 하는데 엄청난 금액을 필요로 하지만 당시의 수공 제조업체들에게는 그런 요청이 매우 일반적이었다.

클라인(B. H. Klein)은 1900년에 증기[6]와 전기 자동차가 미국 57개의 회사에서 생산한 4천대 가량의 자동차 중에서 약 3/4을 차지한다고 밝혔다(Klein 1977: 91). 그러나 1917년까지 약 350만대의 자동차가 미국에 등록되었는데, 그중 전기 자동차는 5만대 미만이었다. 한편 증기 차량은 사라지는 추세였는데, 주요 증기 생산업체 중 마지막 회사였던 스탠리 모터 캐리지 컴퍼니(Stanley Motor Carriage Company)는 1917년에 730대의 증기 자동차를 생산했고 이는 포드(Ford)가 전날 생산한 것보다 적은 수치였다(Volti 1990: 43). 증기와 전기 자동차 생산의 하락을 간단히 설명하자면, 내연(가솔린) 엔진이 '더 좋거나' 아니면 '최적'이었다는 것이다. 그러나 루디 볼티(Rudi Volti)는 〈Why Internal Combustion?〉을 통해 이번 사건이 그렇게 단순하지만은 않다는 것을 보여줬다. 초창기 증기와 전기 자동차는 기술적인 장점이 많았고 내연 자동차는 1891년 에밀 르바소(Emile Levassor)가 발명한 슬라이딩 방식의 기어 변속장치 등을 사용해야 한다는 심각한 단점이 있었다. 그는 자신의 발명품에 대해 '잔인하지만 작동합니다!(C'est brutal mais marche!)'라고 표현한 일화로도 유명했을 정도이다. 전기 자동차는 운전하기 간편하고 클러치나 변속기가 필요 없을 뿐만 아니라 조용하고 믿을 수 있으며 냄

---

6) 최초의 증기 자동차는 실제로 1801년 리처드 트레비식(Richard Trevithick)에 의해 제작되었지만 아무도 살 의향이 없었기 때문에 결국 폐기되었고 그 엔진은 공장에 팔렸다. 적절한 인프라 구축 실패가 기본적인 문제였다(Cowan and Hulten 1994).

새가 나지 않는다는 특징이 있었다. 그러나 1920년대에 내연기관이 자동차 시장을 완전히 장악했으며, 증기와 전기 자동차를 매우 전문화된 틈새시장이나 박물관으로 내몰았다.

긴 작동시간은 의심할 여지없이 내연기관의 결정적인 장점 중 하나였는데, 이것은 순수하게 기술적인 것만은 아니었다. 주유소와 유지 및 보수시설은 유틸리티, 생산업체 및 규제기관의 전략과 정책을 고려했을 때 아마 다른 기준으로 구성되었을 것이다. 실제로 1990년대에는 캘리포니아 및 기타 지역의 전기 자동차 배터리 서비스에 대처하기 위한 정책들이 개발되었는데, 이는 수백만 개의 내연기관으로 인한 오염 문제를 해결하기 위한 것이었다. 그러나 내연기관에 대한 '고착(lock-in)'으로 인해 이와 같은 대체 시스템으로의 변화는 매우 엄청난 작업이었다. 1990년대 중반까지 세계에는 5억대 이상의 자동차가 사용되고 있었다. 저렴한 휘발유(가솔린)의 가용성은 내연기관의 결정적인 장점이었으며(8.4절), 내연기관에 대한 이와 같은 고착은 포드 조립 라인의 성공으로 인해 비용과 가격을 크게 절감시켰다. 모델 T의 가격은 조직, 기술 및 사회적 혁신으로 인해 1908년 850달러에서 1913년 600달러, 그리고 1916년에는 360달러로 떨어졌다. 1913년 전기 자동차의 가격은 2,800달러였는데, 당연히 모델 T의 판매는 50배 이상 증가했고 시장 점유율은 1909년 10%에서 1921년 60%로 상승했다. 순자산에 대한 이익은 때때로 연간 300%까지 올랐으며, 미국은 세계 수출시장에서 압도적인 입지를 차지했다. 이는 실제로 반세기 뒤의 반도체 산업이나 이전 세기 목화 산업의 급격한 성장과 매우 유사하게, 모방국들이 따라잡기 전까지의 급격한 가격 인하, 시장 점유율의 빠른 변화, 혁신 기업의 갑작스러운 이익, 그리고 선도 국가의 세계적 수출 헤게모니 등을 동반한 '빠른 역사'였다. 결국 모델 T는 1927년 단종되기 전까지 1,500만대가 판매됐다.

1908년 포드가 높은 수준의 부품 호환성을 달성했을 당시 조립장을 중심으로 한 자동차 생산 작업은 노동자들의 몫이었고, 이미 노동력을 전문화 작업으로 나누면서 생산성이 크게 향상되었다. 워맥 등(Womack et al.)은 이 변화가 1913년 도입된 이동식 조립 라인으로 인한 증가 폭보다 더 크다고 주장했다. 다만 이동식 조립 라인은 눈에 잘 띄는 변화였기 때문에 더 많은 주목을 받았다고 할 수 있다. 〈표 8.6〉은 1913년과 1914년 사이에 디트로이트의 하이랜드 파크(Hiland Park) 공장에서 이동식 조립 라인의 도입으로 인한 생산성 향상을 수치상으로 보고한다. 1913년 시스템을 '후기 제작'으로 지정하는 것은 그 무렵 부정확한 각 부품을 만들고 장착하는 작업이 사실상 없었기 때문에 의문의 여지가 있다. 사실, 포드(Ford)의 생산 시스템은 하운쉘(Hounshell 1984)의 책 〈From the American System to Mass Production〉에도 나와 있듯이 부품의 호환성을 개발하려는 초창기의 모든 노력과는 이미 달랐다.

▮표 8.6 1913년과 1914년 조립장에서의 수공 제작 vs. 대량 생산: 여러 부품을 조립하는 데 드는 시간과 감소량[a]

	수공 제작, 1913년 가을[b]	대량 생산, 1914년 봄	감소량(%)
엔진	594	226.0	62
마그네토	20	5.0	75
차축	150	26.5	83
자동차에 들어가는 주요 부품	750	93.0	88

[a] Hounshell(1984: 248, 254-6) 자료를 근거로 저자들이 계산하였다. Hounshell의 자료는 Horace Arnold와 Fay Faurote(1915)의 결과를 기반으로 하였다.
[b] '후기 수공 제작'은 이미 대량 생산의 여러 요소, 특히 지속적으로 교환 가능한 부품과 분업을 포함하고 있다. 1913-1914년까지의 큰 변화는 고정식에서 이동식 조립으로의 전환이었다.
출처: Womack 등(1990: 29).

포드는 대량 생산의 성공에 대해서 한편으로는 밀가루 제분의 생산과 시카고 고기 포장업체의 해체라인과 비슷하다고 하였으며, 또 다른 한편으로는 대규모 생산의 가격 인하로 인한 대량 소비를 강조했다. 대량 생산의 선구자로 알려진 싱어(Singer), 맥코믹(McCormick), 포프(Pope)는 모두 높은 가격에 제품을 판매했는데, 웨지우드(Wedgwood)가 그랬던 것처럼(제5장) 그들의 제품 가격은 해당 산업에서 가장 높았다(Hounshell 1984: 9). 반면에 포드(Ford)는 모델 T가 대중을 위한 자동차로 만들어졌다고 주장했다. 가격 인하는 그의 사상에 필수적이었으며, 피터 드러커(Peter Drucker 1946)는 규모가 증가함에 따라 비용과 가격이 하락하는 현상이 경제학과 경영 기술의 혁명이라고 주장했다. 더불어 다른 많은 초창기 내연기관 자동차들과 달리 모델 T는 유지 보수 및 작동의 용이함을 위해 신중히 설계되었다. 또한 거친 도로에서 운전할 수 있는 매우 튼튼한 자동차로 설계되었는데, 64페이지 분량의 사용 설명서는 발생 가능한 문제를 해결하는 데 도움을 주기 위해 제작되었다. 그러나 포드는 초창기 고객 중 상당수가 농기계 경험이나 손에 도구를 쥔 농부일 것이라고 생각했다(Womack et al. 1990). 미국 시장의 지리적 및 사회적 특성과 이에 대한 그의 관심이 포드의 성공에 기여했는데, 낮은 가격으로 개인이 이동할 수 있다는 것은 내연기관의 결정적인 장점이었다.

생산 시스템의 급격한 변화는 노동자의 입장에서 쉬운 일이 아니었다.

포드(Ford)의 대량 생산 라인 조립은 두 개의 볼트에 두 개의 너트를 끼우거나 차 바퀴에 부착하는 작업뿐이었다. 그는 부품을 주문하거나, 도구를 조절하거나, 장비를 수리하거나, 품질을 검사하거나 혹은 옆에 작업하는 사람들이 무엇을 하는지 이해하지도 않았다. 오히려 그는 고개를 숙이고 딴생각을 했다. 그의 동료나 감독이 자신과 다른 언어를 사용할지도 모른다는 사실은 중요하지 않았다. … 노동자들은 단 몇 분간의 훈련으로도 충분했다(Womack et al. 1990: 31).

부품 가공은 각각의 단순한 반복 작업을 수행하기 위해 도구와 프레스를 재설계하여 간단한 작업으로 축소되었다. 새로운 기계 도구는 포드주의(Fordist) 혁명에서 매우 중요한 부분이었다(B. H. Klein 1977: 77). 이러한 방식으로 숙련된 노동자의 필요성이 최소화되고, 공장은 새로운 산업(생산) 엔지니어라는 전문직업인들과 그들의 주문에 따라 움직이는 '감독 및 간접적 노동자'의 부대로 조정되었다. 포드는 테일러의 사상이 이미 널리 퍼져있는 상황을 이용했지만(제7장 참조), 그는 그 사상을 더 발전시켰다. 규율은 더 엄격했고 노조는 금지되었는데, 포드는 웨지우드의 원칙을 실천하기 위해 열심히 노력했다(제5장). 이는 바로 '오류 없는 기계를 만드는 것'이다. 그러나 그는 이 목표를 이루는 데 실패했다. 모델 T 이후 열악한 노사 관계가 주요 문제였고 1920년대 GM이 포드를 따라잡을 때 이 부분을 적극 활용했다(Lazonick 1990). 1930년대에는 격렬한 반대에도 불구하고 새로운 노조, 자동차 노동 조합(United Automobile Workers), 다른 대량 생산 산업의 노조로 인해 주요 공장들에서 노조가 설립되었다. 루즈벨트(Roosevelt)의 뉴딜 법안은 미국 노사 관계의 주요 변화를 촉진시켰다(제2부 결론 참조).

임금과 관련해서 새로운 시스템은 포드(혹은 그 이전에 배비지(Babbage))가 생각했던 것만큼 제대로 작동하지 않았다. 라인의 속도, 작업의 지루한 성격, 그리고 작업 규율 등과 같은 달갑지 않은 고용 특성으로 인해 운영 첫해에 매우 높은 이직률이 발생했다. 1913년에는 이 비율이 거의 400%에 달했고 따라서 포드(Ford)는 1914년 1월 5일 '5달러의 날'을 도입했는데, 이는 사실상 포드 사 노동자의 임금이 2배가 되었음을 의미했다. '높은 기계화 생산, 이동식 라인 조립, 높은 임금 및 낮은 제품 가격으로 "포디즘(Fordism)"이 탄생한 것이다'(Hounshell 1984: 11). 새로운 시스템의 높은 생산성으로 인해 높은 임금이 쉽게 지불될 수 있었고, 포드는 여전히 미국과 세계에서 가장 수익성이 높은 자동차 회사로 남아 있게 되었다. 노동자들 입장에서는 높은 임금이 조립 라인에서의 엄격한 고용 조건을 보상했는데, 미국과 유럽의 자동차 산업에서 이민 노동자들은 이러한 이유에서 중요했다.

1920년대 초 디트로이트는 유럽 최고 산업가, 기술자, 유명인들의 순례지와 같은 장소로 떠올랐다. 실제로 디트로이트에 위치한 포드 공장은 유럽에 새로 설립된 자체 공장과 비교하더라도 전쟁 기간 동안 비용 면에서 우위를 점했다 (Womack et al. 1990: 18).

초창기에 포드와 그의 협력자들은 일부 결함이 있는 부품이 시스템 내 불가피한 기능이라는 명백한 사실을 받아들여야 했다. 해결책은 생산 노동자의 기술이나 책임을 향상시키는 것이 아니라 검사 및 '재작업' 부서를 두는 것이었다. 그럼에도 불구하고 일부 결함이 있는 차들이 이런 공정을 통과했기 때문에 대량 생산은 항상 고객 불만을 동반하였다. 제2차 세계대전 이후 포드주의 시스템에 도전한 일본 생산업체의 주요 목표 중 하나는 결함 부품 또는 하위시스템의 수를 대폭 줄이는 것이었다. 그들은 이와 같은 목표를 달성하는 데 어느 정도 성공을 거두었지만 반세기 동안 미국과 유럽의 생산업체는 결함과 고객 불만을 대량 생산에 따른 비용으로 받아들였으며, 저렴하고 효율적인 기계에 의한 방대한 생산의 이점이 훨씬 더 크다고 믿었다.

포드의 엄청난 성공으로 인해 다른 미국 기업들은 조립 라인을 도입하거나 소규모 틈새 생산업체가 되거나 아니면 어쩔 수 없이 실패를 맛봐야만 했다. 그 중에 일부는 새로운 회사인 제너럴 모터스(GM)로 흡수되었는데, 이 회사는 1920년대에 포드의 더 기이하고 독단적인 아이디어를 수정해서 포드에 성공적인 도전장을 낼 수 있었다. 이 거대 기업의 수석 설계자인 알프레드 슬론(Alfred Sloan)은 특정 시장 세그먼트를 담당하는 다양한 부서, 다양한 모델과 빈번한 모델 변경, 생산 엔지니어들은 물론 대규모 R&D 활동으로부터의 꾸준한 점진적 개선 등 보다 정교한 전략을 도입했다. 많은 포드의 핵심 인력이 회사를 떠나 제너럴 모터스(GM)에 합류했다(Lazonick 1990: 240).

IMVP 저자들은 제너럴 모터스(GM) 연구실[7]의 과학자와 기술자들이 매우 짧은 시간 안에 배기 촉매 기술[8])을 완성했을 때 '전 세계 자동차 산업의 복지에 필수적인 역할을 했다'라고 지적했다(Womack et al. 1990: 129). 그러나 그들은 제너럴 모터스가 자동차 자체 제조에 급진적인 혁신을 도입하지 못한 이유에 대해 몇 가지 흥미로운 논평을 제시했다. '불행하게도 위기가 부재한 가운데 (즉 회사의 미래가 위태롭고 정보 흐름에 대한 정상적인 조직 장벽이 중단되는 것과 같은 위기가 없는 상황에서) 새로운 아이디어는 연구실로부터 시장으로 매우 천천히 퍼져나갔다.' 그들은 제너럴 모터스(GM)의 실패 사례로 코르베어 프로젝트(Corvair Project, 1950년대), 베가 프로젝트(Vega Project, 1960년대), X-자동차 프로젝트(X-Car Project, 1970년대), 그리고 1980년대 후반 GM-10 생산을 위해 설립된 고기술 공장을 꼽았다. '각각의 경우 새로운 제품과 공장에 대한 혁신적인 아이디어의 구현은 원래의 기술적 목표를 충족시킬 수 없었다'(p.129).

워맥 등(Womack et al.)은 왜 제너럴 모터스가 전쟁 기간과 전후로 자동차 분야에서 더 혁신적이지 못했는지에 대한 또 다른 흥미로운 설명을 덧붙였다. 그들은 슬론(Sloan)이 비록 MIT 전기공학 전공 출신이었지만 그는 '우리 자동차는 경쟁사들과 설계 면에서 동등한 기술 설계를 주도하거나 시도하지 않은 실험의 위험을 감수할 필요가 없다'(Sloan 1963)라고 일관한 태도를 언급했다.

MIT 저자들은 급진적 혁신을 억제한 것은 GM과 3곳의 대형 생산업체에서의 엄격한 과점 때문이라고 주장했다([그림 8.2]와 Mazzucato 1998).

제너럴 모터스가 북미 자동차 시장의 절반을 차지했을 때, 터빈 구동 트럭이나 플라스틱 차체로 된 자동차와 같이 진정으로 획기적인 혁신은 포드와 크라이슬러를 파산시키기 충분했다. 자동차 제조업체들의 곤경은 가장 큰 산업에서 독점을 막으려는 미국 정부의 관심을 끌게 될 것이었다. 그래서 조심하는 것이 이치에 맞았고, 제너럴 모터스는 기업 해체를 위한 혁신을 원치 않았다(Womack et al. 1990: 128).

어터백(Utterback 1993)은 미국 자동차 산업에 의해 20세기에 나타난 진화과

---

7) 제너럴 모터스(GM)는 매우 성공적인 R&D 활동을 했지만 가장 중요한 발명과 혁신 중 일부는 디젤-전기 기관차나 화학 분야와 같이 자동차 산업 외부에서 이루어졌다. 케터링(Kettering)은 1930년 GM에게 디젤-전기 기술 개발에 이미 상당히 앞선 두 회사를 인수하도록 설득했다. '디젤 엔진과 전기 견인 장치의 조합은 새로운 아이디어는 아니었지만 2개의 소규모 선구 기업을 인수하고, 연구 조직의 대규모 자원을 업무에 배치하며, 큰 잠재적 국내시장을 활용함으로써 시스템의 엄청난 상업적 이점을 확립하게 되었다'(Jewkes et al. 1958/1969: 251).

8) 현재 전 세계 자동차 회사가 배출가스 표준에 부합하는 자동차를 생산하고자 사용 중인 기술이다.

정이 타자기, 자전거, 재봉틀, 텔레비전 및 반도체와 같은 여러 다른 산업의 특징이기도 함을 보여주었다. 그리고 초기의 급진적 혁신 제품은 여러 신규 진입자와 경쟁 디자인으로 이어졌다. 공정혁신과 생산의 확장은 지배적이고 견고한 설계의 출현, 이윤 감소, 합병 또는 파산 과정으로 이어지면 결국 소수 기업의 과점 구도로 끝이 난다. 점진적 혁신은 제품과 과정 모두에서 우세하게 나타났는데, 지배적 패러다임에 대한 '고착'은 단순히 '상식'으로 간주되었다.

유럽의 소비자, 관리자, 기술자 모두 대량 생산 제품에 대한 오만한 경멸심이 남아있었는데, 이는 미국 문화와 대조적이며 아마도 확산을 지연시킨 요인이었을 것이다. 그러나 이런 현상은 전쟁 이후에 1인당 소득이 증가하기 시작하면서 빠르게 사라졌으며 사람들은 실제로 자동차나 다른 소비 비품을 구입할 수 있게 되었다. 서유럽의 대부분 국가는 1950-1975년 사이 미국의 1인당 소득을 거의 따라잡았으며 내구재에 대한 소유 패턴 역시 미국과 매우 유사하게 되었다. 그리고 1960년대 서유럽의 자동차 생산량은 미국을 능가했다(〈표 8.7〉).

▍표 8.7　세계 자동차 생산량과 수출량, 1929-1980년(백만 대)[a]

	1929	1938	1950	1960	1970	1980
생산 지역						
북미	4.8	2.1	7.0	7.0	7.5	7.2
서유럽	0.6	0.9	1.1	5.1	10.4	10.4
일본	-	-	-	0.2	3.2	7.0
중앙계획경제	-	0.1	0.1	0.3	0.7	2.1
그 외	-	-	-	0.4	1.0	1.8
총 생산량	5.4	3.1	8.2	13.0	22.8	28.6
수출 지역						
북미 내	0.1	-	-	-	0.9	1.1
북미로부터	0.4	0.2	0.1	0.1	0.1	0.1
서유럽 내	-	0.1	0.2	1.0	2.7	3.7
서유럽으로부터	0.1	0.1	0.4	1.2	1.8	1.3
일본 수출	-	-	-	-	0.7	3.9
그 외 수출	-	-	-	-	0.2	0.8
총 수출량	0.6	0.4	0.7	2.3	6.4	10.9

[a] 자료 없거나 매우 적음.
출처: D. T. Jones(1985: 136).

이러한 추격 과정은 주로 미국의 산업 기술과 경영 기술의 성공적인 확산에 기반을 두고 있었다. 유럽 복구를 위한 마셜 플랜(Marchall Plan)과 이를 이은 OEED(이후 OECD)는 모두 이런 과정을 위해 힘썼으며, 많은 산업 전문가들이 미국 기업의 생산성을 공부하기 위해 전쟁 이후 미국으로 건너갔다. 포드나 제너럴 모터스와 같은 미국 기업들은 여러 유럽 국가에 오래전부터 생산 공장을 설립했는데, 이 역시 미국 기술을 흡수하는 데 도움을 줬다. 그러나 유럽 회사들은 순수하게 미국 기술을 수동적으로 받아들이지 않았으며 단순히 모방하지도 않았다. 그들은 특히 설계 분야에서 혁신적이었는데(Womack et al. 1990: 46-7 참조), 소형차, 스포츠카 및 일부 고급 승용차에서 큰 수출 성공을 거두었다.

1960-70년대에 서유럽 자동차 생산업체의 중요한 혁신 중에는 전륜 구동, 디스크 브레이크, 연료 분사, 일체형 차체, 5단 변속기, 중량 대비 고출력 비율 등이 있었다. 반면에 미국 기업들은 파워 스티어링, 에어컨, 스테레오, 자동 변속기와 같은 '편안함'에 대한 혁신을 주도했다. 1970년대의 유가 상승은 연비가 좋은 소형차를 제조한 유럽 생산업체에게 유리하게 작용했는데, 이 기회를 통해 미국으로의 수출을 확대할 수 있었다. 반세기 동안 자동차의 압도적인 생산 및 수출국이었던 미국은 순 수입국이 되었다.

그러나 세계 시장에서 미국이 지배력을 잃은 데에는 유럽과의 경쟁보다는 일본의 혜성과 같은 등장이 더 크게 작용하였다. 1913년 포드와 마찬가지로 이러한 일본의 급부상은 전체 생산 체계의 급진적인 재설계에 기초하였는데, 1868년 메이지 유신 이래 일본은 공정혁신에 의한 수입 기술 향상에 큰 중점을 두어왔다. 수입된 기술을 흡수하고 개선하는 방법은 주로 '역엔지니어링(reverse engineering)'의 형태로 이루어졌는데(Pavitt 1985; Tamura 1986; Freeman 1987), 1950-60년대 역엔지니어링의 광범위한 사용은 일본 혁신체제에 몇 가지 중요한 결과를 가져왔으며, 특히 일본 주요 기업의 상징적인 R&D 전략에 영향을 미쳤다. 일본의 경영진, 기술자 및 노동자들은 전체 생산 과정을 하나의 시스템으로 간주하고 제품 설계 및 공정 설계를 통합적인 방식으로 생각하는 데 익숙해졌다. 그리고 전제 생산 시스템을 재설계하는 이러한 능력은 조선, 자동차, 컬러 텔레비전과 같은 다양한 산업에서 일본의 경쟁적 성공의 주요 원인 중 하나였다(Peck and Goto 1981). 일본 기업들은 급진적인 제품혁신을 거의 하지 않았던 반면에, 생산성을 향상시키고 품질을 높이기 위해 여러 과정을 재설계하고 점진적인 혁신을 추구했는데, 아마도 자동차 산업이 가장 완벽한 예일 것이다(Altshuler et al. 1985; D. T. Jones 1985; Womack et al. 1990; Graves 1991).

1989년까지 일본(900만대 이상)은 미국(800만대 근접)보다 더 많은 자동차를 생산했는데, IMVP는 공정기술 및 경영조직에서 일본 기술의 중요성을 인식하고 있었기 때문에 전 세계 주요 자동차 생산업체 대부분의 지원을 받아 조직될 수 있었다. 미국 생산업체는 일본 시스템의 일부 핵심기능을 성공적으로 모방했으며, 1990년대 후반에 미국 산업은 세계 주도권을 되찾을 수 있었다. 일본 기업들 역시 북미 지역의 자체 공장에 투자를 감행했는데, 자동차 산업은 미국과 일본이 남아있는 몇 안 되는 유럽의 중소형 기업들을 인수하면서 과점 구도가 더 심화되었다.

8.5 제4차 콘드라티예프 파동의 핵심 투입요소로서의 석유 산업

20세기 세계 경제의 동력화(motorization)를 가능하게 한 것은 자동차의 대량 생산과 저렴하고 풍부한 석유의 조합 때문이었다. 그러나 석유제품(등유·파라핀)은 현재 휘발유가 내연기관의 연료로 대규모로 사용되기 오래전부터 조명에 사용되었다. 석유 산업은 우선적으로 조명용 등유와 난방용 중유의 공급원으로 발전했는데, 자동차의 대량 사용에 필요한 규모로 제공할 수 있을 정도의 좋은 품질과 낮은 비용으로 많은 양의 휘발유를 분리하려면 일련의 발명과 혁신이 필요했다. 록펠러(John D. Rockefeller)는 자신이 설립한 스탠더드 오일(Standard Oil Company)에서 막대한 자산을 벌어들였는데, 그중 대부분은 자동차에 의한 수요가 아니라 철도를 이용해서 조명과 난방에 사용하기 위한 정제소 및 석유 운송과 판매에서 비롯되었다.

1860년까지 이미 15개의 정유소가 등유 제조를 위한 원유를 증류했는데, 생산량은 1862년에 3백만 배럴로 증가했으며 수백 개의 새로운 석유 회사들이 생겨났다. 첫 번째 거품현상은 1866-7년에 터졌지만 이것은 시작에 불과했다. 초기에는 석유 생산량이 수백만 배럴로 집계되었지만 석유가 대량 생산의 핵심적 요인으로 자리 잡았을 때에는 수십억 배럴로 계산되기도 하였다(〈표 8.8〉). 이 표에서 알 수 있듯이 1939년까지 보편적 가용성의 기준을 충족했으며 실제로 1910-39년 사이에 생산량이 급격히 증가하여 세계 산업 생산량보다 훨씬 빠르게 성장했다(〈표 8.3〉). 다른 상품에 비해 유가는 1860년대 높은 수준에서 1960년대 매우 낮은 수준으로 하락했다([그림 8.3]). 따라서 석유 생산량은 보편적 가용성과 가격 하락이라는 두 가지 기준을 모두 충족했으며 유조선, 컨테이너, 화물 기차, 정제소는 글로벌 유통을 위해 확장되었다.

▌표 8.8 세계 원유 생산량, 1939−1991년

	석유 생산 (십억 배럴)
1939	2.1
1950	3.8
1960	7.7
1973	20.4
1991	22.6

출처: 저자들이 직접 계산함.

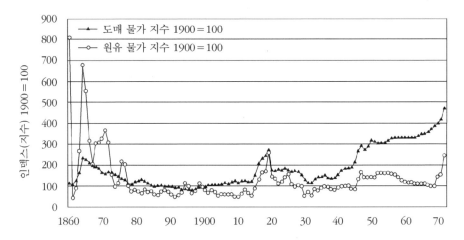

❏ 그림 8.3(a) 도매 물가 지수 대비 유가 지수 변동, 미국, 1860−1973년

출처: 미 상무성(US Department of Commerce), Oil Economists Handbook, 5th edn., 저자들이 직접 계산함.

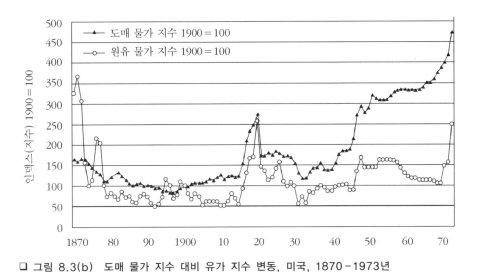

□ 그림 8.3(b) 도매 물가 지수 대비 유가 지수 변동, 미국, 1870-1973년

출처: 미 상무성(US Department of Commerce), Oil Economists Handbook, 5th edn., 저자들이 직접 계산함.

　자동차의 연료로 사용되기 이전에도 석유는 국가 내 또는 국가 간 통제를 위한 치열한 경쟁적 투쟁의 대상이었다. 특히 트럭, 자동차, 항공기 및 여러 종류의 선박의 연료로 사용되면서 전략적 중요성으로 인해 전 세계 군사 외교의 대상이 되었다. 이것은 1973년과 1979년의 소위 'OPEC' 위기에서 분명해졌으며, 일부 주요 생산국의 가격 인상 노력이 일시적으로 성공하면서 많은 국가에서 경제 및 정치적 위기가 촉발되었다. 그러나 중동 유전지역은 이미 제1차 세계대전 이전에도 강력한 권력의 관심 대상이었다. 1911년 처칠(Churchill)은 독일과의 전쟁이 불가피하다는 확신을 갖게 되었고, 해군에서는 석탄에서 석유로의 전환이 결정될 수밖에 없었다(Yergin 1991: 11). 디젤유 또한 새로운 독일 잠수함의 연료로 채택되었다.

　스탠더드 오일(Standard Oil Company)사가 정기적인 연구 활동을 수립하기 위한 첫 번째 노력으로 시작하였던 수많은 정유소 공정혁신이 없었다면 석유 산업의 방대한 발전이 불가능했을 것이다. 이러한 공정혁신은 특히 에노스(Enos 1962)에 의해 잘 정리되어 있는데, 이 책에 따르면 1910-60년 사이 혁신의 연속과 규모 경제로 인해 휘발유 가격을 엄청나게 줄일 수 있었다(〈표 8.9〉).

투입 요소	소비량(100갤런당 가솔린)		
	버튼(Burton) 공정	유체 공정, 초창기 방법	유체 공정, 현재 방법
원료(갤런)	396.00	238.00	170.00
자본(1939 달러)	3.6	0.82	0.52
노동(맨 아워, 인시)	1.61	0.09	0.02
에너지(백만 BTU)	8.4	3.2	1.1

출처: Enos(1962: 224).

　　최초의 성공적인 상업적 분해 공정을 도입한 사람은 1889년 존스 홉킨스 대학에서 화학 전공으로 박사학위를 취득한 윌리엄 버튼(William Burton)이었다. 그의 산업 경력 중 가장 중요한 사실은 인디애나 부근에 위치한 휘팅(Whiting) 정제소에서 실험실이 운영될 수 있도록 스탠더드 오일사에 의해 임명되었다는 것이었다. 실험실이 오래된 농가에 있었기 때문에 그는 장비를 직접 만들어야 했지만 버튼(Burton)은 정제 방법을 여러 방면에서 개선할 수 있었다. 그 결과 그는 정제소의 관리자로 빠르게 승진했고 다른 두 명의 박사가 추가로 실험실에 임명되었다. 그리고 관리자로서 버튼은 1909년과 1910년에 시험설비 실험 개발에 필요한 자원을 지휘할 수 있게 되었다. 그와 그의 동료들을 석유의 다양한 부분에 대한 다양한 온도와 압력 하에서 분해작업을 체계적으로 검증할 수 있었고 또한 만족할 만한 열분해 공정을 개발할 수 있었다.

　　에노스(Enos)는 1913년 첫해에 236,000달러의 개발 비용이 10배 규모로 돌아왔다고 추정했는데, 그 후에도 로열티 수입만 2천만 달러가 넘었다. 원 발명과 개량 발명 모두에 대한 특허권은 강력했고, 인디애나의 스탠더드 오일사는 공정 사용에 대한 수익의 25%를 부과했다. 1921년까지 총 19개의 회사가 라이센스를 받았지만 계약 조건에 따라 특정 지역에서 판매가 제한되었다. 또한 그들은 기술적인 노하우 없이 특허권만 취득했다. 이러한 상황은 많은 소규모 정제소의 파산으로 이어졌을 뿐만 아니라 대체 공정 개발에 상당한 자극을 제공했다. 1920년과 1921년에는 더 많은 새로운 분해 공정이 도입되었는데, 이는 매우 수익성이 높은 버튼 공정을 뒤쫓았던 창의적인 노력이 어느 정도인지 짐작하게 한다.

　　석유 산업의 혁신가들이 창출한 수익은 자동차 대량 생산에서 포드가 창출한 엄청난 수익(8.4절)과 비슷했으며, 1920년대에 이미 새로운 패러다임의 성공을 보장했다. 그러나 1930년대의 세계 불황은 짧은 기간 동안 급격한 변화를 가져왔다. 미국 내무장관인 해럴드 이키즈(Harold Ickes)는 텍사스 주지사로부터 유가 급락에 대한 전보를 받은 후 루즈벨트(Roosevelt) 대통령의 '뉴딜(New Deal)'에 따라 새로운 규제 제도를 마련했다. 이키즈(Ickes)는 미국경제의 미래를 위한 석유의 중요성을 충분히 인식하고 있었다. '석유에 대한 우리의 절대적이고 완전한 의존성에는 의심의 여지가 없습니다. 우리는 석기 시대에서 청동기, 철, 산업, 그리고 지금의 석유의 시대로 넘어왔습니다. 우리가 알고 있듯이 석유 없이는 미국 문명이 존재할 수 없습니다'(Yergin 1991: 254). 그리고 1935-1940년까지 유가는 배럴당 약 1달러로 안정되었다.

분해 방법의 기술적 진보는 1920년대와 1930년대에 걸쳐 빠르게 계속되어 왔으며 프랑스 기술자이자 발명가 유진 후드리(Eugene Houdry)가 1925년 실험을 시작한 이후 분해를 위한 촉매 기술의 노력이 집중되었다. 후드리 코퍼레이션(Houdry Process Corporation)이 썬 오일(Sun Oil) 및 소코니 버큠(Socony Vacuum)과 협력하여 촉매 분해 공정을 성공적으로 도입한 것은 뉴저지의 스탠더드 오일에게 강력한 자극제가 되었다. 그리고 라이센스 협상은 후드리 공정 기법이 표준 분해 공정으로 채택될 경우 약 5천만 달러를 받을 것으로 예상했음을 보여준다. 이런 힘든 상황으로 인해 뉴저지는 앞서 설명한 가능성을 거부하고 대신 자체 공정을 개발하는 데 집중하였다. 이 과정은 고정층 후드리 공정의 한계, 스탠더드 오일의 자체 R&D 역량, 독일 거대 화학 회사인 IG 파르벤(IG Farben)으로부터 고압 수소 첨가에 대한 노하우를 바탕으로 작업하는 데 치우쳐졌다. 스탠더드 오일은 전 세계 휘발유 수요가 앞으로 오랫동안 계속해서 증가할 것이라고 확신했고, 따라서 장기적인 전략으로 이 분야에서 큰 기술적 노력이 필요했다. 이 조직은 더 좋은 방향으로 도약함으로써 후드리 공정에 도전할 수 있는 좋은 위치에 있었고, 완전 연속적인 일관공정이 후드리의 반연속(semi-continuous) 촉매 시스템보다 훨씬 낫다고 인식되었다. 그리고 또 다른 주요 목표는 고급 등급에 국한되지 않고 다양한 원유 재고에 사용할 수 있는 공정 기법을 구축하는 것이었다.

이러한 목표들을 추구하면서 뉴저지의 스탠더드 오일사는 후드리 공정에 의해 위협을 받는다고 느끼는 다른 석유 및 공정 회사들과 공동의 목적을 만들기 시작했다. 1938년에는 켈로그(Kellogg), IG 파르벤(IG Farben), 인디애나 스탠더드(Indiana Standard), 뉴저지 스탠더드(New Jersey Standard), 쉘(Shell), 앵글로-이란(Anglo-Iranian, BP), 텍사코(Texaco), UOP로 구성된 그룹이 형성되었는데, 흥미롭게도 공동 연구 프로그램으로 이어진 런던에서의 첫 번째 회의 소집을 주도한 것은 공정 설계 및 건설회사인 켈로그(Kellogg)였다. 이 그룹(IG 제외)은 약천 명(표준 개발 분야에서 400명)을 고용하고 있는 R&D 시설의 자원을 지휘했으며 이 작업에는 다양한 분야에 전문가들의 협력이 필요했다.

1938-1942년까지 유체 촉매 분해 공정을 개발하기 위해 수행된 공동 R&D 작업은 원자 폭탄 이전에 진행된 가장 큰 단일 프로그램 중 하나였다. R&D 비용은 3천만 달러가 넘었지만 이 공정은 수익성이 매우 좋았고, 뉴저지 스탠더드(New Jersey Standard)는 1956년까지 3천만 달러 이상의 로열티를 받았다. 그리고 이때까지의 공정은 전 세계 분해 공정의 절반 이상을 차지했으며 후드리 공정이 10% 이상의 점유율을 달성하는 것을 막을 수 있었다. 원래의 고정층 공정은 1943년 이후 빠르게 감소했지만 개선된 버전(TCC와 후드리플로법)은 계속해서 경쟁을 이어갔다. 일관공정은 엄청난 대대적 승리였으며 석유가 실제로 민간 및 군사를 위한 전체 경제의 핵심 요인이 되었음을 보여주었다. 마침내 새로운 공정은 매우 우수한 고급 항공 연료를 제공했다.

따라서 제2차 세계대전 당시 세계에서 가장 강력한 기업들에 대한 대규모의 집중적인 R&D 활동의 결과로 기술은 휘발유, 디젤 연료, 항공 연료의 공급량이 군사 수요의 엄청난 증가를 충족시킬 수 있었다. 그리고 독일과 다른 유럽 대륙에서도 연합군 봉쇄에도 불구하고 IG 파르벤(IG Farben)의 혁신은 비용이 높기는 하지만 석탄에서 합성유를 공급할 수 있도록 보장했다. 오직 일본만이 여전히 혜택을 못 받고 있다고 생각했는데, 이는 극동 전쟁과 인도네시아 및 동아시아 다른 지역의 점령을 촉발한 주요 원인 중 하나였다. 제2차 세계대전은 동력 무기와 석유로 싸울 수 있었고, 그 이후 수십 년 동안 번영을 누릴 수 있는 기반이 마련되었다.

8.6 다른 고속성장 산업: 항공기, 트랙터, 내구 소비재, 합성 물질

여기에서 제4차 콘드라티예프 파동의 산업 및 서비스와 기술과 경제적 상호의존성에 대한 모든 정의를 내리기는 불가능할 것이다. 일부는 석유나 자동차 산업처럼 빠르게 성장했는데, 그 이유는 제품과 서비스가 이런 주요 분야에서 직접적으로 필요했기 때문이다. 예를 들어, 수많은 유통 업체와 수리 및 유지 보수에 필요한 서비스 센터 등이 있다. 다른 곳에서는 자동차용 타이어 및 브레이크, 그리고 석유 정제를 위한 탱커, 펌프, 밸브, 압축기와 같은 부품을 공급했다. 한편 자동차 산업에 직접적으로 제공하지는 않았지만 냉장고나 세탁기와 같이 내구 소비재를 만드는 생산 기술로 성장한 분야도 있었다.

트랙터 산업의 중요성을 간과해서는 절대 안 될 것이다. 자동차 산업과 대형 트럭 및 탱크 제조와 본질적으로 유사한 기술을 바탕으로 미국과 이후에 세계 농업에서의 기계화와 동력화를 가능하게 했다. 1930년까지 미국 농업이 상대적으로 침체된 상황이었음에도 불구하고 이미 미국 농장에서 거의 백만 대의 트랙터가 사용되고 있었다. 1920년대와 1930년대 미국의 트랙터 기술을 소련으로 이전한 것은 새로운 집단 농장에 서비스를 제공하는 기계와 트랙터 스테이션 (machine and tractor station: MTS)의 네트워크를 바탕으로 한 소련 농업의 집단화를 위한 스탈린(Stalin)의 계획에서 중요한 요소였다. 포드와 같은 일부 자동차 제조업체도 트랙터 생산에 뛰어들기는 하였는데, 대부분의 주요 모델은 메이시 퍼거슨(Massey Ferguson)과 같은 전문 회사에서 제작되었다. 경량 상업용 차량 (트럭)은 일반적으로 자동차 회사에서 만들어졌지만, 큰 차량은 보통 버스나 우등버스 등도 생산하던 전문 기업들의 사업이었다.

그런 다음 항공기 산업과 같은 분야가 20세기 가장 중요한 산업 중 하나였으며, 자동차 산업의 엔진 및 부품 제조업체의 경험과 석유 정제 산업의 기술적 변화를 적극 활용했다. 규모의 경제는 자동차 산업만큼 항공기 산업에서는 큰 역할을 하지 못했는데, 하지만 커티스 라이트(Curtis Wright) 항공기 회사의 기술자인 T. P. 라이트(T. P. Wright)는 자동차 산업의 사례에서 영감을 받아 1930년대에 대량 생산의 장점을 입증하려고 했다. 동적 규모의 경제 개념을 포용한 '학습 곡선(learning curve)' 개념은 광범위하게 적용되었다. 항공기 산업이 대량 생산 산업으로 간주될 수는 없지만 2개의 세계대전, 특히 제2차 세계대전의 원동력으로 군용 항공기의 생산 규모가 크게 확대되었다. 전쟁이 발발하기 전부터 1930년대에는 생산량이 매우 빠르게 증가했고(〈표 8.10〉), 전쟁 동안 미국, 독일, 영국, 일본은 군사적 최우선 과제 중 하나로 생산을 더욱 가속화했다. 무엇보다 미국에서는 폭격기, 특히 '하늘의 요새(Flying Fortress)'의 생산 규모와 속도를 높이기 위해 엄청난 노력을 기울였다. 시애틀의 보잉(Boeing) No. 2 공장에서 생산된 이 항공기에 대한 내용은 자주 전해들을 수 있지만 일본 기술자 미시나(Mishina 1999)의 연구 또한 매우 흥미로웠다.

▌표 8.10　1930년대 국가별 항공기 생산

국가	1933	1936	1939
프랑스	(600)	890	3,163
독일	368	5,112	8,295
이탈리아	(500)	(1,000)	(2,000)
일본	766	1,181	4,467
영국	633	1,677	7,940
미국	466	1,141	2,195
(구)소련	2,595	3,578	10,382

출처: Kennedy(1988: 419).

　미시나는 1941년 9월 불과 5대의 항공기를 운항했던 것에 비해 1944년 8월에는 360대의 항공기가 인도된 것은 나중에 일본 자동차 산업에서 유명해진 '적시(just-in-time)' 전략의 '초기 사전 구성(early pre-figuration)'에 의해서만 가능하다고 주장했다. 그의 설명에 의하면 이 놀라운 결과를 가져온 것은 학습 기술이나 항공기 수의 증가가 아니라 재료와 구성 요소에 대한 불필요한 시간 및 재고를 급격히 줄인 생산 계획과 관리 때문이었다. 이는 이동식 조립 라인이 대량 생산 산업을 위한 전형적인 포드주의 혁신이 되었음에도 불구하고 자동차 생산 규모 확장의 영향은 이러한 단일 혁신보다 더 광범위하게, 생산 시스템의 관리 및 통제 방식까지 확대되었음을 보여준다.

　제2차 세계대전 이후 한국 전쟁과 '냉전(Cold War)'은 군용기 및 미사일 산업이 그 이후 수십 년 동안 미국, 소련, 영국, 프랑스에서 계속해서 매우 중요했음을 보여준 사례이다. 그러나 독일과 일본은 산업 성장에 제한이 있었는데, 그럼에도 불구하고 1950년대와 1960년대 민간 산업의 급속한 성장과 함께 군사 제품에 대한 R&D 규모와 강도는 항공기 산업을 전쟁 이후 네 번째 파동의 상승 구간 중 주요 산업 중 하나로 만들었다.

　경우에 따라 이동식 조립 라인 방식은 내구 소비재 산업이나 배터리 케이지를 이용한 달걀 생산, 혹은 패스트푸드 등과 같은 다양한 산업에서처럼 직접 모방될 수 있었다. 또한 미치는 영향은 덜 직접적인 경우가 많았으며, 주로 구성요소의 표준화, 재료의 흐름, 작업의 세분화, 생산 계획 및 관리 직원에 대한 권한 부여 등에 영향을 미쳤다. 물론, 소량의 맞춤형 일괄 처리와 '일회성(one-off)' 생산을 우세한 방법으로 여기고 수공 기술을 필수 자산으로 생각하는 산업이 여전히 많이 있었다. 그리고 석유 및 화학 산업의 일관생산 기술이 조립 라인보다 더 관련성이 높은 산업도 있었는데, 일부 기술자들은 조립 라인을 단순히 일관생산의 특수한 응용으로 생각하였다.

초기 자동차 산업은 주로 금속 부품을 많이 사용했지만 유리, 고무, 가죽 및 기타 실내 장식 재료도 함께 사용했다(〈표 8.2〉). 그러나 나중에는 고분자화학의 발전으로 인해 새로운 합성 재료가 광범위하게 개발되면서 금속과 가죽, 고무, 섬유 재료가 점점 대체되었다. 석탄 기반에서 석유 합성 재료로 전환한 화학 산업, 연속적인 일관생산 기술의 사용 증가, 정제 부산물로부터 값싼 공급 원료의 풍부함은 모두 다양한 합성 재료 산업의 놀라운 성장을 촉진시켰다. 이는 독일 전쟁 경제에 의해 주도되었으며, 전쟁 봉쇄로 인해 공급이 중단될 수 있는 천연 재료를 대체할 필요성이 절실했기 때문이다. 그리고 같은 동기로 인해 미국 정부는 1940년대 거대한 합성 고무 산업을 발달시켰다. 그러나 나중에 합성 재료는 내구 소비재, 건설, 공학 기술, 섬유 제조에 있어 천연 재료 및 금속을 대체하는 기술 및 경제적 장점을 바탕으로 민간 경제에서 매우 빠른 속도로 계속 확장되었다. 이것은 그 자체로 두 번째 혁신의 무리였는데, 다양한 전문 화학회사뿐만 아니라 사출 성형, 압출 성형 등을 위한 기계 건설 산업의 발전으로 이어졌기 때문이다. 이 일단의 성장은 프리만 등(Freeman et al. 1982)에 그리고 합성고무의 경우에는 솔로(Solo 1980)에 자세히 설명되어 있다.

8.2절에서는 미국경제 성장에 대한 자동차 산업의 영향이 제조업보다 서비스와 건설 산업에서 훨씬 더 크다는 크리스토퍼 다우(Christopher Dow 1998)의 견해를 살펴보았다. 그리고 1920년대 자동차 산업의 전반적인 영향을 설명한 피터 피어런(Peter Fearon 1987)도 이러한 '유도된' 효과의 중요성을 강조하였다. 자동차 산업의 강철, 고무, 유리, 석유에 대한 막대한 수요와 여러 산업의 기술적 변화를 언급한 뒤 그는 고속도로 건설의 호황, 전시관, 서비스 및 수리 센터, 관광 사업, 교외 부동산 시장의 호황, 도시 외곽의 쇼핑 플라자, 그리고 무엇보다도 할부 구매에 대해서 다음과 같이 말했다.

1919년 제너럴 모터스(GM)는 어음인수회사(Acceptance Corporation)를 설립하여 현대식 소비자 신용 개발을 개척했다. 자동차는 상대적으로 비쌌기 때문에 1920년대 중반까지 70% 이상의 자동차 판매는 할부 구매에 의해 이루어졌고, 자동차, 트럭, 버스, 트랙터 등은 경제 분야 대부분에 영향을 미쳤다(Fearon 1987: 56).

8.7 대량 소비와 대량 생산의 승리

소비자 신용혁신은 자동차 산업과 함께 1920년대와 1930년대 미국에서의 소유가 널리 확산된 내구 소비재 전체에 특히 중요했다. 1930년 1,700달러 이상의 소득을 벌어들인 100명의 포드 직원을 대상으로 한 설문조사에 따르면 그중 47%는 자동차, 36%는 라디오, 19%는 전기 청소기, 5%는 전기 재봉틀을 소유한 것으로 나타났다. 그리고 이 중에서 60%는 할부 구매 약정을 가지고 있었다(Fearon 1987: 57).

1935년까지 미국 전체 가정의 절반 이상이 자동차를 소유했고, 1989년에는 무려 84%가 자동차를 소유하고 있었다(백인 가정의 86%, 흑인 가정의 69%). 그리고 냉장고, 세탁기, 기타 가전제품의 구매가 이어졌다(〈표 8.11〉). 유럽에서는 이런 제품의 구매 현상이 미국을 따라잡기 시작한 것은 1950년대와 1960년대 들어서였다(〈표 8.12〉). 물론 이러한 엄청난 확산은 모든 가정의 전기 가용성이 뒷받침되어야만 했고 따라서 부엌과 방을 수리해야 하는 상황도 종종 발생했다(Lebergott 1990). 한편 대부분의 미국 농부들은 1920-30년대에 자동차와 트랙터를 보유한 경우는 있었지만 대부분은 전기가 들어오지 않는 곳에서 살고 있었다.

❚표 8.11 미국 가정의 가전제품 소유 현황, 1900 – 1970년(%)

	전등	냉장고	세탁기	청소기
1900	3	0	n.a.	nil
1920	35	1	8	9
1940	79	44	n.a.	n.a.
1960	96	90	73	73
1970	99	99	70	92

출처: Lebergott(1993: 113).

▌표 8.12 국가별 가정 내 사용 비율, 1960년(%)

	미국	영국	네덜란드	룩셈부르크	프랑스	서독	벨기에	이탈리아	소련
전체	100	100	100	100	100	100	100	100	100
온수	93	77	67	57	41	34	25	24	n.a.
세탁기	55	45	69	74	32	36	52	8	15
냉장고 (전기 또는 가스)	96	30	23	57	41	52	21	30	5
재봉틀									
전기	45	12	24	15	14	10	13	5	n.a.
수동	(*)	34	55	47	42	50	34	51	n.a.
난로 (석탄 또는 나무)	n.a.	7	2	67	54	50	45	44	n.a.
자동차	77	35	26	48	40	26	30	20	n.a.

* 1%보다 작음.
출처: Lebergott(1993: 111).

그리고 냉장고와 세탁기 외에도 전자레인지, 식기 세척기, 냉동고, 전기 조각용 칼, 정원 도구와 같은 제품들이 그 뒤를 이었다. 1990년대까지 미국 가정의 대다수가 이와 같은 여러 제품들을 소유하고 있었고, 유럽과 일본 역시 그렇게 뒤처진 상황은 아니었다. 레버고트(Lebergott)는 〈행복을 찾아서(The Pursuit of Hapiness)〉라는 본인의 책을 통해 가정 지출에 대한 이러한 변화를 집안에서 생활하는 여성의 삶과 연관지으며, 19세기에 설거지, 청소, 요리와 같은 중노동으로부터 좀 더 고귀하거나 행복을 추구하는 린즈(Lynds)와 같은 사회학자들을 언급했다.

1937년 린즈가 미국인들에게 '새로 사야 할 물건들의 끝없는 연속(gorged stream of new things to buy)'을 통해 최면에 대한 경고를 했을 때, 주부 4명 중 3명은 이미 집에서 사용할 전기 장비를 구입한 상태였다. 그렇다면 왜 이 주부들은 자동 냉장고에 굴복했을까? 대부분은 얼어붙은 연못에서 얼음을 깎아 집으로 가져갈 수 있었을 것이다. … 어쨌든 프랑스 주부의 80%, 그리고 영국 주부의 87%가 1957년까지 냉장고 없이 생활했다 (Lebergott 1990: 112).

물론 여성 해방 운동과 소비주의와 같은 문화 및 정치적 변화가 있었는데, 이는 가계 소득의 변화, 전력 가용성, 많은 개선된 신제품과 연관성이 있었다. 그러나 레버고트의 책은 대량 소비와 대량 생산 시대 이전에 많은 집안일의 순전하고 고된 노력을 지적함으로써 순수한 문화적 해석에 대한 유익한 정보를 제공했다. 그리고 헨리 포드가 그의 포드주의적 방식에 대한 주요 특징이라고 할 수 있는 내구 소비재 가격의 하락을 통한 대량 소비를 강조한 것은 옳았다.

이전의 기술적 변화에 대한 파동은 모든 새롭고 광범위한 범위의 소비재로 이어졌다. 저렴한 속옷과 의류, 주방 용품과 철제 침대, 값싼 철도 여행, 새로운 방법에 의한 난방과 조명, 우편 서비스, 통신, 다양한 수입품과 식품 등이 모든 것들이 동시대를 살아가는 사람들에게 매우 중요했다. 그럼에도 불구하고 포드식의 대량 생산과 관련된 소비자 행동의 변화 패턴은 초기의 변화와 큰 차이가 있었다. 첫째, 많은 사람들의 구매력 증가는 과거 그 어느 때보다도 훨씬 더 컸다. 제2차 세계대전 이후 약 25년 동안의 '황금 시대(golden age)'에서는 산업 자본주의 역사상 최대의 GDP와 1인당 소비 증가량을 보였다. 둘째, 구매 성격은 여러 방면에서 이전의 소비 방식과 차이가 있었는데, 자동차와 내구 소비재는 자본재의 일부 특성을 가지고 있었으며 실제로 이들 대부분은 제조업 및 서비스 산업은 물론 가정에서의 자본재(트럭, 밴, 세탁기, 냉장고 등)로 판매되었다. 셋째, 이러한 특성은 수요 패턴에 현저한 영향을 미쳐 케인즈식 수요 관리 기술에 대한 완전히 새로운 가능성을 제시했다. 이 모든 상황을 비추어 봤을 때 헨리 포드의 기술이 대량 소비 시대를 열었다는 그의 주장은 진지하게 받아들여질 가치가 있었다.

1920년대에 라디오 세트가 '내구 소비재'로 널리 보급된 사실은 매우 중요했으며 제2차 세계대전 이후 라디오와 텔레비전은 미국, 유럽, 일본 가정의 90% 이상이 사용하고 있었다. 이런 제품들은 다른 내구재와 많은 특성을 공유했지만 석유, 자동차, 대량 소비를 잇는 정보통신 기술을 기반으로 한 제품과 서비스의 새로운 무리이자 전자 혁명의 선구자였다(제9장).

이 장에서 우리는 대량 소비와 대량 생산을 강조했는데 그 이유는 이들이 네 번째 파동의 기술경제패러다임에 있어 핵심적인 아이디어 역할을 했기 때문이다. 산업뿐만 아니라 서비스 및 정부 활동에도 영향을 미쳤고, 지금까지 살펴본 바와 같이 '대량 소비'라는 개념은 무엇보다도 미국에서 뿌리를 내렸으며 실제로 헨리 포드 철학의 핵심 교리 중 하나였다. 따라서 '대량 서비스(mass services)'라는 개념이 처음으로 제안된 곳이 미국이라는 사실은 그리 놀라운 일이 아니었다. 그리고 1929년에 전미경제연구소(NBER) 소속 경제학자들은 '후버 보고서(Hoover Report, 최근 경제 변화에 대한 보고서)'를 작성해 대통령에게 제출하였다. 여기에서는 1922년과 1929년 사이 증가한 '기술적 실업' 문제와 계속되는 '주기적 실업' 위협에 주목했지만 고용에 대한 전체적인 어조는 상대적으로 낙관적이었다. 그 이유는 서비스 산업을 심각한 실업 위기로부터 국가를 구할 새로운 고용의 주요 원천으로 생각했기 때문이다(Hoover Report 1929: pp.16, 12).

이 보고서는 미국이 경험했던 최악의 실업 직전(eve)에 발간되었는데, 이후에 알게 되었지만 '정부와 상업에서의 우리 재무구조의 힘과 안정성'에 대한 논평과 같은 판단 오류를 쉽게 찾아볼 수 있었다. 그러나 후버 보고서에서는 세월의 시험을 견뎌온 많은 흥미로운 분석들도 포함되어 있었다. 서비스 산업과 미국 재무구조의 발전이 대공황으로부터 나라를 구하지는 못했지만, 1922-29년 사이 금융서비스 분야 고용을 포함한 서비스 직종 고용의 증가는 중요한 현상이었고 20세기 하반기에 특히 더 중요하게 나타났다. 이 보고서는 여행, 엔터테인먼트, 교육, 보험, 통신, 호텔, 식당, 조제 식품점, 세탁소, 공공 도서관의 '급격한 발전'을 언급했으며, 이를 '수 세기 동안 진행된 진화'라고 덧붙였다(Hoover Report 1929: p.16). 그리고 다음과 같이 얘기했다.

우리는 이제 많은 종류의 서비스에 대량 생산 철학을 적용하기로 한다. 그리고 우리는 이러한 서비스를 통합하고 조직했으며 최근 몇 년 동안 '대량 서비스(mass services)'라고 할 수 있는 새로운 철학을 개발했다. 결국 미국에서 새로운 안락한 생활 표준을 만드는 데 도움이 되었고, 농업과 채굴 및 가공 산업에서 붐비는 수백만 명의 노동자들에게 일자리를 제공했다(Hoover Report 1929: p.16).

이러한 '대량 서비스'는 대부분의 유럽 국가와 제2차 세계대전 이후 일본에서 매우 빠르게 성장했으며, 서비스 분야의 고용 증가는 OECD 고용 구조에서 가장 주목할 만한 변화 중 하나였다. 가장 눈에 띄는 2가지 예는 대중 오락과 대중 관광이었다. 후자는 올리아나 푼(Auliana Poon 1993)의 훌륭한 연구 대상이었는데, 전쟁 이후에 대중 관광을 창출하기 위해 기술혁신, 특히 항공기 산업에서의 기술혁신이 유급 휴가와 같은 사회적 혁신 또는 관광 산업의 사업적 혁신과 상호작용할 수 있는 방법에 대해 설명하였다. 전쟁 이전에는 북유럽의 산업 노동자 가족이 스페인, 그리스 또는 이탈리아에 휴가를 간다는 것이 거의 전례가 없었지만 이런 혁신의 조합 덕분에 1960년대와 1970년대에는 일반화될 수 있었다. 이 모든 것이 가능하도록 여행 및 숙박 비용을 최대한 낮출 수 있었던 것은 '패키지 여행(packaged holiday)'의 포드주의적 개념에 의한 표준화 때문이었다.

후버 보고서는 '조제 식품점(delicatessen stores)'에 대해서도 언급했지만 전체 소매 유통과정을 대량 서비스 성장의 주요 배경 중 하나로 판단했을 수도 있었다. 아주 작은 식료품점에서의 셀프서비스혁신으로 시작하여 일련의 조직혁신과 몇 가지 기술혁신이 소매상에 혁명을 일으켰다. 그리고 '슈퍼마켓'과 '하이퍼마켓'은 집중도의 심화, 대기업, 그리고 표준화된 패키지 상품에 대한 거대한 유통 단위를 말해주는 이름들이다. 이 모든 것들은 후버 보고서에서 불렀던 '새로운 철학', 또는 우리가 부르는 '새로운 패러다임'이 미친 엄청난 영향력에 대한 예이다.

8.8 대중문화

이 책에서 논의하는 사회의 모든 하위 시스템 중에서 가장 복잡한 것은 문화다. 예술 작품은 그 자체의 논리와 시간을 반영하며, 종종 미래를 예상하거나 대체 세계를 구성하기도 한다. 그러나 예술가들은 현실적인 사회에 살고 있으며 그들의 시야는 대부분 시대의 잠재력에 의해 결정된다. 같은 의미로, 소통 방식의 일관성이라는 일반적인 의미에서 특정 문화의 창조는 특정 시대에 따라 패션, 음식, 문학, 건축, 음악, 언어의 진화 또는 기타 사회적 인공물이 될 수 있다. 그리고 기술적 체제, 사회적 구조 및 지식 형성의 역사적 과정은 예술 작품과 사회 문화의 전반적인 구성을 위한 기반을 의미한다. 대량 생산, 대량 소비, 그리고 대중문화는 아마도 이러한 관계에 대한 가장 명확한 예일 것이다.

그러나 인과적으로 연결된 사건과 흐름 사이에는 상당한 시차가 존재했고, 더욱이 (확산의 새로운 방법과 현대화 과정의 새로운 경험을 가능케 하는) 기술적 변환과 문화 사이에는 매우 큰 간극이 존재한다. 새로운 기술적 수단의 창출은 변환 속도를 설정했는데, 확실한 예로는 15세기의 '구텐베르크 은하계(Gutenberg Galaxy)'를 들 수 있다. 이것은 '필수적으로 활자체와 음성 알파벳 순서에 의해 지배되는 시스템'의 발전을 가능하게 했다(Castells 1996: i. 331). 알파벳은 기원전 700년 그리스 이후 지배적인 '개념적 기술(conceptual technology)'이었기 때문에 지식의 코드화를 위한 특권적 인프라로 자리매김했다. 그러나 산업적 능력이 인쇄된 단어를 표현의 직접적인 형태로 만들었을 때 지배적인 소통 방식이 될 수 있었다. 결과적으로, 오랜 기간 동안 소리와 영상은 글로 표현할 수 있는 범위의 밖에 있었고 조금은 난해한 예술 작품의 영역으로 밀려났다.

포드주의 생산이 사회 전체 구조로 확산되고 예술 작품의 기계적 생산이 이어지면서 새로운 시대가 열렸다. 최초의 미디어 예술 형태인 라디오와 영화는 당시 엄청난 소통 방식으로 자리 잡았다. 영화는 진정한 대중 오락이었으며 1930-50년대까지 텔레비전에 추월되기 이전에는 다른 어떤 문화 매체보다 대량 생산과 소비에 대한 아이디어를 전 세계적으로 확산시켰다. 텔레비전의 경우 영화에서의 많은 전통과 기술을 계속 이어나갔으며 영화 스튜디오의 자원을 활용했다. 자동차 추격전은 '키스톤 캅스(Keystone Cops)', 버스터 키턴(Buster Keaton), 그리고 무성 영화 초창기부터 잘 볼 수 있었던 영화의 특징이었다. 모험이나 범죄 영화에서는 거의 필수적인 에피소드처럼 등장했고 제임스 본드 영화의 이국적인 기술에 의한 자동차 추격전에서 그 절정에 이르렀다.

일반적으로 영화와 텔레비전은 대량 소비 상품과 서비스를 광고하고 미화하는 매체였지만 이를 풍자한 영화와 TV 제작물도 일부 존재했다. 찰리 채플린(Charlie Chaplin)의 모던 타임즈(Modern Times)는 아마도 대량 생산에 대한 깊이가 있으면서도 매우 재미있는 비판의 가장 좋은 예일 것이다. 반면에 파스빈더(Fassbinder)가 감독한 마리아 브라운의 결혼(Marriage of Maria Braun)과 그의 몇몇 다른 영화들에서는 소비주의의 예상치 못한 결과에 대해 매우 혹독하게 비판했다.

많은 지식인들은 대중문화와 관련된 '덤핑 다운(dumbing down)'에 대해 매우 비관적이었다. 가장 비관적이고 영향력 있는 사람 중 하나는 프랑크푸르트 학파(Frankfurt School)에 속한 사회학자인 아도르노(Adorno 1991)로 대량 생산 패러다임이 예술 작품에 미치는 영향을 설명하기 위해 '문화 산업(the Culture Industry)'이라는 표현을 만들었다. 그의 비관적인 태도는 독일 파시즘 대중 선동의 승리와 독일 문화 산업이 인종, 전쟁, 폭력에 대한 반동적 생각을 전파한 데 대한 결과였다. 그러나 그의 해석은 이미 1920년대부터 전개되었으며 대중문화 체제가 정치적 억압 없이도 대중 매체의 물들여지고 숨 막히는 이미지와 고정 관념에서 거의 벗어날 수 없을 것으로 보았다.

대량 소비와 대중문화에 대한 흥미로운 경제분석은 스키토프스키(Scitovsky)

의 저서 〈기쁨 없는 경제(Joyless Economy)〉에서 찾아볼 수 있다. 그는 생산 및 소비되는 상품의 엄청난 증가에도 불구하고 만족도는 동등하게 증가하지 않는 이유를 설명했다. 그의 분석은 주로 맞춤형 수공 생산의 감소와 관련되었는데, 물론 스키토프스키는 대량 생산이 시작되기 전에도 대부분의 사람들에게 이런 사실이 있었음을 알았지만 엄청난 부자만이 이런 유형의 소비를 감당할 수 있었다. 그리고 러시아 소설가 두진체프(Dudintsev)의 저서 〈빵에 의해서만이 아니고 (Not by Bread Alone)〉에서도 이에 대한 내용이 알기 쉽게 설명되어 있다.

8.9 규제체제

대량 생산 및 서비스 산업은 제2차 세계대전 이후 약 25년 동안 세계 경제가 경험했던 가장 길고 큰 호황기에 기여했다. 특히 경제를 관리하는 케인즈식 방식과 같은 제도적 체제의 변화는 전쟁 당시와 그 이후의 호황기를 이끌었다. 이는 제1차 세계대전 이후 몇 년간과 매우 뚜렷한 대조를 보인다. 당시 케인즈(Keynes)는 정부에서 물러났고 베르사유 조약에 영향을 미치는 데 실패했다. 1944-5년에 그는 국내외적 경제 정책의 설계자였다. 전쟁 사이 기간의 쥬글러 파동(Juglar cycles)은 상당히 깊었지만 전쟁 이후 긴 호황기에는 상대적으로 심각하지 않았으며 대규모 실업으로 이어지지 않았다(〈표 8.13〉). 이러한 이유로 다우(Dow)는 1950-72년 기간을 큰 불황 없는 긴 시간으로 묘사했다.

■표 8.13 긴 파동의 짧은(Juglar) 경기 순환

생산량 추세와 변화	긴 파동의 상승기 (1950 – 72)		긴 파동의 하락기 (1920 – 38과 1972 – 93)	
	4개의 '빠른' 국면	5개의 '느린' 국면	4개의 '빠른' 국면	5개의 주요 불황기
이전 추세 대비한 생산량 변화(%)	3.0	-2.9	5.6	-10.9
기간(년)	2.0	$2^{3/4}$	$2^{3/4}$	$2^{1/2}$
실업에서 나타난 생산량 변화(%)	10.0	21	66	55

출처: Dow(1998).

조합주의(코포라티즘; corporatism)는 이미 제1차 세계대전과 그 이후에 발전해 왔지만 이제는 중요한 경제 및 산업 정책을 위한 확고한 조정 장식으로 자리 잡았다. 샤흐트와 마찬가지로 케인즈는 이미 1937-38년 재무장의 인플레이션 위험에 대해 경고했으며 1940년 캠브리지 대학에서도 다시 한 번 강조했다. 그가 정책적 결정을 내릴 수 있는 위치로 올라섰을 때 리처드 스톤(Richard Stone)과 다른 동료들의 도움으로 거시경제 관리에 필요한 통계적 기반을 개발할 수 있게 되었다(이는 훗날 '케인즈식' 시민 경제 관리와 일반 국민소득 및 지출 통계에 필수 도구가 되었다). 그의 견해에 따르면 이는 과도한 인플레이션과 디플레이션 위험에 대처하는 것을 의미했다.

미국에서 정부 통제 및 조정의 역할은 전쟁 당시나 혹은 이후의 유럽에서보다 덜 표명되었지만, 루즈벨트(Roosevelt)의 뉴딜정책과 전시 산업 동원의 결합은 거시경제 조정의 유산을 남겼다. 미국 산업계는 종종 대법원의 지원을 받아 뉴딜 법안에 저항했지만 전쟁 중에 필요한 조정은 훨씬 더 쉽게 이루어졌다. 그리고 아이젠하워(Eisenhower) 대통령이 1950년대 경고한 '군사복합체(military-industrial complex)'는 이러한 분야에 대한 거대한 지출을 주장함에 따라, 정부 개입과 지출에 대한 반대와 저항으로 인해 그다지 달성되지 못했다.

정치 및 문화적으로는 전쟁 이후 긴 호황기 및 전시 경제에서 케인즈식 관리에 의한 1950-60년대 시민 경제로의 전환을 위한 무대가 1940년대에 마련되었다. 1920년대와는 달리 이것은 평시 경제가 아닌 '냉전(Cold War)' 경제로의 전환이었다. 정부 지출은 R&D 및 무기 시스템을 중심으로 상당히 높은 수준을 유지했으며 이는 정치적으로 수용할 수 있게 되었다. 그리고 대량 생산과 대량 소비 패러다임을 위해 비교적 안정된 제도적 틀이 발전했다.

대부분의 유럽 국가와 미국의 경우에도 이런 제도적 틀은 다양한 사회적 혜택과 공공 서비스를 대량으로 제공하는 크게 확대된 복지국가를 포함하였다. 또한 에너지 및 교통 인프라와 같은 여러 산업의 공공 소유와 도로·공항에 대한 공공 투자 역시 당시의 전형적인 현상이었다. 초등 교육은 이미 세기 초반에 '대중(mass)'(즉 보편적, 의무적) 기반으로 확립되었고 중등 교육은 많은 국가에서 국가 정책의 수용된 목표로 자리 잡았으며, 고등 교육까지 시야에 들기 시작했다.

물론 대량 생산 패러다임은 모든 산업과 서비스가 포드주의 생산 기술을 사용했음을 의미하지는 않는다. 오히려 일부 소수만이 그렇게 했다. 수공 생산 방법과 소규모 생산은 경제의 여러 부문에서 여전히 우세했으며, 대량 소비는 모든 소비재에 적용되는 것은 아니었다. 많은 주문 제작 및 맞춤형 제품들이 계속해서 판매되었지만 우리가 볼 때 자동차, 석유, 내구 소비재의 급성장하는 선도 분야가 경제에 주어지는 충격과 이들 산업이 다른 많은 산업과 서비스에 미치는 영향은 이 시기를 대량 생산과 소비의 시대로 묘사할 정도로 매우 컸다. 비록 미국에서의 생산성 성장은 이전의 생산 및 노동 생산성 성장보다 크지 않았지만 세계 경제 역사상 가장 큰 호황을 일으켰다(〈표 8.14〉와 〈표 8.15〉; [그림 8.4]).

▌표 8.14 GDP 연평균 성장률, 1870－1980년(%)

	1870－1913	1913－50	1950－60	1960－70	1970－80	1973－80
프랑스	1.7	1.0	4.7	5.6	3.5	2.8
독일[a]	2.8	1.3	8.1	4.8	2.8	2.4
이탈리아	1.5	1.4	5.1	5.3	3.1	2.8
일본	2.5	1.8	8.6	10.3	4.7	3.2
영국	1.9	1.3	2.7	2.7	1.8	1.0
미국	4.1	2.8	3.2	3.2	2.9	2.1

[a] 1950-80년은 연방 공화국(서독).
출처: Maddison(1980); OECD(1981).

▌표 8.15 노동 생산성 연평균 성장률, 1870－1980년(인시(맨 아워)당 GDP)

	1870－1913	1913－50	1950－60	1960－70	1970－80	1973－80
프랑스	1.8	1.7	4.3	5.1	3.8	3.7
독일[a]	1.9	1.2	6.6	5.2	3.6	3.2
이탈리아	1.2	1.8	4.3	6.3	2.5	1.7
일본	1.8	1.4	5.7	9.6	4.3	2.6
영국	1.1	1.5	2.3	3.2	2.4	1.6
미국	2.1	2.5	2.4	2.4	1.5	0.8

[a] 1950-80년은 연방 공화국(서독).
출처: Maddison(1980).

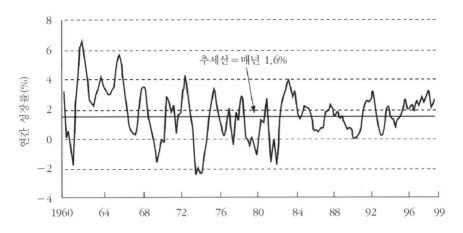

□ 그림 8.4 미국의 생산성 성장, 전체 경제, 1960−1999년

출처: 로이드 뱅크 Economic Bulletin, 1999년 12월.

그 시대의 가장 중요한 특징은 경제의 질적 변화였다. 유럽 및 일본에서의 빠른 성장의 상당 부분은 이미 오래전부터 미국에 자리 잡은 더 진보된 기술에 대한 '추격(catch-up)' 때문이었다. 이는 이제 미국 기업의 해외 투자, 자발적 혁신, 유럽과 일본의 기술 및 관리 방법의 수입을 통해 확산되었다. 제1차 세계대전 이후에는 전쟁으로 인한 부채와 다른 많은 장애물들이 있었지만 이제는 마샬 플랜과 미국 및 서유럽 국가들이 채택한 기타 협력 및 조정 조치에 의해 촉진되고 가속화되었다. 비록 동유럽은 상황이 좋지 못했지만 소련 방식의 계획과 수입된 대량 생산 기술을 결합하여 1950년대와 1960년대에 상당히 높은 성장률을 달성할 수 있었다. 일부 저개발 국가에서도 일정 기간 동안의 고성장과 '추격'을 할 수 있게 되었는데, 일부 남미 국가들은 '신흥공업국(Newly Industrializing)'으로 분류되었고, 그 이후에 소위 '아시아의 호랑이'라고 불린 국가들은 훨씬 더 큰 경제적 성공을 이루었다.

자동차 산업, 디젤 엔진 및 트랙터 산업, 항공기 산업과 항공사 및 관련 부품 공급 업체, 석유, 석유 화학 및 합성 재료 산업, 고속도로와 공항 인프라, 수리, 유지 보수 및 유통 서비스, 동력화에 의존하는 다양한 대량 서비스 산업은 1960년대까지 주요 국가들이 전 세계 생산량의 1/3을 차지할 만큼 엄청난 비중을 차지했다. 그러나 이러한 산업과 서비스는 1900년 이전에는 거의 존재하지 않았고 이는 근본적인 구조적 변화뿐만 아니라 기술혁명과 거대한 문화적 변화를 의미한다. 이와 같은 대량 생산 체제의 생존이 핵심 요인인 석유의 손실로 인해 위협

받는 것처럼 보였을 때 그 충격은 더욱 컸다.

8.10 제4차 콘드라티예프 파동의 구조적 위기

1973년과 1979년의 OPEC 위기는 석유에 대한 큰 의존도로 인해 OECD 선진국들에게 큰 충격을 주었다. 그러나 결과적으로 석유 부족 현상은 1970년대 처음 나타난 것처럼 심각하지 않은 것으로 드러났고, OECD 비회원국을 중심으로 석유가 더 많이 공급되고 석유 소비 증가율이 감소했던 1990년대에는 엄청난 가격상승마저 약화되었다. 유가 상승은 1973년 이후 인플레이션이나 세계 경제 둔화를 일으킨 유일한 원인은 아니었다(〈표 8.14〉). 그러나 비록 석유 매장량이 처음보다 훨씬 많고 석탄 매장량 역시 풍부하더라도, 화석 연료 공급이 실제로 감소한다는 일반적인 인식 때문에 그 당시 충격은 매우 심각했다. 성장의 한계(Limits to Growth)에 대한 MIT 모델(Forrester 1971; Meadows et al. 1972)은 성장 속도를 늦춰야 한다는 의견을 이미 제시했으며, 이는 전 세계적으로 깊은 인상을 남겼다. 화석 연료 연소와 재생 불가능한 자원에 기반한 산업 구조의 오염 영향은 환경 문제에 대한 정치적 논쟁에서 특히 부각되었다. 대량 생산 패러다임은 다소 낡아 보이기 시작했고 점점 더 의문점이 생겨났으며 1960년대 후반에 파업과 학생 시위에 의해 타격을 받았다.

베트남 전쟁에 대한 반대는 1973년 OECD 위기 이전에 나타났던 불만의 물결(wave of discontent)에 영향을 미친 요인 중 하나였다. 그리고 자동차 산업에서의 노동 조건과 관리방식에 대한 불만족은 1960년대 후반 파업으로 이어졌다. 1914년 포드(Ford)가 추진한 '5달러의 날(5-Dollar Day)' 정책은 항상 어딘가 취약한 느낌이 있었으며, 유럽에서는 대량 생산 노동 체제를 받아들이도록 설득할 수 있는 대상은 이주 노동자들뿐이었다.

대량 생산 패러다임의 중심지인 미국에서도 포드주의 산업경영 철학은 점점 더 도전을 받았으며, 유능한 MIT 출신 기술자 및 경제학자들로 구성된 집단이 집필한 저서 〈메이드 인 아메리카(Made in America)〉(Dertouzos et al. 1989)에서 그 절정에 달했다. 이 책은 새로운 기술의 선두에 서 있었고 많은 산업 기업들과 밀접하게 관련되었던 기관에서 그랬던 것처럼 미국 산업의 여러 분야에서 관리 기술에 대한 솔직한 비판으로 주목할 만했다. 1960년대의 자신감은 제9장에서 설명한 새로운 패러다임에 기초하여 1990년대가 되어서야 되돌아온 것이었다.

그러나 OECD 회원국과 연관된 경제학자들과 정책 입안자들의 공식적인 초기 입장은 1973년 OPEC 위기를 곧 사라질 일시적인 '신호(blip)'로 취급한 것이었다. 이는 오하이오 출신 케인즈 학파 경제학자인 폴 맥크라켄(Paul McCracken)이 의장을 맡은 저명한 경제학자 그룹의 OECD 보고서인 '맥크라켄 보고서(McCracken Report 1977)'에서 분명하게 드러나 있다. 이 보고서는 올바른 반인플레이션 정책을 감안할 때 비즈니스는 (평소와 같이) 1960년대 고속 경제 성장이나 완전 고용처럼 재개될 수 있다고 주장했다. 그러나 당시에도 보고서에 첨부된 일부 내용은 사건의 해석에 대한 의구심을 표명하였으며, 산업화된 세계에 영향을 미치는 구조적 문제가 심화되었음을 시사했다.

시간이 지남에 따라 성장은 계속해서 느려지고 실업률은 완고하게 높은 수준을 유지했는데(〈표 8.16〉), '구조적 조정의 위기'를 언급하는 것이 매우 일반화되었으며, 이 표현은 OECD 또는 비회원국 보고서에서도 자주 사용되었다. 그리고 케인즈 혁명에 의해 안정되었다고 여겨진 '대량 실업'과 '구조적 실업' 현상은 긴 시간이 지난 끝에 다시 등장했다. 실업률은 미국에서는 그렇게 높지는 않았지만, 몇몇 국가에서는 1933년 대공황 때보다도 높았다(〈표 8.16〉).

▌표 8.16   여러 국가의 실업률, 1933-1993년(노동인구 대비 %)

국가	1933	1959-67 평균	1982-92 평균	1993
벨기에	10.6	2.4	11.3	12.1
덴마크	14.5	1.4	9.1	12.1
프랑스	4.5[a]	0.7	9.5	11.7
독일	14.8	1.2[b]	7.4	8.9
아일랜드	n.a.	4.6	15.5	17.6
이탈리아	5.9	6.2	10.9	10.2
네덜란드	9.7	0.9	9.8	8.3
스페인	n.a,	2.3	19.0	22.7
영국	13.9	1.8	9.7	10.3
오스트리아	16.3	1.7	3.5	4.2
핀란드	6.2	1.7	4.8	18.2
노르웨이	9.7	2.1	3.2	6.0

스웨덴	7.3	1.3	2.3	8.2
스위스	3.5	0.2	0.7	4.5
미국	24.7	5.3	7.1	6.9
캐나다	19.3	4.9	9.6	11.2
일본	n.a.	1.5	2.5	2.5
호주	17.4	2.2	7.8	10.9

ᵃ 1936년.
ᵇ 1959-81년은 연방 공화국.
출처: Maddison(1991); OECD 고용전망보고서(1993).

OPEC이 모든 것에 책임을 질 수 없다는 것이 분명해지고 더 깊은 문제들이 드러나면서 새로운 정책에 대한 모색이 집중적으로 추진되었다. 1970년대 후반에 나온 설명 중 하나는 과학과 기술이 한계에 도달했기 때문에 R&D에 대한 수익 또는 지출 감소로 인해 성장이 둔화되었다는 것이었다. 맥크라켄 보고서 (McCracken Report 1977)가 실패로 끝난 이후, OECD는 이와 같은 설명을 진지하게 받아들여 경제학자, 과학자, 산업가 그룹을 형성해 'Science and Technology in the New Economic Context(OECD 1982)'라는 보고서를 준비했다.

이 그룹은 OECD 회원국 다양한 산업 분야의 R&D 책임자 및 기술적 책임자 100명을 대상으로 설문조사를 실시했는데, 그 결과는 매우 놀라웠다. 과학이나 기술의 생산성이 느려졌다거나 해당 지식이 한계에 도달했다고 믿는 사람은 단한 명도 없었다. 반대로, 이 중 대부분은 생명공학, 정보기술, 재료기술 또는 기타 분야에서 그토록 많은 약속한 결과를 달성한 적이 없었다고 생각했다. 과학자 또는 기술자들 관점에서는 끝없는 세계가 존재했고, 따라서 OECD 그룹은 산업 생산성의 둔화가 과학 자체의 한계가 아니라 과학과 기술 활동을 잘 활용하지 못한 실패에 대한 결과라는 결론을 내렸다. 성장의 한계는 특정 기술 및 관리 체계에 대한 한계이며, 일반적인 기술이나 앞서가는 새로운 기술에 대한 한계는 아닐 것이다.

분명히 이런 결론은 특정 기술 체제(이 경우 대량 생산 체제)가 한계에 도달했을 때 제도적 및 사회적 틀을 바꿔야 한다는 우리의 주장과 매우 유사해 보인다. 1980년대와 1990년대의 주된 논쟁은 빠르게 성장하는 정보통신기술(ICT)과 이를 어떻게 경제 전반에 적용시킬 것인지에 대한 제도적 변화의 문제로 점점 바뀌었다.

09

새로운 기술경제패러다임의 등장:
정보통신기술(ICT)의 시대

9.1 서론

　이번 장에서 우리는 제5-8장에서의 분석 결과를 토대로 또 다른 산업혁명이 등장하였음을 주장하고자 한다. 대신에 근본적인 기술변화의 특성에 대해서는 논쟁을 줄이고자 하였다. 미국 연방준비제도(연준) 앨런 그린스펀(Alan Greenspan) 의장은 1990년대 미국경제의 놀라운 성장의 원천으로 컴퓨터, 통신, 인터넷을 꼽으면서 '새로운 패러다임'을 자주 언급하였다. 또한 그는 인터넷과 다른 신기술의 엄청난 잠재력에 대해서는 뉴욕 증권거래소의 '비이성적 과열(irrational exuber-ance)' 현상이라며 경고하기도 했다. 기술변화 초기의 혁명적 성격에 대해 이의를 제기한 사람들조차도 컴퓨터, 소프트웨어, 마이크로 기술, 인터넷, 휴대전화를 기반으로 한 거대한 기술혁명이 일어나고 있다는 사실에 대해서는 거의 부정하지 않았다. 이러한 산업은 1990년대에 미국에서 매우 빠른 속도로 성장했으며 전체 경제 성장의 많은 부분을 차지했다. 기술혁명은 1999년과 2000년에 있었던 몇몇 거대 합병으로 인해 더욱 강화되었다. 그리고 바이오 기술은 매우 작은 기반에서 20세기 마지막 수십 년 동안에는 아주 빠르게 성장했다. 어떤 의미에서 바이오 기술 역시 정보기술의 특별한 형태라고 할 수 있으며, 컴퓨터 기술과 점점 더 가까워졌다.

　남아 있는 의견 불일치는 과연 더 장기간에 걸친 광범위한 경제성장이 세계경제에 펼쳐지기 전에 미국경제에 경착륙이나 연착륙이 있을 것인가에 대한 초점을 두고 있다. 일부 미국 경제학자들은 '새로운 패러다임'에 대해 의구심을 갖고 있었으며, 이 표현이 기술변화와 행동 및 관리 경제의 변화를 더욱 과장시킨다고 생각했다. 우리는 1990년대 후반 미국의 주식시장 인플레이션이 금융자산의 과대평가를 비롯해 인터넷 및 '하이테크(high tech)' 관련주의 미래 수익률에 대한 비이성적 과열 현상이라고 믿었다. 이는 이미 논의한 기술변화의 물결을 동반했던, 1929년의 호황과 운하와 철도에 대한 열광의 특성을 가졌다(Shiller 2000).

조직 및 제도적 혁신의 가장 격동적인 분야 중 하나는 금융시장이었다. 새로운 은행 상품을 늘리고 제휴 시스템을 마련하며 서비스 형태를 재정립하는 등 모든 형태의 저축을 확보해야 했기 때문에 그 경쟁은 매우 치열했다. 자본시장 인플레이션은 그 원인이자 결과이기 때문에 혁신을 위한 추진의 중심에 서 있었다. 혁신은 더 많은 혁신이 필요하고, 그 인플레이션 과정은 더 많은 자금이 필요하며 결과적으로 더 많은 변화가 필요했다. 이와 관련하여 결정적인 변화는 국가 사회보장제도의 민영화와 연금, 보험, 뮤추얼 펀드의 재편성에 있었다. 오늘날 이런 펀드들은 대부분의 주식을 가장 발달한 국가에서 소유하고 있으며 이는 급격한 변화라고 할 수 있다. 또한 시장 유동성을 유지하기 위해서는 더 많은 자금 유입이 필요하기 때문에 민영화 과정은 국경을 넘어 더 큰 도전에 부딪혔다.

실제로 이 폭풍 같은 결과는 엄청났다. 자본시장의 인플레이션 현상은 외환시장의 극심한 변동성을 감안할 때 금융기관 이탈 현상을 가속화하고 국가 차원에서의 규제 및 통화정책의 효과를 약화시켰다. 더욱이 연기금은 돈을 빌리지 않는 대신 임금과 급여로 자금을 조달했기 때문에 단기 금리에 영향을 미치는 신용 정책에 엄격하게 의존하지 않았다. 결과적으로 은행 시스템의 유동성을 관리하는 중앙은행의 역할을 감소시켰는데(Toporowski 2000: 132), 이런 인플레이션 현상이 긍정적인 이익 전망에 의해 지속되는 한 실패까지는 예상할 수 없지만 장기적으로 취약할 것은 분명했다. 물론 이 취약성을 잘 알고 있는 이코노미스트(The Economist) 매거진은 그린스펀에게 1999년과 2000년에 걸쳐 신용 정책을 강화하라고 계속해서 촉구했지만 적절하지 못한 결과 때문에 점차 좌절했다.

그러나 2000년 7월 의회에 제출한 반기 보고서에서 그린스펀은 인플레이션에 대응하기 위해 주식시장을 손볼 의도는 전혀 없음을 명시했다. '우리는 경제를 안정시키기 위해 주식시장에 개입하지도 개입한 적도 없다'(Martin 2000: 13).

연준을 비판하는 사람들이 실제로 자산 가격에 엄청난 인플레이션 왜곡을 부추겼다고 주장하게 된 것은 이러한 선의의 방관 정책 때문이었다. 1월 22일이코노미스트(The Economist)는 격분하는 어조로 다음과 같이 말했다. '미국의 괄목할만한 경제적 성과와 미래 생산성 전망에 대한 가장 낙관적인 해석에도 불구하고 이 신문에서 말하는 것처럼 주가가 과대평가되어 있다면 당신은 심각하게 걱정해야 할 것이다'('A Tale of Two Debtors', 2000년 1월 22일: 17).

미국뿐만 아니라 여러 다른 국가 또는 국제 금융기관들은 사회적·정치적 변화의 속도 및 방향에 따라 많이 좌우되기 때문에 이와 같은 불안정한 시스템 내에서 미래를 예측하기는 쉽지 않다. 따라서 기술혁명과 관련된 제도적·사회적 변화가 여전히 전개되고 있고 비교적 초기 단계에 있기 때문에 본 장은 새로운 혁신 출현과 형성에 관한 내용을 담았다. 전자(microelectronics) 기술의 핵심 요인(9.2절)을 시작으로 컴퓨터와 소프트웨어 산업(9.3절), 전기통신(telecommunication)이나 인터넷과 같은 새로운 인프라(9.4절), 조직적 혁신에 대한 정리(9.5절), 문화적 변화(9.6절), 그리고 이미 명백하게 드러나는 사회적 변화에 대한 향후 문제 등을 중점적으로 다루었다. 이렇게 급변하는 기술과 구조적 변화의 빠른 속도로 인해 독자들은 여기에서 정보통신기술(ICT) 발전에 대한 최신 정보를 기대해서는 안 될 것이다. 그런 정보는 다른 많은 출처를 통해 찾아볼 수 있으며, 이번 장은 책의 주요 흐름과 부합하기 위해 역사적인 측면에서 설명되었다.

9.2 새로운 핵심 투입요소: 마이크로칩

집적회로는 우리가 지금까지 고려한 모든 핵심 요소들의 가격 인하 가운데 가장 멋진 예이며, 이와 관련된 일화는 산업의 역사나 신화의 일부가 되었다. 정확하지는 않지만 1965년에 처음 발표된 '무어의 법칙(Moore's Law)'은 세기말까지 거의 사실로 여겨졌으며, 실제로 빌 게이츠(Bill Gates 1995/6)는 이 법칙이 앞으로 20년 동안 유지될 것이라고 주장했다. 그의 설명에 따르면, 로버트 노이스(Robert Noyce)와 공동으로 인텔(Intel)을 설립한 고든 무어(Gordon Moore)는 1965년 컴퓨터 칩의 성능이 매년 2배로 증가할 것으로 예측했지만 1975년에 이 예측을 수정한 다음 2년(24개월)마다 2배로 증가할 것이라고 주장했다. 게이츠(Gates)는 2배가 되는 속도가 1995년에는 18개월로 줄어들 것이라고 예상했다([그림 9.1]).

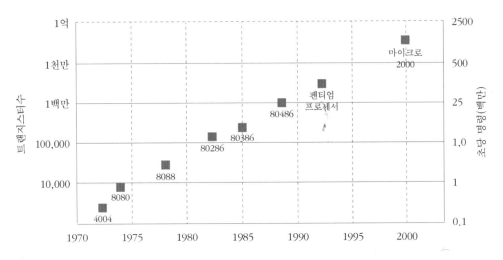

□ 그림 9.1   인텔 마이크로프로세서 발전, 1970 – 2000년

출처: Gates(1996: 37).

　　1960년대의 집적회로(IC)만큼은 아니었지만, 전자부품의 발전은 20세기 초부터 계속되었고 라디오, 레이더 및 텔레비전에서 수많은 혁신을 가능하게 했다. 특히 진공관이나 트랜지스터와 같은 부품들이 그러했는데, 비록 처음에는 그렇게 대단하지 않았지만 이런 부품들을 집적회로의 칩으로 완성하는 혁신으로 인해 컴퓨터와 같은 전자 소비재와 자본재의 비용 절감과 성능 향상을 가능하게 했다.

　　면사 방적과 직조, 강철과 자동차 생산, 그리고 석유 정제와 같은 초창기 혁신이 비용을 크게 줄인 것은 사실이나 마이크로 전자의 혁신은 정보의 저장, 처리 및 전송 비용을 몇 배나 줄였다. 집적회로 비용 하락이 컴퓨터 비용에 미치는 영향은 [그림 9.2]와 같다.

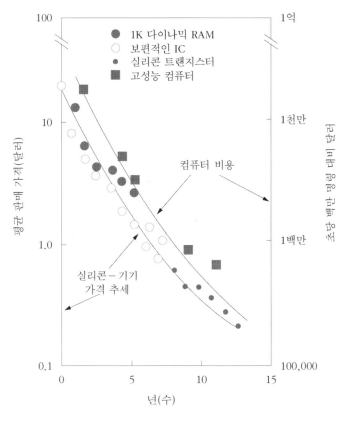

그림에 포함된 텍스트:

100 / 1억
● 1K 다이나믹 RAM
○ 보편적인 IC
· 실리콘 트랜지스터
■ 고성능 컴퓨터

10 / 1천만

컴퓨터 비용

평균 판매 가격(달러)
천 달러당 평균 배치 수

실리콘-기기
가격 추세

1.0 / 1백만

0.1 / 100,000

0   5   10   15
년(수)

□ **그림 9.2 반도체 비용에 따른 컴퓨터 비용**

출처: Mackintosh(1978: 53).

전자회로용 개별 부품의 초창기 실험적 개발과 제조는 미국 기업들이 20세기 후반에 집적회로 또는 컴퓨터 제조에서 우위를 차지하기 수십 년 전으로 거슬러 올라간다. 전기 산업과 마찬가지로 전자 산업의 성장을 가능하게 한 것은 헤르츠 (Hertz)나 맥스웰(Maxwell)과 같은 유럽의 과학자들이었다. 과학자와 기술자 간의 협업은 정보통신기술(ICT)의 특성으로 남아있는데, 따라서 우수한 과학 기관과 혁신적인 과학자 또는 기업가를 보유한 국가들이 세계 시장의 리더가 되었다.

최초의 열전자 밸브는 1904년에 런던 대학 교수인 존 앰브로즈 플레밍 경(Sir John Ambrose Fleming)에 의해 발명되고 특허를 받았으며, 제1차 세계대전 때까지 무선(radio) 산업은 영국과 독일기업들이 지배했다. 이탈리아 발명가 굴리엘모 마르코니(Guglielmo Marconi)는 1897년 영국에 무선전신사(Wireless Telegraph Company)를 설립했으며 처음으로 해상 간 또는 함선 간 통신을 비롯해 함선-해상 간 통신의 가능성을 입증했다. 그의 회사는 독일 거대 전기기업인 AEG와 지멘스(Siemens)에 의해 도전을 받았는데, 플레밍(Fleming)은 무신전신사의 컨설턴트로 있었으며 다른 뛰어난 독일 및 미국 과학자들과 기술자들도 컨설턴트로 활동했다. 디포리스트(de Forest)가 1906년에 발명한 3극 진공관의 사용권을 구매해 통신시스템에서의 밸브 사용을 개척한 것은 AT&T였다. 그러나 디포리스트, 페센든(Fessenden), 랭뮤어(Langmuir)와 다른 미국 발명가들의 공헌에도 불구하고 1920년대 초까지 세계 시장을 지배한 것은 유럽 무선회사들이었다. 페센든과 디포리스트는 발명가의 명성만큼 기업가로서는 큰 성공을 거두지 못했다(Maclaurin 1949; Freeman et al. 1965).

아주 초창기부터 각국 정부는 평화와 전쟁 모두에서 무선 통신의 잠재적인 전략적 중요성을 인식했다. 제7장에서 설명한 영국과 독일 간의 해군 군비 경쟁은 카이저(Kaiser)에 의해 지멘스와 AEG가 1903년 무선 통신 중심의 합작회사인 텔레푼켄(Telefunken)을 설립한 주요 요인 중 하나였다. 이 회사는 R&D 활동을 수행하고 컨설턴트를 고용했으며 전 세계에 라디오 방송국을 설립했다. 그리고 1912년 마르코니(Marconi) 회사에 대한 교차 라이센스 및 노하우에 관한 세계적인 합의가 있기 전까지 텔레푼켄은 마르코니의 특허 우선권에 대해 이의를 제기했다. 이는 1919년에 갱신되었으며, 미국 정부는 마르코니의 미국 자회사 인수와 미국 소유의 무선회사인 RCA(Radio Corporation of America)의 설립을 추진했다. 미 해군의 강력한 격려로 GE의 오웬 영(Owen Young)이 매수를 협상한 것은 제1차 세계대전 이후 미국 정부가 해외(동맹국이더라도) 세력에 무선과 같은 전략적이고 상업적으로 중요한 산업을 맡길 수 없다고 느꼈기 때문이다. 새로운 RCA는 독일의 텔레푼켄, 영국의 마르코니, 프랑스의 CSE, 그리고 미국의 AT&T, 웨스팅하우스(Westinghouse) 등과 함께 교차 라이센스 및 특허 계약을 협상했다.

따라서 아주 초기부터 전자 산업의 시작은 정부의 강력한 관심 및 규제 대상이었던 세계적인 통신기술 발전의 중심에 있었다. 정부 개입은 제1차 세계대전과 제2차 세계대전 사이에 더욱 활발해졌고, 무엇보다도 영국이나 독일처럼 오실로스코프, 레이더, 총기 관리체제의 발달이 전투 부대의 주요 관심사가 된 제2차 세계대전 중에 더욱 그랬다. 정부 지원 R&D는 독일 민간기업 텔레푼켄과 영국 국영기업 TRE(Telecommunications Research Establishment, 지금의 RRE)에 집중되어 수천 명의 과학자와 기술자들을 고용했다. 제1차 세계대전에서 탱크, 해군무기, 화학전, 항공기에 대한 정부 지원 연구 및 설계도 중요했지만, 이는(전자

산업은) 대규모 지원을 누릴 수 있었던 첫 번째 기술이었으며 다양한 형태로 오늘날까지 내려오고 있다. 주로 군사적 장비로 사용되면서 '스타 워즈(Star Wars)' 프로그램에서 절정에 이르렀지만 많은 분야의 민간 제품 및 시스템에서도 계속 사용되었다.

미국, 영국 및 기타 국가의 정부가 전자 부품과 회로에 대한 R&D를 확실하게 지원하고 있었지만 트랜지스터 기술의 민간 R&D가 반도체 부문의 핵심 요소들을 이끌고 미국 반도체 산업을 발전시킨 것은 AT&T사의 벨 연구소(Bell Laboratories)로서, 주로 벨 연구소로부터의 스핀오프 기업이나 벨의 기술을 라이센스 받은 기업들에 의해서였다.[1] 그리고 정부의 역할은 계속해서 중요했지만 R&D 자체보다는 대량의 집적회로 조달과 같은 새로운 방법들이 더 중요하게 다가왔다.

1963년 컨설턴트 A. D. 리틀(A. D. Little)의 보고서는 다음과 같다.

반도체, 특히 트랜지스터에 대한 상당한 관심으로 인해 정부는 1950년대 내내 개선된 유형을 개발하려고 노력했다. 그리고 1950년대 중반에 그들은 미래의 군사 장비로 트랜지스터가 필요하다고 확신하여 생산 투자를 늘렸다. … 총 30가지 유형의 게르마늄 및 실리콘 트랜지스터에 대한 계약이 12개의 주요 반도체 회사와 체결되었다. … 많은 경우에, 이 투자는 계약 회사들이 공급하는 자본설비나 공장 공간의 규모와 비슷하게 일치했다. … 따라서 연간 100만 개 이상의 트랜지스터의 잠재적 총 용량이 생성되었다(Little 1963).

이러한 수치는 하나의 칩에 수백만 개의 트랜지스터를 통합하는 것이 일반화되었고 규모의 증가를 분류하는 용어를 만드는 데 언어적 문제가 있을 정도인 오늘날에는 이 수치가 미미해 보일 수도 있을 것이다(〈표 9.1〉).

---

1) 일부 설명에 따르면 벨(Bell)은 이 기술이 독점적으로 또는 주로 군사적으로 전용되는 것을 막기 위해 트랜지스터 발견에 대한 발표를 서둘렀다고 한다.

기간	통합 정도	부품 개수
1950년대	소규모 통합(Small-scale integration, SSI)	2-50개
1960년대	중간 규모 통합(Medium-scale integration, MSI)	50-5,000개
1970년대	대규모 통합(Large-scale integration, LSI)	5,000-100,000개
1980년대	특대규모 통합(Very large-scale integration, VLSI)	100,000-1,000,000개
1990년대	울트라규모 통합(Ultra large-scale integration, ULSI)	백만 개 이상

출처: Duysters(1995: 56).

비록 이 경우 소형화를 통해 달성되었지만 설계 및 생산의 확장으로 달성할 수 있는 비용 또는 성능 개선에 대한 좋은 예는 거의 없다. 강철 생산, 석유 정제, 자동차와 관련된 이전 사례에서와 같이 기술 및 조직적 혁신과 생산 확대의 결합은 엄청난 비용 절감으로 입증되었으며 대기업에 큰 이점을 제공했다. 1963년 리틀 보고서와 미국 국방부의 전망은 반도체 산업에 대한 추가 연구로 정당화될 수 있었다. 이들 추가연구 중 가장 눈에 띄는 것은 미국의 틸튼(Tilton 1971)과 영국의 골딩(Golding 1972)이 규모의 경제에 대해 수행한 것이 있다. 칩 설계 및 제조의 혁신과 함께 그들은 미국 기업에 의한 산업의 장기적 지배와 유럽 산업의 상대적 약점을 설명했다. 당시에는 일본 기업만이 유일하게 민간 전자제품의 대규모 생산에서 미국과 유사한 경제적 상황을 연출할 수 있었다. 1980년대 후반까지 5대 반도체 생산업체 중 4곳이 일본 기업이었고(〈표 9.2〉), 미국은 일본의 수입량을 제한하면서 일본과 합의를 하지 않을 수 없게 되었다.

■ 표 9.2 주요 반도체(SC) 생산업체, 1988–1989년

순위		기업명	1989 반도체 매출액(백만 달러)	1989 시장 점유율(%)
1989	1988			
1	1	닛폰 전기(NEC)	4,964	8.9
2	2	도시바	4,889	8.8
3	3	히타치	3,930	7.0
4	4	모토로라	3,322	5.9
5	6	후지쯔	2,941	5.3
6	5	텍사스 인스트루먼트(TI)	2,787	5.0
7	8	미쓰비시 전기	2,629	4.7
8	7	인텔	2,440	4.4
9	9	마쓰시타 전기 산업	1,871	3.4
10	10	필립스	1,690	3.0
11	11	내쇼날(National)	1,618	2.9
12	12	SGS-톰슨	1,301	2.3
13	18	삼성	1,284	2.3
14	15	샤프	1,230	2.2
15	20	지멘스	1,194	2.1
16	14	산요 전기	1,132	2.0
17	17	오키 전기공업	1,125	2.0
18	13	AMD	1,082	1.9
19	16	소니	1,077	1.9
20	19	AT&T	873	1.6

출처: Dataquest; Electronic Business에서 인용, 1990년 4월 16일; Hobday(1991).

하지만 미국 업계와 대학, 정부는 일본과의 경쟁에서 우위를 탈환하겠다는 의지는 물론 막대한 R&D 능력을 여전히 보유하고 있었다. 1971-2년 인텔(Intel)의 마이크로프로세서 개발은 '컴퓨터 칩'이 매우 저렴하고 대규모로 제조될 수 있음을 의미했기 때문에 반도체 산업과 컴퓨터 산업을 변화시킨 결정적인 사건 중 하나였다. 인텔은 반도체 산업의 선두주자가 되었고, 1994년까지 전 세계 매출 상위 여섯 개 공급업체 가운데 3곳이 미국 기업이었다(〈표 9.3〉). 공동 R&D와 '세마테크(Sematech)' 프로젝트를 통한 정부 지원으로 미국 산업은 성공적으로 반격했고, 또한 한국 기업들도 1980-90년대에 들어서 선두 그룹에 성공적으로 진입했다.

순위			기업명	1994 반도체 총 매출액 (백만 달러)	1994 집적회로 매출액 (백만 달러)	1994 개별 매출액 (백만 달러)
1994	1993	1991				
1	1	5	인텔	9,850	9,850	–
2	2	1	NEC	8,830	7,855	975
3	3	2	도시바	8,250	6,614	1,636
4	4	4	모토로라	7,011	5,870	1,141
5	5	3	히타치	6,100	5,300	800
6	6	8	TI	5,550	5,500	50
7	7	12	삼성	5,005	4,365	640
8	8	7	미쓰비시 전기	3,959	3,286	673
9	9	6	후지쯔	3,335	2,975	360
10	10	9	마쓰시타 전기 산업	2,925	2,145	780
			합계	60,815	53,760	7,055

출처: 세계 IC 산업경제 업데이트 및 전망, Integrated Circuit Engineering Corporation, 1995.

1960년대까지 전자 산업과의 연계가 이루어지면서 통신 산업과 신생 컴퓨터 산업은 이미 상당한 수준으로 성장했고 정보통신기술 분야에서 새로운 집단이 등장했다. 사실, 컴퓨터 산업과의 친밀한 관계는 9.3절에 설명된 바에 따르면 1940년대부터 시작되었고 이후 수십 년 동안 지속되었다. 컴퓨터와 전기통신 (telecommunications) 산업은 마이크로 전자 기술을 위한 거대한 시장이 되었고, 이런 새로운 분야에서 기업 간의 상호 의존도가 증가함에 따라 협력과 경쟁도 더욱 치열해졌다. 일본과 유럽의 대기업들 중 상당수는 반도체 사업을 다른 부서와 통합하기도 했으며, 공동 R&D를 통해 이익을 얻으려고 시도했다. IBM은 미국에서 가장 큰 집적회로 생산업체 중 하나였다.

반도체, 컴퓨터, 전기통신의 급격한 변화 속도는 때때로 통합과정을 위험하게 만들기도 했는데, 반도체 생산은 여전히 매우 복잡하고 어려웠으며 코팅, 베이킹, 에칭 등 100가지 이상의 공정이 필요했다. 여러 회사를 분석한 애플야드 등(Appleyard et al.)은 이런 절차들에 대해 다음과 같이 말했다.

... 이해되기 어려운 반면 다른 기계나 시설을 통해 쉽게 복제될 수 있으며 제조 환경에 까다로운 요구사항을 부과한다. 그리고 제품의 혁신은 자동차보다 훨씬 더 공정혁신에 의존한다. ... 새로운 제품을 만들기 위해서는 잘 이해되지 않는 새로운 기계와 함께 또 역시 이해하기 힘든 새로운 '방법'을 도입해야만 한다. 또한 복잡한 제조 과정은 실패의 원인을 분석하는 데 상당한 시간과 노력을 필요로 한다(Appleyard et al. 1996: 5).

이러한 높은 불확실성은 각 시대별 칩을 위한 새로운 공장과 R&D에 대한 막대한 투자비용과 함께, 만만치 않은 진입 장벽을 만들어냈다. 그리고 물론 훨씬 더 작은 규모이기는 하지만 유사한 고려 사항이 '주문형 반도체(Application Specific Integrated Circuits)'의 실험 비용에도 적용된다. 이런 이유로 인해 초소형 전자공학 기술은 R&D-집약적 산업으로 남았으며 R&D가 매출의 10% 정도를 차지하는 경우도 많았다. 지멘스, 필립스, 히타치, 마쓰시타와 같이 다양한 제품을 만드는 대기업들은 R&D 예산의 상당 부분을 초마이크로 전자 기술에 투자했으며, 이 분야의 특허는 전체 특허의 20% 가까이 차지할 수 있었다. 매우 빠르게 성장하고 변화하는 산업 안에서 격동과 불확실성은 계속해서 나타났다.

9.3 컴퓨터

블레즈 파스칼(Blaise Pascal)은 일찍이 1642년에 계산이 가능한 기계를 발명했으며 찰스 배비지(Charles Babbage)는 1820-60년대 사이 훨씬 더 복잡한 형태의 기계를 개발했는데, 바로 모뎀 컴퓨터의 시초라고 할 수 있는 '해석기관(Analytical Engine)'과 '차분기관(Difference Engine)'이다. 그러나 배비지는 자신의 연구를 위해 정부 보조금으로 17,000파운드(당시에는 매우 큰 금액이었음)를 지원받았음에도 불구하고 기계를 완성하지 못했다. 그 이유는 당시 사용 가능한 부품들이 작업에 적합하지 않았기 때문인데, 이후 전자부품 그리고 무엇보다도 마이크로 전자 기술 장치들이 개발되면서 빠르고 저렴하며 효율적인 기계를 생산할 수 있게 되었다. 그전에는 1930년대에 베를린 공과대학 출신인 추제(Zuse)가 만든 Z1과 Z2, 또는 하버드 마크 Ⅰ(Automatic Sequence Controlled Calculator, 자동 순차 제어 계산기)와 같은 전자 기계가 설계되고 사용되었다. 그리고 추제의

Z4는 헨셸(Henschel) 항공기 회사에서 항공기 날개 설계에 사용되었다. 추제의 연구는 전자 컴퓨터 개발작업을 시작한 이후 자신과 자신의 동료인 슈라어이 (Schreyer, 역시 베를린 공과대학 출신이었음)에 의해 중단되었으며 프로젝트가 취소되고 공식 지원이 철회되었을 때 이미 텔레푼켄(Telefunken)에서는 밸브를 주문하고 있었다. 이는 제8장에서도 언급했듯이 나치 독일의 군사-정치 지도부가 자신들의 좁은 군사-정치적 목표에도 불구하고 과학의 중요성을 이해하지 못한 또 하나의 사례였다.

영국과 미국 정부는 핵무기 또는 컴퓨터 과학에 있어서 물리학과 수학의 중요성을 알고 있었다. 영국 정부는 맨체스터 대학 출신의 수학자 앨런 튜링(Alan Türing)에게 독일의 '에니그마(Enigma, 수수께끼라는 뜻)' 군사 코드를 해독하도록 설계된 '콜로서스(Colossus)' 기계를 블레츨리 파크(Bletchley Park)에서 작업하도록 요청했다. 콜로서스는 학계 밖에서 작동하는 최초의 전자 컴퓨터라고 할 수 있는데, 1,500개의 진공관을 사용했으며 제2차 세계대전에서 영국의 주요 기술적 승리 중 하나였다(R. V. Jones 1978). 그러나 1936년 일찍이 튜링은 거의 무한대의 작업을 수행할 수 있는 보편적인 컴퓨터 기계에 대한 상상력이 담긴 'Can a Machine Think?'라는 제목의 논문을 썼음에도 불구하고 그것은 오랫동안 비밀에 싸여 있었고, 오히려 제한된 목적을 가지고 있었다. '콜로서스'는 실제로 1970년대에 훨씬 후기의 병렬 처리 기계에 의해 앞서 나간 일부 업무를 수행할 수 있었다.

미국 컴퓨터 산업이 세계에서 가장 우뚝 설 수 있었던 것은 1942-1946년 사이 개발된 펜실베이니아 대학의 '전자식 숫자 적분 및 계산기(ENIAC)'와 그 뒤를 이은 1940년대의 EDVAC과 UNIVAC 때문이었다. 이 초기 기간 동안 이미 천공계산기와 천공카드 시장을 장악한 최대 사무기기 회사인 IBM은 전자 컴퓨터에 대한 엄청난 잠재력을 인식하지 못했다. 카츠와 필립스(Katz and Philips 1982)가 보여주듯이 엄청난 잠재력을 실현한 초기 컴퓨터 애호가들은 주로 대학과 군 출신으로, 초기 전쟁 설계와 개발에 어느 정도 경험이 있었고 나중에야 산업으로 진출했던 사람들이었다.

폰 노이만(Von Neumann)의 컴퓨터 구조 작업은 1944년 ENIAC에 대해 처음 들었을 때 시작되었으며(McNeil 1990), 그는 우수한 설계로 ENIAC의 뒤를 이었던 펜실베이니아 EDSAC 팀에 합류했다. 이후에 컴퓨터 산업의 패러다임 또는 '기술 지침(technological guidepost)'으로 남아있는 중앙 프로세서, 메모리 장치,

입출력 장치를 포함하고 순차 프로그래밍을 사용하여 컴퓨터의 기본 개념을 개발한 것은 폰 노이만이었다. 이는 레밍턴 랜드(Remington Rand)가 1951년 처음으로 도입한 컴퓨터에 사용되었는데, 바로 펜실베이니아 대학의 프로젝트를 기반으로 한 UNIVAC I(Eckert)과 모클리(Mauchly)가 만든 'Universal Automatic Computer'이었다(Duysters 1995). 폰 노이만과 노버트 위너(Norbert Wiener) 등 미국의 수학자들은 컴퓨터 기술에 대한 광범위한 잠재적 성능에 대해 구상했지만 당시 미국에서 그들의 열정은 인정받지 못했다. 카츠와 필립스는 다음과 같이 말했다.

1950년 이전의 일반적인 견해는 컴퓨터에 대한 상업적인 수요가 없다는 것이었다. 최소 1928년부터 사업 경험을 쌓은 토머스 J. 왓슨(Thomas J. Watson Senior)은 아마 사업적 요구사항과 향상된 컴퓨터 장치의 기능을 모두 알고 있었을 것이다. 그는 IBM 뉴욕 사무소에 전시된 SSEC 기계 하나가 '과학적 계산과 관련된 이 세상 모든 과학적 문제를 해결할 수 있다'라고 생각했지만 그 역시 상업적 가능성은 보지 못했다. 이러한 견해는 주요 생명 보험사, 전기통신 공급업체, 항공기 제조업체 등과 같은 사기업들이 신기술에 대한 충분한 정보가 있었음에도 불구하고 지속되었다. 광범위한 사업적 요구사항은 분명하지 않았다(Katz and Philips 1982: 425).

진공관을 자주 교체해야 하고, 필요한 공간이 넓고, 진공관이 많아서 과열이 되는 등 많은 단점도 있었지만 최초의 전자 컴퓨터는 이전의 전자 기계보다 천 배 이상 빨랐으며 이후 마이크로 전자 기술의 발전은 이 속도를 훨씬 더 많이 증가시켰다(〈표 9.4〉). 왓슨의 아들은 이 기간 동안 'IBM은 푹 잤다'라고 말했다(Belden and Belden 1962: 100).

측정 방법	진공관 컴퓨터 (1950년대 초반 밸브)	하이브리드 집적회로 (1960년대 후반 IBM 360 시스템임)
입방 피트(cubic foot)당 구성 요소	2,000	30,000
초당 곱셈[a]	2,500	375,000
100,000개 계산 당 비용($)	$1.30	$0.02

[a] 기계 또는 전자기계식 컴퓨터의 단일 곱셈이 1초 이상 소요됨.
출처: Fortune, 1966년 9월.

■ 표 9.4 (b) 시대별 컴퓨터 성능 향상, 1944-1981년

	모델명	계산 속도(초당 산술 연산)
1944	Harvard Mark I (전자 기계)	0.4
1946	ENIAC	45
1951	UNIVAC I	270
1953	IBM 701	615
1961	IBM 7074	33,700
1963	CDC 3600	156,000
1965	IBM 360/75	1,440,000
1972	CDC Cyber 176	9,100,000
1976	Cray 1	80,000,000
1981	CDC Cyber 205	800,000,000

출처: OTA(1983).

■표 9.4 (c) IBM 650(1955년)과 페어차일드 F-8 마이크로프로세서의 비교(1970년대)

	IBM 650	F-8	비고
크기(입방 피트, ft³)	270	0.01	F-8이 약 30,000배 작음.
무게(파운드)	5,650	1.0	
전력 소비량(와트)	17,700	2.5	F-8의 소비량이 7,000배 작음.
메모리(비트)	3,000(주), 100,000(2차)	16,000(ROM), 8,000(RAM)	
중앙처리장치(CPU)	2,000 진공 밸브	20,000 트랜지스터	개별 레지스터 및 커패시터 위해 650개 추가 필요
숫자 더하는 데 걸리는 시간 (마이크로초)	750	150	
신뢰도(고장 간 평균 시간)	몇 시간	몇 년(현재 마이크로프로세서의 고장 간 평균 시간은 3백만-천만 시간임. 이는 단말기나 프린터와 같은 기기보다 더 길다)	F-8이 최소 10,000배 이상 신뢰할 수 있음.
비용	$200,000 (1955년 달러 기준)	단말기 포함 $1,000 미만	

출처: OTA(1983).

    1950년대 초반 한국 전쟁의 압박 속에서 650 모델을 만든 후에도 IBM은 여전히 미래 시장의 잠재력을 과소평가하고 있었다. 제품기획 및 판매부(Product Planning and Sales Department)는 650 모델에 대한 정상적인 상업적 판매가 없을 것으로 예측한 반면 응용과학단(Applied Science Group)은 200대가 팔릴 것으로 예상했는데, 결과적으로 1,800대 이상의 컴퓨터가 판매되었다. 그러나 IBM이 UNIVAC 또는 다른 회사들에 뒤처졌다는 사실을 깨닫고는 상당히 빠르게 움직이기 시작했다. 이러한 움직임은 경영적 변화와 왓슨이 말한 것처럼 천공 카드 시장을 장악한 IBM에 대해 법무부가 독점방지 소송을 제기한 것과 연관이 있었다.

마침내 우리는 깨닫고 움직이기 시작했다. 대담함과 높은 능력으로 명성이 자자한 임원 중 한 명을 데려와 IBM 대규모 전자 컴퓨터 개발의 모든 단계를 담당하도록 했다. 그리고 우리는 성공할 수 있었다(Belden and Belden 1962: 100).

　　IBM은 1950-60년대에 '추격(catch-up)' 전략으로 성공했음에도, 최초의 혁신가보다는 빠른 추격자로 남았다(Hoffmann 1976). 그리고 1970-80년대에 소형 개인용 컴퓨터가 시장에 등장하면서 다시 한 번 침체기에 직면했다. 그러나 IBM은 대형 비즈니스용 메인프레임 컴퓨터인 1401과 460 시리즈의 성공으로 세계에서 가장 수익성이 높은 기업 중 하나가 되었다. 이 엄청난 성공으로 인해 미국과 유럽에서 모방을 시도한 많은 기업들이 있었지만 대부분은 실패로 끝이 났다. 그리고 RCA와 제너럴 일렉트릭(GE)은 시장 점유율을 확보하기 위해 감행한 과감한 투자가 실패로 끝이 난 뒤 1970년대 초반에 시장에서 철수했다. IBM은 공정 제어, 소형 컴퓨터, 초대형 기계와 같은 전문 분야의 시장에서만 도전을 받았다. 한편 프랑스, 독일, 영국, 이탈리아, 스웨덴의 여러 기업들은 정부의 지원을 받아 자국 내 시장에서 경쟁을 시도했지만 대부분은 성공을 거두지 못하였다.

　　1948년 존 파슨스(John Parsons)는 보편적인 정밀 밀링머신의 모든 움직임과 속도 변화가 수학용 컴퓨터에 의해 제어될 수 있다는 것을 보여주었고, 1950년대 초에는 MIT 서보메커니즘 연구실(Servo-mechanisms Laboratory)의 정부 계약에 따라 수치제어 공작기계가 개발되었다. 1950-60년대에는 컴퓨터의 적용 범위가 크게 확장되었는데, 1960년대에는 대부분의 컴퓨터가 사무실용이었지만 산업 공정 제어 시스템용으로 사용되는 컴퓨터의 수도 증가했다. 설계, 제어, 프로그래밍에 대한 많은 개선이 이어졌고 1969년 개발된 MOLINS System 24에서 절정에 이르렀다. 이는 경로 차량(guided vehicle) 및 컴퓨터 지원 설계(computer-aided design: CAD)와 함께 여러 기기들을 결합한 최초의 '유연 생산 시스템(flexible manufacturing system: FMS)'으로 간주될 수 있었다. 1950년대 중반 엥겔버거(Engelberger)의 '유니메이션(unimation)' 로봇에 이어 로봇 공학기술과 함께 FMS는 향후 30년간 컴퓨터 제어 제조 공정을 가능하게 했다. 'Automatic Factory'를 작성한 존 디볼드(John Diebold)는 이러한 컴퓨터의 많은 기능을 직시했지만 새로운 기술을 가진 사람들을 오랫동안 훈련시키고 관리 체계를 재정비하며 생산 과정을 재설계해야만 컴퓨터가 성공적으로 발달하고 사용될 수 있다고 지적했다. 1963년 DEC(Digital Equipment Corporation)사에서 처음 개발한 소형 컴퓨터와 1970년대의 초소형 컴퓨터는 전문 소프트웨어 및 주변 기기를 통합한 컴퓨터 그래픽과 함께 자동화된 생산 과정을 크게 촉진했다.

그러나 개인용 (마이크로) 컴퓨터의 등장이 가장 큰 영향을 미친 곳은 서비스산업, 사무용 기기, 그리고 가정에서였다. 메인 프레임 컴퓨터가 시장을 장악하는 동안 대형 컴퓨터는 일반적으로 사용 회사의 특수 부서인 '전자정보 처리부서(electronic data processing department: EDP)'에서 운영했으며, 주로 급여 계산, 송장 작성, 판매 기록 등과 같은 상당히 표준적인 프로그램을 사용했다. 포드주의 패러다임은 대기업 조직 내에서 여전히 팽배했는데, 다소 불편함이 있더라도 EDP가 이에 맞춰갔다. 그리고 소형 기계들은 설계와 과학적인 작업뿐만 아니라 제조 및 의학 분야에서도 프로세스 제어에 사용되었지만 컴퓨터는 확실히 오늘날과 같은 산업 및 사무 환경에서 흔히 볼 수 있던 모습은 아니었다. 1970년대에 인텔(Intel)의 마이크로프로세서를 기반으로 한 마이크로컴퓨터(microcomputer)의 등장으로 인해 규모와 관계없이 학교, 회사를 비롯한 모든 장소와 수백만 명의 개인 사용자가 저렴한 컴퓨터를 보편적으로 사용할 수 있게 되었다(〈표 9.5〉).

표 9.5 국가별 통신 및 기타 지표, 1997년

국가	GDP (십억 달러)	인구 (백만)	본선 (천 개)	선/100 (천 개)	휴대전화 사용자 (천 명)	PC (천 개)	인터넷 사용자 (천 명)
아르헨티나	323.2	35.7	6,750	18.9	2,013	1,400	170.0
호주	346.3	18.4	9,350	50.7	4,893	6,700	1,600.0
벨기에	242.4	10.2	4,769	46.9	974	2,400	300.0
브라질	688.1	164.5	15,106	10.0	4,400	4,200	1,310.0
캐나다	617.6	30.3	18,460	60.8	3,420	8,200	4,500.0
칠레	77.1	14.5	2,600	17.9	410	790	2,000.0
중국	917.7	1,221.6	70,310	5.8	13,233	7,500	400.0
콜롬비아	76.1	37.4	5,334	14.3	1,265	1,214	130.0
덴마크	169.7	5.3	3,339	62.9	1,450	1,900	300.0
핀란드	119.8	5.1	2,866	55.8	2,147	1,600	1,000.0
프랑스	1,392.9	58.6	33,700	57.5	5,817	10,200	500.0
독일	2,102.7	82.1	45,200	55.1	8,170	21,000	2,500.0
그리스	120.9	10.6	5,328	51.0	938	470	150.0
이탈리아	1,145.4	56.8	25,698	45.2	11,738	6,500	585.0

■ 표 9.5 계속

일본	4,192.7	125.7	60,381	48.0	38,254	25,500	8,500.0
한국	442.5	45.9	20,422	44.4	6,910	6,931	800.0
말레이시아	98.5	20.5	4,223	20.6	2,461	1,000	600.0
멕시코	402.8	97.6	9,264	9.5	1,745	3,600	520.0
네덜란드	360.5	15.6	8,860	56.6	1,717	4,400	900.0
노르웨이	153.4	4.4	2,325	52.8	1,677	950	500.0
폴란드	135.6	38.6	7,510	19.4	857	1,400	800.0
포르투갈	102.3	9.9	3,819	38.5	1,507	740	500.0
러시아	449.8	147.3	26,875	18.2	485	4,700	600.0
남아프리카공화국	129.1	42.3	4,646	11.0	1,600	1,800	800.0
스페인	531.3	39.1	15,854	40.5	4,338	4,800	525.0
스웨덴	227.8	8.9	6,010	67.8	3,169	3,100	800.0
대만	n.a.	21.7	10,862	50.1	1,492	2,570	1,500.0
영국	1,288.2	57.6	30,292	51.8	8,993	11,200	2,500.0
미국	8,079.9	268.0	170,568	64.0	55,312	109,000	40,000.0
베네수엘라	87.5	22.4	2,804	12.5	1,072	850	35.0

출처: Mansell and Wehn(1998).

8.6절에서 이미 설명했듯이 석유, 자동차, 소비자 내구재를 기반으로 한 포드주의적 대량 생산 패러다임은 1973년과 1979년 OPEC 위기, 화석 연료 소비와 관련된 환경 오염, 포드주의적 노동 방식에 대한 불만과 같은 1970-80년대 심각해진 사회적 문제에 직면했다. 생산성 증가의 둔화(〈표 9.6〉과 [그림 8.4]), 구조적 위기 기간의 높은 실업률, 인플레이션 압박 관리 문제 등은 '기술경제패러다임의 변화'와 같은 아이디어 수용과 과거의 대량 생산 패러다임에 대한 광범위한 비판을 자극했다(e.g. 메이드 인 아메리카: Dertouzos et al. 1989). 그러나 새로운 무리의 산업·기술이 주요 성장 동력으로 떠오른 것은 컴퓨터, 마이크로전자, 전기통신(telecommunication)이 새롭고, 기술적으로 신뢰성 있으며, 경제적으로도 효율적인 대량생산 기반의 성장을 제공하는 경우에야 가능하였다. 이러한 새로운 발전 중에 가장 영향력이 있었던 것은 개인용 컴퓨터와 인터넷의 출현이었다. 개인용 컴퓨터(PC)의 재고는 1997년 기준으로 미국이 1억 대 이상, 유럽 연합이 5천만 대, 일본이 2천5백만 대에 달했으며, 이러한 규모의 보급은 1980-90년대 엄청난 가격 하락과 디자인, 성능, 사용자 친화성 개선 때문에 가능했다.

■ 표 9.6 노동 생산성의 연평균 성장률, 1870-1980년(맨 아워(인시)당 GDP)

	1870-1913	1913-50	1950-60	1960-70	1970-80	1973-80
프랑스	1.8	1.7	4.3	5.1	3.8	3.7
독일[a]	1.9	1.2	6.6	5.2	3.6	3.2
이탈리아	1.2	1.8	4.3	6.3	2.5	1.7
일본	1.8	1.4	5.7	9.6	4.3	2.6
영국	1.1	1.5	2.3	3..2	2.4	1.6
미국	2.1	2.5	2.4	2.4	1.5	0.8

[a] 1950-80년은 연방 공화국.
출처: Maddison(1980).

대부분은 IBM이 PC로부터 시작된 세계 컴퓨터 시장의 변화에 대처하기 위해 지나치게 대형 메인 프레임 컴퓨터에 집착한다고 생각했다. IBM이 자사 PC에 대한 크래시 개발 프로그램(Crash development programme)을 출시했을 무렵(1980년)에는 이미 아타리(Atari), 애플(Apple), 코모도어(Commodore), 라디오 쉑(Radio Shack) 등 여러 회사가 새로운 시장에서 자리 잡았고, 매출은 10억 달러에 이르렀다. IBM의 중앙 R&D 기관 외부에 특별 부서가 조직되었고 처음에는 짐 로우(Jim Lowe), 그리고 나중에는 돈 에스트리지(Don Estridge)를 중심으로 판매 가능한 제품을 개발하기 위해 1년이라는 시간이 주어졌다. 그들은 비록 성공했지만 하드웨어 및 소프트웨어 부품 대부분이 비정상적인 구매에 의해서였다. 로버트 크링글리(Robert Cringely 1996)는 다소 파괴적이지만 매우 흥미로운 설명이 담겨 있는 'All IBM Stories Are True'를 통해 IBM이 운영 체제에 마이크로소프트(Microsoft)를 불러들여 심각한 전략적 오류를 범해, 결과적으로 마이크로소프트가 PC 소프트웨어 시장을 장악할 수 있는 계기가 되었다고 하였다. 그러나 또 다른 설명에 의하면 IBM이 당시에는 50명 규모의 매우 작은 소프트웨어 회사의 대표였던 빌 게이츠(Bill Gates)와의 거래[2]로 인한 운명적인 결과를 예측하지 못했을 것이라고 주장한다. 마이크로소프트는 PC 운영 체제의 (거의) 독점으로 인해 한동안 세계에서 가장 힘이 있는 기업 중 하나가 되었다. 그러나 2000년 경에는 미국과 유럽의 독점금지 소송과 IBM으로부터 어느 정도 지원을 받은 비상업적 협력 소프트웨어 개발업체인 리눅스(LINUX) 등 새로운 경쟁상대가 부상하여, 이 회사의 지배력은 점점 더 위험해지게 되었다.

세계 시장에서 개인용 컴퓨터에 대한 입지를 유지하는 데는 문제가 없었지만 IBM은 1980-90년대에 그 어느 때보다 심각한 경쟁에 직면했다. 전 세계적으로 직원을 40만 명에서 20만 명으로 약 50% 이상 줄여야만 했고, 수익은 급격히 감소했다. IBM의 매출은 하드웨어가 아닌 소프트웨어와 운영 체제 분야에 집중되었으며, PC 및 단말기의 급증에 대비한 대형 메인 프레임 컴퓨터의 상대적 감소는 규모의 경제를 활용하는 많은 신규 진입자로 이어졌다. NEC, 후지쯔(대형), 도시바(휴대용)와 같은 일본 회사와 PC의 주요 기능을 '복제'한 수많은 소규모 회사를 포함해 여러 방면에서 경쟁이 발생했다. 또한 하드웨어 대비한 상대적 중요성이 커지면서 소프트웨어 회사들과의 경쟁도 치열했다. 이에 대한 내용은 다소 냉소적이긴 하나 크링글리(Cringely 1996)의 〈우연한 제국(Accidental Empires)〉에서 재미있게 묘사되어 있다. 비록 인포월드(Infoword)에서 '수다쟁이 칼럼니스트(gossip columnist)'로 불려지기도 했지만 그는 스탠퍼드 대학교수 출신으로 매우 풍부한 지식을 가지고 있었다. 최근까지 그 어떤 책도 미국의 소프트웨어 및 하

---

2) 빌 게이츠(Bill Gates)는 8만 달러의 비용을 한 번만 지불하면 마이크로소프트 운영 체제를 로열티 없이 평생 사용할 수 있었기 때문에 IBM 입장에서는 '믿기 어려울 정도로 좋은 거래'를 한 것이라고 주장했다. '마이크로소프트가 IBM에게 소프트웨어를 준 것이나 다름 없었다'(Gates 1996: 54).

드웨어혁신의 격동과 불확실성의 정도, 또는 컴퓨터에 열정적인 젊은이들의 역할에 대해 더 생생하게 보여주지 못하고 있다(〈괴짜들의 승리(The Triumph of the Nerds)〉). 이런 젊은 사람들은 어떤 면에서 산업혁명의 창조적인 반대자들과 비교될 수 있다. 빌 게이츠는 IBM이 마이크로소프트(Microsoft) 주식의 최대 30%를 사야 한다는 그의 제안을 받아들이지 않은 것은 엄청난 판단 오류라고 생각했다. '좋은 일이든 나쁜 일이든 간에 우리는 운명을 함께 할 수 있었다. 또한 더욱더 우호적이고 생산적으로 협력하는 데 도움이 될 것이라고 생각했다'(Gates 1996: 63).

1980년대 가장 경쟁력 있는 컴퓨터 시스템의 개발은 여러 컴퓨터를 통합할 수 있게 한 '트랜스퓨터'와 병렬 처리 기술이었다. 산업 R&D와 대학 간의 협력은 반도체 회사와 컴퓨터 회사 간의 협력에서처럼 새로운 시스템을 개발하는 데 매우 중요했다(Molina 1989). 반도체 기술에 대한 IBM의 역량은 인텔이나 다른 부품회사들과의 협력이 필요하긴 했지만 여전히 회사를 이끌어간 원동력이었다. 네트워크 컴퓨팅의 부상은 1990년대 IBM에 새로운 기회를 제공했으며, 이를 가능하게 한 전기통신 산업의 변화는 다음 절에서 설명한다.

9.4 전기통신

컴퓨터 산업과 마찬가지로 전기통신 산업의 선구자들은 이미 오래전부터 존재했으며 전자 기계(electro-mechanical) 기술의 도입과 전자공학의 발달이 결정적인 영향을 미쳤다. 1830-40년대 영국의 휘트스톤(Wheatstone)과 미국의 모스(Morse) 전기 전신은 이미 철도, 통신사, 군부대에서 매우 중요한 통신 시스템을 제공했다. 알렉산더 그레이엄 벨(Alexander Graham Bell)이 1875년에 발명한 전화기는 처음에는 혁신적인 제품으로 인정받지 못했는데, 그 이유는 처음에 이 기술이 근거리에서만 효과적이었던 반면 전신은 장거리에서도 사용될 수 있었기 때문이다. 가장 거대한 전신 회사인 웨스턴 유니온(Western Union)은 초기에 전화를 소규모 틈새 사업으로 생각했고, 자체 전신 회선 네트워크를 사용하여 벨의 강력한 경쟁자였지만 벨의 임대료 및 로열티를 일부 받는다는 조건으로 전화기 사업을 맡기는 데 동의했다. 이는 1879년 벨이 특허 침해로 웨스턴 유니온을 고소한 분쟁으로 이어졌고 자사의 기본 전화 특허가 1894년에 만료될 때까지 전신 시장에 진출하지 않기로 동의했다. 이 합의로 벨은 1913년 국유화를 피하기 위해 상당히 엄격한 정부규제체제를 수용하는 대가로 거의 한 세기 동안 미국 전화 네트워크 시장에서 독점을 가져가게 되었다(Duysters 1995). 한편 대부분의 유럽 국가는 이미 우편, 전신 및 전화 서비스에 대한 공공 소유권을 설정했다. 국유화의 위협은 벨(Bell)이 지방의 많은 소규모 전화 회사들을 공격적으로 인수하고 매사추세츠주의 규제를 피하기 위해 1899년 AT&A로 주식을 이전한 데 따른 것이었다.

디포리스트(de Forest)의 3극 진공관 발명은 전화의 경쟁력에 큰 변화를 가져왔다. 이미 언급했듯이, AT&A는 1907년에 전화 시스템을 이어가기 위해 진공관을 사용할 수 있는 권한을 획득했으며 이를 통해 전화는 근거리 및 장거리 통신에서 가장 주요한 장치로서 전신을 대체할 수 있게 되었다. 따라서 20세기에는 더욱 가까워진 전자와 전기통신 간의 친밀한 관계가 시작되었고, 그 다음 단계는 전화 교환에 트랜지스터를 사용하는 것이었다. 벨과 다른 전화기 회사들은 전화 통신의 생산성 향상에 가장 큰 장애물인 전송 및 전환 문제를 해결하기 위해 교환을 할 때 진공관을 사용하려고 시도했다. 사용자 수가 증가함에 따라 수동 교환은 연결을 위해 엄청나게 많은 교환원이 필요했지만 진공관은 너무 빨리 소진되고 많은 전력을 필요로 하기 때문에 거의 불가능한 것처럼 보였다. 결과적으로 전화 네트워크는 1920년대와 1960년대 사이에 전자-기계 기술의 발전에 의존해야 했다.

트랜지스터 기술을 사용한 최초의 전화 교환국은 1960년 미국에서 설립되었고 그 이후로 컴퓨터와 교환 장비는 동일한 기술변화에 의해 점점 더 많은 영향을 받았다. 디지털 기술의 첫 사용은 1965년에 시스템 속도와 유연성을 크게 향상시킨 AT&A 넘버1 전자식 스위칭 시스템(No. 1 Electronic Switching System)의 펄스 부호 변조(Pulse Code Modulation: PCM)와 축적 프로그램 제어(Stored Program Control: SPC)의 도입으로부터 시작되었다. '1940년대 시작된 전자 컴퓨터 시장을 주도했던 전자 기술 체제는 전기 통신 산업의 기술 진보 속도와 방향성에 점점 더 많은 영향을 미쳤다. 그리고 이러한 기술 체제의 수렴은 전체적인 정보기술 과정의 수렴으로 바라볼 수 있을 것이다'(Duysters 1995: 83). 따라서 컴퓨터와 전자 산업 간의 기술적 상호 의존성 및 전기통신 산업과의 협력이 이미 1960년대에 견고하게 확립되었다. 19세기와 20세기 초에 다소 독립적으로 발전했던 이 새로운 산업은 이후에 매우 빠르게 성장했으며 지금의 'ICT'로도 더욱 잘 알려진 신기술 체계로 확고하게 자리 잡았다.

그러나 기술 융합과 3가지 산업 간의 긴밀한 관계가 반드시 비즈니스 융합으로 이어지는 것은 아니라는 점을 인식해야 할 것이다. 턴젤만(Von Tunzelmann)과 소에트(Soete 1987/1988)는 높은 수준의 기술 융합에도 불구하고 1980년대 각 산업 분야의 많은 기업들이 자신의 전문적인 사업적 이익을 추구하고 해당 분야에서 자체 핵심 역량을 강화했음을 보여주었다. 듀이스터스(Duysters 1995)의 기술적 제휴에 대한 특허 통계 분석은 이러한 결과를 보고한다. 통신장비 제조업체의 선두주자들은 컴퓨터 및 마이크로 전자 분야에서 많은 특허를 취득했으며 반도체 기업의 선두주자들은 전기 통신 분야에서 절반 이상의 특허를 취득했는데, 핵심 역량 또는 사업 전문화에 변화가 생겼다고 할 만큼의 사건은 1980-93년 사이에 발생하지 않았다. 기업인수 혹은 혁신을 통해 다른 산업에 진입하려고 시도한 기업들은(e.g. 전기 통신 산업 진출을 시도한 IBM) 대체적으로 성공하지 못했다. 그러나 듀이스터스는 생산 및 마케팅 노하우와 같은 진입 장벽에도 불구하고 기술 융합이 궁극적으로 전략적 제휴와 네트워크를 통해 기업의 리포지셔닝(repositioning)으로 이어질 것이라고 주장했다. 이러한 기술의 진화는 9.5절에서 논의한다.

통신 산업에서 병행하여 진행된 기술적 변화의 또 다른 주요 사항은 케이블의 전송 능력이었는데, 원래 얇은 구리선에 의존한 전화 기술 시스템은 엄청난 통신 증가를 처리하기 위해 훨씬 더 큰 대역폭이 필요했다. 처음에는 동축 케이블을 사용했지만 대역폭 문제를 해결한 것은 1970년대 개발된 광섬유 케이블이었다([그림 9.3]). 이는 디지털 전화 기술에서 엄청나게 많은 신호를 전달할 수 있게 되었으며, 급격하게 하락한 비용과 함께 '종합 정보 통신망(Integrated Services Digital Network: ISDN)'을 통해 즉각적으로 방대한 양의 데이터와 이미지를 전송할 수 있게 되었다. 미국 작가인 조지 길더(George Gilder 1993)는 1990년대 초 미국 가정과 사무실에 들어오는 4천 Hz의 전화선이 광섬유 케이블로 인해 25조 Hz까지 폭발적으로 늘어났다고 추정했다.

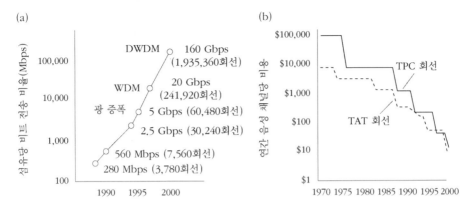

□ **그림 9.3 세계 해저 케이블 수용력과 비용**

(a) 케이블 당 수용력, 1985-2000년.
    회선 수치는 64 Kbps 회선의 수와 신호를 의미함.
(b) 연간 음성 채널 당 해저 케이블 비용, 1970-2001년.
    시스템 비용은 총 건축 비용을 시스템 수명으로 나눈 값임. 그래프는 1988년
    이후 시스템에서 압축 비율이 5: 1이라고 가정했음.
출처: Mansell and Wehn(1998).

그러나 유선 통신이 이러한 기술혁명을 경험하는 동시에, 무선 통신 역시 위성 통신과 휴대전화 네트워크를 중심으로 똑같이 급진적인 변화를 겪고 있었다. 길더(Gilder)는 미래의 디지털 컴퓨터 네트워크가 유선과 무선 모두에서 작동할 것이라고 말했다.

텔레비전에서 유래한 것처럼 수백만 개의 원격 컴퓨터(telecomputer)는 미래의 엄청난 트래픽을 저장하고 디지털 데이터를 전송할 것이다. 그리고 이런 기계들은 전 세계 어디서나 영화, 파일, 뉴스 기사 및 클립, 강의, 카탈로그 등을 소환하거나 전달할 수 있다. 500개의 채널 혹은 수천 개의 텔레비전을 제공하든 간에 상관없이 언제든 원하는 것을 정확하게 주문할 수 있고 모든 단말기가 오늘날의 방송국 통신을 명령할 수 있는 채널 없이는 무의미할 것이다(Gilder 1993: 95).

1998-2000년 휴대전화 네트워크의 급속한 성장과 수화기 성능의 발전은 길더의 예언을 확인시켜주는 듯했다. 그는 또한 기술적 변화가 제도적 변화를 주도할 것이며, 특히 메인 프레임 컴퓨터가 클라이언트-서버 네트워크와 휴대용 개인 컴퓨터로 대체되는 것처럼 중앙 집중식 방송국 또는 전화 시스템이 더 이상 필요하지 않을 것이라고 결론지었다.

이러한 비전이 실현되는지에 대한 여부는 기술적 변화뿐만 아니라 여러 사회적, 문화적, 정치적 변화에 달려 있었다. 손바닥 크기의 전화는 여전히 보편적인 수용에 큰 걸림돌이었으며, 다른 문화적 요인들이 미래의 시스템 발전에 큰 영향을 미칠 수 있었다. 사회적 변화는 새로운 제도의 탄생뿐만 아니라 과거 제도의 몰락으로 이어졌고, 역시 새로운 형태의 규제가 등장한 반면 오래된 서비스와 산업의 규제는 철폐되었다. 이에 대해서는 9.6절과 다음 장에서 자세히 설명한다.

미국의 벨(Bell) 시스템이 해체된 후 1970-80년대의 추세는 이전의 공공 독점 서비스와 규제체제의 민영화를 향한 것이었으며, 이는 통신 네트워크 및 서비스 분야에 새로운 진입을 허용하고 장려할 것으로 보였다. 이 정책은 보다 경쟁력 있는 환경이 〈표 9.7〉에 수록된 것과 같은 모든 종류의 새로운 정보 서비스의 성장을 자극하고, 또한 더 빠른 요금 인하로 이어질 것이라는 믿음에 근거한 것이었다.

표 9.7 1970년대 가정에서 이용할 수 있는 정보 서비스

오락물	사람 간 대화	방송	사진	모니터링	전화 음성 응답	홈 프린터	컴퓨터 단말기 (뷰데이터 텔레비전 포함)
- 라디오 - 다수의 텔레비전 채널 - 유료 텔레비전 방송 - 다이얼 접속 음악/사운드 다이브러리	- 전화기 - 전화 응답 서비스 - 음성 메시지 서비스 - 메시지 전송 서비스 - 원격의료 서비스 - 통신망 자문 - 지역 옴부즈맨 - 선출 공직자와의 접촉	- 대화형 교육 프로그램 - 쌍방향 - 텔레비전 게임 - 퀴즈 방송 - 광고 및 판매 - 텔레비전 시청률 - 대중 여론조사 - 관객 응답 방송 - 정치 연설과 사회적 이슈에 대한 반응 - 관객 요청에 의한 텔레비전 인터뷰 - 지역 문제에 대한 논쟁 - 원격의료 지원 - 경제의료에 대한 상품 입찰 - 경마 경주 배팅 - 스포츠 경기 내기	- 컴퓨터 이용한 연습 - 쇼핑 - 카탈로그 진열 - 광고 및 주문 - 소비자 보고서 - 오락물 해적 - 도시 정보 - 관광 일정 및 장소에 대한 조언 - 여행 정보 - 보트/낚시 소식 - 일기 예보 - 취미 정보 - 책/문화 정보 - 도서관 서비스 - 백과사전 - 정치 - 컴퓨터 데이터 - 부동산 - 아동용 게임 - 갬블링(빙고 등)	- 소방서에 온라인 화재 정보 - 경찰서에 온라인 침도범 신고 - 난방 및 에어콘 원격 조종 - 요리용 베인지 원격 조종 - 수도, 가스, 전기 계량기 측정 - 텔레비전 시청자 조회	- 주식시장 정보 - 일기 예보 - 스포츠 정보 - 은행 업무 - 의료 진단 - 전자 투표	- 전자 신문/잡지 - 맞춤형 뉴스 서비스 - 주식시장 소식 - 이메일 - 메시지 전송 - 문서 편집; 보고서 준비 - 비서 지원 - 맞춤형 광고 - 소비자 안내 - 정보 검색 - 교통정보 수집 - 관광/지도 정보 수집	- 소득세 준비 - 세금정보 기록 - 은행 업무 - 회계 처리 - 공연/스포츠 예약 - 식당 예약 - 여행 예약 - 컴퓨터 이용한 연습 - 계산 - 투자 비교분석 - 투자 모니터링 - 재택근무 - 회사파일 접속 - 정보 검색 - 도서관/문헌 정보 검색 - 구매할 상품 검색 - 쇼핑 정보; 가격 및 비교 - 부동산 검색 - 직장 검색 - 직업 가운셀링 - 보험 가입 - 자격증 취득

- 의료보험 청구
- 의료 진단
- 응급 의료 정보
- 전화변호부
- 통신 디렉토리 지원
- 사전/용어집
- 주소 목록
- 일기, 예약, 메모
- 메시지 전송
- 다른 사람들과 대화
- 크리스마스 카드/초대장
- 주택, 건강, 복지, 사회 정보
- 게임(체스 등)
- 컴퓨터 데이트
- 스포츠 파트너 모집

출처: Guy(1985: 105-7).

제2부 산업혁명과 그 이후의 역사

사실 이러한 서비스의 대부분은 1980-90년대에 전화와 텔레비전의 조합을 통해, 특히 유럽보다는 케이블 네트워크가 훨씬 더 빠르게 도입되었던 미국에서 사용되었다. 그러나 인터넷을 통한 컴퓨터와 통신의 조합으로 인해 전 세계적으로 정보 서비스의 확산이 매우 빠르게 진행되었다. 인터넷은 원래 1960년대에 미국 국방부에서 지원하는 고등연구계획국(Advanced Research Projects Agency: ARPA) 프로젝트로 도입되었는데, 핵전쟁으로 인해 분산된 통신이 악조건 속에서도 계속 작동할 수 있도록 개발되었다. 프로젝트가 진행된 후 국가 간 긴장이 완화되어 핵전쟁의 가능성이 낮아지면서 네트워크는 일반 사용자들에게, 특히 대학들이 전자메일(이메일)을 위해 이용할 수 있게 되었다. 이는 비즈니스 사용자의 채택과 사용 가능한 서비스의 빠른 확장으로 이어졌는데, 실제로 인터넷 서비스 제공업체는 처음에는 미국에서 그리고 나중에는 거의 모든 곳에서 가장 빠르게 성장하는 경제 분야로 자리 잡았다. 그 결과, 아직 서비스를 제공하지 않았거나 수익을 내지 않은 기업조차도 주식시장의 투기 대상이 되었다. 벤처캐피털 기업들은 때때로 그들이 홍보하는 소규모 신규회사의 잠재력을 크게 과장하기도 했다. 그러나 이 거대한 거품은 엄청난 구조적 변화에 대한 실질적인 전망 확산으로 인해 폭발하였다. 정보통신기술(ICT) 시대에 적합한 전기통신 인프라가 마침내 제자리를 잡았고, 이는 실제로 경제 전반에 걸쳐, 특히 모든 종류의 서비스 제공에 막대한 영향을 미치게 되었다. 소매업에 대한 인터넷의 잠재적인 영향도 상당했지만, 재고 및 배송 시스템의 상당한 비용이 더 확실해졌고 소비자의 반응이 종종 예상했던 것보다 덜 긍정적이었기 때문에 장기적인 관점에서는 여전히 논란의 소지가 있었다.

9.5 조직적 변화: 네트워크 기업

1950년대 컴퓨터 산업은 완벽하진 않았지만 오래된 '포드주의적' 조직 패러다임에 스며들었다. 그리고 이런 패러다임을 채택한 대기업의 중앙집중식 부서, 위계적 구조의 일부가 되었다. 반면에 이를 감당할 소규모 회사는 거의 없었는데, 정보를 신속하게 처리하는 것과 같은 기업 조직의 혁명은 아직 일어나지 않았으며 전문 데이터 처리 부서의 대형 메인 프레임 컴퓨터가 일반적인 패턴으로 여겨지고 있었다. 항상 R&D와 교육 및 훈련에 많은 비용을 지출했고 IBM의 자체적인 관리 구조는 이를 반영했다. 그러나 개인용 컴퓨터의 보편적인 가용성, 근거리 통신망(local area networks: LAN)의 도입, 제품 및 과정 설계의 급격한 변화로 인해 과거의 위계적 구조는 무너졌다. 또한 정보에 빠르고 쉽게 접근할 수 있었기 때문에 일부 관리 계층이 불필요해졌고 새로운 관리 방식이 확산되면서 여러 방면에서 포드주의적 패러다임과 대조되었다(〈표 9.8〉). 비록 네트워킹의 형태가 매우 다양하고 종종 과장되기도 했지만 기업 내부와 외부 관계에서 모두 새로운 조직의 중요한 특성이 되었다(Chesbrough and Teece 1996).

▌표 9.8   기술경제패러다임의 변화

'포디스트'(과거)	ICT(현재)
− 에너지-집약적	− 정보-집약적
− '제도실(drawing offices)'에서 설계와 엔지니어링	− 컴퓨터 이용 설계
− 순차적인 설계 및 생산	− 동시공학
− 표준형	− 맞춤형
− 다소 안정적인 제품 믹스	− 제품 믹스의 빠른 변화
− 전용 공장 및 장비	− 유연 생산 시스템
− 자동화	− 시스템화
− 단일 회사	− 네트워크
− 위계적 구조	− 수평적 구조
− 부서형	− 통합형
− 제품을 서비스와 함께	− 서비스를 제품과 함께
− 중앙집중형	− 분산형 지능
− 전문화된 기능	− 멀티 기능
− 정부 통제 및 소유(일부)	− 정부의 정보, 조정 및 규제
− '계획'	− '비전'

출처: Perez(1989)에서 인용.

새로운 네트워킹 회사의 좋은 예는 스탠퍼드 대학의 컴퓨터 과학자들에 의해 1984년 설립된 시스코 시스템즈(Cisco Systems Inc.)인데, 1998년까지 인터넷용 네트워킹 및 소프트웨어를 설계하고 제작하는 데 있어 세계적인 리더가 되었으며 연간 수입 80억 달러 이상, 시가총액은 거의 1,000억 달러에 달하는 회사가 되었다. 비즈니스위크(Business Week)에 따르면 이 회사는 경영 관행을 바꾸는 데 앞장서 왔으며 자체 상품과 서비스를 인터넷을 통해 제공하고 있었다. '시스코 시스템즈(Cisco Systems Inc.)는 인터넷을 통해 복잡하고 비싼 기기를 판매하는 데 성공하여 1997년에 혼자서 전체 전자상거래의 1/3을 차지했다'(Byrne

1998). 물론 거래 자체가 엄청난 속도록 성장하고 있었기 때문에 시스코 시스템즈(Cisco Systems Inc.)는 훨씬 저렴한 비용으로 고객들에게 기술적 지원을 제공할 수 있었고 2000년이 되어서는 마이크로소프트와 제너럴 일렉트릭에 이어 세계에서 가장 큰 기업 중 하나가 되었다.

네트워크는 회사 내부 작업을 위한 접착제이기도 하다. 이는 시스코 시스템즈(Cisco Systems Inc.)를 파트너 기업들과 신속하게 연결시켜 줌으로써 공급업체, 계약 제조업체, 조립업체 등을 하나의 회사(시스코)처럼 보이게 한다. 외부 계약업체는 회사의 인트라넷을 통해 시스코 시스템즈 고객의 주문을 직접 모니터링하고 조립된 하드웨어를 나중에 구매자에게 배송할 수 있다(때때로 시스코는 포장 박스조차 구경할 수 없었다)(Byrne 1998: 57).

또한 비즈니스위크(Business Week)에 따르면 시스코 시스템즈(Cisco Systems Inc.)는 네트워킹을 통해 새로운 공장을 건설하지 않고도 아웃소싱을 통해 생산량을 4배로 늘릴 수 있었다. 직원이 정보를 필요로 할 때에는 '때때로 네트워크에서 해답을 찾을 수 있었다.' 대부분의 심리학자들은 '비록 기술이 이와 같은 사업 모델을 돕고 부추기지만 인간의 상호작용을 완전히 대체할 수 없다'는 것을 알고 있었다. 회사 CEO가 전 직원(13,000명)과 함께 가까운 컨벤션 센터에서 분기별 회의를 하고 그중 일부와 90분 동안 생일 아침식사를 함께 하는 것처럼 말이다. 주요 직원의 스톡 옵션은 중요한 역할을 했으며 '임금은 소유보다 덜 중요했다.' 그리고 기업인수는 시스코 시스템즈(Cisco Systems Inc.)의 빠른 성장에 큰 역할을 했으나 비평가들은 이것이 약점의 원인이 될 수 있다고 믿었다. 그러나 인수가 새로운 지적재산과 차세대 제품을 포착하도록 특별히 설계되었기 때문에 새로 인수한 회사의 직원 중 일부는 해고당하는 경우도 발생했다. '우리가 지불하는 금액(직원당 50만-200만 달러)으로는 현재 시장 점유율을 확보하지 못하고 있다. 우리는 미래를 인수하는 중이다.' 보잉과 포드가 시스코 시스템즈 CEO에게 네트워킹 요구가 충족되지 못한다고 말하자 시스코 시스템즈는 즉시 이를 충족시키기 위해 LAN 스위치 제조업체인 크레센도 커뮤니케이션즈(Crescendo Communications)를 인수했다. 전문가들에 의하면 고객, 하청업체, 직원과의 파트너십은 네트워킹 회사에는 게임의 이름 같은 필수적인 요소이다. 그러나 광고는 기업이 관리되고 외부 비즈니스 관계를 수행하는 방식에서 실제로 상당한 변화가 일어나고 있다는 사실을 위장해서는 안 될 것이다. '기업 간' 인터넷의 사용은 아마도 정보통신기술(ICT) 혁명에서 생산성 향상의 가장 중요한 원천이 될 것이다. 하지만 사업적 관계나 고용주-직원 관계에서 무정함은 사라지지 않았는데, 특히 미국과 영국에서 고용 불안, 임시 계약 및 시간제 근로가 더욱 확산되었다.

　네트워킹 회사의 부상은 경영 컨설팅 사업에도 반영되었는데, 전통적인 미디어와 방법을 계속해서 사용하던 컨설턴트들은 인터넷을 최대한 활용한 발빠른 경쟁자들에게 결국 추월당했다. 그들은 이전의 'gurus' 대신 'guritos'로 적절하게 이름이 바뀌었다.

　마누엘 카스텔스(Manuel Castells 1996/1997/1998)는 정보 시대: 경제, 사회 및 문화(The Information Age: Economy, Society and Culture)를 통해 정보 사회에서 '경제 조직의 기본 단위'는 더 이상 기업가, 가족, 회사, 국가가 아니라 다양한 조직으로 구성된 네트워크라고 주장했다. 네트워크를 하나로 묶는 '접착제'는 '정보의 시대 정신' 그 자체로 '네트워크 생활의 매 순간 중요한 경제적 결정'을 알리고 행동하는 순식간의 '문화적 코드'이다. 카스텔스는 자본주의의 부상에 있어서 축적과 사업가적 정신에 대한 베버의 분석에 경의를 표하면서 정보주의 정신을 '신호를 처리하는 광전자회로의 속도를 가속하는 창의적인 토론 문화'로 정의했으며, '슘페터(Schumpeter)는 네트워크 기업의 사이버 공간에서 베버를 만났다'라고 하였다(Castells 1996: 199). 베버가 이미 경제의 네트워크를 언급했다는 것은 주목할 만한 사실이며 많은 경제학자들은 이 개념을 재료, 구성 요소, 제품, 아이디어의 공급자와 사용자들 사이의 치열한 교류에 기초하여 자본주의 사회의 다양한 특징들을 정의하기 위해 사용했다. 그러므로 카스텔스는 '네트워크 기업'을 정보주의의 새로운 특징과 자본주의 발전의 새로운 단계로 정의하는 것에 대해 어디까지 증명하였는가?

　네트워킹에 대한 경제학자들의 논의에서 적어도 현재 이용 가능한 통신기술의 속도에 관해서는 거의 이견이 없었다(여기에는 처리 및 통신의 속도뿐만 아니라 네트워크 내 참가자들에게 개방된 새롭고 광범위한 정보 출처에 대한 빠른 접근도 포함된다). 이제 컴퓨터 네트워크 내에서 점점 더 사용 가능한 이미지 처리 및 그래픽은 현실을 표현하는 데 확실한 틀을 제공하며 네트워크 회사의 의사결정을 위한 정보 처리의 요지를 결정할 수 있게 되었다. 따라서 그 어느 때보다도 매체가 메시지화될 수 있는 것이다.

　카스텔스는 전문화, 노동 분업, 규모의 경제에 초점을 맞춘 경제학자들을 사로잡은 네트워킹의 또 다른 측면에 대해서는 별로 할 말이 없었다. 기술과 과학의 복잡성이 증가함에 따라 애덤 스미스는 이미 과학의 전문화와 과학자들 간의 노동 분업의 역할을 강조했다. 더 일찍이 나폴리의 세라(Serra)는 도시 또는 다른 영토 내의 전문 기술과 직업의 수를 정교함과 번영의 지표로 생각했다(Reinert 1997). 이런 전문화 또는 하위 전문화(sub-specialization)는 오늘날 엄청나게 증가했는데, '내부' R&D 조직에서 어느 정도의 '자립'은 점점 더 문제가 되고 있음을 의미했다. 공동 연구, 합작 투자, 컨설팅, 다양한 라이센싱 및 노하우 협약, 공동 데이터 뱅크, 그리고 물론 무수한 형태의 암묵적 비공식 협업을 통해 증명할 수 있듯이 네트워킹은 과학 및 기술 활동에서 그 어느 때보다 필수적이었다. 하게둔(Hagedoorn)은 이러한 경향이 정보 기술 및 생명공학 분야에서 특히 강하게 나타난다고 주장했다(Hagedoorn 1990; Schakenraad 1992).

정보 및 통신기술의 발전은 전문 지식을 축적하고 네트워크에 접근할 수 있는 기업과 개인에게 네트워킹의 성장과 규모의 경제의 이점을 가속화하고 촉진했다. 따라서 지금까지 내부에서 수행된 여러 서비스의 하청 계약도 같은 방향으로 나아갔다. 일부 경제학자들은 기업이든 소비자든 간에 방법론적인 개인주의가 경제 해석의 잘못된 근간이라고 생각하며, 카스텔스의 네트워크 기업에 대한 이론을 반길 것이다. 그러나 이러한 변화는 사회 전체의 더 넓은 맥락에서 바라보아야 할 것이다('복합제품시스템(Complex Products and Systems)'에 대한 〈Research Policy〉의 특집호 참조, 2000년 8월).

9.6 제도 및 사회적 틀과 규제체제

빌 게이츠(Bill Gates 1996)가 정보 사회의 미래에 대한 전망에서 지적했듯이 이 사회는 아직 초기 단계에 있다. 그리고 그가 보여주었듯이, 잠재력은 경제나 건강 및 교육과 관련된 삶의 질에 관해서 어마어마하다. 그러나 모든 위대한 신기술과 마찬가지로 흡수와 적용의 사회적 문제도 역시 엄청난데, 이는 기술보다 사회 정치적 또는 문화적 변화에 있어서 더욱 그러하다. 정보통신기술(ICT) 시대 초기에도 정보 과부하 문제가 있었으며 일부 전문가들은 컴퓨터 시대가 시작되기 전부터 이것이 심각한 문제라는 것을 이미 1930년대부터 깨달았다. 과학자 버날(J. D. Bernal 1939)은 과학의 사회적 기능(The Social Function of Science)을 통해 점점 늘어나는 출판물과 정보의 속도를 따라잡는 것은 거의 불가능하기 때문에 만족할 수 있는 초록 배포 및 검토 서비스(abstracting and reviewing services)

의 필요성을 지적했다. 시인 T. S. 엘리엇(T. S. Eliot)은 '더 락(The Rock)'의 후렴구에 이렇게 썼다.

우리가 정보에서 잃어버린 지식은 어디에 있는가?
(Where is the knowledge we have lost in information?)
우리가 지식에서 잃어버린 지혜는 어디에 있는가?
(Where is the wisdom we have lost in knowledge?)

만약 그가 정보 사회에서 살았다면 아마도 다음 구절을 덧붙였을 것이다. '우리가 데이터에서 잃어버린 정보는 어디에 있는가?' 데이터를 정보로, 정보를 지식으로 변환하는 문제는 여전히 정보 사회의 풀지 못한 숙제로 남아있으며 단순히 지식 사회라고 부르는 것만으로는 해결될 수 없을 것이다. '정보주의 정신'을 해석하려는 시도에서 카스텔스(Castells 1996)는 자본주의 정신에 대한 막스 베버의 고전적인 연구로 거슬러 올라갔다.

아무도 모른다. 이 엄청난 발전이 끝날 무렵 완전히 새로운 예언자가 나타날지, 예전 사상의 위대한 재탄생이 일어날지, 혹은 둘 다 아니라면 자만심에 의한 망연자실할만한 결과가 있을지 아무도 모른다. 이 문화적 발전의 마지막 단계에서 '영혼 없는 전문가, 심장 없는 감각론자, 이전에 절대 달성하지 못한 문명사회에 도달한 것이 무효로 되었다'라고 진정으로 말할 수 있을 것이다(Castells 1996: 200, 베버의 프로테스탄티즘의 윤리(Protestant Ethic)에서 인용).

이 구절은 인종 차별주의 선전이나 음란물의 확산을 규제하거나 중단하는 것이 바람직하거나 가능한지, 또는 인터넷상의 트래픽 콘텐츠가 그 자체로 추진력을 가지고 있는지 등 인터넷의 미래에 대한 논쟁을 상기시킨다. 인터넷의 지배적인 문화로 부상하는 것은 인터넷을 검색하는 개인이나 세계적인 입지를 확보하기 위해 노력하는 소규모 회사들은 물론 '인터넷 서비스 제공자(internet service providers: ISPs)'의 역할에도 달려있다.

1980년대 앨버트 브레샌드(Albert Bressand 1990)와 같은 경제학자들은 이미 네트워크가 미래의 전자 카르텔로 쉽게 진화하는 방법을 지적했다. 그리고 1990년대의 인수합병은 이러한 두려움을 더욱 심화시켰다. 정보통신기술(ICT) 시대 초창기에는 많은 경제학자와 경영 컨설턴트가 혁신과 새로운 고용기회를 창출하는 데 있어 중소기업(SMEs)의 역할을 강조했지만, 이제는 점점 글로벌 대기업의 이점에 중점을 두는 추세이다. AOL(America on Line)과 타임-워너(Time-Warner) 그룹 회사들이 2000년 초에 추진한 초대형 합병을 정당화하기 위해 제시된 제안 중 하나는 미래에 대형 미디어 회사가 강력한 ISP와 연결되어야 한다는 것이었다. 마찬가지로 거대 ISP 기업은 콘텐츠 제공업체와 연결되어야 했다. 유럽에 위치한 베를루스코니(Berlusconi)의 기업들이나 머독(Murdoch)의 제국과 같은 대형 미디어 회사들은 그때까지 여러 국가에서 하나가 소유하는 방식으로 신문, 방송, 스포츠, 영화 등 다양한 미디어 및 엔터테인먼트 분야를 결합하는 데 집중하였다. 이러한 회사들은 이제 인터넷 접속 및 광고에도 관심을 가지는데, 경쟁의 미덕을 믿는 사람들에게 어느 정도 불안감을 주는 것은 이러한 합병의 순전한 규모뿐만 아니라, 어쩌면 합병의 본질에서 더욱 그러할지도 모른다. 인터넷 서비스 콘텐츠에 대한 통제는 모든 민주주의 사회와 미래 '정보주의 정신'에 대한 근본적인 문제이다.

M. 자바리(M. Javary)와 R. 만셀(R. Mansell)은 '인터넷 과점의 출현(Emerging Internet Oligopolies)'을 통해 '영국 ISP 시장의 발전은 사회적 가치에 대응하게 될 네트워크 "공유지(commons)"의 진화와 모순되는 과점 산업의 출현을 시사했다.' 그들은 다양한 전문화된 시장에서 권력과 지배를 통합하는 영국과 미국의 대기업들에 의한 소규모 신규회사 인수를 지적했다. 이는 인터넷이 정보와 아이디어를 교환할 수 있도록 전 세계적인 자유 민주주의적 포럼을 제공할 뿐만 아니라 중소기업들이 수준 높은 조건에서 경쟁할 수 있는 글로벌 마켓플레이스를 제공하는 것과 같은 초기 개척자들이 꿈꿔왔던 이상적인 상황과는 거리가 멀었다. 그리고 네트워크가 모든 곳에서 형성되고, 번성하고, 때로는 사라지고 있다는 사실은 네트워크 내의 권한 문제를 해결하지 않았다. 네트워크는 동등한 파트너가 될 수 없었는데, 오웰(Orwell)이 스탈린주의적 형태의 평등에 대해 풍자적으로 언급한 것처럼 표현한다면, 어떤 파트너는 다른 파트너보다 일반적으로 더 평등했다. 네트워크는 지배적인 기업이 재료, 구성 요소, 기술에 관계없이 공급자에 대한 통제를 유지하는 조직적 수단일 수 있다.

이전의 전기화 사례에서처럼 인터넷은 중소기업이 시장에 진출하고 번영할 수 있도록 수백만 개의 새로운 기회를 제공했다. 인터넷 백만장자들은 꽤 흔해졌지만 일부에 집중된 현상은 뚜렷했는데, 독점적 기업의 권력이 정보 사회에서 정치적, 문화적 영향력을 증가시킬 위험은 분명하다. 그리고 정보혁명은 실제로 통신 유틸리티의 오래된 독점 권력을 약화시키거나 파괴했다. 우리가 살펴본 바와 같이 미국을 제외하면 이들 중 대부분은 국가 소유였으며 해체된 후 민영화되었다. 미국에서 엄격하게 규제되는 벨(Bell)의 민간 독점조차도 같은 방식으로 취급되었는데, 이는 여러 새로운 서비스와 신기술의 매우 빠른 발전을 가능하게 했지만 새로운 집중과 규제 대상이 되었다. 유선(케이블) 시스템과 무선(휴대용) 전화 통신 간의 경쟁조차도 조지 길더(George Gilder)가 설득력 있게 설명하면서 새로운 관심으로 이어졌다. 영미권 보다폰 에어터치(Vodafone Airtouch)는 2000년 초 규모와 범위에서 AOL 합병에 필적하기 위해 독일 만네스만사(Mannesmann Corporation)와 합병을 시작했다. 오래된 공공 소유의 국가 독점은 사라졌고 새로운 거대 다국적 기업들이 들어섰다. 그리고 이것은 의심할 여지없이 국가 권력을 약화시키는 결과를 가져왔다. 그들은 앞으로도 글로벌 인프라를 통제할 수 있을까?

1980년대와 1990년대 민영화와 이에 수반된 규제 완화는 국가 정부가 심각하게 약해지는 현상을 보여주는 2가지 사례에 불과했는데, 이는 구조적인 조정 위기의 주요 특징이었다. 최근 네덜란드 정부는 〈설 곳을 잃은 정부: 정보통신기술의 행정적 결과에 대한 탐색(Governments Losing Ground: An Exploration of Administrative Consequences of Information and Communication Technology)〉이라는 책자를 발간했다(Netherlands Scientific Council for Government Policy, WRR 1999: 5). 이 책자는 매우 널리 인정된 명제에서 시작되었다.

특정 영토와의 관계가 쇠퇴하는 것은, 국가의 규제적, 지시적 능력이 영토적으로 묶여 있는 (입법이나 규제와 같은) 기구로부터 상당 부분 파생되기 때문에 필연적으로 국가의 행동에 영향을 미칠 것으로 보인다. 또한 정보통신기술(ICT)은 더 큰 세계화와 지역적 수준의 역점을 모두 결합하여 여러 방면에 충격을 줄 수 있다. 두 경우 모두 국가 통치의 기반이 되는 영토 수준의 지배력이 쇠퇴하고 있다.

어떤 측면에서 이러한 규제완화 과정은 이전의 전기 또는 자동차의 사례에서 본 것처럼 각각의 새로운 기술경제패러다임 출현의 특징이다. 새로운 기술의 시작은 반드시 소수의 개인과 조직에만 국한되며 소규모 신생 기업들은 주로 산파 역할을 수행했다. 19세기 말에 수백 개의 작은 회사들이 자동차를 생산했는데, 미래에는 증기 자동차, 전기 자동차 혹은 휘발유 엔진 자동차가 사용될지 불투명했다. 우수한 설계, 교통 규제 및 기술적 표준이 진화하는 데 수십 년이 걸렸는데, 제8장에서 본 것처럼 석유 산업에서도 투기 거품과 스탠더드 오일 (Standard Oil)이 산업을 지배하기 전까지 소규모 회사들의 경쟁이 더 우세했다. 거대 기업들이 산업을 지배할 만큼 충분히 크고 강해지기까지는 오랜 시간이 걸렸다는 사실을 잊어서는 안 될 것이다.

그러나 일부 전문가들에 따르면 규제체제의 형태와 성격을 결정하는 것은 기술의 본질이다. 이러한 관점에서 대량생산 기술은 위계적 기술 구조를 가진 대기업 내의 관리 체제에 대한 중앙집중식 규제체제로 가차 없이 이어졌다. 반면에 정보통신기술(ICT) 산업은 최소한의 중앙 제어로 자체적인 규제 네트워크에 매우 쉽게 적합하도록 되어 있었다. 비록 처음에는 미국 국방부가 핵전쟁이 일어날 경우를 대비해 통신을 유지하는 목적으로 개발했지만 인터넷의 이상적인 관점은 1980년대에 널리 퍼졌다. 여러 개인에 의해 분산된 참여적 의사소통의 목적이 자유주의 정신과 민주적 가치를 구현하는 것으로 판단되었다.

이는 경제를 규제하고 통제하는 중앙 및 지방정부의 역할이 보편적으로 인식되었던 대량 생산 시대의 사회와 대조적이었다. 이러한 개념은 케인즈 학파, 사회주의자, 국가주의자, 군국주의자, 그리고 어떤 특정한 이념으로 분류될 수 없는 많은 사람들에 의해 공유되었다. 물론 1940년대 초부터 경제 내에서 정부의 역할 증가에 적극적으로 반대했던 하이에크(Hayek)와 같은 예외적인 인물들도 있었다. 그는 유명한 저서 〈노예의 길(The Road to Serdom)〉(Hayek 1942)을 통해 '계획'이 정치적 전체주의로 이어질 것이라고 주장했으며, 특히 미국을 중심으로 그의 주장에 대한 지지를 요구했다. 그러나 대부분의 국가에서는 경제 분야와 지배 정당 모두 케인즈식 '관리형 경제'나 동유럽의 철저한 중앙집권적인 계획을 선호했다. GDP 대비 정부 지출은 거의 모든 부문에서 제2차 세계대전보다 높았으며, 이는 일반적으로 군사용이든 복지 목적이든 상관없이 필요한 것으로 간주되었다. 개발도상국에서는 주로 국가가 '추격(catch-up)'을 위한 조직화를 구성하고 산업화, 기술변화, 경제 성장을 촉진하는 노력에서 매우 중요한 역할을 해야 한다고 간주되었다.

1970년대 이래로 '정보 사회'의 탄생에는 여러 다른 개념들이 등장했는데, 20세기의 마지막 20년 동안에는 과세를 줄이고 정부 지출은 감소해야 한다는 견해가 널리 받아들여져 왔다. 더욱이 보수당, 신자유주의 정당, 이념론자들뿐만 아니라 이전의 사회주의 정당과 사회 민주주의 정당도 공적 소유와 중앙집중식 계획에 대한 믿음을 버리고 자유시장의 철학을 받아들였다. 1980년대 영국 총리를 지낸 마가렛 대처(Margaret Thatcher)는 비록 나중에 본인 정당에 신뢰를 잃었지만 의심할 여지없이 신자유주의 이념의 가장 영향력 있는 주창자 중 한 명이었다. 그녀는 본인이 존경했던 하이에크(Hayek)의 주장에서 직접 영감을 받았으며, 어떤 의미에서는 서유럽의 신자유주의 급증과 동유럽의 중앙계획경제 붕괴가 그의 주장에 대한 뒤늦은 증거로 간주될 수 있었다. 그러나 새로운 정보사회에서 규제 완화와 국가 개입의 철회가 얼마나 효과적일지는 두고 볼 일이다. 정보통신기술(ICT) 혁명 초기에 있었던 정부 권력의 약화 현상은 새로운 형태의 규제와 통제의 부활로 이어졌다. 앞으로 여러 가능성이 여전히 열려있으며 정보사회에서 문화 및 정치 발전의 마지막 단계가 무엇인지는 아무도 모른다.

우리는 광범위하게 파급된 기술의 특성이 기업 관리 시스템뿐만 아니라 정부 시스템에도 실제로 영향을 미친다는 견해를 받아들일 것이다. 그러나 '영향력'은 결정론과는 분명히 다른데, 전체주의적 정치 시스템과 이데올로기의 부상은 단순히 대량 생산의 보급보다 훨씬 더 깊고 큰 원인을 초래했다. 그리고 같은 의미로, 인터넷과 같은 컴퓨터 네트워크는 필연적으로 '자유' 경쟁이나 민주적 정치 제도를 야기하지 않았다. 대량생산 사회의 정치 시스템은 규제 시스템과 마찬가지로 매우 다양했는데, 아우슈비츠 강제 수용소의 가스실과 용광로는 코스타 브라바의 대중 관광만큼이나 대량생산 철학을 적용한 무시무시하고 끔찍한 예였다. 우리는 제8장에서 나치즘의 부상이 어떤 생산 시스템의 특성보다 대량 실업과 큰 사업 분야의 공모에 훨씬 더 많은 책임이 있다고 주장했다. 기술 시스템이 개발되고 사용되는 방식은 정치적 갈등과 윤리적 논쟁의 분야인데, 비록 일부 기술들이 왜곡되고 나쁜 프로그램에 더 적합할 수도 있다. 정보통신기술(ICT) 혁명에서 등장하는 사회는 기술보다는 경쟁하는 사회 집단과 정치 세력의 힘과 프로그램에 훨씬 더 많이 의존한다.

이것은 과세와 인터넷에 대한 현재의 논쟁에서 보다 분명하게 찾아볼 수 있다. 물론 정부의 권력 축소는 특정 종류의 세금, 특히 법인세와 소득세로 인한 수입 손실을 야기한다. 이는 OECD가 세금 감면을 위한 정부 간 경쟁의 위험에 대해 경고할 만큼 중요한 문제가 되었고, 이코노미스트(The Economist)는 '세계화와 세금의 조사(Survey of Globalization and Tax, 2000년 1월 29일-02월 4일: 1-20)'에서 '사라지는 납세자의 미스터리(The Mystery of the Vanishing Taxpayer)'라는 특집 기사를 발표했다. 이 조사에 따르면 세금 경쟁은 현실이며 중단되기 매우 어려운 것으로 나타났다. 아일랜드가 1인당 GDP에서 영국을 추월한 데에는 무엇보다도 낮은 조세 체제에 힘입은 바가 컸을 것이다. 이코노미스트는 또한 다른 종류의 경쟁과 마찬가지로 세금 경쟁 역시 좋은 현상이라고 주장한 찰스 티에바웃(Charles Tiebout)의 의견을 실었다. '세금 경쟁은 정부가 서비스를 효율적으로 제공하도록 압력을 가할 것이다. 하지만 이런 체제가 최소한이어야 한다는 것을 의미하지는 않는다'(p.6).

그러나 이코노미스트는 티에바웃의 주장에서 주요 결함을 지적했다. 자본은 유동적이지만 일부 재벌들을 제외하면 납세자 대부분은 그렇지 못했다. 인터넷은 더 많은 사람들을 이동하게 만들 것이며, '나머지는 더 비참하게 만들 것이다.' 세금을 회피하는 방법은 매우 다양한데, 자본의 이동과 정보기술의 결합으로 촉진될 수 있다. 이코노미스트는 조세 피난처에 관한 미국 연구를 인용해, 1980년대에도 세계 GDP의 3%를 차지했지만 자산의 26%와 순이익의 31%를 차지했다고 밝혔다. 한편, 1987년 이후 영국에서 23억 달러의 수익을 올린 머독(Murdoch)의 새로운 기업은 영국 법인세를 내지 않았다. 발 빠른 기업과 변호사들이 회피할 수 있었던 것은 법인세와 소득세뿐만 아니라 전자상거래 상품 및 서비스에 대한 판매세도 있었다. 따라서 인터넷과 정보통신기술(ICT)가 보편적으로 과세에 대한 정부의 권력을 약화시킨 것은 사실이다.

다국적 대기업이 (그리고 심지어 작은 기업까지도) 정보 사회의 어쩔 수 없는 승자라고 단정 짓고, 신기술의 특성상 정부의 복지서비스 제공이 불운하다고 결론을 내리는 것은 다소 시기상조일 것이다. 사회 및 정치적 혁신은 기술적 혁신과 함께 엄청난 잠재력을 가지고 있으며 정보통신기술(ICT)의 장점을 활용할 수도 있다. 인터넷은 여러 형태의 조세 회피를 가능하게 하지만, 또한 이러한 관행과 그들을 널리 보급하는 철학과 가치에 맞서 싸우기 위해 전 세계의 집단을 정치적으로 동원할 수도 있다. 이코노미스트에서 지적했듯이 '세금이 없다면 대표도 없다(No representation without taxation)'라는 표현은 21세기에 중요한 원칙이 될 수 있다. 더욱이 가난한 사람들과 국가를 위한 완전히 새로운 형태의 세금을 부과할 수 있고, 사치세와 환경 오염세가 인상될 수도 있다. 토지세와 도로 가격은 교통 혼잡과 오염 문제를 완화할 뿐만 아니라 수익을 올릴 수 있다. 마지막으로, 인터넷을 통한 보건 및 교육을 위한 온라인 서비스 제공은 복지 국가의 발달에 매우 강한 자극제가 될 수 있다. 물론 그러한 모든 변화에는 사회적 배제의 위험이 있다. 그리고 우리 모두를 위한 유럽 정보 사회 구축(Building the European Information Society For Us All)에 관한 EU 보고서(유럽 위원회 1997)는 보편적인 서비스 의무가 컴퓨터를 잘 다루지 못하는 사람들뿐만 아니라 급증하는 인터넷 사용자들에게도 계속 제공되어야 한다고 주장했다.

새로운 형태의 국제 조세 제도의 가능성도 배제되어서는 안 될 것인데, 이코노미스트 조사에서는 World Tax Organization이 국제기구에 가입할 것을 제안했다. 그리고 이를 처음으로 제안한 미국의 경제학자 이름을 딴 '토빈세(Tobin Tax)'는 안보뿐 아니라 사회적, 환경적 목적을 포함한 UN의 많은 의도에 자금을 댈 수 있는 엄청난 가능성을 제공할 것이다. 로빈 라운드(Robin Round 2000)의 추정에 따르면 투기적 자본 이동에 대한 세금은 0.25%의 비율로 책정될 경우 연간 1,500억 달러에서 3,000억 달러의 세금을 올릴 수 있다. 환율과 관련해서는 정부의 입지가 강화되고 투기꾼의 입지는 약해지는 부가적인 이점이 있을 것이다.

끝으로 인터넷 트래픽 자체에 대한 세금을 잊어서는 안 될 것이다. 소에트와 캄프(Soete and Kamp 1996)와 같은 혁신적인 경제학자들이 '비트세(Bit Tax)'를 처음 제안했을 때 미국 연방 정부로부터 강력한 비판을 받았지만 미국 내 주정부는 호의적인 시선으로 바라보았다.

기술적 타당성 문제와 정치적 반대가 있었던 것은 사실이었지만 국가적 또는 국제적 차원의 정치적 의지를 고려했을 때 해결되지 못할 문제들은 아니었다. 페레즈(Perez 1983)와 만셀(Mansell 2000)은 정보 사회의 다양한 사회 문제를 다루기 위해 대담한 제도적 혁신이 필요하다고 지적했다. 과세 혹은 다른 분야에서도 이런 제안들이 실현될 수 있는지에 대한 여부는 기술적 문제보다는 정치적, 문화적 문제일 것이다.

9.7 가상현실의 문화

앞서 문화와 사회적 변화에 대한 설명에서(8.7절) 우리는 예술 작품이 그 자체의 논리와 시간을 가지고 있음을 강조했는데, 이는 미래를 예상하거나 과거의 향수를 불러일으킬 수 있다. 그러나 문화 생산의 흐름은 의사소통 방식, 변화하는 사회 구조, 그리고 새로운 기술의 출현을 고려하지 않고는 절대 이해할 수 없다.

정보 사회의 경우보다 더 명백한 것은 어디에도 없다. 예술 작품 생산이 보헤미안 주변에서 주요 산업으로 전환한 것은 대량 생산 패러다임이 가져온 가장 큰 사회적 변화 중 하나였다. 예술, 영화, 스포츠, 문학 분야에서 엄청난 돈을 벌어들이는 사람들은 예전의 상업 및 산업에서의 백만장자들과 어깨를 나란히 할 수 있게 되었다. 엔터테인먼트 산업은 이제 포스트모던 자본주의의 완전히 새롭고 필수적인 요소가 되었는데, 정보 기술은 이 모든 과정을 한 단계 더 발전시켰다.

콘텐츠 측면에서 볼 때 제2차 세계대전 이후 대량 생산 시대에서 가장 중요했던 변화는 상업용 텔레비전의 보급이었다. 그 결과, 세기 초부터 문화 제작의 진원지였던 영화 산업은 정해진 설정에서 많은 관객들과 함께 시청하는 환경으로부터 개인 설정으로 영상과 소리를 동시에 즐길 수 있는 환경으로 바뀌었다. 따라서 동시 집단적인 환경이 동시 개별화된 환경으로 바뀐 것이다. 이런 지속적인 흐름은 뉴스, 영화, 드라마, 경연 등을 동일한 수준의 담론으로 혼합하고 모든 소리와 영상은 인포테인먼트(infotainment)의 조각들로 축소시킴으로써 기억을 없애고 사실성을 상실시켰다. 여기에서 가장 중요한 결과는 '상상의 소유물'을 만드는 데 사용된 잠재력과 이에 따른 '주관적인 기술 도용'이며, 엔터테인먼트 산업의 기초가 될 구체적이고 새로운 유형의 미디어 포퓰리즘을 형성했다는 것이다(Jameson 1991: 74).

'포스트모더니즘'이 승리한 것은 교양 프로그램의 지속적인 생산에 기술 사용이 가능해졌기 때문이다. 맥루한(MacLuhan) 또는 다른 많은 논평가들의 의견과 대조적으로 그 승리는 완전히 보편적인 문화를 강요하는 것을 의미하지는 않았다. 우리는 지구촌에 살고 있지 않으며 '세계적으로 생산되고 지역적으로 분배되는 맞춤형 오두막에서 살고 있다'(Castells 1996: i. 341). 각 문화 유물은 지역적으로 한정되어 있으며 우상(icon) 생산은 국경이나 지역적 경계선에 의해 여전히 중재되었다(대부분 지역(local) 수준에서 판단된다). 그러나 우상은 산업적으로 생산되고 우리의 사회적 의사소통의 구성 요소이며 분열의 미학에 대한 승리이다.

밀레니엄의 끝에서 새로운 세계가 형성되고 있다. ... 새로운 사회적 구조(네트워크 사회), 새로운 경제(정보/글로벌 경제), 새로운 문화(가상현실의 문화) 등으로 우리를 이끌고 있다 (Castells 1998: iii. 336).

이런 급격한 문화 변화의 사회적 결과에 대해 이해해야 할 부분들이 남아있다. 광고의 중요성 증가, 소비 담론의 소비, 홍보에 새겨진 갈망의 서술은 상품 재화의 최종 형태로서 이미지를 구성한다. 상품은 브랜드나 로고로 식별된다.

따라서 광고는 포스트모던 문화에서 간판 제작의 지배적인 형태라고 할 수 있다. 토마스 만(Thomas Mann)에 의하면 파스티셰(pastiche) 세계로 채워지기 위해 패션과 패스트푸드, B급 영화와 리메이크, 워홀(Warhol)의 팝아트, 패러디와 키치, SF, 음악과 비디오가 클립으로 만들어졌다. 공간의 범주는 시간의 범주를 대체하고, 역사적 깊이는 하루살이로 사라지고, 현실은 허공으로 녹아내리며, 하찮은 일로 인해 집중력이 상실되었다.

카스텔스는 영적 가치가 다소 고갈된 이 세상에서 숭배하는 종교가 예전과 달리 크게 번성할 수 있다고 말했다. 그러나 새로운 미디어와 신기술의 엄청난 잠재력에 대한 애호가들은 정보통신기술(ICT)이 상상하지 못한 방식으로 창의적인 활동에 참여할 수 있게 하고 전 세계 대다수의 사람들에게 모든 주제에 대한 교육을 제공하고 향상시킬 수 있는 기회를 준다고 반박했다. 최종 결과는 이 책의 다음 결론에서 다루는 주요 주제 중 하나인 정치적 및 사회적 변화에 달려 있다.

결론

자본주의 발전 장기파동의
회귀적 현상

C.1 서론

이 장에서 우리는 제1부에서 제기하였던 '숙고된 역사' 이론의 몇 가지 근본적인 문제로 돌아온다. 제4장과 제1부 결론에서 우리는 역사적 혁명의 '단계(stage)'나 '기간(period)' 등의 개념이 아닌 '파동(wave)'이라는 개념의 사용을 정당화하기 위해서는 각 기술혁명의 고유한 특징들뿐만 아니라 기간별 회귀적(recurrent) 현상을 구분해 낼 필요가 있다는 주장을 견지하였다. 제5-9장에서 우리는 이들 고유한 특징 중 몇몇을 분석하였고, 이 장에서는 제2부에 기술된 바로부터 부상한 주요 회귀적 특징에 대해 논의한다. 또한 우리는 이들 기술 및 경제 변화의 회귀적 특징을 더 넓은 제도적 및 사회적 맥락에 위치시키고자 한다. 이러한 맥락은 반자발적(semi-autonomous)인 정치적·문화적 변화가 종종 사건의 진행을 결정하는 데 지배적 역할을 하는 맥락을 의미한다.

우리는 우선 제5-9장에서 분석한 연속적인 산업혁명의 회귀적 특징을 구분해 보고, 각 장기파동 내 사회·정치적 경향들(신규 대기업의 성장과 다른 기업들의 지속, 파업·노사분규와 사회적 불안, 파동별 새로운 국제 규제체제의 진화 등)의 추가적인 증거들을 가지고 이런 회귀(recurrence)를 설명한다.

제2부의 서론에서 우리는 연이은 산업혁명들의 몇몇 특징들을 나열해 보았다. 이들은 특히 페레즈(Perez 1983)가 확인한 것들로, 경제와 사회적 시스템에서 장기파동의 회귀를 설명할 수 있는 것들이다. 이들 특징 중에서도 가장 중요한 것은, 혁신적인 기업에 예외적인 초 이윤(super-profits)을 가져다주는 일단의 기

술적·조직적 혁신이 주기적으로 등장하고 확산한다는 점이다. 이러한 회귀적인 초 이윤은 우리가 이 장에서 논의하게 될 첫 번째 특징이다.

자본주의에 대한 엄격한 일부 비판자(예: 마르크스)는 물론 자본주의에 대한 일부의 가장 열렬한 추종자(예: 하이에크) 역시 자본주의의 가장 중요한 특성 중 하나는 바로 대량의 기술혁신을 생성하고 확산할 수 있는 능력이라고 주장하였다. 우리의 이론은 이들 혁신의 상호의존성과 시스템적 특징을 강조하였는데, 이는 혁신이 단순히 개인적인 별개의 사건으로 분석될 수는 없음을 의미한다. 하지만, 물론, 미시 수준의 행위자가 혁신의 시작과 확산에 필수적이기는 하다. 제5장에서 우리는 '산업혁명'으로 일컬어지고 있는 기술적·조직적 혁신을 등장시킨 18세기 영국의 문화적, 정치적, 경제적, 지리적, 과학적, 사회적 환경들 사이의 예외적으로 우호적인 융합을 개략적으로 서술하였다. 이후 장에서는 특히 미국 등 자본주의 경제가 영국과 유사한 결과를 얻었음은 물론 종국에는 일단의 혁신을 바탕으로 영국을 추월하였음을 보였다.

자본주의 경제는, 궁극적으로 수많은 기업과 개인에게 영향을 주는 유인과 압박의 조합에 의해, 마르크스와 엥겔스가 말했듯 '고대의 경이를 능가하는' 놀라운 결과를 달성할 수 있었다. 물론 무엇보다도 잘 작동하는 자본주의 경제는 성공적인 혁신으로부터 큰 이윤의 기회를 제공한다(물론 확실히 보장한다는 의미는 아니다). 이러한 이윤은 사회적 지위, 특권, 정치적 발전, 명성 등 다른 보상이 뒤따르기도 한다. 각 기술혁명에서 가장 성공적인 기업가 중 일부는, 매우 부유한 사람들이 종종 추구하는 다른 형태의 이익을 꼭 추구한 것은 아니지만, 실제로 매우 예외적으로 큰 이익을 달성하였다. '명성' 그 자체는 그들이 피하기 어려운 것이었고, 이는 혁신이 확산하는 중요한 사회적 메커니즘이었다. 아크라이트(Arkwright), 웨지우드(Wedgwood), 허드슨(Hudson), 브루넬(Brunel), 밴더빌츠(the Vanderbilts), 카네기(Carnegie), 크루프(Krupp), 록펠러(Rockfeller), 라테나우(Rathenau), 지멘스(Siemens), 디젤(Diesel), 포드(Ford), 게이츠(Gates), 머독(Murdoch) 등은 기술적 또는 조직적 혁신을 통해 부와 명성을 모두 이룬 사업가와 발명가들의 예이다. 그들의 혁신은 각기 다른 것들이지만, 예외적으로 큰 수익성이라는 공통점을 가진다.

몇몇 장기파동 연구자들(Mandel 1980; Goodwin 1985; Poletayev 1987)은 주로 총이윤율의 장기 변동에 기반하여 경제적 시스템의 행위에 대한 모델을 구성했다. 그들은 장기간의 변영과 확장 이후에는 이윤율의 하락이 뒤따르는 경향이

제2부   산업혁명과 그 이후의 역사

있으며, 이는 혁신의 확산과정 중 혁신자 이익의 약화나 투입 요소 비용의 상승 등에 부분적으로 기인하였음을 상당히 설득력 있게 주장했다. 장기 호황의 정점에서 이윤율이 하락하는 경향은 장기파동의 상부 전환점(upper turning point)과 일반적으로 낮은 이윤율이 우세를 점하는 장기적인 하강의 시작을 설명하는 주된 이유 중 하나이다. 우리는 C.2절의 [그림 C.9]에서 최근 그러한 변화의 근거를 일부 제시한다. 통계 데이터가 특히 19세기의 경우에서처럼 조합하기 쉽지만은 않지만, 이들은 분명히 이러한 해석의 근거를 제시한다. 우리는 이 모형들의 타당성을 부인하지는 않으나, 우리가 구조적 변화 및 다양화하는 업종 현상을 강조하는 만큼 주로 주요 급진적 혁신의 활용을 통해 달성한 예외적인 '초 이윤'을 강조한다. 이러한 이윤은 장기파동의 하강 국면에서 이윤율이 일반적으로 하강하는 시기에 만들어졌다면 더욱 주목할 만하다. 이는, 슘페터가 주장한 바와 같이, 잠재적 모방자들에게 강력한 신호를 제공하는 것과 같다.

그러므로 이 장에서 논의하게 될 장기파동의 첫 번째 특성은 일단의 혁신이 회귀적으로 등장하고 확산하는 것으로, 이들 혁신은 기존의 생산방식 대비 기술적 우수성을 기반으로 엄청난 이익의 명백한 잠재성을 제공하게 된다. 물론 소규모 점진적 개선 역시 항상 발생하기는 하나, 우리가 분석한 각 파동의 핵심에 있는 혁신은 생산성과 이윤율의 상당히 극적인 변화를 제공하였다.

이 이론에 실체가 있다면, 우리는 이것이 제2부에서 인용한 예시들은 물론, 이들 예외적 혁신들과 관련된 대기업들의 성장에 대한 증거에 의해 뒷받침된다는 가설을 제시한다. 가장 수익성 높은 기업들은 평균적인 기업들에 비해 빠르게 성장할 것이라고 기대해 볼 수 있다. 따라서 우리는 (가장 큰) 대기업들 수의 변화에 대한 데이터에서 그러한 근거들을 찾아보았다.

이 정보는 소위 '연속성(continuity)'에 대한 논쟁을 이미 불러일으켰다. 몇몇 설명에 의하면 대기업들의 수는 장기간에 걸쳐 상당히 안정적이었는데, 이는 우리의 이론과 모순되는 부분이다. 반면에 우리의 이론에 실체가 있다면, 일단의 신규 대기업이 최상위 그룹에 주기적으로 등장하는 것으로부터 이론이 뒷받침될 것으로 기대해 볼 수 있다. 따라서 본 장의 C.2절은 바로 이 '연속성'에 대한 비판적 논의에 할애한다.

제5-9장에서 제시된 회귀적 현상의 두 번째 경우는 조정의 구조적 위기이다. 경제·사회 시스템을 통해 주요 기술 및 조직혁신의 무리가 확산하는 것은 직업·역량 프로파일이나 운영 시스템은 물론 구조에도 심대한 변화를 초래한다.

더욱이 각 무리는 고유의 특질을 가지고 있으므로, 각 기술혁명마다 서로 다른 영향을 미칠 것이다. 회귀적 효과는 구조 변화의 보편적 패턴이지만, 가장 크게 영향을 받는 산업과 직업은 사례별로 다를 것이다. 물론 명백하게 신규 산업은 상당히 다를 것이다. 이러한 모든 것들은, 구조적 실업의 증가가 고용 여건의 다양한 변화와 더불어 각 구조조정 위기의 주요 회귀적 특성임을 의미한다. 역량 프로파일의 부조화가 만연할 수 있다.

19세기의 실업률 통계는 상당히 빈약하지만, 우리는 제5장에서 1830년대와 1840년대 영국에서 실업률이 상당히 심각하였다는 강력한 근거가 있다고 주장하였다(5.10절). 한편, 웰스(David Wells 1890) 및 기타 경제학자들은 1880년대 대부분의 산업화 국가들(특히 기계의 사용에 가장 앞선 국가들)에서 만연한 실업을 언급하였다(6.6절), 그리고 물론 1920년대와 30년대, 그리고 1980년대와 90년대 심각한 구조적 실업의 통계적 근거도 풍부하다. 심지어 미국의 1920년대 호황기에도 피어런(Fearon 1987)과 NBER이 지적한 것과 같이 석탄, 철도, 조선 등 심각한 조정 문제를 겪는 업종들이 존재했다(8.2절).

이 정도 규모의 구조조정이 질서정연하고 갈등 없이 발생한다는 것은 상상하기 어려우며, 수십만 명의 삶이 파괴되는 것은 첨예한 사회적 불안의 원인이 될 수밖에 없다는 점은 분명하다. 우리는 이전 장들을 통해 각 조정 위기에 실제 이러한 일들이 있었음을 보여주고자 하였다. 1930-33년 유럽과 미국에 불어 닥친 경기후퇴기에는 실업자들의 대규모 시위와 폭동이 만연하였다. 그 이후로는 사회안전망 제도가 곤궁의 문제를 어느 정도 완화하기는 하였지만, 1970년대와 80년대에 정리해고에 반대하는 시위는 또다시 공통적 현상이 되기도 하였다.

확장하는 산업과 기술 분야에서도 다양한 노동자와 관리자 집단의 급여, 신분, 근로조건 등을 둘러싼 갈등이 발생한다. 따라서 우리는 파업일 수와 파업 참가자 수에 대한 가능한 통계가 회귀적인 구조적 위기와 그 사회적 결과에 대한 증거를 제시할 수 있다는 가설을 설정한다. C.3절은 바로 이 주제의 증거에 대해 논의한다. 마지막으로, C.3절에서 우리가 확인한 바에 더하여, 우리가 상정한 구조조정의 위기는 장기파동의 회귀적 특징이며, 필연적으로 다른 사회·정치적 갈등과 논의를 불러일으킨다. 기계화, 전기화, 동력화(motorization), 컴퓨터화 등의 대규모 변화는 산업 표준, 교육 훈련, 관세와 보호무역(혹은 자유무역), 안전 규제, 환경 보호, 지식재산권 등을 위한 완전히 새로운 요건을 불러일으킨다. 따라서 우리는 페레즈(Carlota Perez 1983/1985/2000)와 마찬가지로, 각 구조조정 위기별 전체 규제체제의 주기적 변경을 상정한다. 이는 본서의 주요 주제는 아니지만, 제6장과 제7장의 전기화 시대에서 새로운 기술경제패러다임(techno-economic paradigm)의 등장으로 기회의 창(windows of opportunity)이 만들어진다는 내용에 이미 언급되기도 하였다. 이러한 맥락에서 기업과 국가 경제는 기술, 조직, 사회적 혁신의 파도를 타고 국가 규제체제를 조정해 가며 새로운 위치를 점할 수 있다.

비록 본서의 핵심 주제는 아니지만, 수렴(convergence)과 발산(divergence)이 세계 경제 진화의 일반적인 추세이며, 이에 대한 간단한 언급은 필요하다. 홀랜더 등(Hollander et al. 1999)이 분석한 OECD 자료와, 많은 국가 표본을 고려할 때, 일반 수렴 추세는 제4차 콘드라티예프 파동의 상승기라고 할 수 있는 1960-1973년까지의 기간에 확인되었으며, 1973-1991년까지는 수렴과 발산이 뒤섞여 나타났다. 표본을 OECD 국가들로만 축소할 때, 1900-1918년까지의 기간과 제2차 대전 이후의 황금기라 할 수 있는 1950-1973년까지의 기간에는 수렴 추세가 지배적이었다. 국가 수준과 국제 수준에서 규제체제의 변화는 국제적 차원에서의 '추격' 과정(즉 수렴과 분기)에 상당한 효과를 가진다. 새로운 국제 체제는 C.4절의 주제이기도 하다.

C.2 장기파동과 대기업[1]

챈들러와 댐스(Chandler and Daems 1980: 2-3)는 '1920년까지 모든 선진 산업화된 시장경제에서 대기업이 가장 영향력 있는 비정부조직이 되었다'라고 주장하였으며, 우리는 이러한 주장에 이의를 제기하지 않는다. 그러나 우리는 그들의 가장 큰 대기업 조성(composition) 분석의 일부 측면에 대해서는 이의를 제기한다. '포춘(Fortune)'의 미국 최대 기업 리스트와 챈들러의 연구에 기반하여, 우리는 최고 대기업 순위의 '연속성'에 대해 논의한다. 제5-9장의 역사적 분석과 그 밖에 다른 자료들로부터, 우리는 일단의 신규 대기업들이 장기파동별 기술과 산업에 기반하여 주기적으로 대기업 리스트에 들었음을 보여주고자 한다. 오직 소수의 가장 큰 기업들만 몇 개의 파동에 걸쳐 순위에 남을 수 있었다. 상대적 지속성과 새로운 경쟁자들의 눈부신 성장 모두 높은 수준의 수익성과 유형 및

---

1) 이 절은 Louçã and Mendonça(1999)의 연구에 일부 기반하여 작성되었다.

무형 자본의 축적에 달려 있다. 높은 시장점유율과 수익성을 달성하기 위한 노력은 분명히 적절한 규제체제를 둘러싼 사회적 갈등에 심대한 결과를 가져오며, 이들은 이어지는 절들을 통해 다루어지게 될 것이다.

새로운 기술궤적과 적절한 규제체제를 형성하고 그에 영향을 미칠 만큼 강력한 위치에 있는 것은 기업과 종사자들이다. 노동조합과 다른 노동자계급 조직들은 보통 기술 및 조직 변화를 촉발하거나 통제하기보다는, 그에 반응하는 위치에 있었다.[2] 이는 어느 집단, 조직, 계급이 특정 기술의 진화에 대한 명확한 아이디어를 가지고 있음을 이야기하고자 하는 것이 아니다. 우리가 제5-9장에서 보이고자 했던 것처럼, 불확실성은 새로운 혁신 집단의 진화를 특징지으며, 궁극적인 결과는 초기에 누군가가 특정적으로 의도했던 것과는 상당히 다르다. 반대로, 기대와 힘의 균형이라는 것은 사회·정치적 시스템 그리고 더 일반적으로 문화의 진화는 물론 과학과 기술의 새로운 발전의 결과에 따라 끊임없이 변화한다.

우리가 제2부의 서론에서 설명한 것처럼, 우리는 이 책에서 자본주의로 인지할 수 있는 경제의 진화에 관심을 둔다. 우리는 1917-1990년에 걸쳐 다른 형태의 경제적 시스템을 만들기 위해 시도했던 사회에 대해서는 언급하지 않았다. 우리는 그들 경제도 자본주의 사회의 기술 및 정치, 그리고 세계 경제의 진화에 강력하게 영향을 받았다고 믿는다. 실제로, 장기파동 이론들은 이들 국가에서도 발전되었지만, 우리는 이들에 대해서는 다루지 않는다. 우리의 관심사는 대개 사적 소유와 기업의 수익성을 통한 부의 축적에 기반한 경제 체제에 있다. 이러한 자본주의 경제는, 대부분 기업의 생존과 성장이 그들의 수익성에 의존하는 만큼, 혁신하려는 특히 강력한 압력 및 유인들이 있다. 주요 산업화 국가 이외의 국가들에서는 상황이 매우 다를 수 있는 만큼, 우리는 분석을 이들 주요 산업국들의 경우에 한정하였다. 우리의 견해로는, 매우 다른 새로운 무리의 기술에서도, 여러 사회적 현상의 회귀를 설명하는 것은 이러한 자본주의 제도의 지속성이다.

그러나 사적 소유, 기업의 생존과 성장을 위한 이익의 필요성 등 자본주의 경제의 몇몇 특성들이 지속된다는 것은 모든 자본주의 제도가 변하지 않고 남아 있음을 의미하지는 않는다. 그와 반대로, 이익을 내고, 부를 축적하고, 투자하고, 시장을 확대해야 한다는 압력은 냉혹하게도 몇몇 대기업, 초거대기업의 성장으

---

2) 1920년대 러시아에서 혁명 초기에 노동자 조직이 설계와 혁신에 영향을 미치기 위한 실패한 시도가 있었으며, 이에 대해서는 Muchie(1986)의 매우 흥미로운 박사학위 논문을 보라.

로 이어졌다. 19세기 초에는 수많은 소기업 간 경쟁이 산업 현장의 주요 특성이었다면, 19세기 말에는 수만 명을 고용한 거대 기업이 등장하여 몇몇 산업을 지배하기 시작하였다. 이는 당해 세기 중반 무렵 철도 산업에서 이미 발생하였으며, 제7장에서는 특히 제강과 전기 분야 대기업의 출현에 관해 기술하였다. 제8장은 석유와 자동차 산업에, 제9장은 컴퓨터, 소프트웨어, 미소전자공학, 전기통신에 초점을 두었다. 이들 기술변화의 각 파동에서, 완전히 새로운 기업들이 놀라운 속도로 확장하였고 이전 파동에서 성장한 '거대 기업들(giants)'의 리그에 동참하였다.

물론 심지어 18세기에도 대기업이 일부 존재했다. 그러나 이들은 주로 산업체라기보다는 동인도회사와 같은 무역업체들이었으며, 애덤 스미스 시대에는 100명 이상 고용한 산업체가 손에 꼽을 정도였다. 그럼에도 불구하고, 경제학도들이 알고 있듯, 애덤 스미스는 동종 사업 분야의 사업가들과 상인들의 만남에 참여하는 것의 위험성에 대해 엄한 경고를 하였다. 그의 견해에 의하면 가격을 올리고 정하는 모의가 종종 뒤따르기 때문이다. 고전파와 신고전파 경제학자들은 이러한 반독점 전통을 유지하였으며, 1890년대 이래로 완전 및 불완전경쟁 모델을 다듬고 독점 및 과점 기업들과 관행들의 만연한 성장을 제한하거나 낮추는 제도를 고안하는 데 큰 노력을 기울였다. 특히 미국에서는, 1890년 셔먼 법(Sherman Act) 이후 대중 정치운동이 트러스트-버스팅(trust-busting) 즉 독점기업 해체 관련 입법에 광범위한 지지를 이끌었으며, 스탠더드 석유회사(Standard Oil)부터 마이크로소프트(Microsoft)까지 미국 최대 규모 기업들의 많은 수가 그들의 지배력을 제한하는 조사와 법적 조치의 대상이 되어 왔다.

대부분의 제조업과 많은 서비스 분야에서 대기업의 부상을 누구도 부인하지 않으나, 이러한 집중화 과정에 대해서는 많은 다른 해석이 존재한다. 1890년대 알프레드 마샬(Alfred Marshall)은 '숲속의 나무(trees in the forest)' 은유를 제안하였는데, 그는 거대한 '나무'의 성장이라는 분명한 사실은 인정하였으나, 이들의 성장에 제한을 둔다는 것은 주기적으로 어떤 나무는 죽고 새로운 묘목으로 대체됨을 의미한다고 시사하였다. 그러나 시간이 지남에 따라, 다른 경제학자들은 그들 거대한 '나무'들 중 일부는 이례적으로 깊은 뿌리를 갖고 있으며 매우 긴 시간 동안 살아남는다는 사실을 지적하였다. 이것이 바로 '연속성' 논의로 알려졌고, 이는 대기업의 적응성, 재정적 건전성, 시장 지배력, 정치적 영향력 등을 강조하였다.

여기서 '거대 기업(Big Business)'의 진화는 1963년, 1983년, 1997년 포춘 리스트에서 200대 미국기업의 수에 대한 통계적 및 평가적 분석에 기반하여 논의될 것이다. 그 전에 우리는 챈들러의 1917년, 1930년, 1948년 데이터를 사용한다. 비록 이들 두 종의 정보가 일관적이라고 인정되었으며, 다른 연구자들도 이들을 동시에 활용하기도 하였지만, 중요한 단점 하나가 지적되어야 할 것이다. 우리가 과거로 거슬러 올라갈수록, 통계적 정보의 신뢰도가 의문시되며, 더욱이 분류 기준이 주요 산업의 구조 변화에 대응하여 변하기도 하였다.

이 가운데 첫 번째의 경우, 이 절에서 간시적 비교(intertemporal comparison)를 궤적에 대한 명확한 추정이 가능한 영역으로 최대한 제한하는 것처럼, 문제를 줄일 수는 있어도 해결하기는 어렵다. 두 번째 문제는 더욱 만족할만한 방식으로 다루어질 수 있는데, 여기서 선택된 전략은 산업분류번호(SIC) 2자리를 바탕으로 하면서 기업들의 핵심 사업에 대한 최근 정보를 고려하여 새로운 분류를 개발하는 것이다. 또한 미국을 선택하는 것도 중요하다. 미국은 분석 기간 전반에 걸쳐 기술을 주도한 국가였고, 더욱이 매우 큰 시장을 가지고 있으며 해당 기간 본토에서 전쟁을 겪은 적이 없다.

이 절은 기술과 관련하여 '창조적 파괴'의 문제를 고려하지 않는다. 슘페터 (Schumpeter 1942)가 사용한 이 용어는 기존 기술과 기업의 '파괴'를 의미하기 위해 몇몇 사람들에게 채택되었다. 물론 가끔 이런 일이 발생하기도 한다. 그러나 기존 기술이 파괴되기보다는 신기술에 의해 변환되거나 보완되는 일이 더 흔하게 발생한다. 우리는 제8장에서 전기화 및 전자-기계 기술과 관련하여 이러한 점을 강조한 적이 있으며, 이는 전자 기술에 대해서도 같다. 특히 파텔과 파빗 (Patel and Pavitt 1994), 파빗(Pavit 1986) 등의 연구는 기존 기술에서의 역량은 기업들이 신기술을 다루는 데에도 여전히 중요함을 주장하였다. 이들 연구는 대기업의 특허 포트폴리오를 분석하여 이를 입증하였으며, 다기술(multi-technology) 역량이 오늘날 대기업들에게 필수적인 경우가 많다고 주장하였다. 이는 버짓 앤더슨(Birgitte Andersen 1998)의 기계와 전기·전자 산업 분야 특허의 축적 궤적에 관한 연구에서도 같다. 앤더슨은 기술궤적을 평가하기 위해 특허의 30년 가중치를 사용하였는데, 비교 결과 기계 분야에서의 혁신이 모든 기간(1890-1990)에서 지배적인 것으로 나타났다. 그러나 해당 연구는 전기·전자 기술 특허가 모든 기간에 걸쳐 극도로 빠르게 증가하고 있다는 사실도 보여준다([그림 C.1] 및 [그림 C.2]). 비록 이러한 주장이 주류 연속성 논의로부터 그리 독립적이지는 않지만,

그럼에도 불구하고, 이는 일부 대기업의 장수를 설명하는 요인 중 하나라고 할수 있다. 그러나 이에 대한 반론, 즉 기존 기술에 대한 역량과 그에 대한 애착이새로운 기술을 꺼리는 현상으로 이어질 수 있다는 주장도 고려할 필요가 있다. 어떠한 경우든, 우리의 주장은 기술이 아닌 기업의 연속성과 주로 관련되어 있다. 기존 기술과 신기술은, 비록 그들을 사용하는 기업들의 수는 변화하더라도, 의심할 바 없이 공존한다.

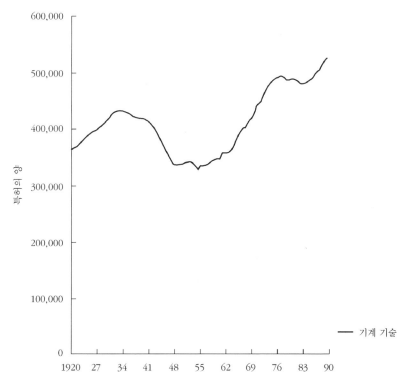

□ 그림 C.1 기계 기술 분야 특허의 역사적 누적량

출처: B. Anderson(1998).

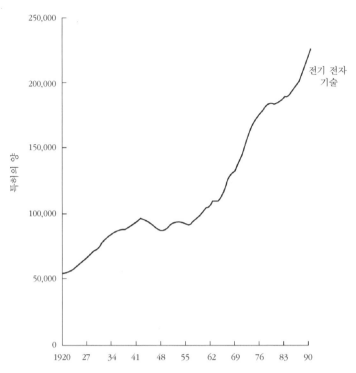

□ 그림 C.2   전기/전자 기술 분야 특허의 역사적 누적량

출처: B. Anderson(1998).

   우리는 경제사에서 구조 변화의 중요성 관련 주장에 대한 검정의 부분으로
가장 큰 대기업들의 모집단이 20세기에 어떻게 변하여 왔는지를 포착해 보고자
한다. 이러한 목적은 가용 데이터의 성질에 의해 제한된다. 대기업 모집단은 매
우 협소한 변수 세트로 식별되는 것으로, 독점이나 경쟁의 정도에 대한 추측을
검정하는 데 통계적으로 부적합하다(Stigler 1969: 338).

   우리는 이제 전 세기에 걸친 핵심 산업 내에서 같은 대기업들의 중단되지 않
는 지배를 강조하는 '연속성 명제'의 찬반 증거들을 살펴보도록 한다. 그리고 대
기업 역사의 다른 해석에 대해서도 논의하며, 마지막으로 장기파동 패턴에 관한
주장을 제시한다.

   1994년 포춘이 선정한 미국 500대 기업의 설립일에 대한 확장된 조사를 기반
으로, 해리스 사(Harris Corporation)의 연구는 '빈번하고, 신속하며, 격동적인 변
화가 있는 세계에서 주요 기업들의 놀라운 인내와 적응력이 있었다'라는 결론을
내렸다(Harris Corporation 1996: 72).

그러나 바로 그 해리스 사에 의해 수행된 조사는 실제로 혼재된 결과를 보여 주었다. 분명히 기존(old) 기업들이 확실한 우위가 있다. 모집단의 39%는 한 세기 이상의 업력을 가지고 있었고, 1880-1920년 사이에 설립된 기업들까지 고려한다면 대략 전체의 50%에 달할 정도이다. 그러나 16%는 1950년 이후에 설립되었으며, 새로운 대기업들의 등장은 명백히 정보통신기술 혁명과 관련한 새로운 기회를 시사한다. 이들 증거는 대기업들의 세 가지 특성을 다음과 같이 제시한다. (1) 대기업의 약 반 정도는 제3차 콘드라티예프 파동 중에 설립되었고, (2) 최초 진입자는 자연히 중요한 진입장벽을 형성하였으나, (3) 신규 기회는 새로운 산업에서 신규 진입자에게 여전히 열려 있었으며, 이들은 빠르게 대기업 집단의 일부가 되었다.

챈들러는 (1)과 (2)의 이유는 초기 과점 상태에서의 경쟁 하에서 축적된 역량과 인적·물적 자본에 대한 대규모 투자의 이점에 있다고 설득력 있게 주장한다.

제1차 세계대전까지, 자본집약적 산업의 과점체제의 주요 기업들이 설립되었다. 그들 중 많은 수는 다음 반세기에도 해당 산업의 리더로 존속하였다. 일부는 합병으로 사라지고, 또 다른 기업들은 신기술이 새로운 산업 리더를 불러옴에 따라 최상위 200대 기업 리스트에서 제외될지도 모른다. 과점적 경쟁이 계속되므로, 매출, 시장점유율, 이윤 등을 기준으로 한 순위는 오르내렸다. 그럼에도 불구하고, 자본설비에 대한 가장 큰 초기투자를 한 최초 진입자들은 다음 시기에도 대부분 사내유보를 통하여 물적 자본에 대한 대규모 투자를 계속하였고, 또한 국가 내 주요 고용주 역할을 지속하였다. 따라서 이 기업들은 제품과 공정의 추가 개발을 위한 학습 기반이 되었다. 이들은 공급자, 중개인, 그밖에 관련 기업 간의 네트워크에서 핵심적 위치에 남았다(Chandler 1997: 76).

그리고 더 나아가,

물적 자산과 인적 및 조직적 자원에 대한 장기적인 집중 투자를 수행함으로써, 이들 대규모 사업체들은 물적 자본에 대한 대규모 투자와 인적자본이나 기술적 지식 등과 같은 무형 자산에서의 지속적인 자본 형성 간 보완성을 활용할 수 있었다. 그러한 결과로 나타나는 역량은 많은 국제적 기업들의 핵심역량이 되었다. 이들 역량은 그러한 기업들이 세계시장 주요 기업으로서의 위치를 유지하고, 제2차 대전 이후 제3차 산업혁명3)과 결부되는 전자, 항공

---

3) 챈들러의 '제2차 산업혁명'은 이 책의 제3차와 4차 콘드라티예프 파동에 해당하며, '제1차 산업혁명'은 제1차 및 제2차 콘드라티예프 파동, '제3차 산업혁명'은 정보혁명이다. 턴젤만(von Tunzelmann 1995a: 100)은 유사하게 이들 산업혁명들을 '수퍼 사이클(super-cycles)'이라고 명

우주, 화학, 제약 등 분야의 극적인 기술혁신의 활용을 가능케 하였다(Chandler and Hikino 1997: 25).

따라서, 챈들러에게 있어서 과점적 경쟁의 이러한 형태는 누적적 학습의 근원이며, 신규 진입자에 대한 장기간에 걸친 높은 진입장벽을 형성하는 특정 조직 역량의 구축으로 이어진다. 이 역량은 높은 과점 이익을 지속하게 하여 지속적인 성장을 촉진한다(Chandler 1994: 3). 과점 이익은 이 기업들이 연구개발에 대한 대규모 투자와 신규 진입장벽 구축을 통해 경쟁우위를 연장하기 위한 역량의 핵심에 있다.

챈들러의 명제는 대기업 중 상당수의 생존을 설명하는 데 상당히 설득력 있다. 그러나 레슬리 하나(Leslie Hannah)는 이와는 다른 결론에 도달하였다. 그는 가장 발전된 산업 국가들의 제조업 및 광업 분야에서 1912년과 1995년 100대 기업들을 비교하였다. 1912년 데이터의 분석 결과는 해리스 사의 연구 결과와 일치하였는데, 평균 업력은 32년으로 기업들은 평균적으로 1880년대에 설립되었던 것으로 나타났다. 그러나 1912-1995년까지의 궤적은 매우 두드러진 결론을 제시한다. 약 25%의 기업만이 독립적으로 남아 1912년-1995년까지 성장하였으며, 이들 중 오직 20%만이 1995년 상위 100대 기업에 남아 있었다. 즉 '대기업들은 사라지거나 쇠퇴할 가능성이 성장할 가능성보다 3배나 높았다'(Hannah 1997: 18).

하나는 연속성 명제를 쉽게 수용하는 원인이 살아남은 기업들의 강인한 이미지에 있거나, 혹은 연구자들이 다른 모집단(세계 100대 기업 또는 미국 500대 기업)을 다룬 사실에 있다고 보았다. 그러나 그는 유럽 기업들이 미국의 기업들보다 생존할 가능성이 더 크다는 것을 발견했다. 생존한 기업들에 대한 과장은 주로 우리의 부정확한 기억의 특성이다. '누가 커더히 포장회사(Cudahy Packing Company)를 기억하는가?' 그러나 그 회사는 1912년 당시 최대기업 중 하나였다.

우리는 미국의 경우와 2차 자료로부터 확보 가능한 최대 기업 모집단만을 고려하였다. 즉 챈들러가 1917년, 1930년, 1948년에 대해서 식별하고, 그리고 1963년, 1983년, 1997년의 연장된 포춘 데이터가 식별한, 200대 제조업 기업이다. 결과적으로 우리는 전 기간 544개 기업 모집단을 확보할 수 있었다.

시계열 상 지속되는 경우는 제한적이다. 오직 28개 기업만이 6개의 모든 리

명했다.

스트에 있었다. 이들이 바로 '지속적인' 대기업들로서, 세기 전환기에 설립되었거나 해당 기간 중 합병의 혜택을 받았다(〈표 C.1〉). 그러나 28개 기업이 모든 리스트에 올라 있으나, 전체의 절반 이상인 267개 기업이 단 한 차례만 리스트에 올랐다. 리스트에 오른 횟수는 [그림 C.3]에 표시되어 있다. 더욱이, 이들 '지속적인' 기업들은 평균적으로 더 높은 위치에 올라 있으며 (즉 순위의 평균은 낮다) 이는 [그림 C.4]와 같다. 이들 두 그림은 불규칙적으로 순위에 오른 기업들이 200위 안에 들지 못하더라도 여전히 최상위에 있으며, 역사적으로 뒤에 처진 기업들의 위치에는 큰 분산이 있다는 가정에서만 '연속성' 명제에 부합한다는 것을 보여준다. 그러나 증거는 그러한 가정을 지지하지 않는다. [그림 C.5]에서 볼 수 있듯, 47.8%의 기업들이 제2차 대전 이후 리스트에 나타났고, 27.4% 미만이 제2차 대전 이전과 이후 모두에 등장하나, 24.8%의 기업들은 제2차 대전 이전의 리스트에만 올라와 있다. 다시 말하면, 72%의 기업들은 첫 번째 기간에만 지배적 위치에 있다가 그 이후 단순히 최상위 리스트에서 사라져 버렸거나, 리스트에 없다가 최근에야 등장한 것으로 볼 수 있다. 지속한다는 것은 중요한 현상이기는 하다. 그러나 이는 전체 거대 기업들의 오직 1/3에만 해당하는 것이다. 20세기 중반에는 극적인 분리가 존재하는데, 이 시기를 기준으로 몇몇 기업은 최대 기업 리스트에서 영원히 도태되었고, 몇몇 신규 진입자들에게는 새로운 '기회의 창'이 열리게 된 것이다.

기업명	설립일(주요 합병 시기)
Alcoa	1888
Amoco	1889
BestFoods	(not known)
Bethlehem Steel	1857 (1902)
Borden	1857 (1899–1904)
Coca Cola	1886
Deere	1837 (1911–12)
Du Pont	1802 (1895–1905)
Eastman Kodak	1884 (1903)
Exxon	1870
Ford	1903
Fortune Brands	(not known)
General Electric	1892 (1901–2)
General Motors	1908
Goodyear	1898
Inland Steel	1893 (1954)
International Paper	1898
Navistar	1846 (1902)
Owen Illinois	1903 (1929)
PPG	1883
Procter and Gamble	1837
Quaker Oats	1891
R. J. R. Nabisco	1875
Sun Oil	1886 (1895–1904)
Texaco	1902
Union Carbide	1886 (1917)
Unocal	1890
USX	1901

출처: 저자 분석.

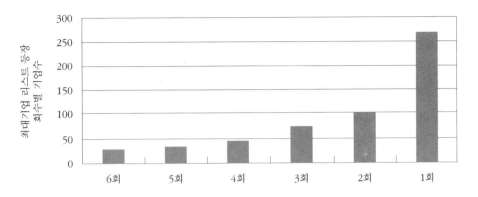

❏ 그림 C.3   톱 리스트 등장 횟수별 기업 수(1917-1997년 미국기업)

출처: 저자 분석.

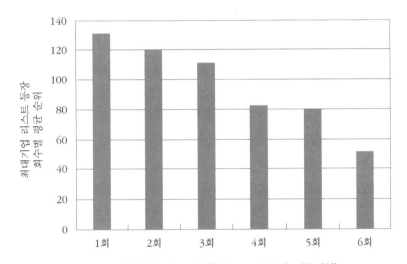

❏ 그림 C.4   톱 리스트 등장 횟수별 평균 순위(1917-1997년 미국기업)

출처: 저자 분석.

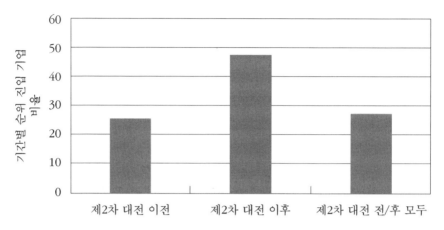

❏ 그림 C.5　제2차 대전 전후 순위 진입 기업의 비율(1917–1997년 미국기업)
출처: 저자 분석.

　　이외의 다른 연구들도 이러한 결과를 확인하고 있으며, 1950년 미국 리스트 기업 중 최소 1/3 이상에 영향을 주는 등 격변의 양상이 더욱 증가함을 주장한다. 프리드랜드(Friedland 1957)는 1906년, 1928년, 1950년의 미국 50대 산업체를 연구하여, 1950년 리스트에 속한 기업들의 67%가 첫 시기 리스트에 있으며 나머지 약 1/3은 그렇지 않음을 보였다. 또 다른 연구는 포춘 500대 기업 리스트의 1/3을 대체하는 데 걸리는 시간을 분석하여, 1950년대와 60년대에는 약 20년이 걸렸으나, 1970년대에는 10년, 1980년대에는 5년 정도밖에 걸리지 않았다고 하였다(Audrecht 1997: 50). 드 호이스(De Geus)는 1970년 포춘 500개 기업의 1/3이 1983년에 이미 인수, 해체, 폐업 등으로 이미 사라졌음을 확인하였다.[4] 마지막으로 시모네티(Simonetti 1994: 1)는 1963-1987년까지의 포춘 리스트에 등장한 기업들에 관한 연구에서, 인수합병 활동이 리스트 상 격변(turbulence)의 주요 원천이었고, 산업 간 중요한 차별성이 있으며, 미소전자공학(microelectronics)의 등장이 강력한 불안정화 효과를 발휘했음을 발견하였다.

---

4) 드 호이스(De Geus)의 정보는 그가 영국-네덜란드계 다국적 기업인 로열더치쉘 그룹에서 전략 계획 연구의 코디네이터였을 때 기밀 보고서인 '기업의 변화: 오래된 기업들이 어떻게 변화하는지에 대한 조망'(1993년 9월)을 계획하면서 수행한 개인 연구를 지칭한다. 이 연구는 2차 에너지 파동의 압박 하에서 수행되었다. 이는 기업 장수의 결정요인에 대해 다루었고, 본질적으로 회고적 연구였다. 기획자들은 쉘보다 더 오래된 기업들의 예시와 그들이 사업환경의 근본적 변화에 어떻게 성공적으로 대처하였는지를 알아보고 실무적 교훈을 얻고자 하였다. 드 호이스가 지적한 것처럼, 이는 산업혁명 시대나 심지어 그보다 더 이전의 과거로 돌아가는 것이며 경영학과 경제학에 팽배한 사고와 언어를 버리고자 한 것이다(de Geus 1997: 11).

대기업들의 고도로 과점화되고 보호된 틈새에서 이러한 격변과 인수합병의 이미지는 강한 연속성 명제를 부인한다. 더욱이, 소프트웨어와 인터넷 산업 분야에서 새로운 대기업이 계속해서 등장한다는 점은 이에 대한 새로운 증거이기도 하다. 이미 분명히 밝혔듯이, 이러한 격변은 일단의 새로운 산업과 기술이 주기적으로 등장하고 경제적 시스템에 확산하는 것을 기반으로 한다는 것이 우리의 설명이다. 제2부의 각 장에서 우리는 주요 기업들의 예시를 제시하여, 어떤 콘드라티예프 파동의 하강기에 전에 없던 기업이 등장거나 새롭게 설립되고 이들이 급격하게 성장하여 후속 콘드라티예프 파동의 장기 호황 기조를 만들어 냈음을 보였다. 1860-1890년대까지 설립된 전기 및 제강 기업들이 이러한 경우로, 이들은 제1차 세계대전 이전 아름다운 시절(belle epoque)의 거대기업이 되었다. 물론 충분히 성장하여 대기업 리그에 진입하게 된 것은 이 기업들뿐만이 아니었다. 다른 기업들도, 예를 들어 1차 상품, 담배, 금속가공 기계류 등 급격히 성장하는 미국경제에 중요한 분야들에 포진해 있었다.

대기업 모집단에 대한 충분한 분석은 지속 현상과 변화 모두를 설명하여야 한다. 화학 업체들은 지속성인 대기업의 특별한 분류였다. 원래 화학 산업은 주로 1차 산업혁명 주력 업종이었던 섬유산업 등의 표백제나 염색제에 대한 요구를 충족하면서 성장하였다. 이들 소규모 기업 중 극히 일부는 제3차 콘드라티예프 파동 중에 중화학과 전기화학 기업으로 전환할 수 있었다. 때때로 이들은 합병을 통해 이를 달성하였고, 몸집이 커진 기업 중 일부는 나중에 제4차 콘드라티예프 파동 중에도 새로운 대량생산 산업에 요구되는 합성섬유, 고무, 기타 소재 등을 개발하는 데 그들의 신소재 조합 관련 노하우를 이용하여 사업을 지속할 수 있음을 보여주었다. 이들 중 일부는 새롭게 등장하는 바이오 기술 같은 분야로도 전환할 수 있을지도 모르나, 이러한 가능성을 점치기에는 아직은 이르다. 거대 화학 기업들의 지속은 분명히 그들의 연구개발 역량, 제품 및 공정혁신 역량과 관련이 있다. 사내 연구소는 독일 화학 산업에서 만들어졌고, 유럽과 미국 모두에서 경영혁신을 개척한 기업들의 두드러진 특성으로 남았다. 이들은 모두 자본집약적임은 물론 연구집약적인 기업들이다.

그러나 우리가 고려하는 데이터 세트는 어떤 확인적 증거를 제공하고 있는데, 이는 '새로운 기업들의 집단은 20세기 전반에 걸쳐 부상하는 신기술에 대한 그들의 역량을 바탕으로 주기적으로 대기업 리스트에 진입해 왔다'라는 우리의 주 가설에 부합한다. 이는 전기화, 동력화 등과도 함께 발생하였지만, 정보통신

기술 혁명이 가장 강력한 확인을 제공한다.

특히, 소프트웨어 산업은 극심한 경쟁을 뚫고 살아남은 컴퓨터 회사들은 물론 주로 신규 기업들이 밀집해 있다(제9장). 이는 기술 발전을 설명하는 데에 정보 수준에 관한 단순한 가정이 아닌 다양한 주체들에 대한 구체적인 사회학적 접근이 필요함을 제시한다(Audrecht 1997: 68; Dosi 1982; Dosi et al. 1988).

우리의 주장은, IBM과 NCR 등 사무기기 업체들이나 화학 기업들처럼 일부 성공적으로 조응하는 경우, 사라지거나 다른 회사에 인수되는 경우, 혹은 완전히 새로운 기업이 등장하는 경우 등 기존 기업들에 도전하는 진화의 패턴이 존재한다는 것이다. 챈들러는 제2차에서 3차 산업혁명까지의 기간에 대기업의 지배를 강조하는 가운데,5) 정보통신기술 분야 기업들의 신규 진입 현상을 탐지하였다. 그러나 그는 이를 경로의존적 진화의 예외로 치부하였다.

또한 우리의 주장은 주요 기업들의 지식 역량이나 시장의 과점구조, 기존 기업이 보유한 자본·연구시설·기술력 등 막대한 우위에도 불구하고 경로의존성의 주요 파열이 가능하였다는 점이다. '기존(old)' 기업들은 이전 기술개발의 관성을 극복할 수 없었고, 기존 콘드라티예프 파동의 일반 궤적 내 수확체증은 새로운 혁신의 물결을 포착하는 능력에 대한 제약 요인으로 작용하였다.

이러한 변환 과정에는 긴 시간이 소요되었으며, 이는 장기파동의 형태에 관한 설명들 가운데 '주요 신기술의 발전 경로에 대한 공통적 특징 하나는 미리 예견되지 않은 역량과 용도가 그 경로를 따라 발견된다(Nelson 1995: 25)'라는 설명을 구성한다. 우리는 제2부의 서론에서 대략 반세기에 걸친 장기파동은 바로 이 현상에 기인함을 강조하였다.

제4차 장기파동의 정점인 1963년까지, 비록 당시 산업은 기계 및 화학 공정에 기반한 대량생산·일관생산 중심의 대기업이 지배하고 있었지만, 새로운 기술경제패러다임(정보통신기술)과 결부된 동기부와 추동부에서 대규모 이익 창출이 가능하다는 점은 이미 분명한 상태였다. 1983년과 1997년, 이러한 추세는 [그림 C.6]과 [그림 C.7]과 같이 강화되었다. 우리가 고려하는 전체 기간 중 이들 업종의 역사는 [그림 C.8]에 소개되어 있으며, 이는 전체 자산 중 산업별 기업들의 비중 변화를 보여준다. 여기서 1은 1917년이고, 시계방향으로 이후 시기를 나타내며 최종적으로 6은 1997년 데이터이다(각 도표의 우측은 1917-1948년까지를 표시하며, 좌측은 1963-1997년까지를 표시한다).

---

5) 3번 각주 참조.

이들 그림은 다음과 같은 사항을 보여준다. (1) 금속 제품 생산량은 제3차 장기파동 특유의 특성이다(도표들의 우측), (2) 석유 생산량의 중요성은 제3차 장기파동과 제4차 장기파동의 상승기를 보여준다, (3) 화학 산업은 그 비중을 유지하였으며 시간의 흐름에 적응하였다, (4) 사무기기는 제4차 파동의 쇠퇴 상황에 등장하였다. 더욱이, 이전 확장 시기의 동기부·추동부와 관련하여 후자의 제한적인 비중은 쇠퇴국면으로부터 다음 상승국면으로의 전환이 왜 그렇게 느리고 모순적인지를 명확히 보여준다. 새로운 업종의 수익성이 전체 제조업의 수익성보다 월등히 높음은 물론 기술의 적용이 산업과 서비스에 성행하게 되더라도, 새로운 발전 양식의 등장은 완전히 전개되지 않는다.

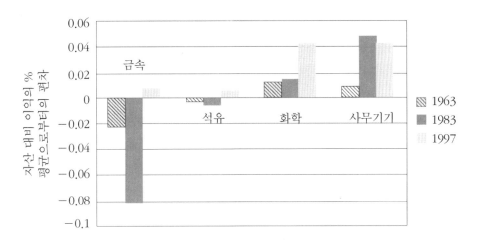

❑ 그림 C.6 금속, 석유, 화학, 사무기기 업종별 자산 대비 이익의 진화 비교
출처: 저자 분석.

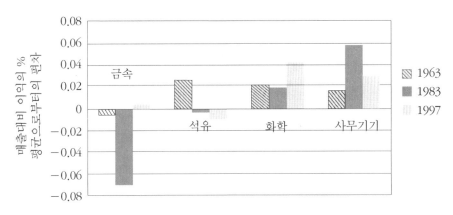

❑ 그림 C.7 금속, 석유, 화학, 사무기기 업종별 매출 대비 이익의 진화 비교
출처: 저자 분석.

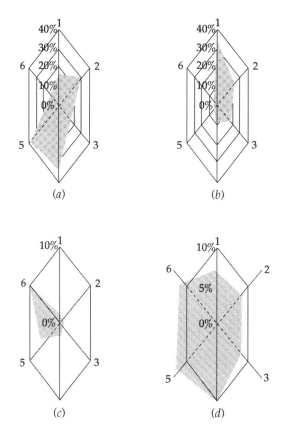

ㄴ 그림 C.8 200대 기업 총 자산 중 업종별 비중의 진화. (a) 석유 및 고무, (b) 금속 및 금속제품, (c) 사무기기, (d) 화학, 제약, 화장품

출처: 저자 분석.

결과적으로 컴퓨터와 사무기기 산업의 역할과 운명은, 연속성 명제의 '결정적 실험(experimentum crucis)'으로서, 발전의 일반 추세를 설명하는 데 핵심적이다. 일부 대기업의 존속과 (예: IBM과 같은 회사의) 잘못된 전략적 결정을 극복할 능력에 기반하여, 챈들러는 컴퓨터 산업이 그의 주장에 대한 새로운 확인이라고 주장한다. '극히 일부의 예외를 제외하고 새로운 기술들은 스타트업 대비 R&D 역량이 뛰어난 기존 대기업이나 덜 관련된 기술의 상용화 역량이 뛰어난 기업들에 의해 활용되었다'(Chandler 1977: 89).

그렇지만 제9장에서 보인 것과 같이, 몇몇 증거들은 그와 반대의 의미를 보여준다. IBM은 비록 대단한 생존력을 보였으나, 이 기업은 혁신자라기보다는 재빠른 2등(a fast second) 기업이었다. 더욱이 신규 기업들이 하드웨어나 소프트웨

제2부   산업혁명과 그 이후의 역사

어 양 측면에서 그 중요성을 입증하기도 하였던 반면 일부 메인프레임 컴퓨터 제조사들은 성공적으로 전환하지 못했다.

지금까지의 설명으로부터는 다음과 같은 3가지 결론을 도출할 수 있다. 첫째, 고도로 과점화된 시장과 진입장벽의 보호를 받는 기업들로부터의 증거는 정체가 아닌 변화가 그 궤적을 지배한다는 점을 제시하는 만큼, 연속성 명제는 도전받고 있다. 대기업 중 상당수가 제3차와 4차 장기파동의 분리 이전에 등장했다가 나중에 사라졌거나, 분리 이후에 비로소 설립되었다.

둘째, 정보통신기술의 확산과 결부되어 나타난 신산업은 신규 기업을 설립하거나 기존 기업 중 전환한 기업들을 높은 순위로 성장시키는 추동력으로 작용하였다. 더욱이, 기존 대기업 중 생존한 기업들은 일반적으로 변화할 능력이 있으며 새로운 생산 공정, 지식, 시장을 탐색할 수 있는 능력을 갖춘 경우들이다. 이러한 동학은 이윤과 기술역량, 조직역량의 축적에 기반한다. 그러한 관점에서 우리의 분석은 챈들러 및 그 동료들의 주장과 일치한다.

연속성 이론의 관점에서나, 또는 우리의 신규 기업의 주기적 난입 관점에서보더라도, 수익성은 분명히 대단히 중요하다. 기업들 가운데 생존하고 주도 집단의 일원으로 존속하는 경우는 재장비, 신규 활동의 수행과 투자, 새로운 공정의 도입 등을 위한 충분한 이윤의 축적에 의한 경우들이다. 최근 기업들의 다각화는 값비싼 사내 연구개발에 기반하는 경우가 많다.

그와 동등하게, 대기업 리그에 신규로 진입한 기업들은 초기에는 대출을 활용하여 자금을 마련할 수도 있지만, 저돌적인 확장에 투자하기 위해서는 이윤이 필요하다. '거품(bubble)' 확장기에는 중력의 법칙이 멈춘 것 같지만, 곧 수익성 있는 투자에 대한 요구가 다시 효력을 발휘하며, 거품이 붕괴할 때에는 오직 수익성 있는 기업만 살아남아 성장하게 된다.

수익성의 필요는 한편으로는 C.3절에서 설명하게 될 노동 갈등을 설명하고 다른 한편으로는 주도 기업들이 특허, 표준, 시장 지배력, 규모의 경제, 혹은 그밖에 방법으로 리더십을 확고히 하기 위한 시도를 설명하기도 한다. 이는 바로 C.4절에서 논의될 적절한 규제체제(regime of regulation)의 진화가 또한 치열한 정치적·사회적 갈등의 장이 될 수 있는 이유이다. 가끔은 '오래된' 독점적 통신 서비스가 위협을 받는 것처럼, 어떤 공격이 기존의 주도 기업을 향하기도 한다. 또한 가끔은 해외 시장에서의 무역 보호의 완화 및 폐기, 특허 체제와 세제의 변화 등에 압력이 가해지기도 한다. 그러나 어떠한 방향으로 정치적 조정이 가해지더라도, 목적은 신기술을 위한 수익성의 향상과 시장 확대라는 것이다.

비록 과거 데이터나 심지어 현행 데이터 중 국제 비교를 위한 가용한 것으로도 이윤율을 정확히 계산해 내는 것이 상당히 어렵기는 하지만, 경제의 몇몇 업종과 국가 총량 수준에서는 이윤 발생의 동학을 알아낼 수 있다. 최근 장기파동에 관한 가용 데이터는 우리의 주장 중 몇몇을 확증하며, [그림 C.9]에서 볼 수 있는 것처럼 미국의 최근 파동에도 부합한다. 첫째, 이들 데이터는 전후 시기의 상승국면을 명확히 보여준다. 듀메닐과 레비(Duménil and Levy)는 1948-1997년까지의 미국에 관한 연구에서, 1948년 이후 특히 1956-1965년까지의 기간에 이윤율이 최고치를 기록했음을 보여준다. 이들은 남북전쟁 종료 이후부터 공공 소유(교통) 및 공익사업을 계산에서 제외하고, 민간 부문의 역학에 중점을 두었으며, 이때의 상승국면은 1970년대 구조적 위기를 조성하였음을 보였다. 둘째, 1980년대 초기 이윤율이 1956-65년 평균의 절반 수준으로 떨어졌다. 셋째, 1970년대 사회적 조정기 동안, '이윤율 하락의 효과는 인플레이션과 낮은 실질 금리 수준에 따른 부채의 가치하락으로 상당 부분 상쇄되었다'(Duménil and Levy 1999: 1).

마지막으로, 1980년대 중반부터 이윤율이 떨어진 수치의 절반 정도를 회복하였음에도, 1997년까지 기존 상승국면의 기록값에 훨씬 못 미쳤다. 그리고 1997년, 수년 동안의 상승에도 불구하고, 총 이윤율은 1948년 수준의 절반을 회복하지 못했고, 이는 즉 상승국면이 여전히 부조화에 직면하고 있으며 전체 비즈니스 섹터에 일반화되지 못했다는 것이다. 비록 이익이 차지하는 비중의 하락이 그 효과의 일부분을 설명하기는 하나, 자본 생산성의 하락이 이러한 동향에 대한 주요 원인이었다. 우리는 제4차 콘드라티예프 파동의 하강기 동안 수익성 측면에서 사무기기 업종과 다른 산업 간 대비되는 경향을 이미 제시하였다.

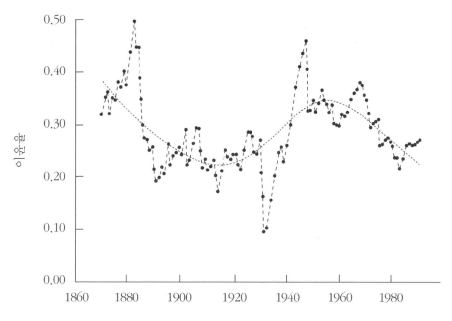

□ 그림 C.9 미국의 이윤율과 추세, 1869 ─ 1989년

출처: Duménil and Levy(1993: 251).

이상의 모든 것은 가장 운이 좋은 투자자들에게 비정상적인 수익을 제공한 것으로 보였던 인터넷 거품의 매력적인 유혹을 설명하고, 또한 '비트세(Bit Tax)', 시애틀 무역협상, 정보통신기술 산업에서의 거대한 인수합병 전쟁 등 새로운 규제체제의 많은 면을 둘러싼 갈등의 강도를 설명하는 데에도 도움이 된다.

이 절에서는 장기파동 논의에서 가장 논란이 많고 어려운 이슈 중 하나를 검토하였다. 통계적 데이터는 우리가 검토한 영역 어느 곳에서도 충분치 않았으나, 우리는 상호의존적 혁신의 새로운 무리가 등장하고 확산하는 것이 경제 구조는 물론 이익집단, 정당, 계급의 정치적 행위에까지 심대한 영향을 미쳤다는 우리의 견해(C.3 및 C.4절에 전개될 논의)를 정당화할만한 설득력 있는 데이터와 주장을 제시하였을 것으로 기대한다.

C.3 회귀적인 구조적 위기에서 파업과 노동조합

경제학은 초기에 정치경제학(political economy)이라고 정의됨에도 불구하고, 고전파 이후에는 시스템 전체의 진화를 설명하는 정치·사회적 변수들을 편하게 다루지 못했으며, 거의 모든 계량경제 모형에서 이들의 영향을 무시하기 위한 장벽이 세워졌다. 그러나 부의 산출과 분배, 유무형의 재화에 대한 접근, 그리고 사회적·기술적 궤적에 영향을 미치고, 규제하고, 결정하는 권력 등은 큰 갈등의 주제였고 앞으로도 그러할 것임은 명백하다. 그러한 의미에서, 경제학은 권력과 부의 생산, 분배, 변화의 역사적 추세를 다루어야만 한다. 지대에 관한 리카르도의 업적은 고전적 전통에서 바로 이런 근본적인 점을 인식한 전형적인 예이다.

위대한 고전파 시대가 끝난 이후의 경제학 문헌에서는 경제적 변수와 정치·경제적 행위, 대리인, 전략 간 상호작용은 많이 논의되지 않았다. 베블런(Veblen) 등과 같은 제도주의 경제학자들만 이 논의를 계속하였다. 심지어 서플(Supple 1963: 14)은 마르크스나 기타 한두 명을 제외하고는 '1850년 이후 거의 한 세기 동안 경제 발전의 본질에 대한 신선한 논의는 없었다'라고 하였다. 칼레키(Kalecki 1943) 등과 같은 일부 이단자들은 정치적 경기순환론(theory of political business cycle)으로 케인즈 식의 완전고용 정책의 가능한 사회·정치적 결과를 논의하기도 하였다. 후에 칼레키에 의해 제시된 원래의 의제는 폐기되었는데, 그럼에도 분열된 사회에 걸친 부의 분배에 관한 분쟁에서 집단권력 및 힘들 간 관계의 모형은 시간에 따른 사회변화를 이해하는 데 필요한 통찰력을 보여주었다. 사실 우리가 지금까지 논의해 오던 것은 정확히 근대 자본주의 사회에서 권력의 진화를 해석하는 것이었다. 일반균형이론, 즉 사회적 갈등의 부재에 기반한 가용한 이론들은 정치적 순환에 대한 이해를 설명하는 적절한 모형을 제공하지 않는다. 왜냐하면 그들은 사회적 갈등의 존재를 공리적으로(axiomatically) 거부하고, 따라서 이것의 회귀에 대한 일반적 설명을 제시할 수 없기 때문이다,

이에 대한 대안은 통찰력 있는 경제사학자 한 사람이 제시하였다. 홉스봄(Hobsbawm)은 사회적 갈등은 '발전의 장기 국면들'(혹은 콘드라티예프 순환) 막바지에 군집하여 발생한다는 가설을 제시한 적이 있다(Hobsbawm 1964: 148). 그가 지적한 네 가지 사례는 제1차 콘드라티예프 순환의 말기인 1847-8년의 파업

물결, 제2차 파동의 확장기 및 침체기 막바지였던 1868-73년과 1889-93년 파업, 그리고 제3차 파동의 전환기 중이었던 전시(wartime) 파업 등이다(Hobsbawm 1964: 153). 우리는 역사의 장기적 관점에서 사회적 갈등을 평가하는 틀로서 칼레키의 가설은 물론 이 가설도 살펴보고자 한다.

우리의 기본 가설은 장기파동의 두 전환점(고점과 저점; 역자주)에서 나타나는 사회적 갈등의 군집에 대해 강력한 이유가 있다는 홉스봄의 추측을 따른다. 지배적 확장 추세의 장기 국면에서, 노동운동은 완전한 고용에 기반하여 소위 노동조합이라고 하는 강력한 조직을 수립하며 그에 따라 새로운 사회적 이익을 둘러싼 분쟁에서 더 나은 기회를 얻는 경향이 있다. 이 강화 과정의 정점에서, 노동자들은 생산성 향상에 따른 이윤 증가분 중 분배되지 않은 것을 공유하도록 압력을 더 가할 수 있다. 그러나 고용주들은, 더 높은 수익성을 위한 새로운 기회 창출이 점차 더 어려워지고 기존 활동 분야에서 경쟁이 더욱 치열해지는 시기에, 축적 과정을 유지하기 위해 이들 이윤을 계속 보유하고자 한다.

결과적으로, 1808-20년, 1868-73년, 1910-12년, 1968-9년, 1974-5년 등의 경우에서 명확히 볼 수 있는 것처럼, 파업의 물결은 장기파동의 상부(upper) 전환점 근처에 집중되는 경향이 있다. 이들 갈등의 일부는 전환점 이후 첫 몇 년까지 연장되기도 하였는데, 이때에는 실업 혹은 방어적이거나 공격적이기도 한 정치적 억압으로 충분히 파손되지 않은 일부 힘들이 여전히 남아 있었다. 문화적 및 정치적 시차는, 살바티(Salvati 1984)가 명확히 보인 바와 같이, 전통과 행위들이 한번 확립되면 변화한 환경에서 종종 지속된다는 것을 의미한다. 신세대의 젊은 리더들은 장기간에 걸친 완전고용 후 산업적 갈등에서 아마 더 공격적 태세를 취할 것이다.

군집의 두 번째 형태는 새로운 기술경제패러다임의 확산과 결부된 조정 과정에 대한 저항과 관련이 있는 것으로, 파동의 하부 전환점 근처에서 발생한다. 우리가 이미 주장한 바와 같이, 각 파동의 막바지에 발생하는 조정의 구조적 위기는 실업률 증가와 직업 불안전성 확대를 동반한다. 고용이 유지된 사람들은 급여나 진급에 대한 기대를 조정해야 할 것이다. 이들 조정은 새로운 형태의 통제와 위계뿐만 아니라 역량(skill)과 전문성 분포의 갱신 등 기존 역학적 균형에 대한 중대한 도전으로 느껴지는 것들을 요구함으로써, 노동자들의 일상생활을 대폭 변화시킨다. 새로운 기술경제패러다임은 정신적·육체적 노동의 새로운 리듬을 부과하는데, 이는 전통적 생산의 규범에 도전하며 방어적 투쟁으로 이어진다. 1880-90년대, 1920-30년대, 1970-80년대(정보통신기술 관련)가 바로 이러한 경우이다.

이 추측들은 [그림 C.10]이 제시하는 바와 같은 실증적 증거로 검증해 볼 수 있다. [그림 C.10]은 제2차, 3차, 4차 파동의 말기 다섯 개 국가에서 일어난 파업의 동학을 정리한 것이다. 물론 이 그림은 중요한 정보를 제공하지만, 일부 지적되어야 할 단점들이 있다. 첫째, 총량적 접근에 따른 일부 혼란이 있을 수 있고, 특유한 국가적 사전으로 인해 전체 그림이 왜곡될 수도 있다. 그럼에도 불구하고, 여러 국가에 걸친 파업의 물결에 일관성이 있다는 중요한 정보를 찾아볼 수 있으며, 그에 대한 설명은 전반적인 각 장기파동의 특정 환경으로 묘사되는 정치·사회적 틀 안에서 발견될 수 있다. 둘째, 이 그림에서 중요한 국가들 일부가 빠져 있다. 특히 내전이 1930년대를 휩쓸었던 스페인이 빠져 있는데, 이로 인해 [그림 C.10]에서 이 시기가 과소평가되어 있다. 그럼에도 이 그림은 매우 대략적이나마 한 세기에 걸친 사회운동 흐름의 중요한 특징을 보여주고 있으며, 이는 ⟨표 C.2⟩에 정리되어 있다.

비록 전체 기간에 대한 파업참여자 숫자와 파업일 수 등의 정보가 부족하기도 하고 신뢰성이 부족하기도 하지만, 사회·정치적 갈등 및 반란 등의 범위에 관한 정성적 정보 및 다른 정보원으로부터의 간접정보 등으로 보완하는 것은 가능하다. 본 분석은 우리가 충분한 정보를 가지고 있는 국가들에 대한 주요 파업의 물결과 치열한 갈등의 시기를 보여주고 있다(⟨표 C.2⟩). 실제로 [그림 C.10]은 (제1차 세계대전 직후 및 1968-74년 파업의 사례와 같이) 국제적 추세에 자주 영향을 받는 특정 정치적 상황 등 뚜렷한 패턴이 있음을 보여준다. 그러면 이러한 특성들을 음모이론에 기대지 않고 어떻게 설명해야 할 것인가? 우리는 그 설명의 일부가 (정치·경제적 영향을 포함한 각 기술경제패러다임의 확산에 따른) 발전된 자본주의 국가들의 공통적 동학에 있다고 제안한다.

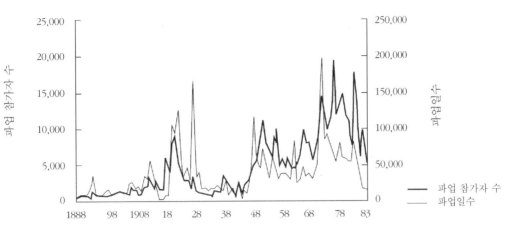

□ 그림 C.10　2개 장기파동(1880－1983년) 중 5개국 파업 참가자 수 및 파업일 수(영국, 미국, 프랑스, 이탈리아, 독일)

출처: Gattei(1989).

■ 표 C.2　5개국 주요 연쇄 파업[a]

	(1) 장기파동[b]	(2) 주요 파업 고점기 (peak)	(3) 주요 파업 저점기 (trough)	(4) 파업 참여자수 최대	(5) 파업일수 최대
I A	1793-1825, 확장기	1808-20			
I B	1826-47, 후퇴기		1847-8		
II A	1848-73, 확장기	1868-73			
II B	1874-93, 후퇴기		1889-93		1893
III A	1894-1913, 확장기	1910-12			1912
III B	1914/18-1939/45, 후퇴기		1920-4 1936-7	1920-1, 1936	1921, 1926
IV A	1940/5-1974, 확장기	1947-8 1968		1949, 1972	1946, 1968

IV B	1974- 후퇴기		1974-5	1975, 1979, 1982	1974, 1979, 1983

a (4)번 및 (5)번 열은 5개국에 대한 Gattei의 데이터에 기반하여 작성되었다.
b A, B: 확장기 및 후퇴기
출처: Gattei(1989)의 데이터를 보완.

사회적 갈등이 군집하여 일어나는 이 과정은 살바티(Salvati 1984)와 스크레판티(Screpanti 1984)에 의해 논의된 적이 있다. 이들은 고점 이후와 장기 하강 국면의 초기에 발생한 네 번의 주요 파업 물결(1808-20, 1866-77, 1911-22, 1967-73)을 확인하였다. 이들의 해석에 따르면, 계급투쟁의 강도가 확장기 동안에는 증가하고 그 이후에는 줄어들었다. 파업 물결(strike wave)은 노동자들이 조정기별로 조건에 대해 협상하려 노력하였으나 장기 하강 국면에는 그들이 조직의 약화에 직면하게 되었음을 보여준다.

물론 각 파업 물결은 개별적인 역사적 사건이고 차별화된 특성을 보여준다. 1808-20년의 첫 번째 물결은 랭카셔(Lancashire), 더럼(Durham), 노섬버랜드(Northumberland), 요크셔(Yorkshire), 미들랜즈(the Middleancds) 등 영국 산업생산의 중심지에 집중되었다. 이 시기의 매우 특징적인 사항은 1814년, 1816-17년 러다이트(Luddite) 운동과 1818년 절정을 이룬 섬유산업 노동자들의 파업의 전 과정이었다. 1830년대와 40년대 파업은 대규모 차티스트(Chartist) 운동의 시위와 결부되었고 종종 직접적인 정치적 목표를 갖기도 하였다. 프랑스에서도 역시 정치적 맥락은 중요하였다. 프랑스 대혁명, 나폴레옹 전쟁, 왕정 복귀의 기억은 혁명적 갈등에 울려 퍼졌는데, 1830년과 1848년이 그랬고 1871년 파리코뮌(Paris Commune) 때 다시 그러했다. 노동운동은 1831년 리옹(Lyon)에서는 물론, 1832-40년 파업, 그리고 다시 1893년 파업 등 모든 과정에서 중요하게 활약하였다.

1847-8년과 1866-77년 파업 등은 더욱 국제적인 양상을 띠었다. 베를린(1910), 프랑스(1911), 루르(Ruhr) 등에서의 연쇄 파업부터 영국(1910-15)과 미국(1911-16)에서의 '비공식적인' 파업에 이르기까지, 제3차 장기파동의 정점 근처 시기 몇몇 국가들에서는 상당히 전투적인 경향이 명백히 드러나기도 하였다. 그러나 대부분의 분노와 지연된 기대사항들이 분출된 것은 전후 시기와 1917년 러시아 혁명 이후였다. 임금, 고용, 새로운 법제, 근로시간 단축, 보편적 투표권에

대한 요구가 이때 한꺼번에 표출되었다. 프랑스에서는 1919-20년 총파업이 소집되었고, 영국에서는 1919년 철도 및 제강 노동자들이 행동에 나섰으며, 광업 노동자는 1920년에, 조선 노동자는 1920-1년에, 선원 및 하역 노동자는 1922-3년, 그리고 수백만의 노동자들이 1926년 5월 9일 총파업에 나섰다. 광업 노동자들은 이후에도 저항을 지속하였다. 이탈리아에서는 1920년 공장과 도시 직종이 전혁명적(pre-revolutionary) 상황을 만들기도 하였고, 독일에서는 파업이 카프(Kapp) 내란을 방어하는 일이 벌어지기도 하였다. 미국에서는 1919년과 1923년 중 파업이 절정에 달했으며, 혹독하게 진압되었다. 신규 산별노조회의(Congress of Industrial Organizations: CIO)는 뉴딜(the New Deal)의 친노동자적 법제가 들어서고 나서야 1930년대 자동차, 제강, 고무(타이어) 업종에서의 대규모 노조를 조직할 수 있었다. 이외의 다른 곳에서는 파시스트와 군사정부가 독일, 이탈리아, 포르투갈, 일본 등 기타 국가에서 이미 노조를 와해시켰다.

1930년대 파업은 제3차 파동의 하강이 이미 상당히 진행된 이후 발생한 저항에서부터 부상하였다. 미국을 제외했을 때, 몇 년간의 갈등 후 스페인에 집중되었던 1936년 파업 물결은 공화국 선포로 이어졌고, 프랑스에서는 인민전선(Popular Front) 정부 수립, 단체교섭 원칙을 수립한 마티뇽 협정(Matignon agreements) 체결, 점원들의 신규 권리, 급여 인상, 휴무 권리의 인정 등으로 귀결되었다. 따라서 1930년대의 파업 운동은 미국, 프랑스, 혹은 스페인 등 어디에서건 정치적 사건과의 긴밀한 연계를 보여주었으며 노동자 계급 조직의 활동에 더욱 호의적인 제도적 분위기를 형성하려는 시도와 결부되었다. 이후 전쟁의 발발, 전후 초기시대의 반파시스트 연정 및 연합, 냉전의 시작 등을 따라, 1947-9년 새로운 갈등의 물결이 프랑스, 이탈리아, 그리스에 집중되었다. 가장 마지막 큰 물결은 〈표 C.2〉에서 명확히 확인할 수 있듯 1968년 5-6월 프랑스와 1968-9년 이탈리아에서 일어난 것이며, 1974년경 파업이 마지막으로 나타났다.

이러한 매우 압축된 설명으로는 다양한 국가들에서 발생한 노사 갈등과 파업 운동의 복잡성 및 다양성을 공정하게 다루기 어렵다. 그러나 우리는 이러한 매우 간단한 압축된 설명이 다음과 같은 두 핵심 논점을 수립하는 데에 충분하기를 기대한다.

1. 국가 수준과 국제 수준에서, 다음과 같은 두 시기 동안 매우 강렬한 갈등이 있었다는 강력한 증거가 존재한다. 첫 번째는 장기파동의 호황기에 해당하는 정점기들(1808-20년, 1868-73년, 1910-15년, 1968-74년)이며, 두 번째는 이들 정점

기를 뒤따르는 장기 '하강' 시기로, 여기서 '구조적 조정의 위기(structural crises of adjustment)'로 불린 시기이다. 이는 파업으로 이어진 분쟁의 회수 및 파업일 수를 통해 명확히 알 수 있다.

2. 비록 파업이 발생하게 된 지역적 상황이 있고 그 강도도 다양하지만, 그들 중 많은 수는 정치적 사건에 큰 영향을 받았고, 이들은 국가 및 국제 정치에 상호 영향을 주기도 하였다. 물론 가장 기초적 수준에서, 대규모 파업 사태는 단순히 노동조합을 조직하고 가입하려는 것이었다. 이후 단계에서, 이들 중 일부는 이들 권리 및 사회 내에서 더 폭넓은 민주적 권리를 지키기 위한 것이기도 하였다. 독일 노동자들이 군사 정권 수립을 시도했던 카프 내란에 맞서 벌였던 1920년 파업이 그러한 예에 해당한다. 물론 파업 운동은 1905년 러시아와 같이 종종 정치적 모반과 동반하거나 선행하기도 한다.

그러나 대부분의 파업은 급여, 근로시간, 노동조건, 휴무 등 '경제적' 이슈에 관한 것들이다. 노조원들은 물론 많은 노조 리더들은 노조 활동을 이러한 협소한 의제로 제한하기를 바랐으나, 이러한 노력이 온전히 성공한 적은 없었다. 여기에는 명백한 이유가 존재한다. 법적·정치적 분위기가 노동쟁의에서 참가자들의 상대적 교섭력에 영향을 미치기 때문이다. 또한 때때로 개별 고용자(포드 등)는 물론 정부(파시스트 및 군사 정권)들이 모두 노조를 완전히 파괴하려는 노력을 기울이기도 하였다. 이보다는 조금 약한 수준으로, 노조를 조직할 권리, 시위의 권리, 파업 찬반 투표의 진행 등을 제한하는 노동 입법을 통해 노조의 힘을 약화하려는 상당히 지속적인 노력도 존재했다. 이러한 시도들은 1799년 조합법(the Combination Acts) 등과 같이 영국 산업혁명 초기부터 있었던 것이며, 주기적으로 회귀하였다.

노조를 와해하기 위한 심각한 노력과 노조 활동 약화를 위한 시도들은 (전부는 아니지만) 주로 장기파동의 하강기에 발생하였다. 이 시기는 바로 고용주들이 국내외 시장에서 강력한 경쟁에 맞닥뜨리는 때이다. '기존(old)' 산업에서는 종종 저임금 경쟁이 벌어지기도 하고, 생산능력 과잉 문제나 공장 폐쇄 등이 발생하기도 한다. '새로운(new)' 일단의 산업들에서는 상황이 매우 달라서, 기술인력 부족(skills shortage)과 신규 역량의 부족 등의 문제를 겪기도 한다. 따라서 당분간 이 분야에서는 평균 이상의 급여를 지불하고 비노조원들에 대한 매력적인 조건을 제시하기도 한다.

따라서, 이 강력한 구조변화의 시기에는 상당히 다른 환경이 병립하며, 노조

형성과 파업 갈등의 다양한 수준이 공존하게 된다. 격렬하고 장기적인 갈등은 주로 심각한 사업 축소에 직면한 기존 산업에서 발생한다. 1920년대와 1980년대 영국 석탄 산업이나 몇몇 국가들의 제강 및 자동차 산업 등이 그 예이다.

그러나 그러한 분쟁에서 나타나는 느낌이나 격렬함의 강도에도 불구하고, 갈등에 관여하는 노동자와 조직의 역량은 구조조정 기간 중 심각하게 약화할 수 있다. 이는 한편으로는 만연한 실업으로 약화하기도 하고, 다른 한편으로는 종종 노조의 힘을 제한하고자 하는 법제가 들어서고 정부가 관여하면서 노동자들의 저항이 더욱 거세짐에 따라 약화하기도 한다. 장기 호황기인 경우 고용주들과 정부는 급여에 대해 양보할 수 있다고 생각하지만, 시장이 확장되는 와중에 생산 상의 손실을 감내할 수는 없다고 느끼며, 장기파동의 하강기에 들어서는 증가하는 노동비용을 감당하기 어렵다거나 노동조합에 대한 기타 양보를 하기 어렵다고 공통적으로 생각하게 된다. 이 시기에는 고용주에 의한 직장폐쇄가 심심찮게 일어나며, 1830년대 영국에서처럼 광범위하게 발생하기도 한다. 1834년, 영국 랭카셔와 요크셔에서는 많은 고용주가 노조 가입 포기 약정에 서명하기를 거부하는 노동자들에 대해 출근을 막는 일이 벌어졌었다(Cole 1941: 17).

이 모든 논의는 노사분쟁과 파업이 발생하는 데에 경제적 맥락은 물론 정치적 맥락 역시 중요함을 입증한다. 이는 물론 노조가 금지되고 파업이 불법일 때 가장 명백하지만, 반대로 법제적 분위기가 노조에 호의적으로 조성되었을 때 생각과는 매우 다른 결과가 벌어지기도 한다. 가장 극명한 예는 미국의 사례이다. 상당히 오랜 기간 미국 고용주들은 노조 설립에 저항했었고, 그 결과 노조 가입률과 활동 수준이 매우 낮았다. 다수의 대형 고용주들은 노조 설립과 활동에 대항하기 위해 핑커톤 탐정사무소(the Pinkerton Detective Agency)를 활용하였다. 1933년에는 8% 미만의 미국 노동자들이 노조에 가입하였는데, 1935년에 가결된 미국노동관계법(National Labor Relations Act: NLRA)의 결과 바로 몇 년 만에 급격한 증가세를 맞이하게 된다(〈표 C.3〉). 노조 가입자 수는 1933년 280만 명에서 1937년 770만 명으로 증가하였고, 약 4백만 명이 대량생산 산별노조회의에 가입하였다. 그러나 이 시기는 다른 많은 국가에서는 실업률이 심각한 시기로 노조 가입률이 떨어지고 있었다. 예를 들어 영국에서는 1927년 총파업 이후 통과된 쟁의행위법(the Trade Disputes Act)이 노조 활동을 약화하였으며 노조 가입은 현격히 줄어들었다. 이 법은 제2차 세계대전 이후까지 폐지되지 않았다.

미국 고용주들은 NLRA에 극도로 비판적이었으며, 일부 노조를 인정하지 않으려 저항하기도 하였다. 카네기(Carnegie)와 홈스테드(Homestead) 파업 시대 이후로 노조에 반대해 왔던 제강 산업에서는(제7장 참조), 카네기의 유나이티드 제강(United Steel) 등 '대제강사(Big Steel)'가 노조를 인정하고 임금을 올리며 주당 40시간 노동을 인정하였으나, 베들레헴(Bethlehem), 리퍼블릭(Republic), 영스타운(Youngstown) 등 '소제강사(Little Steel)'으로 불렸던 소규모 업체들은 산별노조회의에 치열하게 대항하였다. 소제강사들은 대형 업체들을 따르기를 고집스럽게 거부하였고, 1937년 5월에 뒤따른 산별노조회의(CIO) 파업은 무력 행사에 패퇴하였다.

미국 제강 산업은 고용주들 자신이 노동조합과 관련하여 따라야 할 전술에 항상 동의한 것은 아님을 보여준다. GM은 1937년 초반에 산별노조회의(CIO)를 인정하였으나 포드는 저항하였으며 강력한 투쟁 이후에야 이를 인정하였다. 일반적으로 미국 고용주들은 NLRA에 적대적이었으며, 제2차 대전 이후 새로운 법제를 통해 이를 뒤집는 데 성공하였다. 그러나 유럽과 북미 모두, 전후 장기 호황기에는 노동조합이 광범위하게 파급되고 가입률이 증가하게 되었다. 그들은 초기 '유럽공동체(European Community)'에서 '사회적 파트너(Social Partner)'로 인식되었고, 많은 국가에서 정부 위원회나 조직 내 하급(junior) 자문위원으로 받아들여졌다. 그러나 20세기 후반, 이러한 우호적 분위기(honeymoon)는 점점 무너지기 시작하였다. 이 시기에 영국과 미국에서 관련 법제가 노동조합들의 제약을 개정하였으며 다른 곳에서는 그들의 영향력이 점점 쇠퇴하고 있었다.

■표 C.3 미국 노조 가입자 수, 1933-37년(단위: 백만)

	1933	1935	1937
노조 가입 가능 노동자 수	35.0	35.0	35.0
미국노동총동맹 (AFL)[a]	2.1	3.0	3.4
비가맹조합	0.7	0.6	0.6
산별노조회의 (CIO)	-	-	3.7
총 노조가입자 수	2.8	3.6	7.7
노조 가입자 비중	7.8	10.6	21.9

[a] 미국노동총동맹(American Federation of Labor: AFL)은 원래 주로 19세기 직업별(수공업) 조합이었으나, 1930년대 '산별노조위원회(Committee of Industrial Organization)'가 대량생산 분야 중저기술 수준 분야에서까지 노조를 조직하도록 노력하였을 때까지 점차 가입대상을 확대하였으며, 당분간 산별노조회의(CIO) 지지자들과 나뉘게 되었다.

장기파동의 하강기에 일반적인 추세는 상당히 보수적이거나 심지어 복고적 체제를 향하는데, 1930년대 루즈벨트 대통령의 재임은 다소 이례적이다. 제6장의 말미(6.8절)에서 우리는 1873년의 심각한 경기후퇴에 이은 민족주의와 반진보 정당화 경향을 설명하였다. 독일에서는 1879년 비스마르크(Bismark)의 '반사회주의법'으로 독일 노동계급 운동의 정치적 표출을 약화하고자 하였다. 보호무역주의가 유행하고 산업화된 국가들의 행동양식에 있어서 제국주의가 일반화되었다. 1920년대와 30년대 제3차 콘드라티예프 파동의 하강기에 민족주의와 파시스트 운동이 유럽과 일본에 광범위하게 퍼졌다. 가격 하락, 시장을 둘러싼 첨예한 갈등, 구조적 실업의 시기에 왜 그러한 경향이 더 강하게 되었는지 이유를 찾아보기는 쉽다. 직업 불안정은 명백히 이민자에 대한 적대감, 인종주의, 인종 간 갈등과 결부되어 있다. 이는 제4차 콘드라티예프 파동(1970-1990년대)의 하강 국면 동안 세계의 많은 국가에서 확인되며, OECD 사무총장은 구조변화 시기의 잠재적인 사회적 결과 때문에 대량 실업이 우려스럽다고 하기도 하였다.

따라서 1930년대 미국 노동조합의 부상과 이를 가능케 한 미국노동관계법(NLRA)은 루즈벨트의 뉴딜정책의 다양한 특성들과 마찬가지로 단연 이례적이었다. 경제 혹은 기술의 추세와 정치적 사건 간 단순한 일대일 대응은 없다는 점을 보여준다. 정치 하부시스템은 반자발적이며 자체의 동학과 전통을 가지고 있다.

C.4 국제 규제체제

마지막 절에서는 규제체제의 변화에 대해서 다룬다. 이는 페레즈(1983/1985)가 원래 밝혔듯이, 장기파동의 회귀적 특성이기도 하다. 이전 절에서 파업과 노동조합에 대해 우리가 논의하였던 변화들은 더 넓은 규제체제의 한 측면이다. 본 절에서 우리는 우선 앞의 C.2절 및 C.3절에서 노동과 대기업에 초점을 두었던 이유에 대해 논의한다. 이는 프랑스 조절학파의 접근법과 일부 측면에서 유사한데, 이 연구자들은 바로 이 개념들을 발전시키는 데 누구보다도 많이 노력했다(Boyer 1975/1979/1988; Aglietta 1976). 그러나 본 절의 주목적은 국제무역, 투자, 재무적 지불 등을 규제하는 것이 주요 기능인 WTO, 세계은행(World Bank), IMF 등 제도들에 관한 몇 가지 질문을 제기하는 것이다.

산업이 유럽과 북미에서 확고히 자리 잡은 다음에는, 노동자와 고용주 간 갈등이 논의의 중심에 등장하였다. 이는 임금, 비용, 이익을 결정하는 데 결정적으로 중요하기 때문이었다. 이 장에서 우리는 그러한 이유로 이러한 사회적 갈등의 원천에 중점을 두었으며, 이는 그 갈등이 경제 활동의 단기 및 장기 변동에 강하게 영향을 받기 때문이다.

자본 축적과 노동-자본 간 관계의 변화하는 조건들은 조절학파 이론의 중심에 있다. 부아예(Boyer)와 그 동료 연구자들은 이 책에 비해 기술에 초점을 덜 두었으나, 그들의 접근법은 우리의 주장과 밀접한 관련성이 있다. 예를 들어, 비록 그들의 시기 구분이 우리와 약간 다르기는 하지만, '경제학에서의 통상적인 접근법과는 달리 선진 자본주의 경제에서의 단기·중기가 아닌 장기 구조적 변화에 초점을 둔다'(Boyer 1988: 68)고 주장한다.

그들은 프랑스어로 '레귈라시옹(Régulation)'이라고 불리는 그들의 접근법이 영어로 쉽게 번역되지 못한다고 설명하였다. 이는 '영어에서의 "규제(regulation)"라는 단어는 주로 상당히 협소한 공공기관의 규제 문제에 해당하며, "사회-경제적 조율(socio-economic tuning)"이라는 표현은 의식적이고 정교한 조정 메커니즘을 함축적으로 의미하기 때문이며, 이러한 이유로 우리는 레귈라시옹(Régulation)이라는 프랑스어 단어의 의미를 살린 표현을 사용한다'(Boyer 1988: 68).

비록 우리는 그러한 체제 내에서의 신기술의 규제를 특정적으로 강조하였지만, 우리도 역시 규제체제(regime of regulation)라는 개념을 전반적인 정치·제도적 조정과 통제라는 넓은 의미로 사용하였다. 우리는 9.6절에서 인터넷 규제의 특정 문제들 일부를 간략히 살펴보았지만, 여기서 우리는 이러한 문제 혹은 정보통신기술 규제의 다른 측면으로 범위를 넓히지는 않는다. 이 마지막 절에서는 무역, 지급, 투자와 관련한 국제적 '게임의 법칙(rules of the game)'에 집중한다.

최근 세계 자본주의 발전과 관련하여 '세계화(globalization)'를 언급하는 것은 흔한 일이다. 그러나 이 책의 제2부가 보인 것과 같이 국제무역, 숙련된 인력의 이주, 투자의 흐름, 기술이전[6] 등은 지난 두 세기 동안 경제 전반에 확산한 모든 신기술 시스템의 특징이었다. 이러한 의미에서 '세계화' 자체는 새로운 현상이 아니다. 회귀적으로 변화해 온 것은 이러한 움직임들을 규제하고 어느 수준에서는 조정하고자 했던 체제(regime)이다. 이러한 체제에서의 변화는 장기파동의 회귀적 특징 중 다른 것에 해당한다. 게임의 법칙은 신기술뿐만 아니라, 국제 관계에서의 힘의 균형, 여러 경쟁하는 힘의 경제적 강건성, 지배적 사회 집단의 문화

---

6) 기술이전 체제의 변화에 대한 매우 좋은 논의는 라도세비치(Radosevich 1999)를 참조.

와 이데올로기 등의 변화도 수용하기 위해 주기적으로 변해야만 한다.

현재 체제변화에서 놀라운 것은 무역 자유화와 세계적 자본 이동의 범위이다. 이는 다국적 기업이나 다른 주체의 장기 투자는 물론 단기 투기거래 모두에 해당하는 이야기이다. 정보기술은 이들 모든 흐름을 가능케 하였고, 특히 후자를 가속화 및 확장하였다. 그러나 이것 자체가 체제변화의 주요 이유는 아니다. 이는 오히려 정치적 및 문화적 하위 시스템과 1990년대 국제 경제와 재정 제도의 지배에 대한 미국의 패권에 놓여 있다.

1980년대와 1990년대 소비에트식 계획경제의 몰락, 개발도상국들의 계획 산업화와 수입 대체 시도의 약화, 모든 곳에서 벌어지는 민영화의 물결 등은 모두 세계 경제, 세계 군사 문제, 세계 정치 차원에서 한 국가의 패권적 영향력에 전례 없는 수준으로 수렴되었다. 이는 바로 미국이다.

물론 한 강대국의 지배적 영향력은 전혀 새로운 일은 아니다. 장기파동의 일부 이론들은 사실 전적으로 혹은 주로 몇 개 잇따른 강대국 간 패권 변화에 기반한다. 예를 들어 모델스키와 톰슨(Modelski and Thomson 1988)은 해군력은 역사적으로 상업의 발전과 국제무역, 그리고 그에 따른 세계 경제의 변화에 가장 강력한 영향력의 하나로 작용하였으며, 아마도 경제발전의 장기 순환에 대한 가장 강력한 단일 영향요인이었을 것이다.

제1부에서 설명한 이유로 인해, 우리의 역사 이론은 경제, 기술, 과학, 문화, 정치 또는 군사-정치 등 사회의 하위 시스템 중 어느 하나의 배타적 지배력에 기반을 두지 않는다. 그러나 우리는 분명히 사회 시스템의 진화에 있어 군사력의 강력한 영향을 부인하지 않는다. 실제로 제4장에서 설명했듯이, 우리는 통계에서 불편하다는 이유로 전쟁 기간(특히 제1-2차 세계대전)을 제외한 장기파동 이론들을 기각하였다. 이는 GDP 추세 형태의 계량경제분석에서 주요 오류 중하나로, 우리가 받아들이기 어려운 실제 역사적 사건의 왜곡이다.

반대로 우리는, 제1차 및 제2차 세계대전 기간의 독일의 예와 같이 종종 후퇴의 요소로 보기도 하고, 아마도 나폴레옹 전쟁 기간 중의 영국이나 제1-2차 세계대전 기간의 미국 등이 예가 될 수 있는 촉진 및 가속 요인으로 보기도 하는 등, 전쟁의 영향을 강조하였다. 또한 우리는 미국의 해군 및 공군력이 그러했듯이 18-19세기 영국의 해상 패권이 세계 경제에서 영국의 상업적 및 기술적 주도권에 대한 중요 기여 요인이었다는 모델스키와 톰슨의 주장도 수용한다.

미시적 수준으로는, 제5-9장에서 군사적 요구 및 군사 기술이 기술 역량의 전반적 진화에 미친 영향에 관한 많은 사례가 제시되었다. 사례들은 영국 해군을 위한 블록 제작, 헨리 코트(Henry Cort)의 해군 납품계약자 역할, 프레데릭 테일러(Frederick Talyor)의 미 해군을 위한 베들레헴 사에서의 특수강 작업, 크룹(Krupp)의 독일 제국 정부 및 훗날 제3제국(나치 독일)과의 지속적인 긴밀한 관계 등이다. 마지막으로, 거시 분석으로 되돌아가서, 우리는 정보통신기술의 진화에 있어서 군사 기술의 역할과 재무장(rearmament)의 1930년대 세계 경제에 대한 영향 등을 강조하였다. 따라서 우리는 미시와 거시 수준 모두에서 민간과 군사적 개발의 상호의존성을 계속 언급해 왔다.

그러나 우리의 견해로는, 정보통신기술과 함께 부상하는 국제 규제체제에서 미국의 지배력은 군사-정치적 용어만으로 설명될 수는 없다. 정보통신기술 분야에서 미국을 기반으로 하는 다국적기업들의 기술 리더십은 물론 국방 연구개발 및 조달로 인한 것이고, 인터넷 자체가 펜타곤의 ARPA 프로젝트로부터 나오기도 하였다. 그러나, 인터넷의 후속 발전과 정보통신기술의 다른 측면들은 최근 민간 기술과 민간 시장에서 활약하는 미국 기업들의 공격적 리더십에 의한 바가 크다.

분명히 규제체제의 국제적 논의의 배경에는 미국의 강제 가능성이 상존한다. 물론 베트남과 캄보디아에서 볼 수 있었던 것처럼 그것이 항상 효과적이었던 것은 아니긴 하다. 국제 규제체제에서 미국 지배력의 주요 원천은 후술할 IMF, WTO, 세계은행 등 국제 체제의 주요 장치들의 예에서처럼 사회의 경제, 민간-정치, 그리고 문화적 하위 시스템에 있다.

전형적으로 19세기 영국이나 20세기 미국이건, 신기술 리더들은 물론 지식재산권체제(intellectual property regime: IPR)의 변화를 통해 기술적 노하우에 대한 접근은 제한하겠지만,[7] 새로운 상품과 서비스에 대한 세계시장의 개방을 옹호할 것이다. 이러한 행위들은 모두 상당히 명백하고 예측 가능하다. 우리가 C.2절에서 논의한 수익성 유지의 필요는 분명히 대기업들로 하여금 이러한 부분들에 대해 정치적 압력을 가하도록 하는 주요 영향요인이다. 이러한 행위들의 효과적인 범위는 기술의 특성뿐 아니라, 국제 관계 시스템 내 권력의 균형, 그리고 자유무역과 강력한 지식재산권 체제를 옹호하는 이데올로기적·문화적 주장이 다른 국가들, 특히 '추격' 상황에 있는 국가들에서 얼마나 설득력을 발휘하느냐에

---

7) 철저하고 흥미로운 논의에 관해서는 Grandstrand(1999)를 참조.

따라 달라진다.

19세기 초중반 영국은 세계의 많은 부분에서 매우 안정적인 자유무역 체제에 따를 것을 강제할만한 강력한 해군력을 지녔지만, 동시에 자유무역 이데올로기에 대한 상당한 지지를 얻기도 했다. 이 모든 것은 금본위제와 영국의 무역 대금지불 및 자본거래 시스템을 규제할 수 있는 재무적 역량에 의해 강화되었다. 그러나 1870년대와 1880년대 구조적 조정의 위기 중 이 시스템은 주요 추격국과 이후 영국 자신의 보호무역으로의 이동이 진행되면서 막대하게 약화하였다.

이러한 자유무역 이데올로기의 약화는 농업과 산업 분야 시장과 이익을 확대하려는 이익집단의 직접적인 정치적 영향은 물론 민족주의, 제국주의, 식민주의의 부활에 기인하기도 하였다. 잇따른 갈등은 기존 국제 규제체제의 붕괴로 이어졌고, 종국에는 대공황기 무역의 대규모 위축과 제2차 세계대전으로 이어졌다. 이 전쟁에서 연합국들의 승리와 1930년대에 대한 기억은 1940년대 새롭고 더욱 안정적인 국제 규제체제 수립을 위한 노력을 새롭게 전개할 수 있도록 하였다. 세계 경제의 대부분에서 미국의 지배적 입지는, 비록 소비에트 지역과의 냉전 틀 하에 있기는 하였지만, 자유무역과 자본의 더 큰 이동성을 위한 체제로 점차 회귀하도록 하였다. 이러한 추세는 브레튼 우즈(Bretton Woods) 체제의 설계 관련 논쟁에서 케인즈의 역할에 영향받은 바가 있다. 여기서 케인즈는 개발도상국의 추격을 촉진하고 종종 발생하는 국제수지 위기가 1930년대에 발생했던 것과 같은 경쟁적 평가절하, 보호주의 및 불황으로 이어지지 않도록 방지하고자 하였다. 비록 케인즈는 이 논의의 결과에 대해 실망하기는 하였지만, 불균등한 개발의 위험성을 정확히 강조하였다.

원래 국제 규제체제는 UN의 부분으로 의도된 것이나, 주요 강대국 간 의견 불일치로 인해 IMF 및 세계은행이 서로 다른 형태의 거버넌스 하에 워싱턴에 설립되었으며, 이는 미국의 영향력을 훨씬 더 가까이 받아들일 수 있는 것이었다. 이 브레튼 우즈 체제는 장기 전후 호황 기간인 제2차 세계대전 이후 사반세기에 걸쳐 매우 효과적이고 안정적인 제도적 틀을 제공하였다.

외부에서 볼 때, 1990년대에 더욱 굳건해진 미국의 패권이 향후 수십 년을 위한 더욱 안정적인 제도적 틀을 재수립한 것으로 보이며, 이는 실제로 많은 예측자들의 가정이기도 하다. 그러나, 일부 큰 변화가 이 국제 체제에 가해지지 않는 이상, 우리의 역사적 분석은 다른 설명을 제시한다. 외적으로 조화로워 보이는 상황은 표면 아래 숨겨진 많은 갈등을 숨기며, 투자 행위의 불안정성은 그 시스템의 근본적 문제로 남아 있다. 세계무역기구(WTO)의 발족과 1999년 12월 시애틀 회담은 이들 문제점에 대한 많은 증거를 보여주었다. 이 회담에서는 무역 장벽을 낮추기 위한 새로운 다자간 협상을 논의하고자 하였다. 일부 동맹국의 지지를 받은 미국 대표는 이 회담을 기회로 미국이 우위에 있는 전자상거래와 유전자조작 식품 등과 같은 신제품과 서비스에 대한 손쉬운 접근을 촉진하고자 하였으나, 이는 시애틀 거리에서의 폭동과 회담 중 긴장으로 인해 폐기되어야 했다. 미국의 목표를 지지하는 공식적 주장은 지난 수십 년간 GATT(WTO의 전신) 체제하에서 있었던 성공적 무역 협상의 주요 메뉴였던 단순한 관세 인하 수준을 넘어섰다. 소위 '비관세 장벽(non-tariff barriers)'이라고 하는 것이 이전의 연속적인 다자간 무역 협상에서 갈수록 중요해져 왔으며, 시애틀 컨퍼런스 홀의 내외부에서의 갈등은 이러한 추세가 불러일으킨 우려를 보여주었다.

WTO 시애틀 회담 이전부터 OECD는 어떠한 관행이 한 국가에서만 허용되고 다른 국가에서는 적용되지 않도록 제한하는 국내법이나 사업절차를 처분할 의도로 해외 투자에 대한 국제 조약 논의를 조직하였다. 각 회원국은 의무적으로 다른 국가가 부여하는 모든 특권을 기업에게 제공하게 될 것이었다. 분명히 이는 어떤 국가건 환경이나 노동 및 복지 제도를 보호하기 위해 만든 법과 제도를 심각하게 약화하는 것이었다. 시애틀에서의 갈등을 촉발시킨 것은 개도국과 선진국 간 지속적인 무역 분쟁이기도 하였고, 부분적으로는 '세계화'의 이러한 해석에 대한 두려움이기도 하였다. 폴 크루그먼(Paul Krugman)은 2000년 1월 다보스 세계 최고의 기업인들 간 '세계경제포럼(World Economic Forum)'이 열렸을 당시 '시애틀맨(Seattle Man)'이나 '다보스맨(Davos Man)' 등의 용어를 사용하기도 하였다.

시애틀맨의 은유에 대해 우리가 무엇을 생각하건, 이 예는, 국가 수준이건 국제 수준이건, 규제체제의 변화가 국내 및 국가 간에 가장 근본적인 정치적 및 이데올로기적 갈등을 일으킬 수 있음을 보여주기에 충분하다. 조지프 스티글리츠(Joseph Stiglitz)는 국제기구에서 미국의 역할에 대해 더욱 심각하게 언급하였다. 그는 시애틀에서 WTO를 엉망으로 만든 시위자들은 그들이 IMF에 반대하여 시위를 일으켰을 때 무지한 폭도가 아니었다고 시작하면서 다음과 같이 서술했다.

그들은 IMF가 도와야 할 개발도상국들의 목소리를 IMF가 진심으로 귀담아듣지 않는다고 말할 것이다. 그들은 IMF가 비밀스럽고, 민주적 책임으로부터 분리되어 있다고 주장할 것이다. 그들은 IMF의 경제적 '해결책'이 '둔화'를 '경기후퇴' 및 '불황'으로 몰고 가는 등 자주 상황을 악화시킨다고 말할 것이다. 그리고 그들은 주장할 것이다. 나는 지난 반세기에서 가장 심각한 세계 경제위기 기간이었던 1996년부터 지난 11월까지 세계은행의 수석경제학자였다. 나는 어떻게 IMF가 미국 재무부와 나란히 응답하였는지 보았다. 그리고 나는 끔찍함을 느꼈다(www.thenewrepublic.com/041700/stiglitz).

IMF와 미국 재무성 정책의 노골적 고발에서, 스티글리츠는 IMF의 최고 경제학자와 관료들에게 동아시아 경제에 그들이 가하는 피해에 대해 설득하려 시도했던 것을 기술하였다. 그러나 그는 'IMF에서 마음을 바꾸는 것은 사실상 불가능하다'는 점을 알게 됐다.

나는 놀라지 말았어야 했다. IMF는 많은 질문을 하는 국외자 없이 일하기를 좋아한다. 이론적으로 IMF는 그들이 돕는 국가의 민주적 제도를 지지한다. 실제로는, 정책을 강요하여 민주적 과정을 약화한다. 물론 공식적으로는 IMF는 무엇도 '강요'하지 않는다. 단지 원조를 받는 조건에 대해 '협상'할 뿐이다. 그러나 협상 과정 중 모든 권력은 한쪽, 즉 IMF에 실려 있고, IMF는 국회나 시민사회와의 폭넓은 합의 혹은 심지어 광범위한 자문에 필요한 충분한 시간을 거의 주지 않는다. 때때로 IMF는 개방적인 겉치레 없이 비밀 계약을 협상하기도 한다(www.thenewrepublic.com/041700/stiglitz).

스티글리츠는 더 나아가, '심지어 세계은행이 IMF의 구제 패키지에 수십억 달러를 기여함에도 불구하고, 세계은행의 목소리는 영향을 받은 국가 국민들만큼 철저하게 무시되었다'라고 지적하였다.

더욱 놀라운 것은 동아시아 사태와 주요 특징을 공유하는 러시아의 상황에 대한 그의 발언으로, 특히 IMF와 재무부 정책이 이를 사주하는데 수행한 역할에 대한 것이었다. 그는 러시아에 대한 자문에 있어서 두 그룹의 미국 최고 경제학자들 간 갈등을 묘사하였다. 이들 중 한 그룹은 스티글리츠 본인은 물론 케네스 애로(Kenneth Arrow) 등을 포함하는 것으로, 제도적 인프라의 중요성을 강조하였다. 그러나 '두 번째 그룹은 주로, 그들의 시장에 대한 믿음이 그 토대의 미묘함에 대한 평가(시장이 효과적으로 작동하기 필요한 조건에 관한 평가)와 일치하지 않는 거시경제학자들로 구성되어 있었다. 이 경제학자들은 전형적으로 역사나 러시아 경제의 세부 사항들에 대한 지식이 거의 없었고, 이러한 지식이 필요하다는 사실을 믿지도 않았다.'

또한 스티글리츠는 어떻게 'IMF와 재무부에 의해 모스크바에 촉구된 급격한 민영화'가 집권층에게 국가 자산에 대한 통제권을 갖도록 하였는지 설명하였다. 1990년대 중반 동안 러시아 경제는 계속 하강하였고, 높은 비율의 인구가 빈곤선 이하의 수준에 있을 정도로 이 국가는 거대한 불평등 문제를 겪고 있었다. 스티글리츠에 의하면 이런 한탄스러운 결과는 주로 IMF 운영의 비밀 때문이었다. '만일 IMF가 더욱 철저한 조사를 수용하였다면, 그들의 어리석음은 더욱 일찍 명확히 드러났을 것이다.'

스티글리츠는 '시위자들의 일부는 IMF 당국자 못지않게 공개 토론에 관심이 없다', 그러나 '세계에서 가장 강력한 민주국가에서 국제 경제정책의 문화는 민주적이지 않다'라고 주장하며 IMF와 미국 재무성에 대한 비판을 마무리하였다.

우리는 스티글리츠의 이 논평들을 상당히 길게 인용하였는데, 이는 IMF나 기타 국제 규제체제 기구들의 특정 개혁을 제안하기 위해서는 아니다. 물론 그러한 제안이 필요하기는 하나, 우리가 이 장과 사실 이 책 전체를 통해 제시하고자 하는 핵심 사항 중 두 가지를 매우 권위 있고 정통한 정보원을 통해 기술하고자 하였기 때문이다.

첫 번째는 국가 및 국제 규제체제의 회귀적 재구성은 단순한 신기술의 확산에 대한 응답이 아니라는 점이다. 물론 현재의 정보기술은 의심의 여지 없이 강력하기는 하다. 세계 경제의 진화는 사회의 몇 가지 하위 시스템 간 상호작용과 공진화에 의존하며, 이들은 분명히 기술과 과학은 물론 정치, 경제, 문화까지 포함한다. 이들 중 어느 것도 역사의 숙고된 해석에서 무시될 수는 없다.

두 번째는 세계 경제의 불균등한 발전과 신기술의 불균일한 확산은 어떤 규제체제건 대단한 어려움을 겪게 한다. 19세기 말 국제적인 자유무역 체제를 유지하고자 했던 영국의 노력은 단순히 영국 해군력과 상업적 우위의 상대적 약화 때문만이 아니라, 20세기 초 전체 국제 규제체제가 극심한 불평등과 갈등 문제를 처리하지 못했기 때문이고, 1930년대 대공황의 문제를 다루는 데 무기력했기 때문이다. 현재의 더욱 공식적인 제도적 체제도 같은 바위들(rocks) 위에 설립될 위험에 처해 있다. 시간이 지남에 따라 기본적인 것들이 여전히 적용된다.

후기

이 책 전체에서, 우리는 경제학이 복잡한 사회의 실제 진화에 관한 것이라는 자세를 유지하였다. 현실주의적 자세를 취하면서, 우리는 우리의 과학에서 일관된 연구 프로그램이 반드시 연구 대상의 역사적 본성에 의해 정의되어야 한다고 주장했다. 그리고 이것이 종합적 관점이 제시되고, 논의되고, 탐사된 이유이다. 더 나아가, 우리는 복잡성이 인지적, 조직적, 그리고 사회적 차원에서 이해될 수 있음을 받아들였다. 하지만, 다시, 우리의 전략은 마지막 차원을 강조하는 것인데, 왜냐하면 인지의 문제는 우리의 주제가 아니고, 조직적 복잡성은 경제적 시스템의 수준에서 너무 좁은 접근을 시사하기 때문이다. 대신, 우리는 그것의 동학이 가지는 본성을 논의하고 싶었고, 그것이 우리가 기술과 경제의 공진화를 (그것이 부과하는 조직적 형태들을 포함하여) 다룬 이유였다.

미시적 관점은 궁극적으로 우리가 연구하는 사회의 실제 복잡성에 대처할 수 없는 제한된 동학을 시사한다. 폴 로머(Paul Romer 1992)는 52개의 교체 가능한 작업을 사용하는 섬유 공장의 예를 제시한다. 최적의 순서를 수립하기 위하여, 즉 기술에 적응하기 위하여 생산 책임자는 521,068가지 대안이 있는 의사결정 문제에 직면한다. 이것은 빅뱅 이후 지금까지 지나간 초의 수를 능가하는 거대한 차원이다. 더 나아가, 조합론은 최적 경로를 찾아주는 어떠한 알고리즘도 지시하지 않는다. 이는 튜링 머신의 정지 문제(halting problem)이다. 우리는 많은 실제 생활 문제가 이런 성질을 가지고 있다고 가정한다. 그것이 우리가 이에 관해서 하이예크(Hayek), 사이몬(Simon), 그리고 아써(Arthur) 등을 따르는 이유인데, 이들은 체스 경기자의 문제가 경제적 주체들의 인지 및 의사결정 과정에 대한 편리한 우화라고 제안하였다. 즉 비록 경기 중에 많은 가능성이 있지만(공장 책임자의 문제에서의 대안 수 또는 빅뱅 이후 지나간 초의 수를 능가하는), 우리는 제한된 영역을 선택하고, 가능한 해들의 바로 그 공간에 우리의 발견법(heuristics)을 적용한다.

그러나, 이것이 그렇다면, 경제학에서 우리의 관심은 대부분 발견법과 이 경로를 결정하기 위한 사회적 규칙의 선택이다. 이것은 직접 근대 자본주의 역사에서 지배적인 각 생산적 질서의 제도적 형태로 이어진다. 특히, 우리는 자본 축적 및 기술의 다른 양식들, 문화, 그리고 각 시기에 지배적인 사회적 통제의 양식들에 대해 논의했다. 우리는, 비록 간략하지만, 각 시기에 첨단을 달리는 선도국가들의 진화라는 관점에서 국제적 분업을 언급하였다.

시간이 지남에 따라, 이러한 제도화된 생산적 질서의 조직 양식들, 또는 발전 양식들은 진화하고 극적인 변화를 통과했다. 진화(다양성을 만드는 누적적이고 비가역적인 과정)의 분석과 종종 조직적 연속성에 기초하는 사회적 구조의 정밀한 조사를 조정하기 위하여, 우리는 자본주의 발전의 장기파동 개념을 사용하였다. 이것은 한 질서에서 다음 질서로의 전환을 표시하는 구조적 위기의 연속적인 주요 사례들에 적용되었다. 결과적으로, 이 책의 제2부는 이러한 과정들의 고유한 특징들 뿐 아니라 회귀적인 현상들을 논의하고 식별하였다.

제도적 변화, 기술변화, 전환, 그리고 위기들은 실생활 경제학의 모든 것이다. 사회과학으로서, 경제학은 진화적 과학이며, 이 책에서 의도한 우리의 기여는 기술적 및 사회적 혁신이 선진 경제들의 장기 동학을 이해하기 위한 핵심 요소임을 주장하는 것이었다. 실로, 이것은 역사적 분석에서 중요한 문제이다. 발전 양식이 소진된 경제들은 얼마 후에 어떻게 회복하는가?

같은 의미로, 리처드 넬슨(Richard Nelson)은 진화적 이론이 다양성, 또는 새로움의 선택과 창조라는 개념들에 기초한다고 주장하였다.

내가 제안하는 진화적 이론의 일반적 개념은 … 다음 요소들을 포함한다. 주의의 초점을 시간에 따라 변하는 변수 또는 변수들의 집합에 두며 이론적 탐구는 관찰된 변화의 뒤에 있는 동적 과정의 이해를 목적으로 한다. 특별한 사례는 변수 또는 시스템이 어떻게 현재의 상태에 도달했는가의 측면에서 그것들을 이해하기 위한 탐구일 것이다. 이론은 문제의 변수 또는 시스템이 어떤 무작위적 변이 또는 섭동의 영향을 받으며, 또한 그 변이를 체계적으로 선택하는 메커니즘이 존재한다고 제안한다. 이론의 예측 또는 설명력의 상당 부분은 체계적 선택 과정을 구체화하는 데 있다. 체계적인 선택 힘들에서 살아남은 것을 보전하는 강한 초기의 경향들이 있다고 가정된다. 그러나, 많은 경우에 선택 방앗간의 추가적인 곡물인 새로운 종을 계속 도입하는 힘들이 존재한다(Nelson 1995: 54).

우리는 이에 동의하며, 단지 진화경제학은 결과적으로 선택과 사회적 책임에 관한 것임을 덧붙인다. 경제분석의 입증된 역사적 차원은 단지 이러한 차원을 강조할 뿐이다. 미래를 예측할 수 없고, 경제학은 우리의 과거와의 도제 수업

(apprenticeship)에 관한 것이다. 과거는 주로 이러한 이해가 우리가 현재와 미래에 행동하는 데 도움을 주기 때문에 중요하다.

〈두 도시 이야기(1867)〉에서, 찰스 디킨스(Charles Dickens)는 우리가 경험하고 있는 전환기를 위해 빈번히 인용되는 구절로 책을 시작하였다. '그것은 최고의 시간이었지, 그것은 최악의 시간이었지, 그것은 지혜의 시대였지, 그것은 어리석음의 시대였지, 그것은 믿음의 시절이었지, 그것은 불신의 시절이었지, 그것은 빛의 계절이었지, 그것은 어둠의 계절이었지, 그것은 희망의 봄이었지, 그것은 절망의 겨울이었지, 우리는 우리 앞에 모든 것을 가지고 있었지, 우리 앞에는 아무 것도 없었지…'

기본적인 것은 선택하는 것이다.

참고문헌

QR코드를 스캔하시면 이 책의 참고문헌으로 연결됩니다.

저자약력

크리스토퍼 프리만(Chris Freeman)

크리스토퍼 프리만(Christopher Freeman 1921-2010)교수는 경제학자로 혁신연구의 조직적인 프레임워크를 제공하였을 뿐만 아니라 미래 연구 활동에 대한 이론적 영감을 제시하였다. 특히, 혁신 이론, 콘드라티예프 장기파동과 경기순환 이론에 관해 탁월한 연구 업적을 남겼다. 그는 경제발전을 위한 혁신과 인류의 삶의 질을 높이기 위한 과학기술활동의 중요성에 초점을 둔 신 슘페터리언(neo-Schumpeterian)의 학술적인 측면의 전통을 부활시키는 데 크게 이바지하였다.

그는 1963년에 R&D에 관한 통계를 수집하고 표준화하였던 OECD의 프레스카티 매뉴얼(The Frascate Manual)의 초판을 작성하였는데 이 매뉴얼은 현재 OECD와 세계의 과학기술통계 지표로 활용되고 있다.

그는 1966년에 과학정책과 혁신연구 분야에서 세계 최초의 다학제적 연구기관인 영국 서섹스(Sussex) 대학교 과학정책대학원(SPRU)을 설립하였다. 1982년까지 대학원장을 역임하면서 과학정책대학원을 1970년대와 1980년대에 과학기술정책과 혁신연구 분야의 글로벌 허브로 발전시켰다. .

또한 1971년에 과학기술정책과 혁신연구 분야에서 가장 역사가 오래되고 학술적 영향력이 큰 학술지인 '리서치 폴리시(Research Policy)'를 창간하고 동료들과 미국, 프랑스, 독일 등의 학자들과 함께 30년 넘게 편집하면서 이 분야의 선두 저널로 발전시켰다.

그는 룬드발(Ludvall), 리처드 넬슨(Richard Nelson)과 함께 국가혁신체제 이론을 도입하였고, 200편 이상의 논문과 책을 집필하였다. 대표적인 저서로는 <The Economics of Industrial Innovation>(1974), <Technology Policy and Economic Performance: Lessons from Japan>(1987), <Technical Change and Economic Theory>(1988), <As Time Goes by: From the Industrial Revolution to the Information Revolution>(2001) 등이 있으며, 논문으로는 "SAPPHO Updated-project SAPPHO PhaseⅡ"(1974), "The 'National Innovation System' in Historical Perspective"(1995), "The Economics of Technical change"(1994) 등이 있다. 그리고 Schumpeter Prize(1988), Prix International du Futuroscope(1993), World Technology Network Award for Policy(2001), Kondratiev Prize(2008) 등 다수의 상을 수상하였다.

참고: Fagerberg, J., Fosaas, M., Bell, M., & Martin, B. R. (2018). Christopher Freeman: Social science entrepreneur./ Moesvei, M. (2013). TIK WORKING PAPERS on Innovation Studies.

프란시스코 루카(Francisco Louçã)

프란시스코 루카는 리스본 대학교(구 리스본 기술 대학교)에 소속되어 1999년부터 2012년까지 포르투갈 의회 의원으로 활동한 경제연구소 슈페리어 드 이코노미아 게스토(Superior de Economia Gestão)의 경제학부 정교수를 역임하였다.

그는 경제사상의 역사, 복잡한 적응 시스템의 역동성, 장기적인 기술경제 변화의 본질에 관한 여러 저서들과 과학 논문의 저자이고 저서로는 <Turvulus in Economics>(Elgar, 1997), <As Time Goes By>(Christopher Freeman, Oxford University Press, 2011, 2002) 등이 있다. 중국어, <고경제학의 해(The Years of High Econometrics>(2007)와 경제학, 수학 물리학, 경제사상의 역사, 금융시장의 수학적 모델링, 생물학의 역사 등에 관한 많은 논문들이 실렸다. 그의 과학 서적은 11개의 언어로 번역되었다. 1999년 그는 올해의 과학 논문인 "History of Economics Association"으로 상을 받았다.

한국어판 서문

Chris Freeman, one of the authors of this book, passed away in 2010. He was a leading economists in the field of evolutionary economics through the second half of the twentieth century and, together with Richard Nelson and Sidney Winter, plus a number of other scholars, he developed a research program ex-tending from opening the black box of innovation to the macroeconomic im-plications of long term changes in the economy, technology and social organization. A great scholar, an innovative researcher on innovation and micro and macro dynamics, a passionate academic with broad interests, and an im-pressive teacher, Freeman's contribution to economics suggests the reconstitution of economics as science of real life, focused on understanding major changes, as well as people, social groups, institutions, ideas, and motivations. In this and other pieces, he combined historical research on industrial and technological revolutions with a radically novel theory of mutations in the economic process.

Additionally, Freeman suggested a new macroeconomics, the unfinished legacy of our science. As Joseph Stiglitz put it, "The development of 'evolu-tionary economics' is, I think, one of the more important unfinished legacies of the twentieth century. The movement from equilibrium models, derived from physics, to evolutionary, dynamic models, derived from biology and ecology, represents an important change in modes of thinking"(Stiglitz, 2000: 1448). In the book you now have in your hands, we summarized much of this new mode of thinking and new research program both in the sense of economic history and of an applied study in macroeconomic evolution. The reader will discover a combination of developed historical inquiry on different industrial and techno-logical revolutions with a radically novel economic theorizing on mutations in the economic process. I believe this is essential for modern economics. If the long stagnation period proved anything, it is certainly that standard equilibrium macroeconomics and playometrics, to use the contentious term by Ragnar Frisch, the founder of econometrics and one of the main critics of its misuse, is unable to explain and to understand real life economies. An alternative approach is presented in this book: understand history, model the dynamic forces of change and inertia in the economies and concentrate on the dynamic processes of inner mutation through innovation, shocks and coordination.

This preface first remembers Chris Freeman and then adds a brief analysis of economic dynamics and the tensions in the institutional framework throughout the twenty years since the original publication.

Freeman as a leading scholar in innovation studies

The web repository of Freeman's major works, organized by family and col-leagues, traces the more relevant periods of his career. His contributions en-compassed seven fields of research. The dates and number of papers, chapters and books in each of these fields provide a portrait of Freeman's research focus through time: industrial innovation, 1961−1997 and 31 publications; science and technology and industrial policy, 1963−2001 and 22 publications; technology and development, 1968−2004 and 20 publications; innovation systems, 1970−2002 and 33 publications; technology and society, 1971−2001 and 32 publications; science, technology and growth, 1981−1995 and 8 publications; finally, technological change and economic theory, 1988−2002 and 11 publications. The list also illustrates how the author, although always concerned with innovation, the subject of his life's work, slowly expanded his interest from empirical work on firm and sectoral technological change and industrial policy, including his most influential work, The Economics of Industrial Innovation(Freeman, 1974; the third edition was co−authored with Luc Soete, as Freeman and Soete, 1997), to macroeconomic dynamics and theory, of which the most powerful contribution was eventually the collective work Technical Change and Economic Theory(Dosi et al., 1988). This As Time Goes By, his last book, is dedicated to technological revolutions and long waves of economic development(Freeman and Louca, 2001).

As some close colleagues of Freeman noted, his inclination for sound empirical work, for prospective analysis and for heterodox theoretical approaches combined with his unique ability to establish a new reference research centre on techno—logical innovation and societal change (the Science Policy Research Unit [SPRU] at the University os Sussex, created in 1966 and directed by Freeman for 15 years) and to start an academic journal to promote the new body of knowledge (Research Policy, of which he was the founding editor). In that, he was a "social science entrepreneur", who educated a large number of researchers and favored an agenda for real life economics(Fagerberg et al., 2011: 897f.; also Louca, 2020).

In one of his last contributions, an editorial he co—authored with Keith Pavitt for the special issue of Research Policy on the twentieth anniversary of the publication of An Evolutionary Theory of Economic Change, by Nelson and Winter, that agenda is summarized as the inductive method and appreciative theorizing, the inclusion of history of technology in development studies, the research on the emergence of new products and changes in firms, as well as the conceptualization of the role of government and international compar—isons(Freeman and Pavitt, 2002: 1221). Realistic assumptions on uncertainty, learning and bounded rationality, rejecting treating technology as an exogenous factor in economics, or "manna from heaven", were presented as conditions for the success of this approach(Freeman, 1994: 465; 1995: 15, 17). For this, the two major themes were industrial change, leading to the policy oriented national systems of innovations, and reasoned history, namely on technological revolu—tions and the conditions for the emergence of each new technoeconomic para—digm, a work he developed with Carlota Perez(e.g. Freeman and Perez, 1984).

In this, he combined three theoretical approaches: the Cambridge tradition that considered economies as organic totalities; the Marxist and classical vision of the economy as the expression of social relations; and foremost the Schumpeterian view on capitalism as an adaptive and innovative system moved by profit accumulation. For him, evolutionary economics provided this synthesis, which he expressed studying social forces and organizations in complex institutional systems, understood as the articulation of conventions, laws, traditions, cultural traits, and conflict and class relations. For that purpose, Freeman emphasized the role of endogenous change generated in emerging techno−economic paradigms that or−ganize the system of production and accumulation. In this, he was part of a bril−liant generation of promoters of modern evolutionary economics, but also stood as one of those rare economists able to blend empirical work on the factors of change and a theoretical analysis of the social contradictions.

Evolutionary economics looks at non−equilibrium processes. In this case, heterogeneous agents learn and adapt, which suggests a larger institutionally embedded evolutionary process not reducible to markets, as proposed by so different economists as Marx, Veblen or Coase. Endogenous preferences and en−dogenous innovations, knowledgebased and capability−based firms and national systems of innovation, and coordination as one possible outcome of a social process of decision making impart a structure far different from the optimization and rational expectations framework pushed by the mainstream since the 1970s. Furthermore, complex evolving systems demonstrate co−evolutionary dynamics and emergent properties, such as fat tails, non−ergodicity, and path dependence or hysteresis(David, 2005). This is why evolutionary economics is concerned with the drivers, patterns of change and mechanisms of coordination, and uses stylized facts from empirical observation, exploring regularities and structures, a view that replaces axioms by factually based conjectures(Dosi, 2012).

In different contributions, with no surprise, Freeman rejected the neoclassical view of a "representative agent" and described heterogeneous economic forces promoting innovation and following non optimal trajectories(Freeman, 1994: 466, 473), which are institutionally and historically constrained: "Just as heterogeneity of firms and oligopoly have led Neo−Schumpeterians to discard the assumptions of representative agents and perfect competition, so heterogeneity of national systems of innovation and the hegemony of great powers have led them to discard notions of international convergence and to stress the phenomena of divergence in growth rates, 'forging ahead', catching up and falling be−hind"(ibid.: 484). This book recapitulates his long investigation on these proc−esses and how they were configured by technological revolutions, providing a historical description and conceptual discussion.

This new approach contributes to empirical research on patterns of change at the firm, industry and national and international levels, suggesting alternatives for decision making. Yet, evolutionary economics still suffers from two limitations, preventing it from emerging as a coherent alternative to the neoclassical syntheses. First, as Dosi observes, evolutionary economics requires but lacks a theory of value, interpreting the social classes and different relations and strat—egies, such as rent—seeking, exploitation and, broadly, power(Dosi, 2012, xlvi). Second, an evolutionary macroeconomics proposing a realistic vision of the historical processes, including economic cycles and long waves of development, phases of hegemony and other social, political and economic forms of determi—nation, has yet to be synthesized. As Time Goes By contributes to the second and incidentally to the first question.

Long waves in the history of economics

In the book, we open the argument with introspection in the history of eco—nomic ideas. Nikolai Kondratiev, Eugen Slutsky, Joseph Schumpeter, Ragnar Frisch, Jan Tinbergen and many others, namely the young mathematical econo—mists who ignited the years of high econometrics, are convoked in order to de—scribe the period of inception of the notions of business cycles and long waves of capitalist development - what some called the long cycles or, according to the suggestion by Schumpeter, Kondratiev cycles.

For long, cycles were the main topic for economics and one of the motiva—tions for the discussion on the differences of the wealth of nations. It is never—theless true that, as time went by, the concept of economic cycle receded into oblivion. Paul Samuelson claimed that the thirty golden years after the Second World War were the inaugural period of permanent growth, unaltered by perturbations. Sad prediction: neither the economic corpus sustained the synthesis between his brand of Keynesianism and neoclassical economics, nor the facts of life permitted such an optimistic view of a frictionless economy. The major crisis of the 1970s, marking both the beginning of the downturn of the Kondratiev ex—

pansion since the War and the collapse of the neoclassical—Keynesian synthesis, proved that the cycles and crises are indeed the pulsation of modern capitalism, as suggested by Marx, Kondratiev and Schumpeter.

In the second half of the twentieth century, many authors promoted this re—turn to the classical views of economic cycles. Ernest Mandel was certainly the first to provide a large overview of the dynamics of accumulation and profit—ability as the crucial determinations for the schedule of the long waves, namely with his thesis on late capitalism and then with his Marshall Lectures(Mandel, 1995). Others, such as some French regulationists, or some mathematically in—clined economists working on models of complexity such as Richard Goodwin, or different economic historians and statisticians such as Jan Reijnders, Angus Maddison and others, reconsidered the theme and provided new insights on the phases of development of the contemporary developed economies. Chris Freeman and Carlota Perez added a particularly acute view of the technological and organizational innovations as part of the social reconfiguration of the economies through time. This book vindicates their vision.

The long downturn of the fourth long wave

In this framework, As Time Goes By presents a view of the history of the first industrial revolution and then of the other systemic technological changes until the present. We argue that these changes can be interpreted according to a general pattern of waves of expansion and contraction, deeply rooted in in—dustrial revolutions (the diffusion of steam power, electricity, internal combustion engines, and microelectronics) that transform the way of producing and living and generate specific production systems, each related to a concrete form of work, management and use of capital.

Noting that research on industrial revolutions and even on the very notion of a business cycle faded as the developed economies entered the period of sus—tained growth after the Second World War and as the neoclassical synthesis do—minated economics, we challenge that option. Indeed, even sophisticated econ—omists believed that the developed economies would benefit from permanent growth, unalterable by perturbations, and that the concept of economic cycle had retreated into obscurity. Yet this prediction proved wrong and the facts of life rejected the simplistic and laudatory view. What was announced as the era of permanent growth proved to be merely a limited period of expansion, to be followed by a very long phase of stagnation.

It is widely accepted that the 1973−5 recession represented the turning point of the post−Second War expansion. After the profit rate in major economies peaked at its historical maximum at the end of the 1960s, a drastic change was imposed in the larger economies by the corrosion of the conditions for sustained productivity gains and accumulation, the squeeze on profits generated by the rise of organized labor, and the turmoil with the end of the Bretton Woods system, leading to a structural crisis. In the following decades, the US model, based on technological dominance, domestic over−consumption, and military and political supremacy, eroded. In that sense, our conjecture posits long historical waves, each divided into a broadly expansionary phase A followed, as contradictions and countercurrents build, by a broadly contractionary phase B (the long period of slow growth, after Phase A, the period of intensive investment, profit and accu−mulation), beginning with the major recession of the 1970s, indicating that the cycles and crises are indeed the pulsation of modern capitalism.

Like all previous downturns, the period since the recession of 1973−5 has been marked by the availability of a new constellation of technological and economic innovations, in this case based on computerization, automation, ge−nomic science and new processes of flexible production, that are being devel−oped for years. The key inputs(microelectronics), the carrier branches(computers and software industries), the new transport infrastructure(based on telecoms and internet) and organizational innovations and cultural changes(such as the flexible forms of work organization, the rise of individualism, and expansion of the prerogatives of intellectual property) and new favorable location for the pro−duction process with high surplus(Asia), were available since the 1980s or the next years and, if fully developed, could generate favorable conditions for a new phase of recovered surplus gains. Yet, four decades have passed without full redefinition of the socio—institutional system following the prevailing agenda, as this transition is the longest phase B on record.

Freeman explained the essential metabolism of capitalism as moved by the match or mismatch between the techno—economic paradigm and the socio—institutional system. This is how these concepts have been defined:

1)   The technological or techno—economic paradigm describes the relations between the mode of production and available techniques. In each period, a constellation of innovations is available to be diffused in the economy, following a key factor and a dominant branch, such as the automobile in the past or information and communications nowadays. The technoeconomic paradigm configures "a cluster of interrelated technical, organisational and managerial innovations, whose advantages are to be found not only in a new range of products and systems, but most of all in the dynamics of the relative cost structure of all possible inputs to production"(Freeman 1998: 10) or a "radical transformation in the prevailing engineering and managerial common sense for best productivity and most profitable practice, which is applicable to almost any industry(Freeman, 1991: 224; 1995: 18). But technical innovation alone does not create a new society, since the process of accumulation may be blocked or biased by the regulatory and social framework.

2)   The socio—institutional framework involves the regulations, laws and practices that organize work and social reproduction and determine wages. This concept should be broadened to include social security, public services, and other forms of indirect or social wage. The structure of work is a major component of the social order and a source of legitimacy, but during periods of contraction social regulation tends to be out of phase with the requirements of capital accumulation, which asks for major transformations in the production and distribution of surplus. As the spread of the techno—economic paradigm "to other areas is usually heavily dependent on organisational and social changes"(Freeman, 1991: 224), this accounts both for technological revolutions and for the long periods of adaptation and social change they propel. The question remains as to which large social innovations are required to match the

scale compatible with that technical change(Freeman and Perez, 1988: 61), and the resulting structural crises(Louca, 2021).

3)   The accumulation regime describes how production and realization of value are articulated. From the point of view of production, accumulation de-pends on productivity and surplus, but, from the point of view of realization, demand may be inhibited by unequal distribution of wealth. The accumulation regime also refers to the rules of the game, the productive order, and the structure of the ruling class itself, including relations among industrial, banking and financial capital, firms, shareholders, and managers.

4)   Finally, the international hierarchy corresponds to the organization of the world economy and defines the insertion of each social formation in the global market. One dimension is the global division of labor, namely who ex-tracts raw materials, who produces industrial goods and more sophisticated services, and who dominates the channels of trade, including the communication and the information technologies. The international hierarchy also involves the definition of global reserve currencies, the control of investment and interna-tional financial flows, and of essential goods, such as energy and water, as well as financial, military and political relationships.

The last item is less developed in As Time Goes By. Not because it is sec-ondary; on the contrary, it concerns the implication of the accumulation regime and the technological and economic capabilities as developed in different economies and agents. Moreover, in practical terms, changes in the accumulation regime and at the international hierarchy can generate political conflicts within and between nations. In Britain, the conflicts over the Corn Laws in the 1830s and 1840s and over Tariff Reform in Britain in the late nineteenth and early twentieth centuries had profound effects on the catch-up countries, United States, Germany and Japan. Conflict over trade issues can yield broader friction in international relations, as illustrated in the Anglo-German naval armaments race before 1914, or later in the emergence of ordo-liberalism as a qua-si-constitutional rule in the European Union or in the dominance of Merkel's neo-mercantilist policy, and eventually in Trump's crusade to redefine the US trade balance or in the persistent US – China tension, which can be expected to be pursued under Biden.

Table 1 summarizes this view of the contemporary transformations from the uspwing to the downswing of the long wave, or from Fordism to neoliberalism, as applied to the dominant economies.

Table 1: Fordism and neoliberalism

	Fordist Capitalism Upswing of the long wave c.1945-1975	Neoliberal Capitalism Downswing 1975-present
Techno – economic paradigm	Fordism	Computerization
Accumulation regime	Corporate and managerial capitalism	Financialization
Socio – institutional regulation	Social contract	Flexibility
Organization of the international hierarchy	Internationalization	Globalization (and its crisis)

S: Louca, 2020.

For Freeman the emergence of a techno – economic paradigm cannot alone generate a new mode of development, as the existence of clusters of radical innovations or new systems of production, such as under Fordism, is not suffi – cient to launch a long wave of development. He always emphasized, as we pursued in this book, that industrial or technological revolutions by themselves are unable to explain long periods of structural change in modern societies. Indeed, he distinguished between the emergence of the technical potentiality of the new key factor of an industrial revolution, for example, electricity itself, and its diffusion, including the radical and process innovations generating further social, organizational and technological change, for example, the consolidation of Thomas Edison's great corporation or rural electrification during the New Deal. As a consequence, he focused on the landscape of the industrial and economic sectors concentrating or following the gradient of productivity and profitability, on the impact of the major changes in production and distribution, and on the social relations supporting both.

The incompleteness of this research was also pointed out, since its promoters "have not developed so far their analysis of institutional forms or of aggregate formal models of the economy"(Freeman, 1998: 12). A coherent explanation on how the institutional system resists, adapts and transforms as the new tech—no—economic paradigm is being diffused has of date not yet been presented, although important contributions have been made(Perez, 2002). Furthermore, the analysis of the tension between the techno—economic paradigm and the social and institutional system requires the definition of the "adjustment process, [which] (...) is achieved only through social and political changes to accom—modate the characteristics of radically new technologies"(Freeman and Soete, 1994: 35). An adjustment proceeds following different rhythms involving: i) the establishment of the accumulation regime built around the triumphal tech—no—economic paradigm, ii) the adaptation of the institutional system as part of that regime, and iii) changes in the international order. For this, only some concrete analyses and a sketch of a theory have been offered to the date, and the study on the palpitation of the modern economy, through systemic crises and processes of adaptation, requires not only historical research on each of these processes, but also a general description of the structural evolution they represent. A relevant test to this approach is the analysis of the long downturn, currently labeled "secular stagnation", even under the expansion of the tech—no—economic paradigm based on information and communication technologies.

Table 2 summarizes our conclusion in As Time Goes By compared to recent changes, noticing both the expansion of new products and areas of business and of new areas of tension, and emphasizing some implication for the socio—in—stitutional system.

Table 2. The dominant techno-economic paradigm(TEP) and the conflicts over its development

	Constellation of innovations	Carrier branch	Key input	Transport and communications infrastructure
The dominant new TEP by the turn of the century (Freeman and Louçã, 2001: 141)	Computerization of the entire economy	Computer, software, telecommunications equipment, biotechnology	Chips	Information highways (internet)
Major developments and areas of conflicts in the 2020s	Internet and communications as tools for networking the entire society	Control of telecommunication circuits	Control of basic science and oligopolistic firms	Control of 5G technology and networks

In the following, we affirm that industrial or technological revolutions are in—sufficient to propel structural change, and this is why we focus on the impact of major changes in production and distribution but also on social relations. Rejecting technological determinism and mechanical views, we argue that the long period of readjustment after the generation of the structural crisis proves that a new expansion requires a far—reaching realignment of institutions and social relations and of the international hierarchy, which is still incomplete in the first two decades of the 21st century. The analysis of institutional change is part of the unfinished legacy of evolutionary economics(Freeman, 1998, 12; Louca, 2020).

The socio-institutional framework

The mismatch between technological potentialities and the social and institu—tional system is the battleground between adaptive and counter—adaptive forces. With some co—authors, I discussed elsewhere how the mismatch is being ad—dressed by neoliberal solutions that are been imposed through deep institutional transformations, for instance the status of independence of central banks, de—

regulation of capital flows, austerity policies, and removal of labor−market protections. Using case studies from the US, Europe, Latin America and Asia, we investigated the conformation of social forces and intellectual movements that shaped policy and politics, selected the personnel, trained the bureaucrats, re− produced the ideas, and transformed institutions(Louca and Ash, 2018), as this process generated major institutional contradictions(Louca et al., 2021). Some of those findings are summarized in Table 3, in order to highlight the difficulty to impose the agenda of five combined solutions for the mismatch: changes in the pattern of work, the financialization of surplus extraction, the neoliberal re− formatting of institutions, accumulation via intensified inequality, and changes in the international hierarchy, aiming at the expansion of profitability and re− structuring the social framework. Its main features are summarized in the de− scription of the evolution of the accumulation regime in the next table.

Table 3. Conflicts formatting the accumulation regime

	Changes in patterns of work	Financialization	Financialization Reconfiguration of institutions	Accumulation and in/equality	International hierarchy
Post-Fordist possibility for the adoption of the new TEP(Freeman and Louca, 2001: 325)	Higher and diversified skills Labor contracts promoting capacitation Sharing economy	Control of international movements of capital Insulation of commercial banks from speculation	Extension of the welfare state (e.g., a national health system in the US)	Social inclusion Education and public goods as the driving factors for equality	EU consolidation Negotiated management of the international order New windows of technological opportunity for developing economies

Evolution for last quarter of the 20th century	Large structural unemployment in developed economies	Independence of the Central banks and monetarist dominance Finance based on rents (contracts, taxes, privatization of social security systems)	Privatization of public goods and reduction of the welfare state Neoliberal education of cadre for central banks and governments	Social inequality driving accumulation	Decadence of US hegemony Asia emerges as the factory of the world
21st century changes and conflicts	Gig−economy and deskilling Generalization of precarious and informal work with no labor contract or representation	Financial profits based on extraction of rents Subprime crash Financial bubbles (housing, price of shares, derivatives) Rift among monetarists as unorthodox monetary policy is adopted	EU treaties establishing an ordoliberal rule Dispute on the future of social security and national health systems	Social exclusion amplifying inequality in developed economies	Emergence of China as an international power Sovereign debt crisis in European countries Emergence of populist alternatives in some regions Brexit Restrictions on international trade

S: Louca, 2020

As noted, the last quarter of the 20th century was dominated by intensive in−stitutional change, but not in the sense Freeman would have preferred. Structural unemployment and changes in the pattern of work, a topic he had the time to address(Freeman and Soete 1994), dominance of monetarism in the management of central banks and a reconfiguration of institutions, and financialization plus ac−cumulations and inequality emerged as drivers of liberalization, and of what came to be known as globalization. This was accentuated through the 21st century.

The impact of this process was a partial recovery of the rate of profit just at the beginning of Phase B, as liberalization in the 1980s proceeded and trans-ferred rents from the public to the private sector, and as, in the 1990s, the en-trance of China and the ex-USSR in the world market provided an additional boost to the extension of labor in the production for markets global and to the intensive financialization of the world. This took new forms in the first two decades of our century, namely in changes of the type of labor contracts, of fi-nancial deregulation and the amplification of the scope of privatization processes. Yet, the 2007-8 subprime crash, igniting in 2009 the first recession since World War II to reduce global output, expressed the tensions of this mode of development based on free circulation of capital. This further aggravated instability. As these processes of adjustment undermine the conditions of relative stability of the economic and social management prevailing during the previous expansion wave in the largest economies, they lead to fragile regimes and to chaotic international relations, which are dominated by the decay of the US hegemony. This is currently called either "stagnation" or the "end of global-ization". In any case, more than forty years of drastic changes in the economy were not enough to fully redefine social relations.

The institutional adaptation takes many years to complete as it is a contra-dictory and conflictive process. In the contemporary conditions, such adaptation is based on the demanding elements of the neoliberal program: liberalization of financial flows, privatization of public goods, precarization of the workforce, and globalization of markets. This process changes the pattern of accumulation and favors a new regime, that of financialization, therefore altering the composition and distribution of surplus among the owners of capital.

In fact, the current long recessive phase has been shaped by structural changes imposed through the neoliberal transformation of institutions, the finan-cialization of surplus extraction, namely through rentism, and accumulation via intensified inequality. These very changes undermine the conditions of relative stability of the economic and social management prevailing during the previous expansion wave and lead to fragile regimes. This is the reason for chaotic inter-national relations, that are dominated by the decay of the hegemony of the US.

Thus, both economically and socially, this is a dangerous transition. The im-plication is that new challenges of the international leadership emerge and, forty years after the end of Bretton Woods and the end of the Vietnam War, and thirty years after the collapse of the Soviet Union, an international order is still to be settled - and what exists is becoming more difficult to stabilize, as the Trump presidency and its final collapse fully demonstrate.

Conclusion

Evolutionary economics concentrated on two major topics: innovation as the pulsation of capitalism, and the macroeconomic adjustment processes it generates, and which are interpreted as cycles or waves of creation and destruction. Chris Freeman's work excelled in both domains. He investigated innovation and pro-duced a large amount of empirical work in that area, which became a reference for students of technology and social change. He founded a research center that grew to an impressive standard in the profession and founded a journal that be-came one of leading international academic journals. Finally, he strengthened the challenge of evolutionary economics as opposed to neoclassical doctrines, as he contributed to a new agenda in macroeconomics. He presented that agenda as a defiance to his colleagues and co-thinkers: "I don't think you'll change the main paradigm of neoclassical economics, I think you have to attack it head on in the centre (...) Most of the people working on innovation systems prefer to work at the micro-level. They are a bit frightened still of the strength of the neoclassical paradigm at the macroeconomic level. But I think that's where they have to work. You have to have an attack on the central core of macroeconomic theory. It is happening but not happening enough"(interview with Naubahar Sharif, October 24 2003, quoted in Fagerberg et al., 2010). Freeman's own con-tribution to that task was a gigantic achievement, even if it remains an unfinished legacy. This book is proof of his efforts, achievements and challenges.

Francisco Louçã

역자약력

김병근

영국 서식스(Sussex)대학교 과학기술정책대학원(SPRU)에서 과학기술정책학 박사 학위를 취득하고 서식스(Sussex)대학교 Research Fellow를 거쳐 한국기술교육대학교 산업경영학부 교수로 재직 중이다. 기술경영경제학회장(2012년)과 Asian Journal of Technology Innovation의 편집위원장(2013년-2019년), 과학기술정보통신부 연구개발종합심의회 위원장(2017-2019년)을 역임하였으며 현재 기술혁신경영연구소장을 맡고 있다.

옥주영

옥주영 교수는 서울대학교에서 경제학 박사 학위를 취득하였으며, 주식회사 데이콤과 한국기술교육대학교 기술경영대학원에서 근무하였다.

황정태

서울대학교 협동과정 TEMEP석사 학위, 영국 서식스(Sussex)대학교 과학기술정책대학원(SPRU)에서 기술혁신경영분야 박사 학위를 취득하고 과학기술정책연구원에서 부연구위원을 거쳐 한림대학교 경영학과 교수로 재직 중이다. 기술경영경제학회 학술위원장과 강원테크노파크 자문위원을 역임하였으며 현재 한림대학교 경영대 학장을 맡고 있다.

지일용

지일용 교수는 영국 서식스(Sussex)대학교 과학기술정책대학원(SPRU)에서 석사 학위를, KAIST 경영과학과에서 박사 학위를 취득하고, 산업연구원 부연구위원을 거쳐 현재 한국기술교육대학교 IT융합과학경영대학원 조교수로 재직중이다.

박진

박진 교수는 성균관대학교 경영대학에서 경영학 박사 학위를 취득하여 한국기술교육대학교 기술혁신경영연구소에서 연구교수로 재직하였으며, 현재 중소기업연구원에서 근무하고 있다.

강민정

강민정 교수는 한양대학교 경영대학에서 경영학 박사 학위를 취득하였고, 현재 한국기술교육대학교 기술혁신경영연구소에서 연구교수로 재직 중이다.

혁신의 경제사: 산업혁명에서 정보혁명까지

초판발행   2021년 3월 30일

지은이   Chris Freeman and Francisco Louçã
옮긴이   김병근·옥주영·황정태·지일용·박진·강민정
펴낸이   안종만·안상준

편 집   조보나
기획/마케팅   오치웅
표지디자인   BEN STORY
제 작   고철민·조영환

펴낸곳   (주) 박영사
             서울특별시 금천구 가산디지털2로 53, 210호(가산동, 한라시그마밸리)
             등록 1959. 3. 11. 제300-1959-1호(倫)

전 화   02)733-6771
f a x   02)736-4818
e-mail   pys@pybook.co.kr
homepage   www.pybook.co.kr
ISBN   979-11-303-1233-0   93320

* 잘못된 책은 바꿔드립니다. 본서의 무단복제행위를 금합니다.
* 역자와 협의하여 인지첩부를 생략합니다.

정 가   27,000원